RECOMMENDATIONS.

I have examined, in manuscript, a set of Interest Tables compiled by Judge Stansbury. They are constructed upon the decimal principle, by a method extremely simple and easily understood, and possess the great advantage over other tables of stating the interest of any given sum upon a single page. It seems to me that, as the work becomes known, it will at once take the place of all other tables in those states where the seven per cent. rate of interest is established.
J. G. FORBES,
late Bank Commissioner.

Syracuse, May 27th, 1843.

I have examined with some care an Interest Table, compiled by Mr. Stansbury, upon the decimal principle, which seems to me to be a valuable improvement upon the tables now in use.

By placing the time at the head of the table instead of the amount, the whole computation is made upon the single page under observation, and in decimals, which are applicable to any amount of principal by a proper use of the decimal point.

The value of the improvement seems to me to consist in the adoption of the decimal principle, and in the placing of time instead of amounts at the head of the page. In both these respects, I think Mr. Stansbury has made an improvement upon the interest tables now in use, that will, if examined, meet with the favour of the business public.
C. STEBBINS,
late Bank Commissioner.

Cazenovia, July 11th, 1843.

I concur with Mr. Stebbins in the above opinion and recommendation.
GIDEON HAWLEY,
late Regent of the University.

I fully concur in the preceding opinion of Colonel Stebbins, and in recommending Mr. Stansbury's tables as a decided improvement upon those now in use.
THOMAS W. OLCOTT,
Cashier Farmers' and Mechanics' Bank.

Albany, July 17, 1843.

I have examined the general arrangement, and the principle of constructing and verifying a set of Interest Tables at seven per cent., compiled by Mr. Stansbury, and they appear to me to be a valuable improvement upon the tables at that rate now in use.

The improved arrangement consists in giving upon a single page under observation, the result for any amount of principal in a very concise and obvious manner, perhaps equally as convenient as in Mr. Chapman's tables at six per cent.

Mr. Stansbury's method of testing the accuracy of his tables is very satisfactory, and, if pursued with ordinary care, cannot fail to ensure the entire correctness of the work.

The practical convenience and presumptive accuracy of the work are so great, that it cannot, in my opinion, fail to meet with general favour among businessmen, when it becomes known and its merits understood.
PHILIP PHELPS,
Deputy Comptroller.

Albany, July, 1843.

Mechanics' Bank, New-York, July 20, 1843.

I have examined Mr. Stansbury's seven per cent. Interest Tables, and am pleased with the simplicity of their arrangement, and the accuracy with which the calculations seem to be made.

Their superiority, in my opinion, over other similar works, consists in the facility of arriving at the interest on any sum from one dollar to $100,000, and from one day to one year, without turning over a single page.

If, in passing through the printer's hands, he allows no errors to creep in, I consider the work, when published, will be very valuable, particularly to the banks of this state.
F. W. EDMONDS,
Cashier.

Mr. Stansbury has submitted to us, in manuscript, a set of Tables of Interest, with the general plan of which we are much pleased. He has succeeded in effecting the proper object of such a work, in presenting in a concise and simple manner, calculations of interest ready made for all ordinary business operations of that character; and the system by which the work is compiled certainly affords a strong presumption of its correctness. We are of the opinion, that as the work becomes known, it will meet the approval of those for whose use it is designed, and cheerfully recommend it to public patronage.
G. A. WORTH,
President City Bank, New-York.
T. J. WATERS,
Comptroller New-York Life Insurance and Trust Company.
J. F. ENTZ,
Book-keeper and Accountant N. Y. Life Insurance and Trust Co.
JOHN I. FISK,
Cashier American Exchange Bank.
BROWN, BROTHERS, & Co.

We are much pleased with the examination we have made of Judge Stansbury's Tables of Interest. The arrangement, though new and very condensed, is sufficiently simple and practical, and the specimens of calculation accompanying the manuscript furnish us satisfactory assurance on the very important point of the correctness of the work.

In our opinion, it will be found a very useful book, not only for banks and large commercial houses, but for every business man who has interest computations to make, under such circumstances that he cannot rely with perfect confidence on the operations of his pen.

We do not hesitate, therefore, to recommend it as eminently deserving of public patronage.
S. A. GOODWIN,
Clerk in Chancery, 7th Circuit.
I. N. STARIN,
Cashier Cayuga County Bank.
HAMILTON WHITE,
Cashier Onondaga County Bank.
A. H. HOVEY,
Teller Onondaga County Bank.
HORACE WHITE,
Cashier Bank of Syracuse.
R. N. WASHBURN,
Teller Bank of Syracuse.
M. W. BENNETT,
Cashier Bank of Salina.
THOS. ROCKWELL,
Cashier Ontario Branch Bank.
B. B. LANSING,
Cashier Oneida Bank.

Syracuse, July 3, 1843.

Dear Sir,

I have examined your Tables of Interest with considerable care and attention. * * * I have, for several years past, used Preston's Tables, and have not failed to discover the serious inconvenience and danger of being compelled to look for the interest of different portions of one sum upon several different and distant pages of his book, and to add together a large number of items of interest. The saving of labour by finding the interest of any sum upon the same page, and with, at most, the addition of three items, is very great.

The rules for finding the interest of any sum are so simple, that no one can err in using them. * * * The practical advantages of your work over others of the kind must commend it to the favour of business-men.
CH. B. SEDGWICK,
Master in Chancery.

Hon. George A. Stansbury.

TABLES OF INTEREST

BY MONTHS AND DAYS,

AND

BY CURRENT DAYS AT 360 AND AT 365 TO THE YEAR:

COMPUTED AT

SEVEN PER CENT.,

AND ADAPTED TO OTHER RATES.

DECIMALLY ARRANGED UNDER THE HEAD OF TIME.

TOGETHER WITH FACTORS FOR CALCULATING DISCOUNT, AND CONVENIENT TIME TABLES.

BY GEORGE A. STANSBURY,
COUNSELLOR AT LAW.

SECOND EDITION.

NEW-YORK:
PUBLISHED BY HARPER & BROTHERS,
329 & 331 PEARL STREET,
FRANKLIN SQUARE.
1856.

Entered, according to Act of Congress, in the year 1844, by HAEPER & BROTHERS, in the Clerk's Office of the Sonthern District of New-York.

PREFACE.

In offering to the public a new set of Interest Tables, the author is, of course, understood to claim for his work a superiority, in some respects, over those now in use.

The labor of computing, arranging, and revising an original work of this kind is very great, and would not be undertaken without some assurance of its utility. It is the object of this preface to set forth briefly the grounds of this assurance in the present case.

The convenience of all books of reference of this nature depends principally upon the plan adopted in arranging them. The fewer pages it is necessary to turn to in arriving at any required result, and the fewer places on a page to be consulted, the better; not so much, perhaps, on account of the time consumed in multiplied references, as of the liability to err in some of the steps which a diffuse arrangement must require. The belief is entertained that in this important particular the present work is a decided improvement upon any that has preceded it. A table for any one period of time is so condensed as to occupy, in sufficiently large type, less than one third of a page, and is yet so comprehensive as to exhibit interest for that period on from *one* to *ten thousand* dollars, by addition of two items at most, and also gives at sight the interest on cents and on thousands of dollars, up to *one hundred thousand*. A series of such tables is inserted, one for each period of time less than a year, and a year table is placed on each two pages exposed to view at the same time, so that interest may be found, without turning a leaf during the process, upon any occasion within the range of ordinary business transactions. The method of using the tables is sufficiently simple and practical.

To render the work more generally useful, and to consult in particular the convenience of those whose business requires them to test interest calculations made sometimes by one and sometimes by another of the prevailing methods of estimating time, tables are inserted by months and days, and by current days, at both 360 and 365 to the year. With this arrangement, and the rule which is given for converting interest at seven per cent. into interest at any other rate, the work is made to embrace all the cases that can occur in the computation of interest.

Several noted decisions in the courts of this state, made before the revision of the statutes, though they permitted calculation by months, required that, for the days there might be less than a month, the 365 day rule should be resorted to; the inconvenience of this mixed process, however, prevented its passing into general use, even in this state, and the only practical result of the decisions adverted to was, that in the comparatively few cases to which the statute of usury would apply, time was estimated altogether by days as 365ths. The Revised Statutes expressly authorize the method of computing by months and days, yet the author is not aware that there has been any change of approved tables at seven per cent., adapting them to the existing law and custom of this state. It will be evident, on a little reflection, that, by the statutes referred to, days less than a month are regarded as 360ths, and, consequently, give more interest than when regarded as 365ths. Slight as this difference may seem, those who act in behalf of others, as trustees, guardians, attorneys, masters in chancery, &c., are not at liberty to adopt any other than the legal standard, and of those who may be free to choose, few will probably be disposed to relinquish, in receiving interest, what may legally be demanded when they pay it. Bankers, merchants, and, indeed, all who have so many interest calculations to make as to require the convenience of a table, will find that in the aggregate the difference referred to is not to be disregarded, and the uniformity so desirable in business affairs can be preserved only by using tables which conform to the practice of those who calculate with the pen.

PREFACE

These considerations have led the author to believe that the present tables will be found more generally useful and convenient than any now before the public. But if the favorable opinions of those to whom the manuscript has been submitted have led him to err in judgment on this point, he has resolved, at all events, to entitle himself to the confidence in his care and accuracy which the undertaking invites. No precautions have been omitted which were thought necessary to accomplish the object of preparing a set of tables which, if their general design and arrangement should not meet the approval anticipated, should, at least, be correct in every figure. For this purpose, a system of repeated checks and revisions has been resorted to, which, though exceedingly protracted and laborious in its execution, may easily be described sufficiently to enable every person to judge for himself of the reliance it deserves.

The interest tables were revised in manuscript by the progressive increase in the interest of each amount of principal for successive periods of time, and also by the progressive increase under each period of time for successive amounts of principal. These progressions being one across the page from left to right, and the other down the page perpendicularly, afforded a *cross check* which scarcely leaves a possibility of error. From the nature of decimals, also, each tenth term in every progression proved itself by inspection of a previous term in the same series, which ought to consist of the same figures, though the decimal point is changed; this test, applied to every tenth term, furnished of itself strong evidence of the accuracy of the nine intermediate terms of a regular series constructed by repeated additions.

Each factor for discount was tested by calculating the present value and the discount independently by Rule of Three, and adding together the value, the discount, and the remainders after division, which furnished a familiar test of both calculations to the last figure of the remainders. The last figure in the interest as well as in the discount is in all cases increased by a unit when the fraction omitted would be half or more.

In passing through the press, the printed sheets were twice compared with the manuscript by different proof-readers, and finally corrected by the author's revising the whole by means of the progression down the page, and also by comparing each calculation with some other to which it should be equal, or from which it should differ by some obvious and simple amount.

This system, the outlines of which have been sketched, is no doubt sufficient, if pursued with care, to ensure the entire correctness of the printed page. The author, having himself bestowed all necessary care in revising the work, being confident of its entire accuracy, offers a reward of twenty-five dollars for the detection of any calculation which is erroneous to the amount of a unit. This sum will be paid to the person who shall first, within one year, give information of the existence of an error, and is placed in the hands of the publishers to meet any call that may be made under this offer.

GEO. A. STANSBURY.

New-York, January, 1844.

CONTENTS.

	Page
General Calendar or Time Table	8, 9
93 Day Calendar	10
Division of the Year	11

INTEREST BY CALENDAR MONTHS AND DAYS.

Explanation	12, 13
Tables	14–133

INTEREST BY CURRENT DAYS AT 360 TO THE YEAR.

Explanation	12, 13
Tables	14–133
Interest at any Rate Per Cent.	134
New Method of stating Interest on an Account	134

INTEREST BY CURRENT DAYS AT 365 TO THE YEAR.

Explanation	135
Tables	136–182

REBATE OR DISCOUNT.

Explanation	183
Tables	184, 185
Averaging Accounts	186
Compound Averages	188

GENERAL CALENDAR.

March.		April.		May.		June.		July.		Aug.		Sept.		Oct.		Nov.		Dec.		Jan.		Feb.	
Date	No.	Date	No.	Date	No.	Date	No.	Date	No.	Date	No.	Date	No.	Date	No.	Date	No.	Date	No.	Date	No.	Date	No.
1	0	1	31	1	61	1	92	1	122	1	153	1	184	1	214	1	245	1	275	1	306	1	337
2	1	2	32	2	62	2	93	2	123	2	154	2	185	2	215	2	246	2	276	2	307	2	338
3	2	3	33	3	63	3	94	3	124	3	155	3	186	3	216	3	247	3	277	3	308	3	339
4	3	4	34	4	64	4	95	4	125	4	156	4	187	4	217	4	248	4	278	4	309	4	340
5	4	5	35	5	65	5	96	5	126	5	157	5	188	5	218	5	249	5	279	5	310	5	341
6	5	6	36	6	66	6	97	6	127	6	158	6	189	6	219	6	250	6	280	6	311	6	342
7	6	7	37	7	67	7	98	7	128	7	159	7	190	7	220	7	251	7	281	7	312	7	343
8	7	8	38	8	68	8	99	8	129	8	160	8	191	8	221	8	252	8	282	8	313	8	344
9	8	9	39	9	69	9	100	9	130	9	161	9	192	9	222	9	253	9	283	9	314	9	345
10	9	10	40	10	70	10	101	10	131	10	162	10	193	10	223	10	254	10	284	10	315	10	346
11	10	11	41	11	71	11	102	11	132	11	163	11	194	11	224	11	255	11	285	11	316	11	347
12	11	12	42	12	72	12	103	12	133	12	164	12	195	12	225	12	256	12	286	12	317	12	348
13	12	13	43	13	73	13	104	13	134	13	165	13	196	13	226	13	257	13	287	13	318	13	349
14	13	14	44	14	74	14	105	14	135	14	166	14	197	14	227	14	258	14	288	14	319	14	350
15	14	15	45	15	75	15	106	15	136	15	167	15	198	15	228	15	259	15	289	15	320	15	351
16	15	16	46	16	76	16	107	16	137	16	168	16	199	16	229	16	260	16	290	16	321	16	352
17	16	17	47	17	77	17	108	17	138	17	169	17	200	17	230	17	261	17	291	17	322	17	353
18	17	18	48	18	78	18	109	18	139	18	170	18	201	18	231	18	262	18	292	18	323	18	354
19	18	19	49	19	79	19	110	19	140	19	171	19	202	19	232	19	263	19	293	19	324	19	355
20	19	20	50	20	80	20	111	20	141	20	172	20	203	20	233	20	264	20	294	20	325	20	356
21	20	21	51	21	81	21	112	21	142	21	173	21	204	21	234	21	265	21	295	21	326	21	357
22	21	22	52	22	82	22	113	22	143	22	174	22	205	22	235	22	266	22	296	22	327	22	358
23	22	23	53	23	83	23	114	23	144	23	175	23	206	23	236	23	267	23	297	23	328	23	359
24	23	24	54	24	84	24	115	24	145	24	176	24	207	24	237	24	268	24	298	24	329	24	360
25	24	25	55	25	85	25	116	25	146	25	177	25	208	25	238	25	269	25	299	25	330	25	361
26	25	26	56	26	86	26	117	26	147	26	178	26	209	26	239	26	270	26	300	26	331	26	362
27	26	27	57	27	87	27	118	27	148	27	179	27	210	27	240	27	271	27	301	27	332	27	363
28	27	28	58	28	88	28	119	28	149	28	180	28	211	28	241	28	272	28	302	28	333	28	364
29	28	29	59	29	89	29	120	29	150	29	181	29	212	29	242	29	273	29	303	29	334		
30	29	30	60	30	90	30	121	30	151	30	182	30	213	30	243	30	274	30	304	30	335		
31	30			31	91			31	152	31	183			31	244			31	305	31	336		

EXPLANATION.

In the table contained on this and the following page, each day in two years is numbered in its order, commencing from the first of March. The number for any date stands under the month, and to the right of the day of the month. Thus, the number for December 15th is 289, in the first year, and in the second year 654, which shows that from March 1st to December 15th of the same year is 289 days, and from March 1st to the 15th of December in the following year is 654 days.

The table may be used to find the day on which a note, made payable in a given number of days from its date, will fall due. For this purpose, find the number corresponding to the date of your note, and add the days it has to run; the sum of these two numbers will indicate the day required.

EXAMPLE. When will a note at 64 days become due if dated November 20th?

Under November, and to the right of 20, stands 264, to which add 64, and the sum 328 will be found standing under January and to the right of 23, which shows the time to be, without grace, January 23d; with grace, January 26th.

The same result might have been obtained by using the table for the second year on the following page. It is advisable, however, always to find the date of your note and its corresponding number in the table on this page, for in that case the two pages in connexion will answer for any note that has less than a year to run; whereas, if the number for the date is taken from the next page, the table will only extend to the following February.

LEAP-YEAR.

Whenever the number, which is obtained by the necessary addition as above directed, is 365 or over, the tables may require correction, for the last of February is then included in the time the note has to run; and if it should contain 29 days, the note will become due one day sooner than the table indicates.

EXAMPLE. When will a note at 90 days become due which is dated December 25th, 1847?

The number for December 25th is 299: by adding 90 we obtain 389, which corresponds to March 25th; but as February, 1848, will contain 29 days, the note will be due, without grace, March 24th, 1848.

GENERAL CALENDAR.

March.		April.		May.		June.		July.		Aug.		Sept.		Oct.		Nov.		Dec.		Jan.		Feb.	
Date	NO.	Date	NO.	Date	NO.	Date	NO.	Date	NO.	Date	NO.	Date	NO.	Date	NO.	Date	NO.	Date	NO.	Date	NO.	Date	NO.
1	365	1	396	1	426	1	457	1	487	1	518	1	549	1	579	1	610	1	640	1	671	1	702
2	366	2	397	2	427	2	458	2	488	2	519	2	550	2	580	2	611	2	641	2	672	2	703
3	367	3	398	3	428	3	459	3	489	3	520	3	551	3	581	3	612	3	642	3	673	3	704
4	368	4	399	4	429	4	460	4	490	4	521	4	552	4	582	4	613	4	643	4	674	4	705
5	369	5	400	5	430	5	461	5	491	5	522	5	553	5	583	5	614	5	644	5	675	5	706
6	370	6	401	6	431	6	462	6	492	6	523	6	554	6	584	6	615	6	645	6	676	6	707
7	371	7	402	7	432	7	463	7	493	7	524	7	555	7	585	7	616	7	646	7	677	7	708
8	372	8	403	8	433	8	464	8	494	8	525	8	556	8	586	8	617	8	647	8	678	8	709
9	373	9	404	9	434	9	465	9	495	9	526	9	557	9	587	9	618	9	648	9	679	9	710
10	374	10	405	10	435	10	466	10	496	10	527	10	558	10	588	10	619	10	649	10	680	10	711
11	375	11	406	11	436	11	467	11	497	11	528	11	559	11	589	11	620	11	650	11	681	11	712
12	376	12	407	12	437	12	468	12	498	12	529	12	560	12	590	12	621	12	651	12	682	12	713
13	377	13	408	13	438	13	469	13	499	13	530	13	561	13	591	13	622	13	652	13	683	13	714
14	378	14	409	14	439	14	470	14	500	14	531	14	562	14	592	14	623	14	653	14	684	14	715
15	379	15	410	15	440	15	471	15	501	15	532	15	563	15	593	15	624	15	654	15	685	15	716
16	380	16	411	16	441	16	472	16	502	16	533	16	564	16	594	16	625	16	655	16	686	16	717
17	381	17	412	17	442	17	473	17	503	17	534	17	565	17	595	17	626	17	656	17	687	17	718
18	382	18	413	18	443	18	474	18	504	18	535	18	566	18	596	18	627	18	657	18	688	18	719
19	383	19	414	19	444	19	475	19	505	19	536	19	567	19	597	19	628	19	658	19	689	19	720
20	384	20	415	20	445	20	476	20	506	20	537	20	568	20	598	20	629	20	659	20	690	20	721
21	385	21	416	21	446	21	477	21	507	21	538	21	569	21	599	21	630	21	660	21	691	21	722
22	386	22	417	22	447	22	478	22	508	22	539	22	570	22	600	22	631	22	661	22	692	22	723
23	387	23	418	23	448	23	479	23	509	23	540	23	571	23	601	23	632	23	662	23	693	23	724
24	388	24	419	24	449	24	480	24	510	24	541	24	572	24	602	24	633	24	663	24	694	24	725
25	389	25	420	25	450	25	481	25	511	25	542	25	573	25	603	25	634	25	664	25	695	25	726
26	390	26	421	26	451	26	482	26	512	26	543	26	574	26	604	26	635	26	665	26	696	26	727
27	391	27	422	27	452	27	483	27	513	27	544	27	575	27	605	27	636	27	666	27	697	27	728
28	392	28	423	28	453	28	484	28	514	28	545	28	576	28	606	28	637	28	667	28	698	28	729
29	393	29	424	29	454	29	485	29	515	29	546	29	577	29	607	29	638	29	668	29	699	29	730
30	394	30	425	30	455	30	486	30	516	30	547	30	578	30	608	30	639	30	669	30	700		
31	395			31	456			31	517	31	548			31	609			31	670	31	701		

EXPLANATION.

The table may also be used to find the number of days intervening between any two dates. For this purpose, find the number which corresponds to the last or ending date, and subtract the number which corresponds to the earliest date; the difference will be the number of days required. Observe that in estimating time it is always proper to include one date and exclude the other.

EXAMPLE.

What number of days is included between June 15th and December 22d?

Under December, and to the right of 22 (on this page), find 661, and deduct 471, which stands under June and to the right of 15; the difference, 190, is the number of days required.

The same result might have been obtained by the table for the first year, on the preceding page. But when the proposed time embraces the last of February, the ending date is always to be looked for in the table on this page; the earliest date will then be found in the table on the preceding page; whereas, if the ending date and its corresponding number are taken from the first part of the table, the Calendar will not answer for any period that includes the last of February.

Whenever the February included between the two dates has 29 days, the table requires correction; for there will, in that case, be one more day between the two proposed dates than will be shown by the above-described process.

AVERAGING ACCOUNTS.

This Calendar is also of very great service in averaging accounts, as has been before explained under that head. The first of March, which it is there proposed to adopt as the starting-point in estimating the number of days, should always be that which corresponds to 0 in the table on the preceding page, so as to have as few figures as possible by which to multiply in performing the process of averaging, and also to make the table answer for any account of a year's standing, which it might not do if the first of March on this page were taken as the date from which to estimate the number of days.

93 DAY CALENDAR.

Jan.		Feb.		March.		April.		May.		June.		July.		Aug.		Sept.		Oct.		Nov.		Dec.	
Date	Due	Date	Due	Date	Due	Date	Due	Date	Due	Date	Due	Date	Due	Date	Due	Date	Due	Date	Due	Date	Due	Date	Due
1	4	1	5	1	2	1	3	1	2	1	2	1	2	1	2	1	3	1	2	1	2	1	4
2	5	2	6	2	3	2	4	2	3	2	3	2	3	2	3	2	4	2	3	2	3	2	5
3	6	3	7	3	4	3	5	3	4	3	4	3	4	3	4	3	5	3	4	3	4	3	6
4	7	4	8	4	5	4	6	4	5	4	5	4	5	4	5	4	6	4	5	4	5	4	7
5	8	5	9	5	6	5	7	5	6	5	6	5	6	5	6	5	7	5	6	5	6	5	8
6	9	6	10	6	7	6	8	6	7	6	7	6	7	6	7	6	8	6	7	6	7	6	9
7	10	7	11	7	8	7	9	7	8	7	8	7	8	7	8	7	9	7	8	7	8	7	10
8	11	8	12	8	9	8	10	8	9	8	9	8	9	8	9	8	10	8	9	8	9	8	11
9	12	9	13	9	10	9	11	9	10	9	10	9	10	9	10	9	11	9	10	9	10	9	12
10	13	10	14	10	11	10	12	10	11	10	11	10	11	10	11	10	12	10	11	10	11	10	13
11	14	11	15	11	12	11	13	11	12	11	12	11	12	11	12	11	13	11	12	11	12	11	14
12	15	12	16	12	13	12	14	12	13	12	13	12	13	12	13	12	14	12	13	12	13	12	15
13	16	13	17	13	14	13	15	13	14	13	14	13	14	13	14	13	15	13	14	13	14	13	16
14	17	14	18	14	15	14	16	14	15	14	15	14	15	14	15	14	16	14	15	14	15	14	17
15	18	15	19	15	16	15	17	15	16	15	16	15	16	15	16	15	17	15	16	15	16	15	18
16	19	16	20	16	17	16	18	16	17	16	17	16	17	16	17	16	18	16	17	16	17	16	19
17	20	17	21	17	18	17	19	17	18	17	18	17	18	17	18	17	19	17	18	17	18	17	20
18	21	18	22	18	19	18	20	18	19	18	19	18	19	18	19	18	20	18	19	18	19	18	21
19	22	19	23	19	20	19	21	19	20	19	20	19	20	19	20	19	21	19	20	19	20	19	22
20	23	20	24	20	21	20	22	20	21	20	21	20	21	20	21	20	22	20	21	20	21	20	23
21	24	21	25	21	22	21	23	21	22	21	22	21	22	21	22	21	23	21	22	21	22	21	24
22	25	22	26	22	23	22	24	22	23	22	23	22	23	22	23	22	24	22	23	22	23	22	25
23	26	23	27	23	24	23	25	23	24	23	24	23	24	23	24	23	25	23	24	23	24	23	26
24	27	24	28	24	25	24	26	24	25	24	25	24	25	24	25	24	26	24	25	24	25	24	27
25	28	25	29	25	26	25	27	25	26	25	26	25	26	25	26	25	27	25	26	25	26	25	28
26	29	26	30	26	27	26	28	26	27	26	27	26	27	26	27	26	28	26	27	26	27	26	29
27	30	27	31	27	28	27	29	27	28	27	28	27	28	27	28	27	29	27	28	27	28	27	30
28	1	28	1	28	29	28	30	28	29	28	29	28	29	28	29	28	30	28	29	28	1	28	31
29	2	29	1	29	30	29	31	29	30	29	30	29	30	29	30	29	31	29	30	29	2	29	1
30	3			30	1	30	1	30	31	30	1	30	31	30	1	30	1	30	31	30	3	30	2
31	4			31	2			31	1			31	1	31	2			31	1			31	3

EXPLANATION.

This Calendar shows the day of the month on which any 90 day note will fall due, grace included. At the top of the table find the month in which the note bears date, and in the left-hand column, under that month, find the day of the date; immediately to the right stands the corrected day of the month when the note falls due, including the three days of grace. The *day* of the month being known, no difficulty or doubt can arise as to the *month*. It is generally the third from that of the date, sometimes the fore part of the fourth month. The interval of a month is so large a portion of the whole time as to leave, with ordinary attention, no room for mistake.

EXAMPLES.

To find when a note bearing date the 17th of June, and payable in 90 days, will be due, grace included. Under the head of June, and against 17 in the left-hand column, stands 18, showing that it falls due on the 18th. It is evident that the month will be September.

A note at 90 days, bearing date March 31, is due, grace included, on the second day of the month; but this is evidently not the third month (June), for that interval is but little over two months; it becomes due, therefore, July 2.

LEAP-YEAR.

The table requires correction whenever a 29th of February, which occurs only every fourth year, is included *between* the date of the note and the day when, by this table, it appears to fall due. It will be due in such cases one day sooner than the table indicates; but if dated *on* the 29th of February the table requires no correction.

EXAMPLE.

A note at 90 days, dated December 27th, 1843, would appear by the table to fall due on the 30th of a month, which must, of course, be March; but as February, 1844, has 29 days, the note is in fact due, grace included, on the 29th of March, 1844.

The return of leap-year is shown by the circumstance that the number of the year is divisible by four without remainder; 1848 will be leap-year, because four is contained in 1848 four hundred and sixty-two times without a remainder.

DIVISION OF THE YEAR.

STATUTES fixing the rate of interest prescribe the rate by the year; but when the computation is to be made for less than a year, the practice is not uniform, some persons taking the proportion in one way and some in another. The course generally adopted is, to estimate each calendar month as one twelfth of the year, and the intermediate days as thirtieths of a twelfth, or 360ths of a year. This method of taking aliquot parts according to the arithmetical rule called Practice, is taught in schools, and is everywhere allowed by law. It may be regarded as the general rule, to which those I am about to mention are exceptions. The following clause in the Revised Statutes of New-York is generally understood to prescribe this rule, though by some it is supposed to refer to the mercantile rule, as stated below. The clause is this, "For the purpose of calculating interest, a (calendar) month shall be considered the twelfth part of a year, and as consisting of thirty days; and interest for any number of days less than thirty shall be estimated by the proportion which such number of days shall bear to thirty."

Another method of computing at 6 per cent. is to multiply the principal by the days and divide by 6000. This supposes every 60 days to yield 1 per cent., and, therefore, estimates the year to consist of 360 days. The difference between the former rule and this is, that by the first, every calendar month (containing sometimes 31, sometimes 30, and even, in case of February, only 28 or 29 days) is called the twelfth of a year, whereas by the latter, every 30 current days are called a twelfth. This way of dividing the year originated in one of the first bank charters granted in the United States [the charter of the Bank of North America], which fixed the rate of discount as $\frac{1}{2}$ per cent. for 30 days. It will be observed that this is equivalent to 6 per cent. for a year of 360 days. From its having been prescribed in the first American bank charter, this rule of calculation prevails very generally among banks and merchants in all those states where the rate is 6 per cent. The banks in the District of Columbia and in several of the states are authorized by statute to use it. The banks in New-York use it in computing at 6 per cent. It may, therefore, very properly be called the bank and mercantile rule in the United States. It is used to considerable extent in the 7 per cent. states; all that is necessary for 7 per cent., is to compute as above for 6 per cent., and then add one sixth. The banks in New-York, however, never adopt this rule in discounting at 7 per cent., because the statute above quoted has not yet received a judicial construction, and it is doubtful whether it will be held to sanction the mercantile rule. In this state, an excess, however slight, if taken in advance on a loan, would work a forfeiture of the whole sum loaned; so that, for greater safety, the banks adhere to the 365 day rule, when discounting at the legal rate of 7 per cent.

A third way of dividing the year in casting interest, more strictly accurate than either of the preceding, is to reckon by days at 365 to the year, and it is probably only the inconvenience of this rule that prevents its being established by law. The interest accounts of foreign correspondents are usually made out in this way. Local laws and customs cannot control in such cases, and the convenience which justifies less accurate rules for ordinary business does not require the same laxity among regular accountants in heavy commercial transactions. Accordingly, the commercial rule is to take days as 365ths, and many individuals in this country adhere to the same strict rule in all their interest calculations.

A series of decisions in the courts of New-York, made previous to the statute above quoted, pointed out still another rule. They sanctioned the taking of months as twelfths, but required the days less than a month to be estimated as 365ths; thus requiring two distinct processes in every case where the time consists of months and odd days. The practical result of these decisions was, that in cases of loans, where a slight excess taken in advance would work a forfeiture of the whole debt, the strict commercial rule was adopted; but in other cases, days were still reckoned as 30ths of a month.

The decisions referred to created great consternation, as they put in jeopardy much of the bank capital of this state, which had been loaned by the mercantile rule. In other states statutes were passed, as above stated, for the express purpose of protecting their banks against the influence of these decisions; and on the revision of the statutes of this state, the rule was abrogated here. It does not now prevail in any of the states.

EXPLANATION OF THE TABLES

ENTITLED

INTEREST AT SEVEN PER CENT.

TIME. These tables are constructed in such a manner as to show interest either by calendar months and days, or by current days at 360 to the year. [See division of the year on the preceding page.] It will be observed that there is a series of small tables, each table occupying about one third of a page, and separated one from the other by heavy black lines. The time for which a table is calculated is placed at its top in months and days; the same period of time is also stated at the bottom of the table in days counting 30 to the month, or 360 to the year. Every table, therefore, shows interest either for the months and days standing at the top, or for the days at the foot. The time begins with one day, and increases regularly to a year; so that if you wish to find interest for any period less than a year—say for 9 months and 11 days—turn to the table having at its top 9 months and 11 days, and you may there find the interest of any amount, by a process which will be hereafter described. If you wish to find interest for days—say 257 days—look for time at the foot of the tables, and you will find 257 days under the head of 8 months and 17 days. Consequently, you are to use the table for 8 months and 17 days in computing for 257 days. In the same manner you may find a table for any other period less than a year.

It will be noticed that every opening of the book presents to view a table for one year, half on the left hand page and half on the right, and interest for 2, 3, &c., years may be obtained by doubling, trebling, &c., the interest for a year. By this arrangement, it is obvious that when your time exceeds a year, if you turn to that portion of it which is less than a year, you can find interest for the whole time, years and all, without turning a leaf, by using the year table for the years, and the proper table for the rest of the time.

PRINCIPAL. The columns of principal in every table, which are distinguished by the word Prin. at the top, contain all the numbers in regular succession from 1 to 99, and represent either dollars or hundreds of dollars; that is to say, you may call the columns of principal $1, $2, $3, &c., up to $99, or, supposing two ciphers to be added to each number (the ciphers are omitted to prevent an unnecessary accumulation of figures), you have $100, $200, $300, &c., up to $9900 (99 hundred). So that in every table you have any number of dollars of principal, up to $100, and also any whole hundreds up to $10.000. The thousands are included as tens of hundreds, for $6.000 is 60 hundred, $7.200 is 72 hundred, &c.

Every number in the columns of principal has its interest at the right; and you will observe that there are two decimal points, a dot and a comma, in every amount of interest. The object of inserting these points is this: when the number in the column of principal is called *dollars*, the *dot* in the interest points off cents, and, consequently, the figures to the right of the comma are mere fractions of a cent. But when the number in the column of principal is regarded as *hundreds* of dollars, the *comma* in the interest points off cents, and, consequently, the interest is read as if the dot were erased from the table.

By reference to the table for 5 months and 11 days, you will find that the interest of principal 54 is 1.69,050, and hence if you wish to know the interest of 54 dollars for 5 months and 11 days, it is shown to be $1.69 and a fraction, and the interest of 54 hundred ($5400) is likewise shown to be $169.05—in the first case the *dot*, and in the last the *comma* pointing off cents.

In the table for 138 days .08,050 is the interest standing to the right of principal 3, consequently the interest of $3 is .08 (8 cents) and a fraction; but the interest of $300 is $8.05. In this manner you may find the interest on any number of *dollars* up to 99 dollars, and also on any whole *hundreds* up to $9900 (99 hundred).

The course of proceeding for uneven amounts over $100 is sufficiently obvious. Find the interest on the hundreds of dollars contained in your principal, and add the interest for the dollars less than a hundred. Take for example $973 for 4 months and 16 days. The proper division of all such amounts is effected by supposing the two right-hand figures to be pointed off thus: 9.73, that is to say, 9 hundred 73 dollars.

The interest of 9 hundred ($900), found as before directed, is	$23.80
The interest of 73 dollars is	$ 1.93
And the interest required is	$25.73

If the interest of $9178 were required, the parts would be 91.78, that is to say, 91 hundred 78 dollars—for principal $5009, the parts are 50.09, 50 hundred 9 dollars; so in all cases you are to suppose the two right-hand figures to be pointed off, and find the interest of one section as hundreds, and the other as dollars. Other methods of dividing the principal into parts might be adopted, but that of dollars and hundreds is the most natural as well as the most comprehensive. No other rule would include every dollar in $10.000 by adding only two items. It is also the safest course; for then the tables always present to view the dividing point between dollars and cents of interest; and you have only to make the proper selection. If you happen to take the wrong point, the interest will be a hundred times too large or a hundred times too small, and so gross an error cannot well escape detection. The division of dollars and hundreds ought, therefore, to be strictly adhered to.

INTEREST ON CENTS. The columns of principal may be called cents, and in that case, the figure of interest before the dot, if there be one, is cents. By reference to the table for 5 months and 18 days, the interest of 64 cents will be found to be 2 cents; and it will be seen that for this period of time it requires 31 cents to yield 1 cent interest.

In computing for dollars and cents, it will be found most convenient to take the interest of cents first, because the interest is so small that it may easily be remembered until you find interest on your dollars; you can then add without putting pen to paper.

Throughout these tables the next figure to the right of cents is mills, and should be noticed when accuracy is required; for it is customary in the result of any calculation to treat 5 mills or over as equal to a cent, but to disregard less than 5. Thus the interest of $60 for 5 months and 3 days will be found to be $1.78 and 5 mills, which is treated in business transactions as $1.79. But the interest of $1900 for 5 months and 5 days is only $57.26, the 4 mills (see table) being disregarded.

Whenever it becomes necessary to compute interest on a principal of $10.000 or more, the columns of principal may be called *thousands* of dollars, and in that case the comma is to be considered as *removed* past one figure towards the right, in which position it will point off cents. By reference to the proper table, it will be seen that the interest of $98000 for 11 months and 19 days is $6650.39.

ALTERNATION.

In the calculation of interest, dollars and days are convertible terms. For instance, the interest of $87 for 75 days is the same as the interest of $75 for 87 days, and so in any other case dollars and days may be alternated. The tables furnish a very convenient method of finding by alternation the interest on any number of dollars up to 360 for any number of days (at 360 to the year) up to 99 days. Within these limits call your dollars days and your days dollars, and you have the interest by inspection, whereas it might be necessary, according to the preceding directions, to add together two items of interest. For example, suppose the interest of $225 for 48 days is required—it is the same as the interest of $48 for 225 days—which is found by inspection to be $2.10.

INTEREST BY MONTHS may also be found by alternation if each month is estimated as 30 days. Thus if the interest of $293 for 2 months and 6 days is required—this time (at 30 days to the month) is 66 days, and the interest required is the same as that of $66 for 293 days, which is found by inspection to be $3.76.

INTEREST AT SEVEN PER CENT.

1 DAY.

Prin.	Interest.	Prin.	Interest.
1	.00,019	51	.00,992
2	.00,039	52	.01,011
3	.00,058	53	.01,031
4	.00,078	54	.01,050
5	.00,097	55	.01,069
6	.00,117	56	.01,089
7	.00,136	57	.01,108
8	.00,156	58	.01,128
9	.00,175	59	.01,147
10	.00,194	60	.01,167
11	.00,214	61	.01,186
12	.00,233	62	.01,206
13	.00,253	63	.01,225
14	.00,272	64	.01,244
15	.00,292	65	.01,264
16	.00,311	66	.01,283
17	.00,331	67	.01,303
18	.00,350	68	.01,322
19	.00,369	69	.01,342
20	.00,389	70	.01,361
21	.00,408	71	.01,381
22	.00,428	72	.01,400
23	.00,447	73	.01,419
24	.00,467	74	.01,439
25	.00,486	75	.01,458
26	.00,506	76	.01,478
27	.00,525	77	.01,497
28	.00,544	78	.01,517
29	.00,564	79	.01,536
30	.00,583	80	.01,556
31	.00,603	81	.01,575
32	.00,622	82	.01,594
33	.00,642	83	.01,614
34	.00,661	84	.01,633
35	.00,681	85	.01,653
36	.00,700	86	.01,672
37	.00,719	87	.01,692
38	.00,739	88	.01,711
39	.00,758	89	.01,731
40	.00,778	90	.01,750
41	.00,797	91	.01,769
42	.00,817	92	.01,789
43	.00,836	93	.01,808
44	.00,856	94	.01,828
45	.00,875	95	.01,847
46	.00,894	96	.01,867
47	.00,914	97	.01,886
48	.00,933	98	.01,906
49	.00,953	99	.01,925
50	.00,972		**1 Day.**

2 DAYS.

Prin.	Interest.	Prin.	Interest.
1	.00,039	51	.01,983
2	.00,078	52	.02,022
3	.00,117	53	.02,061
4	.00,156	54	.02,100
5	.00,194	55	.02,139
6	.00,233	56	.02,178
7	.00,272	57	.02,217
8	.00,311	58	.02,256
9	.00,350	59	.02,294
10	.00,389	60	.02,333
11	.00,428	61	.02,372
12	.00,467	62	.02,411
13	.00,506	63	.02,450
14	.00,544	64	.02,489
15	.00,583	65	.02,528
16	.00,622	66	.02,567
17	.00,661	67	.02,606
18	.00,700	68	.02,644
19	.00,739	69	.02,683
20	.00,778	70	.02,722
21	.00,817	71	.02,761
22	.00,856	72	.02,800
23	.00,894	73	.02,839
24	.00,933	74	.02,878
25	.00,972	75	.02,917
26	.01,011	76	.02,956
27	.01,050	77	.02,994
28	.01,089	78	.03,033
29	.01,128	79	.03,072
30	.01,167	80	.03,111
31	.01,206	81	.03,150
32	.01,244	82	.03,189
33	.01,283	83	.03,228
34	.01,322	84	.03,267
35	.01,361	85	.03,306
36	.01,400	86	.03,344
37	.01,439	87	.03,383
38	.01,478	88	.03,422
39	.01,517	89	.03,461
40	.01,556	90	.03,500
41	.01,594	91	.03,539
42	.01,633	92	.03,578
43	.01,672	93	.03,617
44	.01,711	94	.03,656
45	.01,750	95	.03,694
46	.01,789	96	.03,733
47	.01,828	97	.03,772
48	.01,867	98	.03,811
49	.01,906	99	.03,850
50	.01,944		**2 Days.**

3 DAYS.

Prin.	Interest.	Prin.	Interest.
1	.00,058	51	.02,975
2	.00,117	52	.03,033
3	.00,175	53	.03,092
4	.00,233	54	.03,150
5	.00,292	55	.03,208
6	.00,350	56	.03,267
7	.00,408	57	.03,325
8	.00,467	58	.03,383
9	.00,525	59	.03,442
10	.00,583	60	.03,500
11	.00,642	61	.03,558
12	.00,700	62	.03,617
13	.00,758	63	.03,675
14	.00,817	64	.03,733
15	.00,875	65	.03,792
16	.00,933	66	.03,850
17	.00,992	67	.03,908
18	.01,050	68	.03,967
19	.01,108	69	.04,025
20	.01,167	70	.04,083
21	.01,225	71	.04,142
22	.01,283	72	.04,200
23	.01,342	73	.04,258
24	.01,400	74	.04,317
25	.01,458	75	.04,375
26	.01,517	76	.04,433
27	.01,575	77	.04,492
28	.01,633	78	.04,550
29	.01,692	79	.04,608
30	.01,750	80	.04,667
31	.01,808	81	.04,725
32	.01,867	82	.04,783
33	.01,925	83	.04,842
34	.01,983	84	.04,900
35	.02,042	85	.04,958
36	.02,100	86	.05,017
37	.02,158	87	.05,075
38	.02,217	88	.05,133
39	.02,275	89	.05,192
40	.02,333	90	.05,250
41	.02,392	91	.05,308
42	.02,450	92	.05,367
43	.02,508	93	.05,425
44	.02,567	94	.05,483
45	.02,625	95	.05,542
46	.02,683	96	.05,600
47	.02,742	97	.05,658
48	.02,800	98	.05,717
49	.02,858	99	.05 775
50	.02,917		**3 Days.**

ONE YEAR.

Prin.	Interest.	Prin.	Interest.	Prin.	Interest.	Prin.	Interest.	Prin.	Interest.
1	.07,00	11	.77,00	21	1.47,00	31	2.17,00	41	2.87,00
2	.14,00	12	.84,00	22	1.54,00	32	2.24,00	42	2.94,00
3	.21,00	13	.91,00	23	1.61,00	33	2.31,00	43	3.01,00
4	.28,00	14	.98,00	24	1.68,00	34	2.38,00	44	3.08,00
5	.35,00	15	1.05,00	25	1.75,00	35	2.45,00	45	3.15,00
6	.42,00	16	1.12,00	26	1.82,00	36	2.52,00	46	3.22,00
7	.49,00	17	1.19,00	27	1.89,00	37	2.59,00	47	3.29,00
8	.56,00	18	1.26,00	28	1.96,00	38	2.66,00	48	3.36,00
9	.63,00	19	1.33,00	29	2.03,00	39	2.73,00	49	3.43,00
10	.70,00	20	1.40,00	30	2.10,00	40	2.80,00	50	3.50,00

INTEREST AT SEVEN PER CENT.

\	4 DAYS.	\		\	5 DAYS.	\		\	6 DAYS.	\	
Prin.	Interest.	Prin.	Interest.	Prin.	Interest.	Prin.	Interest.	Prin.	Interest.	Prin.	Interest.
1	.00,078	51	.03,967	1	.00,097	51	.04,958	1	.00,117	51	.05,950
2	.00,156	52	.04,044	2	.00,194	52	.05,056	2	.00,233	52	.06,067
3	.00,233	53	.04,122	3	.00,292	53	.05,153	3	.00,350	53	.06,183
4	.00,311	54	.04,200	4	.00,389	54	.05,250	4	.00,467	54	.06,300
5	.00,389	55	.04,278	5	.00,486	55	.05,347	5	.00,583	55	.06,417
6	.00,467	56	.04,356	6	.00,583	56	.05,444	6	.00,700	56	.06,533
7	.00,544	57	.04,433	7	.00,681	57	.05,542	7	.00,817	57	.06,650
8	.00,622	58	.04,511	8	.00,778	58	.05,639	8	.00,933	58	.06,767
9	.00,700	59	.04,589	9	.00,875	59	.05,736	9	.01,050	59	.06,883
10	.00,778	60	.04,667	10	.00,972	60	.05,833	10	.01,167	60	.07,000
11	.00,856	61	.04,744	11	.01,069	61	.05,931	11	.01,283	61	.07,117
12	.00,933	62	.04,822	12	.01,167	62	.06,028	12	.01,400	62	.07,233
13	.01,011	63	.04,900	13	.01,264	63	.06,125	13	.01,517	63	.07,350
14	.01,089	64	.04,978	14	.01,361	64	.06,222	14	.01,633	64	.07,467
15	.01,167	65	.05,056	15	.01,458	65	.06,319	15	.01,750	65	.07,583
16	.01,244	66	.05,133	16	.01,556	66	.06,417	16	.01,867	66	.07,700
17	.01,322	67	.05,211	17	.01,653	67	.06,514	17	.01,983	67	.07,817
18	.01,400	68	.05,289	18	.01,750	68	.06,611	18	.02,100	68	.07,933
19	.01,478	69	.05,367	19	.01,847	69	.06,708	19	.02,217	69	.08,050
20	.01,556	70	.05,444	20	.01,944	70	.06,806	20	.02,333	70	.08,167
21	.01,633	71	.05,522	21	.02,042	71	.06,903	21	.02,450	71	.08,283
22	.01,711	72	.05,600	22	.02,139	72	.07,000	22	.02,567	72	.08,400
23	.01,789	73	.05,678	23	.02,236	73	.07,097	23	.02,683	73	.08,517
24	.01,867	74	.05,756	24	.02,333	74	.07,194	24	.02,800	74	.08,633
25	.01,944	75	.05,833	25	.02,431	75	.07,292	25	.02,917	75	.08,750
26	.02,022	76	.05,911	26	.02,528	76	.07,389	26	.03,033	76	.08,867
27	.02,100	77	.05,989	27	.02,625	77	.07,486	27	.03,150	77	.08,983
28	.02,178	78	.06,067	28	.02,722	78	.07,583	28	.03,267	78	.09,100
29	.02,256	79	.06,144	29	.02,819	79	.07,681	29	.03,383	79	.09,217
30	.02,333	80	.06,222	30	.02,917	80	.07,778	30	.03,500	80	.09,333
31	.02,411	81	.06,300	31	.03,014	81	.07,875	31	.03,617	81	.09,450
32	.02,489	82	.06,378	32	.03,111	82	.07,972	32	.03,733	82	.09,567
33	.02,567	83	.06,456	33	.03,208	83	.08,069	33	.03,850	83	.09,683
34	.02,644	84	.06,533	34	.03,306	84	.08,167	34	.03,967	84	.09,800
35	.02,722	85	.06,611	35	.03,403	85	.08,264	35	.04,083	85	.09,917
36	.02,800	86	.06,689	36	.03,500	86	.08,361	36	.04,200	86	.10,033
37	.02,878	87	.06,767	37	.03,597	87	.08,458	37	.04,317	87	.10,150
38	.02,956	88	.06,844	38	.03,694	88	.08,556	38	.04,433	88	.10,267
39	.03,033	89	.06,922	39	.03,792	89	.08,653	39	.04,550	89	.10,383
40	.03,111	90	.07,000	40	.03,889	90	.08,750	40	.04,667	90	.10,500
41	.03,189	91	.07,078	41	.03,986	91	.08,847	41	.04,783	91	.10,617
42	.03,267	92	.07,156	42	.04,083	92	.08,944	42	.04,900	92	.10,733
43	.03,344	93	.07,233	43	.04,181	93	.09,042	43	.05,017	93	.10,850
44	.03,422	94	.07,311	44	.04,278	94	.09,139	44	.05,133	94	.10,967
45	.03,500	95	.07,389	45	.04,375	95	.09,236	45	.05,250	95	.11,083
46	.03,578	96	.07,467	46	.04,472	96	.09,333	46	.05,367	96	.11,200
47	.03,656	97	.07,544	47	.04,569	97	.09,431	47	.05,483	97	.11,317
48	.03,733	98	.07,622	48	.04,667	98	.09,528	48	.05,600	98	.11,433
49	.03,811	99	.07,700	49	.04,764	99	.09,625	49	.05,717	99	.11,550
50	.03,889	**4 Days.**		50	.04,861	**5 Days.**		50	.05,833	**6 Days.**	

ONE YEAR.

Prin.	Interest.	Prin.	Interest.	Prin.	Interest.	Prin.	Interest.	Prin.	Interest.
51	3.57,00	61	4.27,00	71	4.97,00	81	5.67,00	91	6.37,00
52	3.64,00	62	4.34,00	72	5.04,00	82	5.74,00	92	6.44,00
53	3.71,00	63	4.41,00	73	5.11,00	83	5.81,00	93	6.51,00
54	3.78,00	64	4.48,00	74	5.18,00	84	5.88,00	94	6.58,00
55	3.85,00	65	4.55,00	75	5.25,00	85	5.95,00	95	6.65,00
56	3.92,00	66	4.62,00	76	5.32,00	86	6.02,00	96	6.72,00
57	3.99,00	67	4.69,00	77	5.39,00	87	6.09,00	97	6.79,00
58	4.06,00	68	4.76,00	78	5.46,00	88	6.16,00	98	6.86,00
59	4.13,00	69	4.83,00	79	5.53,00	89	6.23,00	99	6.93,00
60	4.20,00	70	4.90,00	80	5.60,00	90	6.30,00		

INTEREST AT SEVEN PER CENT.

7 DAYS.

Prin.	Interest.	Prin.	Interest.
1	.00,136	51	.06 942
2	.00,272	52	.07,078
3	.00,408	53	.07,214
4	.00,544	54	.07,350
5	.00,681	55	.07,486
6	.00,817	56	.07,622
7	.00,953	57	.07,758
8	.01,089	58	.07,894
9	.01,225	59	.08,031
10	.01,361	60	.08,167
11	.01,497	61	.08,303
12	.01,633	62	.08,439
13	.01,769	63	.08,575
14	.01,906	64	.08,711
15	.02,042	65	.08,847
16	.02,178	66	.08,983
17	.02,314	67	.09,119
18	.02,450	68	.09,256
19	.02,586	69	.09,392
20	.02,722	70	.09,528
21	.02,858	71	.09,664
22	.02,994	72	.09,800
23	.03,131	73	.09,936
24	.03,267	74	.10,072
25	.03,403	75	.10,208
26	.03,539	76	.10,344
27	.03,675	77	.10,481
28	.03,811	78	.10,617
29	.03,947	79	.10,753
30	.04,083	80	.10,889
31	.04,219	81	.11,025
32	.04,356	82	.11,161
33	.04,492	83	.11,297
34	.04,628	84	.11,433
35	.04,764	85	.11,569
36	.04,900	86	.11,706
37	.05,036	87	.11,842
38	.05,172	88	.11,978
39	.05,308	89	.12,114
40	.05,444	90	.12,250
41	.05,581	91	.12,386
42	.05,717	92	.12,522
43	.05,853	93	.12,658
44	.05,989	94	.12,794
45	.06,125	95	.12,931
46	.06,261	96	.13,067
47	.06,397	97	.13,203
48	.06,533	98	.13,339
49	.06,669	99	.13,475
50	.06,806		**7 Days.**

8 DAYS.

Prin.	Interest.	Prin.	Interest.
1	.00,156	51	.07,933
2	.00,311	52	.08,089
3	.00,467	53	.08,244
4	.00,622	54	.08,400
5	.00,778	55	.08,556
6	.00,933	56	.08,711
7	.01,089	57	.08,867
8	.01,244	58	.09,022
9	.01,400	59	.09,178
10	.01,556	60	.09,333
11	.01,711	61	.09,489
12	.01,867	62	.09,644
13	.02,022	63	.09,800
14	.02,178	64	.09,956
15	.02,333	65	.10,111
16	.02,489	66	.10,267
17	.02,644	67	.10,422
18	.02,800	68	.10,578
19	.02,956	69	.10,733
20	.03,111	70	.10,889
21	.03,267	71	.11,044
22	.03,422	72	.11,200
23	.03,578	73	.11,356
24	.03,733	74	.11,511
25	.03,889	75	.11,667
26	.04,044	76	.11,822
27	.04,200	77	.11,978
28	.04,356	78	.12,133
29	.04,511	79	.12,289
30	.04,667	80	.12,444
31	.04,822	81	.12,600
32	.04,978	82	.12,756
33	.05,133	83	.12,911
34	.05,289	84	.13,067
35	.05,444	85	.13,222
36	.05,600	86	.13,378
37	.05,756	87	.13,533
38	.05,911	88	.13,689
39	.06,067	89	.13,844
40	.06,222	90	.14,000
41	.06,378	91	.14,156
42	.06,533	92	.14,311
43	.06,689	93	.14,467
44	.06,844	94	.14,622
45	.07,000	95	.14,778
46	.07,156	96	.14,933
47	.07,311	97	.15,089
48	.07,467	98	.15,244
49	.07,622	99	.15,400
50	.07,778		**8 Days.**

9 DAYS.

Prin.	Interest.	Prin.	Interest
1	.00,175	51	.08,925
2	.00,350	52	·09,100
3	.00,525	53	.09,275
4	.00,700	54	.09,450
5	.00,875	55	.09,625
6	.01,050	56	.09,800
7	.01,225	57	.09,975
8	.01,400	58	.10,150
9	.01,575	59	.10,325
10	.01,750	60	.10,500
11	.01,925	61	.10,675
12	.02,100	62	.10,850
13	.02,275	63	.11,025
14	.02,450	64	.11,200
15	.02,625	65	.11,375
16	.02,800	66	.11,550
17	.02,975	67	.11,725
18	.03,150	68	.11,900
19	.03,325	69	.12,075
20	.03,500	70	.12,250
21	.03,675	71	.12,425
22	.03,850	72	.12,600
23	.04,025	73	.12,775
24	.04,200	74	.12,950
25	.04,375	75	.13,125
26	.04,550	76	.13,300
27	.04,725	77	.13,475
28	.04,900	78	.13,650
29	.05,075	79	.13,825
30	.05,250	80	.14,000
31	.05,425	81	.14,175
32	.05,600	82	.14,350
33	.05,775	83	.14,525
34	.05,950	84	.14,700
35	.06,125	85	.14,875
36	.06,300	86	.15,050
37	.06,475	87	.15,225
38	.06,650	88	.15,400
39	.06,825	89	.15,575
40	.07,000	90	.15,750
41	.07,175	91	.15,925
42	.07,350	92	.16,100
43	.07,525	93	.16,275
44	.07,700	94	.16,450
45	.07,875	95	.16,625
46	.08,050	96	.16,800
47	.08,225	97	.16,975
48	.08,400	98	.17,150
49	.08,575	99	.17,325
50	.08,750		**9 Days.**

ONE YEAR.

Prin	Interest	Prin.	Interest.	Prin.	Interest.	Prin.	Interest.	Prin.	Interest.
1	.07,00	11	.77,00	21	1.47,00	31	2.17,00	41	2.87,00
2	.14,00	12	.84,00	22	1.54,00	32	2.24,00	42	2.94,00
3	.21,00	13	.91,00	23	1.61,00	33	2.31,00	43	3.01,00
4	.28,00	14	.98,00	24	1.68,00	34	2.38,00	44	3.08,00
5	.35,00	15	1.05,00	25	1.75,00	35	2.45,00	45	3.15,00
6	.42,00	16	1.12,00	26	1.82,00	36	2.52,00	46	3.22,00
7	.49,00	17	1.19,00	27	1.89,00	37	2.59,00	47	3.29,00
8	.56,00	18	1.26,00	28	1.96,00	38	2.66,00	48	3.36,00
9	.63,00	19	1.33,00	29	2.03,00	39	2.73,00	49	3.43,00
10	.70,00	20	1.40,00	30	2.10,00	40	2.80,00	50	3.50,00

INTEREST AT SEVEN PER CENT.

10 DAYS. | 11 DAYS. | 12 DAYS.

Prin.	Interest.	Prin.	Interest.	Prin.	Interest.	Prin.	Interest.	Prin.	Interest.	Prin.	Interest.
1	.00,194	51	.09,917	1	.00,214	51	.10,908	1	.00,233	51	.11,900
2	.00,389	52	.10,111	2	.00,428	52	.11,122	2	.00,467	52	.12,133
3	.00,583	53	.10,306	3	.00,642	53	.11,336	3	.00,700	53	.12,367
4	.00,778	54	.10,500	4	.00,856	54	.11,550	4	.00,933	54	.12,600
5	.00,972	55	.10,694	5	.01,069	55	.11,764	5	.01,167	55	.12,833
6	.01,167	56	.10,889	6	.01,283	56	.11,978	6	.01,400	56	.13,067
7	.01,361	57	.11,083	7	.01,497	57	.12,192	7	.01,633	57	.13,300
8	.01,556	58	.11,278	8	.01,711	58	.12,406	8	.01,867	58	.13,533
9	.01,750	59	.11,472	9	.01,925	59	.12,619	9	.02,100	59	.13,767
10	.01,944	60	.11,667	10	.02,139	60	.12,833	10	.02,333	60	.14,000
11	.02,139	61	.11,861	11	.02,353	61	.13,047	11	.02,567	61	.14,233
12	.02,333	62	.12,056	12	.02,567	62	.13,261	12	.02,800	62	.14,467
13	.02,528	63	.12,250	13	.02,781	63	.13,475	13	.03,033	63	.14,700
14	.02,722	64	.12,444	14	.02,994	64	.13,689	14	.03,267	64	.14,933
15	.02,917	65	.12,639	15	.03,208	65	.13,903	15	.03,500	65	.15,167
16	.03,111	66	.12,833	16	.03,422	66	.14,117	16	.03,733	66	.15,400
17	.03,306	67	.13,028	17	.03,636	67	.14,331	17	.03,967	67	.15,633
18	.03,500	68	.13,222	18	.03,850	68	.14,544	18	.04,200	68	.15,867
19	.03,694	69	.13,417	19	.04,064	69	.14,758	19	.04,433	69	.16,100
20	.03,889	70	.13,611	20	.04,278	70	.14,972	20	.04,667	70	.16,333
21	.04,083	71	.13,806	21	.04,492	71	.15,186	21	.04,900	71	.16,567
22	.04,278	72	.14,000	22	.04,706	72	.15,400	22	.05,133	72	.16,800
23	.04,472	73	.14,194	23	.04,919	73	.15,614	23	.05,367	73	.17,033
24	.04,667	74	.14,389	24	.05,133	74	.15,828	24	.05,600	74	.17,267
25	.04,861	75	.14,583	25	.05,347	75	.16,042	25	.05,833	75	.17,500
26	.05,056	76	.14,778	26	.05,561	76	.16,256	26	.06,067	76	.17,733
27	.05,250	77	.14,972	27	.05,775	77	.16,469	27	.06,300	77	.17,967
28	.05,444	78	.15,167	28	.05,989	78	.16,683	28	.06,533	78	.18,200
29	.05,639	79	.15,361	29	.06,203	79	.16,897	29	.06,767	79	.18,433
30	.05,833	80	.15,556	30	.06,417	80	.17,111	30	.07,000	80	.18,667
31	.06,028	81	.15,750	31	.06,631	81	.17,325	31	.07,233	81	.18,900
32	.06,222	82	.15,944	32	.06,844	82	.17,539	32	.07,467	82	.19,133
33	.06,417	83	.16,139	33	.07,058	83	.17,753	33	.07,700	83	.19,367
34	.06,611	84	.16,333	34	.07,272	84	.17,967	34	.07,933	84	.19,600
35	.06,806	85	.16,528	35	.07,486	85	.18,181	35	.08,167	85	.19,833
36	.07,000	86	.16,722	36	.07,700	86	.18,394	36	.08,400	86	.20,067
37	.07,194	87	.16,917	37	.07,914	87	.18,608	37	.08,633	87	.20,300
38	.07,389	88	.17,111	38	.08,128	88	.18,822	38	.08,867	88	.20,533
39	.07,583	89	.17,306	39	.08,342	89	.19,036	39	.09,100	89	.20,767
40	.07,778	90	.17,500	40	.08,556	90	.19,250	40	.09,333	90	.21,000
41	.07,972	91	.17,694	41	.08,769	91	.19,464	41	.09,567	91	.21,233
42	.08,167	92	.17,889	42	.08,983	92	.19,678	42	.09,800	92	.21,467
43	.08,361	93	.18,083	43	.09,197	93	.19,892	43	.10,033	93	.21,700
44	.08,556	94	.18,278	44	.09,411	94	.20,106	44	.10,267	94	.21,933
45	.08,750	95	.18,472	45	.09,625	95	.20,319	45	.10,500	95	.22,167
46	.08,944	96	.18,667	46	.09,839	96	.20,533	46	.10,733	96	.22,400
47	.09,139	97	.18,861	47	.10,053	97	.20,747	47	.10,967	97	.22,633
48	.09,333	98	.19,056	48	.10,267	98	.20,961	48	.11,200	98	.22,867
49	.09,528	99	.19,250	49	.10,481	99	.21,175	49	.11,433	99	.23,100
50	.09,722	**10 Days.**		50	.10,694	**11 Days.**		50	.11,667	**12 Days.**	

ONE YEAR.

Prin.	Interest.	Prin.	Interest.	Prin.	Interest.	Prin.	Interest.	Prin.	Interest.
51	3.57,00	61	4.27,00	71	4.97,00	81	5.67,00	91	6.37,00
52	3.64,00	62	4.34,00	72	5.04,00	82	5.74,00	92	6.44,00
53	3.71,00	63	4.41,00	73	5.11,00	83	5.81,00	93	6.51,00
54	3.78,00	64	4.48,00	74	5.18,00	84	5.88,00	94	6.58,00
55	3.85,00	65	4.55,00	75	5.25,00	85	5.95,00	95	6.65,00
56	3.92,00	66	4.62,00	76	5.32,00	86	6.02,00	96	6.72,00
57	3.99,00	67	4.69,00	77	5.39,00	87	6.09,00	97	6.79,00
58	4.06,00	68	4.76,00	78	5.46,00	88	6.16,00	98	6.86,00
59	4.13,00	69	4.83,00	79	5.53,00	89	6.23,00	99	6.93,00
60	4.20,00	70	4.90,00	80	5.60,00	90	6.30,00		

INTEREST AT SEVEN PER CENT.

13 DAYS.

Prin.	Interest.	Prin.	Interest.
1	.00,253	51	.12,892
2	.00,506	52	.13,144
3	.00,758	53	.13,397
4	.01,011	54	.13,650
5	.01,264	55	.13,903
6	.01,517	56	.14,156
7	.01,769	57	.14,408
8	.02,022	58	.14,661
9	.02,275	59	.14,914
10	.02,528	60	.15,167
11	.02,781	61	.15,419
12	.03,033	62	.15,672
13	.03,286	63	.15,925
14	.03,539	64	.16,178
15	.03,792	65	.16,431
16	.04,044	66	.16,683
17	.04,297	67	.16,936
18	.04,550	68	.17,189
19	.04,803	69	.17,442
20	.05,056	70	.17,694
21	.05,308	71	.17,947
22	.05,561	72	.18,200
23	.05,814	73	.18,453
24	.06,067	74	.18,706
25	.06,319	75	.18,958
26	.06,572	76	.19,211
27	.06,825	77	.19,464
28	.07,078	78	.19,717
29	.07,331	79	.19,969
30	.07,583	80	.20,222
31	.07,836	81	.20,475
32	.08,089	82	.20,728
33	.08,342	83	.20,981
34	.08,594	84	.21,233
35	.08,847	85	.21,486
36	.09,100	86	.21,739
37	.09,353	87	.21,992
38	.09,606	88	.22,244
39	.09,858	89	.22,497
40	.10,111	90	.22,750
41	.10,364	91	.23,003
42	.10,617	92	.23,256
43	.10,869	93	.23,508
44	.11,122	94	.23,761
45	.11,375	95	.24,014
46	.11,628	96	.24,267
47	.11,881	97	.24,519
48	.12,133	98	.24,772
49	.12,386	99	.25,025
50	.12,639		**13 Days.**

14 DAYS.

Prin.	Interest.	Prin.	Interest.
1	.00,272	51	.13,883
2	.00,544	52	.14,156
3	.00,817	53	.14,428
4	.01,089	54	.14,700
5	.01,361	55	.14,972
6	.01,633	56	.15,244
7	.01,906	57	.15,517
8	.02,178	58	.15,789
9	.02,450	59	.16,061
10	.02,722	60	.16,333
11	.02,994	61	.16,606
12	.03,267	62	.16,878
13	.03,539	63	.17,150
14	.03,811	64	.17,422
15	.04,083	65	.17,694
16	.04,356	66	.17,967
17	.04,628	67	.18,239
18	.04,900	68	.18,511
19	.05,172	69	.18,783
20	.05,444	70	.19,056
21	.05,717	71	.19,328
22	.05,989	72	.19,600
23	.06,261	73	.19,872
24	.06,533	74	.20,144
25	.06,806	75	.20,417
26	.07,078	76	.20,689
27	.07,350	77	.20,961
28	.07,622	78	.21,233
29	.07,894	79	.21,506
30	.08,167	80	.21,778
31	.08,439	81	.22,050
32	.08,711	82	.22,322
33	.08,983	83	.22,594
34	.09,256	84	.22,867
35	.09,528	85	.23,139
36	.09,800	86	.23,411
37	.10,072	87	.23,683
38	.10,344	88	.23,956
39	.10,617	89	.24,228
40	.10,889	90	.24,500
41	.11,161	91	.24,772
42	.11,433	92	.25,044
43	.11,706	93	.25,317
44	.11,978	94	.25,589
45	.12,250	95	.25,861
46	.12,522	96	.26,133
47	.12,794	97	.26,406
48	.13,067	98	.26,678
49	.13,339	99	.26,950
50	.13,611		**14 Days.**

15 DAYS.

Prin.	Interest.	Prin.	Interest.
1	.00,292	51	.14,875
2	.00,583	52	.15,167
3	.00,875	53	.15,458
4	.01,167	54	.15,750
5	.01,458	55	.16,042
6	.01,750	56	.16,333
7	.02,042	57	.16,625
8	.02,333	58	.16,917
9	.02,625	59	.17,208
10	.02,917	60	.17,500
11	.03,208	61	.17,792
12	.03,500	62	.18,083
13	.03,792	63	.18,375
14	.04,083	64	.18,667
15	.04,375	65	.18,958
16	.04,667	66	.19,250
17	.04,958	67	.19,542
18	.05,250	68	.19,833
19	.05,542	69	.20,125
20	.05,833	70	.20,417
21	.06,125	71	.20,708
22	.06,417	72	.21,000
23	.06,708	73	.21,292
24	.07,000	74	.21,583
25	.07,292	75	.21,875
26	.07,583	76	.22,167
27	.07,875	77	.22,458
28	.08,167	78	.22,750
29	.08,458	79	.23,042
30	.08,750	80	.23,333
31	.09,042	81	.23,625
32	.09,333	82	.23,917
33	.09,625	83	.24,208
34	.09,917	84	.24,500
35	.10,208	85	.24,792
36	.10,500	86	.25,083
37	.10,792	87	.25,375
38	.11,083	88	.25,667
39	.11,375	89	.25,958
40	.11,667	90	.26,250
41	.11,958	91	.26,542
42	.12,250	92	.26,833
43	.12,542	93	.27,125
44	.12,833	94	.27,417
45	.13,125	95	.27,708
46	.13,417	96	.28,000
47	.13,708	97	.28,292
48	.14,000	98	.28,583
49	.14,292	99	.28,875
50	.14,583		**15 Days.**

ONE YEAR.

Prin.	Interest.	Prin.	Interest.	Prin.	Interest.	Prin.	Interest.	Prin.	Interest.
1	.07,00	11	.77,00	21	1.47,00	31	2.17,00	41	2.87,00
2	.14,00	12	.84,00	22	1.54,00	32	2.24,00	42	2.94,00
3	.21,00	13	.91,00	23	1.61,00	33	2.31,00	43	3.01,00
4	.28,00	14	.98,00	24	1.68,00	34	2.38,00	44	3.08,00
5	.35,00	15	1.05,00	25	1.75,00	35	2.45,00	45	3.15,00
6	.42,00	16	1.12,00	26	1.82,00	36	2.52,00	46	3.22,00
7	.49,00	17	1.19,00	27	1.89,00	37	2.59,00	47	3.29,00
8	.56,00	18	1.26,00	28	1.96,00	38	2.66,00	48	3.36,00
9	.63,00	19	1.33,00	29	2.03,00	39	2.73,00	49	3.43,00
10	.70,00	20	1.40,00	30	2.10,00	40	2.80,00	50	3.50,00

INTEREST AT SEVEN PER CENT.

16 DAYS.

Prin.	Interest.	Prin.	Interest.
1	.00,311	51	.15,867
2	.00,622	52	.16,178
3	.00,933	53	.16,489
4	.01,244	54	.16,800
5	.01,556	55	.17,111
6	.01,867	56	.17,422
7	.02,178	57	.17,733
8	.02,489	58	.18,044
9	.02,800	59	.18,356
10	.03,111	60	.18,667
11	.03,422	61	.18,978
12	.03,733	62	.19,289
13	.04,044	63	.19,600
14	.04,356	64	.19,911
15	.04,667	65	.20,222
16	.04,978	66	.20,533
17	.05,289	67	.20,844
18	.05,600	68	.21,156
19	.05,911	69	.21,467
20	.06,222	70	.21,778
21	.06,533	71	.22,089
22	.06,844	72	.22,400
23	.07,156	73	.22,711
24	.07,467	74	.23,022
25	.07,778	75	.23,333
26	.08,089	76	.23,644
27	.08,400	77	.23,956
28	.08,711	78	.24,267
29	.09,022	79	.24,578
30	.09,333	80	.24,889
31	.09,644	81	.25,200
32	.09,956	82	.25,511
33	.10,267	83	.25,822
34	.10,578	84	.26,133
35	.10,889	85	.26,444
36	.11,200	86	.26,756
37	.11,511	87	.27,067
38	.11,822	88	.27,378
39	.12,133	89	.27,689
40	.12,444	90	.28,000
41	.12,756	91	.28,311
42	.13,067	92	.28,622
43	.13,378	93	.28,933
44	.13,689	94	.29,244
45	.14,000	95	.29,556
46	.14,311	96	.29,867
47	.14,622	97	.30,178
48	.14,933	98	.30,489
49	.15,244	99	.30,800
50	.15,556		**16 Days.**

17 DAYS.

Prin.	Interest.	Prin.	Interest.
1	.00,331	51	.16,858
2	.00,661	52	.17,189
3	.00,992	53	.17,519
4	.01,322	54	.17,850
5	.01,653	55	.18,181
6	.01,983	56	.18,511
7	.02,314	57	.18,842
8	.02,644	58	.19,172
9	.02,975	59	.19,503
10	.03,306	60	.19,833
11	.03,636	61	.20,164
12	.03,967	62	.20,494
13	.04,297	63	.20,825
14	.04,628	64	.21,156
15	.04,958	65	.21,486
16	.05,289	66	.21,817
17	.05,619	67	.22,147
18	.05,950	68	.22,478
19	.06,281	69	.22,808
20	.06,611	70	.23,139
21	.06,942	71	.23,469
22	.07,272	72	.23,800
23	.07,603	73	.24,131
24	.07,933	74	.24,461
25	.08,264	75	.24,792
26	.08,594	76	.25,122
27	.08,925	77	.25,453
28	.09,256	78	.25,783
29	.09,586	79	.26,114
30	.09,917	80	.26,444
31	.10,247	81	.26,775
32	.10,578	82	.27,106
33	.10,908	83	.27,436
34	.11,239	84	.27,767
35	.11,569	85	.28,097
36	.11,900	86	.28,428
37	.12,231	87	.28,758
38	.12,561	88	.29,089
39	.12,892	89	.29,419
40	.13,222	90	.29,750
41	.13,553	91	.30,081
42	.13,883	92	.30,411
43	.14,214	93	.30,742
44	.14,544	94	.31,072
45	.14,875	95	.31,403
46	.15,206	96	.31,733
47	.15,536	97	.32,064
48	.15,867	98	.32,394
49	.16,197	99	.32,725
50	.16,528		**17 Days.**

18 DAYS.

Prin.	Interest.	Prin.	Interest.
1	.00,350	51	.17,850
2	.00,700	52	.18,200
3	.01,050	53	.18,550
4	.01,400	54	.18,900
5	.01,750	55	.19,250
6	.02,100	56	.19,600
7	.02,450	57	.19,950
8	.02,800	58	.20,300
9	.03,150	59	.20,650
10	.03,500	60	.21,000
11	.03,850	61	.21,350
12	.04,200	62	.21,700
13	.04,550	63	.22,050
14	.04,900	64	.22,400
15	.05,250	65	.22,750
16	.05,600	66	.23,100
17	.05,950	67	.23,450
18	.06,300	68	.23,800
19	.06,650	69	.24,150
20	.07,000	70	.24,500
21	.07,350	71	.24,850
22	.07,700	72	.25,200
23	.08,050	73	.25,550
24	.08,400	74	.25,900
25	.08,750	75	.26,250
26	.09,100	76	.26,600
27	.09,450	77	.26,950
28	.09,800	78	.27,300
29	.10,150	79	.27,650
30	.10,500	80	.28,000
31	.10,850	81	.28,350
32	.11,200	82	.28,700
33	.11,550	83	.29,050
34	.11,900	84	.29,400
35	.12,250	85	.29,750
36	.12,600	86	.30,100
37	.12,950	87	.30,450
38	.13,300	88	.30,800
39	.13,650	89	.31,150
40	.14,000	90	.31,500
41	.14,350	91	.31,850
42	.14,700	92	.32,200
43	.15,050	93	.32,550
44	.15,400	94	.32,900
45	.15,750	95	.33,250
46	.16,100	96	.33,600
47	.16,450	97	.33,950
48	.16,800	98	.34,300
49	.17,150	99	.34,650
50	.17,500		**18 Days.**

ONE YEAR.

Prin.	Interest.	Prin.	Interest.	Prin.	Interest.	Prin.	Interest.	Prin.	Interest.
51	3.57,00	61	4.27,00	71	4.97,00	81	5.67,00	91	6.37,00
52	3.64,00	62	4.34,00	72	5.04,00	82	5.74,00	92	6.44,00
53	3.71,00	63	4.41,00	73	5.11,00	83	5.81,00	93	6.51,00
54	3.78,00	64	4.48,00	74	5.18,00	84	5.88,00	94	6.58,00
55	3.85,00	65	4.55,00	75	5.25,00	85	5.95,00	95	6.65,00
56	3.92,00	66	4.62,00	76	5.32,00	86	6.02,00	96	6.72,00
57	3.99,00	67	4.69,00	77	5.39,00	87	6.09,00	97	6.79,00
58	4.06,00	68	4.76,00	78	5.46,00	88	6.16,00	98	6.86,00
59	4.13,00	69	4.83,00	79	5.53,00	89	6.23,00	99	6.93,00
60	4.20,00	70	4.90,00	80	5.60,00	90	6.30,00		

INTEREST AT SEVEN PER CENT.

19 DAYS.

Prin.	Interest.	Prin.	Interest.
1	.00,369	51	.18,842
2	.00,739	52	.19,211
3	.01,108	53	.19,581
4	.01,478	54	.19,950
5	.01,847	55	.20,319
6	.02,217	56	.20,689
7	.02,586	57	.21,058
8	.02,956	58	.21,428
9	.03,325	59	.21,797
10	.03,694	60	.22,167
11	.04,064	61	.22,536
12	.04,433	62	.22,906
13	.04,803	63	.23,275
14	.05,172	64	.23,644
15	.05,542	65	.24,014
16	.05,911	66	.24,383
17	.06,281	67	.24,753
18	.06,650	68	.25,122
19	.07,019	69	.25,492
20	.07,389	70	.25,861
21	.07,758	71	.26,231
22	.08,128	72	.26,600
23	.08,497	73	.26,969
24	.08,867	74	.27,389
25	.09,236	75	.27,708
26	.09,606	76	.28,078
27	.09,975	77	.28,447
28	.10,344	78	.28,817
29	.10,714	79	.29,186
30	.11,083	80	.29,556
31	.11,453	81	.29,925
32	.11,822	82	.30,294
33	.12,192	83	.30,664
34	.12,561	84	.31,033
35	.12,931	85	.31,403
36	.13,300	86	.31,772
37	.13,669	87	.32,142
38	.14,039	88	.32,511
39	.14,408	89	.32,881
40	.14,778	90	.33,250
41	.15,147	91	.33,619
42	.15,517	92	.33,989
43	.15,886	93	.34,358
44	.16,256	94	.34,728
45	.16,625	95	.35,097
46	.16,994	96	.35,467
47	.17,364	97	.35,836
48	.17,733	98	.36,206
49	.18,103	99	.36,575
50	.18,472		**19 Days.**

20 DAYS.

Prin.	Interest.	Prin.	Interest.
1	.00,389	51	.19,833
2	.00,778	52	.20,222
3	.01,167	53	.20,611
4	.01,556	54	.21,000
5	.01,944	55	.21,389
6	.02,333	56	.21,778
7	.02,722	57	.22,167
8	.03,111	58	.22,556
9	.03,500	59	.22,944
10	.03,889	60	.23,333
11	.04,278	61	.23,722
12	.04,667	62	.24,111
13	.05,056	63	.24,500
14	.05,444	64	.24,889
15	.05,833	65	.25,278
16	.06,222	66	.25,667
17	.06,611	67	.26,056
18	.07,000	68	.26,444
19	.07,389	69	.26,833
20	.07,778	70	.27,222
21	.08,167	71	.27,611
22	.08,556	72	.28,000
23	.08,944	73	.28,389
24	.09,333	74	.28,778
25	.09,722	75	.29,167
26	.10,111	76	.29,556
27	.10,500	77	.29,944
28	.10,889	78	.30,333
29	.11,278	79	.30,722
30	.11,667	80	.31,111
31	.12,056	81	.31,500
32	.12,444	82	.31,889
33	.12,833	83	.32,278
34	.13,222	84	.32,667
35	.13,611	85	.33,056
36	.14,000	86	.33,444
37	.14,389	87	.33,833
38	.14,778	88	.34,222
39	.15,167	89	.34,611
40	.15,556	90	.35,000
41	.15,944	91	.35,389
42	.16,333	92	.35,778
43	.16,722	93	.36,167
44	.17,111	94	.36,556
45	.17,500	95	.36,944
46	.17,889	96	.37,333
47	.18,278	97	.37,722
48	.18,667	98	.38,111
49	.19,056	99	.38,500
50	.19,444		**20 Days.**

21 DAYS.

Prin.	Interest.	Prin.	Interest.
1	.00,408	51	.20,825
2	.00,817	52	.21,233
3	.01,225	53	.21,642
4	.01,633	54	.22,050
5	.02,042	55	.22,458
6	.02,450	56	.22,867
7	.02,858	57	.23,275
8	.03,267	58	.23,683
9	.03,675	59	.24,092
10	.04,083	60	.24,500
11	.04,492	61	.24,908
12	.04,900	62	.25,317
13	.05,308	63	.25,725
14	.05,717	64	.26,133
15	.06,125	65	.26,542
16	.06,533	66	.26,950
17	.06,942	67	.27,358
18	.07,350	68	.27,767
19	.07,758	69	.28,175
20	.08,167	70	.28,583
21	.08,575	71	.28,992
22	.08,983	72	.29,400
23	.09,392	73	.29,808
24	.09,800	74	.30,217
25	.10,208	75	.30,625
26	.10,617	76	.31,033
27	.11,025	77	.31,442
28	.11,433	78	.31,850
29	.11,842	79	.32,258
30	.12,250	80	.32,667
31	.12,658	81	.33,075
32	.13,067	82	.33,483
33	.13,475	83	.33,892
34	.13,883	84	.34,300
35	.14,292	85	.34,708
36	.14,700	86	.35,117
37	.15,108	87	.35,525
38	.15,517	88	.35,933
39	.15,925	89	.36,342
40	.16,333	90	.36,750
41	.16,742	91	.37,158
42	.17,150	92	.37,567
43	.17,558	93	.37,975
44	.17,967	94	.38,383
45	.18,375	95	.38,792
46	.18,783	96	.39,200
47	.19,192	97	.39,608
48	.19,600	98	.40,017
49	.20,008	99	.40,425
50	.20,417		**21 Days.**

ONE YEAR.

Prin	Interest.	Prin.	Interest.	Prin.	Interest.	Prin.	Interest.	Prin.	Interest.
1	.07,00	11	.77,00	21	1.47,00	31	2.17,00	41	2.87,00
2	.14,00	12	.84,00	22	1.54,00	32	2.24,00	42	2.94,00
3	.21,00	13	.91,00	23	1.61,00	33	2.31,00	43	3.01,00
4	.28,00	14	.98,00	24	1.68,00	34	2.38,00	44	3.08,00
5	.35,00	15	1.05,00	25	1.75,00	35	2.45,00	45	3.15,00
6	.42,00	16	1.12,00	26	1.82,00	36	2.52,00	46	3.22,00
7	.49,00	17	1.19,00	27	1.89,00	37	2.59,00	47	3.29,00
8	.56,00	18	1.26,00	28	1.96,00	38	2.66,00	48	3.36,00
9	.63,00	19	1.33,00	29	2.03,00	39	2.73,00	49	3.43,00
10	.70,00	20	1.40,00	30	2.10,00	40	2.80,00	50	3.50,00

INTEREST AT SEVEN PER CENT.

22 DAYS.

Prin.	Interest.	Prin.	Interest.
1	.00,428	51	.21,817
2	.00,856	52	.22,244
3	.01,283	53	.22,672
4	.01,711	54	.23,100
5	.02,139	55	.23,528
6	.02,567	56	.23,956
7	.02,994	57	.24,383
8	.03,422	58	.24,811
9	.03,850	59	.25,239
10	.04,278	60	.25,667
11	.04,706	61	.26,094
12	.05,133	62	.26,522
13	.05,561	63	.26,950
14	.05,989	64	.27,378
15	.06,417	65	.27,806
16	.06,844	66	.28,233
17	.07,272	67	.28,661
18	.07,700	68	.29,089
19	.08,128	69	.29,517
20	.08,556	70	.29,944
21	.08,983	71	.30,372
22	.09,411	72	.30,800
23	.09,839	73	.31,228
24	.10,267	74	.31,656
25	.10,694	75	.32,083
26	.11,122	76	.32,511
27	.11,550	77	.32,939
28	.11,978	78	.33,367
29	.12,406	79	.33,794
30	.12,833	80	.34,222
31	.13,261	81	.34,650
32	.13,689	82	.35,078
33	.14,117	83	.35,506
34	.14,544	84	.35,933
35	.14,972	85	.36,361
36	.15,400	86	.36,789
37	.15,828	87	.37,217
38	.16,256	88	.37,644
39	.16,683	89	.38,072
40	.17,111	90	.38,500
41	.17,539	91	.38,928
42	.17,967	92	.39,356
43	.18,394	93	.39,783
44	.18,822	94	.40,211
45	.19,250	95	.40,639
46	.19,678	96	.41,067
47	.20,106	97	.41,494
48	.20,533	98	.41,922
49	.20,961	99	.42,350
50	.21,389		**22 Days.**

23 DAYS.

Prin.	Interest.	Prin.	Interest.
1	.00,447	51	.22,808
2	.00,894	52	.23,256
3	.01,342	53	.23,703
4	.01,789	54	.24,150
5	.02,236	55	.24,597
6	.02,683	56	.25,044
7	.03,131	57	.25,492
8	.03,578	58	.25,939
9	.04,025	59	.26,386
10	.04,472	60	.26,833
11	.04,919	61	.27,281
12	.05,367	62	.27,728
13	.05,814	63	.28,175
14	.06,261	64	.28,622
15	.06,708	65	.29,069
16	.07,156	66	.29,517
17	.07,603	67	.29,964
18	.08,050	68	.30,411
19	.08,497	69	.30,858
20	.08,944	70	.31,306
21	.09,392	71	.31,753
22	.09,839	72	.32,200
23	.10,286	73	.32,647
24	.10,733	74	.33,094
25	.11,181	75	.33,542
26	.11,628	76	.33,989
27	.12,075	77	.34,436
28	.12,522	78	.34,883
29	.12,969	79	.35,331
30	.13,417	80	.35,778
31	.13,864	81	.36,225
32	.14,311	82	.36,672
33	.14,758	83	.37,119
34	.15,206	84	.37,567
35	.15,653	85	.38,014
36	.16,100	86	.38,461
37	.16,547	87	.38,908
38	.16,994	88	.39,356
39	.17,442	89	.39,803
40	.17,889	90	.40,250
41	.18,336	91	.40,697
42	.18,783	92	.41,144
43	.19,231	93	.41,592
44	.19,678	94	.42,039
45	.20,125	95	.42,486
46	.20,572	96	.42,933
47	.21,019	97	.43,381
48	.21,467	98	.43,828
49	.21,914	99	.44,275
50	.22,361		**23 Days.**

24 DAYS.

Prin.	Interest.	Prin.	Interest.
1	.00,467	51	.23,800
2	.00,933	52	.24,267
3	.01,400	53	.24,733
4	.01,867	54	.25,200
5	.02,333	55	.25,667
6	.02,800	56	.26,133
7	.03,267	57	.26,600
8	.03,733	58	.27,067
9	.04,200	59	.27,533
10	.04,667	60	.28,000
11	.05,133	61	.28,467
12	.05,600	62	.28,933
13	.06,067	63	.29,400
14	.06,533	64	.29,867
15	.07,000	65	.30,333
16	.07,467	66	.30,800
17	.07,933	67	.31,267
18	.08,400	68	.31,733
19	.08,867	69	.32,200
20	.09,333	70	.32,667
21	.09,800	71	.33,133
22	.10,267	72	.33,600
23	.10,733	73	.34,067
24	.11,200	74	.34,533
25	.11,667	75	.35,000
26	.12,133	76	.35,467
27	.12,600	77	.35,933
28	.13,067	78	.36,400
29	.13,533	79	.36,867
30	.14,000	80	.37,333
31	.14,467	81	.37,800
32	.14,933	82	.38,267
33	.15,400	83	.38,733
34	.15,867	84	.39,200
35	.16,333	85	.39,667
36	.16,800	86	.40,133
37	.17,267	87	.40,600
38	.17,733	88	.41,067
39	.18,200	89	.41,533
40	.18,667	90	.42,000
41	.19,133	91	.42,467
42	.19,600	92	.42,933
43	.20,067	93	.43,400
44	.20,533	94	.43,867
45	.21,000	95	.44,333
46	.21,467	96	.44,800
47	.21,933	97	.45,267
48	.22,400	98	.45,733
49	.22,867	99	.46,200
50	.23,333		**24 Days.**

ONE YEAR.

Prin.	Interest.	Prin.	Interest.	Prin.	Interest.	Prin.	Interest.	Prin.	Interest.
51	3.57,00	61	4.27,00	71	4.97,00	81	5.67,00	91	6.37,00
52	3.64,00	62	4.34,00	72	5.04,00	82	5.74,00	92	6.44,00
53	3.71,00	63	4.41,00	73	5.11,00	83	5.81,00	93	6.51,00
54	3.78,00	64	4.48,00	74	5.18,00	84	5.88,00	94	6.58,00
55	3.85,00	65	4.55,00	75	5.25,00	85	5.95,00	95	6.65,00
56	3.92,00	66	4.62,00	76	5.32,00	86	6.02,00	96	6.72,00
57	3.99,00	67	4.69,00	77	5.39,00	87	6.09,00	97	6.79,00
58	4.06,00	68	4.76,00	78	5.46,00	88	6.16,00	98	6.86,00
59	4.13,00	69	4.83,00	79	5.53,00	89	6.23,00	99	6.93,00
60	4.20,00	70	4.90,00	80	5.60,00	90	6.30,00		

INTEREST AT SEVEN PER CENT.

25 DAYS.

Prin.	Interest.	Prin.	Interest.
1	.00,486	51	.24,792
2	.00,972	52	.25,278
3	.01,458	53	.25,764
4	.01,944	54	.26,250
5	.02,431	55	.26,736
6	.02,917	56	.27,222
7	.03,403	57	.27,708
8	.03,889	58	.28,194
9	.04,375	59	.28,681
10	.04,861	60	.29,167
11	.05,347	61	.29,653
12	.05,833	62	.30,139
13	.06,319	63	.30,625
14	.06,806	64	.31,111
15	.07,292	65	.31,597
16	.07,778	66	.32,083
17	.08,264	67	.32,569
18	.08,750	68	.33,056
19	.09,236	69	.33,542
20	.09,722	70	.34,028
21	.10,208	71	.34,514
22	.10,694	72	.35,000
23	.11,181	73	.35,486
24	.11,667	74	.35,972
25	.12,153	75	.36,458
26	.12,639	76	.36,944
27	.13,125	77	.37,431
28	.13,611	78	.37,917
29	.14,097	79	.38,403
30	.14,583	80	.38,889
31	.15,069	81	.39,375
32	.15,556	82	.39,861
33	.16,042	83	.40,347
34	.16,528	84	.40,833
35	.17,014	85	.41,319
36	.17,500	86	.41,806
37	.17,986	87	.42,292
38	.18,472	88	.42,778
39	.18,958	89	.43,264
40	.19,444	90	.43,750
41	.19,931	91	.44,236
42	.20,417	92	.44,722
43	.20,903	93	.45,208
44	.21,389	94	.45,694
45	.21,875	95	.46,181
46	.22,361	96	.46,667
47	.22,847	97	.47,153
48	.23,333	98	.47,639
49	.23,819	99	.48,125
50	.24,306		25 Days.

26 DAYS.

Prin.	Interest.	Prin.	Interest.
1	.00,506	51	.25,783
2	.01,011	52	.26,289
3	.01,517	53	.26,794
4	.02,022	54	.27,300
5	.02,528	55	.27,806
6	.03,033	56	.28,311
7	.03,539	57	.28,817
8	.04,044	58	.29,322
9	.04,550	59	.29,828
10	.05,056	60	.30,333
11	.05,561	61	.30,839
12	.06,067	62	.31,344
13	.06,572	63	.31,850
14	.07,078	64	.32,356
15	.07,583	65	.32,861
16	.08,089	66	.33,367
17	.08,594	67	.33,872
18	.09,100	68	.34,378
19	.09,606	69	.34,883
20	.10,111	70	.35,389
21	.10,617	71	.35,894
22	.11,122	72	.36,400
23	.11,628	73	.36,906
24	.12,133	74	.37,411
25	.12,639	75	.37,917
26	.13,144	76	.38,422
27	.13,650	77	.38,928
28	.14,156	78	.39,433
29	.14,661	79	.39,939
30	.15,167	80	.40,444
31	.15,672	81	.40,950
32	.16,178	82	.41,456
33	.16,683	83	.41,961
34	.17,189	84	.42,467
35	.17,694	85	.42,972
36	.18,200	86	.43,478
37	.18,706	87	.43,983
38	.19,211	88	.44,489
39	.19,717	89	.44,994
40	.20,222	90	.45,500
41	.20,728	91	.46,006
42	.21,233	92	.46,511
43	.21,739	93	.47,017
44	.22,244	94	.47,522
45	.22,750	95	.48,028
46	.23,256	96	.48,533
47	.23,761	97	.49,039
48	.24,267	98	.49,544
49	.24,772	99	.50,050
50	.25,278		26 Days.

27 DAYS.

Prin.	Interest.	Prin.	Interest.
1	.00,525	51	.26,775
2	.01,050	52	.27,300
3	.01,575	53	.27,825
4	.02,100	54	.28,350
5	.02,625	55	.28,875
6	.03,150	56	.29,400
7	.03,675	57	.29,925
8	.04,200	58	.30,450
9	.04,725	59	.30,975
10	.05,250	60	.31,500
11	.05,775	61	.32,025
12	.06,300	62	.32,550
13	.06,825	63	.33,075
14	.07,350	64	.33,600
15	.07,875	65	.34,125
16	.08,400	66	.34,650
17	.08,925	67	.35,175
18	.09,450	68	.35,700
19	.09,975	69	.36,225
20	.10,500	70	.36,750
21	.11,025	71	.37,275
22	.11,550	72	.37,800
23	.12,075	73	.38,325
24	.12,600	74	.38,850
25	.13,125	75	.39,375
26	.13,650	76	.39,900
27	.14,175	77	.40,425
28	.14,700	78	.40,950
29	.15,225	79	.41,475
30	.15,750	80	.42,000
31	.16,275	81	.42,525
32	.16,800	82	.43,050
33	.17,325	83	.43,575
34	.17,850	84	.44,100
35	.18,375	85	.44,625
36	.18,900	86	.45,150
37	.19,425	87	.45,675
38	.19,950	88	.46,200
39	.20,475	89	.46,725
40	.21,000	90	.47,250
41	.21,525	91	.47,775
42	.22,050	92	.48,300
43	.22,575	93	.48,825
44	.23,100	94	.49,350
45	.23,625	95	.49,875
46	.24,150	96	.50,400
47	.24,675	97	.50,925
48	.25,200	98	.51,450
49	.25,725	99	.51,975
50	.26,250		27 Days.

ONE YEAR.

Prin.	Interest.	Prin.	Interest.	Prin.	Interest.	Prin.	Interest.	Prin.	Interest.
1	.07,00	11	.77,00	21	1.47,00	31	2.17,00	41	2.87,00
2	.14,00	12	.84,00	22	1.54,00	32	2.24,00	42	2.94,00
3	.21,00	13	.91,00	23	1.61,00	33	2.31,00	43	3.01,00
4	.28,00	14	.98,00	24	1.68,00	34	2.38,00	44	3.08,00
5	.35,00	15	1.05,00	25	1.75,00	35	2.45,00	45	3.15,00
6	.42,00	16	1.12,00	26	1.82,00	36	2.52,00	46	3.22,00
7	.49,00	17	1.19,00	27	1.89,00	37	2.59,00	47	3.29,00
8	.56,00	18	1.26,00	28	1.96,00	38	2.66,00	48	3.36,00
9	.63,00	19	1.33,00	29	2.03,00	39	2.73,00	49	3.43,00
10	.70,00	20	1.40,00	30	2.10,00	40	2.80,00	50	3.50,00

INTEREST AT SEVEN PER CENT.

28 DAYS.

Prin.	Interest.	Prin.	Interest.
1	.00,544	51	.27,767
2	.01,089	52	.28,311
3	.01,633	53	.28,856
4	.02,178	54	.29,400
5	.02,722	55	.29,944
6	.03,267	56	.30,489
7	.03,811	57	.31,033
8	.04,356	58	.31,578
9	.04,900	59	.32,122
10	.05,444	60	.32,667
11	.05,989	61	.33,211
12	.06,533	62	.33,756
13	.07,078	63	.34,300
14	.07,622	64	.34,844
15	.08,167	65	.35,389
16	.08,711	66	.35,933
17	.09,256	67	.36,478
18	.09,800	68	.37,022
19	.10,344	69	.37,567
20	.10,889	70	.38,111
21	.11,433	71	.38,656
22	.11,978	72	.39,200
23	.12,522	73	.39,744
24	.13,067	74	.40,289
25	.13,611	75	.40,833
26	.14,156	76	.41,378
27	.14,700	77	.41,922
28	.15,244	78	.42,467
29	.15,789	79	.43,011
30	.16,333	80	.43,556
31	.16,878	81	.44,100
32	.17,422	82	.44,644
33	.17,967	83	.45,189
34	.18,511	84	.45,733
35	.19,056	85	.46,278
36	.19,600	86	.46,822
37	.20,144	87	.47,367
38	.20,689	88	.47,911
39	.21,233	89	.48,456
40	.21,778	90	.49,000
41	.22,322	91	.49,544
42	.22,867	92	.50,089
43	.23,411	93	.50,633
44	.23,956	94	.51,178
45	.24,500	95	.51,722
46	.25,044	96	.52,267
47	.25,589	97	.52,811
48	.26,133	98	.53,356
49	.26,678	99	.53,900
50	.27,222		**28 Days.**

29 DAYS.

Prin.	Interest.	Prin.	Interest.
1	.00,564	51	.28,758
2	.01,128	52	.29,322
3	.01,692	53	.29,886
4	.02,256	54	.30,450
5	.02,819	55	.31,014
6	.03,383	56	.31,578
7	.03,947	57	.32,142
8	.04,511	58	.32,706
9	.05,075	59	.33,269
10	.05,639	60	.33,833
11	.06,203	61	.34,397
12	.06,767	62	.34,961
13	.07,331	63	.35,525
14	.07,894	64	.36,089
15	.08,458	65	.36,653
16	.09,022	66	.37,217
17	.09,586	67	.37,781
18	.10,150	68	.38,344
19	.10,714	69	.38,908
20	.11,278	70	.39,472
21	.11,842	71	.40,036
22	.12,406	72	.40,600
23	.12,969	73	.41,164
24	.13,533	74	.41,728
25	.14,097	75	.42,292
26	.14,661	76	.42,856
27	.15,225	77	.43,419
28	.15,789	78	.43,983
29	.16,353	79	.44,547
30	.16,917	80	.45,111
31	.17,481	81	.45,675
32	.18,044	82	.46,239
33	.18,608	83	.46,803
34	.19,172	84	.47,367
35	.19,736	85	.47,931
36	.20,300	86	.48,494
37	.20,864	87	.49,058
38	.21,428	88	.49,622
39	.21,992	89	.50,186
40	.22,556	90	.50,750
41	.23,119	91	.51,314
42	.23,683	92	.51,878
43	.24,247	93	.52,442
44	.24,811	94	.53,006
45	.25,375	95	.53,569
46	.25,939	96	.54,133
47	.26,503	97	.54,697
48	.27,067	98	.55,261
49	.27,631	99	.55,825
50	.28,194		**29 Days.**

1 MONTH.

Prin.	Interest.	Prin.	Interest.
1	.00,583	51	.29,750
2	.01,167	52	.30,333
3	.01,750	53	.30,917
4	.02,333	54	.31,500
5	.02,917	55	.32,083
6	.03,500	56	.32,667
7	.04,083	57	.33,250
8	.04,667	58	.33,833
9	.05,250	59	.34,417
10	.05,833	60	.35,000
11	.06,417	61	.35,583
12	.07,000	62	.36,167
13	.07,583	63	.36,750
14	.08,167	64	.37,333
15	.08,750	65	.37,917
16	.09,333	66	.38,500
17	.09,917	67	.39,083
18	.10,500	68	.39,667
19	.11,083	69	.40,250
20	.11,667	70	.40,833
21	.12,250	71	.41,417
22	.12,833	72	.42,000
23	.13,417	73	.42,583
24	.14,000	74	.43,167
25	.14,583	75	.43,750
26	.15,167	76	.44,333
27	.15,750	77	.44,917
28	.16,333	78	.45,500
29	.16,917	79	.46,083
30	.17,500	80	.46,667
31	.18,083	81	.47,250
32	.18,667	82	.47,833
33	.19,250	83	.48,417
34	.19,833	84	.49,000
35	.20,417	85	.49,583
36	.21,000	86	.50,167
37	.21,583	87	.50,750
38	.22,167	88	.51,333
39	.22,750	89	.51,917
40	.23,333	90	.52,500
41	.23,917	91	.53,083
42	.24,500	92	.53,667
43	.25,083	93	.54,250
44	.25,667	94	.54,833
45	.26,250	95	.55,417
46	.26,833	96	.56,000
47	.27,417	97	.56,583
48	.28,000	98	.57,167
49	.28,583	99	.57,750
50	.29,167		**30 Days.**

ONE YEAR.

Prin.	Interest.	Prin.	Interest.	Prin.	Interest.	Prin.	Interest.	Prin.	Interest.
51	3.57,00	61	4.27,00	71	4.97,00	81	5.67,00	91	6.37,00
52	3.64,00	62	4.34,00	72	5.04,00	82	5.74,00	92	6.44,00
53	3.71,00	63	4.41,00	73	5.11,00	83	5.81,00	93	6.51,00
54	3.78,00	64	4.48,00	74	5.18,00	84	5.88,00	94	6.58,00
55	3.85,00	65	4.55,00	75	5.25,00	85	5.95,00	95	6.65,00
56	3.92,00	66	4.62,00	76	5.32,00	86	6.02,00	96	6.72,00
57	3.99,00	67	4.69,00	77	5.39,00	87	6.09,00	97	6.79,00
58	4.06,00	68	4.76,00	78	5.46,00	88	6.16,00	98	6.86,00
59	4.13,00	69	4.83,00	79	5.53,00	89	6.23,00	99	6.93,00
60	4.20,00	70	4.90,00	80	5.60,00	90	6.30,00		

[23

INTEREST AT SEVEN PER CENT.

1 Month and 1 Day.

Prin.	Interest.	Prin.	Interest.
1	.00,603	51	.30,742
2	.01,206	52	.31,344
3	.01,808	53	.31,947
4	.02,411	54	.32,550
5	.03,014	55	.33,153
6	.03,617	56	.33,756
7	.04,219	57	.34,358
8	.04,822	58	.34,961
9	.05,425	59	.35,564
10	.06,028	60	.36,167
11	.06,631	61	.36,769
12	.07,233	62	.37,372
13	.07,836	63	.37,975
14	.08,439	64	.38,578
15	.09,042	65	.39,181
16	.09,644	66	.39,783
17	.10,247	67	.40,386
18	.10,850	68	.40,989
19	.11,453	69	.41,592
20	.12,056	70	.42,194
21	.12,658	71	.42,797
22	.13,261	72	.43,400
23	.13,864	73	.44,003
24	.14,467	74	.44,606
25	.15,069	75	.45,208
26	.15,672	76	.45,811
27	.16,275	77	.46,414
28	.16,878	78	.47,017
29	.17,481	79	.47,619
30	.18,083	80	.48,222
31	.18,686	81	.48,825
32	.19,289	82	.49,428
33	.19,892	83	.50,031
34	.20,494	84	.50,633
35	.21,097	85	.51,236
36	.21,700	86	.51,839
37	.22,303	87	.52,442
38	.22,906	88	.53,044
39	.23,508	89	.53,647
40	.24,111	90	.54,250
41	.24,714	91	.54,853
42	.25,317	92	.55,456
43	.25,919	93	.56,058
44	.26,522	94	.56,661
45	.27,125	95	.57,264
46	.27,728	96	.57,867
47	.28,331	97	.58,469
48	.28,933	98	.59,072
49	.29,536	99	.59,675
50	.30,139		**31 Days.**

1 Month and 2 Days.

Prin.	Interest.	Prin.	Interest.
1	.00,622	51	.31,733
2	.01,244	52	.32,356
3	.01,867	53	.32,978
4	.02,489	54	.33,600
5	.03,111	55	.34,222
6	.03,733	56	.34,844
7	.04,356	57	.35,467
8	.04,978	58	.36,089
9	.05,600	59	.36,711
10	.06,222	60	.37,333
11	.06,844	61	.37,956
12	.07,467	62	.38,578
13	.08,089	63	.39,200
14	.08,711	64	.39,822
15	.09,333	65	.40,444
16	.09,956	66	.41,067
17	.10,578	67	.41,689
18	.11,200	68	.42,311
19	.11,822	69	.42,933
20	.12,444	70	.43,556
21	.13,067	71	.44,178
22	.13,689	72	.44,800
23	.14,311	73	.45,422
24	.14,933	74	.46,044
25	.15,556	75	.46,667
26	.16,178	76	.47,289
27	.16,800	77	.47,911
28	.17,422	78	.48,533
29	.18,044	79	.49,156
30	.18,667	80	.49,778
31	.19,289	81	.50,400
32	.19,911	82	.51,022
33	.20,533	83	.51,644
34	.21,156	84	.52,267
35	.21,778	85	.52,889
36	.22,400	86	.53,511
37	.23,022	87	.54,133
38	.23,644	88	.54,756
39	.24,267	89	.55,378
40	.24,889	90	.56,000
41	.25,511	91	.56,622
42	.26,133	92	.57,244
43	.26,756	93	.57,867
44	.27,378	94	.58,489
45	.28,000	95	.59,111
46	.28,622	96	.59,733
47	.29,244	97	.60,356
48	.29,867	98	.60,978
49	.30,489	99	.61,600
50	.31,111		**32 Days.**

1 Month and 3 Days.

Prin.	Interest.	Prin.	Interest.
1	.00,642	51	.32,725
2	.01,283	52	.33,367
3	.01,925	53	.34,008
4	.02,567	54	.34,650
5	.03,208	55	.35,292
6	.03,850	56	.35,933
7	.04,492	57	.36,575
8	.05,133	58	.37,217
9	.05,775	59	.37,858
10	.06,417	60	.38,500
11	.07,058	61	.39,142
12	.07,700	62	.39,783
13	.08,342	63	.40,425
14	.08,983	64	.41,067
15	.09,625	65	.41,708
16	.10,267	66	.42,350
17	.10,908	67	.42,992
18	.11,550	68	.43,633
19	.12,192	69	.44,275
20	.12,833	70	.44,917
21	.13,475	71	.45,558
22	.14,117	72	.46,200
23	.14,758	73	.46,842
24	.15,400	74	.47,483
25	.16,042	75	.48,125
26	.16,683	76	.48,767
27	.17,325	77	.49,408
28	.17,967	78	.50,050
29	.18,608	79	.50,692
30	.19,250	80	.51,333
31	.19,892	81	.51,975
32	.20,533	82	.52,617
33	.21,175	83	.53,258
34	.21,817	84	.53,900
35	.22,458	85	.54,542
36	.23,100	86	.55,183
37	.23,742	87	.55,825
38	.24,383	88	.56,467
39	.25,025	89	.57,108
40	.25,667	90	.57,750
41	.26,308	91	.58,392
42	.26,950	92	.59,033
43	.27,592	93	.59,675
44	.28,233	94	.60,317
45	.28,875	95	.60,958
46	.29,517	96	.61,600
47	.30,158	97	.62,242
48	.30,800	98	.62,883
49	.31,442	99	.63,525
50	.32,083		**33 Days.**

ONE YEAR.

Prin.	Interest.	Prin.	Interest.	Prin.	Interest.	Prin.	Interest.	Prin.	Interest.
1	.07,00	11	.77,00	21	1.47,00	31	2.17,00	41	2.87,00
2	.14,00	12	.84,00	22	1.54,00	32	2.24,00	42	2.94,00
3	.21,00	13	.91,00	23	1.61,00	33	2.31,00	43	3.01,00
4	.28,00	14	.98,00	24	1.68,00	34	2.38,00	44	3.08,00
5	.35,00	15	1.05,00	25	1.75,00	35	2.45,00	45	3.15,00
6	.42,00	16	1.12,00	26	1.82,00	36	2.52,00	46	3.22,00
7	.49,00	17	1.19,00	27	1.89,00	37	2.59,00	47	3.29,00
8	.56,00	18	1.26,00	28	1.96,00	38	2.66,00	48	3.36,00
9	.63,00	19	1.33,00	29	2.03,00	39	2.73,00	49	3.43,00
10	.70,00	20	1.40,00	30	2.10,00	40	2.80,00	50	3.50,00

INTEREST AT SEVEN PER CENT.

1 Month and 4 Days.

Prin.	Interest.	Prin.	Interest.
1	.00,661	51	.33,717
2	.01,322	52	.34,378
3	.01,983	53	.35,039
4	.02,644	54	.35,700
5	.03,306	55	.36,361
6	.03,967	56	.37,022
7	.04,628	57	.37,683
8	.05,289	58	.38,344
9	.05,950	59	.39,006
10	.06,611	60	.39,667
11	.07,272	61	.40,328
12	.07,933	62	.40,989
13	.08,594	63	.41,650
14	.09,256	64	.42,311
15	.09,917	65	.42,972
16	.10,578	66	.43,633
17	.11,239	67	.44,294
18	.11,900	68	.44,956
19	.12,561	69	.45,617
20	.13,222	70	.46,278
21	.13,883	71	.46,939
22	.14,544	72	.47,600
23	.15,206	73	.48,261
24	.15,867	74	.48,922
25	.16,528	75	.49,583
26	.17,189	76	.50,244
27	.17,850	77	.50,906
28	.18,511	78	.51,567
29	.19,172	79	.52,228
30	.19,833	80	.52,889
31	.20,494	81	.53,550
32	.21,156	82	.54,211
33	.21,817	83	.54,872
34	.22,478	84	.55,533
35	.23,139	85	.56,194
36	.23,800	86	.56,856
37	.24,461	87	.57,517
38	.25,122	88	.58,178
39	.25,783	89	.58,839
40	.26,444	90	.59,500
41	.27,106	91	.60,161
42	.27,767	92	.60,822
43	.28,428	93	.61,483
44	.29,089	94	.62,144
45	.29,750	95	.62,806
46	.30,411	96	.63,467
47	.31,072	97	.64,128
48	.31,733	98	.64,789
49	.32,394	99	.65,450
50	.33,056		**34 Days.**

1 Month and 5 Days.

Prin.	Interest.	Prin.	Interest.
1	.00,681	51	.34,708
2	.01,361	52	.35,389
3	.02,042	53	.36,069
4	.02,722	54	.36,750
5	.03,403	55	.37,431
6	.04,083	56	.38,111
7	.04,764	57	.38,792
8	.05,444	58	.39,472
9	.06,125	59	.40,153
10	.06,806	60	.40,833
11	.07,486	61	.41,514
12	.08,167	62	.42,194
13	.08,847	63	.42,875
14	.09,528	64	.43,556
15	.10,208	65	.44,236
16	.10,889	66	.44,917
17	.11,569	67	.45,597
18	.12,250	68	.46,278
19	.12,931	69	.46,958
20	.13,611	70	.47,639
21	.14,292	71	.48,319
22	.14,972	72	.49,000
23	.15,653	73	.49,681
24	.16,333	74	.50,361
25	.17,014	75	.51,042
26	.17,694	76	.51,722
27	.18,375	77	.52,403
28	.19,056	78	.53,083
29	.19,736	79	.53,764
30	.20,417	80	.54,444
31	.21,097	81	.55,125
32	.21,778	82	.55,806
33	.22,458	83	.56,486
34	.23,139	84	.57,167
35	.23,819	85	.57,847
36	.24,500	86	.58,528
37	.25,181	87	.59,208
38	.25,861	88	.59,889
39	.26,542	89	.60,569
40	.27,222	90	.61,250
41	.27,903	91	.61,931
42	.28,583	92	.62,611
43	.29,264	93	.63,292
44	.29,944	94	.63,972
45	.30,625	95	.64,653
46	.31,306	96	.65,333
47	.31,986	97	.66,014
48	.32,667	98	.66,694
49	.33,347	99	.67,375
50	.34,028		**35 Days.**

1 Month and 6 Days.

Prin.	Interest.	Prin.	Interest.
1	.00,700	51	.35,700
2	.01,400	52	.36,400
3	.02,100	53	.37,100
4	.02,800	54	.37,800
5	.03,500	55	.38,500
6	.04,200	56	.39,200
7	.04,900	57	.39,900
8	.05,600	58	.40,600
9	.06,300	59	.41,300
10	.07,000	60	.42,000
11	.07,700	61	.42,700
12	.08,400	62	.43,400
13	.09,100	63	.44,100
14	.09,800	64	.44,800
15	.10,500	65	.45,500
16	.11,200	66	.46,200
17	.11,900	67	.46,900
18	.12,600	68	.47,600
19	.13,300	69	.48,300
20	.14,000	70	.49,000
21	.14,700	71	.49,700
22	.15,400	72	.50,400
23	.16,100	73	.51,100
24	.16,800	74	.51,800
25	.17,500	75	.52,500
26	.18,200	76	.53,200
27	.18,900	77	.53,900
28	.19,600	78	.54,600
29	.20,300	79	.55,300
30	.21,000	80	.56,000
31	.21,700	81	.56,700
32	.22,400	82	.57,400
33	.23,100	83	.58,100
34	.23,800	84	.58,800
35	.24,500	85	.59,500
36	.25,200	86	.60,200
37	.25,900	87	.60,900
38	.26,600	88	.61,600
39	.27,300	89	.62,300
40	.28,000	90	.63,000
41	.28,700	91	.63,700
42	.29,400	92	.64,400
43	.30,100	93	.65,100
44	.30,800	94	.65,800
45	.31,500	95	.66,500
46	.32,200	96	.67,200
47	.32,900	97	.67,900
48	.33,600	98	.68,600
49	.34,300	99	.69,300
50	.35,000		**36 Days.**

ONE YEAR.

Prin.	Interest.	Prin.	Interest.	Prin.	Interest.	Prin.	Interest.	Prin.	Interest.
51	3.57,00	61	4.27,00	71	4.97,00	81	5.67,00	91	6.37,00
52	3.64,00	62	4.34,00	72	5.04,00	82	5.74,00	92	6.44,00
53	3.71,00	63	4.41,00	73	5.11,00	83	5.81,00	93	6.51,00
54	3.78,00	64	4.48,00	74	5.18,00	84	5.88,00	94	6.58,00
55	3.85,00	65	4.55,00	75	5.25,00	85	5.95,00	95	6.65,00
56	3.92,00	66	4.62,00	76	5.32,00	86	6.02,00	96	6.72,00
57	3.99,00	67	4.69,00	77	5.39,00	87	6.09,00	97	6.79,00
58	4.06,00	68	4.76,00	78	5.46,00	88	6.16,00	98	6.86,00
59	4.13,00	69	4.83,00	79	5.53,00	89	6.23,00	99	6.93,00
60	4.20,00	70	4.90,00	80	5.60,00	90	6.30,00		

INTEREST AT SEVEN PER CENT.

1 Month and 7 Days.

Prin.	Interest.	Prin.	Interest.
1	.00,719	51	.36,692
2	.01,439	52	.37,411
3	.02,158	53	.38,131
4	.02,878	54	.38,850
5	.03,597	55	.39,569
6	.04,317	56	.40,289
7	.05,036	57	.41,008
8	.05,756	58	.41,728
9	.06,475	59	.42,447
10	.07,194	60	.43,167
11	.07,914	61	.43,886
12	.08,633	62	.44,606
13	.09,353	63	.45,325
14	.10,072	64	.46,044
15	.10,792	65	.46,764
16	.11,511	66	.47,483
17	.12,231	67	.48,203
18	.12,950	68	.48,922
19	.13,669	69	.49,642
20	.14,389	70	.50,361
21	.15,108	71	.51,081
22	.15,828	72	.51,800
23	.16,547	73	.52,519
24	.17,267	74	.53,239
25	.17,986	75	.53,958
26	.18,706	76	.54,678
27	.19,425	77	.55,397
28	.20,144	78	.56,117
29	.20,864	79	.56,836
30	.21,583	80	.57,556
31	.22,303	81	.58,275
32	.23,022	82	.58,994
33	.23,742	83	.59,714
34	.24,461	84	.60,433
35	.25,181	85	.61,153
36	.25,900	86	.61,872
37	.26,619	87	.62,592
38	.27,339	88	.63,311
39	.28,058	89	.64,031
40	.28,778	90	.64,750
41	.29,497	91	.65,469
42	.30,217	92	.66,189
43	.30,936	93	.66,908
44	.31,656	94	.67,628
45	.32,375	95	.68,347
46	.33,094	96	.69,067
47	.33,814	97	.69,786
48	.34,533	98	.70,506
49	.35,253	99	.71,225
50	.35,972	**37 Days.**	

1 Month and 8 Days.

Prin.	Interest.	Prin.	Interest.
1	.00,739	51	.37,683
2	.01,478	52	.38,422
3	.02,217	53	.39,161
4	.02,956	54	.39,900
5	.03,694	55	.40,639
6	.04,433	56	.41,378
7	.05,172	57	.42,117
8	.05,911	58	.42,856
9	.06,650	59	.43,594
10	.07,389	60	.44,333
11	.08,128	61	.45,072
12	.08,867	62	.45,811
13	.09,606	63	.46,550
14	.10,344	64	.47,289
15	.11,083	65	.48,028
16	.11,822	66	.48,767
17	.12,561	67	.49,506
18	.13,300	68	.50,244
19	.14,039	69	.50,983
20	.14,778	70	.51,722
21	.15,517	71	.52,461
22	.16,256	72	.53,200
23	.16,994	73	.53,939
24	.17,733	74	.54,678
25	.18,472	75	.55,417
26	.19,211	76	.56,156
27	.19,950	77	.56,894
28	.20,689	78	.57,633
29	.21,428	79	.58,372
30	.22,167	80	.59,111
31	.22,906	81	.59,850
32	.23,644	82	.60,589
33	.24,383	83	.61,328
34	.25,122	84	.62,067
35	.25,861	85	.62,806
36	.26,600	86	.63,544
37	.27,339	87	.64,283
38	.28,078	88	.65,022
39	.28,817	89	.65,761
40	.29,556	90	.66,500
41	.30,294	91	.67,239
42	.31,033	92	.67,978
43	.31,772	93	.68,717
44	.32,511	94	.69,456
45	.33,250	95	.70,194
46	.33,989	96	.70,933
47	.34,728	97	.71,672
48	.35,467	98	.72,411
49	.36,206	99	.73,150
50	.36,944	**38 Days.**	

1 Month and 9 Days.

Prin.	Interest.	Prin.	Interest.
1	.00,758	51	.38,675
2	.01,517	52	.39,433
3	.02,275	53	.40,192
4	.03,033	54	.40,950
5	.03,792	55	.41,708
6	.04,550	56	.42,467
7	.05,308	57	.43,225
8	.06,067	58	.43,983
9	.06,825	59	.44,742
10	.07,583	60	.45,500
11	.08,342	61	.46,258
12	.09,100	62	.47,017
13	.09,858	63	.47,775
14	.10,617	64	.48,533
15	.11,375	65	.49,292
16	.12,133	66	.50,050
17	.12,892	67	.50,808
18	.13,650	68	.51,567
19	.14,408	69	.52,325
20	.15,167	70	.53,083
21	.15,925	71	.53,842
22	.16,683	72	.54,600
23	.17,442	73	.55,358
24	.18,200	74	.56,117
25	.18,958	75	.56,875
26	.19,717	76	.57,633
27	.20,475	77	.58,392
28	.21,233	78	.59,150
29	.21,992	79	.59,908
30	.22,750	80	.60,667
31	.23,508	81	.61,425
32	.24,267	82	.62,183
33	.25,025	83	.62,942
34	.25,783	84	.63,700
35	.26,542	85	.64,458
36	.27,300	86	.65,217
37	.28,058	87	.65,975
38	.28,817	88	.66,733
39	.29,575	89	.67,492
40	.30,333	90	.68,250
41	.31,092	91	.69,008
42	.31,850	92	.69,767
43	.32,608	93	.70,525
44	.33,367	94	.71,283
45	.34,125	95	.72,042
46	.34,883	96	.72,800
47	.35,642	97	.73,558
48	.36,400	98	.74,317
49	.37,158	99	.75,075
50	.37,917	**39 Days.**	

ONE YEAR.

Prin.	Interest.	Prin.	Interest.	Prin.	Interest.	Prin.	Interest.	Prin.	Interest.
1	.07,00	11	.77,00	21	1.47,00	31	2.17,00	41	2.87,00
2	.14,00	12	.84,00	22	1.54,00	32	2.24,00	42	2.94,00
3	.21,00	13	.91,00	23	1.61,00	33	2.31,00	43	3.01,00
4	.28,00	14	.98,00	24	1.68,00	34	2.38,00	44	3.08,00
5	.35,00	15	1.05,00	25	1.75,00	35	2.45,00	45	3.15,00
6	.42,00	16	1.12,00	26	1.82,00	36	2.52,00	46	3.22,00
7	.49,00	17	1.19,00	27	1.89,00	37	2.59,00	47	3.29,00
8	.56,00	18	1.26,00	28	1.96,00	38	2.66,00	48	3.36,00
9	.63,00	19	1.33,00	29	2.03,00	39	2.73,00	49	3.43,00
10	.70,00	20	1.40,00	30	2.10,00	40	2.80,00	50	3.50,00

INTEREST AT SEVEN PER CENT.

1 Month and 10 Days.

Prin.	Interest.	Prin.	Interest.
1	.00,778	51	.39,667
2	.01,556	52	.40,444
3	.02,333	53	.41,222
4	.03,111	54	.42,000
5	.03,889	55	.42,778
6	.04,667	56	.43,556
7	.05,444	57	.44,333
8	.06,222	58	.45,111
9	.07,000	59	.45,889
10	.07,778	60	.46,667
11	.08,556	61	.47,444
12	.09,333	62	.48,222
13	.10,111	63	.49,000
14	.10,889	64	.49,778
15	.11,667	65	.50,556
16	.12,444	66	.51,333
17	.13,222	67	.52,111
18	.14,000	68	.52,889
19	.14,778	69	.53,667
20	.15,556	70	.54,444
21	.16,333	71	.55,222
22	.17,111	72	.56,000
23	.17,889	73	.56,778
24	.18,667	74	.57,556
25	.19,444	75	.58,333
26	.20,222	76	.59,111
27	.21,000	77	.59,889
28	.21,778	78	.60,667
29	.22,556	79	.61,444
30	.23,333	80	.62,222
31	.24,111	81	.63,000
32	.24,889	82	.63,778
33	.25,667	83	.64,556
34	.26,444	84	.65,333
35	.27,222	85	.66,111
36	.28,000	86	.66,889
37	.28,778	87	.67,667
38	.29,556	88	.68,444
39	.30,333	89	.69,222
40	.31,111	90	.70,000
41	.31,889	91	.70,778
42	.32,667	92	.71,556
43	.33,444	93	.72,333
44	.34,222	94	.73,111
45	.35,000	95	.73,889
46	.35,778	96	.74,667
47	.36,556	97	.75,444
48	.37,333	98	.76,222
49	.38,111	99	.77,000
50	.38,889	**40 Days.**	

1 Month and 11 Days.

Prin.	Interest.	Prin.	Interest.
1	.00,797	51	.40,658
2	.01,594	52	.41,456
3	.02,392	53	.42,253
4	.03,189	54	.43,050
5	.03,986	55	.43,847
6	.04,783	56	.44,644
7	.05,581	57	.45,442
8	.06,378	58	.46,239
9	.07,175	59	.47,036
10	.07,972	60	.47,833
11	.08,769	61	.48,631
12	.09,567	62	.49,428
13	.10,364	63	.50,225
14	.11,161	64	.51,022
15	.11,958	65	.51,819
16	.12,756	66	.52,617
17	.13,553	67	.53,414
18	.14,350	68	.54,211
19	.15,147	69	.55,008
20	.15,944	70	.55,806
21	.16,742	71	.56,603
22	.17,539	72	.57,400
23	.18,336	73	.58,197
24	.19,133	74	.58,994
25	.19,931	75	.59,792
26	.20,728	76	.60,589
27	.21,525	77	.61,386
28	.22,322	78	.62,183
29	.23,119	79	.62,981
30	.23,917	80	.63,778
31	.24,714	81	.64,575
32	.25,511	82	.65,372
33	.26,308	83	.66,169
34	.27,106	84	.66,967
35	.27,903	85	.67,764
36	.28,700	86	.68,561
37	.29,497	87	.69,358
38	.30,294	88	.70,156
39	.31,092	89	.70,953
40	.31,889	90	.71,750
41	.32,686	91	.72,547
42	.33,483	92	.73,344
43	.34,281	93	.74,142
44	.35,078	94	.74,939
45	.35,875	95	.75,736
46	.36,672	96	.76,533
47	.37,469	97	.77,331
48	.38,267	98	.78,128
49	.39,064	99	.78,925
50	.39,861	**41 Days.**	

1 Month and 12 Days.

Prin.	Interest.	Prin.	Interest.
1	.00,817	51	.41,650
2	.01,633	52	.42,467
3	.02,450	53	.43,283
4	03,267	54	.44,100
5	.04,083	55	.44,917
6	.04,900	56	.45,733
7	.05,717	57	.46,550
8	.06,533	58	.47,367
9	.07,350	59	.48,183
10	.08,167	60	.49,000
11	.08,983	61	.49,817
12	.09,800	62	.50,633
13	.10,617	63	.51,450
14	.11,433	64	.52,267
15	.12,250	65	.53 083
16	.13,067	66	.53,900
17	.13,883	67	.54,717
18	.14,700	68	.55,533
19	.15,517	69	.56,350
20	.16,333	70	.57,167
21	.17,150	71	.57,983
22	.17,967	72	.58,800
23	.18,783	73	.59,617
24	.19,600	74	.60,433
25	.20,417	75	.61,250
26	.21,233	76	.62,067
27	.22,050	77	.62,883
28	.22,867	78	.63,700
29	.23,683	79	.64,517
30	.24,500	80	.65,333
31	.25,317	81	.66,150
32	.26,133	82	.66,967
33	.26,950	83	.67,783
34	.27,767	84	.68,600
35	.28,583	85	.69,417
36	.29,400	86	.70,233
37	.30,217	87	.71,050
38	.31,033	88	.71,867
39	.31,850	89	.72,683
40	.32,667	90	.73,500
41	.33,483	91	.74,317
42	.34,300	92	.75,133
43	.35,117	93	.75,950
44	.35,933	94	.76,767
45	.36,750	95	.77,583
46	.37,567	96	.78,400
47	.38,383	97	.79,217
48	.39,200	98	.80,033
49	.40,017	99	.80,850
50	.40,833	**42 Days.**	

ONE YEAR.

Prin.	Interest.	Prin.	Interest.	Prin.	Interest.	Prin.	Interest.	Prin.	Interest.
51	3.57,00	61	4.27,00	71	4.97,00	81	5.67,00	91	6.37,00
52	3.64,00	62	4.34,00	72	5.04,00	82	5.74,00	92	6.44,00
53	3.71,00	63	4.41,00	73	5.11,00	83	5.81,00	93	6.51,00
54	3.78,00	64	4.48,00	74	5.18,00	84	5.88,00	94	6.58,00
55	3.85,00	65	4.55,00	75	5.25,00	85	5.95,00	95	6.65,00
56	3.92,00	66	4.62,00	76	5.32,00	86	6.02,00	96	6.72,00
57	3.99,00	67	4.69,00	77	5.39,00	87	6.09,00	97	6.79,00
58	4.06,00	68	4.76,00	78	5.46,00	88	6.16,00	98	6.86,00
59	4.13,00	69	4.83,00	79	5.53,00	89	6.23,00	99	6.93,00
60	4.20,00	70	4.90,00	80	5.60,00	90	6.30,00		

INTEREST AT SEVEN PER CENT.

1 Month and 13 Days.				1 Month and 14 Days.				1 Month and 15 Days.			
Prin.	Interest.	Prin.	Interest.	Prin.	Interest.	Prin.	Interest.	Prin.	Interest.	Prin.	Interest.
1	.00,836	51	.42,642	1	.00,856	51	.43,633	1	.00,875	51	.44,625
2	.01,672	52	.43,478	2	.01,711	52	.44,489	2	.01,750	52	.45,500
3	.02,508	53	.44,314	3	.02,567	53	.45,344	3	.02,625	53	.46,375
4	.03,344	54	.45,150	4	.03,422	54	.46,200	4	.03,500	54	.47,250
5	.04,181	55	.45,986	5	.04,278	55	.47,056	5	.04,375	55	.48,125
6	.05,017	56	.46,822	6	.05,133	56	.47,911	6	.05,250	56	.49,000
7	.05,853	57	.47,658	7	.05,989	57	.48,767	7	.06,125	57	.49,875
8	.06,689	58	.48,494	8	.06,844	58	.49,622	8	.07,000	58	.50,750
9	.07,525	59	.49,331	9	.07,700	59	.50,478	9	.07,875	59	.51,625
10	.08,361	60	.50,167	10	.08,556	60	.51,333	10	.08,750	60	.52,500
11	.09,197	61	.51,003	11	.09,411	61	.52,189	11	.09,625	61	.53,375
12	.10,033	62	.51,839	12	.10,267	62	.53,044	12	.10,500	62	.54,250
13	.10,869	63	.52,675	13	.11,122	63	.53,900	13	.11,375	63	.55,125
14	.11,706	64	.53,511	14	.11,978	64	.54,756	14	.12,250	64	.56,000
15	.12,542	65	.54,347	15	.12,833	65	.55,611	15	.13,125	65	.56,875
16	.13,378	66	.55,183	16	.13,689	66	.56,467	16	.14,000	66	.57,750
17	.14,214	67	.56,019	17	.14,544	67	.57,322	17	.14,875	67	.58,625
18	.15,050	68	.56,856	18	.15,400	68	.58,178	18	.15,750	68	.59,500
19	.15,886	69	.57,692	19	.16,256	69	.59,033	19	.16,625	69	.60,375
20	.16,722	70	.58,528	20	.17,111	70	.59,889	20	.17,500	70	.61,250
21	.17,558	71	.59,364	21	.17,967	71	.60,744	21	.18,375	71	.62,125
22	.18,394	72	.60,200	22	.18,822	72	.61,600	22	.19,250	72	.63,000
23	.19,231	73	.61,036	23	.19,678	73	.62,456	23	.20,125	73	.63,875
24	.20,067	74	.61,872	24	.20,533	74	.63,311	24	.21,000	74	.64,750
25	.20,903	75	.62,708	25	.21,389	75	.64,167	25	.21,875	75	.65,625
26	.21,739	76	.63,544	26	.22,244	76	.65,022	26	.22,750	76	.66,500
27	.22,575	77	.64,381	27	.23,100	77	.65,878	27	.23,625	77	.67,375
28	.23,411	78	.65,217	28	.23,956	78	.66,733	28	.24,500	78	.68,250
29	.24,247	79	.66,053	29	.24,811	79	.67,589	29	.25,375	79	.69,125
30	.25,083	80	.66,889	30	.25,667	80	.68,444	30	.26,250	80	.70,000
31	.25,919	81	.67,725	31	.26,522	81	.69,300	31	.27,125	81	.70,875
32	.26,756	82	.68,561	32	.27,378	82	.70,156	32	.28,000	82	.71,750
33	.27,592	83	.69,397	33	.28,233	83	.71,011	33	.28,875	83	.72,625
34	.28,428	84	.70,233	34	.29,089	84	.71,867	34	.29,750	84	.73,500
35	.29,264	85	.71,069	35	.29,944	85	.72,722	35	.30,625	85	.74,375
36	.30,100	86	.71,906	36	.30,800	86	.73,578	36	.31,500	86	.75,250
37	.30,936	87	.72,742	37	.31,656	87	.74,433	37	.32,375	87	.76,125
38	.31,772	88	.73,578	38	.32,511	88	.75,289	38	.33,250	88	.77,000
39	.32,608	89	.74,414	39	.33,367	89	.76,144	39	.34,125	89	.77,875
40	.33,444	90	.75,250	40	.34,222	90	.77,000	40	.35,000	90	.78,750
41	.34,281	91	.76,086	41	.35,078	91	.77,856	41	.35,875	91	.79,625
42	.35,117	92	.76,922	42	.35,933	92	.78,711	42	.36,750	92	.80,500
43	.35,953	93	.77,758	43	.36,789	93	.79,567	43	.37,625	93	.81,375
44	.36,789	94	.78,594	44	.37,644	94	.80,422	44	.38,500	94	.82,250
45	.37,625	95	.79,431	45	.38,500	95	.81,278	45	.39,375	95	.83,125
46	.38,461	96	.80,267	46	.39,356	96	.82,133	46	.40,250	96	.84,000
47	.39,297	97	.81,103	47	.40,211	97	.82,989	47	.41,125	97	.84,875
48	.40,133	98	.81,939	48	.41,067	98	.83,844	48	.42,000	98	.85,750
49	.40,969	99	.82,775	49	.41,922	99	.84,700	49	.42,875	99	.86,625
50	.41,806	**43 Days.**		50	.42,778	**44 Days.**		50	.43,750	**45 Days.**	

ONE YEAR.

Prin.	Interest.	Prin.	Interest.	Prin.	Interest.	Prin.	Interest.	Prin.	Interest.
1	.07,00	11	.77,00	21	1.47,00	31	2.17,00	41	2.87,00
2	.14,00	12	.84,00	22	1.54,00	32	2.24,00	42	2.94,00
3	.21,00	13	.91,00	23	1.61,00	33	2.31,00	43	3.01,00
4	.28,00	14	.98,00	24	1.68,00	34	2.38,00	44	3.08,00
5	.35,00	15	1.05,00	25	1.75,00	35	2.45,00	45	3.15,00
6	.42,00	16	1.12,00	26	1.82,00	36	2.52,00	46	3.22,00
7	.49,00	17	1.19,00	27	1.89,00	37	2.59,00	47	3.29,00
8	.56,00	18	1.26,00	28	1.96,00	38	2.66,00	48	3.36,00
9	.63,00	19	1.33,00	29	2.03,00	39	2.73,00	49	3.43,00
10	.70,00	20	1.40,00	30	2.10,00	40	2.80,00	50	3.50,00

INTEREST AT SEVEN PER CENT.

| \multicolumn{4}{c|}{1 Month and 16 Days.} | \multicolumn{4}{c|}{1 Month and 17 Days.} | \multicolumn{4}{c}{1 Month and 18 Days.} |

Prin.	Interest.	Prin.	Interest.	Prin.	Interest.	Prin.	Interest.	Prin.	Interest.	Prin.	Interest.
1	.00,894	51	.45,617	1	.00,914	51	.46,608	1	.00,933	51	.47,600
2	.01,789	52	.46,511	2	.01,828	52	.47,522	2	.01,867	52	.48,533
3	.02,683	53	.47,406	3	.02,742	53	.48,436	3	.02,800	53	.49,467
4	.03,578	54	.48,300	4	.03,656	54	.49,350	4	.03,733	54	.50,400
5	.04,472	55	.49,194	5	.04,569	55	.50,264	5	.04,667	55	.51,333
6	.05,367	56	.50,089	6	.05,483	56	.51,178	6	.05,600	56	.52,267
7	.06,261	57	.50,983	7	.06,397	57	.52,092	7	.06,533	57	.53,200
8	.07,156	58	.51,878	8	.07,311	58	.53,006	8	.07,467	58	.54,133
9	.08,050	59	.52,772	9	.08,225	59	.53,919	9	.08,400	59	.55,067
10	.08,944	60	.53,667	10	.09,139	60	.54,833	10	.09,333	60	.56,000
11	.09,839	61	.54,561	11	.10,053	61	.55,747	11	.10,267	61	.56,933
12	.10,733	62	.55,456	12	.10,967	62	.56,661	12	.11,200	62	.57,867
13	.11,628	63	.56,350	13	.11,881	63	.57,575	13	.12,133	63	.58,800
14	.12,522	64	.57,244	14	.12,794	64	.58,489	14	.13,067	64	.59,733
15	.13,417	65	.58,139	15	.13,708	65	.59,403	15	.14,000	65	.60,667
16	.14,311	66	.59,033	16	.14,622	66	.60,317	16	.14,933	66	.61,600
17	.15,206	67	.59,928	17	.15,536	67	.61,231	17	.15,867	67	.62,533
18	.16,100	68	.60,822	18	.16,450	68	.62,144	18	.16,800	68	.63,467
19	.16,994	69	.61,717	19	.17,364	69	.63,058	19	.17,733	69	.64,400
20	.17,889	70	.62,611	20	.18,278	70	.63,972	20	.18,667	70	.65,333
21	.18,783	71	.63,506	21	.19,192	71	.64,886	21	.19,600	71	.66,267
22	.19,678	72	.64,400	22	.20,106	72	.65,800	22	.20,533	72	.67,200
23	.20,572	73	.65,294	23	.21,019	73	.66,714	23	.21,467	73	.68,133
24	.21,467	74	.66,189	24	.21,933	74	.67,628	24	.22,400	74	.69,067
25	.22,361	75	.67,083	25	.22,847	75	.68,542	25	.23,333	75	.70,000
26	.23,256	76	.67,978	26	.23,761	76	.69,456	26	.24,267	76	.70,933
27	.24,150	77	.68,872	27	.24,675	77	.70,369	27	.25,200	77	.71,867
28	.25,044	78	.69,767	28	.25,589	78	.71,283	28	.26,133	78	.72,800
29	.25,939	79	.70,661	29	.26,503	79	.72,197	29	.27,067	79	.73,733
30	.26,833	80	.71,556	30	.27,417	80	.73,111	30	.28,000	80	.74,667
31	.27,728	81	.72,450	31	.28,331	81	.74,025	31	.28,933	81	.75,600
32	.28,622	82	.73,344	32	.29,244	82	.74,939	32	.29,867	82	.76,533
33	.29,517	83	.74,239	33	.30,158	83	.75,853	33	.30,800	83	.77,467
34	.30,411	84	.75,133	34	.31,072	84	.76,767	34	.31,733	84	.78,400
35	.31,306	85	.76,028	35	.31,986	85	.77,681	35	.32,667	85	.79,333
36	.32,200	86	.76,922	36	.32,900	86	.78,594	36	.33,600	86	.80,267
37	.33,094	87	.77,817	37	.33,814	87	.79,508	37	.34,533	87	.81,200
38	.33,989	88	.78,711	38	.34,728	88	.80,422	38	.35,467	88	.82,133
39	.34,883	89	.79,606	39	.35,642	89	.81,336	39	.36,400	89	.83,067
40	.35,778	90	.80,500	40	.36,556	90	.82,250	40	.37,333	90	.84,000
41	.36,672	91	.81,394	41	.37,469	91	.83,164	41	.38,267	91	.84,933
42	.37,567	92	.82,289	42	.38,383	92	.84,078	42	.39,200	92	.85,867
43	.38,461	93	.83,183	43	.39,297	93	.84,992	43	.40,133	93	.86,800
44	.39,356	94	.84,078	44	.40,211	94	.85,906	44	.41,067	94	.87,733
45	.40,250	95	.84,972	45	.41,125	95	.86,819	45	.42,000	95	.88,667
46	.41,144	96	.85,867	46	.42,039	96	.87,733	46	.42,933	96	.89,600
47	.42,039	97	.86,761	47	.42,953	97	.88,647	47	.43,867	97	.90,533
48	.42,933	98	.87,656	48	.43,867	98	.89,561	48	.44,800	98	.91,467
49	.43,828	99	.88,550	49	.44,781	99	.90,475	49	.45,733	99	.92,400
50	.44,722	\multicolumn{2}{c	}{46 Days.}	50	.45,694	\multicolumn{2}{c	}{47 Days.}	50	.46,667	\multicolumn{2}{c}{48 Days.}

ONE YEAR.

Prin.	Interest.	Prin.	Interest.	Prin.	Interest.	Prin.	Interest.	Prin.	Interest.
51	3.57,00	61	4.27,00	71	4.97,00	81	5.67,00	91	6.37,00
52	3.64,00	62	4.34,00	72	5.04,00	82	5.74,00	92	6.44,00
53	3.71,00	63	4.41,00	73	5.11,00	83	5.81,00	93	6.51,00
54	3.78,00	64	4.48,00	74	5.18,00	84	5.88,00	94	6.58,00
55	3.85,00	65	4.55,00	75	5.25,00	85	5.95,00	95	6.65,00
56	3.92,00	66	4.62,00	76	5.32,00	86	6.02,00	96	6.72,00
57	3.99,00	67	4.69,00	77	5.39,00	87	6.09,00	97	6.79,00
58	4.06,00	68	4.76,00	78	5.46,00	88	6.16,00	98	6.86,00
59	4.13,00	69	4.83,00	79	5.53,00	89	6.23,00	99	6.93,00
60	4.20,00	70	4.90,00	80	5.60,00	90	6.30,00		

INTEREST AT SEVEN PER CENT.

1 Month and 19 Days.

Prin.	Interest.	Prin.	Interest.
1	.00,953	51	.48,592
2	.01,906	52	.49,544
3	.02,858	53	.50,497
4	.03,811	54	.51,450
5	.04,764	55	.52,403
6	.05,717	56	.53,356
7	.06,669	57	.54,308
8	.07,622	58	.55,261
9	.08,575	59	.56,214
10	.09,528	60	.57,167
11	.10,481	61	.58,119
12	.11,433	62	.59,072
13	.12,386	63	.60,025
14	.13,339	64	.60,978
15	.14,292	65	.61,931
16	.15,244	66	.62,883
17	.16,197	67	.63,836
18	.17,150	68	.64,789
19	.18,103	69	.65,742
20	.19,056	70	.66,694
21	.20,008	71	.67,647
22	.20,961	72	.68,600
23	.21,914	73	.69,553
24	.22,867	74	.70,506
25	.23,819	75	.71,458
26	.24,772	76	.72,411
27	.25,725	77	.73,364
28	.26,678	78	.74,317
29	.27,631	79	.75,269
30	.28,583	80	.76,222
31	.29,536	81	.77,175
32	.30,489	82	.78,128
33	.31,442	83	.79,081
34	.32,394	84	.80,033
35	.33,347	85	.80,986
36	.34,300	86	.81,939
37	.35,253	87	.82,892
38	.36,206	88	.83,844
39	.37,158	89	.84,797
40	.38,111	90	.85,750
41	.39,064	91	.86,703
42	.40,017	92	.87,656
43	.40,969	93	.88,608
44	.41,922	94	.89,561
45	.42,875	95	.90,514
46	.43,828	96	.91,467
47	.44,781	97	.92,419
48	.45,733	98	.93,372
49	.46,686	99	.94,325
50	.47,639	**49 Days.**	

1 Month and 20 Days.

Prin.	Interest.	Prin.	Interest.
1	.00,972	51	.49,583
2	.01,944	52	.50,556
3	.02,917	53	.51,528
4	.03,889	54	.52,500
5	.04,861	55	.53,472
6	.05,833	56	.54,444
7	.06,806	57	.55,417
8	.07,778	58	.56,389
9	.08,750	59	.57,361
10	.09,722	60	.58,333
11	.10,694	61	.59,306
12	.11,667	62	.60,278
13	.12,639	63	.61,250
14	.13,611	64	.62,222
15	.14,583	65	.63,194
16	.15,556	66	.64,167
17	.16,528	67	.65,139
18	.17,500	68	.66,111
19	.18,472	69	.67,083
20	.19,444	70	.68,056
21	.20,417	71	.69,028
22	.21,389	72	.70,000
23	.22,361	73	.70,972
24	.23,333	74	.71,944
25	.24,306	75	.72,917
26	.25,278	76	.73,889
27	.26,250	77	.74,861
28	.27,222	78	.75,833
29	.28,194	79	.76,806
30	.29,167	80	.77,778
31	.30,139	81	.78,750
32	.31,111	82	.79,722
33	.32,083	83	.80,694
34	.33,056	84	.81,667
35	.34,028	85	.82,639
36	.35,000	86	.83,611
37	.35,972	87	.84,583
38	.36,944	88	.85,556
39	.37,917	89	.86,528
40	.38,889	90	.87,500
41	.39,861	91	.88,472
42	.40,833	92	.89,444
43	.41,806	93	.90,417
44	.42,778	94	.91,389
45	.43,750	95	.92,361
46	.44,722	96	.93,333
47	.45,694	97	.94,306
48	.46,667	98	.95,278
49	.47,639	99	.96,250
50	.48,611	**50 Days.**	

1 Month and 21 Days.

Prin.	Interest.	Prin.	Interest.
1	.00,992	51	.50,575
2	.01,983	52	.51,567
3	.02,975	53	.52,558
4	.03,967	54	.53,550
5	.04,958	55	.54,542
6	.05,950	56	.55,533
7	.06,942	57	.56,525
8	.07,933	58	.57,517
9	.08,925	59	.58,508
10	.09,917	60	.59,500
11	.10,908	61	.60,492
12	.11,900	62	.61,483
13	.12,892	63	.62,475
14	.13,883	64	.63,467
15	.14,875	65	.64,458
16	.15,867	66	.65,450
17	.16,858	67	.66,442
18	.17,850	68	.67,433
19	.18,842	69	.68,425
20	.19,833	70	.69,417
21	.20,825	71	.70,408
22	.21,817	72	.71,400
23	.22,808	73	.72,392
24	.23,800	74	.73,383
25	.24,792	75	.74,375
26	.25,783	76	.75,367
27	.26,775	77	.76,358
28	.27,767	78	.77,350
29	.28,758	79	.78,342
30	.29,750	80	.79,333
31	.30,742	81	.80,325
32	.31,733	82	.81,317
33	.32,725	83	.82,308
34	.33,717	84	.83,300
35	.34,708	85	.84,292
36	.35,700	86	.85,283
37	.36,692	87	.86,275
38	.37,683	88	.87,267
39	.38,675	89	.88,258
40	.39,667	90	.89,250
41	.40,658	91	.90,242
42	.41,650	92	.91,233
43	.42,642	93	.92,225
44	.43,633	94	.93,217
45	.44,625	95	.94,208
46	.45,617	96	.95,200
47	.46,608	97	.96,192
48	.47,600	98	.97,183
49	.48,592	99	.98,175
50	.49,583	**51 Days.**	

ONE YEAR.

Prin.	Interest.	Prin.	Interest.	Prin.	Interest.	Prin.	Interest.	Prin.	Interest.
1	.07,00	11	.77,00	21	1.47,00	31	2.17,00	41	2.87,00
2	.14,00	12	.84,00	22	1.54,00	32	2.24,00	42	2.94,00
3	.21,00	13	.91,00	23	1.61,00	33	2.31,00	43	3.01,00
4	.28,00	14	.98,00	24	1.68,00	34	2.38,00	44	3.08,00
5	.35,00	15	1.05,00	25	1.75,00	35	2.45,00	45	3.15,00
6	.42,00	16	1.12,00	26	1.82,00	36	2.52,00	46	3.22,00
7	.49,00	17	1.19,00	27	1.89,00	37	2.59,00	47	3.29,00
8	.56,00	18	1.26,00	28	1.96,00	38	2.66,00	48	3.36,00
9	.63,00	19	1.33,00	29	2.03,00	39	2.73,00	49	3.43,00
10	.70,00	20	1.40,00	30	2.10,00	40	2.80,00	50	3.50,00

INTEREST AT SEVEN PER CENT.

1 Month and 22 Days.

Prin.	Interest.	Prin.	Interest.
1	.01,011	51	.51,567
2	.02,022	52	.52,578
3	.03,033	53	.53,589
4	.04,044	54	.54,600
5	.05,056	55	.55,611
6	.06,067	56	.56,622
7	.07,078	57	.57,633
8	.08,089	58	.58,644
9	.09,100	59	.59,656
10	.10,111	60	.60,667
11	.11,122	61	.61,678
12	.12,133	62	.62,689
13	.13,144	63	.63,700
14	.14,156	64	.64,711
15	.15,167	65	.65,722
16	.16,178	66	.66,733
17	.17,189	67	.67,744
18	.18,200	68	.68,756
19	.19,211	69	.69,767
20	.20,222	70	.70,778
21	.21,233	71	.71,789
22	.22,244	72	.72,800
23	.23,256	73	.73,811
24	.24,267	74	.74,822
25	.25,278	75	.75,833
26	.26,289	76	.76,844
27	.27,300	77	.77,856
28	.28,311	78	.78,867
29	.29,322	79	.79,878
30	.30,333	80	.80,889
31	.31,344	81	.81,900
32	.32,356	82	.82,911
33	.33,367	83	.83,922
34	.34,378	84	.84,933
35	.35,389	85	.85,944
36	.36,400	86	.86,956
37	.37,411	87	.87,967
38	.38,422	88	.88,978
39	.39,433	89	.89,989
40	.40,444	90	.91,000
41	.41,456	91	.92,011
42	.42,467	92	.93,022
43	.43,478	93	.94,033
44	.44,489	94	.95,044
45	.45,500	95	.96,056
46	.46,511	96	.97,067
47	.47,522	97	.98,078
48	.48,533	98	.99,089
49	.49,544	99	1.00,100
50	.50,556		**52 Days.**

1 Month and 23 Days.

Prin.	Interest.	Prin.	Interest.
1	.01,031	51	.52,558
2	.02,061	52	.53,589
3	.03,092	53	.54,619
4	.04,122	54	.55,650
5	.05,153	55	.56,681
6	.06,183	56	.57,711
7	.07,214	57	.58,742
8	.08,244	58	.59,772
9	.09,275	59	.60,803
10	.10,306	60	.61,833
11	.11,336	61	.62,864
12	.12,367	62	.63,894
13	.13,397	63	.64,925
14	.14,428	64	.65,956
15	.15,458	65	.66,986
16	.16,489	66	.68,017
17	.17,519	67	.69,047
18	.18,550	68	.70,078
19	.19,581	69	.71,108
20	.20,611	70	.72,139
21	.21,642	71	.73,169
22	.22,672	72	.74,200
23	.23,703	73	.75,231
24	.24,733	74	.76,261
25	.25,764	75	.77,292
26	.26,794	76	.78,322
27	.27,825	77	.79,353
28	.28,856	78	.80,383
29	.29,886	79	.81,414
30	.30,917	80	.82,444
31	.31,947	81	.83,475
32	.32,978	82	.84,506
33	.34,008	83	.85,536
34	.35,039	84	.86,567
35	.36,069	85	.87,597
36	.37,100	86	.88,628
37	.38,131	87	.89,658
38	.39,161	88	.90,689
39	.40,192	89	.91,719
40	.41,222	90	.92,750
41	.42,253	91	.93,781
42	.43,283	92	.94,811
43	.44,314	93	.95,842
44	.45,344	94	.96,872
45	.46,375	95	.97,903
46	.47,406	96	.98,933
47	.48,436	97	.99,964
48	.49,467	98	1.00,994
49	.50,497	99	1.02,025
50	.51,528		**53 Days.**

1 Month and 24 Days.

Prin.	Interest.	Prin.	Interest.
1	.01,050	51	.53,550
2	.02,100	52	.54,600
3	.03,150	53	.55,650
4	.04,200	54	.56,700
5	.05,250	55	.57,750
6	.06,300	56	.58,800
7	.07,350	57	.59,850
8	.08,400	58	.60,900
9	.09,450	59	.61,950
10	.10,500	60	.63,000
11	.11,550	61	.64,050
12	.12,600	62	.65,100
13	.13,650	63	.66,150
14	.14,700	64	.67,200
15	.15,750	65	.68,250
16	.16,800	66	.69,300
17	.17,850	67	.70,350
18	.18,900	68	.71,400
19	.19,950	69	.72,450
20	.21,000	70	.73,500
21	.22,050	71	.74,550
22	.23,100	72	.75,600
23	.24,150	73	.76,650
24	.25,200	74	.77,700
25	.26,250	75	.78,750
26	.27,300	76	.79,800
27	.28,350	77	.80,850
28	.29,400	78	.81,900
29	.30,450	79	.82,950
30	.31,500	80	.84,000
31	.32,550	81	.85,050
32	.33,600	82	.86,100
33	.34,650	83	.87,150
34	.35,700	84	.88,200
35	.36,750	85	.89,250
36	.37,800	86	.90,300
37	.38,850	87	.91,350
38	.39,900	88	.92,400
39	.40,950	89	.93,450
40	.42,000	90	.94,500
41	.43,050	91	.95,550
42	.44,100	92	.96,600
43	.45,150	93	.97,650
44	.46,200	94	.98,700
45	.47,250	95	.99,750
46	.48,300	96	1.00,800
47	.49,350	97	1.01,850
48	.50,400	98	1.02,900
49	.51,450	99	1.03,950
50	.52,500		**54 Days.**

ONE YEAR.

Prin.	Interest.	Prin.	Interest.	Prin.	Interest.	Prin.	Interest.	Prin.	Interest.
51	3.57,00	61	4.27,00	71	4.97,00	81	5.67,00	91	6.37,00
52	3.64,00	62	4.34,00	72	5.04,00	82	5.74,00	92	6.44,00
53	3.71,00	63	4.41,00	73	5.11,00	83	5.81,00	93	6.51,00
54	3.78,00	64	4.48,00	74	5.18,00	84	5.88,00	94	6.58,00
55	3.85,00	65	4.55,00	75	5.25,00	85	5.95,00	95	6.65,00
56	3.92,00	66	4.62,00	76	5.32,00	86	6.02,00	96	6.72,00
57	3.99,00	67	4.69,00	77	5.39,00	87	6.09,00	97	6.79,00
58	4.06,00	68	4.76,00	78	5.46,00	88	6.16,00	98	6.86,00
59	4.13,00	69	4.83,00	79	5.53,00	89	6.23,00	99	6.93,00
60	4.20,00	70	4.90,00	80	5.60,00	90	6.30,00		

INTEREST AT SEVEN PER CENT.

1 Month and 25 Days.

Prin.	Interest.	Prin.	Interest.
1	.01,069	51	.54,542
2	.02,139	52	.55,611
3	.03,208	53	.56,681
4	.04,278	54	.57,750
5	.05,347	55	.58,819
6	.06,417	56	.59,889
7	.07,486	57	.60,958
8	.08,556	58	.62,028
9	.09,625	59	.63,097
10	.10,694	60	.64,167
11	.11,764	61	.65,236
12	.12,833	62	.66,306
13	.13,903	63	.67,375
14	.14,972	64	.68,444
15	.16,042	65	.69,514
16	.17,111	66	.70,583
17	.18,181	67	.71,653
18	.19,250	68	.72,722
19	.20,319	69	.73,792
20	.21,389	70	.74,861
21	.22,458	71	.75,931
22	.23,528	72	.77,000
23	.24,597	73	.78,069
24	.25,667	74	.79,139
25	.26,736	75	.80,208
26	.27,806	76	.81,278
27	.28,875	77	.82,347
28	.29,944	78	.83,417
29	.31,014	79	.84,486
30	.32,083	80	.85,556
31	.33,153	81	.86,625
32	.34,222	82	.87,694
33	.35,292	83	.88,764
34	.36,361	84	.89,833
35	.37,431	85	.90,903
36	.38,500	86	.91,972
37	.39,569	87	.93,042
38	.40,639	88	.94,111
39	.41,708	89	.95,181
40	.42,778	90	.96,250
41	.43,847	91	.97,319
42	.44,917	92	.98,389
43	.45,986	93	.99,458
44	.47,056	94	1.00,528
45	.48,125	95	1.01,597
46	.49,194	96	1.02,667
47	.50,264	97	1.03,736
48	.51,333	98	1.04,806
49	.52,403	99	1.05,875
50	.53,472	**55 Days.**	

1 Month and 26 Days.

Prin.	Interest.	Prin.	Interest.
1	.01,089	51	.55,533
2	.02,178	52	.56,622
3	.03,267	53	.57,711
4	.04,356	54	.58,800
5	.05,444	55	.59,889
6	.06,533	56	.60,978
7	.07,622	57	.62,067
8	.08,711	58	.63,156
9	.09,800	59	.64,244
10	.10,889	60	.65,333
11	.11,978	61	.66,422
12	.13,067	62	.67,511
13	.14,156	63	.68,600
14	.15,244	64	.69,689
15	.16,333	65	.70,778
16	.17,422	66	.71,867
17	.18,511	67	.72,956
18	.19,600	68	.74,044
19	.20,689	69	.75,133
20	.21,778	70	.76,222
21	.22,867	71	.77,311
22	.23,956	72	.78,400
23	.25,044	73	.79,489
24	.26,133	74	.80,578
25	.27,222	75	.81,667
26	.28,311	76	.82,756
27	.29,400	77	.83,844
28	.30,489	78	.84,933
29	.31,578	79	.86,022
30	.32,667	80	.87,111
31	.33,756	81	.88,200
32	.34,844	82	.89,289
33	.35,933	83	.90,378
34	.37,022	84	.91,467
35	.38,111	85	.92,556
36	.39,200	86	.93,644
37	.40,289	87	.94,733
38	.41,378	88	.95,822
39	.42,467	89	.96,911
40	.43,556	90	.98,000
41	.44,644	91	.99,089
42	.45,733	92	1.00,178
43	.46,822	93	1.01,267
44	.47,911	94	1.02,356
45	.49,000	95	1.03,444
46	.50,089	96	1.04,533
47	.51,178	97	1.05,622
48	.52,267	98	1.06,711
49	.53,356	99	1.07,800
50	.54,444	**56 Days.**	

1 Month and 27 Days.

Prin.	Interest.	Prin.	Interest.
1	.01,108	51	.56,525
2	.02,217	52	.57,633
3	.03,325	53	.58,742
4	.04,433	54	.59,850
5	.05,542	55	.60,958
6	.06,650	56	.62,067
7	.07,758	57	.63,175
8	.08,867	58	.64,283
9	.09,975	59	.65,392
10	.11,083	60	.66,500
11	.12,192	61	.67,608
12	.13,300	62	.68,717
13	.14,408	63	.69,825
14	.15,517	64	.70,933
15	.16,625	65	.72,042
16	.17,733	66	.73,150
17	.18,842	67	.74,258
18	.19,950	68	.75,367
19	.21,058	69	.76,475
20	.22,167	70	.77,583
21	.23,275	71	.78,692
22	.24,383	72	.79,800
23	.25,492	73	.80,908
24	.26,600	74	.82,017
25	.27,708	75	.83,125
26	.28,817	76	.84,233
27	.29,925	77	.85,342
28	.31,033	78	.86,450
29	.32,142	79	.87,558
30	.33,250	80	.88,667
31	.34,358	81	.89,775
32	.35,467	82	.90,883
33	.36,575	83	.91,992
34	.37,683	84	.93,100
35	.38,792	85	.94,208
36	.39,900	86	.95,317
37	.41,008	87	.96,425
38	.42,117	88	.97,533
39	.43,225	89	.98,642
40	.44,333	90	.99,750
41	.45,442	91	1.00,858
42	.46,550	92	1.01,967
43	.47,658	93	1.03,075
44	.48,767	94	1.04,183
45	.49,875	95	1.05,292
46	.50,983	96	1.06,400
47	.52,092	97	1.07,508
48	.53,200	98	1.08,617
49	.54,308	99	1.09,725
50	.55,417	**57 Days.**	

ONE YEAR.

Prin.	Interest.	Prin.	Interest.	Prin.	Interest.	Prin.	Interest.	Prin.	Interest.
1	.07,00	11	.77,00	21	1.47,00	31	2.17,00	41	2.87,00
2	.14,00	12	.84,00	22	1.54,00	32	2.24,00	42	2.94,00
3	.21,00	13	.91,00	23	1.61,00	33	2.31,00	43	3.01,00
4	.28,00	14	.98,00	24	1.68,00	34	2.38,00	44	3.08,00
5	.35,00	15	1.05,00	25	1.75,00	35	2.45,00	45	3.15,00
6	.42,00	16	1.12,00	26	1.82,00	36	2.52,00	46	3.22,00
7	.49,00	17	1.19,00	27	1.89,00	37	2.59,00	47	3.29,00
8	.56,00	18	1.26,00	28	1.96,00	38	2.66 00	48	3.36,00
9	.63,00	19	1.33,00	29	2.03,00	39	2.73,00	49	3.43,00
10	.70,00	20	1.40,00	30	2.10,00	40	2.80,00	50	3.50,00

INTEREST AT SEVEN PER CENT.

| \multicolumn{4}{c|}{1 Month and 28 Days.} | \multicolumn{4}{c|}{1 Month and 29 Days.} | \multicolumn{4}{c}{2 MONTHS.} |

Prin.	Interest.	Prin.	Interest.	Prin.	Interest.	Prin.	Interest.	Prin.	Interest.	Prin.	Interest.
1	.01,128	51	.57,517	1	.01,147	51	.58,508	1	.01,167	51	.59,500
2	.02,256	52	.58,644	2	.02,294	52	.59,656	2	.02,333	52	.60,667
3	.03,383	53	.59,772	3	.03,442	53	.60,803	3	.03,500	53	.61,833
4	.04,511	54	.60,900	4	.04,589	54	.61,950	4	.04,667	54	.63,000
5	.05,639	55	.62,028	5	.05,736	55	.63,097	5	.05,833	55	.64,167
6	.06,767	56	.63,156	6	.06,883	56	.64,244	6	.07,000	56	.65,333
7	.07,894	57	.64,283	7	.08,031	57	.65,392	7	.08,167	57	.66,500
8	.09,022	58	.65,411	8	.09,178	58	.66,539	8	.09,333	58	.67,667
9	.10,150	59	.66,539	9	.10,325	59	.67,686	9	.10,500	59	.68,833
10	.11,278	60	.67,667	10	.11,472	60	.68,833	10	.11,667	60	.70,000
11	.12,406	61	.68,794	11	.12,619	61	.69,981	11	.12,833	61	.71,167
12	.13,533	62	.69,922	12	.13,767	62	.71,128	12	.14,000	62	.72,333
13	.14,661	63	.71,050	13	.14,914	63	.72,275	13	.15,167	63	.73,500
14	.15,789	64	.72,178	14	.16,061	64	.73,422	14	.16,333	64	.74,667
15	.16,917	65	.73,306	15	.17,208	65	.74,569	15	.17,500	65	.75,833
16	.18,044	66	.74,433	16	.18,356	66	.75,717	16	.18,667	66	.77,000
17	.19,172	67	.75,561	17	.19,503	67	.76,864	17	.19,833	67	.78,167
18	.20,300	68	.76,689	18	.20,650	68	.78,011	18	.21,000	68	.79,333
19	.21,428	69	.77,817	19	.21,797	69	.79,158	19	.22,167	69	.80,500
20	.22,556	70	.78,944	20	.22,944	70	.80,306	20	.23,333	70	.81,667
21	.23,683	71	.80,072	21	.24,092	71	.81,453	21	.24,500	71	.82,833
22	.24,811	72	.81,200	22	.25,239	72	.82,600	22	.25,667	72	.84,000
23	.25,939	73	.82,328	23	.26,386	73	.83,747	23	.26,833	73	.85,167
24	.27,067	74	.83,456	24	.27,533	74	.84,894	24	.28,000	74	.86,333
25	.28,194	75	.84,583	25	.28,681	75	.86,042	25	.29,167	75	.87,500
26	.29,322	76	.85,711	26	.29,828	76	.87,189	26	.30,333	76	.88,667
27	.30,450	77	.86,839	27	.30,975	77	.88,336	27	.31,500	77	.89,833
28	.31,578	78	.87,967	28	.32,122	78	.89,483	28	.32,667	78	.91,000
29	.32,706	79	.89,094	29	.33,269	79	.90,631	29	.33,833	79	.92,167
30	.33,833	80	.90,222	30	.34,417	80	.91,778	30	.35,000	80	.93,333
31	.34,961	81	.91,350	31	.35,564	81	.92,925	31	.36,167	81	.94,500
32	.36,089	82	.92,478	32	.36,711	82	.94,072	32	.37,333	82	.95,667
33	.37,217	83	.93,606	33	.37,858	83	.95,219	33	.38,500	83	.96,833
34	.38,344	84	.94,733	34	.39,006	84	.96,367	34	.39,667	84	.98,000
35	.39,472	85	.95,861	35	.40,153	85	.97,514	35	.40,833	85	.99,167
36	.40,600	86	.96,989	36	.41,300	86	.98,661	36	.42,000	86	1.00,333
37	.41,728	87	.98,117	37	.42,447	87	.99,808	37	.43,167	87	1.01,500
38	.42,856	88	.99,244	38	.43,594	88	1.00,956	38	.44,333	88	1.02,667
39	.43,983	89	1.00,372	39	.44,742	89	1.02,103	39	.45,500	89	1.03,833
40	.45,111	90	1.01,500	40	.45,889	90	1.03,250	40	.46,667	90	1.05,000
41	.46,239	91	1.02,628	41	.47,036	91	1.04,397	41	.47,833	91	1.06,167
42	.47,367	92	1.03,756	42	.48,183	92	1.05,544	42	.49,000	92	1.07,333
43	.48,494	93	1.04,883	43	.49,331	93	1.06,692	43	.50,167	93	1.08,500
44	.49,622	94	1.06,011	44	.50,478	94	1.07,839	44	.51,333	94	1.09,667
45	.50,750	95	1.07,139	45	.51,625	95	1.08,986	45	.52,500	95	1.10,833
46	51,878	96	1.08,267	46	.52,772	96	1.10,133	46	.53,667	96	1.12,000
47	.53,006	97	1.09,394	47	.53,919	97	1.11,281	47	.54,833	97	1.13,167
48	.54,133	98	1.10,522	48	.55,067	98	1.12,428	48	.56,000	98	1.14,333
49	.55,261	99	1.11,650	49	.56,214	99	1.13,575	49	.57,167	99	1.15,500
50	.56,389	\multicolumn{2}{c	}{**58 Days.**}	50	.57,361	\multicolumn{2}{c	}{**59 Days.**}	50	.58,333	\multicolumn{2}{c}{**60 Days.**}

ONE YEAR.

Prin.	Interest.	Prin.	Interest.	Prin.	Interest.	Prin.	Interest.	Prin.	Interest.
51	3.57,00	61	4.27,00	71	4.97,00	81	5.67,00	91	6.37,00
52	3.64,00	62	4.34,00	72	5.04,00	82	5.74,00	92	6.44,00
53	3.71,00	63	4.41,00	73	5.11,00	83	5.81,00	93	6.51,00
54	3.78,00	64	4.48,00	74	5.18,00	84	5.88,00	94	6.58,00
55	3.85,00	65	4.55,00	75	5.25,00	85	5.95,00	95	6.65,00
56	3.92,00	66	4.62,00	76	5.32,00	86	6.02,00	96	6.72,00
57	3.99,00	67	4.69,00	77	5.39,00	87	6.09,00	97	6.79,00
58	4.06,00	68	4.76,00	78	5.46,00	88	6.16,00	98	6.86,00
59	4.13,00	69	4.83,00	79	5.53,00	89	6.23,00	99	6.93,00
60	4.20,00	70	4.90,00	80	5.60,00	90	6.30,00		

INTEREST AT SEVEN PER CENT.

2 Months and 1 Day.

Prin.	Interest.	Prin.	Interest.
1	.01,186	51	.60,492
2	.02,372	52	.61,678
3	.03,558	53	.62,864
4	.04,744	54	.64,050
5	.05,931	55	.65,236
6	.07,117	56	.66,422
7	.08,303	57	.67,608
8	.09,489	58	.68,794
9	.10,675	59	.69,981
10	.11,861	60	.71,167
11	.13,047	61	.72,353
12	.14,233	62	.73,539
13	.15,419	63	.74,725
14	.16,606	64	.75,911
15	.17,792	65	.77,097
16	.18,978	66	.78,283
17	.20,164	67	.79,469
18	.21,350	68	.80,656
19	.22,536	69	.81,842
20	.23,722	70	.83,028
21	.24,908	71	.84,214
22	.26,094	72	.85,400
23	.27,281	73	.86,586
24	.28,467	74	.87,772
25	.29,653	75	.88,958
26	.30,839	76	.90,144
27	.32,025	77	.91,331
28	.33,211	78	.92,517
29	.34,397	79	.93,703
30	.35,583	80	.94,889
31	.36,769	81	.96,075
32	.37,956	82	.97,261
33	.39,142	83	.98,447
34	.40,328	84	.99,633
35	.41,514	85	1.00,819
36	.42,700	86	1.02,006
37	.43,886	87	1.03,192
38	.45,072	88	1.04,378
39	.46,258	89	1.05,564
40	.47,444	90	1.06,750
41	.48,631	91	1.07,936
42	.49,817	92	1.09,122
43	.51,003	93	1.10,308
44	.52,189	94	1.11,494
45	.53,375	95	1.12,681
46	.54,561	96	1.13,867
47	.55,747	97	1.15,053
48	.56,933	98	1.16,239
49	.58,119	99	1.17,425
50	.59,306	**61 Days.**	

2 Months and 2 Days.

Prin.	Interest.	Prin.	Interest.
1	.01,206	51	.61,483
2	.02,411	52	.62,689
3	.03,617	53	.63,894
4	.04,822	54	.65,100
5	.06,028	55	.66,306
6	.07,233	56	.67,511
7	.08,439	57	.68,717
8	.09,644	58	.69,922
9	.10,850	59	.71,128
10	.12,056	60	.72,333
11	.13,261	61	.73,539
12	.14,467	62	.74,744
13	.15,672	63	.75,950
14	.16,878	64	.77,156
15	.18,083	65	.78,361
16	.19,289	66	.79,567
17	.20,494	67	.80,772
18	.21,700	68	.81,978
19	.22,906	69	.83,183
20	.24,111	70	.84,389
21	.25,317	71	.85,594
22	.26,522	72	.86,800
23	.27,728	73	.88,006
24	.28,933	74	.89,211
25	.30,139	75	.90,417
26	.31,344	76	.91,622
27	.32,550	77	.92,828
28	.33,756	78	.94,033
29	.34,961	79	.95,239
30	.36,167	80	.96,444
31	.37,372	81	.97,650
32	.38,578	82	.98,856
33	.39,783	83	1.00,061
34	.40,989	84	1.01,267
35	.42,194	85	1.02,472
36	.43,400	86	1.03,678
37	.44,606	87	1.04,883
38	.45,811	88	1.06,089
39	.47,017	89	1.07,294
40	.48,222	90	1.08,500
41	.49,428	91	1.09,706
42	.50,633	92	1.10,911
43	.51,839	93	1.12,117
44	.53,044	94	1.13,322
45	.54,250	95	1.14,528
46	.55,456	96	1.15,733
47	.56,661	97	1.16,939
48	.57,867	98	1.18,144
49	.59,072	99	1.19,350
50	.60,278	**62 Days.**	

2 Months and 3 Days.

Prin.	Interest.	Prin.	Interest.
1	.01,225	51	.62,475
2	.02,450	52	.63,700
3	.03,675	53	.64,925
4	.04,900	54	.66,150
5	.06,125	55	.67,375
6	.07,350	56	.68,600
7	.08,575	57	.69,825
8	.09,800	58	.71,050
9	.11,025	59	.72,275
10	.12,250	60	.73,500
11	.13,475	61	.74,725
12	.14,700	62	.75,950
13	.15,925	63	.77,175
14	.17,150	64	.78,400
15	.18,375	65	.79,625
16	.19,600	66	.80,850
17	.20,825	67	.82,075
18	.22,050	68	.83,300
19	.23,275	69	.84,525
20	.24,500	70	.85,750
21	.25,725	71	.86,975
22	.26,950	72	.88,200
23	.28,175	73	.89,425
24	.29,400	74	.90,650
25	.30,625	75	.91,875
26	.31,850	76	.93,100
27	.33,075	77	.94,325
28	.34,300	78	.95,550
29	.35,525	79	.96,775
30	.36,750	80	.98,000
31	.37,975	81	.99,225
32	.39,200	82	1.00,450
33	.40,425	83	1.01,675
34	.41,650	84	1.02,900
35	.42,875	85	1.04,125
36	.44,100	86	1.05,350
37	.45,325	87	1.06,575
38	.46,550	88	1.07,800
39	.47,775	89	1.09,025
40	.49,000	90	1.10,250
41	.50,225	91	1.11,475
42	.51,450	92	1.12,700
43	.52,675	93	1.13,925
44	.53,900	94	1.15,150
45	.55,125	95	1.16,375
46	.56,350	96	1.17,600
47	.57,575	97	1.18,825
48	.58,800	98	1.20,050
49	.60,025	99	1.21,275
50	.61,250	**63 Days.**	

ONE YEAR.

Prin.	Interest.	Prin.	Interest.	Prin.	Interest.	Prin.	Interest.	Prin.	Interest.
1	.07,00	11	.77,00	21	1.47,00	31	2.17,00	41	2.87,00
2	.14,00	12	.84,00	22	1.54,00	32	2.24,00	42	2.94,00
3	.21,00	13	.91,00	23	1.61,00	33	2.31,00	43	3.01,00
4	.28,00	14	.98,00	24	1.68,00	34	2.38,00	44	3.08,00
5	.35,00	15	1.05,00	25	1.75,00	35	2.45,00	45	3.15,00
6	.42,00	16	1.12,00	26	1.82,00	36	2.52,00	46	3.22,00
7	.49,00	17	1.19,00	27	1.89,00	37	2.59,00	47	3.29,00
8	.56,00	18	1.26,00	28	1.96,00	38	2.66,00	48	3.36,00
9	.63,00	19	1.33,00	29	2.03,00	39	2.73,00	49	3.43,00
10	.70,00	20	1.40,00	30	2.10,00	40	2.80,00	50	3.50,00

INTEREST AT SEVEN PER CENT.

2 Months and 4 Days.				2 Months and 5 Days.				2 Months and 6 Days.			
Prin.	Interest.	Prin.	Interest.	Prin.	Interest.	Prin.	Interest.	Prin.	Interest.	Prin.	Interest.
1	.01,244	51	.63,467	1	.01,264	51	.64,458	1	.01,283	51	.65,450
2	.02,489	52	.64,711	2	.02,528	52	.65,722	2	.02,567	52	.66,733
3	.03,733	53	.65,956	3	.03,792	53	.66,986	3	.03,850	53	.68,017
4	.04,978	54	.67,200	4	.05,056	54	.68,250	4	.05,133	54	.69,300
5	.06,222	55	.68,444	5	.06,319	55	.69,514	5	.06,417	55	.70,583
6	.07,467	56	.69,689	6	.07,583	56	.70,778	6	.07,700	56	.71,867
7	.08,711	57	.70,933	7	.08,847	57	.72,042	7	.08,983	57	.73,150
8	.09,956	58	.72,178	8	.10,111	58	.73,306	8	.10,267	58	.74,433
9	.11,200	59	.73,422	9	.11,375	59	.74,569	9	.11,550	59	.75,717
10	.12,444	60	.74,667	10	.12,639	60	.75,833	10	.12,833	60	.77,000
11	.13,689	61	.75,911	11	.13,903	61	.77,097	11	.14,117	61	.78,283
12	.14,933	62	.77,156	12	.15,167	62	.78,361	12	.15,400	62	.79,567
13	.16,178	63	.78,400	13	.16,431	63	.79,625	13	.16,683	63	.80,850
14	.17,422	64	.79,644	14	.17,694	64	.80,889	14	.17,967	64	.82,133
15	.18,667	65	.80,889	15	.18,958	65	.82,153	15	.19,250	65	.83,417
16	.19,911	66	.82,133	16	.20,222	66	.83,417	16	.20,533	66	.84,700
17	.21,156	67	.83,378	17	.21,486	67	.84,681	17	.21,817	67	.85,983
18	.22,400	68	.84,622	18	.22,750	68	.85,944	18	.23,100	68	.87,267
19	.23,644	69	.85,867	19	.24,014	69	.87,208	19	.24,383	69	.88,550
20	.24,889	70	.87,111	20	.25,278	70	.88,472	20	.25,667	70	.89,833
21	.26,133	71	.88,356	21	.26,542	71	.89,736	21	.26,950	71	.91,117
22	.27,378	72	.89,600	22	.27,806	72	.91,000	22	.28,233	72	.92,400
23	.28,622	73	.90,844	23	.29,069	73	.92,264	23	.29,517	73	.93,683
24	.29,867	74	.92,089	24	.30,333	74	.93,528	24	.30,800	74	.94,967
25	.31,111	75	.93,333	25	.31,597	75	.94,792	25	.32,083	75	.96,250
26	.32,356	76	.94,578	26	.32,861	76	.96,056	26	.33,367	76	.97,533
27	.33,600	77	.95,822	27	.34,125	77	.97,319	27	.34,650	77	.98,817
28	.34,844	78	.97,067	28	.35,389	78	.98,583	28	.35,933	78	1.00,100
29	.36,089	79	.98,311	29	.36,653	79	.99,847	29	.37,217	79	1.01,383
30	.37,333	80	.99,556	30	.37,917	80	1.01,111	30	.38,500	80	1.02,667
31	.38,578	81	1.00,800	31	.39,181	81	1.02,375	31	.39,783	81	1.03,950
32	.39,822	82	1.02,044	32	.40,444	82	1.03,639	32	.41,067	82	1.05,233
33	.41,067	83	1.03,289	33	.41,708	83	1.04,903	33	.42,350	83	1.06,517
34	.42,311	84	1.04,533	34	.42,972	84	1.06,167	34	.43,633	84	1.07,800
35	.43,556	85	1.05,778	35	.44,236	85	1.07,431	35	.44,917	85	1.09,083
36	.44,800	86	1.07,022	36	.45,500	86	1.08,694	36	.46,200	86	1.10,367
37	.46,044	87	1.08,267	37	.46,764	87	1.09,958	37	.47,483	87	1.11,650
38	.47,289	88	1.09,511	38	.48,028	88	1.11,222	38	.48,767	88	1.12,933
39	.48,533	89	1.10,756	39	.49,292	89	1.12,486	39	.50,050	89	1.14,217
40	.49,778	90	1.12,000	40	.50,556	90	1.13,750	40	.51,333	90	1.15,500
41	.51,022	91	1.13,244	41	.51,819	91	1.15,014	41	.52,617	91	1.16,783
42	.52,267	92	1.14,489	42	.53,083	92	1.16,278	42	.53,900	92	1.18,067
43	.53,511	93	1.15,733	43	.54,347	93	1.17,542	43	.55,183	93	1.19,350
44	.54,756	94	1.16,978	44	.55,611	94	1.18,806	44	.56,467	94	1.20,633
45	.56,000	95	1.18,222	45	.56,875	95	1.20,069	45	.57,750	95	1.21,917
46	.57,244	96	1.19,467	46	.58,139	96	1.21,333	46	.59,033	96	1.23,200
47	.58,489	97	1.20,711	47	.59,403	97	1.22,597	47	.60,317	97	1.24,483
48	.59,733	98	1.21,956	48	.60,667	98	1.23,861	48	.61,600	98	1.25,767
49	.60,978	99	1.23,200	49	.61,931	99	1.25,125	49	.62,883	99	1.27,050
50	.62,222	**64 Days.**		50	.63,194	**65 Days.**		50	.64,167	**66 Days.**	

ONE YEAR.

Prin.	Interest.	Prin.	Interest.	Prin.	Interest.	Prin.	Interest.	Prin.	Interest.
51	3.57,00	61	4.27,00	71	4.97,00	81	5.67,00	91	6.37,00
52	3.64,00	62	4.34,00	72	5.04,00	82	5.74,00	92	6.44,00
53	3.71,00	63	4.41,00	73	5.11,00	83	5.81,00	93	6.51,00
54	3.78,00	64	4.48,00	74	5.18,00	84	5.88,00	94	6.58,00
55	3.85,00	65	4.55,00	75	5.25,00	85	5.95,00	95	6.65,00
56	3.92,00	66	4.62,00	76	5.32,00	86	6.02,00	96	6.72,00
57	3.99,00	67	4.69,00	77	5.39,00	87	6.09,00	97	6.79,00
58	4.06,00	68	4.76,00	78	5.46,00	88	6.16,00	98	6.86,00
59	4.13,00	69	4.83,00	79	5.53,00	89	6.23,00	99	6.93,00
60	4.20,00	70	4.90,00	80	5.60,00	90	6.30,00		

INTEREST AT SEVEN PER CENT.

2 Months and 7 Days.

Prin.	Interest.	Prin.	Interest.
1	.01,303	51	.66,442
2	.02,606	52	.67,744
3	.03,908	53	.69,047
4	.05,211	54	.70,350
5	.06,514	55	.71,653
6	.07,817	56	.72,956
7	.09,119	57	.74,258
8	.10,422	58	.75,561
9	.11,725	59	.76,864
10	.13,028	60	.78,167
11	.14,331	61	.79,469
12	.15,633	62	.80,772
13	.16,936	63	.82,075
14	.18,239	64	.83,378
15	.19,542	65	.84,681
16	.20,844	66	.85,983
17	.22,147	67	.87,286
18	.23,450	68	.88,589
19	.24,753	69	.89,892
20	.26,056	70	.91,194
21	.27,358	71	.92,497
22	.28,661	72	.93,800
23	.29,964	73	.95,103
24	.31,267	74	.96,406
25	.32,569	75	.97,708
26	.33,872	76	.99,011
27	.35,175	77	1.00,314
28	.36,478	78	1.01,617
29	.37,781	79	1.02,919
30	.39,083	80	1.04,222
31	.40,386	81	1.05,525
32	.41,689	82	1.06,828
33	.42,992	83	1.08,131
34	.44,294	84	1.09,433
35	.45,597	85	1.10,736
36	.46,900	86	1.12,039
37	.48,203	87	1.13,342
38	.49,506	88	1.14,644
39	.50,808	89	1.15,947
40	.52,111	90	1.17,250
41	.53,414	91	1.18,553
42	.54,717	92	1.19,856
43	.56,019	93	1.21,158
44	.57,322	94	1.22,461
45	.58,625	95	1.23,764
46	.59,928	96	1.25,067
47	.61,231	97	1.26,369
48	.62,533	98	1.27,672
49	.63,836	99	1.28,975
50	.65,139		**67 Days.**

2 Months and 8 Days.

Prin.	Interest.	Prin.	Interest.
1	.01,322	51	.67,433
2	.02,644	52	.68,756
3	.03,967	53	.70,078
4	.05,289	54	.71,400
5	.06,611	55	.72,722
6	.07,933	56	.74,044
7	.09,256	57	.75,367
8	.10,578	58	.76,689
9	.11,900	59	.78,011
10	.13,222	60	.79,333
11	.14,544	61	.80,656
12	.15,867	62	.81,978
13	.17,189	63	.83,300
14	.18,511	64	.84,622
15	.19,833	65	.85,944
16	.21,156	66	.87,267
17	.22,478	67	.88,589
18	.23,800	68	.89,911
19	.25,122	69	.91,233
20	.26,444	70	.92,556
21	.27,767	71	.93,878
22	.29,089	72	.95,200
23	.30,411	73	.96,522
24	.31,733	74	.97,844
25	.33,056	75	.99,167
26	.34,378	76	1.00,489
27	.35,700	77	1.01,811
28	.37,022	78	1.03,133
29	.38,344	79	1.04,456
30	.39,667	80	1.05,778
31	.40,989	81	1.07,100
32	.42,311	82	1.08,422
33	.43,633	83	1.09,744
34	.44,956	84	1.11,067
35	.46,278	85	1.12,389
36	.47,600	86	1.13,711
37	.48,922	87	1.15,033
38	.50,244	88	1.16,356
39	.51,567	89	1.17,678
40	.52,889	90	1.19,000
41	.54,211	91	1.20,322
42	.55,533	92	1.21,644
43	.56,856	93	1.22,967
44	.58,178	94	1.24,289
45	.59,500	95	1.25,611
46	.60,822	96	1.26,933
47	.62,144	97	1.28,256
48	.63,467	98	1.29,578
49	.64,789	99	1.30,900
50	.66,111		**68 Days.**

2 Months and 9 Days.

Prin.	Interest.	Prin.	Interest.
1	.01,342	51	.68,425
2	.02,683	52	.69,767
3	.04,025	53	.71,108
4	.05,367	54	.72,450
5	.06,708	55	.73,792
6	.08,050	56	.75,133
7	.09,392	57	.76,475
8	.10,733	58	.77,817
9	.12,075	59	.79,158
10	.13,417	60	.80,500
11	.14,758	61	.81,842
12	.16,100	62	.83,183
13	.17,442	63	.84,525
14	.18,783	64	.85,867
15	.20,125	65	.87,208
16	.21,467	66	.88,550
17	.22,808	67	.89,892
18	.24,150	68	.91,233
19	.25,492	69	.92,575
20	.26,833	70	.93,917
21	.28,175	71	.95,258
22	.29,517	72	.96,600
23	.30,858	73	.97,942
24	.32,200	74	.99,283
25	.33,542	75	1.00,625
26	.34,883	76	1.01,967
27	.36,225	77	1.03,308
28	.37,567	78	1.04,650
29	.38,908	79	1.05,992
30	.40,250	80	1.07,333
31	.41,592	81	1.08,675
32	.42,933	82	1.10,017
33	.44,275	83	1.11,358
34	.45,617	84	1.12,700
35	.46,958	85	1.14,042
36	.48,300	86	1.15,383
37	.49,642	87	1.16,725
38	.50,983	88	1.18,067
39	.52,325	89	1.19,408
40	.53,667	90	1.20,750
41	.55,008	91	1.22,092
42	.56,350	92	1.23,433
43	.57,692	93	1.24,775
44	.59,033	94	1.26,117
45	.60,375	95	1.27,458
46	.61,717	96	1.28,800
47	.63,058	97	1.30,142
48	.64,400	98	1.31,483
49	.65,742	99	1.32,825
50	.67,083		**69 Days.**

ONE YEAR.

Prin.	Interest.	Prin.	Interest.	Prin.	Interest.	Prin.	Interest.	Prin.	Interest.
1	.07,00	11	.77,00	21	1.47,00	31	2.17,00	41	2.87,00
2	.14,00	12	.84,00	22	1.54,00	32	2.24,00	42	2.94,00
3	.21,00	13	.91,00	23	1.61,00	33	2.31,00	43	3.01,00
4	.28,00	14	.98,00	24	1.68,00	34	2.38,00	44	3.08,00
5	.35,00	15	1.05,00	25	1.75,00	35	2.45,00	45	3.15,00
6	.42,00	16	1.12,00	26	1.82,00	36	2.52,00	46	3.22,00
7	.49,00	17	1.19,00	27	1.89,00	37	2.59,00	47	3.29,00
8	.56,00	18	1.26,00	28	1.96,00	38	2.66,00	48	3.36,00
9	.63,00	19	1.33,00	29	2.03,00	39	2.73,00	49	3.43,00
10	.70,00	20	1.40,00	30	2.10,00	40	2.80,00	50	3.50,00

INTEREST AT SEVEN PER CENT.

2 Months and 10 Days.

Prin.	Interest.	Prin.	Interest.
1	.01,361	51	.69,417
2	.02,722	52	.70,778
3	.04,083	53	.72,139
4	.05,444	54	.73,500
5	.06,806	55	.74,861
6	.08,167	56	.76,222
7	.09,528	57	.77,583
8	.10,889	58	.78,944
9	.12,250	59	.80,306
10	.13,611	60	.81,667
11	.14,972	61	.83,028
12	.16,333	62	.84,389
13	.17,694	63	.85,750
14	.19,056	64	.87,111
15	.20,417	65	.88,472
16	.21,778	66	.89,833
17	.23,139	67	.91,194
18	.24,500	68	.92,556
19	.25,861	69	.93,917
20	.27,222	70	.95,278
21	.28,583	71	.96,639
22	.29,944	72	.98,000
23	.31,306	73	.99,361
24	.32,667	74	1.00,722
25	.34,028	75	1.02,083
26	.35,389	76	1.03,444
27	.36,750	77	1.04,806
28	.38,111	78	1.06,167
29	.39,472	79	1.07,528
30	.40,833	80	1.08,889
31	.42,194	81	1.10,250
32	.43,556	82	1.11,611
33	.44,917	83	1.12,972
34	.46,278	84	1.14,333
35	.47,639	85	1.15,694
36	.49,000	86	1.17,056
37	.50,361	87	1.18,417
38	.51,722	88	1.19,778
39	.53,083	89	1.21,139
40	.54,444	90	1.22,500
41	.55,806	91	1.23,861
42	.57,167	92	1.25,222
43	.58,528	93	1.26,583
44	.59,889	94	1.27,944
45	.61,250	95	1.29,306
46	.62,611	96	1.30,667
47	.63,972	97	1.32,028
48	.65,333	98	1.33,389
49	.66,694	99	1.34,750
50	.68,056	**70 Days.**	

2 Months and 11 Days.

Prin.	Interest.	Prin.	Interest.
1	.01,381	51	.70,408
2	.02,761	52	.71,789
3	.04,142	53	.73,169
4	.05,522	54	.74,550
5	.06,903	55	.75,931
6	.08,283	56	.77,311
7	.09,664	57	.78,692
8	.11,044	58	.80,072
9	.12,425	59	.81,453
10	.13,806	60	.82,833
11	.15,186	61	.84,214
12	.16,567	62	.85,594
13	.17,947	63	.86,975
14	.19,328	64	.88,356
15	.20,708	65	.89,736
16	.22,089	66	.91,117
17	.23,469	67	.92,497
18	.24,850	68	.93,878
19	.26,231	69	.95,258
20	.27,611	70	.96,639
21	.28,992	71	.98,019
22	.30,372	72	.99,400
23	.31,753	73	1.00,781
24	.33,133	74	1.02,161
25	.34,514	75	1.03,542
26	.35,894	76	1.04,922
27	.37,275	77	1.06,303
28	.38,656	78	1.07,683
29	.40,036	79	1.09,064
30	.41,417	80	1.10,444
31	.42,797	81	1.11,825
32	.44,178	82	1.13,206
33	.45,558	83	1.14,586
34	.46,939	84	1.15,967
35	.48,319	85	1.17,347
36	.49,700	86	1.18,728
37	.51,081	87	1.20,108
38	.52,461	88	1.21,489
39	.53,842	89	1.22,869
40	.55,222	90	1.24,250
41	.56,603	91	1.25,631
42	.57,983	92	1.27,011
43	.59,364	93	1.28,392
44	.60,744	94	1.29,772
45	.62,125	95	1.31,153
46	.63,506	96	1.32,533
47	.64,886	97	1.33,914
48	.66,267	98	1.35,294
49	.67,647	99	1.36,675
50	.69,028	**71 Days.**	

2 Months and 12 Days.

Prin.	Interest.	Prin.	Interest.
1	.01,400	51	.71,400
2	.02,800	52	.72,800
3	.04,200	53	.74,200
4	.05,600	54	.75,600
5	.07,000	55	.77,000
6	.08,400	56	.78,400
7	.09,800	57	.79,800
8	.11,200	58	.81,200
9	.12,600	59	.82,600
10	.14,000	60	.84,000
11	.15,400	61	.85,400
12	.16,800	62	.86,800
13	.18,200	63	.88,200
14	.19,600	64	.89,600
15	.21,000	65	.91,000
16	.22,400	66	.92,400
17	.23,800	67	.93,800
18	.25,200	68	.95,200
19	.26,600	69	.96,600
20	.28,000	70	.98,000
21	.29,400	71	.99,400
22	.30,800	72	1.00,800
23	.32,200	73	1.02,200
24	.33,600	74	1.03,600
25	.35,000	75	1.05,000
26	.36,400	76	1.06,400
27	.37,800	77	1.07,800
28	.39,200	78	1.09,200
29	.40,600	79	1.10,600
30	.42,000	80	1.12,000
31	.43,400	81	1.13,400
32	.44,800	82	1.14,800
33	.46,200	83	1.16,200
34	.47,600	84	1.17,600
35	.49,000	85	1.19,000
36	.50,400	86	1.20,400
37	.51,800	87	1.21,800
38	.53,200	88	1.23,200
39	.54,600	89	1.24,600
40	.56,000	90	1.26,000
41	.57,400	91	1.27,400
42	.58,800	92	1.28,800
43	.60,200	93	1.30,200
44	.61,600	94	1.31,600
45	.63,000	95	1.33,000
46	.64,400	96	1.34,400
47	.65,800	97	1.35,800
48	.67,200	98	1.37,200
49	.68,600	99	1.38,600
50	.70,000	**72 Days.**	

ONE YEAR.

Prin.	Interest.	Prin.	Interest.	Prin.	Interest.	Prin.	Interest.	Prin.	Interest.
51	3.57,00	61	4.27,00	71	4.97,00	81	5.67,00	91	6.37,00
52	3.64,00	62	4.34,00	72	5.04,00	82	5.74,00	92	6.44,00
53	3.71,00	63	4.41,00	73	5.11,00	83	5.81,00	93	6.51,00
54	3.78,00	64	4.48,00	74	5.18,00	84	5.88,00	94	6.58,00
55	3.85,00	65	4.55,00	75	5.25,00	85	5.95,00	95	6.65,00
56	3.92,00	66	4.62,00	76	5.32,00	86	6.02,00	96	6.72,00
57	3.99,00	67	4.69,00	77	5.39,00	87	6.09,00	97	6.79,00
58	4.06,00	68	4.76,00	78	5.46,00	88	6.16,00	98	6.86,00
59	4.13,00	69	4.83,00	79	5.53,00	89	6.23,00	99	6.93,00
60	4.20,00	70	4.90,00	80	5.60,00	90	6.30,00		

INTEREST AT SEVEN PER CENT.

2 Months and 13 Days.

Prin.	Interest.	Prin.	Interest.
1	.01,419	51	.72,392
2	.02,839	52	.73,811
3	.04,258	53	.75,231
4	.05,678	54	.76,650
5	.07,097	55	.78,069
6	.08,517	56	.79,489
7	.09,936	57	.80,908
8	.11,356	58	.82,328
9	.12,775	59	.83,747
10	.14,194	60	.85,167
11	.15,614	61	.86,586
12	.17,033	62	.88,006
13	.18,453	63	.89,425
14	.19,872	64	.90,844
15	.21,292	65	.92,264
16	.22,711	66	.93,683
17	.24,131	67	.95,103
18	.25,550	68	.96,522
19	.26,969	69	.97,942
20	.28,389	70	.99,361
21	.29,808	71	1.00,781
22	.31,228	72	1.02,200
23	.32,647	73	1.03,619
24	.34,067	74	1.05,039
25	.35,486	75	1.06,458
26	.36,906	76	1.07,878
27	.38,325	77	1.09,297
28	.39,744	78	1.10,717
29	.41,164	79	1.12,136
30	.42,583	80	1.13,556
31	.44,003	81	1.14,975
32	.45,422	82	1.16,394
33	.46,842	83	1.17,814
34	.48,261	84	1.19,233
35	.49,681	85	1.20,653
36	.51,100	86	1.22,072
37	.52,519	87	1.23,492
38	.53,939	88	1.24,911
39	.55,358	89	1.26,331
40	.56,778	90	1.27,750
41	.58,197	91	1.29,169
42	.59,617	92	1.30,589
43	.61,036	93	1.32,008
44	.62,456	94	1.33,428
45	.63,875	95	1.34,847
46	.65,294	96	1.36,267
47	.66,714	97	1.37,686
48	.68,133	98	1.39,106
49	.69,553	99	1.40,525
50	.70,972		**73 Days.**

2 Months and 14 Days.

Prin.	Interest.	Prin.	Interest.
1	.01,439	51	.73,383
2	.02,878	52	.74,822
3	.04,317	53	.76,261
4	.05,756	54	.77,700
5	.07,194	55	.79,139
6	.08,633	56	.80,578
7	.10,072	57	.82,017
8	.11,511	58	.83,456
9	.12,950	59	.84,894
10	.14,389	60	.86,333
11	.15,828	61	.87,772
12	.17,267	62	.89,211
13	.18,706	63	.90,650
14	.20,144	64	.92,089
15	.21,583	65	.93,528
16	.23,022	66	.94,967
17	.24,461	67	.96,406
18	.25,900	68	.97,844
19	.27,339	69	.99,283
20	.28,778	70	1.00,722
21	.30,217	71	1.02,161
22	.31,656	72	1.03,600
23	.33,094	73	1.05,039
24	.34,533	74	1.06,478
25	.35,972	75	1.07,917
26	.37,411	76	1.09,356
27	.38,850	77	1.10,794
28	.40,289	78	1.12,233
29	.41,728	79	1.13,672
30	.43,167	80	1.15,111
31	.44,606	81	1.16,550
32	.46,044	82	1.17,989
33	.47,483	83	1.19,428
34	.48,922	84	1.20,867
35	.50 361	85	1.22,306
36	.51,800	86	1.23,744
37	.53,239	87	1.25,183
38	.54,678	88	1.26,622
39	.56,117	89	1.28,061
40	.57,556	90	1.29,500
41	.58,994	91	1.30,939
42	.60,433	92	1.32,378
43	.61,872	93	1.33,817
44	.63,311	94	1.35,256
45	.64,750	95	1.36,694
46	.66,189	96	1.38,133
47	.67,628	97	1.39,572
48	.69,067	98	1.41,011
49	.70,506	99	1.42,450
50	.71,944		**74 Days.**

2 Months and 15 Days.

Prin.	Interest.	Prin.	Interest.
1	.01,458	51	.74,375
2	.02,917	52	.75,833
3	.04,375	53	.77,292
4	.05,833	54	.78,750
5	.07,292	55	.80,208
6	.08,750	56	.81,667
7	.10,208	57	.83,125
8	.11,667	58	.84,583
9	.13,125	59	.86,042
10	.14,583	60	.87,500
11	.16,042	61	.88,958
12	.17,500	62	.90,417
13	.18,958	63	.91,875
14	.20,417	64	.93,333
15	.21,875	65	.94,792
16	.23,333	66	.96,250
17	.24,792	67	.97,708
18	.26,250	68	.99,167
19	.27,708	69	1.00,625
20	.29,167	70	1.02,083
21	.30,625	71	1.03,542
22	.32,083	72	1.05,000
23	.33,542	73	1.06,458
24	.35,000	74	1.07,917
25	.36,458	75	1.09,375
26	.37,917	76	1.10,833
27	.39,375	77	1.12,292
28	.40,833	78	1.13,750
29	.42,292	79	1.15,208
30	.43,750	80	1.16,667
31	.45,208	81	1.18,125
32	.46,667	82	1.19,583
33	.48,125	83	1.21,042
34	.49,583	84	1.22,500
35	.51,042	85	1.23,958
36	.52,500	86	1.25,417
37	.53,958	87	1.26,875
38	.55,417	88	1.28,333
39	.56,875	89	1.29,792
40	.58,333	90	1.31,250
41	.59,792	91	1.32,708
42	.61,250	92	1.34,167
43	.62,708	93	1.35,625
44	.64,167	94	1.37,083
45	.65,625	95	1.38,542
46	.67,083	96	1.40,000
47	.68,542	97	1.41,458
48	.70,000	98	1.42,917
49	.71,458	99	1.44,375
50	.72,917		**75 Days.**

ONE YEAR.

Prin.	Interest.	Prin.	Interest.	Prin.	Interest.	Prin.	Interest.	Prin.	Interest.
1	.07,00	11	.77,00	21	1.47,00	31	2.17,00	41	2.87,00
2	.14,00	12	.84,00	22	1.54,00	32	2.24,00	42	2.94,00
3	.21,00	13	.91,00	23	1.61,00	33	2.31,00	43	3.01,00
4	.28,00	14	.98,00	24	1.68,00	34	2.38,00	44	3.08,00
5	.35,00	15	1.05,00	25	1.75,00	35	2.45,00	45	3.15,00
6	.42,00	16	1.12,00	26	1.82,00	36	2.52,00	46	3.22,00
7	.49,00	17	1.19,00	27	1.89,00	37	2.59,00	47	3.29,00
8	.56,00	18	1.26,00	28	1.96,00	38	2.66,00	48	3.36,00
9	.63,00	19	1.33,00	29	2.03,00	39	2.73,00	49	3.43,00
10	.70,00	20	1.40,00	30	2.10,00	40	2.80,00	50	3.50,00

INTEREST AT SEVEN PER CENT.

2 Months and 16 Days.					2 Months and 17 Days.					2 Months and 18 Days.				
Prin.	Interest.	Prin.	Interest.	Prin.	Interest.	Prin.	Interest.	Prin.	Interest.	Prin.	Interest.
1	.01,478	51	.75,367	1	.01,497	51	.76,358	1	.01,517	51	.77,350
2	.02,956	52	.76,844	2	.02,994	52	.77,856	2	.03,033	52	.78,867
3	.04,433	53	.78,322	3	.04,492	53	.79,353	3	.04,550	53	.80,383
4	.05,911	54	.79,800	4	.05,989	54	.80,850	4	.06,067	54	.81,900
5	.07,389	55	.81,278	5	.07,486	55	.82,347	5	.07,583	55	.83,417
6	.08,867	56	.82,756	6	.08,983	56	.83,844	6	.09,100	56	.84,933
7	.10,344	57	.84,233	7	.10,481	57	.85,342	7	.10,617	57	.86,450
8	.11,822	58	.85,711	8	.11,978	58	.86,839	8	.12,133	58	.87,967
9	.13,300	59	.87,189	9	.13,475	59	.88,336	9	.13,650	59	.89,483
10	.14,778	60	.88,667	10	.14,972	60	.89,833	10	.15,167	60	.91,000
11	.16,256	61	.90,144	11	.16,469	61	.91,331	11	.16,683	61	.92,517
12	.17,733	62	.91,622	12	.17,967	62	.92,828	12	.18,200	62	.94,033
13	.19,211	63	.93,100	13	.19,464	63	.94,325	13	.19,717	63	.95,550
14	.20,689	64	.94,578	14	.20,961	64	.95,822	14	.21,233	64	.97,067
15	.22,167	65	.96,056	15	.22,458	65	.97,319	15	.22,750	65	.98,583
16	.23,644	66	.97,533	16	.23,956	66	.98,817	16	.24,267	66	1.00,100
17	.25,122	67	.99,011	17	.25,453	67	1.00,314	17	.25,783	67	1.01,617
18	.26,600	68	1.00,489	18	.26,950	68	1.01,811	18	.27,300	68	1.03,133
19	.28,078	69	1.01,967	19	.28,447	69	1.03,308	19	.28,817	69	1.04,650
20	.29,556	70	1.03,444	20	.29,944	70	1.04,806	20	.30,333	70	1.06,167
21	.31,033	71	1.04,922	21	.31,442	71	1.06,303	21	.31,850	71	1.07,683
22	.32,511	72	1.06,400	22	.32,939	72	1.07,800	22	.33,367	72	1.09,200
23	.33,989	73	1.07,878	23	.34,436	73	1.09,297	23	.34,883	73	1.10,717
24	.35,467	74	1.09,356	24	.35,933	74	1.10,794	24	.36,400	74	1.12,233
25	.36,944	75	1.10,833	25	.37,431	75	1.12,292	25	.37,917	75	1.13,750
26	.38,422	76	1.12,311	26	.38,928	76	1.13,789	26	.39,433	76	1.15,267
27	.39,900	77	1.13,789	27	.40,425	77	1.15,286	27	.40,950	77	1.16,783
28	.41,378	78	1.15,267	28	.41,922	78	1.16,783	28	.42,467	78	1.18,300
29	.42,856	79	1.16,744	29	.43,419	79	1.18,281	29	.43,983	79	1.19,817
30	.44,333	80	1.18,222	30	.44,917	80	1.19,778	30	.45,500	80	1.21,333
31	.45,811	81	1.19,700	31	.46,414	81	1.21,275	31	.47,017	81	1.22,850
32	.47,289	82	1.21,178	32	.47,911	82	1.22,772	32	.48,533	82	1.24,367
33	.48,767	83	1.22,656	33	.49,408	83	1.24,269	33	.50,050	83	1.25,883
34	.50,244	84	1.24,133	34	.50,906	84	1.25,767	34	.51,567	84	1.27,400
35	.51,722	85	1.25,611	35	.52,403	85	1.27,264	35	.53,083	85	1.28,917
36	.53,200	86	1.27,089	36	.53,900	86	1.28,761	36	.54,600	86	1.30,433
37	.54,678	87	1.28,567	37	.55,397	87	1.30,258	37	.56,117	87	1.31,950
38	.56,156	88	1.30,044	38	.56,894	88	1.31,756	38	.57,633	88	1.33,467
39	.57,633	89	1.31,522	39	.58,392	89	1.33,253	39	.59,150	89	1.34,983
40	.59,111	90	1.33,000	40	.59,889	90	1.34,750	40	.60,667	90	1.36,500
41	.60,589	91	1.34,478	41	.61,386	91	1.36,247	41	.62,183	91	1.38,017
42	.62,067	92	1.35,956	42	.62,883	92	1.37,744	42	.63,700	92	1.39,533
43	.63,544	93	1.37,433	43	.64,381	93	1.39,242	43	.65,217	93	1.41,050
44	.65,022	94	1.38,911	44	.65,878	94	1.40,739	44	.66,733	94	1.42,567
45	.66,500	95	1.40,389	45	.67,375	95	1.42,236	45	.68,250	95	1.44,083
46	.67,978	96	1.41,867	46	.68,872	96	1.43,733	46	.69,767	96	1.45,600
47	.69,456	97	1.43,344	47	.70,369	97	1.45,231	47	.71,283	97	1.47,117
48	.70,933	98	1.44,822	48	.71,867	98	1.46,728	48	.72,800	98	1.48,633
49	.72,411	99	1.46,300	49	.73,364	99	1.48,225	49	.74,317	99	1.50,150
50	.73,889	**76 Days.** ||	50	.74,861	**77 Days.** ||	50	.75,833	**78 Days.** ||

ONE YEAR.

Prin.	Interest.	Prin.	Interest.	Prin.	Interest.	Prin.	Interest.	Prin.	Interest.
51	3.57,00	61	4.27,00	71	4.97,00	81	5.67,00	91	6.37,00
52	3.64,00	62	4.34,00	72	5.04,00	82	5.74,00	92	6.44,00
53	3.71,00	63	4.41,00	73	5.11,00	83	5.81,00	93	6.51,00
54	3.78,00	64	4.48,00	74	5.18,00	84	5.88,00	94	6.58,00
55	3.85,00	65	4.55,00	75	5.25,00	85	5.95,00	95	6.65,00
56	3.92,00	66	4.62,00	76	5.32,00	86	6.02,00	96	6.72,00
57	3.99,00	67	4.69,00	77	5.39,00	87	6.09,00	97	6.79,00
58	4.06,00	68	4.76,00	78	5.46,00	88	6.16,00	98	6.86,00
59	4.13,00	69	4.83,00	79	5.53,00	89	6.23,00	99	6.93,00
60	4.20,00	70	4.90,00	80	5.60,00	90	6.30,00		

INTEREST AT SEVEN PER CENT.

2 Months and 19 Days.

Prin.	Interest.	Prin.	Interest.
1	.01,536	51	.78,342
2	.03,072	52	.79,878
3	.04,608	53	.81,414
4	.06,144	54	.82,950
5	.07,681	55	.84,486
6	.09,217	56	.86,022
7	.10,753	57	.87,558
8	.12,289	58	.89,094
9	.13,825	59	.90,631
10	.15,361	60	.92,167
11	.16,897	61	.93,703
12	.18,433	62	.95,239
13	.19,969	63	.96,775
14	.21,506	64	.98,311
15	.23,042	65	.99,847
16	.24,578	66	1.01,383
17	.26,114	67	1.02,919
18	.27,650	68	1.04,456
19	.29,186	69	1.05,992
20	.30,722	70	1.07,528
21	.32,258	71	1.09,064
22	.33,794	72	1.10,600
23	.35,331	73	1.12,136
24	.36,867	74	1.13,672
25	.38,403	75	1.15,208
26	.39,939	76	1.16,744
27	.41,475	77	1.18,281
28	.43,011	78	1.19,817
29	.44,547	79	1.21,353
30	.46,083	80	1.22,889
31	.47,619	81	1.24,425
32	.49,156	82	1.25,961
33	.50,692	83	1.27,497
34	.52,228	84	1.29,033
35	.53,764	85	1.30,569
36	.55,300	86	1.32,106
37	.56,836	87	1.33,642
38	.58,372	88	1.35,178
39	.59,908	89	1.36,714
40	.61,444	90	1.38,250
41	.62,981	91	1.39,786
42	.64,517	92	1.41,322
43	.66,053	93	1.42,858
44	.67,589	94	1.44,394
45	.69,125	95	1.45,931
46	.70,661	96	1.47,467
47	.72,197	97	1.49,003
48	.73,733	98	1.50,539
49	.75,269	99	1.52,075
50	.76,806		**79 Days.**

2 Months and 20 Days.

Prin.	Interest.	Prin.	Interest.
1	.01,556	51	.79,333
2	.03,111	52	.80,889
3	.04,667	53	.82,444
4	.06,222	54	.84,000
5	.07,778	55	.85,556
6	.09,333	56	.87,111
7	.10,889	57	.88,667
8	.12,444	58	.90,222
9	.14,000	59	.91,778
10	.15,556	60	.93,333
11	.17,111	61	.94,889
12	.18,667	62	.96,444
13	.20,222	63	.98,000
14	.21,778	64	.99,556
15	.23,333	65	1.01,111
16	.24,889	66	1.02,667
17	.26,444	67	1.04,222
18	.28,000	68	1.05,778
19	.29,556	69	1.07,333
20	.31,111	70	1.08,889
21	.32,667	71	1.10,444
22	.34,222	72	1.12,000
23	.35,777	73	1.13,556
24	.37,333	74	1.15,111
25	.38,889	75	1.16,667
26	.40,444	76	1.18,222
27	.42,000	77	1.19,778
28	.43,556	78	1.21,333
29	.45,111	79	1.22,889
30	.46,667	80	1.24,444
31	.48,222	81	1.26,000
32	.49,778	82	1.27,556
33	.51,333	83	1.29,111
34	.52,889	84	1.30,667
35	.54,444	85	1.32,222
36	.56,000	86	1.33,778
37	.57,556	87	1.35,333
38	.59,111	88	1.36,889
39	.60,667	89	1.38,444
40	.62,222	90	1.40,000
41	.63,778	91	1.41,556
42	.65,333	92	1.43,111
43	.66,889	93	1.44,667
44	.68,444	94	1.46,222
45	.70,000	95	1.47,778
46	.71,556	96	1.49,333
47	.73,111	97	1.50,889
48	.74,667	98	1.52,444
49	.76,222	99	1.54,000
50	.77,778		**80 Days.**

2 Months and 21 Days.

Prin.	Interest.	Prin.	Interest.
1	.01,575	51	.80,325
2	.03,150	52	.81,900
3	.04,725	53	.83,475
4	.06,300	54	.85,050
5	.07,875	55	.86,625
6	.09,450	56	.88,200
7	.11,025	57	.89,775
8	.12,600	58	.91,350
9	.14,175	59	.92,925
10	.15,750	60	.94,500
11	.17,325	61	.96,075
12	.18,900	62	.97,650
13	.20,475	63	.99,225
14	.22,050	64	1.00,800
15	.23,625	65	1.02,375
16	.25,200	66	1.03,950
17	.26,775	67	1.05,525
18	.28,350	68	1.07,100
19	.29,925	69	1.08,675
20	.31,500	70	1.10,250
21	.33,075	71	1.11,825
22	.34,650	72	1.13,400
23	.36,225	73	1.14,975
24	.37,800	74	1.16,550
25	.39,375	75	1.18,125
26	.40,950	76	1.19,700
27	.42,525	77	1.21,275
28	.44,100	78	1.22,850
29	.45,675	79	1.24,425
30	.47,250	80	1.26,000
31	.48,825	81	1.27,575
32	.50,400	82	1.29,150
33	.51,975	83	1.30,725
34	.53,550	84	1.32,300
35	.55,125	85	1.33,875
36	.56,700	86	1.35,450
37	.58,275	87	1.37,025
38	.59,850	88	1.38,600
39	.61,425	89	1.40,175
40	.63,000	90	1.41,750
41	.64,575	91	1.43,325
42	.66,150	92	1.44,900
43	.67,725	93	1.46,475
44	.69,300	94	1.48,050
45	.70,875	95	1.49,625
46	.72,450	96	1.51,200
47	.74,025	97	1.52,775
48	.75,600	98	1.54,350
49	.77,175	99	1.55,925
50	.78,750		**81 Days.**

ONE YEAR.

Prin.	Interest.	Prin.	Interest.	Prin.	Interest.	Prin.	Interest.	Prin.	Interest.
1	.07,00	11	.77,00	21	1.47,00	31	2.17,00	41	2.87,00
2	.14,00	12	.84,00	22	1.54,00	32	2.24,00	42	2.94,00
3	.21,00	13	.91,00	23	1.61,00	33	2.31,00	43	3.01,00
4	.28,00	14	.98,00	24	1.68,00	34	2.38,00	44	3.08,00
5	.35,00	15	1.05,00	25	1.75,00	35	2.45,00	45	3.15,00
6	.42,00	16	1.12,00	26	1.82,00	36	2.52,00	46	3.22,00
7	.49,00	17	1.19,00	27	1.89,00	37	2.59,00	47	3.29,00
8	.56,00	18	1.26,00	28	1.96,00	38	2.66,00	48	3.36,00
9	.63,00	19	1.33,00	29	2.03,00	39	2.73,00	49	3.43,00
10	.70,00	20	1.40,00	30	2.10,00	40	2.80,00	50	3.50,00

INTEREST AT SEVEN PER CENT.

2 Months and 22 Days.

Prin.	Interest.	Prin.	Interest.
1	.01,594	51	.81,317
2	.03,189	52	.82,911
3	.04,783	53	.84,506
4	.06,378	54	.86,100
5	.07,972	55	.87,694
6	.09,567	56	.89,289
7	.11,161	57	.90,883
8	.12,756	58	.92,478
9	.14,350	59	.94,072
10	.15,944	60	.95,667
11	.17,539	61	.97,261
12	.19,133	62	.98,856
13	.20,728	63	1.00,450
14	.22,322	64	1.02,044
15	.23,917	65	1.03,639
16	.25,511	66	1.05,233
17	.27,106	67	1.06,828
18	.28,700	68	1.08,422
19	.30,294	69	1.10,017
20	.31,889	70	1.11,611
21	.33,483	71	1.13,206
22	.35,078	72	1.14,800
23	.36,672	73	1.16,394
24	.38,267	74	1.17,989
25	.39,861	75	1.19,583
26	.41,456	76	1.21,178
27	.43,050	77	1.22,772
28	.44,644	78	1.24,367
29	.46,239	79	1.25,961
30	.47,833	80	1.27,556
31	.49,428	81	1.29,150
32	.51,022	82	1.30,744
33	.52,617	83	1.32,339
34	.54,211	84	1.33,933
35	.55,806	85	1.35,528
36	.57,400	86	1.37,122
37	.58,994	87	1.38,717
38	.60,589	88	1.40,311
39	.62,183	89	1.41,906
40	.63,778	90	1.43,500
41	.65,372	91	1.45,094
42	.66,967	92	1.46,689
43	.68,561	93	1.48,283
44	.70,156	94	1.49,878
45	.71,750	95	1.51,472
46	.73,344	96	1.53,067
47	.74,939	97	1.54,661
48	.76,533	98	1.56,256
49	.78,128	99	1.57,850
50	.79,722		**82 Days.**

2 Months and 23 Days.

Prin.	Interest.	Prin.	Interest.
1	.01,614	51	.82,308
2	.03,228	52	.83,922
3	.04,842	53	.85,536
4	.06,456	54	.87,150
5	.08,069	55	.88,764
6	.09,683	56	.90,378
7	.11,297	57	.91,992
8	.12,911	58	.93,606
9	.14,525	59	.95,219
10	.16,139	60	.96,833
11	.17,753	61	.98,447
12	.19,367	62	1.00,061
13	.20,981	63	1.01,675
14	.22,594	64	1.03,289
15	.24,208	65	1.04,903
16	.25,822	66	1.06,517
17	.27,436	67	1.08,131
18	.29,050	68	1.09,744
19	.30,664	69	1.11,358
20	.32,278	70	1.12,972
21	.33,892	71	1.14,586
22	.35,506	72	1.16,200
23	.37,119	73	1.17,814
24	.38,733	74	1.19,428
25	.40,347	75	1.21,042
26	.41,961	76	1.22,656
27	.43,575	77	1.24,269
28	.45,189	78	1.25,883
29	.46,803	79	1.27,497
30	.48,417	80	1.29,111
31	.50,031	81	1.30,725
32	.51,644	82	1.32,339
33	.53,258	83	1.33,953
34	.54,872	84	1.35,567
35	.56,486	85	1.37,181
36	.58,100	86	1.38,794
37	.59,714	87	1.40,408
38	.61,328	88	1.42,022
39	.62,942	89	1.43,636
40	.64,556	90	1.45,250
41	.66,169	91	1.46,864
42	.67,783	92	1.48,478
43	.69,397	93	1.50,092
44	.71,011	94	1.51,706
45	.72,625	95	1.53,319
46	.74,239	96	1.54,933
47	.75,853	97	1.56,547
48	.77,467	98	1.58,161
49	.79,081	99	1.59,775
50	.80,694		**83 Days.**

2 Months and 24 Days.

Prin.	Interest.	Prin.	Interest.
1	.01,633	51	.83,300
2	.03,267	52	.84,933
3	.04,900	53	.86,567
4	.06,533	54	.88,200
5	.08,167	55	.89,833
6	.09,800	56	.91,467
7	.11,433	57	.93,100
8	.13,067	58	.94,733
9	.14,700	59	.96,367
10	.16,333	60	.98,000
11	.17,967	61	.99,633
12	.19,600	62	1.01,267
13	.21,233	63	1.02,900
14	22,867	64	1.04,533
15	.24,500	65	1.06,167
16	.26,133	66	1.07,800
17	.27,767	67	1.09,433
18	.29,400	68	1.11,067
19	.31,033	69	1.12,700
20	.32,667	70	1.14,333
21	.34,300	71	1.15,967
22	.35,933	72	1.17,600
23	.37,567	73	1.19,233
24	.39,200	74	1.20,867
25	.40,833	75	1.22,500
26	.42,467	76	1.24,133
27	.44,100	77	1.25,767
28	.45,733	78	1.27,400
29	.47,367	79	1.29,033
30	.49,000	80	1.30,667
31	.50,633	81	1.32,300
32	.52,267	82	1.33,933
33	.53,900	83	1.35,567
34	.55,533	84	1.37,200
35	.57,167	85	1.38,833
36	.58,800	86	1.40,467
37	.60,433	87	1.42,100
38	.62,067	88	1.43,733
39	.63,700	89	1.45,367
40	.65,333	90	1.47,000
41	.66,967	91	1.48,633
42	.68,600	92	1.50,267
43	.70,233	93	1.51,900
44	.71,867	94	1.53,533
45	.73,500	95	1.55,167
46	.75,133	96	1.56,800
47	.76,767	97	1.58,433
48	.78,400	98	1.60,067
49	.80,033	99	1.61,700
50	.81,667		**84 Days.**

ONE YEAR.

Prin.	Interest.	Prin.	Interest.	Prin.	Interest.	Prin.	Interest.	Prin.	Interest.
51	3.57,00	61	4.27,00	71	4.97,00	81	5.67,00	91	6.37,00
52	3.64,00	62	4.34,00	72	5.04,00	82	5.74,00	92	6.44,00
53	3.71,00	63	4.41,00	73	5.11,00	83	5.81,00	93	6.51,00
54	3.78,00	64	4.48,00	74	5.18,00	84	5.88,00	94	6.58,00
55	3.85,00	65	4.55,00	75	5.25,00	85	5.95,00	95	6.65,00
56	3.92,00	66	4.62,00	76	5.32,00	86	6.02,00	96	6.72,00
57	3.99,00	67	4.69,00	77	5.39,00	87	6.09,00	97	6.79,00
58	4.06,00	68	4.76,00	78	5.46,00	88	6.16,00	98	6.86,00
59	4.13,00	69	4.83,00	79	5.53,00	89	6.23,00	99	6.93,00
60	4.20,00	70	4.90,00	80	5.60,00	90	6.30,00		

[41

INTEREST AT SEVEN PER CENT.

2 Months and 25 Days.				2 Months and 26 Days.				2 Months and 27 Days.			
Prin.	Interest.	Prin.	Interest.	Prin.	Interest.	Prin.	Interest.	Prin.	Interest.	Prin.	Interest.
1	.01,653	51	.84,292	1	.01,672	51	.85,283	1	.01,692	51	.86,275
2	.03,306	52	.85,944	2	.03,344	52	.86,956	2	.03,383	52	.87,967
3	.04,958	53	.87,597	3	.05,017	53	.88,628	3	.05,075	53	.89,658
4	.06,611	54	.89,250	4	.06,689	54	.90,300	4	.06,767	54	.91,350
5	.08,264	55	.90,903	5	.08,361	55	.91,972	5	.08,458	55	.93,042
6	.09,917	56	.92,556	6	.10,033	56	.93,644	6	.10,150	56	.94,733
7	.11,569	57	.94,208	7	.11,706	57	.95,317	7	.11,842	57	.96,425
8	.13,222	58	.95,861	8	.13,378	58	.96,989	8	.13,533	58	.98,117
9	.14,875	59	.97,514	9	.15,050	59	.98,661	9	.15,225	59	.99,808
10	.16,528	60	.99,167	10	.16,722	60	1.00,333	10	.16,917	60	1.01,500
11	.18,181	61	1.00,819	11	.18,394	61	1.02,006	11	.18,608	61	1.03,192
12	.19,833	62	1.02,472	12	.20,067	62	1.03,678	12	.20,300	62	1.04,883
13	.21,486	63	1.04,125	13	.21,739	63	1.05,350	13	.21,992	63	1.06,575
14	.23,139	64	1.05,778	14	.23,411	64	1.07,022	14	.23,683	64	1.08,267
15	.24,792	65	1.07,431	15	.25,083	65	1.08,694	15	.25,375	65	1.09,958
16	.26,444	66	1.09,083	16	.26,756	66	1.10,367	16	.27,067	66	1.11,650
17	.28,097	67	1.10,736	17	.28,428	67	1.12,039	17	.28,758	67	1.13,342
18	.29,750	68	1.12,389	18	.30,100	68	1.13,711	18	.30,450	68	1.15,033
19	.31,403	69	1.14,042	19	.31,772	69	1.15,383	19	.32,142	69	1.16,725
20	.33,056	70	1.15,694	20	.33,444	70	1.17,056	20	.33,833	70	1.18,417
21	.34,708	71	1.17,347	21	.35,117	71	1.18,728	21	.35,525	71	1.20,108
22	.36,361	72	1.19,000	22	.36,789	72	1.20,400	22	.37,217	72	1.21,800
23	.38,014	73	1.20,653	23	.38,461	73	1.22,072	23	.38,908	73	1.23,492
24	.39,667	74	1.22,306	24	.40,133	74	1.23,744	24	.40,600	74	1.25,183
25	.41,319	75	1.23,958	25	.41,806	75	1.25,417	25	.42,292	75	1.26,875
26	.42,972	76	1.25,611	26	.43,478	76	1.27,089	26	.43,983	76	1.28,567
27	.44,625	77	1.27,264	27	.45,150	77	1.28,761	27	.45,675	77	1.30,258
28	.46,278	78	1.28,917	28	.46,822	78	1.30,433	28	.47,367	78	1.31,950
29	.47,931	79	1.30,569	29	.48,494	79	1.32,106	29	.49,058	79	1.33,642
30	.49,583	80	1.32,222	30	.50,167	80	1.33,778	30	.50,750	80	1.35,333
31	.51,236	81	1.33,875	31	.51,839	81	1.35,450	31	.52,442	81	1.37,025
32	.52,889	82	1.35,528	32	.53,511	82	1.37,122	32	.54,133	82	1.38,717
33	.54,542	83	1.37,181	33	.55,183	83	1.38,794	33	.55,825	83	1.40,408
34	.56,194	84	1.38,833	34	.56,856	84	1.40,467	34	.57,517	84	1.42,100
35	.57,847	85	1.40,486	35	.58,528	85	1.42,139	35	.59,208	85	1.43,792
36	.59,500	86	1.42,139	36	.60,200	86	1.43,811	36	.60,900	86	1.45,483
37	.61,153	87	1.43,792	37	.61,872	87	1.45,483	37	.62,592	87	1.47,175
38	.62,806	88	1.45,444	38	.63,544	88	1.47,156	38	.64,283	88	1.48,867
39	.64,458	89	1.47,097	39	.65,217	89	1.48,828	39	.65,975	89	1.50,558
40	.66,111	90	1.48,750	40	.66,889	90	1.50,500	40	.67,667	90	1.52,250
41	.67,764	91	1.50,403	41	.68,561	91	1.52,172	41	.69,358	91	1.53,942
42	.69,417	92	1.52,056	42	.70,233	92	1.53,844	42	.71,050	92	1.55,633
43	.71,069	93	1.53,708	43	.71,906	93	1.55,517	43	.72,742	93	1.57,325
44	.72,722	94	1.55,361	44	.73,578	94	1.57,189	44	.74,433	94	1.59,017
45	.74,375	95	1.57,014	45	.75,250	95	1.58,861	45	.76,125	95	1.60,708
46	.76,028	96	1.58,667	46	.76,922	96	1.60,533	46	.77,817	96	1.62,400
47	.77,681	97	1.60,319	47	.78,594	97	1.62,206	47	.79,508	97	1.64,092
48	.79,333	98	1.61,972	48	.80,267	98	1.63,878	48	.81,200	98	1.65,783
49	.80,986	99	1.63,625	49	.81,939	99	1.65,550	49	.82,892	99	1.67,475
50	.82,639	**85 Days.**		50	.83,611	**86 Days.**		50	.84,583	**87 Days.**	

ONE YEAR.

Prin	Interest.	Prin.	Interest.	Prin.	Interest.	Prin.	Interest.	Prin.	Interest.
1	.07,00	11	.77,00	21	1.47,00	31	2.17,00	41	2.87,00
2	.14,00	12	.84,00	22	1.54,00	32	2.24,00	42	2.94,00
3	.21,00	13	.91,00	23	1.61,00	33	2.31,00	43	3.01,00
4	.28,00	14	.98,00	24	1.68,00	34	2.38,00	44	3.08,00
5	.35,00	15	1.05,00	25	1.75,00	35	2.45,00	45	3.15,00
6	.42,00	16	1.12,00	26	1.82,00	36	2.52,00	46	3.22,00
7	.49,00	17	1.19,00	27	1.89,00	37	2.59,00	47	3.29,00
8	.56,00	18	1.26,00	28	1.96,00	38	2.66,00	48	3.36,00
9	.63,00	19	1.33,00	29	2.03,00	39	2.73,00	49	3.43,00
10	.70,00	20	1.40,00	30	2.10,00	40	2.80,00	50	3.50,00

INTEREST AT SEVEN PER CENT.

2 Months and 28 Days.				2 Months and 29 Days.				3 MONTHS.			
Prin.	Interest.	Prin.	Interest.	Prin.	Interest.	Prin.	Interest.	Prin.	Interest.	Prin.	Interest.
1	.01,711	51	.87,267	1	.01,731	51	.88,258	1	.01,750	51	.89,250
2	.03,422	52	.88,978	2	.03,461	52	.89,989	2	.03,500	52	.91,000
3	.05,133	53	.90,689	3	.05,192	53	.91,719	3	.05,250	53	.92,750
4	.06,844	54	.92,400	4	.06,922	54	.93,450	4	.07,000	54	.94,500
5	.08,556	55	.94,111	5	.08,653	55	.95,181	5	.08,750	55	.96,250
6	.10,267	56	.95,822	6	.10,383	56	.96,911	6	.10,500	56	.98,000
7	.11,978	57	.97,533	7	.12,114	57	.98,642	7	.12,250	57	.99,750
8	.13,689	58	.99,244	8	.13,844	58	1.00,372	8	.14,000	58	1.01,500
9	.15,400	59	1.00,956	9	.15,575	59	1.02,103	9	.15,750	59	1.03,250
10	.17,111	60	1.02,667	10	.17,306	60	1.03,833	10	.17,500	60	1.05,000
11	.18,822	61	1.04,378	11	.19,036	61	1.05,564	11	.19,250	61	1.06,750
12	.20,533	62	1.06,089	12	.20,767	62	1.07,294	12	.21,000	62	1.08,500
13	.22,244	63	1.07,800	13	.22,497	63	1.09,025	13	.22,750	63	1.10,250
14	.23,956	64	1.09,511	14	.24,228	64	1.10,756	14	.24,500	64	1.12,000
15	.25,667	65	1.11,222	15	.25,958	65	1.12,486	15	.26,250	65	1.13,750
16	.27,378	66	1.12,933	16	.27,689	66	1.14,217	16	.28,000	66	1.15,500
17	.29,089	67	1.14,644	17	.29,419	67	1.15,947	17	.29,750	67	1.17,250
18	.30,800	68	1.16,356	18	.31,150	68	1.17,678	18	.31,500	68	1.19,000
19	.32,511	69	1.18,067	19	.32,881	69	1.19,408	19	.33,250	69	1.20,750
20	.34,222	70	1.19,778	20	.34,611	70	1.21,139	20	.35,000	70	1.22,500
21	.35,933	71	1.21,489	21	.36,342	71	1.22,869	21	.36,750	71	1.24,250
22	.37,644	72	1.23,200	22	.38,072	72	1.24,600	22	.38,500	72	1.26,000
23	.39,356	73	1.24,911	23	.39,803	73	1.26,331	23	.40,250	73	1.27,750
24	.41,067	74	1.26,622	24	.41,533	74	1.28,061	24	.42,000	74	1.29,500
25	.42,778	75	1.28,333	25	.43,264	75	1.29,792	25	.43,750	75	1.31,250
26	.44,489	76	1.30,044	26	.44,994	76	1.31,522	26	.45,500	76	1.33,000
27	.46,200	77	1.31,756	27	.46,725	77	1.33,253	27	.47,250	77	1.34,750
28	.47,911	78	1.33,467	28	.48,456	78	1.34,983	28	.49,000	78	1.36,500
29	.49,622	79	1.35,178	29	.50,186	79	1.36,714	29	.50,750	79	1.38,250
30	.51,333	80	1.36,889	30	.51,917	80	1.38,444	30	.52,500	80	1.40,000
31	.53,044	81	1.38,600	31	.53,647	81	1.40,175	31	.54,250	81	1.41,750
32	.54,756	82	1.40,311	32	.55,378	82	1.41,906	32	.56,000	82	1.43,500
33	.56,467	83	1.42,022	33	.57,108	83	1.43,636	33	.57,750	83	1.45,250
34	.58,178	84	1.43,733	34	.58,839	84	1.45,367	34	.59,500	84	1.47,000
35	.59,889	85	1.45,444	35	.60,569	85	1.47,097	35	.61,250	85	1.48,750
36	.61,600	86	1.47,156	36	.62,300	86	1.48,828	36	.63,000	86	1.50,500
37	.63,311	87	1.48,867	37	.64,031	87	1.50,558	37	.64,750	87	1.52,250
38	.65,022	88	1.50,578	38	.65,761	88	1.52,289	38	.66,500	88	1.54,000
39	.66,733	89	1.52,289	39	.67,492	89	1.54,019	39	.68,250	89	1.55,750
40	.68,444	90	1.54,000	40	.69,222	90	1.55,750	40	.70,000	90	1.57,500
41	.70,156	91	1.55,711	41	.70,953	91	1.57,481	41	.71,750	91	1.59,250
42	.71,867	92	1.57,422	42	.72,683	92	1.59,211	42	.73,500	92	1.61,000
43	.73,578	93	1.59,133	43	.74,414	93	1.60,942	43	.75,250	93	1.62,750
44	.75,289	94	1.60,844	44	.76,144	94	1.62,672	44	.77,000	94	1.64,500
45	.77,000	95	1.62,556	45	.77,875	95	1.64,403	45	.78,750	95	1.66,250
46	.78,711	96	1.64,267	46	.79,606	96	1.66,133	46	.80,500	96	1.68,000
47	.80,422	97	1.65,978	47	.81,336	97	1.67,864	47	.82,250	97	1.69,750
48	.82,133	98	1.67,689	48	.83,067	98	1.69,594	48	.84,000	98	1.71,500
49	.83,844	99	1.69,400	49	.84,797	99	1.71,325	49	.85,750	99	1.73,250
50	.85,556	**88 Days.**		50	.86,528	**89 Days.**		50	.87,500	**90 Days.**	

ONE YEAR.

Prin.	Interest.	Prin.	Interest.	Prin.	Interest.	Prin.	Interest.	Prin.	Interest.
51	3.57,00	61	4.27,00	71	4.97,00	81	5.67,00	91	6.37,00
52	3.64,00	62	4.34,00	72	5.04,00	82	5.74,00	92	6.44,00
53	3.71,00	63	4.41,00	73	5.11,00	83	5.81,00	93	6.51,00
54	3.78,00	64	4.48,00	74	5.18,00	84	5.88,00	94	6.58,00
55	3.85,00	65	4.55,00	75	5.25,00	85	5.95,00	95	6.65,00
56	3.92,00	66	4.62,00	76	5.32,00	86	6.02,00	96	6.72,00
57	3.99,00	67	4.69,00	77	5.39,00	87	6.09,00	97	6.79,00
58	4.06,00	68	4.76,00	78	5.46,00	88	6.16,00	98	6.86,00
59	4.13,00	69	4.83,00	79	5.53,00	89	6.23,00	99	6.93,00
60	4.20,00	70	4.90,00	80	5.60,00	90	6.30,00		

INTEREST AT SEVEN PER CENT.

3 Months and 1 Day.				3 Months and 2 Days.				3 Months and 3 Days.			
Prin.	Interest.	Prin.	Interest.	Prin.	Interest.	Prin.	Interest.	Prin.	Interest.	Prin.	Interest.
1	.01,769	51	.90,242	1	.01,789	51	.91,233	1	.01,808	51	.92,225
2	.03,539	52	.92,011	2	.03,578	52	.93,022	2	.03,617	52	.94,033
3	.05,308	53	.93,781	3	.05,367	53	.94,811	3	.05,425	53	.95,842
4	.07,078	54	.95,550	4	.07,156	54	.96,600	4	.07,233	54	.97,650
5	.08,847	55	.97,319	5	.08,944	55	.98,389	5	.09,042	55	.99,458
6	.10,617	56	.99,089	6	.10,733	56	1.00,178	6	.10,850	56	1.01,267
7	.12,386	57	1.00,858	7	.12,522	57	1.01,967	7	.12,658	57	1.03,075
8	.14,156	58	1.02,628	8	.14,311	58	1.03,756	8	.14,467	58	1.04,883
9	.15,925	59	1.04,397	9	.16,100	59	1.05,544	9	.16,275	59	1.06,692
10	.17,694	60	1.06,167	10	.17,889	60	1.07,333	10	.18,083	60	1.08,500
11	.19,464	61	1.07,936	11	.19,678	61	1.09,122	11	.19,892	61	1.10,308
12	.21,233	62	1.09,706	12	.21,467	62	1.10,911	12	.21,700	62	1.12,117
13	.23,003	63	1.11,475	13	.23,256	63	1.12,700	13	.23,508	63	1.13,925
14	.24,772	64	1.13,244	14	.25,044	64	1.14,489	14	.25,317	64	1.15,733
15	.26,542	65	1.15,014	15	.26,833	65	1.16,278	15	.27,125	65	1.17,542
16	.28,311	66	1.16,783	16	.28,622	66	1.18,067	16	.28,933	66	1.19,350
17	.30,081	67	1.18,553	17	.30,411	67	1.19,856	17	.30,742	67	1.21,158
18	.31,850	68	1.20,322	18	.32,200	68	1.21,644	18	.32,550	68	1.22,967
19	.33,619	69	1.22,092	19	.33,989	69	1.23,433	19	.34,358	69	1.24,775
20	.35,389	70	1.23,861	20	.35,778	70	1.25,222	20	.36,167	70	1.26,583
21	.37,158	71	1.25,631	21	.37,567	71	1.27,011	21	.37,975	71	1.28,392
22	.38,928	72	1.27,400	22	.39,356	72	1.28,800	22	.39,783	72	1.30,200
23	.40,697	73	1.29,169	23	.41,144	73	1.30,589	23	.41,592	73	1.32,008
24	.42,467	74	1.30,939	24	.42,933	74	1.32,378	24	.43,400	74	1.33,817
25	.44,236	75	1.32,708	25	.44,722	75	1.34,167	25	.45,208	75	1.35,625
26	.46,006	76	1.34,478	26	.46,511	76	1.35,956	26	.47,017	76	1.37,433
27	.47,775	77	1.36,247	27	.48,300	77	1.37,744	27	.48,825	77	1.39,242
28	.49,544	78	1.38,017	28	.50,089	78	1.39,533	28	.50,633	78	1.41,050
29	.51,314	79	1.39,786	29	.51,878	79	1.41,322	29	.52,442	79	1.42,858
30	.53,083	80	1.41,556	30	.53,667	80	1.43,111	30	.54,250	80	1.44,667
31	.54,853	81	1.43,325	31	.55,456	81	1.44,900	31	.56,058	81	1.46,475
32	.56,622	82	1.45,094	32	.57,244	82	1.46,689	32	.57,867	82	1.48,283
33	.58,392	83	1.46,864	33	.59,033	83	1.48,478	33	.59,675	83	1.50,092
34	.60,161	84	1.48,633	34	.60,822	84	1.50,267	34	.61,483	84	1.51,900
35	.61,931	85	1.50,403	35	.62,611	85	1.52,056	35	.63,292	85	1.53,708
36	.63,700	86	1.52,172	36	.64,400	86	1.53,844	36	.65,100	86	1.55,517
37	.65,469	87	1.53,942	37	.66,189	87	1.55,633	37	.66,908	87	1.57,325
38	.67,239	88	1.55,711	38	.67,978	88	1.57,422	38	.68,717	88	1.59,133
39	.69,008	89	1.57,481	39	.69,767	89	1.59,211	39	.70,525	89	1.60,942
40	.70,778	90	1.59,250	40	.71,556	90	1.61,000	40	.72,333	90	1.62,750
41	.72,547	91	1.61,019	41	.73,344	91	1.62,789	41	.74,142	91	1.64,558
42	.74,317	92	1.62,789	42	.75,133	92	1.64,578	42	.75,950	92	1.66,367
43	.76,086	93	1.64,558	43	.76,922	93	1.66,367	43	.77,758	93	1.68,175
44	.77,856	94	1.66,328	44	.78,711	94	1.68,156	44	.79,567	94	1.69,983
45	.79,625	95	1.68,097	45	.80,500	95	1.69,944	45	.81,375	95	1.71,792
46	.81,394	96	1.69,867	46	.82,289	96	1.71,733	46	.83,183	96	1.73,600
47	.83,164	97	1.71,636	47	.84,078	97	1.73,522	47	.84,992	97	1.75,408
48	.84,933	98	1.73,406	48	.85,867	98	1.75,311	48	.86,800	98	1.77,217
49	.86,703	99	1.75,175	49	.87,656	99	1.77,100	49	.88,608	99	1.79,025
50	.88,472	**91 Days.**		50	.89,444	**92 Days.**		50	.90,417	**93 Days.**	

ONE YEAR.

Prin.	Interest.	Prin.	Interest.	Prin.	Interest.	Prin.	Interest.	Prin.	Interest.
1	.07,00	11	.77,00	21	1.47,00	31	2.17,00	41	2.87,00
2	.14,00	12	.84,00	22	1.54,00	32	2.24,00	42	2.94,00
3	.21,00	13	.91,00	23	1.61,00	33	2.31,00	43	3.01,00
4	.28,00	14	.98,00	24	1.68,00	34	2.38,00	44	3.08,00
5	.35,00	15	1.05,00	25	1.75,00	35	2.45,00	45	3.15,00
6	.42,00	16	1.12,00	26	1.82,00	36	2.52,00	46	3.22,00
7	.49,00	17	1.19,00	27	1.89,00	37	2.59,00	47	3.29,00
8	.56,00	18	1.26,00	28	1.96,00	38	2.66,00	48	3.36,00
9	.63,00	19	1.33,00	29	2.03,00	39	2.73,00	49	3.43,00
10	.70,00	20	1.40,00	30	2.10,00	40	2.80,00	50	3.50,00

INTEREST AT SEVEN PER CENT.

3 Months and 4 Days.

Prin.	Interest.	Prin.	Interest.
1	.01,828	51	.93,217
2	.03,656	52	.95,044
3	.05,483	53	.96,872
4	.07,311	54	.98,700
5	.09,139	55	1.00,528
6	.10,967	56	1.02,356
7	.12,794	57	1.04,183
8	.14,622	58	1.06,011
9	.16,450	59	1.07,839
10	.18,278	60	1.09,667
11	.20,106	61	1.11,494
12	.21,933	62	1.13,322
13	.23,761	63	1.15,150
14	.25,589	64	1.16,978
15	.27,417	65	1.18,806
16	.29,244	66	1.20,633
17	.31,072	67	1.22,461
18	.32,900	68	1.24,289
19	.34,728	69	1.26,117
20	.36,556	70	1.27,944
21	.38,383	71	1.29,772
22	.40,211	72	1.31,600
23	.42,039	73	1.33,428
24	.43,867	74	1.35,256
25	.45,694	75	1.37,083
26	.47,522	76	1.38,911
27	.49,350	77	1.40,739
28	.51,178	78	1.42,567
29	.53,006	79	1.44,394
30	.54,833	80	1.46,222
31	.56,661	81	1.48,050
32	.58,489	82	1.49,878
33	.60,317	83	1.51,706
34	.62,144	84	1.53,533
35	.63,972	85	1.55,361
36	.65,800	86	1.57,189
37	.67,628	87	1.59,017
38	.69,456	88	1.60,844
39	.71,283	89	1.62,672
40	.73,111	90	1.64,500
41	.74,939	91	1.66,328
42	.76,767	92	1.68,156
43	.78,594	93	1.69,983
44	.80,422	94	1.71,811
45	.82,250	95	1.73,639
46	.84,078	96	1.75,467
47	.85,906	97	1.77,294
48	.87,733	98	1.79,122
49	.89,561	99	1.80,950
50	.91,389		**94 Days.**

3 Months and 5 Days.

Prin.	Interest.	Prin.	Interest.
1	.01,847	51	.94,208
2	.03,694	52	.96,056
3	.05,542	53	.97,903
4	.07,389	54	.99,750
5	.09,236	55	1.01,597
6	.11,083	56	1.03,444
7	.12,931	57	1.05,292
8	.14,778	58	1.07,139
9	.16,625	59	1.08,986
10	.18,472	60	1.10,833
11	.20,319	61	1.12,681
12	.22,167	62	1.14,528
13	.24,014	63	1.16,375
14	.25,861	64	1.18,222
15	.27,708	65	1.20,069
16	.29,556	66	1.21,917
17	.31,403	67	1.23,764
18	.33,250	68	1.25,611
19	.35,097	69	1.27,458
20	.36,944	70	1.29,306
21	.38,792	71	1.31,153
22	.40,639	72	1.33,000
23	.42,486	73	1.34,847
24	.44,333	74	1.36,694
25	.46,181	75	1.38,542
26	.48,028	76	1.40,389
27	.49,875	77	1.42,236
28	.51,722	78	1.44,083
29	.53,569	79	1.45,931
30	.55,417	80	1.47,778
31	.57,264	81	1.49,625
32	.59,111	82	1.51,472
33	.60,958	83	1.53,319
34	.62,806	84	1.55,167
35	.64,653	85	1.57,014
36	.66,500	86	1.58,861
37	.68,347	87	1.60,708
38	.70,194	88	1.62,556
39	.72,042	89	1.64,403
40	.73,889	90	1.66,250
41	.75,736	91	1.68,097
42	.77,583	92	1.69,944
43	.79,431	93	1.71,792
44	.81,278	94	1.73,639
45	.83,125	95	1.75,486
46	.84,972	96	1.77,333
47	.86,819	97	1.79,181
48	.88,667	98	1.81,028
49	.90,514	99	1.82 875
50	.92,361		**95 Days.**

3 Months and 6 Days.

Prin.	Interest.	Prin.	Interest.
1	.01,867	51	.95,200
2	.03,733	52	.97,067
3	.05,600	53	.98,933
4	.07,467	54	1.00,800
5	.09,333	55	1.02,667
6	.11,200	56	1.04,533
7	.13,067	57	1.06,400
8	.14,933	58	1.08,267
9	.16,800	59	1.10,133
10	.18,667	60	1.12,000
11	.20,533	61	1.13,867
12	.22,400	62	1.15,733
13	.24,267	63	1.17,600
14	.26,133	64	1.19,467
15	.28,000	65	1.21,333
16	.29,867	66	1.23,200
17	.31,733	67	1.25,067
18	.33,600	68	1.26,933
19	.35,467	69	1.28,800
20	.37,333	70	1.30,667
21	.39,200	71	1.32,533
22	.41,067	72	1.34,400
23	.42,933	73	1.36,267
24	.44,800	74	1.38,133
25	.46,667	75	1.40,000
26	.48,533	76	1.41,867
27	.50,400	77	1.43,733
28	.52,267	78	1.45,600
29	.54,133	79	1.47,467
30	.56,000	80	1.49,333
31	.57,867	81	1.51,200
32	.59,733	82	1.53,067
33	.61,600	83	1.54,933
34	.63,467	84	1.56,800
35	.65,333	85	1.58,667
36	.67,200	86	1.60,533
37	.69,067	87	1.62,400
38	.70,933	88	1.64,267
39	.72,800	89	1.66,133
40	.74,667	90	1.68,000
41	.76,533	91	1.69,867
42	.78,400	92	1.71,733
43	.80,267	93	1.73,600
44	.82,133	94	1.75,467
45	.84,000	95	1.77,333
46	.85,867	96	1.79,200
47	.87,733	97	1.81,067
48	.89,600	98	1.82,933
49	.91,467	99	1.84,800
50	.93,333		**96 Days.**

ONE YEAR.

Prin.	Interest.	Prin.	Interest.	Prin.	Interest.	Prin.	Interest.	Prin.	Interest.
51	3.57,00	61	4.27,00	71	4.97,00	81	5.67,00	91	6.37,00
52	3.64,00	62	4.34,00	72	5.04,00	82	5.74,00	92	6.44,00
53	3.71,00	63	4.41,00	73	5.11,00	83	5.81,00	93	6.51,00
54	3.78,00	64	4.48,00	74	5.18,00	84	5.88,00	94	6.58,00
55	3.85,00	65	4.55,00	75	5.25,00	85	5.95,00	95	6.65,00
56	3.92,00	66	4.62,00	76	5.32,00	86	6.02,00	96	6.72,00
57	3.99,00	67	4.69,00	77	5.39,00	87	6.09,00	97	6.79,00
58	4.06,00	68	4.76,00	78	5.46,00	88	6.16,00	98	6.86,00
59	4.13,00	69	4.83,00	79	5.53,00	89	6.23,00	99	6.93,00
60	4.20,00	70	4.90,00	80	5.60,00	90	6.30,00		

[45

INTEREST AT SEVEN PER CENT.

| \multicolumn{4}{c|}{3 Months and 7 Days.} | \multicolumn{4}{c|}{3 Months and 8 Days.} | \multicolumn{4}{c}{3 Months and 9 Days.} |

Prin.	Interest.	Prin.	Interest.	Prin.	Interest.	Prin.	Interest.	Prin.	Interest.	Prin.	Interest.
1	.01,886	51	.96,192	1	.01,906	51	.97,183	1	.01,925	51	.98,175
2	.03,772	52	.98,078	2	.03,811	52	.99,089	2	.03,850	52	1.00,100
3	.05,658	53	.99,964	3	.05,717	53	1.00,994	3	.05,775	53	1.02,025
4	.07,544	54	1.01,850	4	.07,622	54	1.02,900	4	.07,700	54	1.03,950
5	.09,431	55	1.03,736	5	.09,528	55	1.04,806	5	.09,625	55	1.05,875
6	.11,317	56	1.05,622	6	.11,433	56	1.06,711	6	.11,550	56	1.07,800
7	.13,203	57	1.07,508	7	.13,339	57	1.08,617	7	.13,475	57	1.09,725
8	.15,089	58	1.09,394	8	.15,244	58	1.10,522	8	.15,400	58	1.11,650
9	.16,975	59	1.11,281	9	.17,150	59	1.12,428	9	.17,325	59	1.13,575
10	.18,861	60	1.13,167	10	.19,056	60	1.14,333	10	.19,250	60	1.15,500
11	.20,747	61	1.15,053	11	.20,961	61	1.16,239	11	.21,175	61	1.17,425
12	.22,633	62	1.16,939	12	.22,867	62	1.18,144	12	.23,100	62	1.19,350
13	.24,519	63	1.18,825	13	.24,772	63	1.20,050	13	.25,025	63	1.21,275
14	.26,406	64	1.20,711	14	.26,678	64	1.21,956	14	.26,950	64	1.23,200
15	.28,292	65	1.22,597	15	.28,583	65	1.23,861	15	.28,875	65	1.25,125
16	.30,178	66	1.24,483	16	.30,489	66	1.25,767	16	.30,800	66	1.27,050
17	.32,064	67	1.26,369	17	.32,394	67	1.27,672	17	.32,725	67	1.28,975
18	.33,950	68	1.28,256	18	.34,300	68	1.29,578	18	.34,650	68	1.30,900
19	.35,836	69	1.30,142	19	.36,206	69	1.31,483	19	.36,575	69	1.32,825
20	.37,722	70	1.32,028	20	.38,111	70	1.33,389	20	.38,500	70	1.34,750
21	.39,608	71	1.33,914	21	.40,017	71	1.35,294	21	.40,425	71	1.36,675
22	.41,494	72	1.35,800	22	.41,922	72	1.37,200	22	.42,350	72	1.38,600
23	.43,381	73	1.37,686	23	.43,828	73	1.39,106	23	.44,275	73	1.40,525
24	.45,267	74	1.39,572	24	.45,733	74	1.41,011	24	.46,200	74	1.42,450
25	.47,153	75	1.41,458	25	.47,639	75	1.42,917	25	.48,125	75	1.44,375
26	.49,039	76	1.43,344	26	.49,544	76	1.44,822	26	.50,050	76	1.46,300
27	.50,925	77	1.45,231	27	.51,450	77	1.46,728	27	.51,975	77	1.48,225
28	.52,811	78	1.47,117	28	.53,356	78	1.48,633	28	.53,900	78	1.50,150
29	.54,697	79	1.49,003	29	.55,261	79	1.50,539	29	.55,825	79	1.52,075
30	.56,583	80	1.50,889	30	.57,167	80	1.52,444	30	.57,750	80	1.54,000
31	.58,469	81	1.52,775	31	.59,072	81	1.54,350	31	.59,675	81	1.55,925
32	.60,356	82	1.54,661	32	.60,978	82	1.56,256	32	.61,600	82	1.57,850
33	.62,242	83	1.56,547	33	.62,883	83	1.58,161	33	.63,525	83	1.59,775
34	.64,128	84	1.58,433	34	.64,789	84	1.60,067	34	.65,450	84	1.61,700
35	.66,014	85	1.60,319	35	.66,694	85	1.61,972	35	.67,375	85	1.63,625
36	.67,900	86	1.62,206	36	.68,600	86	1.63,878	36	.69,300	86	1.65,550
37	.69,786	87	1.64,092	37	.70,506	87	1.65,783	37	.71,225	87	1.67,475
38	.71,672	88	1.65,978	38	.72,411	88	1.67,689	38	.73,150	88	1.69,400
39	.73,558	89	1.67,864	39	.74,317	89	1.69,594	39	.75,075	89	1.71,325
40	.75,444	90	1.69,750	40	.76,222	90	1.71,500	40	.77,000	90	1.73,250
41	.77,331	91	1.71,636	41	.78,128	91	1.73,406	41	.78,925	91	1.75,175
42	.79,217	92	1.73,522	42	.80,033	92	1.75,311	42	.80,850	92	1.77,100
43	.81,103	93	1.75,408	43	.81,939	93	1.77,217	43	.82,775	93	1.79,025
44	.82,989	94	1.77,294	44	.83,844	94	1.79,122	44	.84,700	94	1.80,950
45	.84,875	95	1.79,181	45	.85,750	95	1.81,028	45	.86,625	95	1.82,875
46	.86,761	96	1.81,067	46	.87,656	96	1.82,933	46	.88,550	96	1.84,800
47	.88,647	97	1.82,953	47	.89,561	97	1.84,839	47	.90,475	97	1.86,725
48	.90,533	98	1.84,839	48	.91,467	98	1.86,744	48	.92,400	98	1.88,650
49	.92,419	99	1.86,725	49	.93,372	99	1.88,650	49	.94,325	99	1.90,575
50	.94,306	\multicolumn{2}{c	}{**97 Days.**}	50	.95,278	\multicolumn{2}{c	}{**98 Days.**}	50	.96,250	\multicolumn{2}{c}{**99 Days.**}

ONE YEAR.

Prin.	Interest.	Prin.	Interest.	Prin.	Interest.	Prin.	Interest.	Prin.	Interest.
1	.07,00	11	.77,00	21	1.47,00	31	2.17,00	41	2.87,00
2	.14,00	12	.84,00	22	1.54,00	32	2.24,00	42	2.94,00
3	.21,00	13	.91,00	23	1.61,00	33	2.31,00	43	3.01,00
4	.28,00	14	.98,00	24	1.68,00	34	2.38,00	44	3.08,00
5	.35,00	15	1.05,00	25	1.75,00	35	2.45,00	45	3.15,00
6	.42,00	16	1.12,00	26	1.82,00	36	2.52,00	46	3.22,00
7	.49,00	17	1.19,00	27	1.89,00	37	2.59,00	47	3.29,00
8	.56,00	18	1.26,00	28	1.96,00	38	2.66,00	48	3.36,00
9	.63,00	19	1.33,00	29	2.03,00	39	2.73,00	49	3.43,00
10	.70,00	20	1.40,00	30	2.10,00	40	2.80,00	50	3.50,00

INTEREST AT SEVEN PER CENT.

3 Months and 10 Days.

Prin.	Interest.	Prin.	Interest.
1	.01,944	51	.99,167
2	.03,889	52	1.01,111
3	.05,833	53	1.03,056
4	.07,778	54	1.05,000
5	.09,722	55	1.06,944
6	.11,667	56	1.08,889
7	.13,611	57	1.10,833
8	.15,556	58	1.12,778
9	.17,500	59	1.14,722
10	.19,444	60	1.16,667
11	.21,389	61	1.18,611
12	.23,333	62	1.20,556
13	.25,278	63	1.22,500
14	.27,222	64	1.24,444
15	.29,167	65	1.26,389
16	.31,111	66	1.28,333
17	.33,056	67	1.30,278
18	.35,000	68	1.32,222
19	.36,944	69	1.34,167
20	.38,889	70	1.36,111
21	.40,833	71	1.38,056
22	.42,778	72	1.40,000
23	.44,722	73	1.41,944
24	.46,667	74	1.43,889
25	.48,611	75	1.45,833
26	.50,556	76	1.47,778
27	.52,500	77	1.49,722
28	.54,444	78	1.51,667
29	.56,389	79	1.53,611
30	.58,333	80	1.55,556
31	.60,278	81	1.57,500
32	.62,222	82	1.59,444
33	.64,167	83	1.61,389
34	.66,111	84	1.63,333
35	.68,056	85	1.65,278
36	.70,000	86	1.67,222
37	.71,944	87	1.69,167
38	.73,889	88	1.71,111
39	.75,833	89	1.73,056
40	.77,778	90	1.75,000
41	.79,722	91	1.76,944
42	.81,667	92	1.78,889
43	.83,611	93	1.80,833
44	.85,556	94	1.82,778
45	.87,500	95	1.84,722
46	.89,444	96	1.86,667
47	.91,389	97	1.88,611
48	.93,333	98	1.90,556
49	.95,278	99	1.92,500
50	.97,222	**100 Days.**	

3 Months and 11 Days.

Prin.	Interest.	Prin.	Interest.
1	.01,964	51	1.00,158
2	.03,928	52	1.02,122
3	.05,892	53	1.04,086
4	.07,856	54	1.06,050
5	.09,819	55	1.08,014
6	.11,783	56	1.09,978
7	.13,747	57	1.11,942
8	.15,711	58	1.13,906
9	.17,675	59	1.15,869
10	.19,639	60	1.17,833
11	.21,603	61	1.19,797
12	.23,567	62	1.21,761
13	.25,531	63	1.23,725
14	.27,494	64	1.25,689
15	.29,458	65	1.27,653
16	.31,422	66	1.29,617
17	.33,386	67	1.31,581
18	.35,350	68	1.33,544
19	.37,314	69	1.35,508
20	.39,278	70	1.37,472
21	.41,242	71	1.39,436
22	.43,206	72	1.41,400
23	.45,169	73	1.43,364
24	.47,133	74	1.45,328
25	.49,097	75	1.47,292
26	.51,061	76	1.49,256
27	.53,025	77	1.51,219
28	.54,989	78	1.53,183
29	.56,953	79	1.55,147
30	.58,917	80	1.57,111
31	.60,881	81	1.59,075
32	.62,844	82	1.61,039
33	.64,808	83	1.63,003
34	.66,772	84	1.64,967
35	.68,736	85	1.66,931
36	.70,700	86	1.68,894
37	.72,664	87	1.70,858
38	.74,628	88	1.72,822
39	.76,592	89	1.74,786
40	.78,556	90	1.76,750
41	.80,519	91	1.78,714
42	.82,483	92	1.80,678
43	.84,447	93	1.82,642
44	.86,411	94	1.84,606
45	.88,375	95	1.86,569
46	.90,339	96	1.88,533
47	.92,303	97	1.90,497
48	.94,267	98	1.92,461
49	.96,231	99	1.94,425
50	.98,194	**101 Days.**	

3 Months and 12 Days.

Prin.	Interest.	Prin.	Interest.
1	.01,983	51	1.01,150
2	.03,967	52	1.03,133
3	.05,950	53	1.05,117
4	.07,933	54	1.07,100
5	.09,917	55	1.09,083
6	.11,900	56	1.11,067
7	.13,883	57	1.13,050
8	.15,867	58	1.15,033
9	.17,850	59	1.17,017
10	.19,833	60	1.19,000
11	.21,817	61	1.20,983
12	.23,800	62	1.22,967
13	.25,783	63	1.24,950
14	.27,767	64	1.26,933
15	.29,750	65	1.28,917
16	.31,733	66	1.30,900
17	.33,717	67	1.32,883
18	.35,700	68	1.34,867
19	.37,683	69	1.36,850
20	.39,667	70	1.38,833
21	.41,650	71	1.40,817
22	.43,633	72	1.42,800
23	.45,617	73	1.44,783
24	.47,600	74	1.46,767
25	.49,583	75	1.48,750
26	.51,567	76	1.50,733
27	.53,550	77	1.52,717
28	.55,533	78	1.54,700
29	.57,517	79	1.56,683
30	.59,500	80	1.58,667
31	.61,483	81	1.60,650
32	.63,467	82	1.62,633
33	.65,450	83	1.64,617
34	.67,433	84	1.66,600
35	.69,417	85	1.68,583
36	.71,400	86	1.70,567
37	.73,383	87	1.72,550
38	.75,367	88	1.74,533
39	.77,350	89	1.76,517
40	.79,333	90	1.78,500
41	.81,317	91	1.80,483
42	.83,300	92	1.82,467
43	.85,283	93	1.84,450
44	.87,267	94	1.86,433
45	.89,250	95	1.88,417
46	.91,233	96	1.90,400
47	.93,217	97	1.92,383
48	.95,200	98	1.94,367
49	.97,183	99	1.96,350
50	.99,167	**102 Days.**	

ONE YEAR.

Prin.	Interest.	Prin.	Interest.	Prin.	Interest.	Prin.	Interest.	Prin.	Interest.
51	3.57,00	61	4.27,00	71	4.97,00	81	5.67,00	91	6.37,00
52	3.64,00	62	4.34,00	72	5.04,00	82	5.74,00	92	6.44,00
53	3.71,00	63	4.41,00	73	5.11,00	83	5.81,00	93	6.51,00
54	3.78,00	64	4.48,00	74	5.18,00	84	5.88,00	94	6.58,00
55	3.85,00	65	4.55,00	75	5.25,00	85	5.95,00	95	6.65,00
56	3.92,00	66	4.62,00	76	5.32,00	86	6.02,00	96	6.72,00
57	3.99,00	67	4.69,00	77	5.39,00	87	6.09,00	97	6.79,00
58	4.06,00	68	4.76,00	78	5.46,00	88	6.16,00	98	6.86,00
59	4.13,00	69	4.83,00	79	5.53,00	89	6.23,00	99	6.93,00
60	4.20,00	70	4.90,00	80	5.60,00	90	6.30,00		

INTEREST AT SEVEN PER CENT.

3 Months and 13 Days.				3 Months and 14 Days.				3 Months and 15 Days.			
Prin.	Interest.	Prin.	Interest.	Prin.	Interest.	Prin.	Interest.	Prin.	Interest.	Prin.	Interest.
1	.02,003	51	1.02,142	1	.02,022	51	1.03,133	1	.02,042	51	1.04,125
2	.04,006	52	1.04,144	2	.04,044	52	1.05,156	2	.04,083	52	1.06,167
3	.06,008	53	1.06,147	3	.06,067	53	1.07,178	3	.06,125	53	1.08,208
4	.08,011	54	1.08,150	4	.08,089	54	1.09,200	4	.08,167	54	1.10,250
5	.10,014	55	1.10,153	5	.10,111	55	1.11,222	5	.10,208	55	1.12,292
6	.12,017	56	1.12,156	6	.12,133	56	1.13,244	6	.12,250	56	1.14,333
7	.14,019	57	1.14,158	7	.14,156	57	1.15,267	7	.14,292	57	1.16,375
8	.16,022	58	1.16,161	8	.16,178	58	1.17,289	8	.16,333	58	1.18,417
9	.18,025	59	1.18,164	9	.18,200	59	1.19,311	9	.18,375	59	1.20,458
10	.20,028	60	1.20,167	10	.20,222	60	1.21,333	10	.20,417	60	1.22,500
11	.22,031	61	1.22,169	11	.22,244	61	1.23,356	11	.22,458	61	1.24,542
12	.24,033	62	1.24,172	12	.24,267	62	1.25,378	12	.24,500	62	1.26,583
13	.26,036	63	1.26,175	13	.26,289	63	1.27,400	13	.26,542	63	1.28,625
14	.28,039	64	1.28,178	14	.28,311	64	1.29,422	14	.28,583	64	1.30,667
15	.30,042	65	1.30,181	15	.30,333	65	1.31,444	15	.30,625	65	1.32,708
16	.32,044	66	1.32,183	16	.32,356	66	1.33,467	16	.32,667	66	1.34,750
17	.34,047	67	1.34,186	17	.34,378	67	1.35,489	17	.34,708	67	1.36,792
18	.36,050	68	1.36,189	18	.36,400	68	1.37,511	18	.36,750	68	1.38,833
19	.38,053	69	1.38,192	19	.38,422	69	1.39,533	19	.38,792	69	1.40,875
20	.40,056	70	1.40,194	20	.40,444	70	1.41,556	20	.40,833	70	1.42,917
21	.42,058	71	1.42,197	21	.42,467	71	1.43,578	21	.42,875	71	1.44,958
22	.44,061	72	1.44,200	22	.44,489	72	1.45,600	22	.44,917	72	1.47,000
23	.46,064	73	1.46,203	23	.46,511	73	1.47,622	23	.46,958	73	1.49,042
24	.48,067	74	1.48,206	24	.48,533	74	1.49,644	24	.49,000	74	1.51,083
25	.50,069	75	1.50,208	25	.50,556	75	1.51,667	25	.51,042	75	1.53,125
26	.52,072	76	1.52,211	26	.52,578	76	1.53,689	26	.53,083	76	1.55,167
27	.54,075	77	1.54,214	27	.54,600	77	1.55,711	27	.55,125	77	1.57,208
28	.56,078	78	1.56,217	28	.56,622	78	1.57,733	28	.57,167	78	1.59,250
29	.58,081	79	1.58,219	29	.58,644	79	1.59,756	29	.59,208	79	1.61,292
30	.60,083	80	1.60,222	30	.60,667	80	1.61,778	30	.61,250	80	1.63,333
31	.62,086	81	1.62,225	31	.62,689	81	1.63,800	31	.63,292	81	1.65,375
32	.64,089	82	1.64,228	32	.64,711	82	1.65,822	32	.65,333	82	1.67,417
33	.66,092	83	1.66,231	33	.66,733	83	1.67,844	33	.67,375	83	1.69,458
34	.68,094	84	1.68,233	34	.68,756	84	1.69,867	34	.69,417	84	1.71,500
35	.70,097	85	1.70,236	35	.70,778	85	1.71,889	35	.71,458	85	1.73,542
36	.72,100	86	1.72,239	36	.72,800	86	1.73,911	36	.73,500	86	1.75,583
37	.74,103	87	1.74,242	37	.74,822	87	1.75,933	37	.75,542	87	1.77,625
38	.76,106	88	1.76,244	38	.76,844	88	1.77,956	38	.77,583	88	1.79,667
39	.78,108	89	1.78,247	39	.78,867	89	1.79,978	39	.79,625	89	1.81,708
40	.80,111	90	1.80,250	40	.80,889	90	1.82,000	40	.81,667	90	1.83,750
41	.82,114	91	1.82,253	41	.82,911	91	1.84,022	41	.83,708	91	1.85,792
42	.84,117	92	1.84,256	42	.84,933	92	1.86,044	42	.85,750	92	1.87,833
43	.86,119	93	1.86,258	43	.86,956	93	1.88,067	43	.87,792	93	1.89,875
44	.88,122	94	1.88,261	44	.88,978	94	1.90,089	44	.89,833	94	1.91,917
45	.90,125	95	1.90,264	45	.91,000	95	1.92,111	45	.91,875	95	1.93,958
46	.92,128	96	1.92,267	46	.93,022	96	1.94,133	46	.93,917	96	1.96,000
47	.94,131	97	1.94,269	47	.95,044	97	1.96,156	47	.95,958	97	1.98,042
48	.96,133	98	1.96,272	48	.97,067	98	1.98,178	48	.98,000	98	2.00,083
49	.98,136	99	1.98,275	49	.99,089	99	2.00,200	49	1.00,042	99	2.02,125
50	1.00,139	**103 Days.**		50	1.01,111	**104 Days.**		50	1.02,083	**105 Days.**	

ONE YEAR.

Prin.	Interest.	Prin.	Interest.	Prin	Interest.	Prin.	Interest.	Prin.	Interest.
1	.07,00	11	.77,00	21	1.47,00	31	2.17,00	41	2.87,00
2	.14,00	12	.84,00	22	1.54,00	32	2.24,00	42	2.94,00
3	.21,00	13	.91,00	23	1.61,00	33	2.31,00	43	3.01,00
4	.28,00	14	.98,00	24	1.68,00	34	2.38,00	44	3.08,00
5	.35,00	15	1.05,00	25	1.75,00	35	2.45,00	45	3.15,00
6	.42,00	16	1.12,00	26	1.82,00	36	2.52,00	46	3.22,00
7	.49,00	17	1.19,00	27	1.89,00	37	2.59,00	47	3.29,00
8	.56,00	18	1.26,00	28	1.96,00	38	2.66,00	48	3.36,00
9	.63,00	19	1.33,00	29	2.03,00	39	2.73,00	49	3.43,00
10	.70,00	20	1.40,00	30	2.10,00	40	2.80,00	50	3.50,00

INTEREST AT SEVEN PER CENT.

3 Months and 16 Days.				3 Months and 17 Days.				3 Months and 18 Days.			
Prin.	Interest.	Prin.	Interest.	Prin.	Interest.	Prin.	Interest.	Prin.	Interest.	Prin.	Interest.
1	.02,061	51	1.05,117	1	.02,081	51	1.06,108	1	.02,100	51	1.07,100
2	.04,122	52	1.07,178	2	.04,161	52	1.08,189	2	.04,200	52	1.09,200
3	.06,183	53	1.09,239	3	.06,242	53	1.10,269	3	.06,300	53	1.11,300
4	.08,244	54	1.11,300	4	.08,322	54	1.12,350	4	.08,400	54	1.13,400
5	.10,306	55	1.13,361	5	.10,403	55	1.14,431	5	.10,500	55	1.15,500
6	.12,367	56	1.15,422	6	.12,483	56	1.16,511	6	.12,600	56	1.17,600
7	.14,428	57	1.17,483	7	.14,564	57	1.18,592	7	.14,700	57	1.19,700
8	.16,489	58	1.19,544	8	.16,644	58	1.20,672	8	.16,800	58	1.21,800
9	.18,550	59	1.21,606	9	.18,725	59	1.22,753	9	.18,900	59	1.23,900
10	.20,611	60	1.23,667	10	.20,806	60	1.24,833	10	.21,000	60	1.26,000
11	.22,672	61	1.25,728	11	.22,886	61	1.26,914	11	.23,100	61	1.28,100
12	.24,733	62	1.27,789	12	.24,967	62	1.28,994	12	.25,200	62	1.30,200
13	.26,794	63	1.29,850	13	.27,047	63	1.31,075	13	.27,300	63	1.32,300
14	.28,856	64	1.31,911	14	.29,128	64	1.33,156	14	.29,400	64	1.34,400
15	.30,917	65	1.33,972	15	.31,208	65	1.35,236	15	.31,500	65	1.36,500
16	.32,978	66	1.36,033	16	.33,289	66	1.37,317	16	.33,600	66	1.38,600
17	.35,039	67	1.38,094	17	.35,369	67	1.39,397	17	.35,700	67	1.40,700
18	.37,100	68	1.40,156	18	.37,450	68	1.41,478	18	.37,800	68	1.42,800
19	.39,161	69	1.42,217	19	.39,531	69	1.43,558	19	.39,900	69	1.44,900
20	.41,222	70	1.44,278	20	.41,611	70	1.45,639	20	.42,000	70	1.47,000
21	.43,283	71	1.46,339	21	.43,692	71	1.47,719	21	.44,100	71	1.49,100
22	.45,344	72	1.48,400	22	.45,772	72	1.49,800	22	.46,200	72	1.51,200
23	.47,406	73	1.50,461	23	.47,853	73	1.51,881	23	.48,300	73	1.53,300
24	.49,467	74	1.52,522	24	.49,933	74	1.53,961	24	.50,400	74	1.55,400
25	.51,528	75	1.54,583	25	.52,014	75	1.56,042	25	.52,500	75	1.57,500
26	.53,589	76	1.56,644	26	.54,094	76	1.58,122	26	.54,600	76	1.59,600
27	.55,650	77	1.58,706	27	.56,175	77	1.60,203	27	.56,700	77	1.61,700
28	.57,711	78	1.60,767	28	.58,256	78	1.62,283	28	.58,800	78	1.63,800
29	.59,772	79	1.62,828	29	.60,336	79	1.64,364	29	.60,900	79	1.65,900
30	.61,833	80	1.64,889	30	.62,417	80	1.66,444	30	.63,000	80	1.68,000
31	.63,894	81	1.66,950	31	.64,497	81	1.68,525	31	.65,100	81	1.70,100
32	.65,956	82	1.69,011	32	.66,578	82	1.70,606	32	.67,200	82	1.72,200
33	.68,017	83	1.71,072	33	.68,658	83	1.72,686	33	.69,300	83	1.74,300
34	.70,078	84	1.73,133	34	.70,739	84	1.74,767	34	.71,400	84	1.76,400
35	.72,139	85	1.75,194	35	.72,819	85	1.76,847	35	.73,500	85	1.78,500
36	.74,200	86	1.77,256	36	.74,900	86	1.78,928	36	.75,600	86	1.80,600
37	.76,261	87	1.79,317	37	.76,981	87	1.81,008	37	.77,700	87	1.82,700
38	.78,322	88	1.81,378	38	.79,061	88	1.83,089	38	.79,800	88	1.84,800
39	.80,383	89	1.83,439	39	.81,142	89	1.85,169	39	.81,900	89	1.86,900
40	.82,444	90	1.85,500	40	.83,222	90	1.87,250	40	.84,000	90	1.89,000
41	.84,506	91	1.87,561	41	.85,303	91	1.89,331	41	.86,100	91	1.91,100
42	.86,567	92	1.89,622	42	.87,383	92	1.91,411	42	.88,200	92	1.93,200
43	.88,628	93	1.91,683	43	.89,464	93	1.93,492	43	.90,300	93	1.95,300
44	.90,689	94	1.93,744	44	.91,544	94	1.95,572	44	.92,400	94	1.97,400
45	.92,750	95	1.95,806	45	.93,625	95	1.97,653	45	.94,500	95	1.99,500
46	.94,811	96	1.97,867	46	.95,706	96	1.99,733	46	.96,600	96	2.01,600
47	.96,872	97	1.99,928	47	.97,786	97	2.01,814	47	.98,700	97	2.03,700
48	.98,933	98	2.01,989	48	.99,867	98	2.03,894	48	1.00,800	98	2.05,800
49	1.00,994	99	2.04,050	49	1.01,947	99	2.05,975	49	1.02,900	99	2.07,900
50	1.03,056	**106 Days.**		50	1.04,028	**107 Days.**		50	1.05,000	**108 Days.**	

ONE YEAR.

Prin.	Interest.	Prin.	Interest.	Prin.	Interest.	Prin.	Interest.	Prin.	Interest.
51	3.57,00	61	4.27,00	71	4.97,00	81	5.67,00	91	6.37,00
52	3.64,00	62	4.34,00	72	5.04,00	82	5.74,00	92	6.44,00
53	3.71,00	63	4.41,00	73	5.11,00	83	5.81,00	93	6.51,00
54	3.78,00	64	4.48,00	74	5.18,00	84	5.88,00	94	6.58,00
55	3.85,00	65	4.55,00	75	5.25,00	85	5.95,00	95	6.65,00
56	3.92,00	66	4.62,00	76	5.32,00	86	6.02,00	96	6.72,00
57	3.99,00	67	4.69,00	77	5.39,00	87	6.09,00	97	6.79,00
58	4.06,00	68	4.76,00	78	5.46,00	88	6.16,00	98	6.86,00
59	4.13,00	69	4.83,00	79	5.53,00	89	6.23,00	99	6.93,00
60	4.20,00	70	4.90,00	80	5.60,00	90	6.30,00		

INTEREST AT SEVEN PER CENT.

3 Months and 19 Days.

Prin.	Interest.	Prin.	Interest.
1	.02,119	51	1.08,092
2	.04,239	52	1.10,211
3	.06,358	53	1.12,331
4	.08,478	54	1.14,450
5	.10,597	55	1.16,569
6	.12,717	56	1.18,689
7	.14,836	57	1.20,808
8	.16,956	58	1.22,928
9	.19,075	59	1.25,047
10	.21,194	60	1.27,167
11	.23,314	61	1.29,286
12	.25,433	62	1.31,406
13	.27,553	63	1.33,525
14	.29,672	64	1.35,644
15	.31,792	65	1.37,764
16	.33,911	66	1.39,883
17	.36,031	67	1.42,003
18	.38,150	68	1.44,122
19	.40,269	69	1.46,242
20	.42,389	70	1.48,361
21	.44,508	71	1.50,481
22	.46,628	72	1.52,600
23	.48,747	73	1.54,719
24	.50,867	74	1.56,839
25	.52,986	75	1.58,958
26	.55,106	76	1.61,078
27	.57,225	77	1.63,197
28	.59,344	78	1.65,317
29	.61,464	79	1.67,436
30	.63,583	80	1.69,556
31	.65,703	81	1.71,675
32	.67,822	82	1.73,794
33	.69,942	83	1.75,914
34	.72,061	84	1.78,033
35	.74,181	85	1.80,153
36	.76,300	86	1.82,272
37	.78,419	87	1.84,392
38	.80,539	88	1.86,511
39	.82,658	89	1.88,631
40	.84,778	90	1.90,750
41	.86,897	91	1.92,869
42	.89,017	92	1.94,989
43	.91,136	93	1.97,108
44	.93,256	94	1.99,228
45	.95,375	95	2.01,347
46	.97,494	96	2.03,467
47	.99,614	97	2.05,586
48	1.01,733	98	2.07,706
49	1.03,853	99	2.09,825
50	1.05,972	**109 Days.**	

3 Months and 20 Days.

Prin.	Interest.	Prin.	Interest.
1	.02,139	51	1.09,083
2	.04,278	52	1.11,222
3	.06,417	53	1.13,361
4	.08,556	54	1.15,500
5	.10,694	55	1.17,639
6	.12,833	56	1.19,778
7	.14,972	57	1.21,917
8	.17,111	58	1.24,056
9	.19,250	59	1.26,194
10	.21,389	60	1.28,333
11	.23,528	61	1.30,472
12	.25,667	62	1.32,611
13	.27,806	63	1.34,750
14	.29,944	64	1.36,889
15	.32,083	65	1.39,028
16	.34,222	66	1.41,167
17	.36,361	67	1.43,306
18	.38,500	68	1.45,444
19	.40,639	69	1.47,583
20	.42,778	70	1.49,722
21	.44,917	71	1.51,861
22	.47,056	72	1.54,000
23	.49,194	73	1.56,139
24	.51,333	74	1.58,278
25	.53,472	75	1.60,417
26	.55,611	76	1.62,556
27	.57,750	77	1.64,694
28	.59,889	78	1.66,833
29	.62,028	79	1.68,972
30	.64,167	80	1.71,111
31	.66,306	81	1.73,250
32	.68,444	82	1.75,389
33	.70,583	83	1.77,528
34	.72,722	84	1.79,667
35	.74,861	85	1.81,806
36	.77,000	86	1.83,944
37	.79,139	87	1.86,083
38	.81,278	88	1.88,222
39	.83,417	89	1.90,361
40	.85,556	90	1.92,500
41	.87,694	91	1.94,639
42	.89,833	92	1.96,778
43	.91,972	93	1.98,917
44	.94,111	94	2.01,056
45	.96,250	95	2.03,194
46	.98,389	96	2.05,333
47	1.00,528	97	2.07,472
48	1.02,667	98	2.09,611
49	1.04,806	99	2.11,750
50	1.06,944	**110 Days.**	

3 Months and 21 Days.

Prin.	Interest.	Prin.	Interest.
1	.02,158	51	1.10,075
2	.04,317	52	1.12,233
3	.06,475	53	1.14,392
4	.08,633	54	1.16,550
5	.10,792	55	1.18,708
6	.12,950	56	1.20,867
7	.15,108	57	1.23,025
8	.17,267	58	1.25,183
9	.19,425	59	1.27,342
10	.21,583	60	1.29,500
11	.23,742	61	1.31,658
12	.25,900	62	1.33,817
13	.28,058	63	1.35,975
14	.30,217	64	1.38,133
15	.32,375	65	1.40,292
16	.34,533	66	1.42,450
17	.36,692	67	1.44,608
18	.38,850	68	1.46,767
19	.41,008	69	1.48,925
20	.43,167	70	1.51,083
21	.45,325	71	1.53,242
22	.47,483	72	1.55,400
23	.49,642	73	1.57,558
24	.51,800	74	1.59,717
25	.53,958	75	1.61,875
26	.56,117	76	1.64,033
27	.58,275	77	1.66,192
28	.60,433	78	1.68,350
29	.62,592	79	1.70,508
30	.64,750	80	1.72,667
31	.66,908	81	1.74,825
32	.69,067	82	1.76,983
33	.71,225	83	1.79,142
34	.73,383	84	1.81,300
35	.75,542	85	1.83,458
36	.77,700	86	1.85,617
37	.79,858	87	1.87,775
38	.82,017	88	1.89,933
39	.84,175	89	1.92,092
40	.86,333	90	1.94,250
41	.88,492	91	1.96,408
42	.90,650	92	1.98,567
43	.92,808	93	2.00,725
44	.94,967	94	2.02,883
45	.97,125	95	2.05,042
46	.99,283	96	2.07,200
47	1.01,442	97	2.09,358
48	1.03,600	98	2.11,517
49	1.05,758	99	2.13,675
50	1.07,917	**111 Days.**	

ONE YEAR.

Prin.	Interest.	Prin.	Interest.	Prin.	Interest.	Prin.	Interest.	Prin.	Interest.
1	.07,00	11	.77,00	21	1.47,00	31	2.17,00	41	2.87,00
2	.14,00	12	.84,00	22	1.54,00	32	2.24,00	42	2.94,00
3	.21,00	13	.91,00	23	1.61,00	33	2.31,00	43	3.01,00
4	.28,00	14	.98,00	24	1.68,00	34	2.38,00	44	3.08,00
5	.35,00	15	1.05,00	25	1.75,00	35	2.45,00	45	3.15,00
6	.42,00	16	1.12,00	26	1.82,00	36	2.52,00	46	3.22,00
7	.49,00	17	1.19,00	27	1.89,00	37	2.59,00	47	3.29,00
8	.56,00	18	1.26,00	28	1.96,00	38	2.66,00	48	3.36,00
9	.63,00	19	1.33,00	29	2.03,00	39	2.73,00	49	3.43,00
10	.70,00	20	1.40,00	30	2.10,00	40	2.80,00	50	3.50,00

INTEREST AT SEVEN PER CENT.

3 Months and 22 Days.

Prin.	Interest.	Prin.	Interest.
1	.02,178	51	1.11,067
2	.04,356	52	1.13,244
3	.06,533	53	1.15,422
4	.08,711	54	1.17,600
5	.10,889	55	1.19,778
6	.13,067	56	1.21,956
7	.15,244	57	1.24,133
8	.17,422	58	1.26,311
9	.19,600	59	1.28,489
10	.21,778	60	1.30,667
11	.23,956	61	1.32,844
12	.26,133	62	1.35,022
13	.28,311	63	1.37,200
14	.30,489	64	1.39,378
15	.32,667	65	1.41,556
16	.34,844	66	1.43,733
17	.37,022	67	1.45,911
18	.39,200	68	1.48,089
19	.41,378	69	1.50,267
20	.43,556	70	1.52,444
21	.45,733	71	1.54,622
22	.47,911	72	1.56,800
23	.50,089	73	1.58,978
24	.52,267	74	1.61,156
25	.54,444	75	1.63,333
26	.56,622	76	1.65,511
27	.58,800	77	1.67,689
28	.60,978	78	1.69,867
29	.63,156	79	1.72,044
30	.65,333	80	1.74,222
31	.67,511	81	1.76,400
32	.69,689	82	1.78,578
33	.71,867	83	1.80,756
34	.74,044	84	1.82,933
35	.76,222	85	1.85,111
36	.78,400	86	1.87,289
37	.80,578	87	1.89,467
38	.82,756	88	1.91,644
39	.84,933	89	1.93,822
40	.87,111	90	1.96,000
41	.89,289	91	1.98,178
42	.91,467	92	2.00,356
43	.93,644	93	2.02,533
44	.95,822	94	2.04,711
45	.98,000	95	2.06,889
46	1.00,178	96	2.09,067
47	1.02,356	97	2.11,244
48	1.04,533	98	2.13,422
49	1.06,711	99	2.15,600
50	1.08,889	**112 Days.**	

3 Months and 23 Days.

Prin.	Interest.	Prin.	Interest.
1	.02,197	51	1.12,058
2	.04,394	52	1.14,256
3	.06,592	53	1.16,453
4	.08,789	54	1.18,650
5	.10,986	55	1.20,847
6	.13,183	56	1.23,044
7	.15,381	57	1.25,242
8	.17,578	58	1.27,439
9	.19,775	59	1.29,636
10	.21,972	60	1.31,833
11	.24,169	61	1.34,031
12	.26,367	62	1.36,228
13	.28,564	63	1.38,425
14	.30,761	64	1.40,622
15	.32,958	65	1.42,819
16	.35,156	66	1.45,017
17	.37,353	67	1.47,214
18	.39,550	68	1.49,411
19	.41,747	69	1.51,608
20	.43,944	70	1.53,806
21	.46,142	71	1.56,003
22	.48,339	72	1.58,200
23	.50,536	73	1.60,397
24	.52,733	74	1.62,594
25	.54,931	75	1.64,792
26	.57,128	76	1.66,989
27	.59,325	77	1.69,186
28	.61,522	78	1.71,383
29	.63,719	79	1.73,581
30	.65,917	80	1.75,778
31	.68,114	81	1.77,975
32	.70,311	82	1.80,172
33	.72,508	83	1.82,369
34	.74,706	84	1.84,567
35	.76,903	85	1.86,764
36	.79,100	86	1.88,961
37	.81,297	87	1.91,158
38	.83,494	88	1.93,356
39	.85,692	89	1.95,553
40	.87,889	90	1.97,750
41	.90,086	91	1.99,947
42	.92,283	92	2.02,144
43	.94,481	93	2.04,342
44	.96,678	94	2.06,539
45	.98,875	95	2.08,736
46	1.01,072	96	2.10,933
47	1.03,269	97	2.13,131
48	1.05,467	98	2.15,328
49	1.07,664	99	2.17,525
50	1.09,861	**113 Days.**	

3 Months and 24 Days.

Prin.	Interest.	Prin.	Interest.
1	.02,217	51	1.13,050
2	.04,433	52	1.15,267
3	.06,650	53	1.17,483
4	.08,867	54	1.19,700
5	.11,083	55	1.21,917
6	.13,300	56	1.24,133
7	.15,517	57	1.26,350
8	.17,733	58	1.28,567
9	.19,950	59	1.30,783
10	.22,167	60	1.33,000
11	.24,383	61	1.35,217
12	.26,600	62	1.37,433
13	.28,817	63	1.39,650
14	.31,033	64	1.41,867
15	.33,250	65	1.44,083
16	.35,467	66	1.46,300
17	.37,683	67	1.48,517
18	.39,900	68	1.50,733
19	.42,117	69	1.52,950
20	.44,333	70	1.55,167
21	.46,550	71	1.57,383
22	.48,767	72	1.59,600
23	.50,983	73	1.61,817
24	.53,200	74	1.64,033
25	.55,417	75	1.66,250
26	.57,633	76	1.68,467
27	.59,850	77	1.70,683
28	.62,067	78	1.72,900
29	.64,283	79	1.75,117
30	.66,500	80	1.77,333
31	.68,717	81	1.79,550
32	.70,933	82	1.81,767
33	.73,150	83	1.83,983
34	.75,367	84	1.86,200
35	.77,583	85	1.88,417
36	.79,800	86	1.90,633
37	.82,017	87	1.92,850
38	.84,233	88	1.95,067
39	.86,450	89	1.97,283
40	.88,667	90	1.99,500
41	.90,883	91	2.01,717
42	.93,100	92	2.03,933
43	.95,317	93	2.06,150
44	.97,533	94	2.08,367
45	.99,750	95	2.10,583
46	1.01,967	96	2.12,800
47	1.04,183	97	2.15,017
48	1.06,400	98	2.17,233
49	1.08,617	99	2.19,450
50	1.10,833	**114 Days.**	

ONE YEAR.

Prin.	Interest.	Prin.	Interest.	Prin.	Interest.	Prin.	Interest.	Prin.	Interest.
51	3.57,00	61	4.27,00	71	4.97,00	81	5.67,00	91	6.37,00
52	3.64,00	62	4.34,00	72	5.04,00	82	5.74,00	92	6.44,00
53	3.71,00	63	4.41,00	73	5.11,00	83	5.81,00	93	6.51,00
54	3.78,00	64	4.48,00	74	5.18,00	84	5.88,00	94	6.58,00
55	3.85,00	65	4.55,00	75	5.25,00	85	5.95,00	95	6.65,00
56	3.92,00	66	4.62,00	76	5.32,00	86	6.02,00	96	6.72,00
57	3.99,00	67	4.69,00	77	5.39,00	87	6.09,00	97	6.79,00
58	4.06,00	68	4.76,00	78	5.46,00	88	6.16,00	98	6.86,00
59	4.13,00	69	4.83,00	79	5.53,00	89	6.23,00	99	6.93,00
60	4.20,00	70	4.90,00	80	5.60,00	90	6.30,00		

INTEREST AT SEVEN PER CENT.

3 Months and 25 Days.

Prin.	Interest.	Prin.	Interest.
1	.02,236	51	1.14,042
2	.04,472	52	1.16,278
3	.06,708	53	1.18,514
4	.08,944	54	1.20,750
5	.11,181	55	1.22,986
6	.13,417	56	1.25,222
7	.15,653	57	1.27,458
8	.17,889	58	1.29,694
9	.20,125	59	1.31,931
10	.22,361	60	1.34,167
11	.24,597	61	1.36,403
12	.26,833	62	1.38,639
13	.29,069	63	1.40,875
14	.31,306	64	1.43,111
15	.33,542	65	1.45,347
16	.35,778	66	1.47,583
17	.38,014	67	1.49,819
18	.40,250	68	1.52,056
19	.42,486	69	1.54,292
20	.44,722	70	1.56,528
21	.46,958	71	1.58,764
22	.49,194	72	1.61,000
23	.51,431	73	1.63,236
24	.53,667	74	1.65,472
25	.55,903	75	1.67,708
26	.58,139	76	1.69,944
27	.60,375	77	1.72,181
28	.62,611	78	1.74,417
29	.64,847	79	1.76,653
30	.67,083	80	1.78,889
31	.69,319	81	1.81,125
32	.71,556	82	1.83,361
33	.73,792	83	1.85,597
34	.76,028	84	1.87,833
35	.78,264	85	1.90,069
36	.80,500	86	1.92,306
37	.82,736	87	1.94,542
38	.84,972	88	1.96,778
39	.87,208	89	1.99,014
40	.89,444	90	2.01,250
41	.91,681	91	2.03,486
42	.93,917	92	2.05,722
43	.96,153	93	2.07,958
44	.98,389	94	2.10,194
45	1.00,625	95	2.12,431
46	1.02,861	96	2.14,667
47	1.05,097	97	2.16,903
48	1.07,333	98	2.19,139
49	1.09,569	99	2.21,375
50	1.11,806		**115 Days.**

3 Months and 26 Days.

Prin.	Interest.	Prin.	Interest.
1	.02,256	51	1.15,033
2	.04,511	52	1.17,289
3	.06,767	53	1.19,544
4	.09,022	54	1.21,800
5	.11,278	55	1.24,056
6	.13,533	56	1.26,311
7	.15,789	57	1.28,567
8	.18,044	58	1.30,822
9	.20,300	59	1.33,078
10	.22,556	60	1.35,333
11	.24,811	61	1.37,589
12	.27,067	62	1.39,844
13	.29,322	63	1.42,100
14	.31,578	64	1.44,356
15	.33,833	65	1.46,611
16	.36,089	66	1.48,867
17	.38,344	67	1.51,122
18	.40,600	68	1.53,378
19	.42,856	69	1.55,633
20	.45,111	70	1.57,889
21	.47,367	71	1.60,144
22	.49,622	72	1.62,400
23	.51,878	73	1.64,656
24	.54,133	74	1.66,911
25	.56,389	75	1.69,167
26	.58,644	76	1.71,422
27	.60,900	77	1.73,678
28	.63,156	78	1.75,933
29	.65,411	79	1.78,189
30	.67,667	80	1.80,444
31	.69,922	81	1.82,700
32	.72,178	82	1.84,956
33	.74,433	83	1.87,211
34	.76,689	84	1.89,467
35	.78,944	85	1.91,722
36	.81,200	86	1.93,978
37	.83,456	87	1.96,233
38	.85,711	88	1.98,489
39	.87,967	89	2.00,744
40	.90,222	90	2.03,000
41	.92,478	91	2.05,256
42	.94,733	92	2.07,511
43	.96,989	93	2.09,767
44	.99,244	94	2.12,022
45	1.01,500	95	2.14,278
46	1.03,756	96	2.16,533
47	1.06,011	97	2.18,789
48	1.08,267	98	2.21,044
49	1.10,522	99	2.23,300
50	1.12,778		**116 Days.**

3 Months and 27 Days.

Prin.	Interest.	Prin.	Interest.
1	.02,275	51	1.16,025
2	.04,550	52	1.18,300
3	.06,825	53	1.20,575
4	.09,100	54	1.22,850
5	.11,375	55	1.25,125
6	.13,650	56	1.27,400
7	.15,925	57	1.29,675
8	.18,200	58	1.31,950
9	.20,475	59	1.34,225
10	.22,750	60	1.36,500
11	.25,025	61	1.38,775
12	.27,300	62	1.41,050
13	.29,575	63	1.43,325
14	.31,850	64	1.45,600
15	.34,125	65	1.47,875
16	.36,400	66	1.50,150
17	.38,675	67	1.52,425
18	.40,950	68	1.54,700
19	.43,225	69	1.56,975
20	.45,500	70	1.59,250
21	.47,775	71	1.61,525
22	.50,050	72	1.63,800
23	.52,325	73	1.66,075
24	.54,600	74	1.68,350
25	.56,875	75	1.70,625
26	.59,150	76	1.72,900
27	.61,425	77	1.75,175
28	.63,700	78	1.77,450
29	.65,975	79	1.79,725
30	.68,250	80	1.82,000
31	.70,525	81	1.84,275
32	.72,800	82	1.86,550
33	.75,075	83	1.88,825
34	.77,350	84	1.91,100
35	.79,625	85	1.93,375
36	.81,900	86	1.95,650
37	.84,175	87	1.97,925
38	.86,450	88	2.00,200
39	.88,725	89	2.02,475
40	.91,000	90	2.04,750
41	.93,275	91	2.07,025
42	.95,550	92	2.09,300
43	.97,825	93	2.11,575
44	1.00,100	94	2.13,850
45	1.02,375	95	2.16,125
46	1.04,650	96	2.18,400
47	1.06,925	97	2.20,675
48	1.09,200	98	2.22,950
49	1.11,475	99	2.25,225
50	1.13,750		**117 Days.**

ONE YEAR.

Prin.	Interest.	Prin.	Interest.	Prin.	Interest.	Prin.	Interest.	Prin.	Interest.
1	.07,00	11	.77,00	21	1.47,00	31	2.17,00	41	2.87,00
2	.14,00	12	.84,00	22	1.54,00	32	2.24,00	42	2.94,00
3	.21,00	13	.91,00	23	1.61,00	33	2.31,00	43	3.01,00
4	.28,00	14	.98,00	24	1.68,00	34	2.38,00	44	3.08,00
5	.35,00	15	1.05,00	25	1.75,00	35	2.45,00	45	3.15,00
6	.42,00	16	1.12,00	26	1.82,00	36	2.52,00	46	3.22,00
7	.49,00	17	1.19,00	27	1.89,00	37	2.59,00	47	3.29,00
8	.56,00	18	1.26,00	28	1.96,00	38	2.66,00	48	3.36,00
9	.63,00	19	1.33,00	29	2.03,00	39	2.73,00	49	3.43,00
10	.70,00	20	1.40,00	30	2.10,00	40	2.80,00	50	3.50,00

INTEREST AT SEVEN PER CENT.

\multicolumn{2}{c}{3 Months and 28 Days.}			\multicolumn{2}{c}{3 Months and 29 Days.}			\multicolumn{2}{c}{4 MONTHS.}		
Prin.	Interest.	Prin.	Interest.	Prin.	Interest.	Prin.	Interest.	Prin.	Interest.	Prin.	Interest.
1	.02,294	51	1.17,017	1	.02,314	51	1.18,008	1	.02,333	51	1.19,000
2	.04,589	52	1.19,311	2	.04,628	52	1.20,322	2	.04,667	52	1.21,333
3	.06,883	53	1.21,606	3	.06,942	53	1.22,636	3	.07,000	53	1.23,667
4	.09,178	54	1.23,900	4	.09,256	54	1.24,950	4	.09,333	54	1.26,000
5	.11,472	55	1.26,194	5	.11,569	55	1.27,264	5	.11,667	55	1.28,333
6	.13,767	56	1.28,489	6	.13,883	56	1.29,578	6	.14,000	56	1.30,667
7	.16,061	57	1.30,783	7	.16,197	57	1.31,892	7	.16,333	57	1.33,000
8	.18,356	58	1.33,078	8	.18,511	58	1.34,206	8	.18,667	58	1.35,333
9	.20,650	59	1.35,372	9	.20,825	59	1.36,519	9	.21,000	59	1.37,667
10	.22,944	60	1.37,667	10	.23,139	60	1.38,833	10	.23,333	60	1.40,000
11	.25,239	61	1.39,961	11	.25,453	61	1.41,147	11	.25,667	61	1.42,333
12	.27,533	62	1.42,256	12	.27,767	62	1.43,461	12	.28,000	62	1.44,667
13	.29,828	63	1.44,550	13	.30,081	63	1.45,775	13	.30,333	63	1.47,000
14	.32,122	64	1.46,844	14	.32,394	64	1.48,089	14	.32,667	64	1.49,333
15	.34,417	65	1.49,139	15	.34,708	65	1.50,403	15	.35,000	65	1.51,667
16	.36,711	66	1.51,433	16	.37,022	66	1.52,717	16	.37,333	66	1.54,000
17	.39,006	67	1.53,728	17	.39,336	67	1.55,031	17	.39,667	67	1.56,333
18	.41,300	68	1.56,022	18	.41,650	68	1.57,344	18	.42,000	68	1.58,667
19	.43,594	69	1.58,317	19	.43,964	69	1.59,658	19	.44,333	69	1.61,000
20	.45,889	70	1.60,611	20	.46,278	70	1.61,972	20	.46,667	70	1.63,333
21	.48,183	71	1.62,906	21	.48,592	71	1.64,286	21	.49,000	71	1.65,667
22	.50,478	72	1.65,200	22	.50,906	72	1.66,600	22	.51,333	72	1.68,000
23	.52,772	73	1.67,494	23	.53,219	73	1.68,914	23	.53,667	73	1.70,333
24	.55,067	74	1.69,789	24	.55,533	74	1.71,228	24	.56,000	74	1.72,667
25	.57,361	75	1.72,083	25	.57,847	75	1.73,542	25	.58,333	75	1.75,000
26	.59,656	76	1.74,378	26	.60,161	76	1.75,856	26	.60,667	76	1.77,333
27	.61,950	77	1.76,672	27	.62,475	77	1.78,169	27	.63,000	77	1.79,667
28	.64,244	78	1.78,967	28	.64,789	78	1.80,483	28	.65,333	78	1.82,000
29	.66,539	79	1.81,261	29	.67,103	79	1.82,797	29	.67,667	79	1.84,333
30	.68,833	80	1.83,556	30	.69,417	80	1.85,111	30	.70,000	80	1.86,667
31	.71,128	81	1.85,850	31	.71,731	81	1.87,425	31	.72,333	81	1.89,000
32	.73,422	82	1.88,144	32	.74,044	82	1.89,739	32	.74,667	82	1.91,333
33	.75,717	83	1.90,439	33	.76,358	83	1.92,053	33	.77,000	83	1.93,667
34	.78,011	84	1.92,733	34	.78,672	84	1.94,367	34	.79,333	84	1.96,000
35	.80,306	85	1.95,028	35	.80,986	85	1.96,681	35	.81,667	85	1.98,333
36	.82,600	86	1.97,322	36	.83,300	86	1.98,994	36	.84,000	86	2.00,667
37	.84,894	87	1.99,617	37	.85,614	87	2.01,308	37	.86,333	87	2.03,000
38	.87,189	88	2.01,911	38	.87,928	88	2.03,622	38	.88,667	88	2.05,333
39	.89,483	89	2.04,206	39	.90,242	89	2.05,936	39	.91,000	89	2.07,667
40	.91,778	90	2.06,500	40	.92,556	90	2.08,250	40	.93,333	90	2.10,000
41	.94,072	91	2.08,794	41	.94,869	91	2.10,564	41	.95,667	91	2.12,333
42	.96,367	92	2.11,089	42	.97,183	92	2.12,878	42	.98,000	92	2.14,667
43	.98,661	93	2.13,383	43	.99,497	93	2.15,192	43	1.00,333	93	2.17,000
44	1.00,956	94	2.15,678	44	1.01,811	94	2.17,506	44	1.02,667	94	2.19,333
45	1.03,250	95	2.17,972	45	1.04,125	95	2.19,819	45	1.05,000	95	2.21,667
46	1.05,544	96	2.20,267	46	1.06,439	96	2.22,133	46	1.07,333	96	2.24,000
47	1.07,839	97	2.22,561	47	1.08,753	97	2.24,447	47	1.09,667	97	2.26,333
48	1.10,133	98	2.24,856	48	1.11,067	98	2.26,761	48	1.12,000	98	2.28,667
49	1.12,428	99	2.27,150	49	1.13,381	99	2.29,075	49	1.14,333	99	2.31,000
50	1.14,722	\multicolumn{2}{c}{**118 Days.**}		50	1.15,694	\multicolumn{2}{c}{**119 Days.**}		50	1.16,667	\multicolumn{2}{c}{**120 Days.**}

ONE YEAR.

Prin.	Interest.	Prin.	Interest.	Prin.	Interest.	Prin.	Interest.	Prin.	Interest.
51	3.57,00	61	4.27,00	71	4.97,00	81	5.67,00	91	6.37,00
52	3.64,00	62	4.34,00	72	5.04,00	82	5.74,00	92	6.44,00
53	3.71,00	63	4.41,00	73	5.11,00	83	5.81,00	93	6.51,00
54	3.78,00	64	4.48,00	74	5.18,00	84	5.88,00	94	6.58,00
55	3.85,00	65	4.55,00	75	5.25,00	85	5.95,00	95	6.65,00
56	3.92,00	66	4.62,00	76	5.32,00	86	6.02,00	96	6.72,00
57	3.99,00	67	4.69,00	77	5.39,00	87	6.09,00	97	6.79,00
58	4.06,00	68	4.76,00	78	5.46,00	88	6.16,00	98	6.86,00
59	4.13,00	69	4.83,00	79	5.53,00	89	6.23,00	99	6.93,00
60	4.20,00	70	4.90,00	80	5.60,00	90	6.30,00		

[53

INTEREST AT SEVEN PER CENT.

4 Months and 1 Day.

Prin.	Interest.	Prin.	Interest.
1	.02,353	51	1.19,992
2	.04,706	52	1.22,344
3	.07,058	53	1.24,697
4	.09,411	54	1.27,050
5	.11,764	55	1.29,403
6	.14,117	56	1.31,756
7	.16,469	57	1.34,108
8	.18,822	58	1.36,461
9	.21,175	59	1.38,814
10	.23,528	60	1.41,167
11	.25,881	61	1.43,519
12	.28,233	62	1.45,872
13	.30,586	63	1.48,225
14	.32,939	64	1.50,578
15	.35,292	65	1.52,931
16	.37,644	66	1.55,283
17	.39,997	67	1.57,636
18	.42,350	68	1.59,989
19	.44,703	69	1.62,342
20	.47,056	70	1.64,694
21	.49,408	71	1.67,047
22	.51,761	72	1.69,400
23	.54,114	73	1.71,753
24	.56,467	74	1.74,106
25	.58,819	75	1.76,458
26	.61,172	76	1.78,811
27	.63,525	77	1.81,164
28	.65,878	78	1.83,517
29	.68,231	79	1.85,869
30	.70,583	80	1.88,222
31	.72,936	81	1.90,575
32	.75,289	82	1.92,928
33	.77,642	83	1.95,281
34	.79,994	84	1.97,633
35	.82,347	85	1.99,986
36	.84,700	86	2.02,339
37	.87,053	87	2.04,692
38	.89,406	88	2.07,044
39	.91,758	89	2.09,397
40	.94,111	90	2.11,750
41	.96,464	91	2.14,103
42	.98,817	92	2.16,456
43	1.01,169	93	2.18,809
44	1.03,522	94	2.21,161
45	1.05,875	95	2.23,514
46	1.08,228	96	2.25,867
47	1.10,581	97	2.28,219
48	1.12,933	98	2.30,572
49	1.15,286	99	2.32,925
50	1.17,639		**121 Days.**

4 Months and 2 Days.

Prin.	Interest.	Prin.	Interest.
1	.02,372	51	1.20,983
2	.04,744	52	1.23,356
3	.07,117	53	1.25,728
4	.09,489	54	1.28,100
5	.11,861	55	1.30,472
6	.14,233	56	1.32,844
7	.16,606	57	1.35,217
8	.18,978	58	1.37,589
9	.21,350	59	1.39,961
10	.23,722	60	1.42,333
11	.26,094	61	1.44,706
12	.28,467	62	1.47,078
13	.30,839	63	1.49,450
14	.33,211	64	1.51,822
15	.35,583	65	1.54,194
16	.37,956	66	1.56,567
17	.40,328	67	1.58,939
18	.42,700	68	1.61,311
19	.45,072	69	1.63,683
20	.47,444	70	1.66,056
21	.49,817	71	1.68,428
22	.52,189	72	1.70,800
23	.54,561	73	1.73,172
24	.56,933	74	1.75,544
25	.59,306	75	1.77,917
26	.61,678	76	1.80,289
27	.64,050	77	1.82,661
28	.66,422	78	1.85,033
29	.68,794	79	1.87,406
30	.71,167	80	1.89,778
31	.73,539	81	1.92,150
32	.75,911	82	1.94,522
33	.78,283	83	1.96,894
34	.80,656	84	1.99,267
35	.83,028	85	2.01,639
36	.85,400	86	2.04,011
37	.87,772	87	2.06,383
38	.90,144	88	2.08,756
39	.92,517	89	2.11,128
40	.94,889	90	2.13,500
41	.97,261	91	2.15,872
42	.99,633	92	2.18,244
43	1.02,006	93	2.20,617
44	1.04,378	94	2.22,989
45	1.06,750	95	2.25,361
46	1.09,122	96	2.27,733
47	1.11,494	97	2.30,106
48	1.13,867	98	2.32,478
49	1.16,239	99	2.34,850
50	1.18,611		**122 Days.**

4 Months and 3 Days.

Prin.	Interest.	Prin.	Interest.
1	.02,392	51	1.21,975
2	.04,783	52	1.24,367
3	.07,175	53	1.26,758
4	.09,567	54	1.29,150
5	.11,958	55	1.31,542
6	.14,350	56	1.33,933
7	.16,742	57	1.36,325
8	.19,133	58	1.38,717
9	.21,525	59	1.41,108
10	.23,917	60	1.43,500
11	.26,308	61	1.45,892
12	.28,700	62	1.48,283
13	.31,092	63	1.50,675
14	.33,483	64	1.53,067
15	.35,875	65	1.55,458
16	.38,267	66	1.57,850
17	.40,658	67	1.60,242
18	.43,050	68	1.62,633
19	.45,442	69	1.65,025
20	.47,833	70	1.67,417
21	.50,225	71	1.69,808
22	.52,617	72	1.72,200
23	.55,008	73	1.74,592
24	.57,400	74	1.76,983
25	.59,792	75	1.79,375
26	.62,183	76	1.81,767
27	.64,575	77	1.84,158
28	.66,967	78	1.86,550
29	.69,358	79	1.88,942
30	.71,750	80	1.91,333
31	.74,142	81	1.93,725
32	.76,533	82	1.96,117
33	.78,925	83	1.98,508
34	.81,317	84	2.00,900
35	.83,708	85	2.03,292
36	.86,100	86	2.05,683
37	.88,492	87	2.08,075
38	.90,883	88	2.10,467
39	.93,275	89	2.12,858
40	.95,667	90	2.15,250
41	.98,058	91	2.17,642
42	1.00,450	92	2.20,033
43	1.02,842	93	2.22,425
44	1.05,233	94	2.24,817
45	1.07,625	95	2.27,208
46	1.10,017	96	2.29,600
47	1.12,408	97	2.31,992
48	1.14,800	98	2.34,383
49	1.17,192	99	2.36,775
50	1.19,583		**123 Days.**

ONE YEAR.

Prin.	Interest.	Prin.	Interest.	Prin.	Interest.	Prin.	Interest.	Prin.	Interest.
1	.07,00	11	.77,00	21	1.47,00	31	2.17,00	41	2.87,00
2	.14,00	12	.84,00	22	1.54,00	32	2.24,00	42	2.94,00
3	.21,00	13	.91,00	23	1.61,00	33	2.31,00	43	3.01,00
4	.28,00	14	.98,00	24	1.68,00	34	2.38,00	44	3.08,00
5	.35,00	15	1.05,00	25	1.75,00	35	2.45,00	45	3.15,00
6	.42,00	16	1.12,00	26	1.82,00	36	2.52,00	46	3.22,00
7	.49,00	17	1.19,00	27	1.89,00	37	2.59,00	47	3.29,00
8	.56,00	18	1.26,00	28	1.96,00	38	2.66,00	48	3.36,00
9	.63,00	19	1.33,00	29	2.03,00	39	2.73,00	49	3.43,00
10	.70,00	20	1.40,00	30	2.10,00	40	2.80,00	50	3.50,00

INTEREST AT SEVEN PER CENT.

4 Months and 4 Days.

Prin.	Interest.	Prin.	Interest.
1	.02,411	51	1.22,967
2	.04,822	52	1.25,378
3	.07,233	53	1.27,789
4	.09,644	54	1.30,200
5	.12,056	55	1.32,611
6	.14,467	56	1.35,022
7	.16,878	57	1.37,433
8	.19,289	58	1.39,844
9	.21,700	59	1.42,256
10	.24,111	60	1.44,667
11	.26,522	61	1.47,078
12	.28,933	62	1.49,489
13	.31,344	63	1.51,900
14	.33,756	64	1.54,311
15	.36,167	65	1.56,722
16	.38,578	66	1.59,133
17	.40,989	67	1.61,544
18	.43,400	68	1.63,956
19	.45,811	69	1.66,367
20	.48,222	70	1.68,778
21	.50,633	71	1.71,189
22	.53,044	72	1.73,600
23	.55,456	73	1.76,011
24	.57,867	74	1.78,422
25	.60,278	75	1.80,833
26	.62,689	76	1.83,244
27	.65,100	77	1.85,656
28	.67,511	78	1.88,067
29	.69,922	79	1.90,478
30	.72,333	80	1.92,889
31	.74,744	81	1.95,300
32	.77,156	82	1.97,711
33	.79,567	83	2.00,122
34	.81,978	84	2.02,533
35	.84,389	85	2.04,944
36	.86,800	86	2.07,356
37	.89,211	87	2.09,767
38	.91,622	88	2.12,178
39	.94,033	89	2.14,589
40	.96,444	90	2.17,000
41	.98,856	91	2.19,411
42	1.01,267	92	2.21,822
43	1.03,678	93	2.24,233
44	1.06,089	94	2.26,644
45	1.08,500	95	2.29,056
46	1.10,911	96	2.31,467
47	1.13,322	97	2.33,878
48	1.15,733	98	2.36,289
49	1.18,144	99	2.38,700
50	1.20,556	**124 Days.**	

4 Months and 5 Days.

Prin.	Interest.	Prin.	Interest.
1	.02,431	51	1.23,958
2	.04,861	52	1.26,389
3	.07,292	53	1.28,819
4	.09,722	54	1.31,250
5	.12,153	55	1.33,681
6	.14,583	56	1.36.111
7	.17,014	57	1.38 542
8	.19,444	58	1.40,972
9	.21,875	59	1.43,403
10	.24,306	60	1.45,833
11	.26,736	61	1.48,264
12	.29,167	62	1.50,694
13	.31,597	63	1.53,125
14	.34,028	64	1.55,556
15	.36,458	65	1.57,986
16	.38,889	66	1.60,417
17	.41,319	67	1.62,847
18	.43,750	68	1.65,278
19	.46,181	69	1.67,708
20	.48,611	70	1.70,139
21	.51,042	71	1.72,569
22	.53,472	72	1.75,000
23	.55,903	73	1.77,431
24	.58,333	74	1.79,861
25	.60,764	75	1.82,292
26	.63,194	76	1.84,722
27	.65,625	77	1.87,153
28	.68,056	78	1.89,583
29	.70,486	79	1.92,014
30	.72,917	80	1.94,444
31	.75,347	81	1.96,875
32	.77,778	82	1.99,306
33	.80,208	83	2.01,736
34	.82,639	84	2.04,167
35	.85,069	85	2.06,597
36	.87,500	86	2.09,028
37	.89,931	87	2.11,458
38	.92,361	88	2.13,889
39	.94,792	89	2.16,319
40	.97,222	90	2.18,750
41	.99,653	91	2.21,181
42	1.02,083	92	2.23,611
43	1.04,514	93	2.26,042
44	1.06,944	94	2.28,472
45	1.09,375	95	2.30,903
46	1.11,806	96	2.33,333
47	1.14,236	97	2.35,764
48	1.16,667	98	2.38,194
49	1.19,097	99	2.40,625
50	1.21,528	**125 Days.**	

4 Months and 6 Days.

Prin.	Interest.	Prin.	Interest.
1	.02,450	51	1.24,950
2	.04,900	52	1.27,400
3	.07,350	53	1.29,850
4	.09,800	54	1.32,300
5	.12,250	55	1.34,750
6	.14,700	56	1.37,200
7	.17,150	57	1.39,650
8	.19,600	58	1.42,100
9	.22,050	59	1.44,550
10	.24,500	60	1.47,000
11	.26,950	61	1.49,450
12	.29,400	62	1.51,900
13	.31,850	63	1.54,350
14	.34,300	64	1.56,800
15	.36,750	65	1.59,250
16	.39,200	66	1.61,700
17	.41,650	67	1.64,150
18	.44,100	68	1.66,600
19	.46,550	69	1.69,050
20	.49,000	70	1.71,500
21	.51,450	71	1.73,950
22	.53,900	72	1.76,400
23	.56,350	73	1.78,850
24	.58,800	74	1.81,300
25	.61,250	75	1.83,750
26	.63,700	76	1.86,200
27	.66,150	77	1.88,650
28	.68,600	78	1.91,100
29	.71,050	79	1.93,550
30	.73,500	80	1.96,000
31	.75,950	81	1.98,450
32	.78,400	82	2.00,900
33	.80,850	83	2.03,350
34	.83,300	84	2.05,800
35	.85,750	85	2.08,250
36	.88,200	86	2.10,700
37	.90,650	87	2.13,150
38	.93,100	88	2.15,600
39	.95,550	89	2.18,050
40	.98,000	90	2.20,500
41	1.00,450	91	2.22,950
42	1.02,900	92	2.25,400
43	1.05,350	93	2.27,850
44	1.07,800	94	2.30,300
45	1.10,250	95	2.32,750
46	1.12,700	96	2.35,200
47	1.15,150	97	2.37,650
48	1.17,600	98	2.40,100
49	1.20,050	99	2.42,550
50	1.22,500	**126 Days.**	

ONE YEAR.

Prin.	Interest.	Prin.	Interest.	Prin.	Interest.	Prin.	Interest.	Prin.	Interest.
51	3.57,00	61	4.27,00	71	4.97,00	81	5.67,00	91	6.37,00
52	3.64,00	62	4.34,00	72	5.04,00	82	5.74,00	92	6.44,00
53	3.71,00	63	4.41,00	73	5.11,00	83	5.81,00	93	6.51,00
54	3.78,00	64	4.48,00	74	5.18,00	84	5.88,00	94	6.58,00
55	3.85,00	65	4.55,00	75	5.25,00	85	5.95,00	95	6.65,00
56	3.92,00	66	4.62,00	76	5.32,00	86	6.02,00	96	6.72,00
57	3.99,00	67	4.69,00	77	5.39,00	87	6.09,00	97	6.79,00
58	4.06,00	68	4.76,00	78	5.46,00	88	6.16,00	98	6.86,00
59	4.13,00	69	4.83,00	79	5.53,00	89	6.23,00	99	6.93,00
60	4.20,00	70	4.90,00	80	5.60,00	90	6.30,00		

[55

INTEREST AT SEVEN PER CENT.

4 Months and 7 Days.

Prin.	Interest.	Prin.	Interest.
1	.02,469	51	1.25,942
2	.04,939	52	1.28,411
3	.07,408	53	1.30,881
4	.09,878	54	1.33,350
5	.12,347	55	1.35,819
6	.14,817	56	1.38,289
7	.17,286	57	1.40,758
8	.19,756	58	1.43,228
9	.22,225	59	1.45,697
10	.24,694	60	1.48,167
11	.27,164	61	1.50,636
12	.29,633	62	1.53,106
13	.32,103	63	1.55,575
14	.34,572	64	1.58,044
15	.37,042	65	1.60,514
16	.39,511	66	1.62,983
17	.41,981	67	1.65,453
18	.44,450	68	1.67,922
19	.46,919	69	1.70,392
20	.49,389	70	1.72,861
21	.51,858	71	1.75,331
22	.54,328	72	1.77,800
23	.56,797	73	1.80,269
24	.59,267	74	1.82,739
25	.61,736	75	1.85,208
26	.64,206	76	1.87,678
27	.66,675	77	1.90,147
28	.69,144	78	1.92,617
29	.71,614	79	1.95,086
30	.74,083	80	1.97,556
31	.76,553	81	2.00,025
32	.79,022	82	2.02,494
33	.81,492	83	2.04,964
34	.83,961	84	2.07,433
35	.86,431	85	2.09,903
36	.88,900	86	2.12,372
37	.91,369	87	2.14,842
38	.93,839	88	2.17,311
39	.96,308	89	2.19,781
40	.98,778	90	2.22,250
41	1.01,247	91	2.24,719
42	1.03,717	92	2.27,189
43	1.06,186	93	2.29,658
44	1.08,656	94	2.32,128
45	1.11,125	95	2.34,597
46	1.13,594	96	2.37,067
47	1.16,064	97	2.39,536
48	1.18,533	98	2.42,006
49	1.21,003	99	2.44,475
50	1.23,472	**127 Days.**	

4 Months and 8 Days.

Prin.	Interest.	Prin.	Interest.
1	.02,489	51	1.26,933
2	.04,978	52	1.29,422
3	.07,467	53	1.31,911
4	.09,956	54	1.34,400
5	.12,444	55	1.36,889
6	.14,933	56	1.39,378
7	.17,422	57	1.41,867
8	.19,911	58	1.44,356
9	.22,400	59	1.46,844
10	.24,889	60	1.49,333
11	.27,378	61	1.51,822
12	.29,867	62	1.54,311
13	.32,356	63	1.56,800
14	.34,844	64	1.59,289
15	.37,333	65	1.61,778
16	.39,822	66	1.64,267
17	.42,311	67	1.66,756
18	.44,800	68	1.69,244
19	.47,289	69	1.71,733
20	.49,778	70	1.74,222
21	.52,267	71	1.76,711
22	.54,756	72	1.79,200
23	.57,244	73	1.81,689
24	.59,733	74	1.84,178
25	.62,222	75	1.86,667
26	.64,711	76	1.89,156
27	.67,200	77	1.91,644
28	.69,689	78	1.94,133
29	.72,178	79	1.96,622
30	.74,667	80	1.99,111
31	.77,156	81	2.01,600
32	.79,644	82	2.04,089
33	.82,133	83	2.06,578
34	.84,622	84	2.09,067
35	.87,111	85	2.11,556
36	.89,600	86	2.14,044
37	.92,089	87	2.16,533
38	.94,578	88	2.19,022
39	.97,067	89	2.21,511
40	.99,556	90	2.24,000
41	1.02,044	91	2.26,489
42	1.04,533	92	2.28,978
43	1.07,022	93	2.31,467
44	1.09,511	94	2.33,956
45	1.12,000	95	2.36,444
46	1.14,489	96	2.38,933
47	1.16,978	97	2.41,422
48	1.19,467	98	2.43,911
49	1.21,956	99	2.46,400
50	1.24,444	**128 Days.**	

4 Months and 9 Days.

Prin.	Interest.	Prin.	Interest.
1	.02,508	51	1.27,925
2	.05,017	52	1.30,433
3	.07,525	53	1.32,942
4	.10,033	54	1.35,450
5	.12,542	55	1.37,958
6	.15,050	56	1.40,467
7	.17,558	57	1.42,975
8	.20,067	58	1.45,483
9	.22,575	59	1.47,992
10	.25,083	60	1.50,500
11	.27,592	61	1.53,008
12	.30,100	62	1.55,517
13	.32,608	63	1.58,025
14	.35,117	64	1.60,533
15	.37,625	65	1.63,042
16	.40,133	66	1.65,550
17	.42,642	67	1.68,058
18	.45,150	68	1.70,567
19	.47,658	69	1.73,075
20	.50,167	70	1.75,583
21	.52,675	71	1.78,092
22	.55,183	72	1.80,600
23	.57,692	73	1.83,108
24	.60,200	74	1.85,617
25	.62,708	75	1.88,125
26	.65,217	76	1.90,633
27	.67,725	77	1.93,142
28	.70,233	78	1.95,650
29	.72,742	79	1.98,158
30	.75,250	80	2.00,667
31	.77,758	81	2.03,175
32	.80,267	82	2.05,683
33	.82,775	83	2.08,192
34	.85,283	84	2.10,700
35	.87,792	85	2.13,208
36	.90,300	86	2.15,717
37	.92,808	87	2.18,225
38	.95,317	88	2.20,733
39	.97,825	89	2.23,242
40	1.00,333	90	2.25,750
41	1.02,842	91	2.28,258
42	1.05,350	92	2.30,767
43	1.07,858	93	2.33,275
44	1.10,367	94	2.35,783
45	1.12,875	95	2.38,292
46	1.15,383	96	2.40,800
47	1.17,892	97	2.43,308
48	1.20,400	98	2.45,817
49	1.22,908	99	2.48,325
50	1.25,417	**129 Days.**	

ONE YEAR.

Prin.	Interest.	Prin.	Interest.	Prin.	Interest.	Prin.	Interest.	Prin.	Interest.
1	.07,00	11	.77,00	21	1.47,00	31	2.17,00	41	2.87,00
2	.14,00	12	.84,00	22	1.54,00	32	2.24,00	42	2.94,00
3	.21,00	13	.91,00	23	1.61,00	33	2.31,00	43	3.01,00
4	.28,00	14	.98,00	24	1.68,00	34	2.38,00	44	3.08,00
5	.35,00	15	1.05,00	25	1.75,00	35	2.45,00	45	3.15,00
6	.42,00	16	1.12,00	26	1.82,00	36	2.52,00	46	3.22,00
7	.49,00	17	1.19,00	27	1.89,00	37	2.59,00	47	3.29,00
8	.56,00	18	1.26,00	28	1.96,00	38	2.66,00	48	3.36,00
9	.63,00	19	1.33,00	29	2.03,00	39	2.73,00	49	3.43,00
10	.70,00	20	1.40,00	30	2.10,00	40	2.80,00	50	3.50,00

INTEREST AT SEVEN PER CENT.

4 Months and 10 Days.

Prin.	Interest.	Prin.	Interest.
1	.02,528	51	1.28,917
2	.05,056	52	1.31,444
3	.07,583	53	1.33,972
4	.10,111	54	1.36,500
5	.12,639	55	1.39,028
6	.15,167	56	1.41,556
7	.17,694	57	1.44,083
8	.20,222	58	1.46,611
9	.22,750	59	1.49,139
10	.25,278	60	1.51,667
11	.27,806	61	1.54,194
12	.30,333	62	1.56,722
13	.32,861	63	1.59,250
14	.35,389	64	1.61,778
15	.37,917	65	1.64,306
16	.40,444	66	1.66,833
17	.42,972	67	1.69,361
18	.45,500	68	1.71,889
19	.48,028	69	1.74,417
20	.50,556	70	1.76,944
21	.53,083	71	1.79,472
22	.55,611	72	1.82,000
23	.58,139	73	1.84,528
24	.60,667	74	1.87,056
25	.63,194	75	1.89,583
26	.65,722	76	1.92,111
27	.68,250	77	1.94,639
28	.70,778	78	1.97,167
29	.73,306	79	1.99,694
30	.75,833	80	2.02,222
31	.78,361	81	2.04,750
32	.80,889	82	2.07,278
33	.83,417	83	2.09,806
34	.85,944	84	2.12,333
35	.88,472	85	2.14,861
36	.91,000	86	2.17,389
37	.93,528	87	2.19,917
38	.96,056	88	2.22,444
39	.98,583	89	2.24,972
40	1.01,111	90	2.27,500
41	1.03,639	91	2.30,028
42	1.06,167	92	2.32,556
43	1.08,694	93	2.35,083
44	1.11,222	94	2.37,611
45	1.13,750	95	2.40,139
46	1.16,278	96	2.42,667
47	1.18,806	97	2.45,194
48	1.21,333	98	2.47,722
49	1.23,861	99	2.50,250
50	1.26,389		**130 Days.**

4 Months and 11 Days.

Prin.	Interest.	Prin.	Interest.
1	.02,547	51	1.29,908
2	.05,094	52	1.32,456
3	.07,642	53	1.35,003
4	.10,189	54	1.37,550
5	.12,736	55	1.40,097
6	.15,283	56	1.42,644
7	.17,831	57	1.45,192
8	.20,378	58	1.47,739
9	.22,925	59	1.50,286
10	.25,472	60	1.52,833
11	.28,019	61	1.55,381
12	.30,567	62	1.57,928
13	.33,114	63	1.60,475
14	.35,661	64	1.63,022
15	.38,208	65	1.65,569
16	.40,756	66	1.68,117
17	.43,303	67	1.70,664
18	.45,850	68	1.73,211
19	.48,397	69	1.75,758
20	.50,944	70	1.78,306
21	.53,492	71	1.80,853
22	.56,039	72	1.83,400
23	.58,586	73	1.85,947
24	.61,133	74	1.88,494
25	.63,681	75	1.91,042
26	.66,228	76	1.93,589
27	.68,775	77	1.96,136
28	.71,322	78	1.98,683
29	.73,869	79	2.01,231
30	.76,417	80	2.03,778
31	.78,964	81	2.06,325
32	.81,511	82	2.08,872
33	.84,058	83	2.11,419
34	.86,606	84	2.13,967
35	.89,153	85	2.16,514
36	.91,700	86	2.19,061
37	.94,247	87	2.21,608
38	.96,794	88	2.24,156
39	.99,342	89	2.26,703
40	1.01,889	90	2.29,250
41	1.04,436	91	2.31,797
42	1.06,983	92	2.34,344
43	1.09,531	93	2.36,892
44	1.12,078	94	2.39,439
45	1.14,625	95	2.41,986
46	1.17,172	96	2.44,533
47	1.19,719	97	2.47,081
48	1.22,267	98	2.49,628
49	1.24,814	99	2.52,175
50	1.27,361		**131 Days.**

4 Months and 12 Days.

Prin.	Interest.	Prin.	Interest.
1	.02,567	51	1.30,900
2	.05,133	52	1.33,467
3	.07,700	53	1.36,033
4	.10,267	54	1.38,600
5	.12,833	55	1.41,167
6	.15,400	56	1.43,733
7	.17,967	57	1.46,300
8	.20,533	58	1.48,867
9	.23,100	59	1.51,433
10	.25,667	60	1.54,000
11	.28,233	61	1.56,567
12	.30,800	62	1.59,133
13	.33,367	63	1.61,700
14	.35,933	64	1.64,267
15	.38,500	65	1.66,833
16	.41,067	66	1.69,400
17	.43,633	67	1.71,967
18	.46,200	68	1.74,533
19	.48,767	69	1.77,100
20	.51,333	70	1.79,667
21	.53,900	71	1.82,233
22	.56,467	72	1.84,800
23	.59,033	73	1.87,367
24	.61,600	74	1.89,933
25	.64,167	75	1.92,500
26	.66,733	76	1.95,067
27	.69,300	77	1.97,633
28	.71,867	78	2.00,200
29	.74,433	79	2.02,767
30	.77,000	80	2.05,333
31	.79,567	81	2.07,900
32	.82,133	82	2.10,467
33	.84,700	83	2.13,033
34	.87,267	84	2.15,600
35	.89,833	85	2.18,167
36	.92,400	86	2.20,733
37	.94,967	87	2.23,300
38	.97,533	88	2.25,867
39	1.00,100	89	2.28,433
40	1.02,667	90	2.31,000
41	1.05,233	91	2.33,567
42	1.07,800	92	2.36,133
43	1.10,367	93	2.38,700
44	1.12,933	94	2.41,267
45	1.15,500	95	2.43,833
46	1.18,067	96	2.46,400
47	1.20,633	97	2.48,967
48	1.23,200	98	2.51,533
49	1.25,767	99	2.54,100
50	1.28,333		**132 Days.**

ONE YEAR.

Prin.	Interest.	Prin.	Interest.	Prin.	Interest.	Prin.	Interest.	Prin.	Interest.
51	3.57,00	61	4.27,00	71	4.97,00	81	5.67,00	91	6.37,00
52	3.64,00	62	4.34,00	72	5.04,00	82	5.74,00	92	6.44,00
53	3.71,00	63	4.41,00	73	5.11,00	83	5.81,00	93	6.51,00
54	3.78,00	64	4.48,00	74	5.18,00	84	5.88,00	94	6.58,00
55	3.85,00	65	4.55,00	75	5.25,00	85	5.95,00	95	6.65,00
56	3.92,00	66	4.62,00	76	5.32,00	86	6.02,00	96	6.72,00
57	3.99,00	67	4.69,00	77	5.39,00	87	6.09,00	97	6.79,00
58	4.06,00	68	4.76,00	78	5.46,00	88	6.16,00	98	6.86,00
59	4.13,00	69	4.83,00	79	5.53,00	89	6.23,00	99	6.93,00
60	4.20,00	70	4.90,00	80	5.60,00	90	6.30,00		

[57

INTEREST AT SEVEN PER CENT.

4 Months and 13 Days.

Prin.	Interest.	Prin.	Interest.
1	.02,586	51	1.31,892
2	.05,172	52	1.34,478
3	.07,758	53	1.37,064
4	.10,344	54	1.39,650
5	.12,931	55	1.42,236
6	.15,517	56	1.44,822
7	.18,103	57	1.47,408
8	.20,689	58	1.49,994
9	.23,275	59	1.52,581
10	.25,861	60	1.55,167
11	.28,447	61	1.57,753
12	.31,033	62	1.60,339
13	.33,619	63	1.62,925
14	.36,206	64	1.65,511
15	.38,792	65	1.68,097
16	.41,378	66	1.70,683
17	.43,964	67	1.73,269
18	.46,550	68	1.75,856
19	.49,136	69	1.78,442
20	.51,722	70	1.81,028
21	.54,308	71	1.83,614
22	.56,894	72	1.86,200
23	.59,481	73	1.88,786
24	.62,067	74	1.91,372
25	.64,653	75	1.93,958
26	.67,239	76	1.96,544
27	.69,825	77	1.99,131
28	.72,411	78	2.01,717
29	.74,997	79	2.04,303
30	.77,583	80	2.06,889
31	.80,169	81	2.09,475
32	.82,756	82	2.12,061
33	.85,342	83	2.14,647
34	.87,928	84	2.17,233
35	.90,514	85	2.19,819
36	.93,100	86	2.22,406
37	.95,686	87	2.24,992
38	.98,272	88	2.27,578
39	1.00,858	89	2.30,164
40	1.03,444	90	2.32,750
41	1.06,031	91	2.35,336
42	1.08,617	92	2.37,922
43	1.11,203	93	2.40,508
44	1.13,789	94	2.43,094
45	1.16,375	95	2.45,681
46	1.18,961	96	2.48,267
47	1.21,547	97	2.50,853
48	1.24,133	98	2.53,439
49	1.26,719	99	2.56,025
50	1.29,306	**133 Days.**	

4 Months and 14 Days.

Prin.	Interest.	Prin.	Interest.
1	.02,606	51	1.32,883
2	.05,211	52	1.35,489
3	.07,817	53	1.38,094
4	.10,422	54	1.40,700
5	.13,028	55	1.43,306
6	.15,633	56	1.45,911
7	.18,239	57	1.48,517
8	.20,844	58	1.51,122
9	.23,450	59	1.53,728
10	.26,056	60	1.56,333
11	.28,661	61	1.58,939
12	.31,267	62	1.61,544
13	.33,872	63	1.64,150
14	.36,478	64	1.66,756
15	.39,083	65	1.69,361
16	.41,689	66	1.71,967
17	.44,294	67	1.74,572
18	.46,900	68	1.77,178
19	.49,506	69	1.79,783
20	.52,111	70	1.82,389
21	.54,717	71	1.84,994
22	.57,322	72	1.87,600
23	.59,928	73	1.90,206
24	.62,533	74	1.92,811
25	.65,139	75	1.95,417
26	.67,744	76	1.98,022
27	.70,350	77	2.00,628
28	.72,956	78	2.03,233
29	.75,561	79	2.05,839
30	.78,167	80	2.08,444
31	.80,772	81	2.11,050
32	.83,378	82	2.13,656
33	.85,983	83	2.16,261
34	.88,589	84	2.18,867
35	.91,194	85	2.21,472
36	.93,800	86	2.24,078
37	.96,406	87	2.26,683
38	.99,011	88	2.29,289
39	1.01,617	89	2.31,894
40	1.04,222	90	2.34,500
41	1.06,828	91	2.37,106
42	1.09,433	92	2.39,711
43	1.12,039	93	2.42,317
44	1.14,644	94	2.44,922
45	1.17,250	95	2.47,528
46	1.19,856	96	2.50,133
47	1.22,461	97	2.52,739
48	1.25,067	98	2.55,344
49	1.27,672	99	2.57,950
50	1.30,278	**134 Days.**	

4 Months and 15 Days.

Prin.	Interest.	Prin.	Interest.
1	.02,625	51	1.33,875
2	.05,250	52	1.36,500
3	.07,875	53	1.39,125
4	.10,500	54	1.41,750
5	.13,125	55	1.44,375
6	.15,750	56	1.47,000
7	.18,375	57	1.49,625
8	.21,000	58	1.52,250
9	.23,625	59	1.54,875
10	.26,250	60	1.57,500
11	.28,875	61	1.60,125
12	.31,500	62	1.62,750
13	.34,125	63	1.65,375
14	.36,750	64	1.68,000
15	.39,375	65	1.70,625
16	.42,000	66	1.73,250
17	.44,625	67	1.75,875
18	.47,250	68	1.78,500
19	.49,875	69	1.81,125
20	.52,500	70	1.83,750
21	.55,125	71	1.86,375
22	.57,750	72	1.89,000
23	.60,375	73	1.91,625
24	.63,000	74	1.94,250
25	.65,625	75	1.96,875
26	.68,250	76	1.99,500
27	.70,875	77	2.02,125
28	.73,500	78	2.04,750
29	.76,125	79	2.07,375
30	.78,750	80	2.10,000
31	.81,375	81	2.12,625
32	.84,000	82	2.15,250
33	.86,625	83	2.17,875
34	.89,250	84	2.20,500
35	.91,875	85	2.23,125
36	.94,500	86	2.25,750
37	.97,125	87	2.28,375
38	.99,750	88	2.31,000
39	1.02,375	89	2.33,625
40	1.05,000	90	2.36,250
41	1.07,625	91	2.38,875
42	1.10,250	92	2.41,500
43	1.12,875	93	2.44,125
44	1.15,500	94	2.46,750
45	1.18,125	95	2.49,375
46	1.20,750	96	2.52,000
47	1.23,375	97	2.54,625
48	1.26,000	98	2.57,250
49	1.28,625	99	2.59,875
50	1.31,250	**135 Days.**	

ONE YEAR.

Prin.	Interest.	Prin.	Interest.	Prin.	Interest.	Prin.	Interest.	Prin.	Interest.
1	.07,00	11	.77,00	21	1.47,00	31	2.17,00	41	2.87,00
2	.14,00	12	.84,00	22	1.54,00	32	2.24,00	42	2.94,00
3	.21,00	13	.91,00	23	1.61,00	33	2.31,00	43	3.01,00
4	.28,00	14	.98,00	24	1.68,00	34	2.38,00	44	3.08,00
5	.35,00	15	1.05,00	25	1.75,00	35	2.45,00	45	3.15,00
6	.42,00	16	1.12,00	26	1.82,00	36	2.52,00	46	3.22,00
7	.49,00	17	1.19,00	27	1.89,00	37	2.59,00	47	3.29,00
8	.56,00	18	1.26,00	28	1.96,00	38	2.66,00	48	3.36,00
9	.63,00	19	1.33,00	29	2.03,00	39	2.73,00	49	3.43,00
10	.70,00	20	1.40,00	30	2.10,00	40	2.80,00	50	3.50,00

INTEREST AT SEVEN PER CENT.

4 Months and 16 Days.

Prin.	Interest.	Prin.	Interest.
1	.02,644	51	1.34,867
2	.05,289	52	1.37,511
3	.07,933	53	1.40,156
4	.10,578	54	1.42,800
5	.13,222	55	1.45,444
6	.15,867	56	1.48,089
7	.18,511	57	1.50,733
8	.21,156	58	1.53,378
9	.23,800	59	1.56,022
10	.26,444	60	1.58,667
11	.29,089	61	1.61,311
12	.31,733	62	1.63,956
13	.34,378	63	1.66,600
14	.37,022	64	1.69,244
15	.39,667	65	1.71,889
16	.42,311	66	1.74,533
17	.44,956	67	1.77,178
18	.47,600	68	1.79,822
19	.50,244	69	1.82,467
20	.52,889	70	1.85,111
21	.55,533	71	1.87,756
22	.58,178	72	1.90,400
23	.60,822	73	1.93,044
24	.63,467	74	1.95,689
25	.66,111	75	1.98,333
26	.68,756	76	2.00,978
27	.71,400	77	2.03,622
28	.74,044	78	2.06,267
29	.76,689	79	2.08,911
30	.79,333	80	2.11,556
31	.81,978	81	2.14,200
32	.84,622	82	2.16,844
33	.87,267	83	2.19,489
34	.89,911	84	2.22,133
35	.92,556	85	2.24,778
36	.95,200	86	2.27,422
37	.97,844	87	2.30,067
38	1.00,489	88	2.32,711
39	1.03,133	89	2.35,356
40	1.05,778	90	2.38,000
41	1.08,422	91	2.40,644
42	1.11,067	92	2.43,289
43	1.13,711	93	2.45,933
44	1.16,356	94	2.48,578
45	1.19,000	95	2.51,222
46	1.21,644	96	2.53,867
47	1.24,289	97	2.56,511
48	1.26,933	98	2.59,156
49	1.29,578	99	2.61,800
50	1.32,222	**136 Days.**	

4 Months and 17 Days.

Prin.	Interest.	Prin.	Interest.
1	.02,664	51	1.35,858
2	.05,328	52	1.38,522
3	.07,992	53	1.41,186
4	.10,656	54	1.43,850
5	.13,319	55	1.46,514
6	.15,983	56	1.49,178
7	.18,647	57	1.51,842
8	.21,311	58	1.54,506
9	.23,975	59	1.57,169
10	.26,639	60	1.59,833
11	.29,303	61	1.62,497
12	.31,967	62	1.65,161
13	.34,631	63	1.67,825
14	.37,294	64	1.70,489
15	.39,958	65	1.73,153
16	.42,622	66	1.75,817
17	.45,286	67	1.78,481
18	.47,950	68	1.81,144
19	.50,614	69	1.83,808
20	.53,278	70	1.86,472
21	.55,942	71	1.89,136
22	.58,606	72	1.91,800
23	.61,269	73	1.94,464
24	.63,933	74	1.97,128
25	.66,597	75	1.99,792
26	.69,261	76	2.02,456
27	.71,925	77	2.05,119
28	.74,589	78	2.07,783
29	.77,253	79	2.10,447
30	.79,917	80	2.13,111
31	.82,581	81	2.15,775
32	.85,244	82	2.18,439
33	.87,908	83	2.21,103
34	.90,572	84	2.23,767
35	.93,236	85	2.26,431
36	.95,900	86	2.29,094
37	.98,564	87	2.31,758
38	1.01,228	88	2.34,422
39	1.03,892	89	2.37,086
40	1.06,556	90	2.39,750
41	1.09,219	91	2.42,414
42	1.11,883	92	2.45,078
43	1.14,547	93	2.47,742
44	1.17,211	94	2.50,406
45	1.19,875	95	2.53,069
46	1.22,539	96	2.55,733
47	1.25,203	97	2.58,397
48	1.27,867	98	2.61,061
49	1.30,531	99	2.63,725
50	1.33,194	**137 Days.**	

4 Months and 18 Days.

Prin.	Interest.	Prin.	Interest.
1	.02,683	51	1.36,850
2	.05,367	52	1.39,533
3	.08,050	53	1.42,217
4	.10,733	54	1.44,900
5	.13,417	55	1.47,583
6	.16,100	56	1.50,267
7	.18,783	57	1.52,950
8	.21,467	58	1.55,633
9	.24,150	59	1.58,317
10	.26,833	60	1.61,000
11	.29,517	61	1.63,683
12	.32,200	62	1.66,367
13	.34,883	63	1.69,050
14	.37,567	64	1.71,733
15	.40,250	65	1.74,417
16	.42,933	66	1.77,100
17	.45,617	67	1.79,783
18	.48,300	68	1.82,467
19	.50,983	69	1.85,150
20	.53,667	70	1.87,833
21	.56,350	71	1.90,517
22	.59,033	72	1.93,200
23	.61,717	73	1.95,883
24	.64,400	74	1.98,567
25	.67,083	75	2.01,250
26	.69,767	76	2.03,933
27	.72,450	77	2.06,617
28	.75,133	78	2.09 300
29	.77,817	79	2.11,983
30	.80,500	80	2.14,667
31	.83,183	81	2.17,350
32	.85,867	82	2.20 033
33	.88,550	83	2.22,717
34	.91,233	84	2.25,400
35	.93,917	85	2.28,083
36	.96,600	86	2.30,767
37	.99,283	87	2.33,450
38	1.01,967	88	2.36,133
39	1.04,650	89	2.38,817
40	1.07,333	90	2.41,500
41	1.10,017	91	2.44,183
42	1.12,700	92	2.46,867
43	1.15,383	93	2.49,550
44	1.18,067	94	2.52,233
45	1.20,750	95	2.54,917
46	1.23,433	96	2.57,600
47	1.26,117	97	2.60,283
48	1.28,800	98	2.62,967
49	1.31,483	99	2.65,650
50	1.34,167	**138 Days.**	

ONE YEAR.

Prin.	Interest.	Prin.	Interest.	Prin.	Interest.	Prin.	Interest.	Prin.	Interest.
51	3.57,00	61	4.27,00	71	4.97,00	81	5.67,00	91	6.37,00
52	3.64,00	62	4.34,00	72	5.04,00	82	5.74,00	92	6.44,00
53	3.71,00	63	4.41,00	73	5.11,00	83	5.81,00	93	6.51,00
54	3.78,00	64	4.48,00	74	5.18,00	84	5.88,00	94	6.58,00
55	3.85,00	65	4.55,00	75	5.25,00	85	5.95,00	95	6.65,00
56	3.92,00	66	4.62,00	76	5.32,00	86	6.02,00	96	6.72,00
57	3.99,00	67	4.69,00	77	5.39,00	87	6.09,00	97	6.79,00
58	4.06,00	68	4.76,00	78	5.46,00	88	6.16,00	98	6.86,00
59	4.13,00	69	4.83,00	79	5.53,00	89	6.23,00	99	6.93,00
60	4.20,00	70	4.90,00	80	5.60,00	90	6.30,00		

[59

INTEREST AT SEVEN PER CENT.

4 Months and 19 Days.

Prin.	Interest.	Prin.	Interest.
1	.02,703	51	1.37,842
2	.05,406	52	1.40,544
3	.08,108	53	1.43,247
4	.10,811	54	1.45,950
5	.13,514	55	1.48,653
6	.16,217	56	1.51,356
7	.18,919	57	1.54,058
8	.21,622	58	1.56,761
9	.24,325	59	1.59,464
10	.27,028	60	1.62,167
11	.29,731	61	1.64,869
12	.32,433	62	1.67,572
13	.35,136	63	1.70,275
14	.37,839	64	1.72,978
15	.40,542	65	1.75,681
16	.43,244	66	1.78,383
17	.45,947	67	1.81,086
18	.48,650	68	1.83,789
19	.51,353	69	1.86,492
20	.54,056	70	1.89,194
21	.56,758	71	1.91,897
22	.59,461	72	1.94,600
23	.62,164	73	1.97,303
24	.64,867	74	2.00,006
25	.67,569	75	2.02,708
26	.70,272	76	2.05,411
27	.72,975	77	2.08,114
28	.75,678	78	2.10,817
29	.78,381	79	2.13,519
30	.81,083	80	2.16,222
31	.83,786	81	2.18,925
32	.86,489	82	2.21,628
33	.89,192	83	2.24,331
34	.91,894	84	2.27,033
35	.94,597	85	2.29,736
36	.97,300	86	2.32,439
37	1.00,003	87	2.35,142
38	1.02,706	88	2.37,844
39	1.05,408	89	2.40,547
40	1.08,111	90	2.43,250
41	1.10,814	91	2.45,953
42	1.13,517	92	2.48,656
43	1.16,219	93	2.51,358
44	1.18,922	94	2.54,061
45	1.21,625	95	2.56,764
46	1.24,328	96	2.59,467
47	1.27,031	97	2.62,169
48	1.29,733	98	2.64,872
49	1.32,436	99	2.67,575
50	1.35,139	**139 Days.**	

4 Months and 20 Days.

Prin.	Interest.	Prin.	Interest.
1	.02,722	51	1.38,833
2	.05,444	52	1.41,556
3	.08,167	53	1.44,278
4	.10,889	54	1.47,000
5	.13,611	55	1.49,722
6	.16,333	56	1.52,444
7	.19,056	57	1.55,167
8	.21,778	58	1.57,889
9	.24,500	59	1.60,611
10	.27,222	60	1.63,333
11	.29,944	61	1.66,056
12	.32,667	62	1.68,778
13	.35,389	63	1.71,500
14	.38,111	64	1.74,222
15	.40,833	65	1.76,944
16	.43,556	66	1.79,667
17	.46,278	67	1.82,389
18	.49,000	68	1.85,111
19	.51,722	69	1.87,833
20	.54,444	70	1.90,556
21	.57,167	71	1.93,278
22	.59,889	72	1.96,000
23	.62,611	73	1.98,722
24	.65,333	74	2.01,444
25	.68,056	75	2.04,167
26	.70,778	76	2.06,889
27	.73,500	77	2.09,611
28	.76,222	78	2.12,333
29	.78,944	79	2.15,056
30	.81,667	80	2.17,778
31	.84,389	81	2.20,500
32	.87,111	82	2.23,222
33	.89,833	83	2.25,944
34	.92,556	84	2.28,667
35	.95,278	85	2.31,389
36	.98,000	86	2.34,111
37	1.00,722	87	2.36,833
38	1.03,444	88	2.39,556
39	1.06,167	89	2.42,278
40	1.08,889	90	2.45,000
41	1.11,611	91	2.47,722
42	1.14,333	92	2.50,444
43	1.17,056	93	2.53,167
44	1.19,778	94	2.55,889
45	1.22,500	95	2.58,611
46	1.25,222	96	2.61,333
47	1.27,944	97	2.64,056
48	1.30,667	98	2.66,778
49	1.33,389	99	2.69,500
50	1.36,111	**140 Days.**	

4 Months and 21 Days.

Prin.	Interest.	Prin.	Interest.
1	.02,742	51	1.39,825
2	.05,483	52	1.42,567
3	.08,225	53	1.45,308
4	.10,967	54	1.48,050
5	.13,708	55	1.50,792
6	.16,450	56	1.53,533
7	.19,192	57	1.56,275
8	.21,933	58	1.59,017
9	.24,675	59	1.61,758
10	.27,417	60	1.64,500
11	.30,158	61	1.67,242
12	.32,900	62	1.69,983
13	.35,642	63	1.72,725
14	.38,383	64	1.75,467
15	.41,125	65	1.78,208
16	.43,867	66	1.80,950
17	.46,608	67	1.83,692
18	.49,350	68	1.86,433
19	.52,092	69	1.89,175
20	.54,833	70	1.91,917
21	.57,575	71	1.94,658
22	.60,317	72	1.97,400
23	.63,058	73	2.00,142
24	.65,800	74	2.02,883
25	.68,542	75	2.05,625
26	.71,283	76	2.08,367
27	.74,025	77	2.11,108
28	.76,767	78	2.13,850
29	.79,508	79	2.16,592
30	.82,250	80	2.19,333
31	.84,992	81	2.22,075
32	.87,733	82	2.24,817
33	.90,475	83	2.27,558
34	.93,217	84	2.30,300
35	.95,958	85	2.33,042
36	.98,700	86	2.35,783
37	1.01,442	87	2.38,525
38	1.04,183	88	2.41,267
39	1.06,925	89	2.44,008
40	1.09,667	90	2.46,750
41	1.12,408	91	2.49,492
42	1.15,150	92	2.52,233
43	1.17,892	93	2.54,975
44	1.20,633	94	2.57,717
45	1.23,375	95	2.60,458
46	1.26,117	96	2.63,200
47	1.28,858	97	2.65,942
48	1.31,600	98	2.68,683
49	1.34,342	99	2.71,425
50	1.37,083	**141 Days.**	

ONE YEAR.

Prin.	Interest.	Prin.	Interest.	Prin.	Interest.	Prin.	Interest.	Prin.	Interest.
1	.07,00	11	.77,00	21	1.47,00	31	2.17,00	41	2.87,00
2	.14,00	12	.84,00	22	1.54,00	32	2.24,00	42	2.94,00
3	.21,00	13	.91,00	23	1.61,00	33	2.31,00	43	3.01,00
4	.28,00	14	.98,00	24	1.68,00	34	2.38,00	44	3.08,00
5	.35,00	15	1.05,00	25	1.75,00	35	2.45,00	45	3.15,00
6	.42,00	16	1.12,00	26	1.82,00	36	2.52,00	46	3.22,00
7	.49,00	17	1.19,00	27	1.89,00	37	2.59,00	47	3.29,00
8	.56,00	18	1.26,00	28	1.96,00	38	2.66,00	48	3.36,00
9	.63,00	19	1.33,00	29	2.03,00	39	2.73,00	49	3.43,00
10	.70,00	20	1.40,00	30	2.10,00	40	2.80,00	50	3.50,00

INTEREST AT SEVEN PER CENT.

4 Months and 22 Days.				4 Months and 23 Days.				4 Months and 24 Days.			
Prin.	Interest.	Prin.	Interest.	Prin.	Interest.	Prin.	Interest.	Prin.	Interest.	Prin.	Interest.
1	.02,761	51	1.40,817	1	.02,781	51	1.41,808	1	.02,800	51	1.42,800
2	.05,522	52	1.43,578	2	.05,561	52	1.44,589	2	.05,600	52	1.45,600
3	.08,283	53	1.46,339	3	.08,342	53	1.47,369	3	.08,400	53	1.48,400
4	.11,044	54	1.49,100	4	.11,122	54	1.50,150	4	.11,200	54	1.51,200
5	.13,806	55	1.51,861	5	.13,903	55	1.52,931	5	.14,000	55	1.54,000
6	.16,567	56	1.54,622	6	.16,683	56	1.55,711	6	.16,800	56	1.56,800
7	.19,328	57	1.57,383	7	.19,464	57	1.58,492	7	.19,600	57	1.59,600
8	.22,089	58	1.60,144	8	.22,244	58	1.61,272	8	.22,400	58	1.62,400
9	.24,850	59	1.62,906	9	.25,025	59	1.64,053	9	.25,200	59	1.65,200
10	.27,611	60	1.65,667	10	.27,806	60	1.66,833	10	.28,000	60	1.68,000
11	.30,372	61	1.68,428	11	.30,586	61	1.69,614	11	.30,800	61	1.70,800
12	.33,133	62	1.71,189	12	.33,367	62	1.72,394	12	.33,600	62	1.73,600
13	.35,894	63	1.73,950	13	.36,147	63	1.75,175	13	.36,400	63	1.76,400
14	.38,656	64	1.76,711	14	.38,928	64	1.77,956	14	.39,200	64	1.79,200
15	.41,417	65	1.79,472	15	.41,708	65	1.80,736	15	.42,000	65	1.82,000
16	.44,178	66	1.82,233	16	.44,489	66	1.83,517	16	.44,800	66	1.84,800
17	.46,939	67	1.84,994	17	.47,269	67	1.86,297	17	.47,600	67	1.87,600
18	.49,700	68	1.87,756	18	.50,050	68	1.89,078	18	.50,400	68	1.90,400
19	.52,461	69	1.90,517	19	.52,831	69	1.91,858	19	.53,200	69	1.93,200
20	.55,222	70	1.93,278	20	.55,611	70	1.94,639	20	.56,000	70	1.96,000
21	.57,983	71	1.96,039	21	.58,392	71	1.97,419	21	.58,800	71	1.98,800
22	.60,744	72	1.98,800	22	.61,172	72	2.00,200	22	.61,600	72	2.01,600
23	.63,506	73	2.01,561	23	.63,953	73	2.02,981	23	.64,400	73	2.04,400
24	.66,267	74	2.04,322	24	.66,733	74	2.05,761	24	.67,200	74	2.07,200
25	.69,028	75	2.07,083	25	.69,514	75	2.08,542	25	.70,000	75	2.10,000
26	.71,789	76	2.09,844	26	.72,294	76	2.11,322	26	.72,800	76	2.12,800
27	.74,550	77	2.12,606	27	.75,075	77	2.14,103	27	.75,600	77	2.15,600
28	.77,311	78	2.15,367	28	.77,856	78	2.16,883	28	.78,400	78	2.18,400
29	.80,072	79	2.18,128	29	.80,636	79	2.19,664	29	.81,200	79	2.21,200
30	.82,833	80	2.20,889	30	.83,417	80	2.22,444	30	.84,000	80	2.24,000
31	.85,594	81	2.23,650	31	.86,197	81	2.25,225	31	.86,800	81	2.26,800
32	.88,356	82	2.26,411	32	.88,978	82	2.28,006	32	.89,600	82	2.29,600
33	.91,117	83	2.29,172	33	.91,758	83	2.30,786	33	.92,400	83	2.32,400
34	.93,878	84	2.31,933	34	.94,539	84	2.33,567	34	.95,200	84	2.35,200
35	.96,639	85	2.34,694	35	.97,319	85	2.36,347	35	.98,000	85	2.38,000
36	.99,400	86	2.37,456	36	1.00,100	86	2.39,128	36	1.00,800	86	2.40,800
37	1.02,161	87	2.40,217	37	1.02,881	87	2.41,908	37	1.03,600	87	2.43,600
38	1.04,922	88	2.42,978	38	1.05,661	88	2.44,689	38	1.06,400	88	2.46,400
39	1.07,683	89	2.45,739	39	1.08,442	89	2.47,469	39	1.09,200	89	2.49,200
40	1.10,444	90	2.48,500	40	1.11,222	90	2.50,250	40	1.12,000	90	2.52,000
41	1.13,206	91	2.51,261	41	1.14,003	91	2.53,031	41	1.14,800	91	2.54,800
42	1.15,967	92	2.54,022	42	1.16,783	92	2.55,811	42	1.17,600	92	2.57,600
43	1.18,728	93	2.56,783	43	1.19,564	93	2.58,592	43	1.20,400	93	2.60,400
44	1.21,489	94	2.59,544	44	1.22,344	94	2.61,372	44	1.23,200	94	2.63,200
45	1.24,250	95	2.62,306	45	1.25,125	95	2.64,153	45	1.26,000	95	2.66,000
46	1.27,011	96	2.65,067	46	1.27,906	96	2.66,933	46	1.28,800	96	2.68,800
47	1.29,772	97	2.67,828	47	1.30,686	97	2.69,714	47	1.31,600	97	2.71,600
48	1.32,533	98	2.70,589	48	1.33,467	98	2.72,494	48	1.34,400	98	2.74,400
49	1.35,294	99	2.73,350	49	1.36,247	99	2.75,275	49	1.37,200	99	2.77,200
50	1.38,056	**142 Days.**		50	1.39,028	**143 Days.**		50	1.40,000	**144 Days.**	

ONE YEAR.

Prin.	Interest.	Prin.	Interest.	Prin.	Interest.	Prin.	Interest.	Prin.	Interest.
51	3.57,00	61	4.27,00	71	4.97,00	81	5.67,00	91	6.37,00
52	3.64,00	62	4.34,00	72	5.04,00	82	5.74,00	92	6.44,00
53	3.71,00	63	4.41,00	73	5.11,00	83	5.81,00	93	6.51,00
54	3.78,00	64	4.48,00	74	5.18,00	84	5.88,00	94	6.58,00
55	3.85,00	65	4.55,00	75	5.25,00	85	5.95,00	95	6.65,00
56	3.92,00	66	4.62,00	76	5.32,00	86	6.02,00	96	6.72,00
57	3.99,00	67	4.69,00	77	5.39,00	87	6.09,00	97	6.79,00
58	4.06,00	68	4.76,00	78	5.46,00	88	6.16,00	98	6.86,00
59	4.13,00	69	4.83,00	79	5.53,00	89	6.23,00	99	6.93,00
60	4.20,00	70	4.90,00	80	5.60,00	90	6.30,00		

INTEREST AT SEVEN PER CENT.

4 Months and 25 Days.

Prin.	Interest.	Prin.	Interest.
1	.02,819	51	1.43,792
2	.05,639	52	1.46,611
3	.08,458	53	1.49,431
4	.11,278	54	1.52,250
5	.14,097	55	1.55,069
6	.16,917	56	1.57,889
7	.19,736	57	1.60,708
8	.22,556	58	1.63,528
9	.25,375	59	1.66,347
10	.28,194	60	1.69,167
11	.31,014	61	1.71,986
12	.33,833	62	1.74,806
13	.36,653	63	1.77,625
14	.39,472	64	1.80,444
15	.42,292	65	1.83,264
16	.45,111	66	1.86,083
17	.47,931	67	1.88,903
18	.50,750	68	1.91,722
19	.53,569	69	1.94,542
20	.56,389	70	1.97,361
21	.59,208	71	2.00,181
22	.62,028	72	2.03,000
23	.64,847	73	2.05,819
24	.67,667	74	2.08,639
25	.70,486	75	2.11,458
26	.73,306	76	2.14,278
27	.76,125	77	2.17,097
28	.78,944	78	2.19,917
29	.81,764	79	2.22,736
30	.84,583	80	2.25,556
31	.87,403	81	2.28,375
32	.90,222	82	2.31,194
33	.93,042	83	2.34,014
34	.95,861	84	2.36,833
35	.98,681	85	2.39,653
36	1.01,500	86	2.42,472
37	1.04,319	87	2.45,292
38	1.07,139	88	2.48,111
39	1.09,958	89	2.50,931
40	1.12,778	90	2.53,750
41	1.15,597	91	2.56,569
42	1.18,417	92	2.59,389
43	1.21,236	93	2.62,208
44	1.24,056	94	2.65,028
45	1.26,875	95	2.67,847
46	1.29,694	96	2.70,667
47	1.32,514	97	2.73,486
48	1.35,333	98	2.76,306
49	1.38,153	99	2.79,125
50	1.40,972	**145 Days.**	

4 Months and 26 Days.

Prin.	Interest.	Prin.	Interest.
1	.02,839	51	1.44,783
2	.05,678	52	1.47,622
3	.08,517	53	1.50,461
4	.11,356	54	1.53,300
5	.14,194	55	1.56,139
6	.17,033	56	1.58,978
7	.19,872	57	1.61,817
8	.22,711	58	1.64,656
9	.25,550	59	1.67,494
10	.28,389	60	1.70,333
11	.31,228	61	1.73,172
12	.34,067	62	1.76,011
13	.36,906	63	1.78,850
14	.39,744	64	1.81,689
15	.42,583	65	1.84,528
16	.45,422	66	1.87,367
17	.48,261	67	1.90,206
18	.51,100	68	1.93,044
19	.53,939	69	1.95,883
20	.56,778	70	1.98,722
21	.59,617	71	2.01,561
22	.62,456	72	2.04,400
23	.65,294	73	2.07,239
24	.68,133	74	2.10,078
25	.70,972	75	2.12,917
26	.73,811	76	2.15,756
27	.76,650	77	2.18,594
28	.79,489	78	2.21,433
29	.82,328	79	2.24,272
30	.85,167	80	2.27,111
31	.88,006	81	2.29,950
32	.90,844	82	2.32,789
33	.93,683	83	2.35,628
34	.96,522	84	2.38,467
35	.99,361	85	2.41,306
36	1.02,200	86	2.44,144
37	1.05,039	87	2.46,983
38	1.07,878	88	2.49,822
39	1.10,717	89	2.52,661
40	1.13,556	90	2.55,500
41	1.16,394	91	2.58,339
42	1.19,233	92	2.61,178
43	1.22,072	93	2.64,017
44	1.24,911	94	2.66,856
45	1.27,750	95	2.69,694
46	1.30,589	96	2.72,533
47	1.33,428	97	2.75,372
48	1.36,267	98	2.78,211
49	1.39,106	99	2.81,050
50	1.41,944	**146 Days.**	

4 Months and 27 Days.

Prin.	Interest.	Prin.	Interest.
1	.02,858	51	1.45,775
2	.05,717	52	1.48,633
3	.08,575	53	1.51,492
4	.11,433	54	1.54,350
5	.14,292	55	1.57,208
6	.17,150	56	1.60,067
7	.20,008	57	1.62,925
8	.22,867	58	1.65,783
9	.25,725	59	1.68,642
10	.28,583	60	1.71,500
11	.31,442	61	1.74,358
12	.34,300	62	1.77,217
13	.37,158	63	1.80,075
14	.40,017	64	1.82,933
15	.42,875	65	1.85,792
16	.45,733	66	1.88,650
17	.48,592	67	1.91,508
18	.51,450	68	1.94,367
19	.54,308	69	1.97,225
20	.57,167	70	2.00,083
21	.60,025	71	2.02,942
22	.62,883	72	2.05,800
23	.65,742	73	2.08,658
24	.68,600	74	2.11,517
25	.71,458	75	2.14,375
26	.74,317	76	2.17,233
27	.77,175	77	2.20,092
28	.80,033	78	2.22,950
29	.82,892	79	2.25,808
30	.85,750	80	2.28,667
31	.88,608	81	2.31,525
32	.91,467	82	2.34,383
33	.94,325	83	2.37,242
34	.97,183	84	2.40,100
35	1.00,042	85	2.42,958
36	1.02,900	86	2.45,817
37	1.05,758	87	2.48,675
38	1.08,617	88	2.51,533
39	1.11,475	89	2.54,392
40	1.14,333	90	2.57,250
41	1.17,192	91	2.60,108
42	1.20,050	92	2.62,967
43	1.22,908	93	2.65,825
44	1.25,767	94	2.68,683
45	1.28,625	95	2.71,542
46	1.31,483	96	2.74,400
47	1.34,342	97	2.77,258
48	1.37,200	98	2.80,117
49	1.40,058	99	2.82,975
50	1.42,917	**147 Days.**	

ONE YEAR.

Prin.	Interest.	Prin.	Interest.	Prin.	Interest.	Prin.	Interest.	Prin.	Interest.
1	.07,00	11	.77,00	21	1.47,00	31	2.17,00	41	2.87,00
2	.14,00	12	.84,00	22	1.54,00	32	2.24,00	42	2.94,00
3	.21,00	13	.91,00	23	1.61,00	33	2.31,00	43	3.01,00
4	.28,00	14	.98,00	24	1.68,00	34	2.38,00	44	3.08,00
5	.35,00	15	1.05,00	25	1.75,00	35	2.45,00	45	3.15,00
6	.42,00	16	1.12,00	26	1.82,00	36	2.52,00	46	3.22,00
7	.49,00	17	1.19,00	27	1.89,00	37	2.59,00	47	3.29,00
8	.56,00	18	1.26,00	28	1.96,00	38	2.66,00	48	3.36,00
9	.63,00	19	1.33,00	29	2.03,00	39	2.73,00	49	3.43,00
10	.70,00	20	1.40,00	30	2.10,00	40	2.80,00	50	3.50,00

INTEREST AT SEVEN PER CENT.

4 Months and 28 Days.

Prin.	Interest.	Prin.	Interest.
1	.02,878	51	1.46,767
2	.05,756	52	1.49,644
3	.08,633	53	1.52,522
4	.11,511	54	1.55,400
5	.14,389	55	1.58,278
6	.17,267	56	1.61,156
7	.20,144	57	1.64,033
8	.23,022	58	1.66,911
9	.25,900	59	1.69,789
10	.28,778	60	1.72,667
11	.31,656	61	1.75,544
12	.34,533	62	1.78,422
13	.37,411	63	1.81,300
14	.40,289	64	1.84,178
15	.43,167	65	1.87,056
16	.46,044	66	1.89,933
17	.48,922	67	1.92,811
18	.51,800	68	1.95,689
19	.54,678	69	1.98,567
20	.57,556	70	2.01,444
21	.60,433	71	2.04,322
22	.63,311	72	2.07,200
23	.66,189	73	2.10,078
24	.69,067	74	2.12,956
25	.71,944	75	2.15,833
26	.74,822	76	2.18,711
27	.77,700	77	2.21,589
28	.80,578	78	2.24,467
29	.83,456	79	2.27,344
30	.86,333	80	2.30,222
31	.89,211	81	2.33,100
32	.92,089	82	2.35,978
33	.94,967	83	2.38,856
34	.97,844	84	2.41,733
35	1.00,722	85	2.44,611
36	1.03,600	86	2.47,489
37	1.06,478	87	2.50,367
38	1.09,356	88	2.53,244
39	1.12,233	89	2.56,122
40	1.15,111	90	2.59,000
41	1.17,989	91	2.61,878
42	1.20,867	92	2.64,756
43	1.23,744	93	2.67,633
44	1.26,622	94	2.70,511
45	1.29,500	95	2.73,389
46	1.32,378	96	2.76,267
47	1.35,256	97	2.79,144
48	1.38,133	98	2.82,022
49	1.41,011	99	2.84,900
50	1.43,889	**148 Days.**	

4 Months and 29 Days.

Prin.	Interest.	Prin.	Interest.
1	.02,897	51	1.47,758
2	.05,794	52	1.50,656
3	.08,692	53	1.53,553
4	.11,589	54	1.56,450
5	.14,486	55	1.59,347
6	.17,383	56	1.62,244
7	.20,281	57	1.65,142
8	.23,178	58	1.68,039
9	.26,075	59	1.70,936
10	.28,972	60	1.73,833
11	.31,869	61	1.76,731
12	.34,767	62	1.79,628
13	.37,664	63	1.82,525
14	.40,561	64	1.85,422
15	.43,458	65	1.88,319
16	.46,356	66	1.91,217
17	.49,253	67	1.94,114
18	.52,150	68	1.97,011
19	.55,047	69	1.99,908
20	.57,944	70	2.02,806
21	.60,842	71	2.05,703
22	.63,739	72	2.08,600
23	.66,636	73	2.11,497
24	.69,533	74	2.14,394
25	.72,431	75	2.17,292
26	.75,328	76	2.20,189
27	.78,225	77	2.23,086
28	.81,122	78	2.25,983
29	.84,019	79	2.28,881
30	.86,917	80	2.31,778
31	.89,814	81	2.34,675
32	.92,711	82	2.37,572
33	.95,608	83	2.40,469
34	.98,506	84	2.43,367
35	1.01,403	85	2.46,264
36	1.04,300	86	2.49,161
37	1.07,197	87	2.52,058
38	1.10,094	88	2.54,956
39	1.12,992	89	2.57,853
40	1.15,889	90	2.60,750
41	1.18,786	91	2.63,647
42	1.21,683	92	2.66,544
43	1.24,581	93	2.69,442
44	1.27,478	94	2.72,339
45	1.30,375	95	2.75,236
46	1.33,272	96	2.78,133
47	1.36,169	97	2.81,031
48	1.39,067	98	2.83,928
49	1.41,964	99	2.86,825
50	1.44,861	**149 Days.**	

5 MONTHS.

Prin.	Interest.	Prin.	Interest.
1	.02,917	51	1.48,750
2	.05,833	52	1.51,667
3	.08,750	53	1.54,583
4	.11,667	54	1.57,500
5	.14,583	55	1.60,417
6	.17,500	56	1.63,333
7	.20,417	57	1.66,250
8	.23,333	58	1.69,167
9	.26,250	59	1.72,083
10	.29,167	60	1.75,000
11	.32,083	61	1.77,917
12	.35,000	62	1.80,833
13	.37,917	63	1.83,750
14	.40,833	64	1.86,667
15	.43,750	65	1.89,583
16	.46,667	66	1.92,500
17	.49,583	67	1.95,417
18	.52,500	68	1.98,333
19	.55,417	69	2.01,250
20	.58,333	70	2.04,167
21	.61,250	71	2.07,083
22	.64,167	72	2.10,000
23	.67,083	73	2.12,917
24	.70,000	74	2.15,833
25	.72,917	75	2.18,750
26	.75,833	76	2.21,667
27	.78,750	77	2.24,583
28	.81,667	78	2.27,500
29	.84,583	79	2.30,417
30	.87,500	80	2.33,333
31	.90,417	81	2.36,250
32	.93,333	82	2.39,167
33	.96,250	83	2.42,083
34	.99,167	84	2.45,000
35	1.02,083	85	2.47,917
36	1.05,000	86	2.50,833
37	1.07,917	87	2.53,750
38	1.10,833	88	2.56,667
39	1.13,750	89	2.59,583
40	1.16,667	90	2.62,500
41	1.19,583	91	2.65,417
42	1.22,500	92	2.68,333
43	1.25,417	93	2.71,250
44	1.28,333	94	2.74,167
45	1.31,250	95	2.77,083
46	1.34,167	96	2.80,000
47	1.37,083	97	2.82,917
48	1.40,000	98	2.85,833
49	1.42,917	99	2.88,750
50	1.45,833	**150 Days.**	

ONE YEAR.

Prin.	Interest.	Prin.	Interest.	Prin.	Interest.	Prin.	Interest.	Prin.	Interest.
51	3.57,00	61	4.27,00	71	4.97,00	81	5.67,00	91	6.37,00
52	3.64,00	62	4.34,00	72	5.04,00	82	5.74,00	92	6.44,00
53	3.71,00	63	4.41,00	73	5.11,00	83	5.81,00	93	6.51,00
54	3.78,00	64	4.48,00	74	5.18,00	84	5.88,00	94	6.58,00
55	3.85,00	65	4.55,00	75	5.25,00	85	5.95,00	95	6.65,00
56	3.92,00	66	4.62,00	76	5.32,00	86	6.02,00	96	6.72,00
57	3.99,00	67	4.69,00	77	5.39,00	87	6.09,00	97	6.79,00
58	4.06,00	68	4.76,00	78	5.46,00	88	6.16,00	98	6.86,00
59	4.13,00	69	4.83,00	79	5.53,00	89	6.23,00	99	6.93,00
60	4.20,00	70	4.90,00	80	5.60,00	90	6.30,00		

INTEREST AT SEVEN PER CENT.

5 Months and 1 Day.

Prin.	Interest.	Prin.	Interest.
1	.02,936	51	1.49,742
2	.05,872	52	1.52,678
3	.08,808	53	1.55,614
4	.11,744	54	1.58,550
5	.14,681	55	1.61,486
6	.17,617	56	1.64,422
7	.20,553	57	1.67,358
8	.23,489	58	1.70,294
9	.26,425	59	1.73,231
10	.29,361	60	1.76,167
11	.32,297	61	1.79,103
12	.35,233	62	1.82,039
13	.38,169	63	1.84,975
14	.41,106	64	1.87,911
15	.44,042	65	1.90,847
16	.46,978	66	1.93,783
17	.49,914	67	1.96,719
18	.52,850	68	1.99,656
19	.55,786	69	2.02,592
20	.58,722	70	2.05,528
21	.61,658	71	2.08,464
22	.64,594	72	2.11,400
23	.67,531	73	2.14,336
24	.70,467	74	2.17,272
25	.73,403	75	2.20,208
26	.76,339	76	2.23,144
27	.79,275	77	2.26,081
28	.82,211	78	2.29,017
29	.85,147	79	2.31,953
30	.88,083	80	2.34,889
31	.91,019	81	2.37,825
32	.93,956	82	2.40,761
33	.96,892	83	2.43,697
34	.99,828	84	2.46,633
35	1.02,764	85	2.49,569
36	1.05,700	86	2.52,506
37	1.08,636	87	2.55,442
38	1.11,572	88	2.58,378
39	1.14,508	89	2.61,314
40	1.17,444	90	2.64,250
41	1.20,381	91	2.67,186
42	1.23,317	92	2.70,122
43	1.26,253	93	2.73,058
44	1.29,189	94	2.75,994
45	1.32,125	95	2.78,931
46	1.35,061	96	2.81,867
47	1.37,997	97	2.84,803
48	1.40,933	98	2.87,739
49	1.43,869	99	2.90,675
50	1.46,806	**151 Days.**	

5 Months and 2 Days.

Prin.	Interest.	Prin.	Interest.
1	.02,956	51	1.50,733
2	.05,911	52	1.53,689
3	.08,867	53	1.56,644
4	.11,822	54	1.59,600
5	.14,778	55	1.62,556
6	.17,733	56	1.65,511
7	.20,689	57	1.68,467
8	.23,644	58	1.71,422
9	.26,600	59	1.74,378
10	.29,556	60	1.77,333
11	.32,511	61	1.80,289
12	.35,467	62	1.83,244
13	.38,422	63	1.86,200
14	.41,378	64	1.89,156
15	.44,333	65	1.92,111
16	.47,289	66	1.95,067
17	.50,244	67	1.98,022
18	.53,200	68	2.00,978
19	.56,156	69	2.03,933
20	.59,111	70	2.06,889
21	.62,067	71	2.09,844
22	.65,022	72	2.12,800
23	.67,978	73	2.15,756
24	.70,933	74	2.18,711
25	.73,889	75	2.21,667
26	.76,844	76	2.24,622
27	.79,800	77	2.27,578
28	.82,756	78	2.30,533
29	.85,711	79	2.33,489
30	.88,667	80	2.36,444
31	.91,622	81	2.39,400
32	.94,578	82	2.42,356
33	.97,533	83	2.45,311
34	1.00,489	84	2.48,267
35	1.03,444	85	2.51,222
36	1.06,400	86	2.54,178
37	1.09,356	87	2.57,133
38	1.12,311	88	2.60,089
39	1.15,267	89	2.63,044
40	1.18,222	90	2.66,000
41	1.21,178	91	2.68,956
42	1.24,133	92	2.71,911
43	1.27,089	93	2.74,867
44	1.30,044	94	2.77,822
45	1.33,000	95	2.80,778
46	1.35,956	96	2.83,733
47	1.38,911	97	2.86,689
48	1.41,867	98	2.89,644
49	1.44,822	99	2.92,600
50	1.47,778	**152 Days.**	

5 Months and 3 Days.

Prin.	Interest.	Prin.	Interest.
1	.02,975	51	1.51,725
2	.05,950	52	1.54,700
3	.08,925	53	1.57,675
4	.11,900	54	1.60,650
5	.14,875	55	1.63,625
6	.17,850	56	1.66,600
7	.20,825	57	1.69,575
8	.23,800	58	1.72,550
9	.26,775	59	1.75,525
10	.29,750	60	1.78,500
11	.32,725	61	1.81,475
12	.35,700	62	1.84,450
13	.38,675	63	1.87,425
14	.41,650	64	1.90,400
15	.44,625	65	1.93,375
16	.47,600	66	1.96,350
17	.50,575	67	1.99,325
18	.53,550	68	2.02,300
19	.56,525	69	2.05,275
20	.59,500	70	2.08,250
21	.62,475	71	2.11,225
22	.65,450	72	2.14,200
23	.68,425	73	2.17,175
24	.71,400	74	2.20,150
25	.74,375	75	2.23,125
26	.77,350	76	2.26,100
27	.80,325	77	2.29,075
28	.83,300	78	2.32,050
29	.86,275	79	2.35,025
30	.89,250	80	2.38,000
31	.92,225	81	2.40,975
32	.95,200	82	2.43,950
33	.98,175	83	2.46,925
34	1.01,150	84	2.49,900
35	1.04,125	85	2.52,875
36	1.07,100	86	2.55,850
37	1.10,075	87	2.58,825
38	1.13,050	88	2.61,800
39	1.16,025	89	2.64,775
40	1.19,000	90	2.67,750
41	1.21,975	91	2.70,725
42	1.24,950	92	2.73,700
43	1.27,925	93	2.76,675
44	1.30,900	94	2.79,650
45	1.33,875	95	2.82,625
46	1.36,850	96	2.85,600
47	1.39,825	97	2.88,575
48	1.42,800	98	2.91,550
49	1.45,775	99	2.94,525
50	1.48,750	**153 Days.**	

ONE YEAR.

Prin.	Interest.	Prin.	Interest.	Prin.	Interest.	Prin.	Interest.	Prin.	Interest.
1	.07,00	11	.77,00	21	1.47,00	31	2.17,00	41	2.87,00
2	.14,00	12	.84,00	22	1.54,00	32	2.24,00	42	2.94,00
3	.21,00	13	.91,00	23	1.61,00	33	2.31,00	43	3.01,00
4	.28,00	14	.98,00	24	1.68,00	34	2.38,00	44	3.08,00
5	.35,00	15	1.05,00	25	1.75,00	35	2.45,00	45	3.15,00
6	.42,00	16	1.12,00	26	1.82,00	36	2.52,00	46	3.22,00
7	.49,00	17	1.19,00	27	1.89,00	37	2.59,00	47	3.29,00
8	.56,00	18	1.26,00	28	1.96,00	38	2.66,00	48	3.36,00
9	.63,00	19	1.33,00	29	2.03,00	39	2.73,00	49	3.43,00
10	.70,00	20	1.40,00	30	2.10,00	40	2.80,00	50	3.50,00

INTEREST AT SEVEN PER CENT.

5 Months and 4 Days.

Prin.	Interest.	Prin.	Interest.
1	.02,994	51	1.52,717
2	.05,989	52	1.55,711
3	.08,983	53	1.58,706
4	.11,978	54	1.61,700
5	.14,972	55	1.64,694
6	.17,967	56	1.67,689
7	.20,961	57	1.70,683
8	.23,956	58	1.73,678
9	.26,950	59	1.76,672
10	.29,944	60	1.79,667
11	.32,939	61	1.82,661
12	.35,933	62	1.85,656
13	.38,928	63	1.88,650
14	.41,922	64	1.91,644
15	.44,917	65	1.94,639
16	.47,911	66	1.97,633
17	.50,906	67	2.00,628
18	.53,900	68	2.03,622
19	.56,894	69	2.06,617
20	.59,889	70	2.09,611
21	.62,883	71	2.12,606
22	.65,878	72	2.15,600
23	.68,872	73	2.18,594
24	.71,867	74	2.21,589
25	.74,861	75	2.24,583
26	.77,856	76	2.27,578
27	.80,850	77	2.30,572
28	.83,844	78	2.33,567
29	.86,839	79	2.36,561
30	.89,833	80	2.39,556
31	.92,828	81	2.42,550
32	.95,822	82	2.45,544
33	.98,817	83	2.48,539
34	1.01,811	84	2.51,533
35	1.04,806	85	2.54,528
36	1.07,800	86	2.57,522
37	1.10,794	87	2.60,517
38	1.13,789	88	2.63,511
39	1.16,783	89	2.66,506
40	1.19,778	90	2.69,500
41	1.22,772	91	2.72,494
42	1.25,767	92	2.75,489
43	1.28,761	93	2.78,483
44	1.31,756	94	2.81,478
45	1.34,750	95	2.84,472
46	1.37,744	96	2.87,467
47	1.40,739	97	2.90,461
48	1.43,733	98	2.93,456
49	1.46,728	99	2.96,450
50	1.49,722	**154 Days.**	

5 Months and 5 Days.

Prin.	Interest.	Prin.	Interest.
1	.03,014	51	1.53,708
2	.06,028	52	1.56,722
3	.09,042	53	1.59,736
4	.12,056	54	1.62,750
5	.15,069	55	1.65,764
6	.18,083	56	1.68,778
7	.21,097	57	1.71,792
8	.24,111	58	1.74,806
9	.27,125	59	1.77,819
10	.30,139	60	1.80,833
11	.33,153	61	1.83,847
12	.36,167	62	1.86,861
13	.39,181	63	1.89,875
14	.42,194	64	1.92,889
15	.45,208	65	1.95,903
16	.48,222	66	1.98,917
17	.51,236	67	2.01,931
18	.54,250	68	2.04,944
19	.57,264	69	2.07,958
20	.60,278	70	2.10,972
21	.63,292	71	2.13,986
22	.66,306	72	2.17,000
23	.69,319	73	2.20,014
24	.72,333	74	2.23,028
25	.75,347	75	2.26,042
26	.78,361	76	2.29,056
27	.81,375	77	2.32,069
28	.84,389	78	2.35,083
29	.87,403	79	2.38,097
30	.90,417	80	2.41,111
31	.93,431	81	2.44,125
32	.96,444	82	2.47,139
33	.99,458	83	2.50,153
34	1.02,472	84	2.53,167
35	1.05,486	85	2.56,181
36	1.08,500	86	2.59,194
37	1.11,514	87	2.62,208
38	1.14,528	88	2.65,222
39	1.17,542	89	2.68,236
40	1.20,556	90	2.71,250
41	1.23,569	91	2.74,264
42	1.26,583	92	2.77,278
43	1.29,597	93	2.80,292
44	1.32,611	94	2.83,306
45	1.35,625	95	2.86,319
46	1.38,639	96	2.89,333
47	1.41,653	97	2.92,347
48	1.44,667	98	2.95,361
49	1.47,681	99	2.98,375
50	1.50,694	**155 Days.**	

5 Months and 6 Days.

Prin.	Interest.	Prin.	Interest.
1	.03,033	51	1.54,700
2	.06,067	52	1.57,733
3	.09,100	53	1.60,767
4	.12,133	54	1.63,800
5	.15,167	55	1.66,833
6	.18,200	56	1.69,867
7	.21,233	57	1.72,900
8	.24,267	58	1.75,933
9	.27,300	59	1.78,967
10	.30,333	60	1.82,000
11	.33,367	61	1.85,033
12	.36,400	62	1.88,067
13	.39,433	63	1.91,100
14	.42,467	64	1.94,133
15	.45,500	65	1.97,167
16	.48,533	66	2.00,200
17	.51,567	67	2.03,233
18	.54,600	68	2.06,267
19	.57,633	69	2.09,300
20	.60,667	70	2.12,333
21	.63,700	71	2.15,367
22	.66,733	72	2.18,400
23	.69,767	73	2.21,433
24	.72,800	74	2.24,467
25	.75,833	75	2.27,500
26	.78,867	76	2.30,533
27	.81,900	77	2.33,567
28	.84,933	78	2.36,600
29	.87,967	79	2.39,633
30	.91,000	80	2.42,667
31	.94,033	81	2.45,700
32	.97,067	82	2.48,733
33	1.00,100	83	2.51,767
34	1.03,133	84	2.54,800
35	1.06,167	85	2.57,833
36	1.09,200	86	2.60,867
37	1.12,233	87	2.63,900
38	1.15,267	88	2.66,933
39	1.18,300	89	2.69,967
40	1.21,333	90	2.73,000
41	1.24,367	91	2.76,033
42	1.27,400	92	2.79,067
43	1.30,433	93	2.82,100
44	1.33,467	94	2.85,133
45	1.36,500	95	2.88,167
46	1.39,533	96	2.91,200
47	1.42,567	97	2.94,233
48	1.45,600	98	2.97,267
49	1.48,633	99	3.00,300
50	1.51,667	**156 Days.**	

ONE YEAR.

Prin.	Interest.	Prin.	Interest.	Prin.	Interest.	Prin.	Interest.	Prin.	Interest.
51	3.57,00	61	4.27,00	71	4.97,00	81	5.67,00	91	6.37,00
52	3.64,00	62	4.34,00	72	5.04,00	82	5.74,00	92	6.44,00
53	3.71,00	63	4.41,00	73	5.11,00	83	5.81,00	93	6.51,00
54	3.78,00	64	4.48,00	74	5.18,00	84	5.88,00	94	6.58,00
55	3.85,00	65	4.55,00	75	5.25,00	85	5.95,00	95	6.65,00
56	3.92,00	66	4.62,00	76	5.32,00	86	6.02,00	96	6.72,00
57	3.99,00	67	4.69,00	77	5.39,00	87	6.09,00	97	6.79,00
58	4.06,00	68	4.76,00	78	5.46,00	88	6.16,00	98	6.86,00
59	4.13,00	69	4.83,00	79	5.53,00	89	6.23,00	99	6.93,00
60	4.20,00	70	4.90,00	80	5.60,00	90	6.30,00		

INTEREST AT SEVEN PER CENT.

| \multicolumn{4}{c|}{5 Months and 7 Days.} | \multicolumn{4}{c|}{5 Months and 8 Days.} | \multicolumn{4}{c}{5 Months and 9 Days.} |

Prin.	Interest.	Prin.	Interest.	Prin.	Interest.	Prin.	Interest.	Prin.	Interest.	Prin.	Interest.
1	.03,053	51	1.55,692	1	.03,072	51	1.56,683	1	.03,092	51	1.57,675
2	.06,106	52	1.58,744	2	.06,144	52	1.59,756	2	.06,183	52	1.60,767
3	.09,158	53	1.61,797	3	.09,217	53	1.62,828	3	.09,275	53	1.63,858
4	.12,211	54	1.64,850	4	.12,289	54	1.65,900	4	.12,367	54	1.66,950
5	.15,264	55	1.67,903	5	.15,361	55	1.68,972	5	.15,458	55	1.70,042
6	.18,317	56	1.70,956	6	.18,433	56	1.72,044	6	.18,550	56	1.73,133
7	.21,369	57	1.74,008	7	.21,506	57	1.75,117	7	.21,642	57	1.76,225
8	.24,422	58	1.77,061	8	.24,578	58	1.78,189	8	.24,733	58	1.79,317
9	.27,475	59	1.80,114	9	.27,650	59	1.81,261	9	.27,825	59	1.82,408
10	.30,528	60	1.83,167	10	.30,722	60	1.84,333	10	.30,917	60	1.85,500
11	.33,581	61	1.86,219	11	.33,794	61	1.87,406	11	.34,008	61	1.88,592
12	.36,633	62	1.89,272	12	.36,867	62	1.90,478	12	.37,100	62	1.91,683
13	.39,686	63	1.92,325	13	.39,939	63	1.93,550	13	.40,192	63	1.94,775
14	.42,739	64	1.95,378	14	.43,011	64	1.96,622	14	.43,283	64	1.97,867
15	.45,792	65	1.98,431	15	.46,083	65	1.99,694	15	.46,375	65	2.00,958
16	.48,844	66	2.01,483	16	.49,156	66	2.02,767	16	.49,467	66	2.04,050
17	.51,897	67	2.04,536	17	.52,228	67	2.05,839	17	.52,558	67	2.07,142
18	.54,950	68	2.07,589	18	.55,300	68	2.08,911	18	.55,650	68	2.10,233
19	.58,003	69	2.10,642	19	.58,372	69	2.11,983	19	.58,742	69	2.13,325
20	.61,056	70	2.13,694	20	.61,444	70	2.15,056	20	.61,833	70	2.16,417
21	.64,108	71	2.16,747	21	.64,517	71	2.18,128	21	.64,925	71	2.19,508
22	.67,161	72	2.19,800	22	.67,589	72	2.21,200	22	.68,017	72	2.22,600
23	.70,214	73	2.22,853	23	.70,661	73	2.24,272	23	.71,108	73	2.25,692
24	.73,267	74	2.25,906	24	.73,733	74	2.27,344	24	.74,200	74	2.28,783
25	.76,319	75	2.28,958	25	.76,806	75	2.30,417	25	.77,292	75	2.31,875
26	.79,372	76	2.32,011	26	.79,878	76	2.33,489	26	.80,383	76	2.34,967
27	.82,425	77	2.35,064	27	.82,950	77	2.36,561	27	.83,475	77	2.38,058
28	.85,478	78	2.38,117	28	.86,022	78	2.39,633	28	.86,567	78	2.41,150
29	.88,531	79	2.41,169	29	.89,094	79	2.42,706	29	.89,658	79	2.44,242
30	.91,583	80	2.44,222	30	.92,167	80	2.45,778	30	.92,750	80	2.47,333
31	.94,636	81	2.47,275	31	.95,239	81	2.48,850	31	.95,842	81	2.50,425
32	.97,689	82	2.50,328	32	.98,311	82	2.51,922	32	.98,933	82	2.53,517
33	1.00,742	83	2.53,381	33	1.01,383	83	2.54,994	33	1.02,025	83	2.56,608
34	1.03,794	84	2.56,433	34	1.04,456	84	2.58,067	34	1.05,117	84	2.59,700
35	1.06,847	85	2.59,486	35	1.07,528	85	2.61,139	35	1.08,208	85	2.62,792
36	1.09,900	86	2.62,539	36	1.10,600	86	2.64,211	36	1.11,300	86	2.65,883
37	1.12,953	87	2.65,592	37	1.13,672	87	2.67,283	37	1.14,392	87	2.68,975
38	1.16,006	88	2.68,644	38	1.16,744	88	2.70,356	38	1.17,483	88	2.72,067
39	1.19,058	89	2.71,697	39	1.19,817	89	2.73,428	39	1.20,575	89	2.75,158
40	1.22,111	90	2.74,750	40	1.22,889	90	2.76,500	40	1.23,667	90	2.78,250
41	1.25,164	91	2.77,803	41	1.25,961	91	2.79,572	41	1.26,758	91	2.81,342
42	1.28,217	92	2.80,856	42	1.29,033	92	2.82,644	42	1.29,850	92	2.84,433
43	1.31,269	93	2.83,908	43	1.32,106	93	2.85,717	43	1.32,942	93	2.87,525
44	1.34,322	94	2.86,961	44	1.35,178	94	2.88,789	44	1.36,033	94	2.90,617
45	1.37,375	95	2.90,014	45	1.38,250	95	2.91,861	45	1.39,125	95	2.93,708
46	1.40,428	96	2.93,067	46	1.41,322	96	2.94,933	46	1.42,217	96	2.96,800
47	1.43,481	97	2.96,119	47	1.44,394	97	2.98,006	47	1.45,308	97	2.99,892
48	1.46,533	98	2.99,172	48	1.47,467	98	3.01,078	48	1.48,400	98	3.02,983
49	1.49,586	99	3.02,225	49	1.50,539	99	3.04,150	49	1.51,492	99	3.06,075
50	1.52,639	\multicolumn{2}{c	}{**157 Days.**}	50	1.53,611	\multicolumn{2}{c	}{**158 Days.**}	50	1.54,583	\multicolumn{2}{c}{**159 Days.**}

ONE YEAR.

Prin.	Interest.	Prin.	Interest.	Prin.	Interest.	Prin.	Interest.	Prin.	Interest.
1	.07,00	11	.77,00	21	1.47,00	31	2.17,00	41	2.87,00
2	.14,00	12	.84,00	22	1.54,00	32	2.24,00	42	2.94,00
3	.21,00	13	.91,00	23	1.61,00	33	2.31,00	43	3.01,00
4	.28,00	14	.98,00	24	1.68,00	34	2.38,00	44	3.08,00
5	.35,00	15	1.05,00	25	1.75,00	35	2.45,00	45	3.15,00
6	.42,00	16	1.12,00	26	1.82,00	36	2.52,00	46	3.22,00
7	.49,00	17	1.19,00	27	1.89,00	37	2.59,00	47	3.29,00
8	.56,00	18	1.26,00	28	1.96,00	38	2.66,00	48	3.36,00
9	.63,00	19	1.33,00	29	2.03,00	39	2.73,00	49	3.43,00
10	.70,00	20	1.40,00	30	2.10,00	40	2.80,00	50	3.50,00

INTEREST AT SEVEN PER CENT.

| \multicolumn{4}{c|}{5 Months and 10 Days.} | \multicolumn{4}{c|}{5 Months and 11 Days.} | \multicolumn{4}{c}{5 Months and 12 Days.} |

Prin.	Interest.	Prin.	Interest.	Prin.	Interest.	Prin.	Interest.	Prin.	Interest.	Prin.	Interest.
1	.03,111	51	1.58,667	1	.03,131	51	1.59,658	1	.03,150	51	1.60,650
2	.06,222	52	1.61,778	2	.06,261	52	1.62,789	2	.06,300	52	1.63,800
3	.09,333	53	1.64,889	3	.09,392	53	1.65,919	3	.09,450	53	1.66,950
4	.12,444	54	1.68,000	4	.12,522	54	1.69,050	4	.12,600	54	1.70,100
5	.15,556	55	1.71,111	5	.15,653	55	1.72,181	5	.15,750	55	1.73,250
6	.18,667	56	1.74,222	6	.18,783	56	1.75,311	6	.18,900	56	1.76,400
7	.21,778	57	1.77,333	7	.21,914	57	1.78,442	7	.22,050	57	1.79,550
8	.24,889	58	1.80,444	8	.25,044	58	1.81,572	8	.25,200	58	1.82,700
9	.28,000	59	1.83,556	9	.28,175	59	1.84,703	9	.28,350	59	1.85,850
10	.31,111	60	1.86,667	10	.31,306	60	1.87,833	10	.31,500	60	1.89,000
11	.34,222	61	1.89,778	11	.34,436	61	1.90,964	11	.34,650	61	1.92,150
12	.37,333	62	1.92,889	12	.37,567	62	1.94,094	12	.37,800	62	1.95,300
13	.40,444	63	1.96,000	13	.40,697	63	1.97,225	13	.40,950	63	1.98,450
14	.43,556	64	1.99,111	14	.43,828	64	2.00,356	14	.44,100	64	2.01,600
15	.46,667	65	2.02,222	15	.46,958	65	2.03,486	15	.47,250	65	2.04,750
16	.49,778	66	2.05,333	16	.50,089	66	2.06,617	16	.50,400	66	2.07,900
17	.52,889	67	2.08,444	17	.53,219	67	2.09,747	17	.53,550	67	2.11,050
18	.56,000	68	2.11,556	18	.56,350	68	2.12,878	18	.56,700	68	2.14,200
19	.59,111	69	2.14,667	19	.59,481	69	2.16,008	19	.59,850	69	2.17,350
20	.62,222	70	2.17,778	20	.62,611	70	2.19,139	20	.63,000	70	2.20,500
21	.65,333	71	2.20,889	21	.65,742	71	2.22,269	21	.66,150	71	2.23,650
22	.68,444	72	2.24,000	22	.68,872	72	2.25,400	22	.69,300	72	2.26,800
23	.71,556	73	2.27,111	23	.72,003	73	2.28,531	23	.72,450	73	2.29,950
24	.74,667	74	2.30,222	24	.75,133	74	2.31,661	24	.75,600	74	2.33,100
25	.77,778	75	2.33,333	25	.78,264	75	2.34,792	25	.78,750	75	2.36,250
26	.80,889	76	2.36,444	26	.81,394	76	2.37,922	26	.81,900	76	2.39,400
27	.84,000	77	2.39,556	27	.84,525	77	2.41,053	27	.85,050	77	2.42,550
28	.87,111	78	2.42,667	28	.87,656	78	2.44,183	28	.88,200	78	2.45,700
29	.90,222	79	2.45,778	29	.90,786	79	2.47,314	29	.91,350	79	2.48,850
30	.93,333	80	2.48,889	30	.93,917	80	2.50,444	30	.94,500	80	2.52,000
31	.96,444	81	2.52,000	31	.97,047	81	2.53,575	31	.97,650	81	2.55,150
32	.99,556	82	2.55,111	32	1.00,178	82	2.56,706	32	1.00,800	82	2.58,300
33	1.02,667	83	2.58,222	33	1.03,308	83	2.59,836	33	1.03,950	83	2.61,450
34	1.05,778	84	2.61,333	34	1.06,439	84	2.62,967	34	1.07,100	84	2.64,600
35	1.08,889	85	2.64,444	35	1.09,569	85	2.66,097	35	1.10,250	85	2.67,750
36	1.12,000	86	2.67,556	36	1.12,700	86	2.69,228	36	1.13,400	86	2.70,900
37	1.15,111	87	2.70,667	37	1.15,831	87	2.72,358	37	1.16,550	87	2.74,050
38	1.18,222	88	2.73,778	38	1.18,961	88	2.75,489	38	1.19,700	88	2.77,200
39	1.21,333	89	2.76,889	39	1.22,092	89	2.78,619	39	1.22,850	89	2.80,350
40	1.24,444	90	2.80,000	40	1.25,222	90	2.81,750	40	1.26,000	90	2.83,500
41	1.27,556	91	2.83,111	41	1.28,353	91	2.84,881	41	1.29,150	91	2.86,650
42	1.30,667	92	2.86,222	42	1.31,483	92	2.88,011	42	1.32,300	92	2.89,800
43	1.33,778	93	2.89,333	43	1.34,614	93	2.91,142	43	1.35,450	93	2.92,950
44	1.36,889	94	2.92,444	44	1.37,744	94	2.94,272	44	1.38,600	94	2.96,100
45	1.40,000	95	2.95,556	45	1.40,875	95	2.97,403	45	1.41,750	95	2.99,250
46	1.43,111	96	2.98,667	46	1.44,006	96	3.00,533	46	1.44,900	96	3.02,400
47	1.46,222	97	3.01,778	47	1.47,136	97	3.03,664	47	1.48,050	97	3.05,550
48	1.49,333	98	3.04,889	48	1.50,267	98	3.06,794	48	1.51,200	98	3.08,700
49	1.52,444	99	3.08,000	49	1.53,397	99	3.09,925	49	1.54,350	99	3.11,850
50	1.55,556	\multicolumn{2}{c	}{160 Days.}	50	1.56,528	\multicolumn{2}{c	}{161 Days.}	50	1.57,500	\multicolumn{2}{c}{162 Days.}

ONE YEAR.

Prin.	Interest.	Prin.	Interest.	Prin.	Interest.	Prin.	Interest.	Prin.	Interest.
51	3.57,00	61	4.27,00	71	4.97,00	81	5.67,00	91	6.37,00
52	3.64,00	62	4.34,00	72	5.04,00	82	5.74,00	92	6.44,00
53	3.71,00	63	4.41,00	73	5.11,00	83	5.81,00	93	6.51,00
54	3.78,00	64	4.48,00	74	5.18,00	84	5.88,00	94	6.58,00
55	3.85,00	65	4.55,00	75	5.25,00	85	5.95,00	95	6.65,00
56	3.92,00	66	4.62,00	76	5.32,00	86	6.02,00	96	6.72,00
57	3.99,00	67	4.69,00	77	5.39,00	87	6.09,00	97	6.79,00
58	4.06,00	68	4.76,00	78	5.46,00	88	6.16,00	98	6.86,00
59	4.13,00	69	4.83,00	79	5.53,00	89	6.23,00	99	6.93,00
60	4.20,00	70	4.90,00	80	5.60,00	90	6.30,00		

INTEREST AT SEVEN PER CENT.

5 Months and 13 Days.

Prin.	Interest.	Prin.	Interest.
1	.03,169	51	1.61,642
2	.06,339	52	1.64,811
3	.09,508	53	1.67,981
4	.12,678	54	1.71,150
5	.15,847	55	1.74,319
6	.19,017	56	1.77,489
7	.22,186	57	1.80,658
8	.25,356	58	1.83,828
9	.28,525	59	1.86,997
10	.31,694	60	1.90,167
11	.34,864	61	1.93,336
12	.38,033	62	1.96,506
13	.41,203	63	1.99,675
14	.44,372	64	2.02,844
15	.47,542	65	2.06,014
16	.50,711	66	2.09,183
17	.53,881	67	2.12,353
18	.57,050	68	2.15,522
19	.60,219	69	2.18,692
20	.63,389	70	2.21,861
21	.66,558	71	2.25,031
22	.69,728	72	2.28,200
23	.72,897	73	2.31,369
24	.76,067	74	2.34,539
25	.79,236	75	2.37,708
26	.82,406	76	2.40,878
27	.85,575	77	2.44,047
28	.88,744	78	2.47,217
29	.91,914	79	2.50,386
30	.95,083	80	2.53,556
31	.98,253	81	2.56,725
32	1.01,422	82	2.59,894
33	1.04,592	83	2.63,064
34	1.07,761	84	2.66,233
35	1.10,931	85	2.69,403
36	1.14,100	86	2.72,572
37	1.17,269	87	2.75,742
38	1.20,439	88	2.78,911
39	1.23,608	89	2.82,081
40	1.26,778	90	2.85,250
41	1.29,947	91	2.88,419
42	1.33,117	92	2.91,589
43	1.36,286	93	2.94,758
44	1.39,456	94	2.97,928
45	1.42,625	95	3.01,097
46	1.45,794	96	3.04,267
47	1.48,964	97	3.07,436
48	1.52,133	98	3.10,606
49	1.55,303	99	3.13,775
50	1.58,472	**163 Days.**	

5 Months and 14 Days.

Prin.	Interest.	Prin.	Interest.
1	.03,189	51	1.62,633
2	.06,378	52	1.65,822
3	.09,567	53	1.69,011
4	.12,756	54	1.72,200
5	.15,944	55	1.75,389
6	.19,133	56	1.78,578
7	.22,322	57	1.81,767
8	.25,511	58	1.84,956
9	.28,700	59	1.88,144
10	.31,889	60	1.91,333
11	.35,078	61	1.94,522
12	.38,267	62	1.97,711
13	.41,456	63	2.00,900
14	.44,644	64	2.04,089
15	.47,833	65	2.07,278
16	.51,022	66	2.10,467
17	.54,211	67	2.13,656
18	.57,400	68	2.16,844
19	.60,589	69	2.20,033
20	.63,778	70	2.23,222
21	.66,967	71	2.26,411
22	.70,156	72	2.29,600
23	.73,344	73	2.32,789
24	.76,533	74	2.35,978
25	.79,722	75	2.39,167
26	.82,911	76	2.42,356
27	.86,100	77	2.45,544
28	.89,289	78	2.48,733
29	.92,478	79	2.51,922
30	.95,667	80	2.55,111
31	.98,856	81	2.58,300
32	1.02,044	82	2.61,489
33	1.05,233	83	2.64,678
34	1.08,422	84	2.67,867
35	1.11,611	85	2.71,056
36	1.14,800	86	2.74,244
37	1.17,989	87	2.77,433
38	1.21,178	88	2.80,622
39	1.24,367	89	2.83,811
40	1.27,556	90	2.87,000
41	1.30,744	91	2.90,189
42	1.33,933	92	2.93,378
43	1.37,122	93	2.96,567
44	1.40,311	94	2.99,756
45	1.43,500	95	3.02,944
46	1.46,689	96	3.06,133
47	1.49,878	97	3.09,322
48	1.53,067	98	3.12,511
49	1.56,256	99	3.15,700
50	1.59,444	**164 Days.**	

5 Months and 15 Days.

Prin.	Interest.	Prin.	Interest.
1	.03,208	51	1.63,625
2	.06,417	52	1.66,833
3	.09,625	53	1.70,042
4	.12,833	54	1.73,250
5	.16,042	55	1.76,458
6	.19,250	56	1.79,667
7	.22,458	57	1.82,875
8	.25,667	58	1.86,083
9	.28,875	59	1.89,292
10	.32,083	60	1.92,500
11	.35,292	61	1.95,708
12	.38,500	62	1.98,917
13	.41,708	63	2.02,125
14	.44,917	64	2.05,333
15	.48,125	65	2.08,542
16	.51,333	66	2.11,750
17	.54,542	67	2.14,958
18	.57,750	68	2.18,167
19	.60,958	69	2.21,375
20	.64,167	70	2.24,583
21	.67,375	71	2.27,792
22	.70,583	72	2.31,000
23	.73,792	73	2.34,208
24	.77,000	74	2.37,417
25	.80,208	75	2.40,625
26	.83,417	76	2.43,833
27	.86,625	77	2.47,042
28	.89,833	78	2.50,250
29	.93,042	79	2.53,458
30	.96,250	80	2.56,667
31	.99,458	81	2.59,875
32	1.02,667	82	2.63,083
33	1.05,875	83	2.66,292
34	1.09,083	84	2.69,500
35	1.12,292	85	2.72,708
36	1.15,500	86	2.75,917
37	1.18,708	87	2.79,125
38	1.21,917	88	2.82,333
39	1.25,125	89	2.85,542
40	1.28,333	90	2.88,750
41	1.31,542	91	2.91,958
42	1.34,750	92	2.95,167
43	1.37,958	93	2.98,375
44	1.41,167	94	3.01,583
45	1.44,375	95	3.04,792
46	1.47,583	96	3.08,000
47	1.50,792	97	3.11,208
48	1.54,000	98	3.14,417
49	1.57,208	99	3.17,625
50	1.60,417	**165 Days.**	

ONE YEAR.

Prin.	Interest.	Prin.	Interest.	Prin.	Interest.	Prin.	Interest.	Prin.	Interest.
1	.07,00	11	.77,00	21	1.47,00	31	2.17,00	41	2.87,00
2	.14,00	12	.84,00	22	1.54,00	32	2.24,00	42	2.94,00
3	.21,00	13	.91,00	23	1.61,00	33	2.31,00	43	3.01,00
4	.28,00	14	.98,00	24	1.68,00	34	2.38,00	44	3.08,00
5	.35,00	15	1.05,00	25	1.75,00	35	2.45,00	45	3.15,00
6	.42,00	16	1.12,00	26	1.82,00	36	2.52,00	46	3.22,00
7	.49,00	17	1.19,00	27	1.89,00	37	2.59,00	47	3.29,00
8	.56,00	18	1.26,00	28	1.96,00	38	2.66,00	48	3.36,00
9	.63,00	19	1.33,00	29	2.03,00	39	2.73,00	49	3.43,00
10	.70,00	20	1.40,00	30	2.10,00	40	2.80,00	50	3.50,00

INTEREST AT SEVEN PER CENT.

5 Months and 16 Days.

Prin.	Interest.	Prin.	Interest.
1	.03,228	51	1.64,617
2	.06,456	52	1.67,844
3	.09,683	53	1.71,072
4	.12,911	54	1.74,300
5	.16,139	55	1.77,528
6	.19,367	56	1.80,756
7	.22,594	57	1.83,983
8	.25,822	58	1.87,211
9	.29,050	59	1.90,439
10	.32,278	60	1.93,667
11	.35,506	61	1.96,894
12	.38,733	62	2.00,122
13	.41,961	63	2.03,350
14	.45,189	64	2.06,578
15	.48,417	65	2.09,806
16	.51,644	66	2.13,033
17	.54,872	67	2.16,261
18	.58,100	68	2.19,489
19	.61,328	69	2.22,717
20	.64,556	70	2.25,944
21	.67,783	71	2.29,172
22	.71,011	72	2.32,400
23	.74,239	73	2.35,628
24	.77,467	74	2.38,856
25	.80,694	75	2.42,083
26	.83,922	76	2.45,311
27	.87,150	77	2.48,539
28	.90,378	78	2.51,767
29	.93,606	79	2.54,994
30	.96,833	80	2.58,222
31	1.00,061	81	2.61,450
32	1.03,289	82	2.64,678
33	1.06,517	83	2.67,906
34	1.09,744	84	2.71,133
35	1.12,972	85	2.74,361
36	1.16,200	86	2.77,589
37	1.19,428	87	2.80,817
38	1.22,656	88	2.84,044
39	1.25,883	89	2.87,272
40	1.29,111	90	2.90,500
41	1.32,339	91	2.93,728
42	1.35,567	92	2.96,956
43	1.38,794	93	3.00,183
44	1.42,022	94	3.03,411
45	1.45,250	95	3.06,639
46	1.48,478	96	3.09,867
47	1.51,706	97	3.13,094
48	1.54,933	98	3.16,322
49	1.58,161	99	3.19,550
50	1.61,389	**166 Days.**	

5 Months and 17 Days.

Prin.	Interest.	Prin.	Interest.
1	.03,247	51	1.65,608
2	.06,494	52	1.68,856
3	.09,742	53	1.72,103
4	.12,989	54	1.75,350
5	.16,236	55	1.78,597
6	.19,483	56	1.81,844
7	.22,731	57	1.85,092
8	.25,978	58	1.88,339
9	.29,225	59	1.91,586
10	.32,472	60	1.94,833
11	.35,719	61	1.98,081
12	.38,967	62	2.01,328
13	.42,214	63	2.04,575
14	.45,461	64	2.07,822
15	.48,708	65	2.11,069
16	.51,956	66	2.14,317
17	.55,203	67	2.17,564
18	.58,450	68	2.20,811
19	.61,697	69	2.24,058
20	.64,944	70	2.27,306
21	.68,192	71	2.30,553
22	.71,439	72	2.33,800
23	.74,686	73	2.37,047
24	.77,933	74	2.40,294
25	.81,181	75	2.43,542
26	.84,428	76	2.46,789
27	.87,675	77	2.50,036
28	.90,922	78	2.53,283
29	.94,169	79	2.56,531
30	.97,417	80	2.59,778
31	1.00,664	81	2.63,025
32	1.03,911	82	2.66,272
33	1.07,158	83	2.69,519
34	1.10,406	84	2.72,767
35	1.13,653	85	2.76,014
36	1.16,900	86	2.79,261
37	1.20,147	87	2.82,508
38	1.23,394	88	2.85,756
39	1.26,642	89	2.89,003
40	1.29,889	90	2.92,250
41	1.33,136	91	2.95,497
42	1.36,383	92	2.98,744
43	1.39,631	93	3.01,992
44	1.42,878	94	3.05,239
45	1.46,125	95	3.08,486
46	1.49,372	96	3.11,733
47	1.52,619	97	3.14,981
48	1.55,867	98	3.18,228
49	1.59,114	99	3.21,475
50	1.62,361	**167 Days.**	

5 Months and 18 Days.

Prin.	Interest.	Prin.	Interest.
1	.03,267	51	1.66,600
2	.06,533	52	1.69,867
3	.09,800	53	1.73,133
4	.13,067	54	1.76,400
5	.16,333	55	1.79,667
6	.19,600	56	1.82,933
7	.22,867	57	1.86,200
8	.26,133	58	1.89,467
9	.29,400	59	1.92,733
10	.32,667	60	1.96,000
11	.35,933	61	1.99,267
12	.39,200	62	2.02,533
13	.42,467	63	2.05,800
14	.45,733	64	2.09,067
15	.49,000	65	2.12,333
16	.52,267	66	2.15,600
17	.55,533	67	2.18,867
18	.58,800	68	2.22,133
19	.62,067	69	2.25,400
20	.65,333	70	2.28,667
21	.68,600	71	2.31,933
22	.71,867	72	2.35,200
23	.75,133	73	2.38,467
24	.78,400	74	2.41,733
25	.81,667	75	2.45,000
26	.84,933	76	2.48,267
27	.88,200	77	2.51,533
28	.91,467	78	2.54,800
29	.94,733	79	2.58,067
30	.98,000	80	2.61,333
31	1.01,267	81	2.64,600
32	1.04,533	82	2.67,867
33	1.07,800	83	2.71,133
34	1.11,067	84	2.74,400
35	1.14,333	85	2.77,667
36	1.17,600	86	2.80,933
37	1.20,867	87	2.84,200
38	1.24,133	88	2.87,467
39	1.27,400	89	2.90,733
40	1.30,667	90	2.94,000
41	1.33,933	91	2.97,267
42	1.37,200	92	3.00,533
43	1.40,467	93	3.03,800
44	1.43,733	94	3.07,067
45	1.47,000	95	3.10,333
46	1.50,267	96	3.13,600
47	1.53,533	97	3.16,867
48	1.56,800	98	3.20,133
49	1.60,067	99	3.23,400
50	1.63,333	**168 Days.**	

ONE YEAR.

Prin.	Interest.	Prin.	Interest.	Prin.	Interest.	Prin.	Interest.	Prin.	Interest.
51	3.57,00	61	4.27,00	71	4.97,00	81	5.67,00	91	6.37,00
52	3.64,00	62	4.34,00	72	5.04,00	82	5.74,00	92	6.44,00
53	3.71,00	63	4.41,00	73	5.11,00	83	5.81,00	93	6.51,00
54	3.78,00	64	4.48,00	74	5.18,00	84	5.88,00	94	6.58,00
55	3.85,00	65	4.55,00	75	5.25,00	85	5.95,00	95	6.65,00
56	3.92,00	66	4.62,00	76	5.32,00	86	6.02,00	96	6.72,00
57	3.99,00	67	4.69,00	77	5.39,00	87	6.09,00	97	6.79,00
58	4.06,00	68	4.76,00	78	5.46,00	88	6.16,00	98	6.86,00
59	4.13,00	69	4.83,00	79	5.53,00	89	6.23,00	99	6.93,00
60	4.20,00	70	4.90,00	80	5.60,00	90	6.30,00		

INTEREST AT SEVEN PER CENT.

5 Months and 19 Days.

Prin.	Interest.	Prin.	Interest.
1	.03,286	51	1.67,592
2	.06,572	52	1.70,878
3	.09,858	53	1.74,164
4	.13,144	54	1.77,450
5	.16,431	55	1.80,736
6	.19,717	56	1.84,022
7	.23,003	57	1.87,308
8	.26,289	58	1.90,594
9	.29,575	59	1.93,881
10	.32,861	60	1.97,167
11	.36,147	61	2.00,453
12	.39,433	62	2.03,739
13	.42,719	63	2.07,025
14	.46,006	64	2.10,311
15	.49,292	65	2.13,597
16	.52,578	66	2.16,883
17	.55,864	67	2.20,169
18	.59,150	68	2.23,456
19	.62,436	69	2.26,742
20	.65,722	70	2.30,028
21	.69,008	71	2.33,314
22	.72,294	72	2.36,600
23	.75,581	73	2.39,886
24	.78,867	74	2.43,172
25	.82,153	75	2.46,458
26	.85,439	76	2.49,744
27	.88,725	77	2.53,031
28	.92,011	78	2.56,317
29	.95,297	79	2.59,603
30	.98,583	80	2.62,889
31	1.01,869	81	2.66,175
32	1.05,156	82	2.69,461
33	1.08,442	83	2.72,747
34	1.11,728	84	2.76,033
35	1.15,014	85	2.79,319
36	1.18,300	86	2.82,606
37	1.21,586	87	2.85,892
38	1.24,872	88	2.89,178
39	1.28,158	89	2.92,464
40	1.31,444	90	2.95,750
41	1.34,731	91	2.99,036
42	1.38,017	92	3.02,322
43	1.41,303	93	3.05,608
44	1.44,589	94	3.08,894
45	1.47,875	95	3.12,181
46	1.51,161	96	3.15,467
47	1.54,447	97	3.18,753
48	1.57,733	98	3.22,039
49	1.61,019	99	3.25,325
50	1.64,306	**169 Days.**	

5 Months and 20 Days.

Prin.	Interest.	Prin.	Interest.
1	.03,306	51	1.68,583
2	.06,611	52	1.71,889
3	.09,917	53	1.75,194
4	.13,222	54	1.78,500
5	.16,528	55	1.81,806
6	.19,833	56	1.85,111
7	.23,139	57	1.88,417
8	.26,444	58	1.91,722
9	.29,750	59	1.95,028
10	.33,056	60	1.98,333
11	.36,361	61	2.01,639
12	.39,667	62	2.04,944
13	.42,972	63	2.08,250
14	.46,278	64	2.11,556
15	.49,583	65	2.14,861
16	.52,889	66	2.18,167
17	.56,194	67	2.21,472
18	.59,500	68	2.24,778
19	.62,806	69	2.28,083
20	.66,111	70	2.31,389
21	.69,417	71	2.34,694
22	.72,722	72	2.38,000
23	.76,028	73	2.41,306
24	.79,333	74	2.44,611
25	.82,639	75	2.47,917
26	.85,944	76	2.51,222
27	.89,250	77	2.54,528
28	.92,556	78	2.57,833
29	.95,861	79	2.61,139
30	.99,167	80	2.64,444
31	1.02,472	81	2.67,750
32	1.05,778	82	2.71,056
33	1.09,083	83	2.74,361
34	1.12,389	84	2.77,667
35	1.15,694	85	2.80,972
36	1.19,000	86	2.84,278
37	1.22,306	87	2.87,583
38	1.25,611	88	2.90,889
39	1.28,917	89	2.94,194
40	1.32,222	90	2.97,500
41	1.35,528	91	3.00,806
42	1.38,833	92	3.04,111
43	1.42,139	93	3.07,417
44	1.45,444	94	3.10,722
45	1.48,750	95	3.14,028
46	1.52,056	96	3.17,333
47	1.55,361	97	3.20,639
48	1.58,667	98	3.23,944
49	1.61,972	99	3.27,250
50	1.65,278	**170 Days.**	

5 Months and 21 Days.

Prin.	Interest.	Prin.	Interest.
1	.03,325	51	1.69,575
2	.06,650	52	1.72,900
3	.09,975	53	1.76,225
4	.13,300	54	1.79,550
5	.16,625	55	1.82,875
6	.19,950	56	1.86,200
7	.23,275	57	1.89,525
8	.26,600	58	1.92,850
9	.29,925	59	1.96,175
10	.33,250	60	1.99,500
11	.36,575	61	2.02,825
12	.39,900	62	2.06,150
13	.43,225	63	2.09,475
14	.46,550	64	2.12,800
15	.49,875	65	2.16,125
16	.53,200	66	2.19,450
17	.56,525	67	2.22,775
18	.59,850	68	2.26,100
19	.63,175	69	2.29,425
20	.66,500	70	2.32,750
21	.69,825	71	2.36,075
22	.73,150	72	2.39,400
23	.76,475	73	2.42,725
24	.79,800	74	2.46,050
25	.83,125	75	2.49,375
26	.86,450	76	2.52,700
27	.89,775	77	2.56,025
28	.93,100	78	2.59,350
29	.96,425	79	2.62,675
30	.99,750	80	2.66,000
31	1.03,075	81	2.69,325
32	1.06,400	82	2.72,650
33	1.09,725	83	2.75,975
34	1.13,050	84	2.79,300
35	1.16,375	85	2.82,625
36	1.19,700	86	2.85,950
37	1.23,025	87	2.89,275
38	1.26,350	88	2.92,600
39	1.29,675	89	2.95,925
40	1.33,000	90	2.99,250
41	1.36,325	91	3.02,575
42	1.39,650	92	3.05,900
43	1.42,975	93	3.09,225
44	1.46,300	94	3.12,550
45	1.49,625	95	3.15,875
46	1.52,950	96	3.19,200
47	1.56,275	97	3.22,525
48	1.59,600	98	3.25,850
49	1.62,925	99	3.29,175
50	1.66,250	**171 Days.**	

ONE YEAR.

Prin.	Interest.	Prin.	Interest.	Prin.	Interest.	Prin.	Interest.	Prin.	Interest.
1	.07,00	11	.77,00	21	1.47,00	31	2.17,00	41	2.87,00
2	.14,00	12	.84,00	22	1.54,00	32	2.24,00	42	2.94,00
3	.21,00	13	.91,00	23	1.61,00	33	2.31,00	43	3.01,00
4	.28,00	14	.98,00	24	1.68,00	34	2.38,00	44	3.08,00
5	.35,00	15	1.05,00	25	1.75,00	35	2.45,00	45	3.15,00
6	.42,00	16	1.12,00	26	1.82,00	36	2.52,00	46	3.22,00
7	.49,00	17	1.19,00	27	1.89,00	37	2.59,00	47	3.29,00
8	.56,00	18	1.26,00	28	1.96,00	38	2.66,00	48	3.36,00
9	.63,00	19	1.33,00	29	2.03,00	39	2.73,00	49	3.43,00
10	.70,00	20	1.40,00	30	2.10,00	40	2.80,00	50	3.50,00

INTEREST AT SEVEN PER CENT.

| \multicolumn{4}{c|}{5 Months and 22 Days.} | \multicolumn{4}{c|}{5 Months and 23 Days.} | \multicolumn{4}{c}{5 Months and 24 Days.} |

Prin.	Interest.	Prin.	Interest.	Prin.	Interest.	Prin.	Interest.	Prin.	Interest.	Prin.	Interest.
1	.03,344	51	1.70,567	1	.03,364	51	1.71,558	1	.03,383	51	1.72,550
2	.06,689	52	1.73,911	2	.06,728	52	1.74,922	2	.06,767	52	1.75,933
3	.10,033	53	1.77,256	3	.10,092	53	1.78,286	3	.10,150	53	1.79,317
4	.13,378	54	1.80,600	4	.13,456	54	1.81,650	4	.13,533	54	1.82,700
5	.16,722	55	1.83,944	5	.16,819	55	1.85,014	5	.16,917	55	1.86,083
6	.20,067	56	1.87,289	6	.20,183	56	1.88,378	6	.20,300	56	1.89,467
7	.23,411	57	1.90,633	7	.23,547	57	1.91,742	7	.23,683	57	1.92,850
8	.26,756	58	1.93,978	8	.26,911	58	1.95,106	8	.27,067	58	1.96,233
9	.30,100	59	1.97,322	9	.30,275	59	1.98,469	9	.30,450	59	1.99,617
10	.33,444	60	2.00,667	10	.33,639	60	2.01,833	10	.33,833	60	2.03,000
11	.36,789	61	2.04,011	11	.37,003	61	2.05,197	11	.37,217	61	2.06,383
12	.40,133	62	2.07,356	12	.40,367	62	2.08,561	12	.40,600	62	2.09,767
13	.43,478	63	2.10,700	13	.43,731	63	2.11,925	13	.43,983	63	2.13,150
14	.46,822	64	2.14,044	14	.47,094	64	2.15,289	14	.47,367	64	2.16,533
15	.50,167	65	2.17,389	15	.50,458	65	2.18,653	15	.50,750	65	2.19,917
16	.53,511	66	2.20,733	16	.53,822	66	2.22,017	16	.54,133	66	2.23,300
17	.56,856	67	2.24,078	17	.57,186	67	2.25,381	17	.57,517	67	2.26,683
18	.60,200	68	2.27,422	18	.60,550	68	2.28,744	18	.60,900	68	2.30,067
19	.63,544	69	2.30,767	19	.63,914	69	2.32,108	19	.64,283	69	2.33,450
20	.66,889	70	2.34,111	20	.67,278	70	2.35,472	20	.67,667	70	2.36,833
21	.70,233	71	2.37,456	21	.70,642	71	2.38,836	21	.71,050	71	2.40,217
22	.73,578	72	2.40,800	22	.74,006	72	2.42,200	22	.74,433	72	2.43,600
23	.76,922	73	2.44,144	23	.77,369	73	2.45,564	23	.77,817	73	2.46,983
24	.80,267	74	2.47,489	24	.80,733	74	2.48,928	24	.81,200	74	2.50,367
25	.83,611	75	2.50,833	25	.84,097	75	2.52,292	25	.84,583	75	2.53,750
26	.86,956	76	2.54,178	26	.87,461	76	2.55,656	26	.87,967	76	2.57,133
27	.90,300	77	2.57,522	27	.90,825	77	2.59,019	27	.91,350	77	2.60,517
28	.93,644	78	2.60,867	28	.94,189	78	2.62,383	28	.94,733	78	2.63,900
29	.96,989	79	2.64,211	29	.97,553	79	2.65,747	29	.98,117	79	2.67,283
30	1.00,333	80	2.67,556	30	1.00,917	80	2.69,111	30	1.01,500	80	2.70,667
31	1.03,678	81	2.70,900	31	1.04,281	81	2.72,475	31	1.04,883	81	2.74,050
32	1.07,022	82	2.74,244	32	1.07,644	82	2.75,839	32	1.08,267	82	2.77,433
33	1.10,367	83	2.77,589	33	1.11,008	83	2.79,203	33	1.11,650	83	2.80,817
34	1.13,711	84	2.80,933	34	1.14,372	84	2.82,567	34	1.15,033	84	2.84,200
35	1.17,056	85	2.84,278	35	1.17,736	85	2.85,931	35	1.18,417	85	2.87,583
36	1.20,400	86	2.87,622	36	1.21,100	86	2.89,294	36	1.21,800	86	2.90,967
37	1.23,744	87	2.90,967	37	1.24,464	87	2.92,658	37	1.25,183	87	2.94,350
38	1.27,089	88	2.94,311	38	1.27,828	88	2.96,022	38	1.28,567	88	2.97,733
39	1.30,433	89	2.97,656	39	1.31,192	89	2.99,386	39	1.31,950	89	3.01,117
40	1.33,778	90	3.01,000	40	1.34,556	90	3.02,750	40	1.35,333	90	3.04,500
41	1.37,122	91	3.04,344	41	1.37,919	91	3.06,114	41	1.38,717	91	3.07,883
42	1.40,467	92	3.07,689	42	1.41,283	92	3.09,478	42	1.42,100	92	3.11,267
43	1.43,811	93	3.11,033	43	1.44,647	93	3.12,842	43	1.45,483	93	3.14,650
44	1.47,156	94	3.14,378	44	1.48,011	94	3.16,206	44	1.48,867	94	3.18,033
45	1.50,500	95	3.17,722	45	1.51,375	95	3.19,569	45	1.52,250	95	3.21,417
46	1.53,844	96	3.21,067	46	1.54,739	96	3.22,933	46	1.55,633	96	3.24,800
47	1.57,189	97	3.24,411	47	1.58,103	97	3.26,297	47	1.59,017	97	3.28,183
48	1.60,533	98	3.27,756	48	1.61,467	98	3.29,661	48	1.62,400	98	3.31,567
49	1.63,878	99	3.31,100	49	1.64,831	99	3.33,025	49	1.65,783	99	3.34,950
50	1.67,222	\multicolumn{2}{c	}{**172 Days.**}	50	1.68,194	\multicolumn{2}{c	}{**173 Days.**}	50	1.69,167	\multicolumn{2}{c}{**174 Days.**}

ONE YEAR.

Prin.	Interest.	Prin.	Interest.	Prin.	Interest.	Prin.	Interest.	Prin.	Interest.
51	3.57,00	61	4.27,00	71	4.97,00	81	5.67,00	91	6.37,00
52	3.64,00	62	4.34,00	72	5.04,00	82	5.74,00	92	6.44,00
53	3.71,00	63	4.41,00	73	5.11,00	83	5.81,00	93	6.51,00
54	3.78,00	64	4.48,00	74	5.18,00	84	5.88,00	94	6.58,00
55	3.85,00	65	4.55,00	75	5.25,00	85	5.95,00	95	6.65,00
56	3.92,00	66	4.62,00	76	5.32,00	86	6.02,00	96	6.72,00
57	3.99,00	67	4.69,00	77	5.39,00	87	6.09,00	97	6.79,00
58	4.06,00	68	4.76,00	78	5.46,00	88	6.16,00	98	6.86,00
59	4.13,00	69	4.83,00	79	5.53,00	89	6.23,00	99	6.93,00
60	4.20,00	70	4.90,00	80	5.60,00	90	6.30,00		

[71

INTEREST AT SEVEN PER CENT.

5 Months and 25 Days.

Prin.	Interest.	Prin.	Interest.
1	.03,403	51	1.73,542
2	.06,806	52	1.76,944
3	.10,208	53	1.80,347
4	.13,611	54	1.83,750
5	.17,014	55	1.87,153
6	.20,417	56	1.90,556
7	.23,819	57	1.93,958
8	.27,222	58	1.97,361
9	.30,625	59	2.00,764
10	.34,028	60	2.04,167
11	.37,431	61	2.07,569
12	.40,833	62	2.10,972
13	.44,236	63	2.14,375
14	.47,639	64	2.17,778
15	.51,042	65	2.21,181
16	.54,444	66	2.24,583
17	.57,847	67	2.27,986
18	.61,250	68	2.31,389
19	.64,653	69	2.34,792
20	.68,056	70	2.38,194
21	.71,458	71	2.41,597
22	.74,861	72	2.45,000
23	.78,264	73	2.48,403
24	.81,667	74	2.51,806
25	.85,069	75	2.55,208
26	.88,472	76	2.58,611
27	.91,875	77	2.62,014
28	.95,278	78	2.65,417
29	.98,681	79	2.68,819
30	1.02,083	80	2.72,222
31	1.05,486	81	2.75,625
32	1.08,889	82	2.79,028
33	1.12,292	83	2.82,431
34	1.15,694	84	2.85,833
35	1.19,097	85	2.89,236
36	1.22,500	86	2.92,639
37	1.25,903	87	2.96,042
38	1.29,306	88	2.99,444
39	1.32,708	89	3.02,847
40	1.36,111	90	3.06,250
41	1.39,514	91	3.09,653
42	1.42,917	92	3.13,056
43	1.46,319	93	3.16,458
44	1.49,722	94	3.19,861
45	1.53,125	95	3.23,264
46	1.56,528	96	3.26,667
47	1.59,931	97	3.30,069
48	1.63,333	98	3.33,472
49	1.66,736	99	3.36,875
50	1.70,139		**175 Days.**

5 Months and 26 Days.

Prin.	Interest.	Prin.	Interest.
1	.03,422	51	1.74,533
2	.06,844	52	1.77,956
3	.10,267	53	1.81,378
4	.13,689	54	1.84,800
5	.17,111	55	1.88,222
6	.20,533	56	1.91,644
7	.23,956	57	1.95,067
8	.27,378	58	1.98,489
9	.30,800	59	2.01,911
10	.34,222	60	2.05,333
11	.37,644	61	2.08,756
12	.41,067	62	2.12,178
13	.44,489	63	2.15,600
14	.47,911	64	2.19,022
15	.51,333	65	2.22,444
16	.54,756	66	2.25,867
17	.58,178	67	2.29,289
18	.61,600	68	2.32,711
19	.65,022	69	2.36,133
20	.68,444	70	2.39,556
21	.71,867	71	2.42,978
22	.75,289	72	2.46,400
23	.78,711	73	2.49,822
24	.82,133	74	2.53,244
25	.85,556	75	2.56,667
26	.88,978	76	2.60,089
27	.92,400	77	2.63,511
28	.95,822	78	2.66,933
29	.99,244	79	2.70,356
30	1.02,667	80	2.73,778
31	1.06,089	81	2.77,200
32	1.09,511	82	2.80,622
33	1.12,933	83	2.84,044
34	1.16,356	84	2.87,467
35	1.19,778	85	2.90,889
36	1.23,200	86	2.94,311
37	1.26,622	87	2.97,733
38	1.30,044	88	3.01,156
39	1.33,467	89	3.04,578
40	1.36,889	90	3.08,000
41	1.40,311	91	3.11,422
42	1.43,733	92	3.14,844
43	1.47,156	93	3.18,267
44	1.50,578	94	3.21,689
45	1.54,000	95	3.25,111
46	1.57,422	96	3.28,533
47	1.60,844	97	3.31,956
48	1.64,267	98	3.35,378
49	1.67,689	99	3.38,800
50	1.71,111		**176 Days.**

5 Months and 27 Days.

Prin.	Interest.	Prin.	Interest.
1	.03,442	51	1.75,525
2	.06,883	52	1.78,967
3	.10,325	53	1.82,408
4	.13,767	54	1.85,850
5	.17,208	55	1.89,292
6	.20,650	56	1.92,733
7	.24,092	57	1.96,175
8	.27,533	58	1.99,617
9	.30,975	59	2.03,058
10	.34,417	60	2.06,500
11	.37,858	61	2.09,942
12	.41,300	62	2.13,383
13	.44,742	63	2.16,825
14	.48,183	64	2.20,267
15	.51,625	65	2.23,708
16	.55,067	66	2.27,150
17	.58,508	67	2.30,592
18	.61,950	68	2.34,033
19	.65,392	69	2.37,475
20	.68,833	70	2.40,917
21	.72,275	71	2.44,358
22	.75,717	72	2.47,800
23	.79,158	73	2.51,242
24	.82,600	74	2.54,683
25	.86,042	75	2.58,125
26	.89,483	76	2.61,567
27	.92,925	77	2.65,008
28	.96,367	78	2.68,450
29	.99,808	79	2.71,892
30	1.03,250	80	2.75,333
31	1.06,692	81	2.78,775
32	1.10,133	82	2.82,217
33	1.13,575	83	2.85,658
34	1.17,017	84	2.89,100
35	1.20,458	85	2.92,542
36	1.23,900	86	2.95,983
37	1.27,342	87	2.99,425
38	1.30,783	88	3.02,867
39	1.34,225	89	3.06,308
40	1.37,667	90	3.09,750
41	1.41,108	91	3.13,192
42	1.44,550	92	3.16,633
43	1.47,992	93	3.20,075
44	1.51,433	94	3.23,517
45	1.54,875	95	3.26,958
46	1.58,317	96	3.30,400
47	1.61,758	97	3.33,842
48	1.65,200	98	3.37,283
49	1.68,642	99	3.40,725
50	1.72,083		**177 Days.**

ONE YEAR.

Prin.	Interest.	Prin.	Interest.	Prin.	Interest.	Prin.	Interest.	Prin.	Interest.
1	.07,00	11	.77,00	21	1.47,00	31	2.17,00	41	2.87,00
2	.14,00	12	.84,00	22	1.54,00	32	2.24,00	42	2.94,00
3	.21,00	13	.91,00	23	1.61,00	33	2.31,00	43	3.01,00
4	.28,00	14	.98,00	24	1.68,00	34	2.38,00	44	3.08,00
5	.35,00	15	1.05,00	25	1.75,00	35	2.45,00	45	3.15,00
6	.42,00	16	1.12,00	26	1.82,00	36	2.52,00	46	3.22,00
7	.49,00	17	1.19,00	27	1.89,00	37	2.59,00	47	3.29,00
8	.56,00	18	1.26,00	28	1.96,00	38	2.66,00	48	3.36,00
9	.63,00	19	1.33,00	29	2.03,00	39	2.73,00	49	3.43,00
10	.70,00	20	1.40,00	30	2.10,00	40	2.80,00	50	3.50,00

INTEREST AT SEVEN PER CENT.

\multicolumn{4}{c}{5 Months and 28 Days.}	\multicolumn{4}{c}{5 Months and 29 Days.}	\multicolumn{4}{c}{6 MONTHS.}
Prin.	Interest.	Prin.	Interest.	Prin.	Interest.	Prin.	Interest.	Prin.	Interest.	Prin.	Interest.
1	.03,461	51	1.76,517	1	.03,481	51	1.77,508	1	.03,500	51	1.78,500
2	.06,922	52	1.79,978	2	.06,961	52	1.80,989	2	.07,000	52	1.82,000
3	.10,383	53	1.83,439	3	.10,442	53	1.84,469	3	.10,500	53	1.85,500
4	.13,844	54	1.86,900	4	.13,922	54	1.87,950	4	.14,000	54	1.89,000
5	.17,306	55	1.90,361	5	.17,403	55	1.91,431	5	.17,500	55	1.92,500
6	.20,767	56	1.93,822	6	.20,883	56	1.94,911	6	.21,000	56	1.96,000
7	.24,228	57	1.97,283	7	.24,364	57	1.98,392	7	.24,500	57	1.99,500
8	.27,689	58	2.00,744	8	.27,844	58	2.01,872	8	.28,000	58	2.03,000
9	.31,150	59	2.04,206	9	.31,325	59	2.05,353	9	.31,500	59	2.06,500
10	.34,611	60	2.07,667	10	.34,806	60	2.08,833	10	.35,000	60	2.10,000
11	.38,072	61	2.11,128	11	.38,286	61	2.12,314	11	.38,500	61	2.13,500
12	.41,533	62	2.14,589	12	.41,767	62	2.15,794	12	.42,000	62	2.17,000
13	.44,994	63	2.18,050	13	.45,247	63	2.19,275	13	.45,500	63	2.20,500
14	.48,456	64	2.21,511	14	.48,728	64	2.22,756	14	.49,000	64	2.24,000
15	.51,917	65	2.24,972	15	.52,208	65	2.26,236	15	.52,500	65	2.27,500
16	.55,378	66	2.28,433	16	.55,689	66	2.29,717	16	.56,000	66	2.31,000
17	.58,839	67	2.31,894	17	.59,169	67	2.33,197	17	.59,500	67	2.34,500
18	.62,300	68	2.35,356	18	.62,650	68	2.36,678	18	.63,000	68	2.38,000
19	.65,761	69	2.38,817	19	.66,131	69	2.40,158	19	.66,500	69	2.41,500
20	.69,222	70	2.42,278	20	.69,611	70	2.43,639	20	.70,000	70	2.45,000
21	.72,683	71	2.45,739	21	.73,092	71	2.47,119	21	.73,500	71	2.48,500
22	.76,144	72	2.49,200	22	.76,572	72	2.50,600	22	.77,000	72	2.52,000
23	.79,606	73	2.52,661	23	.80,053	73	2.54,081	23	.80,500	73	2.55,500
24	.83,067	74	2.56,122	24	.83,533	74	2.57,561	24	.84,000	74	2.59,000
25	.86,528	75	2.59,583	25	.87,014	75	2.61,042	25	.87,500	75	2.62,500
26	.89,989	76	2.63,044	26	.90,494	76	2.64,522	26	.91,000	76	2.66,000
27	.93,450	77	2.66,506	27	.93,975	77	2.68,003	27	.94,500	77	2.69,500
28	.96,911	78	2.69,967	28	.97,456	78	2.71,483	28	.98,000	78	2.73,000
29	1.00,372	79	2.73,428	29	1.00,936	79	2.74,964	29	1.01,500	79	2.76,500
30	1.03,833	80	2.76,889	30	1.04,417	80	2.78,444	30	1.05,000	80	2.80,000
31	1.07,294	81	2.80,350	31	1.07,897	81	2.81,925	31	1.08,500	81	2.83,500
32	1.10,756	82	2.83,811	32	1.11,378	82	2.85,406	32	1.12,000	82	2.87,000
33	1.14,217	83	2.87,272	33	1.14,858	83	2.88,886	33	1.15,500	83	2.90,500
34	1.17,678	84	2.90,733	34	1.18,339	84	2.92,367	34	1.19,000	84	2.94,000
35	1.21,139	85	2.94,194	35	1.21,819	85	2.95,847	35	1.22,500	85	2.97,500
36	1.24,600	86	2.97,656	36	1.25,300	86	2.99,328	36	1.26,000	86	3.01,000
37	1.28,061	87	3.01,117	37	1.28,781	87	3.02,808	37	1.29,500	87	3.04,500
38	1.31,522	88	3.04,578	38	1.32,261	88	3.06,289	38	1.33,000	88	3.08,000
39	1.34,983	89	3.08,039	39	1.35,742	89	3.09,769	39	1.36,500	89	3.11,500
40	1.38,444	90	3.11,500	40	1.39,222	90	3.13,250	40	1.40,000	90	3.15,000
41	1.41,906	91	3.14,961	41	1.42,703	91	3.16,731	41	1.43,500	91	3.18,500
42	1.45,367	92	3.18,422	42	1.46,183	92	3.20,211	42	1.47,000	92	3.22,000
43	1.48,828	93	3.21,883	43	1.49,664	93	3.23,692	43	1.50,500	93	3.25,500
44	1.52,289	94	3.25,344	44	1.53,144	94	3.27,172	44	1.54,000	94	3.29,000
45	1.55,750	95	3.28,806	45	1.56,625	95	3.30,653	45	1.57,500	95	3.32,500
46	1.59,211	96	3.32,267	46	1.60,106	96	3.34,133	46	1.61,000	96	3.36,000
47	1.62,672	97	3.35,728	47	1.63,586	97	3.37,614	47	1.64,500	97	3.39,500
48	1.66,133	98	3.39,189	48	1.67,067	98	3.41,094	48	1.68,000	98	3.43,000
49	1.69,594	99	3.42,650	49	1.70,547	99	3.44,575	49	1.71,500	99	3.46,500
50	1.73,056	\multicolumn{2}{c	}{178 Days.}	50	1.74,028	\multicolumn{2}{c	}{179 Days.}	50	1.75,000	\multicolumn{2}{c}{180 Days.}

ONE YEAR.

Prin.	Interest.	Prin.	Interest.	Prin.	Interest.	Prin.	Interest.	Prin.	Interest.
51	3.57,00	61	4.27,00	71	4.97,00	81	5.67,00	91	6.37,00
52	3.64,00	62	4.34,00	72	5.04,00	82	5.74,00	92	6.44,00
53	3.71,00	63	4.41,00	73	5.11,00	83	5.81,00	93	6.51,00
54	3.78,00	64	4.48,00	74	5.18,00	84	5.88,00	94	6.58,00
55	3.85,00	65	4.55,00	75	5.25,00	85	5.95,00	95	6.65,00
56	3.92,00	66	4.62,00	76	5.32,00	86	6.02,00	96	6.72,00
57	3.99,00	67	4.69,00	77	5.39,00	87	6.09,00	97	6.79,00
58	4.06,00	68	4.76,00	78	5.46,00	88	6.16,00	98	6.86,00
59	4.13,00	69	4.83,00	79	5.53,00	89	6.23,00	99	6.93,00
60	4.20,00	70	4.90,00	80	5.60,00	90	6.30,00		

INTEREST AT SEVEN PER CENT.

6 Months and 1 Day.

Prin.	Interest.	Prin.	Interest.
1	.03,519	51	1.79,492
2	.07,039	52	1.83,011
3	.10,558	53	1.86,531
4	.14,078	54	1.90,050
5	.17,597	55	1.93,569
6	.21,117	56	1.97,089
7	.24,636	57	2.00,608
8	.28,156	58	2.04,128
9	.31,675	59	2.07,647
10	.35,194	60	2.11,167
11	.38,714	61	2.14,686
12	.42,233	62	2.18,206
13	.45,753	63	2.21,725
14	.49,272	64	2.25,244
15	.52,792	65	2.28,764
16	.56,311	66	2.32,283
17	.59,831	67	2.35,803
18	.63,350	68	2.39,322
19	.66,869	69	2.42,842
20	.70,389	70	2.46,361
21	.73,908	71	2.49,881
22	.77,428	72	2.53,400
23	.80,947	73	2.56,919
24	.84,467	74	2.60,439
25	.87,986	75	2.63,958
26	.91,506	76	2.67,478
27	.95,025	77	2.70,997
28	.98,544	78	2.74,517
29	1.02,064	79	2.78,036
30	1.05,583	80	2.81,556
31	1.09,103	81	2.85,075
32	1.12,622	82	2.88,594
33	1.16,142	83	2.92,114
34	1.19,661	84	2.95,633
35	1.23,181	85	2.99,153
36	1.26,700	86	3.02,672
37	1.30,219	87	3.06,192
38	1.33,739	88	3.09,711
39	1.37,258	89	3.13,231
40	1.40,778	90	3.16,750
41	1.44,297	91	3.20,269
42	1.47,817	92	3.23,789
43	1.51,336	93	3.27,308
44	1.54,856	94	3.30,828
45	1.58,375	95	3.34,347
46	1.61,894	96	3.37,867
47	1.65,414	97	3.41,386
48	1.68,933	98	3.44,906
49	1.72,453	99	3.48,425
50	1.75,972		**181 Days.**

6 Months and 2 Days.

Prin.	Interest.	Prin.	Interest.
1	.03,539	51	1.80,483
2	.07,078	52	1.84,022
3	.10,617	53	1.87,561
4	.14,156	54	1.91,100
5	.17,694	55	1.94,639
6	.21,233	56	1.98,178
7	.24,772	57	2.01,717
8	.28,311	58	2.05,256
9	.31,850	59	2.08,794
10	.35,389	60	2.12,333
11	.38,928	61	2.15,872
12	.42,467	62	2.19,411
13	.46,006	63	2.22,950
14	.49,544	64	2.26,489
15	.53,083	65	2.30,028
16	.56,622	66	2.33,567
17	.60,161	67	2.37,106
18	.63,700	68	2.40,644
19	.67,239	69	2.44,183
20	.70,778	70	2.47,722
21	.74,317	71	2.51,261
22	.77,856	72	2.54,800
23	.81,394	73	2.58,339
24	.84,933	74	2.61,878
25	.88,472	75	2.65,417
26	.92,011	76	2.68,956
27	.95,550	77	2.72,494
28	.99,089	78	2.76,033
29	1.02,628	79	2.79,572
30	1.06,167	80	2.83,111
31	1.09,706	81	2.86,650
32	1.13,244	82	2.90,189
33	1.16,783	83	2.93,728
34	1.20,322	84	2.97,267
35	1.23,861	85	3.00,806
36	1.27,400	86	3.04,344
37	1.30,939	87	3.07,883
38	1.34,478	88	3.11,422
39	1.38,017	89	3.14,961
40	1.41,556	90	3.18,500
41	1.45,094	91	3.22,039
42	1.48,633	92	3.25,578
43	1.52,172	93	3.29,117
44	1.55,711	94	3.32,656
45	1.59,250	95	3.36,194
46	1.62,789	96	3.39,733
47	1.66,328	97	3.43,272
48	1.69,867	98	3.46,811
49	1.73,406	99	3.50,350
50	1.76,944		**182 Days.**

6 Months and 3 Days.

Prin.	Interest.	Prin.	Interest.
1	.03,558	51	1.81,475
2	.07,117	52	1.85,033
3	.10,675	53	1.88,592
4	.14,233	54	1.92,150
5	.17,792	55	1.95,708
6	.21,350	56	1.99,267
7	.24,908	57	2.02,825
8	.28,467	58	2.06,383
9	.32,025	59	2.09,942
10	.35,583	60	2.13,500
11	.39,142	61	2.17,058
12	.42,700	62	2.20,617
13	.46,258	63	2.24,175
14	.49,817	64	2.27,733
15	.53,375	65	2.31,292
16	.56,933	66	2.34,850
17	.60,492	67	2.38,408
18	.64,050	68	2.41,967
19	.67,608	69	2.45,525
20	.71,167	70	2.49,083
21	.74,725	71	2.52,642
22	.78,283	72	2.56,200
23	.81,842	73	2.59,758
24	.85,400	74	2.63,317
25	.88,958	75	2.66,875
26	.92,517	76	2.70,433
27	.96,075	77	2.73,992
28	.99,633	78	2.77,550
29	1.03,192	79	2.81,108
30	1.06,750	80	2.84,667
31	1.10,308	81	2.88,225
32	1.13,867	82	2.91,783
33	1.17,425	83	2.95,342
34	1.20,983	84	2.98,900
35	1.24,542	85	3.02,458
36	1.28,100	86	3.06,017
37	1.31,658	87	3.09,575
38	1.35,217	88	3.13,133
39	1.38,775	89	3.16,692
40	1.42,333	90	3.20,250
41	1.45,892	91	3.23,808
42	1.49,450	92	3.27,367
43	1.53,008	93	3.30,925
44	1.56,567	94	3.34,483
45	1.60,125	95	3.38,042
46	1.63,683	96	3.41,600
47	1.67,242	97	3.45,158
48	1.70,800	98	3.48,717
49	1.74,358	99	3.52,275
50	1.77,917		**183 Days.**

ONE YEAR.

Prin.	Interest.	Prin.	Interest.	Prin.	Interest.	Prin.	Interest.	Prin.	Interest.
1	.07,00	11	.77,00	21	1.47,00	31	2.17,00	41	2.87,00
2	.14,00	12	.84,00	22	1.54,00	32	2.24,00	42	2.94,00
3	.21,00	13	.91,00	23	1.61,00	33	2.31,00	43	3.01,00
4	.28,00	14	.98,00	24	1.68,00	34	2.38,00	44	3.08,00
5	.35,00	15	1.05,00	25	1.75,00	35	2.45,00	45	3.15,00
6	.42,00	16	1.12,00	26	1.82,00	36	2.52,00	46	3.22,00
7	.49,00	17	1.19,00	27	1.89,00	37	2.59,00	47	3.29,00
8	.56,00	18	1.26,00	28	1.96,00	38	2.66,00	48	3.36,00
9	.63,00	19	1.33,00	29	2.03,00	39	2.73,00	49	3.43,00
10	.70,00	20	1.40,00	30	2.10,00	40	2.80,00	50	3.50,00

INTEREST AT SEVEN PER CENT.

|| 6 Months and 4 Days. ||				|| 6 Months and 5 Days. ||				|| 6 Months and 6 Days. ||			
Prin.	Interest.	Prin.	Interest.	Prin.	Interest.	Prin.	Interest.	Prin.	Interest.	Prin.	Interest.
1	.03,578	51	1.82,467	1	.03,597	51	1.83,458	1	.03,617	51	1.84,450
2	.07,156	52	1.86,044	2	.07,194	52	1.87,056	2	.07,233	52	1.88,067
3	.10,733	53	1.89,622	3	.10,792	53	1.90,653	3	.10,850	53	1.91,683
4	.14,311	54	1.93,200	4	.14,389	54	1.94,250	4	.14,467	54	1.95,300
5	.17,889	55	1.96,778	5	.17,986	55	1.97,847	5	.18,083	55	1.98,917
6	.21,467	56	2.00,356	6	.21,583	56	2.01,444	6	.21,700	56	2.02,533
7	.25,044	57	2.03,933	7	.25,181	57	2.05,042	7	.25,317	57	2.06,150
8	.28,622	58	2.07,511	8	.28,778	58	2.08,639	8	.28,933	58	2.09,767
9	.32,200	59	2.11,089	9	.32,375	59	2.12,236	9	.32,550	59	2.13,383
10	.35,778	60	2.14,667	10	.35,972	60	2.15,833	10	.36,167	60	2.17,000
11	.39,356	61	2.18,244	11	.39,569	61	2.19,431	11	.39,783	61	2.20,617
12	.42,933	62	2.21,822	12	.43,167	62	2.23,028	12	.43,400	62	2.24,233
13	.46,511	63	2.25,400	13	.46,764	63	2.26,625	13	.47,017	63	2.27,850
14	.50,089	64	2.28,978	14	.50,361	64	2.30,222	14	.50,633	64	2.31,467
15	.53,667	65	2.32,556	15	.53,958	65	2.33,819	15	.54,250	65	2.35,083
16	.57,244	66	2.36,133	16	.57,556	66	2.37,417	16	.57,867	66	2.38,700
17	.60,822	67	2.39,711	17	.61,153	67	2.41,014	17	.61,483	67	2.42,317
18	.64,400	68	2.43,289	18	.64,750	68	2.44,611	18	.65,100	68	2.45,933
19	.67,978	69	2.46,867	19	.68,347	69	2.48,208	19	.68,717	69	2.49,550
20	.71,556	70	2.50,444	20	.71,944	70	2.51,806	20	.72,333	70	2.53,167
21	.75,133	71	2.54,022	21	.75,542	71	2.55,403	21	.75,950	71	2.56,783
22	.78,711	72	2.57,600	22	.79,139	72	2.59,000	22	.79,567	72	2.60,400
23	.82,289	73	2.61,178	23	.82,736	73	2.62,597	23	.83,183	73	2.64,017
24	.85,867	74	2.64,756	24	.86,333	74	2.66,194	24	.86,800	74	2.67,633
25	.89,444	75	2.68,333	25	.89,931	75	2.69,792	25	.90,417	75	2.71,250
26	.93,022	76	2.71,911	26	.93,528	76	2.73,389	26	.94,033	76	2.74,867
27	.96,600	77	2.75,489	27	.97,125	77	2.76,986	27	.97,650	77	2.78,483
28	1.00,178	78	2.79,067	28	1.00,722	78	2.80,583	28	1.01,267	78	2.82,100
29	1.03,756	79	2.82,644	29	1.04,319	79	2.84,181	29	1.04,883	79	2.85,717
30	1.07,333	80	2.86,222	30	1.07,917	80	2.87,778	30	1.08,500	80	2.89,333
31	1.10,911	81	2.89,800	31	1.11,514	81	2.91,375	31	1.12,117	81	2.92,950
32	1.14,489	82	2.93,378	32	1.15,111	82	2.94,972	32	1.15,733	82	2.96,567
33	1.18,067	83	2.96,956	33	1.18,708	83	2.98,569	33	1.19,350	83	3.00,183
34	1.21,644	84	3.00,533	34	1.22,306	84	3.02,167	34	1.22,967	84	3.03,800
35	1.25,222	85	3.04,111	35	1.25,903	85	3.05,764	35	1.26,583	85	3.07,417
36	1.28,800	86	3.07,689	36	1.29,500	86	3.09,361	36	1.30,200	86	3.11,033
37	1.32,378	87	3.11,267	37	1.33,097	87	3.12,958	37	1.33,817	87	3.14,650
38	1.35,956	88	3.14,844	38	1.36,694	88	3.16,556	38	1.37,433	88	3.18,267
39	1.39,533	89	3.18,422	39	1.40,292	89	3.20,153	39	1.41,050	89	3.21,883
40	1.43,111	90	3.22,000	40	1.43,889	90	3.23,750	40	1.44,667	90	3.25,500
41	1.46,689	91	3.25,578	41	1.47,486	91	3.27,347	41	1.48,283	91	3.29,117
42	1.50,267	92	3.29,156	42	1.51,083	92	3.30,944	42	1.51,900	92	3.32,733
43	1.53,844	93	3.32,733	43	1.54,681	93	3.34,542	43	1.55,517	93	3.36,350
44	1.57,422	94	3.36,311	44	1.58,278	94	3.38,139	44	1.59,133	94	3.39,967
45	1.61,000	95	3.39,889	45	1.61,875	95	3.41,736	45	1.62,750	95	3.43,583
46	1.64,578	96	3.43,467	46	1.65,472	96	3.45,333	46	1.66,367	96	3.47,200
47	1.68,156	97	3.47,044	47	1.69,069	97	3.48,931	47	1.69,983	97	3.50,817
48	1.71,733	98	3.50,622	48	1.72,667	98	3.52,528	48	1.73,600	98	3.54,433
49	1.75,311	99	3.54,200	49	1.76,264	99	3.56,125	49	1.77,217	99	3.58,050
50	1.78,889	**184 Days.**		50	1.79,861	**185 Days.**		50	1.80,833	**186 Days.**	

ONE YEAR.

Prin.	Interest.	Prin.	Interest.	Prin.	Interest.	Prin.	Interest.	Prin.	Interest.
51	3.57,00	61	4.27,00	71	4.97,00	81	5.67,00	91	6.37,00
52	3.64,00	62	4.34,00	72	5.04,00	82	5.74,00	92	6.44,00
53	3.71,00	63	4.41,00	73	5.11,00	83	5.81,00	93	6.51,00
54	3.78,00	64	4.48,00	74	5.18,00	84	5.88,00	94	6.58,00
55	3.85,00	65	4.55,00	75	5.25,00	85	5.95,00	95	6.65,00
56	3.92,00	66	4.62,00	76	5.32,00	86	6.02,00	96	6.72,00
57	3.99,00	67	4.69,00	77	5.39,00	87	6.09,00	97	6.79,00
58	4.06,00	68	4.76,00	78	5.46,00	88	6.16,00	98	6.86,00
59	4.13,00	69	4.83,00	79	5.53,00	89	6.23,00	99	6.93,00
60	4.20,00	70	4.90,00	80	5.60,00	90	6.30,00		

[75

INTEREST AT SEVEN PER CENT.

6 Months and 7 Days.

Prin.	Interest.	Prin.	Interest.
1	.03,636	51	1.85,442
2	.07,272	52	1.89,078
3	.10,908	53	1.92,714
4	.14,544	54	1.96,350
5	.18,181	55	1.99,986
6	.21,817	56	2.03,622
7	.25,453	57	2.07,258
8	.29,089	58	2.10,894
9	.32,725	59	2.14,531
10	.36,361	60	2.18,167
11	.39,997	61	2.21,803
12	.43,633	62	2.25,439
13	.47,269	63	2.29,075
14	.50,906	64	2.32,711
15	.54,542	65	2.36,347
16	.58,178	66	2.39,983
17	.61,814	67	2.43,619
18	.65,450	68	2.47,256
19	.69,086	69	2.50,892
20	.72,722	70	2.54,528
21	.76,358	71	2.58,164
22	.79,994	72	2.61,800
23	.83,631	73	2.65,436
24	.87,267	74	2.69,072
25	.90,903	75	2.72,708
26	.94,539	76	2.76,344
27	.98,175	77	2.79,981
28	1.01,811	78	2.83,617
29	1.05,447	79	2.87,253
30	1.09,083	80	2.90,889
31	1.12,719	81	2.94,525
32	1.16,356	82	2.98,161
33	1.19,992	83	3.01,797
34	1.23,628	84	3.05,433
35	1.27,264	85	3.09,069
36	1.30,900	86	3.12,706
37	1.34,536	87	3.16,342
38	1.38,172	88	3.19,978
39	1.41,808	89	3.23,614
40	1.45,444	90	3.27,250
41	1.49,081	91	3.30,886
42	1.52,717	92	3.34,522
43	1.56,353	93	3.38,158
44	1.59,989	94	3.41,794
45	1.63,625	95	3.45,431
46	1.67,261	96	3.49,067
47	1.70,897	97	3.52,703
48	1.74,533	98	3.56,339
49	1.78,169	99	3.59,975
50	1.81,806	**187 Days.**	

6 Months and 8 Days.

Prin.	Interest.	Prin.	Interest.
1	.03,656	51	1.86,433
2	.07,311	52	1.90,089
3	.10,967	53	1.93,744
4	.14,622	54	1.97,400
5	.18,278	55	2.01,056
6	.21,933	56	2.04,711
7	.25,589	57	2.08,367
8	.29,244	58	2.12,022
9	.32,900	59	2.15,678
10	.36,556	60	2.19,333
11	.40,211	61	2.22,989
12	.43,867	62	2.26,644
13	.47,522	63	2.30,300
14	.51,178	64	2.33,956
15	.54,833	65	2.37,611
16	.58,489	66	2.41,267
17	.62,144	67	2.44,922
18	.65,800	68	2.48,578
19	.69,456	69	2.52,233
20	.73,111	70	2.55,889
21	.76,767	71	2.59,544
22	.80,422	72	2.63,200
23	.84,078	73	2.66,856
24	.87,733	74	2.70,511
25	.91,389	75	2.74,167
26	.95,044	76	2.77,822
27	.98,700	77	2.81,478
28	1.02,356	78	2.85,133
29	1.06,011	79	2.88,789
30	1.09,667	80	2.92,444
31	1.13,322	81	2.96,100
32	1.16,978	82	2.99,756
33	1.20,633	83	3.03,411
34	1.24,289	84	3.07,067
35	1.27,944	85	3.10,722
36	1.31,600	86	3.14,378
37	1.35,256	87	3.18,033
38	1.38,911	88	3.21,689
39	1.42,567	89	3.25,344
40	1.46,222	90	3.29,000
41	1.49,878	91	3.32,656
42	1.53,533	92	3.36,311
43	1.57,189	93	3.39,967
44	1.60,844	94	3.43,622
45	1.64,500	95	3.47,278
46	1.68,156	96	3.50,933
47	1.71,811	97	3.54,589
48	1.75,467	98	3.58,244
49	1.79,122	99	3.61,900
50	1.82,778	**188 Days**	

6 Months and 9 Days.

Prin.	Interest.	Prin.	Interest.
1	.03,675	51	1.87,425
2	.07,350	52	1.91,100
3	.11,025	53	1.94,775
4	.14,700	54	1.98,450
5	.18,375	55	2.02,125
6	.22,050	56	2.05,800
7	.25,725	57	2.09,475
8	.29,400	58	2.13,150
9	.33,075	59	2.16,825
10	.36,750	60	2.20,500
11	.40,425	61	2.24,175
12	.44,100	62	2.27,850
13	.47,775	63	2.31,525
14	.51,450	64	2.35,200
15	.55,125	65	2.38,875
16	.58,800	66	2.42,550
17	.62,475	67	2.46,225
18	.66,150	68	2.49,900
19	.69,825	69	2.53,575
20	.73,500	70	2.57,250
21	.77,175	71	2.60,925
22	.80,850	72	2.64,600
23	.84,525	73	2.68,275
24	.88,200	74	2.71,950
25	.91,875	75	2.75,625
26	.95,550	76	2.79,300
27	.99,225	77	2.82,975
28	1.02,900	78	2.86,650
29	1.06,575	79	2.90,325
30	1.10,250	80	2.94,000
31	1.13,925	81	2.97,675
32	1.17,600	82	3.01,350
33	1.21,275	83	3.05,025
34	1.24,950	84	3.08,700
35	1.28,625	85	3.12,375
36	1.32,300	86	3.16,050
37	1.35,975	87	3.19,725
38	1.39,650	88	3.23,400
39	1.43,325	89	3.27,075
40	1.47,000	90	3.30,750
41	1.50,675	91	3.34,425
42	1.54,350	92	3.38,100
43	1.58,025	93	3.41,775
44	1.61,700	94	3.45,450
45	1.65,375	95	3.49,125
46	1.69,050	96	3.52,800
47	1.72,725	97	3.56,475
48	1.76,400	98	3.60,150
49	1.80,075	99	3.63,825
50	1.83,750	**189 Days.**	

ONE YEAR.

Prin.	Interest.	Prin.	Interest.	Prin.	Interest.	Prin.	Interest.	Prin.	Interest.
1	.07,00	11	.77,00	21	1.47,00	31	2.17,00	41	2.87,00
2	.14,00	12	.84,00	22	1.54,00	32	2.24,00	42	2.94,00
3	.21,00	13	.91,00	23	1.61,00	33	2.31,00	43	3.01,00
4	.28,00	14	.98,00	24	1.68,00	34	2.38,00	44	3.08,00
5	.35,00	15	1.05,00	25	1.75,00	35	2.45,00	45	3.15,00
6	.42,00	16	1.12,00	26	1.82,00	36	2.52,00	46	3.22,00
7	.49,00	17	1.19,00	27	1.89,00	37	2.59,00	47	3.29,00
8	.56,00	18	1.26,00	28	1.96,00	38	2.66,00	48	3.36,00
9	.63,00	19	1.33,00	29	2.03,00	39	2.73,00	49	3.43,00
10	.70,00	20	1.40,00	30	2.10,00	40	2.80,00	50	3.50,00

INTEREST AT SEVEN PER CENT.

| \multicolumn{4}{c|}{6 Months and 10 Days.} | \multicolumn{4}{c|}{6 Months and 11 Days.} | \multicolumn{4}{c}{6 Months and 12 Days.} |

Prin.	Interest.	Prin.	Interest.	Prin.	Interest.	Prin.	Interest.	Prin.	Interest.	Prin.	Interest.
1	.03,694	51	1.88,417	1	.03,714	51	1.89,408	1	.03,733	51	1.90,400
2	.07,389	52	1.92,111	2	.07,428	52	1.93,122	2	.07,467	52	1.94,133
3	.11,083	53	1.95,806	3	.11,142	53	1.96,836	3	.11,200	53	1.97,867
4	.14,778	54	1.99,500	4	.14,856	54	2.00,550	4	.14,933	54	2.01,600
5	.18,472	55	2.03,194	5	.18,569	55	2.04,264	5	.18,667	55	2.05,333
6	.22,167	56	2.06,889	6	.22,283	56	2.07,978	6	.22,400	56	2.09,067
7	.25,861	57	2.10,583	7	.25,997	57	2.11,692	7	.26,133	57	2.12,800
8	.29,556	58	2.14,278	8	.29,711	58	2.15,406	8	.29,867	58	2.16,533
9	.33,250	59	2.17,972	9	.33,425	59	2.19,119	9	.33,600	59	2.20,267
10	.36,944	60	2.21,667	10	.37,139	60	2.22,833	10	.37,333	60	2.24,000
11	.40,639	61	2.25,361	11	.40,853	61	2.26,547	11	.41,067	61	2.27,733
12	.44,333	62	2.29,056	12	.44,567	62	2.30,261	12	.44,800	62	2.31,467
13	.48,028	63	2.32,750	13	.48,281	63	2.33,975	13	.48,533	63	2.35,200
14	.51,722	64	2.36,444	14	.51,994	64	2.37,689	14	.52,267	64	2.38,933
15	.55,417	65	2.40,139	15	.55,708	65	2.41,403	15	.56,000	65	2.42,667
16	.59,111	66	2.43,833	16	.59,422	66	2.45,117	16	.59,733	66	2.46,400
17	.62,806	67	2.47,528	17	.63,136	67	2.48,831	17	.63,467	67	2.50,133
18	.66,500	68	2.51,222	18	.66,850	68	2.52,544	18	.67,200	68	2.53,867
19	.70,194	69	2.54,917	19	.70,564	69	2.56,258	19	.70,933	69	2.57,600
20	.73,889	70	2.58,611	20	.74,278	70	2.59,972	20	.74,667	70	2.61,333
21	.77,583	71	2.62,306	21	.77,992	71	2.63,686	21	.78,400	71	2.65,067
22	.81,278	72	2.66,000	22	.81,706	72	2.67,400	22	.82,133	72	2.68,800
23	.84,972	73	2.69,694	23	.85,419	73	2.71,114	23	.85,867	73	2.72,533
24	.88,667	74	2.73,389	24	.89,133	74	2.74,828	24	.89,600	74	2.76,267
25	.92,361	75	2.77,083	25	.92,847	75	2.78,542	25	.93,333	75	2.80,000
26	.96,056	76	2.80,778	26	.96,561	76	2.82,256	26	.97,067	76	2.83,733
27	.99,750	77	2.84,472	27	1.00,275	77	2.85,969	27	1.00,800	77	2.87,467
28	1.03,444	78	2.88,167	28	1.03,989	78	2.89,683	28	1.04,533	78	2.91,200
29	1.07,139	79	2.91,861	29	1.07,703	79	2.93,397	29	1.08,267	79	2.94,933
30	1.10,833	80	2.95,556	30	1.11,417	80	2.97,111	30	1.12,000	80	2.98,667
31	1.14,528	81	2.99,250	31	1.15,131	81	3.00,825	31	1.15,733	81	3.02,400
32	1.18,222	82	3.02,944	32	1.18,844	82	3.04,539	32	1.19,467	82	3.06,133
33	1.21,917	83	3.06,639	33	1.22,558	83	3.08,253	33	1.23,200	83	3.09,867
34	1.25,611	84	3.10,333	34	1.26,272	84	3.11,967	34	1.26,933	84	3.13,600
35	1.29,306	85	3.14,028	35	1.29,986	85	3.15,681	35	1.30,667	85	3.17,333
36	1.33,000	86	3.17,722	36	1.33,700	86	3.19,394	36	1.34,400	86	3.21,067
37	1.36,694	87	3.21,417	37	1.37,414	87	3.23,108	37	1.38,133	87	3.24,800
38	1.40,389	88	3.25,111	38	1.41,128	88	3.26,822	38	1.41,867	88	3.28,533
39	1.44,083	89	3.28,806	39	1.44,842	89	3.30,536	39	1.45,600	89	3.32,267
40	1.47,778	90	3.32,500	40	1.48,556	90	3.34,250	40	1.49,333	90	3.36,000
41	1.51,472	91	3.36,194	41	1.52,269	91	3.37,964	41	1.53,067	91	3.39,733
42	1.55,167	92	3.39,889	42	1.55,983	92	3.41,678	42	1.56,800	92	3.43,467
43	1.58,861	93	3.43,583	43	1.59,697	93	3.45,392	43	1.60,533	93	3.47,200
44	1.62,556	94	3.47,278	44	1.63,411	94	3.49,106	44	1.64,267	94	3.50,933
45	1.66,250	95	3.50,972	45	1.67,125	95	3.52,819	45	1.68,000	95	3.54,667
46	1.69,944	96	3.54,667	46	1.70,839	96	3.56,533	46	1.71,733	96	3.58,400
47	1.73,639	97	3.58,361	47	1.74,553	97	3.60,247	47	1.75,467	97	3.62,133
48	1.77,333	98	3.62,056	48	1.78,267	98	3.63,961	48	1.79,200	98	3.65,867
49	1.81,028	99	3.65,750	49	1.81,981	99	3.67,675	49	1.82,933	99	3.69,600
50	1.84,722	\multicolumn{2}{c	}{**190 Days.**}	50	1.85,694	\multicolumn{2}{c	}{**191 Days.**}	50	1.86,667	\multicolumn{2}{c}{**192 Days.**}

ONE YEAR.

Prin.	Interest.	Prin.	Interest.	Prin.	Interest.	Prin.	Interest.	Prin.	Interest.
51	3.57,00	61	4.27,00	71	4.97,00	81	5.67,00	91	6.37,00
52	3.64,00	62	4.34,00	72	5.04,00	82	5.74,00	92	6.44,00
53	3.71,00	63	4.41,00	73	5.11,00	83	5.81,00	93	6.51,00
54	3.78,00	64	4.48,00	74	5.18,00	84	5.88,00	94	6.58,00
55	3.85,00	65	4.55,00	75	5.25,00	85	5.95,00	95	6.65,00
56	3.92,00	66	4.62,00	76	5.32,00	86	6.02,00	96	6.72,00
57	3.99,00	67	4.69,00	77	5.39,00	87	6.09,00	97	6.79,00
58	4.06,00	68	4.76,00	78	5.46,00	88	6.16,00	98	6.86,00
59	4.13,00	69	4.83,00	79	5.53,00	89	6.23,00	99	6.93,00
60	4.20,00	70	4.90,00	80	5.60,00	90	6.30,00		

INTEREST AT SEVEN PER CENT.

6 Months and 13 Days.

Prin.	Interest.	Prin.	Interest.
1	.03,753	51	1.91,392
2	.07,506	52	1.95,144
3	.11,258	53	1.98,897
4	.15,011	54	2.02,650
5	.18,764	55	2.06,403
6	.22,517	56	2.10,156
7	.26,269	57	2.13,908
8	.30,022	58	2.17,661
9	.33,775	59	2.21,414
10	.37,528	60	2.25,167
11	.41,281	61	2.28,919
12	.45,033	62	2.32,672
13	.48,786	63	2.36,425
14	.52,539	64	2.40,178
15	.56,292	65	2.43,931
16	.60,044	66	2.47,683
17	.63,797	67	2.51,436
18	.67,550	68	2.55,189
19	.71,303	69	2.58,942
20	.75,056	70	2.62,694
21	.78,808	71	2.66,447
22	.82,561	72	2.70,200
23	.86,314	73	2.73,953
24	.90,067	74	2.77,706
25	.93,819	75	2.81,458
26	.97,572	76	2.85,211
27	1.01,325	77	2.88,964
28	1.05,078	78	2.92,717
29	1.08,831	79	2.96,469
30	1.12,583	80	3.00,222
31	1.16,336	81	3.03,975
32	1.20,089	82	3.07,728
33	1.23,842	83	3.11,481
34	1.27,594	84	3.15,233
35	1.31,347	85	3.18,986
36	1.35,100	86	3.22,739
37	1.38,853	87	3.26,492
38	1.42,606	88	3.30,244
39	1.46,358	89	3.33,997
40	1.50,111	90	3.37,750
41	1.53,864	91	3.41,503
42	1.57,617	92	3.45,256
43	1.61,369	93	3.49,008
44	1.65,122	94	3.52,761
45	1.68,875	95	3.56,514
46	1.72,628	96	3.60,267
47	1.76,381	97	3.64,019
48	1.80,133	98	3.67,772
49	1.83,886	99	3.71,525
50	1.87,639	**193 Days.**	

6 Months and 14 Days.

Prin.	Interest.	Prin.	Interest.
1	.03,772	51	1.92,383
2	.07,544	52	1.96,156
3	.11,317	53	1.99,928
4	.15,089	54	2.03,700
5	.18,861	55	2.07,472
6	.22,633	56	2.11,244
7	.26,406	57	2.15,017
8	.30,178	58	2.18,789
9	.33,950	59	2.22,561
10	.37,722	60	2.26,333
11	.41,494	61	2.30,106
12	.45,267	62	2.33,878
13	.49,039	63	2.37,650
14	.52,811	64	2.41,422
15	.56,583	65	2.45,194
16	.60,356	66	2.48,967
17	.64,128	67	2.52,739
18	.67,900	68	2.56,511
19	.71,672	69	2.60,283
20	.75,444	70	2.64,056
21	.79,217	71	2.67,828
22	.82,989	72	2.71,600
23	.86,761	73	2.75,372
24	.90,533	74	2.79,144
25	.94,306	75	2.82,917
26	.98,078	76	2.86,689
27	1.01,850	77	2.90,461
28	1.05,622	78	2.94,233
29	1.09,394	79	2.98,006
30	1.13,167	80	3.01,778
31	1.16,939	81	3.05,550
32	1.20,711	82	3.09,322
33	1.24,483	83	3.13,094
34	1.28,256	84	3.16,867
35	1.32,028	85	3.20,639
36	1.35,800	86	3.24,411
37	1.39,572	87	3.28,183
38	1.43,344	88	3.31,956
39	1.47,117	89	3.35,728
40	1.50,889	90	3.39,500
41	1.54,661	91	3.43,272
42	1.58,433	92	3.47,044
43	1.62,206	93	3.50,817
44	1.65,978	94	3.54,589
45	1.69,750	95	3.58,361
46	1.73,522	96	3.62,133
47	1.77,294	97	3.65,906
48	1.81,067	98	3.69,678
49	1.84,839	99	3.73,450
50	1.88,611	**194 Days.**	

6 Months and 15 Days.

Prin.	Interest.	Prin.	Interest.
1	.03,792	51	1.93,375
2	.07,583	52	1.97,167
3	.11,375	53	2.00,958
4	.15,167	54	2.04,750
5	.18,958	55	2.08,542
6	.22,750	56	2.12,333
7	.26,542	57	2.16,125
8	.30,333	58	2.19,917
9	.34,125	59	2.23,708
10	.37,917	60	2.27,500
11	.41,708	61	2.31,292
12	.45,500	62	2.35,083
13	.49,292	63	2.38,875
14	.53,083	64	2.42,667
15	.56,875	65	2.46,458
16	.60,667	66	2.50,250
17	.64,458	67	2.54,042
18	.68,250	68	2.57,833
19	.72,042	69	2.61,625
20	.75,833	70	2.65,417
21	.79,625	71	2.69,208
22	.83,417	72	2.73,000
23	.87,208	73	2.76,792
24	.91,000	74	2.80,583
25	.94,792	75	2.84,375
26	.98,583	76	2.88,167
27	1.02,375	77	2.91,958
28	1.06,167	78	2.95,750
29	1.09,958	79	2.99,542
30	1.13,750	80	3.03,333
31	1.17,542	81	3.07,125
32	1.21,333	82	3.10,917
33	1.25,125	83	3.14,708
34	1.28,917	84	3.18,500
35	1.32,708	85	3.22,292
36	1.36,500	86	3.26,083
37	1.40,292	87	3.29,875
38	1.44,083	88	3.33,667
39	1.47,875	89	3.37,458
40	1.51,667	90	3.41,250
41	1.55,458	91	3.45,042
42	1.59,250	92	3.48,833
43	1.63,042	93	3.52,625
44	1.66,833	94	3.56,417
45	1.70,625	95	3.60,208
46	1.74,417	96	3.64,000
47	1.78,208	97	3.67,792
48	1.82,000	98	3.71,583
49	1.85,792	99	3.75,375
50	1.89,583	**195 Days.**	

ONE YEAR.

Prin.	Interest.	Prin.	Interest.	Prin.	Interest.	Prin.	Interest.	Prin.	Interest.
1	.07,00	11	.77,00	21	1.47,00	31	2.17,00	41	2.87,00
2	.14,00	12	.84,00	22	1.54,00	32	2.24,00	42	2.94,00
3	.21,00	13	.91,00	23	1.61,00	33	2.31,00	43	3.01,00
4	.28,00	14	.98,00	24	1.68,00	34	2.38,00	44	3.08,00
5	.35,00	15	1.05,00	25	1.75,00	35	2.45,00	45	3.15,00
6	.42,00	16	1.12,00	26	1.82,00	36	2.52,00	46	3.22,00
7	.49,00	17	1.19,00	27	1.89,00	37	2.59,00	47	3.29,00
8	.56,00	18	1.26,00	28	1.96,00	38	2.66,00	48	3.36,00
9	.63,00	19	1.33,00	29	2.03,00	39	2.73,00	49	3.43,00
10	.70,00	20	1.40,00	30	2.10,00	40	2.80,00	50	3.50,00

INTEREST AT SEVEN PER CENT.

6 Months and 16 Days.

Prin.	Interest.	Prin.	Interest.
1	.03,811	51	1.94,367
2	.07,622	52	1.98,178
3	.11,433	53	2.01,989
4	.15,244	54	2.05,800
5	.19,056	55	2.09,611
6	.22,867	56	2.13,422
7	.26,678	57	2.17,233
8	.30,489	58	2.21,044
9	.34,300	59	2.24,856
10	.38,111	60	2.28,667
11	.41,922	61	2.32,478
12	.45,733	62	2.36,289
13	.49,544	63	2.40,100
14	.53,356	64	2.43,911
15	.57,167	65	2.47,722
16	.60,978	66	2.51,533
17	.64,789	67	2.55,344
18	.68,600	68	2.59,156
19	.72,411	69	2.62,967
20	.76,222	70	2.66,778
21	.80,033	71	2.70,589
22	.83,844	72	2.74,400
23	.87,656	73	2.78,211
24	.91,467	74	2.82,022
25	.95,278	75	2.85,833
26	.99,089	76	2.89,644
27	1.02,900	77	2.93,456
28	1.06,711	78	2.97,267
29	1.10,522	79	3.01,078
30	1.14,333	80	3.04,889
31	1.18,144	81	3.08,700
32	1.21,956	82	3.12,511
33	1.25,767	83	3.16,322
34	1.29,578	84	3.20,133
35	1.33,389	85	3.23,944
36	1.37,200	86	3.27,756
37	1.41,011	87	3.31,567
38	1.44,822	88	3.35,378
39	1.48,633	89	3.39,189
40	1.52,444	90	3.43,000
41	1.56,256	91	3.46,811
42	1.60,067	92	3.50,622
43	1.63,878	93	3.54,433
44	1.67,689	94	3.58,244
45	1.71,500	95	3.62,056
46	1.75,311	96	3.65,867
47	1.79,122	97	3.69,678
48	1.82,933	98	3.73,489
49	1.86,744	99	3.77,300
50	1.90,556	**196 Days.**	

6 Months and 17 Days.

Prin.	Interest.	Prin.	Interest.
1	.03,831	51	1.95,358
2	.07,661	52	1.99,189
3	.11,492	53	2.03,019
4	.15,322	54	2.06,850
5	.19,153	55	2.10,681
6	.22,983	56	2.14,511
7	.26,814	57	2.18,342
8	.30,644	58	2.22,172
9	.34,475	59	2.26,003
10	.38,306	60	2.29,833
11	.42,136	61	2.33,664
12	.45,967	62	2.37,494
13	.49,797	63	2.41,325
14	.53,628	64	2.45,156
15	.57,458	65	2.48,986
16	.61,289	66	2.52,817
17	.65,119	67	2.56,647
18	.68,950	68	2.60,478
19	.72,781	69	2.64,308
20	.76,611	70	2.68,139
21	.80,442	71	2.71,969
22	.84,272	72	2.75,800
23	.88,103	73	2.79,631
24	.91,933	74	2.83,461
25	.95,764	75	2.87,292
26	.99,594	76	2.91,122
27	1.03,425	77	2.94,953
28	1.07,256	78	2.98,783
29	1.11,086	79	3.02,614
30	1.14,917	80	3.06,444
31	1.18,747	81	3.10,275
32	1.22,578	82	3.14,106
33	1.26,408	83	3.17,936
34	1.30,239	84	3.21,767
35	1.34,069	85	3.25,597
36	1.37,900	86	3.29,428
37	1.41,731	87	3.33,258
38	1.45,561	88	3.37,089
39	1.49,392	89	3.40,919
40	1.53,222	90	3.44,750
41	1.57,053	91	3.48,581
42	1.60,883	92	3.52,411
43	1.64,714	93	3.56,242
44	1.68,544	94	3.60,072
45	1.72,375	95	3.63,903
46	1.76,206	96	3.67,733
47	1.80,036	97	3.71,564
48	1.83,867	98	3.75,394
49	1.87,697	99	3.79,225
50	1.91,528	**197 Days.**	

6 Months and 18 Days.

Prin.	Interest.	Prin.	Interest.
1	.03,850	51	1.96,350
2	.07,700	52	2.00,200
3	.11,550	53	2.04,050
4	.15,400	54	2.07,900
5	.19,250	55	2.11,750
6	.23,100	56	2.15,600
7	.26,950	57	2.19,450
8	.30,800	58	2.23,300
9	.34,650	59	2.27,150
10	.38,500	60	2.31,000
11	.42,350	61	2.34,850
12	.46,200	62	2.38,700
13	.50,050	63	2.42,550
14	.53,900	64	2.46,400
15	.57,750	65	2.50,250
16	.61,600	66	2.54,100
17	.65,450	67	2.57,950
18	.69,300	68	2.61,800
19	.73,150	69	2.65,650
20	.77,000	70	2.69,500
21	.80,850	71	2.73,350
22	.84,700	72	2.77,200
23	.88,550	73	2.81,050
24	.92,400	74	2.84,900
25	.96,250	75	2.88,750
26	1.00,100	76	2.92,600
27	1.03,950	77	2.96,450
28	1.07,800	78	3.00,300
29	1.11,650	79	3.04,150
30	1.15,500	80	3.08,000
31	1.19,350	81	3.11,850
32	1.23,200	82	3.15,700
33	1.27,050	83	3.19,550
34	1.30,900	84	3.23,400
35	1.34,750	85	3.27,250
36	1.38,600	86	3.31,100
37	1.42,450	87	3.34,950
38	1.46,300	88	3.38,800
39	1.50,150	89	3.42,650
40	1.54,000	90	3.46,500
41	1.57,850	91	3.50,350
42	1.61,700	92	3.54,200
43	1.65,550	93	3.58,050
44	1.69,400	94	3.61,900
45	1.73,250	95	3.65,750
46	1.77,100	96	3.69,600
47	1.80,950	97	3.73,450
48	1.84,800	98	3.77,300
49	1.88,650	99	3.81,150
50	1.92,500	**198 Days.**	

ONE YEAR.

Prin.	Interest.	Prin.	Interest.	Prin.	Interest.	Prin.	Interest.	Prin.	Interest.
51	3.57,00	61	4.27,00	71	4.97,00	81	5.67,00	91	6.37,00
52	3.64,00	62	4.34,00	72	5.04,00	82	5.74,00	92	6.44,00
53	3.71,00	63	4.41,00	73	5.11,00	83	5.81,00	93	6.51,00
54	3.78,00	64	4.48,00	74	5.18,00	84	5.88,00	94	6.58,00
55	3.85,00	65	4.55,00	75	5.25,00	85	5.95,00	95	6.65,00
56	3.92,00	66	4.62,00	76	5.32,00	86	6.02,00	96	6.72,00
57	3.99,00	67	4.69,00	77	5.39,00	87	6.09,00	97	6.79,00
58	4.06,00	68	4.76,00	78	5.46,00	88	6.16,00	98	6.86,00
59	4.13,00	69	4.83,00	79	5.53,00	89	6.23,00	99	6.93,00
60	4.20,00	70	4.90,00	80	5.60,00	90	6.30,00		

INTEREST AT SEVEN PER CENT.

6 Months and 19 Days.

Prin.	Interest.	Prin.	Interest.
1	.03,869	51	1.97,342
2	.07,739	52	2.01,211
3	.11,608	53	2.05,081
4	.15,478	54	2.08,950
5	.19,347	55	2.12,819
6	.23,217	56	2.16,689
7	.27,086	57	2.20,558
8	.30,956	58	2.24,428
9	.34,825	59	2.28,297
10	.38,694	60	2.32,167
11	.42,564	61	2.36,036
12	.46,433	62	2.39,906
13	.50,303	63	2.43,775
14	.54,172	64	2.47,644
15	.58,042	65	2.51,514
16	.61,911	66	2.55,383
17	.65,781	67	2.59,253
18	.69,650	68	2.63,122
19	.73,519	69	2.66,992
20	.77,389	70	2.70,861
21	.81,258	71	2.74,731
22	.85,128	72	2.78,600
23	.88,997	73	2.82,469
24	.92,867	74	2.86,339
25	.96,736	75	2.90,208
26	1.00,606	76	2.94,078
27	1.04,475	77	2.97,947
28	1.08,344	78	3.01,817
29	1.12,214	79	3.05,686
30	1.16,083	80	3.09,556
31	1.19,953	81	3.13,425
32	1.23,822	82	3.17,294
33	1.27,692	83	3.21,164
34	1.31,561	84	3.25,033
35	1.35,431	85	3.28,903
36	1.39,300	86	3.32,772
37	1.43,169	87	3.36,642
38	1.47,039	88	3.40,511
39	1.50,908	89	3.44,381
40	1.54,778	90	3.48,250
41	1.58,647	91	3.52,119
42	1.62,517	92	3.55,989
43	1.66,386	93	3.59,858
44	1.70,256	94	3.63,728
45	1.74,125	95	3.67,597
46	1.77,994	96	3.71,467
47	1.81,864	97	3.75,336
48	1.85,733	98	3.79,206
49	1.89,603	99	3.83,075
50	1.93,472	**199 Days.**	

6 Months and 20 Days.

Prin.	Interest.	Prin.	Interest.
1	.03,889	51	1.98,333
2	.07,778	52	2.02,222
3	.11,667	53	2.06,111
4	.15,556	54	2.10,000
5	19,444	55	2.13,889
6	.23,333	56	2.17,778
7	.27,222	57	2.21,667
8	.31,111	58	2.25,556
9	.35,000	59	2.29,444
10	.38,889	60	2.33,333
11	.42,778	61	2.37,222
12	.46,667	62	2.41,111
13	.50,556	63	2.45,000
14	.54,444	64	2.48,889
15	.58,333	65	2.52,778
16	.62,222	66	2.56,667
17	.66,111	67	2.60,556
18	.70,000	68	2.64,444
19	.73,889	69	2.68,333
20	.77,778	70	2.72,222
21	.81,667	71	2.76,111
22	.85,556	72	2.80,000
23	.89,444	73	2.83,889
24	.93,333	74	2.87,778
25	.97,222	75	2.91,667
26	1.01,111	76	2.95,556
27	1.05,000	77	2.99,444
28	1.08,889	78	3.03,333
29	1.12,778	79	3.07,222
30	1.16,667	80	3.11,111
31	1.20,556	81	3.15,000
32	1.24,444	82	3.18,889
33	1.28,333	83	3.22,778
34	1.32,222	84	3.26,667
35	1.36,111	85	3.30,556
36	1.40,000	86	3.34,444
37	1.43,889	87	3.38,333
38	1.47,778	88	3.42,222
39	1.51,667	89	3.46,111
40	1.55,556	90	3.50,000
41	1.59,444	91	3.53,889
42	1.63,333	92	3.57,778
43	1.67,222	93	3.61,667
44	1.71,111	94	3.65,556
45	1.75,000	95	3.69,444
46	1.78,889	96	3.73,333
47	1.82,778	97	3.77,222
48	1.86,667	98	3.81,111
49	1.90,556	99	3.85,000
50	1.94,444	**200 Days.**	

6 Months and 21 Days.

Prin.	Interest.	Prin.	Interest.
1	.03,908	51	1.99,325
2	.07,817	52	2.03,233
3	.11,725	53	2.07,142
4	.15,633	54	2.11,050
5	.19,542	55	2.14,958
6	.23,450	56	2.18,867
7	.27,358	57	2.22,775
8	.31,267	58	2.26,683
9	.35,175	59	2.30,592
10	.39 083	60	2.34,500
11	.42,992	61	2.38,408
12	.46,900	62	2.42,317
13	.50,808	63	2.46,225
14	.54,717	64	2.50,133
15	.58,625	65	2.54,042
16	.62,533	66	2.57,950
17	.66,442	67	2.61,858
18	.70,350	68	2.65,767
19	.74,258	69	2.69,675
20	.78,167	70	2.73,583
21	.82,075	71	2.77,492
22	.85,983	72	2.81,400
23	.89,892	73	2.85,308
24	.93,800	74	2.89,217
25	.97,708	75	2.93,125
26	1.01,617	76	2.97,033
27	1.05,525	77	3.00,942
28	1.09,433	78	3.04,850
29	1.13,342	79	3.08,758
30	1.17,250	80	3.12,667
31	1.21,158	81	3.16,575
32	1.25,067	82	3.20,483
33	1.28,975	83	3.24,392
34	1.32,883	84	3.28,300
35	1.36,792	85	3.32,208
36	1.40,700	86	3.36,117
37	1.44,608	87	3.40,025
38	1.48,517	88	3.43,933
39	1.52,425	89	3.47,842
40	1.56,333	90	3.51,750
41	1.60,242	91	3.55,658
42	1.64,150	92	3.59,567
43	1.68,058	93	3.63,475
44	1.71,967	94	3.67,383
45	1.75,875	95	3.71,292
46	1.79,783	96	3.75,200
47	1.83,692	97	3.79,108
48	1.87,600	98	3.83,017
49	1.91,508	99	3.86,925
50	1.95,417	**201 Days.**	

ONE YEAR.

Prin.	Interest.	Prin.	Interest.	Prin.	Interest.	Prin.	Interest.	Prin.	Interest.
1	.07,00	11	.77,00	21	1.47,00	31	2.17,00	41	2.87,00
2	.14,00	12	.84,00	22	1.54,00	32	2.24,00	42	2.94,00
3	.21,00	13	.91,00	23	1.61,00	33	2.31,00	43	3.01,00
4	.28,00	14	.98,00	24	1.68,00	34	2.38,00	44	3.08,00
5	.35,00	15	1.05,00	25	1.75,00	35	2.45,00	45	3.15,00
6	.42,00	16	1.12,00	26	1.82,00	36	2.52,00	46	3.22,00
7	.49,00	17	1.19,00	27	1.89,00	37	2.59,00	47	3.29,00
8	.56,00	18	1.26,00	28	1.96,00	38	2.66,00	48	3.36,00
9	.63,00	19	1.33,00	29	2.03,00	39	2.73,00	49	3.43,00
10	.70,00	20	1.40,00	30	2.10,00	40	2.80,00	50	3.50,00

INTEREST AT SEVEN PER CENT.

6 Months and 22 Days.

Prin.	Interest.	Prin.	Interest.
1	.03,928	51	2.00,317
2	.07,856	52	2.04,244
3	.11,783	53	2.08,172
4	.15,711	54	2.12,100
5	.19,639	55	2.16,028
6	.23,567	56	2.19,956
7	.27,494	57	2.23,883
8	.31,422	58	2.27,811
9	.35,350	59	2.31,739
10	.39,278	60	2.35,667
11	.43,206	61	2.39,594
12	.47,133	62	2.43,522
13	.51,061	63	2.47,450
14	.54,989	64	2.51,378
15	.58,917	65	2.55,306
16	.62,844	66	2.59,233
17	.66,772	67	2.63,161
18	.70,700	68	2.67,089
19	.74,628	69	2.71,017
20	.78,556	70	2.74,944
21	.82,483	71	2.78,872
22	.86,411	72	2.82,800
23	.90,339	73	2.86,728
24	.94,267	74	2.90,656
25	.98,194	75	2.94,583
26	1.02,122	76	2.98,511
27	1.06,050	77	3.02,439
28	1.09,978	78	3.06,367
29	1.13,906	79	3.10,294
30	1.17,833	80	3.14,222
31	1.21,761	81	3.18,150
32	1.25,689	82	3.22,078
33	1.29,617	83	3.26,006
34	1.33,544	84	3.29,933
35	1.37,472	85	3.33,861
36	1.41,400	86	3.37,789
37	1.45,328	87	3.41,717
38	1.49,256	88	3.45,644
39	1.53,183	89	3.49,572
40	1.57,111	90	3.53,500
41	1.61,039	91	3.57,428
42	1.64,967	92	3.61,356
43	1.68,894	93	3.65,283
44	1.72,822	94	3.69,211
45	1.76,750	95	3.73,139
46	1.80,678	96	3.77,067
47	1.84,606	97	3.80,994
48	1.88,533	98	3.84,922
49	1.92,461	99	3.88,850
50	1.96,389	**202 Days.**	

6 Months and 23 Days.

Prin.	Interest.	Prin.	Interest.
1	.03,947	51	2.01,308
2	.07,894	52	2.05,256
3	.11,842	53	2.09,203
4	.15,789	54	2.13,150
5	.19,736	55	2.17,097
6	.23,683	56	2.21,044
7	.27,631	57	2.24,992
8	.31,578	58	2.28,939
9	.35,525	59	2.32,886
10	.39,472	60	2.36,833
11	.43,419	61	2.40,781
12	.47,367	62	2.44,728
13	.51,314	63	2.48,675
14	.55,261	64	2.52,622
15	.59,208	65	2.56,569
16	.63,156	66	2.60,517
17	.67,103	67	2.64,464
18	.71,050	68	2.68,411
19	.74,997	69	2.72,358
20	.78,944	70	2.76,306
21	.82,892	71	2.80,253
22	.86,839	72	2.84,200
23	.90,786	73	2.88,147
24	.94,733	74	2.92,094
25	.98,681	75	2.96,042
26	1.02,628	76	2.99,989
27	1.06,575	77	3.03,936
28	1.10,522	78	3.07,883
29	1.14,469	79	3.11,831
30	1.18,417	80	3.15,778
31	1.22,364	81	3.19,725
32	1.26,311	82	3.23,672
33	1.30,258	83	3.27,619
34	1.34,206	84	3.31,567
35	1.38,153	85	3.35,514
36	1.42,100	86	3.39,461
37	1.46,047	87	3.43,408
38	1.49,994	88	3.47,356
39	1.53,942	89	3.51,303
40	1.57,889	90	3.55,250
41	1.61,836	91	3.59,197
42	1.65,783	92	3.63,144
43	1.69,731	93	3.67,092
44	1.73,678	94	3.71,039
45	1.77,625	95	3.74,986
46	1.81,572	96	3.78,933
47	1.85,519	97	3.82,881
48	1.89,467	98	3.86,828
49	1.93,414	99	3.90,775
50	1.97,361	**203 Days.**	

6 Months and 24 Days.

Prin.	Interest.	Prin.	Interest.
1	.03,967	51	2.02,300
2	.07,933	52	2.06,267
3	.11,900	53	2.10,233
4	.15,867	54	2.14,200
5	.19,833	55	2.18,167
6	.23,800	56	2.22,133
7	.27,767	57	2.26,100
8	.31,733	58	2.30,067
9	.35,700	59	2.34,033
10	.39,667	60	2.38,000
11	.43,633	61	2.41,967
12	.47,600	62	2.45,933
13	.51,567	63	2.49,900
14	.55,533	64	2.53,867
15	.59,500	65	2.57,833
16	.63,467	66	2.61,800
17	.67,433	67	2.65,767
18	.71,400	68	2.69,733
19	.75,367	69	2.73,700
20	.79,333	70	2.77,667
21	.83,300	71	2.81,633
22	.87,267	72	2.85,600
23	.91,233	73	2.89,567
24	.95,200	74	2.93,533
25	.99,167	75	2.97,500
26	1.03,133	76	3.01,467
27	1.07,100	77	3.05,433
28	1.11,067	78	3.09,400
29	1.15,033	79	3.13,367
30	1.19,000	80	3.17,333
31	1.22,967	81	3.21,300
32	1.26,933	82	3.25,267
33	1.30,900	83	3.29,233
34	1.34,867	84	3.33,200
35	1.38,833	85	3.37,167
36	1.42,800	86	3.41,133
37	1.46,767	87	3.45,100
38	1.50,733	88	3.49,067
39	1.54,700	89	3.53,033
40	1.58,667	90	3.57,000
41	1.62,633	91	3.60,967
42	1.66,600	92	3.64,933
43	1.70,567	93	3.68,900
44	1.74,533	94	3.72,867
45	1.78,500	95	3.76,833
46	1.82,467	96	3.80,800
47	1.86,433	97	3.84,767
48	1.90,400	98	3.88,733
49	1.94,367	99	3.92,700
50	1.98,333	**204 Days.**	

ONE YEAR.

Prin.	Interest.	Prin.	Interest.	Prin.	Interest.	Prin.	Interest.	Prin.	Interest.
51	3.57,00	61	4.27,00	71	4.97,00	81	5.67,00	91	6.37,00
52	3.64,00	62	4.34,00	72	5.04,00	82	5.74,00	92	6.44,00
53	3.71,00	63	4.41,00	73	5.11,00	83	5.81,00	93	6.51,00
54	3.78,00	64	4.48,00	74	5.18,00	84	5.88,00	94	6.58,00
55	3.85,00	65	4.55,00	75	5.25,00	85	5.95,00	95	6.65,00
56	3.92,00	66	4.62,00	76	5.32,00	86	6.02,00	96	6.72,00
57	3.99,00	67	4.69,00	77	5.39,00	87	6.09,00	97	6.79,00
58	4.06,00	68	4.76,00	78	5.46,00	88	6.16,00	98	6.86,00
59	4.13,00	69	4.83,00	79	5.53,00	89	6.23,00	99	6.93,00
60	4.20,00	70	4.90,00	80	5.60,00	90	6.30,00		

INTEREST AT SEVEN PER CENT.

6 Months and 25 Days.

Prin.	Interest.	Prin.	Interest.
1	.03,986	51	2.03,292
2	.07,972	52	2.07,278
3	.11,958	53	2.11,264
4	.15,944	54	2.15,250
5	.19,931	55	2.19,236
6	.23,917	56	2.23,222
7	.27,903	57	2.27,208
8	.31,889	58	2.31,194
9	.35,875	59	2.35,181
10	.39,861	60	2.39,167
11	.43,847	61	2.43,153
12	.47,833	62	2.47,139
13	.51,819	63	2.51,125
14	.55,806	64	2.55,111
15	.59,792	65	2.59,097
16	.63,778	66	2.63,083
17	.67,764	67	2.67,069
18	.71,750	68	2.71,056
19	.75,736	69	2.75,042
20	.79,722	70	2.79,028
21	.83,708	71	2.83,014
22	.87,694	72	2.87,000
23	.91,681	73	2.90,986
24	.95,667	74	2.94,972
25	.99,653	75	2.98,958
26	1.03,639	76	3.02,944
27	1.07,625	77	3.06,931
28	1.11,611	78	3.10,917
29	1.15,597	79	3.14,903
30	1.19,583	80	3.18,889
31	1.23,569	81	3.22,875
32	1.27,556	82	3.26,861
33	1.31,542	83	3.30,847
34	1.35,528	84	3.34,833
35	1.39,514	85	3.38,819
36	1.43,500	86	3.42,806
37	1.47,486	87	3.46,792
38	1.51,472	88	3.50,778
39	1.55,458	89	3.54,764
40	1.59,444	90	3.58,750
41	1.63,431	91	3.62,736
42	1.67,417	92	3.66,722
43	1.71,403	93	3.70,708
44	1.75,389	94	3.74,694
45	1.79,375	95	3.78,681
46	1.83,361	96	3.82,667
47	1.87,347	97	3.86,653
48	1.91,333	98	3.90,639
49	1.95,319	99	3.94,625
50	1.99,306		**205 Days.**

6 Months and 26 Days.

Prin.	Interest.	Prin.	Interest.
1	.04,006	51	2.04,283
2	.08,011	52	2.08,289
3	.12,017	53	2.12,294
4	.16,022	54	2.16,300
5	.20,028	55	2.20,306
6	.24,033	56	2.24,311
7	.28,039	57	2.28,317
8	.32,044	58	2.32,322
9	.36,050	59	2.36,328
10	.40,056	60	2.40,333
11	.44,061	61	2.44,339
12	.48,067	62	2.48,344
13	.52,072	63	2.52,350
14	.56,078	64	2.56,356
15	.60,083	65	2.60,361
16	.64,089	66	2.64,367
17	.68,094	67	2.68,372
18	.72,100	68	2.72,378
19	.76,106	69	2.76,383
20	.80,111	70	2.80,389
21	.84,117	71	2.84,394
22	.88,122	72	2.88,400
23	.92,128	73	2.92,406
24	.96,133	74	2.96,411
25	1.00,139	75	3.00,417
26	1.04,144	76	3.04,422
27	1.08,150	77	3.08,428
28	1.12,156	78	3.12,433
29	1.16,161	79	3.16,439
30	1.20,167	80	3.20,444
31	1.24,172	81	3.24,450
32	1.28,178	82	3.28,456
33	1.32,183	83	3.32,461
34	1.36,189	84	3.36,467
35	1.40,194	85	3.40,472
36	1.44,200	86	3.44,478
37	1.48,206	87	3.48,483
38	1.52,211	88	3.52,489
39	1.56,217	89	3.56,494
40	1.60,222	90	3.60,500
41	1.64,228	91	3.64,506
42	1.68,233	92	3.68,511
43	1.72,239	93	3.72,517
44	1.76,244	94	3.76,522
45	1.80,250	95	3.80,528
46	1.84,256	96	3.84,533
47	1.88,261	97	3.88,539
48	1.92,267	98	3.92,544
49	1.96,272	99	3.96,550
50	2.00,278		**206 Days.**

6 Months and 27 Days.

Prin.	Interest.	Prin.	Interest.
1	.04,025	51	2.05,275
2	.08,050	52	2.09,300
3	.12,075	53	2.13,325
4	.16,100	54	2.17,350
5	.20,125	55	2.21,375
6	.24,150	56	2.25,400
7	.28,175	57	2.29,425
8	.32,200	58	2.33,450
9	.36,225	59	2.37,475
10	.40,250	60	2.41,500
11	.44,275	61	2.45,525
12	.48,300	62	2.49,550
13	.52,325	63	2.53,575
14	.56,350	64	2.57,600
15	.60,375	65	2.61,625
16	.64,400	66	2.65,650
17	.68,425	67	2.69,675
18	.72,450	68	2.73,700
19	.76,475	69	2.77,725
20	.80,500	70	2.81,750
21	.84,525	71	2.85,775
22	.88,550	72	2.89,800
23	.92,575	73	2.93,825
24	.96,600	74	2.97,850
25	1.00,625	75	3.01,875
26	1.04,650	76	3.05,900
27	1.08,675	77	3.09,925
28	1.12,700	78	3.13,950
29	1.16,725	79	3.17,975
30	1.20,750	80	3.22,000
31	1.24,775	81	3.26,025
32	1.28,800	82	3.30,050
33	1.32,825	83	3.34,075
34	1.36,850	84	3.38,100
35	1.40,875	85	3.42,125
36	1.44,900	86	3.46,150
37	1.48,925	87	3.50,175
38	1.52,950	88	3.54,200
39	1.56,975	89	3.58,225
40	1.61,000	90	3.62,250
41	1.65,025	91	3.66,275
42	1.69,050	92	3.70,300
43	1.73,075	93	3.74,325
44	1.77,100	94	3.78,350
45	1.81,125	95	3.82,375
46	1.85,150	96	3.86,400
47	1.89,175	97	3.90,425
48	1.93,200	98	3.94,450
49	1.97,225	99	3.98,475
50	2.01,250		**207 Days.**

ONE YEAR.

Prin.	Interest.	Prin.	Interest.	Prin.	Interest.	Prin.	Interest.	Prin.	Interest.
1	.07,00	11	.77,00	21	1.47,00	31	2.17,00	41	2.87,00
2	.14,00	12	.84,00	22	1.54,00	32	2.24,00	42	2.94,00
3	.21,00	13	.91,00	23	1.61,00	33	2.31,00	43	3.01,00
4	.28,00	14	.98,00	24	1.68,00	34	2.38,00	44	3.08,00
5	.35,00	15	1.05,00	25	1.75,00	35	2.45,00	45	3.15,00
6	.42,00	16	1.12,00	26	1.82,00	36	2.52,00	46	3.22,00
7	.49,00	17	1.19,00	27	1.89,00	37	2.59,00	47	3.29,00
8	.56,00	18	1.26,00	28	1.96,00	38	2.66,00	48	3.36,00
9	.63,00	19	1.33,00	29	2.03,00	39	2.73,00	49	3.43,00
10	.70,00	20	1.40,00	30	2.10,00	40	2.80,00	50	3.50,00

INTEREST AT SEVEN PER CENT.

| 6 Months and 28 Days. | | |	| 6 Months and 29 Days. | | |	| 7 MONTHS. | | |
Prin. | Interest. | Prin. | Interest.	Prin. | Interest. | Prin. | Interest.	Prin. | Interest. | Prin. | Interest.
1 | .04,044 | 51 | 2.06,267	1 | .04,064 | 51 | 2.07,258	1 | .04,083 | 51 | 2.08,250
2 | .08,089 | 52 | 2.10,311	2 | .08,128 | 52 | 2.11,322	2 | .08,167 | 52 | 2.12,333
3 | .12,133 | 53 | 2.14,356	3 | .12,192 | 53 | 2.15,386	3 | .12,250 | 53 | 2.16,417
4 | .16,178 | 54 | 2.18,400	4 | .16,256 | 54 | 2.19,450	4 | .16,333 | 54 | 2.20,500
5 | .20,222 | 55 | 2.22,444	5 | .20,319 | 55 | 2.23,514	5 | .20,417 | 55 | 2.24,583
6 | .24,267 | 56 | 2.26,489	6 | .24,383 | 56 | 2.27,578	6 | .24,500 | 56 | 2.28,667
7 | .28,311 | 57 | 2.30,533	7 | .28,447 | 57 | 2.31,642	7 | .28,583 | 57 | 2.32,750
8 | .32,356 | 58 | 2.34,578	8 | .32,511 | 58 | 2.35,706	8 | .32,667 | 58 | 2.36,833
9 | .36,400 | 59 | 2.38,622	9 | .36,575 | 59 | 2.39,769	9 | .36,750 | 59 | 2.40,917
10 | .40,444 | 60 | 2.42,667	10 | .40,639 | 60 | 2.43,833	10 | .40,833 | 60 | 2.45,000
11 | .44,489 | 61 | 2.46,711	11 | .44,703 | 61 | 2.47,897	11 | .44,917 | 61 | 2.49,083
12 | .48,533 | 62 | 2.50,756	12 | .48,767 | 62 | 2.51,961	12 | .49,000 | 62 | 2.53,167
13 | .52,578 | 63 | 2.54,800	13 | .52,831 | 63 | 2.56,025	13 | .53,083 | 63 | 2.57,250
14 | .56,622 | 64 | 2.58,844	14 | .56,894 | 64 | 2.60,089	14 | .57,167 | 64 | 2.61,333
15 | .60,667 | 65 | 2.62,889	15 | .60,958 | 65 | 2.64,153	15 | .61,250 | 65 | 2.65,417
16 | .64,711 | 66 | 2.66,933	16 | .65,022 | 66 | 2.68,217	16 | .65,333 | 66 | 2.69,500
17 | .68,756 | 67 | 2.70,978	17 | .69,086 | 67 | 2.72,281	17 | .69,417 | 67 | 2.73,583
18 | .72,800 | 68 | 2.75,022	18 | .73,150 | 68 | 2.76,344	18 | .73,500 | 68 | 2.77,667
19 | .76,844 | 69 | 2.79,067	19 | .77,214 | 69 | 2.80,408	19 | .77,583 | 69 | 2.81,750
20 | .80,889 | 70 | 2.83,111	20 | .81,278 | 70 | 2.84,472	20 | .81,667 | 70 | 2.85,833
21 | .84,933 | 71 | 2.87,156	21 | .85,342 | 71 | 2.88,536	21 | .85,750 | 71 | 2.89,917
22 | .88,978 | 72 | 2.91,200	22 | .89,406 | 72 | 2.92,600	22 | .89,833 | 72 | 2.94,000
23 | .93,022 | 73 | 2.95,244	23 | .93,469 | 73 | 2.96,664	23 | .93,917 | 73 | 2.98,083
24 | .97,067 | 74 | 2.99,289	24 | .97,533 | 74 | 3.00,728	24 | .98,000 | 74 | 3.02,167
25 | 1.01,111 | 75 | 3.03,333	25 | 1.01,597 | 75 | 3.04,792	25 | 1.02,083 | 75 | 3.06,250
26 | 1.05,156 | 76 | 3.07,378	26 | 1.05,661 | 76 | 3.08,856	26 | 1.06,167 | 76 | 3.10,333
27 | 1.09,200 | 77 | 3.11,422	27 | 1.09,725 | 77 | 3.12,919	27 | 1.10,250 | 77 | 3.14,417
28 | 1.13,244 | 78 | 3.15,467	28 | 1.13,789 | 78 | 3.16,983	28 | 1.14,333 | 78 | 3.18,500
29 | 1.17,289 | 79 | 3.19,511	29 | 1.17,853 | 79 | 3.21,047	29 | 1.18,417 | 79 | 3.22,583
30 | 1.21,333 | 80 | 3.23,556	30 | 1.21,917 | 80 | 3.25,111	30 | 1.22,500 | 80 | 3.26,667
31 | 1.25,378 | 81 | 3.27,600	31 | 1.25,981 | 81 | 3.29,175	31 | 1.26,583 | 81 | 3.30,750
32 | 1.29,422 | 82 | 3.31,644	32 | 1.30,044 | 82 | 3.33,239	32 | 1.30,667 | 82 | 3.34,833
33 | 1.33,467 | 83 | 3.35,689	33 | 1.34,108 | 83 | 3.37,303	33 | 1.34,750 | 83 | 3.38,917
34 | 1.37,511 | 84 | 3.39,733	34 | 1.38,172 | 84 | 3.41,367	34 | 1.38,833 | 84 | 3.43,000
35 | 1.41,556 | 85 | 3.43,778	35 | 1.42,236 | 85 | 3.45,431	35 | 1.42,917 | 85 | 3.47,083
36 | 1.45,600 | 86 | 3.47,822	36 | 1.46,300 | 86 | 3.49,494	36 | 1.47,000 | 86 | 3.51,167
37 | 1.49,644 | 87 | 3.51,867	37 | 1.50,364 | 87 | 3.53,558	37 | 1.51,083 | 87 | 3.55,250
38 | 1.53,689 | 88 | 3.55,911	38 | 1.54,428 | 88 | 3.57,622	38 | 1.55,167 | 88 | 3.59,333
39 | 1.57,733 | 89 | 3.59,956	39 | 1.58,492 | 89 | 3.61,686	39 | 1.59,250 | 89 | 3.63,417
40 | 1.61,778 | 90 | 3.64,000	40 | 1.62,556 | 90 | 3.65,750	40 | 1.63,333 | 90 | 3.67,500
41 | 1.65,822 | 91 | 3.68,044	41 | 1.66,619 | 91 | 3.69,814	41 | 1.67,417 | 91 | 3.71,583
42 | 1.69,867 | 92 | 3.72,089	42 | 1.70,683 | 92 | 3.73,878	42 | 1.71,500 | 92 | 3.75,667
43 | 1.73,911 | 93 | 3.76,133	43 | 1.74,747 | 93 | 3.77,942	43 | 1.75,583 | 93 | 3.79,750
44 | 1.77,956 | 94 | 3.80,178	44 | 1.78,811 | 94 | 3.82,006	44 | 1.79,667 | 94 | 3.83,833
45 | 1.82,000 | 95 | 3.84,222	45 | 1.82,875 | 95 | 3.86,069	45 | 1.83,750 | 95 | 3.87,917
46 | 1.86,044 | 96 | 3.88,267	46 | 1.86,939 | 96 | 3.90,133	46 | 1.87,833 | 96 | 3.92,000
47 | 1.90,089 | 97 | 3.92,311	47 | 1.91,003 | 97 | 3.94,197	47 | 1.91,917 | 97 | 3.96,083
48 | 1.94,133 | 98 | 3.96,356	48 | 1.95,067 | 98 | 3.98,261	48 | 1.96,000 | 98 | 4.00,167
49 | 1.98,178 | 99 | 4.00,400	49 | 1.99,131 | 99 | 4.02,325	49 | 2.00,083 | 99 | 4.04,250
50 | 2.02,222 | **208 Days.** |	50 | 2.03,194 | **209 Days.** |	50 | 2.04,167 | **210 Days.** |

ONE YEAR.

Prin.	Interest.	Prin.	Interest.	Prin.	Interest.	Prin.	Interest.	Prin.	Interest.
51	3.57,00	61	4.27,00	71	4.97,00	81	5.67,00	91	6.37,00
52	3.64,00	62	4.34,00	72	5.04,00	82	5.74,00	92	6.44,00
53	3.71,00	63	4.41,00	73	5.11,00	83	5.81,00	93	6.51,00
54	3.78,00	64	4.48,00	74	5.18,00	84	5.88,00	94	6.58,00
55	3.85,00	65	4.55,00	75	5.25,00	85	5.95,00	95	6.65,00
56	3.92,00	66	4.62,00	76	5.32,00	86	6.02,00	96	6.72,00
57	3.99,00	67	4.69,00	77	5.39,00	87	6.09,00	97	6.79,00
58	4.06,00	68	4.76,00	78	5.46,00	88	6.16,00	98	6.86,00
59	4.13,00	69	4.83,00	79	5.53,00	89	6.23,00	99	6.93,00
60	4.20,00	70	4.90,00	80	5.60,00	90	6.30,00		

INTEREST AT SEVEN PER CENT.

7 Months and 1 Day.				7 Months and 2 Days.				7 Months and 3 Days.			
Prin.	Interest.	Prin.	Interest.	Prin.	Interest.	Prin.	Interest.	Prin.	Interest.	Prin.	Interest.
1	.04,103	51	2.09,242	1	.04,122	51	2.10,233	1	.04,142	51	2.11,225
2	.08,206	52	2.13,344	2	.08,244	52	2.14,356	2	.08,283	52	2.15,367
3	.12,308	53	2.17,447	3	.12,367	53	2.18,478	3	.12,425	53	2.19,508
4	.16,411	54	2.21,550	4	.16,489	54	2.22,600	4	.16,567	54	2.23,650
5	.20,514	55	2.25,653	5	.20,611	55	2.26,722	5	.20,708	55	2.27,792
6	.24,617	56	2.29,756	6	.24,733	56	2.30,844	6	.24,850	56	2.31,933
7	.28,719	57	2.33,858	7	.28,856	57	2.34,967	7	.28,992	57	2.36,075
8	.32,822	58	2.37,961	8	.32,978	58	2.39,089	8	.33,133	58	2.40,217
9	.36,925	59	2.42,064	9	.37,100	59	2.43,211	9	.37,275	59	2.44,358
10	.41,028	60	2.46,167	10	.41,222	60	2.47,333	10	.41,417	60	2.48,500
11	.45,131	61	2.50,269	11	.45,344	61	2.51,456	11	.45,558	61	2.52,642
12	.49,233	62	2.54,372	12	.49,467	62	2.55,578	12	.49,700	62	2.56,783
13	.53,336	63	2.58,475	13	.53,589	63	2.59,700	13	.53,842	63	2.60,925
14	.57,439	64	2.62,578	14	.57,711	64	2.63,822	14	.57,983	64	2.65,067
15	.61,542	65	2.66,681	15	.61,833	65	2.67,944	15	.62,125	65	2.69,208
16	.65,644	66	2.70,783	16	.65,956	66	2.72,067	16	.66,267	66	2.73,350
17	.69,747	67	2.74,886	17	.70,078	67	2.76,189	17	.70,408	67	2.77,492
18	.73,850	68	2.78,989	18	.74,200	68	2.80,311	18	.74,550	68	2.81,633
19	.77,953	69	2.83,092	19	.78,322	69	2.84,433	19	.78,692	69	2.85,775
20	.82,056	70	2.87,194	20	.82,444	70	2.88,556	20	.82,833	70	2.89,917
21	.86,158	71	2.91,297	21	.86,567	71	2.92,678	21	.86,975	71	2.94,058
22	.90,261	72	2.95,400	22	.90,689	72	2.96,800	22	.91,117	72	2.98,200
23	.94,364	73	2.99,503	23	.94,811	73	3.00,922	23	.95,258	73	3.02,342
24	.98,467	74	3.03,606	24	.98,933	74	3.05,044	24	.99,400	74	3.06,483
25	1.02,569	75	3.07,708	25	1.03,056	75	3.09,167	25	1.03,542	75	3.10,625
26	1.06,672	76	3.11,811	26	1.07,178	76	3.13,289	26	1.07,683	76	3.14,767
27	1.10,775	77	3.15,914	27	1.11,300	77	3.17,411	27	1.11,825	77	3.18,908
28	1.14,878	78	3.20,017	28	1.15,422	78	3.21,533	28	1.15,967	78	3.23,050
29	1.18,981	79	3.24,119	29	1.19,544	79	3.25,656	29	1.20,108	79	3.27,192
30	1.23,083	80	3.28,222	30	1.23,667	80	3.29,778	30	1.24,250	80	3.31,333
31	1.27,186	81	3.32,325	31	1.27,789	81	3.33,900	31	1.28,392	81	3.35,475
32	1.31,289	82	3.36,428	32	1.31,911	82	3.38,022	32	1.32,533	82	3.39,617
33	1.35,392	83	3.40,531	33	1.36,033	83	3.42,144	33	1.36,675	83	3.43,758
34	1.39,494	84	3.44,633	34	1.40,156	84	3.46,267	34	1.40,817	84	3.47,900
35	1.43,597	85	3.48,736	35	1.44,278	85	3.50,389	35	1.44,958	85	3.52,042
36	1.47,700	86	3.52,839	36	1.48,400	86	3.54,511	36	1.49,100	86	3.56,183
37	1.51,803	87	3.56,942	37	1.52,522	87	3.58,633	37	1.53,242	87	3.60,325
38	1.55,906	88	3.61,044	38	1.56,644	88	3.62,756	38	1.57,383	88	3.64,467
39	1.60,008	89	3.65,147	39	1.60,767	89	3.66,878	39	1.61,525	89	3.68,608
40	1.64,111	90	3.69,250	40	1.64,889	90	3.71,000	40	1.65,667	90	3.72,750
41	1.68,214	91	3.73,353	41	1.69,011	91	3.75,122	41	1.69,808	91	3.76,892
42	1.72,317	92	3.77,456	42	1.73,133	92	3.79,244	42	1.73,950	92	3.81,033
43	1.76,419	93	3.81,558	43	1.77,256	93	3.83,367	43	1.78,092	93	3.85,175
44	1.80,522	94	3.85,661	44	1.81,378	94	3.87,489	44	1.82,233	94	3.89,317
45	1.84,625	95	3.89,764	45	1.85,500	95	3.91,611	45	1.86,375	95	3.93,458
46	1.88,728	96	3.93,867	46	1.89,622	96	3.95,733	46	1.90,517	96	3.97,600
47	1.92,831	97	3.97,969	47	1.93,744	97	3.99,856	47	1.94,658	97	4.01,742
48	1.96,933	98	4.02,072	48	1.97,867	98	4.03,978	48	1.98,800	98	4.05,883
49	2.01,036	99	4.06,175	49	2.01,989	99	4.08,100	49	2.02,942	99	4.10,025
50	2.05,139	**211 Days.**		50	2.06,111	**212 Days.**		50	2.07,083	**213 Days.**	

ONE YEAR.

Prin.	Interest.	Prin.	Interest.	Prin.	Interest.	Prin.	Interest.	Prin.	Interest.
1	.07,00	11	.77,00	21	1.47,00	31	2.17,00	41	2.87,00
2	.14,00	12	.84,00	22	1.54,00	32	2.24,00	42	2.94,00
3	.21,00	13	.91,00	23	1.61,00	33	2.31,00	43	3.01,00
4	.28,00	14	.98,00	24	1.68,00	34	2.38,00	44	3.08,00
5	.35,00	15	1.05,00	25	1.75,00	35	2.45,00	45	3.15,00
6	.42,00	16	1.12,00	26	1.82,00	36	2.52,00	46	3.22,00
7	.49,00	17	1.19,00	27	1.89,00	37	2.59,00	47	3.29,00
8	.56,00	18	1.26,00	28	1.96,00	38	2.66,00	48	3.36,00
9	.63,00	19	1.33,00	29	2.03,00	39	2.73,00	49	3.43,00
10	.70,00	20	1.40,00	30	2.10,00	40	2.80,00	50	3.50,00

INTEREST AT SEVEN PER CENT.

7 Months and 4 Days.				7 Months and 5 Days.				7 Months and 6 Days.			
Prin.	Interest.	Prin.	Interest.	Prin.	Interest.	Prin.	Interest.	Prin.	Interest.	Prin.	Interest.
1	.04,161	51	2.12,217	1	.04,181	51	2.13,208	1	.04,200	51	2.14,200
2	.08,322	52	2.16,378	2	.08,361	52	2.17,389	2	.08,400	52	2.18,400
3	.12,483	53	2.20,539	3	.12,542	53	2.21,569	3	.12,600	53	2.22,600
4	.16,644	54	2.24,700	4	.16,722	54	2.25,750	4	.16,800	54	2.26,800
5	.20,806	55	2.28,861	5	.20,903	55	2.29,931	5	.21,000	55	2.31,000
6	.24,967	56	2.33,022	6	.25,083	56	2.34,111	6	.25,200	56	2.35,200
7	.29,128	57	2.37,183	7	.29,264	57	2.38,292	7	.29,400	57	2.39,400
8	.33,289	58	2.41,344	8	.33,444	58	2.42,472	8	.33,600	58	2.43,600
9	.37,450	59	2.45,506	9	.37,625	59	2.46,653	9	.37,800	59	2.47,800
10	.41,611	60	2.49,667	10	.41,806	60	2.50,833	10	.42,000	60	2.52,000
11	.45,772	61	2.53,828	11	.45,986	61	2.55,014	11	.46,200	61	2.56,200
12	.49,933	62	2.57,989	12	.50,167	62	2.59,194	12	.50,400	62	2.60,400
13	.54,094	63	2.62,150	13	.54,347	63	2.63,375	13	.54,600	63	2.64,600
14	.58,256	64	2.66,311	14	.58,528	64	2.67,556	14	.58,800	64	2.68,800
15	.62,417	65	2.70,472	15	.62,708	65	2.71,736	15	.63,000	65	2.73,000
16	.66,578	66	2.74,633	16	.66,889	66	2.75,917	16	.67,200	66	2.77,200
17	.70,739	67	2.78,794	17	.71,069	67	2.80,097	17	.71,400	67	2.81,400
18	.74,900	68	2.82,956	18	.75,250	68	2.84,278	18	.75,600	68	2.85,600
19	.79,061	69	2.87,117	19	.79,431	69	2.88,458	19	.79,800	69	2.89,800
20	.83,222	70	2.91,278	20	.83,611	70	2.92,639	20	.84,000	70	2.94,000
21	.87,383	71	2.95,439	21	.87,792	71	2.96,819	21	.88,200	71	2.98,200
22	.91,544	72	2.99,600	22	.91,972	72	3.01,000	22	.92,400	72	3.02,400
23	.95,706	73	3.03,761	23	.96,153	73	3.05,181	23	.96,600	73	3.06,600
24	.99,867	74	3.07,922	24	1.00,333	74	3.09,361	24	1.00,800	74	3.10,800
25	1.04,028	75	3.12,083	25	1.04,514	75	3.13,542	25	1.05,000	75	3.15,000
26	1.08,189	76	3.16,244	26	1.08,694	76	3.17,722	26	1.09,200	76	3.19,200
27	1.12,350	77	3.20,406	27	1.12,875	77	3.21,903	27	1.13,400	77	3.23,400
28	1.16,511	78	3.24,567	28	1.17,056	78	3.26,083	28	1.17,600	78	3.27,600
29	1.20,672	79	3.28,728	29	1.21,236	79	3.30,264	29	1.21,800	79	3.31,800
30	1.24,833	80	3.32,889	30	1.25,417	80	3.34,444	30	1.26,000	80	3.36,000
31	1.28,994	81	3.37,050	31	1.29,597	81	3.38,625	31	1.30,200	81	3.40,200
32	1.33,156	82	3.41,211	32	1.33,778	82	3.42,806	32	1.34,400	82	3.44,400
33	1.37,317	83	3.45,372	33	1.37,958	83	3.46,986	33	1.38,600	83	3.48,600
34	1.41,478	84	3.49,533	34	1.42,139	84	3.51,167	34	1.42,800	84	3.52,800
35	1.45,639	85	3.53,694	35	1.46,319	85	3.55,347	35	1.47,000	85	3.57,000
36	1.49,800	86	3.57,856	36	1.50,500	86	3.59,528	36	1.51,200	86	3.61,200
37	1.53,961	87	3.62,017	37	1.54,681	87	3.63,708	37	1.55,400	87	3.65,400
38	1.58,122	88	3.66,178	38	1.58,861	88	3.67,889	38	1.59,600	88	3.69,600
39	1.62,283	89	3.70,339	39	1.63,042	89	3.72,069	39	1.63,800	89	3.73,800
40	1.66,444	90	3.74,500	40	1.67,222	90	3.76,250	40	1.68,000	90	3.78,000
41	1.70,606	91	3.78,661	41	1.71,403	91	3.80,431	41	1.72,200	91	3.82,200
42	1.74,767	92	3.82,822	42	1.75,583	92	3.84,611	42	1.76,400	92	3.86,400
43	1.78,928	93	3.86,983	43	1.79,764	93	3.88,792	43	1.80,600	93	3.90,600
44	1.83,089	94	3.91,144	44	1.83,944	94	3.92,972	44	1.84,800	94	3.94,800
45	1.87,250	95	3.95,306	45	1.88,125	95	3.97,153	45	1.89,000	95	3.99,000
46	1.91,411	96	3.99,467	46	1.92,306	96	4.01,333	46	1.93,200	96	4.03,200
47	1.95,572	97	4.03,628	47	1.96,486	97	4.05,514	47	1.97,400	97	4.07,400
48	1.99,733	98	4.07,789	48	2.00,667	98	4.09,694	48	2.01,600	98	4.11,600
49	2.03,894	99	4.11,950	49	2.04,847	99	4.13,875	49	2.05,800	99	4.15,800
50	2.08,056	**214 Days.**		50	2.09,028	**215 Days.**		50	2.10,000	**216 Days.**	

ONE YEAR.

Prin.	Interest.	Prin.	Interest.	Prin.	Interest.	Prin.	Interest.	Prin.	Interest.
51	3.57,00	61	4.27,00	71	4.97,00	81	5.67,00	91	6.37,00
52	3.64,00	62	4.34,00	72	5.04,00	82	5.74,00	92	6.44,00
53	3.71,00	63	4.41,00	73	5.11,00	83	5.81,00	93	6.51,00
54	3.78,00	64	4.48,00	74	5.18,00	84	5.88,00	94	6.58,00
55	3.85,00	65	4.55,00	75	5.25,00	85	5.95,00	95	6.65,00
56	3.92,00	66	4.62,00	76	5.32,00	86	6.02,00	96	6.72,00
57	3.99,00	67	4.69,00	77	5.39,00	87	6.09,00	97	6.79,00
58	4.06,00	68	4.76,00	78	5.46,00	88	6.16,00	98	6.86,00
59	4.13,00	69	4.83,00	79	5.53,00	89	6.23,00	99	6.93,00
60	4.20,00	70	4.90,00	80	5.60,00	90	6.30,00		

INTEREST AT SEVEN PER CENT.

7 Months and 7 Days.

Prin.	Interest.	Prin.	Interest.
1	.04,219	51	2.15,192
2	.08,439	52	2.19,411
3	.12,658	53	2.23,631
4	.16,878	54	2.27,850
5	.21,097	55	2.32,069
6	.25,317	56	2.36,289
7	.29,536	57	2.40,508
8	.33,756	58	2.44,728
9	.37,975	59	2.48,947
10	.42,194	60	2.53,167
11	.46,414	61	2.57,386
12	.50,633	62	2.61,606
13	.54,853	63	2.65,825
14	.59,072	64	2.70,044
15	.63,292	65	2.74,264
16	.67,511	66	2.78,483
17	.71,731	67	2.82,703
18	.75,950	68	2.86,922
19	.80,169	69	2.91,142
20	.84,389	70	2.95,361
21	.88,608	71	2.99,581
22	.92,828	72	3.03,800
23	.97,047	73	3.08,019
24	1.01,267	74	3.12,239
25	1.05,486	75	3.16,458
26	1.09,706	76	3.20,678
27	1.13,925	77	3.24,897
28	1.18,144	78	3.29,117
29	1.22,364	79	3.33,336
30	1.26,583	80	3.37,556
31	1.30,803	81	3.41,775
32	1.35,022	82	3.45,994
33	1.39,242	83	3.50,214
34	1.43,461	84	3.54,433
35	1.47,681	85	3.58,653
36	1.51,900	86	3.62,872
37	1.56,119	87	3.67,092
38	1.60,339	88	3.71,311
39	1.64,558	89	3.75,531
40	1.68,778	90	3.79,750
41	1.72,997	91	3.83,969
42	1.77,217	92	3.88,189
43	1.81,436	93	3.92,408
44	1.85,656	94	3.96,628
45	1.89,875	95	4.00,847
46	1.94,094	96	4.05,067
47	1.98,314	97	4.09,286
48	2.02,533	98	4.13,506
49	2.06,753	99	4.17,725
50	2.10,972		**217 Days.**

7 Months and 8 Days.

Prin.	Interest.	Prin.	Interest.
1	.04,239	51	2.16,183
2	.08,478	52	2.20,422
3	.12,717	53	2.24,661
4	.16,956	54	2.28,900
5	.21,194	55	2.33,139
6	.25,433	56	2.37,378
7	.29,672	57	2.41,617
8	.33,911	58	2.45,856
9	.38,150	59	2.50,094
10	.42,389	60	2.54,333
11	.46,628	61	2.58,572
12	.50,867	62	2.62,811
13	.55,106	63	2.67,050
14	.59,344	64	2.71,289
15	.63,583	65	2.75,528
16	.67,822	66	2.79,767
17	.72,061	67	2.84,006
18	.76,300	68	2.88,244
19	.80,539	69	2.92,483
20	.84,778	70	2.96,722
21	.89,017	71	3.00,961
22	.93,256	72	3.05,200
23	.97,494	73	3.09,439
24	1.01,733	74	3.13,678
25	1.05,972	75	3.17,917
26	1.10,211	76	3.22,156
27	1.14,450	77	3.26,394
28	1.18,689	78	3.30,633
29	1.22,928	79	3.34,872
30	1.27,167	80	3.39,111
31	1.31,406	81	3.43,350
32	1.35,644	82	3.47,589
33	1.39,883	83	3.51,828
34	1.44,122	84	3.56,067
35	1.48,361	85	3.60,306
36	1.52,600	86	3.64,544
37	1.56,839	87	3.68,783
38	1.61,078	88	3.73,022
39	1.65,317	89	3.77,261
40	1.69,556	90	3.81,500
41	1.73,794	91	3.85,739
42	1.78,033	92	3.89,978
43	1.82,272	93	3.94,217
44	1.86,511	94	3.98,456
45	1.90,750	95	4.02,694
46	1.94,989	96	4.06,933
47	1.99,228	97	4.11,172
48	2.03,467	98	4.15,411
49	2.07,706	99	4.19,650
50	2.11,944		**218 Days.**

7 Months and 9 Days.

Prin.	Interest.	Prin.	Interest.
1	.04,258	51	2.17,175
2	.08,517	52	2.21,433
3	.12,775	53	2.25,692
4	.17,033	54	2.29,950
5	.21,292	55	2.34,208
6	.25,550	56	2.38,467
7	.29,808	57	2.42,725
8	.34,067	58	2.46,983
9	.38,325	59	2.51,242
10	.42,583	60	2.55,500
11	.46,842	61	2.59,758
12	.51,100	62	2.64,017
13	.55,358	63	2.68,275
14	.59,617	64	2.72,533
15	.63,875	65	2.76,792
16	.68,133	66	2.81,050
17	.72,392	67	2.85,308
18	.76,650	68	2.89,567
19	.80,908	69	2.93,825
20	.85,167	70	2.98,083
21	.89,425	71	3.02,342
22	.93,683	72	3.06,600
23	.97,942	73	3.10,858
24	1.02,200	74	3.15,117
25	1.06,458	75	3.19,375
26	1.10,717	76	3.23,633
27	1.14,975	77	3.27,892
28	1.19,233	78	3.32,150
29	1.23,492	79	3.36,408
30	1.27,750	80	3.40,667
31	1.32,008	81	3.44,925
32	1.36,267	82	3.49,183
33	1.40,525	83	3.53,442
34	1.44,783	84	3.57,700
35	1.49,042	85	3.61,958
36	1.53,300	86	3.66,217
37	1.57,558	87	3.70,475
38	1.61,817	88	3.74,733
39	1.66,075	89	3.78,992
40	1.70,333	90	3.83,250
41	1.74,592	91	3.87,508
42	1.78,850	92	3.91,767
43	1.83,108	93	3.96,025
44	1.87,367	94	4.00,283
45	1.91,625	95	4.04,542
46	1.95,883	96	4.08,800
47	2.00,142	97	4.13,058
48	2.04,400	98	4.17,317
49	2.08,658	99	4.21,575
50	2.12,917		**219 Days.**

ONE YEAR.

Prin.	Interest.	Prin.	Interest.	Prin.	Interest.	Prin.	Interest.	Prin.	Interest.
1	.07,00	11	.77,00	21	1.47,00	31	2.17,00	41	2.87,00
2	.14,00	12	.84,00	22	1.54,00	32	2.24,00	42	2.94,00
3	.21,00	13	.91,00	23	1.61,00	33	2.31,00	43	3.01,00
4	.28,00	14	.98,00	24	1.68,00	34	2.38,00	44	3.08,00
5	.35,00	15	1.05,00	25	1.75,00	35	2.45,00	45	3.15,00
6	.42,00	16	1.12,00	26	1.82,00	36	2.52,00	46	3.22,00
7	.49,00	17	1.19,00	27	1.89,00	37	2.59,00	47	3.29,00
8	.56,00	18	1.26,00	28	1.96,00	38	2.66,00	48	3.36,00
9	.63,00	19	1.33,00	29	2.03,00	39	2.73,00	49	3.43,00
10	.70,00	20	1.40,00	30	2.10,00	40	2.80,00	50	3.50,00

INTEREST AT SEVEN PER CENT.

7 Months and 10 Days.

Prin.	Interest.	Prin.	Interest.
1	.04,278	51	2.18,167
2	.08,556	52	2.22,444
3	.12,833	53	2.26,722
4	.17,111	54	2.31,000
5	.21,389	55	2.35,278
6	.25,667	56	2.39,556
7	.29,944	57	2.43,833
8	.34,222	58	2.48,111
9	.38,500	59	2.52,389
10	.42,778	60	2.56,667
11	.47,056	61	2.60,944
12	.51,333	62	2.65,222
13	.55,611	63	2.69,500
14	.59,889	64	2.73,778
15	.64,167	65	2.78,056
16	.68,444	66	2.82,333
17	.72,722	67	2.86,611
18	.77,000	68	2.90,889
19	.81,278	69	2.95,167
20	.85,556	70	2.99,444
21	.89,833	71	3.03,722
22	.94,111	72	3.08,000
23	.98,389	73	3.12,278
24	1.02,667	74	3.16,556
25	1.06,944	75	3.20,833
26	1.11,222	76	3.25,111
27	1.15,500	77	3.29,389
28	1.19,778	78	3.33,667
29	1.24,056	79	3.37,944
30	1.28,333	80	3.42,222
31	1.32,611	81	3.46,500
32	1.36,889	82	3.50,778
33	1.41,167	83	3.55,056
34	1.45,444	84	3.59,333
35	1.49,722	85	3.63,611
36	1.54,000	86	3.67,889
37	1.58,278	87	3.72,167
38	1.62,556	88	3.76,444
39	1.66,833	89	3.80,722
40	1.71,111	90	3.85,000
41	1.75,389	91	3.89,278
42	1.79,667	92	3.93,556
43	1.83,944	93	3.97,833
44	1.88,222	94	4.02,111
45	1.92,500	95	4.06,389
46	1.96,778	96	4.10,667
47	2.01,056	97	4.14,944
48	2.05,333	98	4.19,222
49	2.09,611	99	4.23,500
50	2.13,889	**220 Days.**	

7 Months and 11 Days.

Prin.	Interest.	Prin.	Interest.
1	.04,297	51	2.19,158
2	.08,594	52	2.23,456
3	.12,892	53	2.27,753
4	.17,189	54	2.32,050
5	.21,486	55	2.36,347
6	.25,783	56	2.40,644
7	.30,081	57	2.44,942
8	.34,378	58	2.49,239
9	.38,675	59	2.53,536
10	.42,972	60	2.57,833
11	.47,269	61	2.62,131
12	.51,567	62	2.66,428
13	.55,864	63	2.70,725
14	.60,161	64	2.75,022
15	.64,458	65	2.79,319
16	.68,756	66	2.83,617
17	.73,053	67	2.87,914
18	.77,350	68	2.92,211
19	.81,647	69	2.96,508
20	.85,944	70	3.00,806
21	.90,242	71	3.05,103
22	.94,539	72	3.09,400
23	.98,836	73	3.13,697
24	1.03,133	74	3.17,994
25	1.07,431	75	3.22,292
26	1.11,728	76	3.26,589
27	1.16,025	77	3.30,886
28	1.20,322	78	3.35,183
29	1.24,619	79	3.39,481
30	1.28,917	80	3.43,778
31	1.33,214	81	3.48,075
32	1.37,511	82	3.52,372
33	1.41,808	83	3.56,669
34	1.46,106	84	3.60,967
35	1.50,403	85	3.65,264
36	1.54,700	86	3.69,561
37	1.58,997	87	3.73,858
38	1.63,294	88	3.78,156
39	1.67,592	89	3.82,453
40	1.71,889	90	3.86,750
41	1.76,186	91	3.91,047
42	1.80,483	92	3.95,344
43	1.84,781	93	3.99,642
44	1.89,078	94	4.03,939
45	1.93,375	95	4.08,236
46	1.97,672	96	4.12,533
47	2.01,969	97	4.16,831
48	2.06,267	98	4.21,128
49	2.10,564	99	4.25,425
50	2.14,861	**221 Days.**	

7 Months and 12 Days.

Prin.	Interest.	Prin.	Interest.
1	.04 317	51	2.20,150
2	.08,633	52	2.24,467
3	.12,950	53	2.28,783
4	.17,267	54	2.33,100
5	.21,583	55	2.37,417
6	.25,900	56	2.41,733
7	.30,217	57	2.46,050
8	.34,533	58	2.50,367
9	.38,850	59	2.54,683
10	.43,167	60	2.59,000
11	.47,483	61	2.63,317
12	.51,800	62	2.67,633
13	.56,117	63	2.71,950
14	.60,433	64	2.76,267
15	.64,750	65	2.80,583
16	.69,067	66	2.84,900
17	.73,383	67	2.89,217
18	.77,700	68	2.93,533
19	.82,017	69	2.97,850
20	.86,333	70	3.02,167
21	.90,650	71	3.06,483
22	.94,967	72	3.10,800
23	.99,283	73	3.15,117
24	1.03,600	74	3.19,433
25	1.07,917	75	3.23,750
26	1.12,233	76	3.28,067
27	1.16,550	77	3.32,383
28	1.20,867	78	3.36,700
29	1.25,183	79	3.41,017
30	1.29,500	80	3.45,333
31	1.33,817	81	3.49,650
32	1.38,133	82	3.53,967
33	1.42,450	83	3.58,283
34	1.46,767	84	3.62,600
35	1.51,083	85	3.66,917
36	1.55,400	86	3.71,233
37	1.59,717	87	3.75,550
38	1.64,033	88	3.79,867
39	1.68,350	89	3.84,183
40	1.72,667	90	3.88,500
41	1.76,983	91	3.92,817
42	1.81,300	92	3.97,133
43	1.85,617	93	4.01,450
44	1.89,933	94	4.05,767
45	1.94,250	95	4.10,083
46	1.98,567	96	4.14,400
47	2.02,883	97	4.18,717
48	2.07,200	98	4.23,033
49	2.11,517	99	4.27,350
50	2.15,833	**222 Days.**	

ONE YEAR.

Prin.	Interest.	Prin.	Interest.	Prin.	Interest.	Prin.	Interest.	Prin.	Interest.
51	3.57,00	61	4.27,00	71	4.97,00	81	5.67,00	91	6.37,00
52	3.64,00	62	4.34,00	72	5.04,00	82	5.74,00	92	6.44,00
53	3.71,00	63	4.41,00	73	5.11,00	83	5.81,00	93	6.51,00
54	3.78,00	64	4.48,00	74	5.18,00	84	5.88,00	94	6.58,00
55	3.85,00	65	4.55,00	75	5.25,00	85	5.95,00	95	6.65,00
56	3.92,00	66	4.62,00	76	5.32,00	86	6.02,00	96	6.72,00
57	3.99,00	67	4.69,00	77	5.39,00	87	6.09,00	97	6.79,00
58	4.06,00	68	4.76,00	78	5.46,00	88	6.16,00	98	6.86,00
59	4.13,00	69	4.83,00	79	5.53,00	89	6.23,00	99	6.93,00
60	4.20,00	70	4.90,00	80	5.60,00	90	6.30,00		

[87

INTEREST AT SEVEN PER CENT.

7 Months and 13 Days.

Prin.	Interest.	Prin.	Interest.
1	.04,336	51	2.21,142
2	.08,672	52	2.25,478
3	.13,008	53	2.29,814
4	.17,344	54	2.34,150
5	.21,681	55	2.38,486
6	.26,017	56	2.42,822
7	.30,353	57	2.47,158
8	.34,689	58	2.51,494
9	.39,025	59	2.55,831
10	.43,361	60	2.60,167
11	.47,697	61	2.64,503
12	.52,033	62	2.68,839
13	.56,369	63	2.73,175
14	.60,706	64	2.77,511
15	.65,042	65	2.81,847
16	.69,378	66	2.86,183
17	.73,714	67	2.90,519
18	.78,050	68	2.94,856
19	.82,386	69	2.99,192
20	.86,722	70	3.03,528
21	.91,058	71	3.07,864
22	.95,394	72	3.12,200
23	.99,731	73	3.16,536
24	1.04,067	74	3.20,872
25	1.08,403	75	3.25,208
26	1.12,739	76	3.29,544
27	1.17,075	77	3.33,881
28	1.21,411	78	3.38,217
29	1.25,747	79	3.42,553
30	1.30,083	80	3.46,889
31	1.34,419	81	3.51,225
32	1.38,756	82	3.55,561
33	1.43,092	83	3.59,897
34	1.47,428	84	3.64,233
35	1.51,764	85	3.68,569
36	1.56,100	86	3.72,906
37	1.60,436	87	3.77,242
38	1.64,772	88	3.81,578
39	1.69,108	89	3.85,914
40	1.73,444	90	3.90,250
41	1.77,781	91	3.94,586
42	1.82,117	92	3.98,922
43	1.86,453	93	4.03,258
44	1.90,789	94	4.07,594
45	1.95,125	95	4.11,931
46	1.99,461	96	4.16,267
47	2.03,797	97	4.20,603
48	2.08,133	98	4.24,939
49	2.12,469	99	4.29,275
50	2.16,806	**223 Days.**	

7 Months and 14 Days.

Prin.	Interest.	Prin.	Interest.
1	.04,356	51	2.22,133
2	.08,711	52	2.26,489
3	.13,067	53	2.30,844
4	.17,422	54	2.35,200
5	.21,778	55	2.39,556
6	.26,133	56	2.43,911
7	.30,489	57	2.48,267
8	.34,844	58	2.52,622
9	.39,200	59	2.56,978
10	.43,556	60	2.61,333
11	.47,911	61	2.65,689
12	.52,267	62	2.70,044
13	.56,622	63	2.74,400
14	.60,978	64	2.78,756
15	.65,333	65	2.83,111
16	.69,689	66	2.87,467
17	.74,044	67	2.91,822
18	.78,400	68	2.96,178
19	.82,756	69	3.00,533
20	.87,111	70	3.04,889
21	.91,467	71	3.09,244
22	.95,822	72	3.13,600
23	1.00,178	73	3.17,956
24	1.04,533	74	3.22,311
25	1.08,889	75	3.26,667
26	1.13,244	76	3.31,022
27	1.17,600	77	3.35,378
28	1.21,956	78	3.39,733
29	1.26,311	79	3.44,089
30	1.30,667	80	3.48,444
31	1.35,022	81	3.52,800
32	1.39,378	82	3.57,156
33	1.43,733	83	3.61,511
34	1.48,089	84	3.65,867
35	1.52,444	85	3.70,222
36	1.56,800	86	3.74,578
37	1.61,156	87	3.78,933
38	1.65,511	88	3.83,289
39	1.69,867	89	3.87,644
40	1.74,222	90	3.92,000
41	1.78,578	91	3.96,356
42	1.82,933	92	4.00,711
43	1.87,289	93	4.05,067
44	1.91,644	94	4.09,422
45	1.96,000	95	4.13,778
46	2.00,356	96	4.18,133
47	2.04,711	97	4.22,489
48	2.09,067	98	4.26,844
49	2.13,422	99	4.31,200
50	2.17,778	**224 Days.**	

7 Months and 15 Days.

Prin.	Interest.	Prin.	Interest.
1	.04,375	51	2.23,125
2	.08,750	52	2.27,500
3	.13,125	53	2.31,875
4	.17,500	54	2.36,250
5	.21,875	55	2.40,625
6	.26,250	56	2.45,000
7	.30,625	57	2.49,375
8	.35,000	58	2.53,750
9	.39,375	59	2.58,125
10	.43,750	60	2.62,500
11	.48,125	61	2.66,875
12	.52,500	62	2.71,250
13	.56,875	63	2.75,625
14	.61,250	64	2.80,000
15	.65,625	65	2.84,375
16	.70,000	66	2.88,750
17	.74,375	67	2.93,125
18	.78,750	68	2.97,500
19	.83,125	69	3.01,875
20	.87,500	70	3.06,250
21	.91,875	71	3.10,625
22	.96,250	72	3.15,000
23	1.00,625	73	3.19,375
24	1.05,000	74	3.23,750
25	1.09,375	75	3.28,125
26	1.13,750	76	3.32,500
27	1.18,125	77	3.36,875
28	1.22,500	78	3.41,250
29	1.26,875	79	3.45,625
30	1.31,250	80	3.50,000
31	1.35,625	81	3.54,375
32	1.40,000	82	3.58,750
33	1.44,375	83	3.63,125
34	1.48,750	84	3.67,500
35	1.53,125	85	3.71,875
36	1.57,500	86	3.76,250
37	1.61,875	87	3.80,625
38	1.66,250	88	3.85,000
39	1.70,625	89	3.89,375
40	1.75,000	90	3.93,750
41	1.79,375	91	3.98,125
42	1.83,750	92	4.02,500
43	1.88,125	93	4.06,875
44	1.92,500	94	4.11,250
45	1.96,875	95	4.15,625
46	2.01,250	96	4.20,000
47	2.05,625	97	4.24,375
48	2.10,000	98	4.28,750
49	2.14,375	99	4.33,125
50	2.18,750	**225 Days.**	

ONE YEAR.

Prin.	Interest.	Prin.	Interest.	Prin.	Interest.	Prin.	Interest.	Prin.	Interest.
1	.07,00	11	.77,00	21	1.47,00	31	2.17,00	41	2.87,00
2	.14,00	12	.84,00	22	1.54,00	32	2.24,00	42	2.94,00
3	.21,00	13	.91,00	23	1.61,00	33	2.31,00	43	3.01,00
4	.28,00	14	.98,00	24	1.68,00	34	2.38,00	44	3.08,00
5	.35,00	15	1.05,00	25	1.75,00	35	2.45,00	45	3.15,00
6	.42,00	16	1.12,00	26	1.82,00	36	2.52,00	46	3.22,00
7	.49,00	17	1.19,00	27	1.89,00	37	2.59,00	47	3.29,00
8	.56,00	18	1.26,00	28	1.96,00	38	2.66,00	48	3.36,00
9	.63,00	19	1.33,00	29	2.03,00	39	2.73,00	49	3.43,00
10	.70,00	20	1.40,00	30	2.10,00	40	2.80,00	50	3.50,00

INTEREST AT SEVEN PER CENT.

7 Months and 16 Days.

Prin.	Interest.	Prin.	Interest.
1	.04,394	51	2.24,117
2	.08,789	52	2.28,511
3	.13,183	53	2.32,906
4	.17,578	54	2.37,300
5	.21,972	55	2.41,694
6	.26,367	56	2.46,089
7	.30,761	57	2.50,483
8	.35,156	58	2.54,878
9	.39,550	59	2.59,272
10	.43,944	60	2.63,667
11	.48,339	61	2.68,061
12	.52,733	62	2.72,456
13	.57,128	63	2.76,850
14	.61,522	64	2.81,244
15	.65,917	65	2.85,639
16	.70,311	66	2.90,033
17	.74,706	67	2.94,428
18	.79,100	68	2.98,822
19	.83,494	69	3.03,217
20	.87,889	70	3.07,611
21	.92,283	71	3.12,006
22	.96,678	72	3.16,400
23	1.01,072	73	3.20,794
24	1.05,467	74	3.25,189
25	1.09,861	75	3.29,583
26	1.14,256	76	3.33,978
27	1.18,650	77	3.38,372
28	1.23,044	78	3.42,767
29	1.27,439	79	3.47,161
30	1.31,833	80	3.51,556
31	1.36,228	81	3.55,950
32	1.40,622	82	3.60,344
33	1.45,017	83	3.64,739
34	1.49,411	84	3.69,133
35	1.53,806	85	3.73,528
36	1.58,200	86	3.77,922
37	1.62,594	87	3.82,317
38	1.66,989	88	3.86,711
39	1.71,383	89	3.91,106
40	1.75,778	90	3.95,500
41	1.80,172	91	3.99,894
42	1.84,567	92	4.04,289
43	1.88,961	93	4.08,683
44	1.93,356	94	4.13,078
45	1.97,750	95	4.17,472
46	2.02,144	96	4.21,867
47	2.06,539	97	4.26,261
48	2.10,933	98	4.30,656
49	2.15,328	99	4.35,050
50	2.19,722	**226 Days.**	

7 Months and 17 Days.

Prin.	Interest.	Prin.	Interest.
1	.04,414	51	2.25,108
2	.08,828	52	2.29,522
3	.13,242	53	2.33,936
4	.17,656	54	2.38,350
5	.22,069	55	2.42,764
6	.26,483	56	2.47,178
7	.30,897	57	2.51,592
8	.35,311	58	2.56,006
9	.39,725	59	2.60,419
10	.44,139	60	2.64,833
11	.48,553	61	2.69,247
12	.52,967	62	2.73,661
13	.57,381	63	2.78,075
14	.61,794	64	2.82,489
15	.66,208	65	2.86,903
16	.70,622	66	2.91,317
17	.75,036	67	2.95,731
18	.79,450	68	3.00,144
19	.83,864	69	3.04,558
20	.88,278	70	3.08,972
21	.92,692	71	3.13,386
22	.97,106	72	3.17,800
23	1.01,519	73	3.22,214
24	1.05,933	74	3.26,628
25	1.10,347	75	3.31,042
26	1.14,761	76	3.35,456
27	1.19,175	77	3.39,869
28	1.23,589	78	3.44,283
29	1.28,003	79	3.48,697
30	1.32,417	80	3.53,111
31	1.36,831	81	3.57,525
32	1.41,244	82	3.61,939
33	1.45,658	83	3.66,353
34	1.50,072	84	3.70,767
35	1.54,486	85	3.75,181
36	1.58,900	86	3.79,594
37	1.63,314	87	3.84,008
38	1.67,728	88	3.88,422
39	1.72,142	89	3.92,836
40	1.76,556	90	3.97,250
41	1.80,969	91	4.01,664
42	1.85,383	92	4.06,078
43	1.89,797	93	4.10,492
44	1.94,211	94	4.14,906
45	1.98,625	95	4.19,319
46	2.03,039	96	4.23,733
47	2.07,453	97	4.28,147
48	2.11,867	98	4.32,561
49	2.16,281	99	4.36,975
50	2.20,694	**227 Days.**	

7 Months and 18 Days.

Prin.	Interest.	Prin.	Interest.
1	.04,433	51	2.26,100
2	.08,867	52	2.30,533
3	.13,300	53	2.34,967
4	.17,733	54	2.39,400
5	.22,167	55	2.43,833
6	.26,600	56	2.48,267
7	.31,033	57	2.52,700
8	.35,467	58	2.57,133
9	.39,900	59	2.61,567
10	.44,333	60	2.66,000
11	.48,767	61	2.70,433
12	.53,200	62	2.74,867
13	.57,633	63	2.79,300
14	.62,067	64	2.83,733
15	.66,500	65	2.88,167
16	.70,933	66	2.92,600
17	.75,367	67	2.97,033
18	.79,800	68	3.01,467
19	.84,233	69	3.05,900
20	.88,667	70	3.10,333
21	.93,100	71	3.14,767
22	.97,533	72	3.19,200
23	1.01,967	73	3.23,633
24	1.06,400	74	3.28,067
25	1.10,833	75	3.32,500
26	1.15,267	76	3.36,933
27	1.19,700	77	3.41,367
28	1.24,133	78	3.45,800
29	1.28,567	79	3.50,233
30	1.33,000	80	3.54,667
31	1.37,433	81	3.59,100
32	1.41,867	82	3.63,533
33	1.46,300	83	3.67,967
34	1.50,733	84	3.72,400
35	1.55,167	85	3.76,833
36	1.59,600	86	3.81,267
37	1.64,033	87	3.85,700
38	1.68,467	88	3.90,133
39	1.72,900	89	3.94,567
40	1.77,333	90	3.99,000
41	1.81,767	91	4.03,433
42	1.86,200	92	4.07,867
43	1.90,633	93	4.12,300
44	1.95,067	94	4.16,733
45	1.99,500	95	4.21,167
46	2.03,933	96	4.25,600
47	2.08,367	97	4.30,033
48	2.12,800	98	4.34,467
49	2.17,233	99	4.38,900
50	2.21,667	**228 Days.**	

ONE YEAR.

Prin.	Interest.	Prin.	Interest.	Prin.	Interest.	Prin.	Interest.	Prin.	Interest.
51	3.57,00	61	4.27,00	71	4.97,00	81	5.67,00	91	6.37,00
52	3.64,00	62	4.34,00	72	5.04,00	82	5.74,00	92	6.44,00
53	3.71,00	63	4.41,00	73	5.11,00	83	5.81,00	93	6.51,00
54	3.78,00	64	4.48,00	74	5.18,00	84	5.88,00	94	6.58,00
55	3.85,00	65	4.55,00	75	5.25,00	85	5.95,00	95	6.65,00
56	3.92,00	66	4.62,00	76	5.32,00	86	6.02,00	96	6.72,00
57	3.99,00	67	4.69,00	77	5.39,00	87	6.09,00	97	6.79,00
58	4.06,00	68	4.76,00	78	5.46,00	88	6.16,00	98	6.86,00
59	4.13,00	69	4.83,00	79	5.53,00	89	6.23,00	99	6.93,00
60	4.20,00	70	4.90,00	80	5.60,00	90	6.30,00		

INTEREST AT SEVEN PER CENT.

7 Months and 19 Days.

Prin.	Interest.	Prin.	Interest.
1	.04,453	51	2.27,092
2	.08,906	52	2.31,544
3	.13,358	53	2.35,997
4	.17,811	54	2.40,450
5	.22,264	55	2.44,903
6	.26,717	56	2.49,356
7	.31,169	57	2.53,808
8	.35,622	58	2.58,261
9	.40,075	59	2.62,714
10	.44,528	60	2.67,167
11	.48,981	61	2.71,619
12	.53,433	62	2.76,072
13	.57,886	63	2.80,525
14	.62,339	64	2.84,978
15	.66,792	65	2.89,431
16	.71,244	66	2.93,883
17	.75,697	67	2.98,336
18	.80,150	68	3.02,789
19	.84,603	69	3.07,242
20	.89,056	70	3.11,694
21	.93,508	71	3.16,147
22	.97,961	72	3.20,600
23	1.02,414	73	3.25,053
24	1.06,867	74	3.29,506
25	1.11,319	75	3.33,958
26	1.15,772	76	3.38,411
27	1.20,225	77	3.42,864
28	1.24,678	78	3.47,317
29	1.29,131	79	3.51,769
30	1.33,583	80	3.56,222
31	1.38,036	81	3.60,675
32	1.42,489	82	3.65,128
33	1.46,942	83	3.69,581
34	1.51,394	84	3.74,033
35	1.55,847	85	3.78,486
36	1.60,300	86	3.82,939
37	1.64,753	87	3.87,392
38	1.69,206	88	3.91,844
39	1.73,658	89	3.96,297
40	1.78,111	90	4.00,750
41	1.82,564	91	4.05,203
42	1.87,017	92	4.09,656
43	1.91,469	93	4.14,108
44	1.95,922	94	4.18,561
45	2.00,375	95	4.23,014
46	2.04,828	96	4.27,467
47	2.09,281	97	4.31,919
48	2.13,733	98	4.36,372
49	2.18,186	99	4.40,825
50	2.22,639	**229 Days.**	

7 Months and 20 Days.

Prin.	Interest.	Prin.	Interest.
1	.04,472	51	2.28,083
2	.08,944	52	2.32,556
3	.13,417	53	2.37,028
4	.17,889	54	2.41,500
5	.22,361	55	2.45,972
6	.26,833	56	2.50,444
7	.31,306	57	2.54,917
8	.35,778	58	2.59,389
9	.40,250	59	2.63,861
10	.44,722	60	2.68,333
11	.49,194	61	2.72,806
12	.53,667	62	2.77,278
13	.58,139	63	2.81,750
14	.62,611	64	2.86,222
15	.67,083	65	2.90,694
16	.71,556	66	2.95,167
17	.76,028	67	2.99,639
18	.80,500	68	3.04,111
19	.84,972	69	3.08,583
20	.89,444	70	3.13,056
21	.93,917	71	3.17,528
22	.98,389	72	3.22,000
23	1.02,861	73	3.26,472
24	1.07,333	74	3.30,944
25	1.11,806	75	3.35,417
26	1.16,278	76	3.39,889
27	1.20,750	77	3.44,361
28	1.25,222	78	3.48,833
29	1.29,694	79	3.53,306
30	1.34,167	80	3.57,778
31	1.38,639	81	3.62,250
32	1.43,111	82	3.66,722
33	1.47,583	83	3.71,194
34	1.52,056	84	3.75,667
35	1.56,528	85	3.80,139
36	1.61,000	86	3.84,611
37	1.65,472	87	3.89,083
38	1.69,944	88	3.93,556
39	1.74,417	89	3.98,028
40	1.78,889	90	4.02,500
41	1.83,361	91	4.06,972
42	1.87,833	92	4.11,444
43	1.92,306	93	4.15,917
44	1.96,778	94	4.20,389
45	2.01,250	95	4.24,861
46	2.05,722	96	4.29,333
47	2.10,194	97	4.33,806
48	2.14,667	98	4.38,278
49	2.19,139	99	4.42,750
50	2.23,611	**230 Days.**	

7 Months and 21 Days.

Prin.	Interest.	Prin.	Interest.
1	.04,492	51	2.29,075
2	.08,983	52	2.33,567
3	.13,475	53	2.38,058
4	.17,967	54	2.42,550
5	.22,458	55	2.47,042
6	.26,950	56	2.51,533
7	.31,442	57	2.56,025
8	.35,933	58	2.60,517
9	.40,425	59	2.65,008
10	.44,917	60	2.69,500
11	.49,408	61	2.73,992
12	.53,900	62	2.78,483
13	.58,392	63	2.82,975
14	.62,883	64	2.87,467
15	.67,375	65	2.91,958
16	.71,867	66	2.96,450
17	.76,358	67	3.00,942
18	.80,850	68	3.05,433
19	.85,342	69	3.09,925
20	.89,833	70	3.14,417
21	.94,325	71	3.18,908
22	.98,817	72	3.23,400
23	1.03,308	73	3.27,892
24	1.07,800	74	3.32,383
25	1.12,292	75	3.36,875
26	1.16,783	76	3.41,367
27	1.21,275	77	3.45,858
28	1.25,767	78	3.50,350
29	1.30,258	79	3.54,842
30	1.34,750	80	3.59,333
31	1.39,242	81	3.63,825
32	1.43,733	82	3.68,317
33	1.48,225	83	3.72,808
34	1.52,717	84	3.77,300
35	1.57,208	85	3.81,792
36	1.61,700	86	3.86,283
37	1.66,192	87	3.90,775
38	1.70,683	88	3.95,267
39	1.75,175	89	3.99,758
40	1.79,667	90	4.04,250
41	1.84,158	91	4.08,742
42	1.88,650	92	4.13,233
43	1.93,142	93	4.17,725
44	1.97,633	94	4.22,217
45	2.02,125	95	4.26,708
46	2.06,617	96	4.31,200
47	2.11,108	97	4.35,692
48	2.15,600	98	4.40,183
49	2.20,092	99	4.44,675
50	2.24,583	**231 Days.**	

ONE YEAR.

Prin.	Interest.	Prin.	Interest.	Prin.	Interest.	Prin.	Interest.	Prin.	Interest.
1	.07,00	11	.77,00	21	1.47,00	31	2.17,00	41	2.87,00
2	.14,00	12	.84,00	22	1.54,00	32	2.24,00	42	2.94,00
3	.21,00	13	.91,00	23	1.61,00	33	2.31,00	43	3.01,00
4	.28,00	14	.98,00	24	1.68,00	34	2.38,00	44	3.08,00
5	.35,00	15	1.05,00	25	1.75,00	35	2.45,00	45	3.15,00
6	.42,00	16	1.12,00	26	1.82,00	36	2.52,00	46	3.22,00
7	.49,00	17	1.19,00	27	1.89,00	37	2.59,00	47	3.29,00
8	.56,00	18	1.26,00	28	1.96,00	38	2.66,00	48	3.36,00
9	.63,00	19	1.33,00	29	2.03,00	39	2.73,00	49	3.43,00
10	.70,00	20	1.40,00	30	2.10,00	40	2.80,00	50	3.50,00

INTEREST AT SEVEN PER CENT.

7 Months and 22 Days.

Prin.	Interest.	Prin.	Interest.
1	.04,511	51	2.30,067
2	.09,022	52	2.34,578
3	.13,533	53	2.39,089
4	.18,044	54	2.43,600
5	.22,556	55	2.48,111
6	.27,067	56	2.52,622
7	.31,578	57	2.57,133
8	.36,089	58	2.61,644
9	.40,600	59	2.66,156
10	.45,111	60	2.70,667
11	.49,622	61	2.75,178
12	.54,133	62	2.79,689
13	.58,644	63	2.84,200
14	.63,156	64	2.88,711
15	.67,667	65	2.93,222
16	.72,178	66	2.97,733
17	.76,689	67	3.02,244
18	.81,200	68	3.06,756
19	.85,711	69	3.11,267
20	.90,222	70	3.15,778
21	.94,733	71	3.20,289
22	.99,244	72	3.24,800
23	1.03,756	73	3.29,311
24	1.08,267	74	3.33,822
25	1.12,778	75	3.38,333
26	1.17,289	76	3.42,844
27	1.21,800	77	3.47,356
28	1.26,311	78	3.51,867
29	1.30,822	79	3.56,378
30	1.35,333	80	3.60,889
31	1.39,844	81	3.65,400
32	1.44,356	82	3.69,911
33	1.48,867	83	3.74,422
34	1.53,378	84	3.78,933
35	1.57,889	85	3.83,444
36	1.62,400	86	3.87,956
37	1.66,911	87	3.92,467
38	1.71,422	88	3.96,978
39	1.75,933	89	4.01,489
40	1.80,444	90	4.06,000
41	1.84,956	91	4.10,511
42	1.89,467	92	4.15,022
43	1.93,978	93	4.19,533
44	1.98,489	94	4.24,044
45	2.03,000	95	4.28,556
46	2.07,511	96	4.33,067
47	2.12,022	97	4.37,578
48	2.16,533	98	4.42,089
49	2.21,044	99	4.46,600
50	2.25,556		**232 Days.**

7 Months and 23 Days.

Prin.	Interest.	Prin.	Interest.
1	.04,531	51	2.31,058
2	.09,061	52	2.35,589
3	.13,592	53	2.40,119
4	.18,122	54	2.44,650
5	.22,653	55	2.49,181
6	.27,183	56	2.53,711
7	.31,714	57	2.58,242
8	.36,244	58	2.62,772
9	.40,775	59	2.67,303
10	.45,306	60	2.71,833
11	.49,836	61	2.76,364
12	.54,367	62	2.80,894
13	.58,897	63	2.85,425
14	.63,428	64	2.89,956
15	.67,958	65	2.94,486
16	.72,489	66	2.99,017
17	.77,019	67	3.03,547
18	.81,550	68	3.08,078
19	.86,081	69	3.12,608
20	.90,611	70	3.17,139
21	.95,142	71	3.21,669
22	.99,672	72	3.26,200
23	1.04,203	73	3.30,731
24	1.08,733	74	3.35,261
25	1.13,264	75	3.39,792
26	1.17,794	76	3.44,322
27	1.22,325	77	3.48,853
28	1.26,856	78	3.53,383
29	1.31,386	79	3.57,914
30	1.35,917	80	3.62,444
31	1.40,447	81	3.66,975
32	1.44,978	82	3.71,506
33	1.49,508	83	3.76,036
34	1.54,039	84	3.80,567
35	1.58,569	85	3.85,097
36	1.63,100	86	3.89,628
37	1.67,631	87	3.94,158
38	1.72,161	88	3.98,689
39	1.76,692	89	4.03,219
40	1.81,222	90	4.07,750
41	1.85,753	91	4.12,281
42	1.90,283	92	4.16,811
43	1.94,814	93	4.21,342
44	1.99,344	94	4.25,872
45	2.03,875	95	4.30,403
46	2.08,406	96	4.34,933
47	2.12,936	97	4.39,464
48	2.17,467	98	4.43,994
49	2.21,997	99	4.48,525
50	2.26,528		**233 Days.**

7 Months and 24 Days.

Prin.	Interest.	Prin.	Interest.
1	.04,550	51	2.32,050
2	.09,100	52	2.36,600
3	.13,650	53	2.41,150
4	.18,200	54	2.45,700
5	.22,750	55	2.50,250
6	.27,300	56	2.54,800
7	.31,850	57	2.59,350
8	.36,400	58	2.63,900
9	.40,950	59	2.68,450
10	.45,500	60	2.73,000
11	.50,050	61	2.77,550
12	.54,600	62	2.82,100
13	.59,150	63	2.86,650
14	.63,700	64	2.91,200
15	.68,250	65	2.95,750
16	.72,800	66	3.00,300
17	.77,350	67	3.04,850
18	.81,900	68	3.09,400
19	.86,450	69	3.13,950
20	.91,000	70	3.18,500
21	.95,550	71	3.23,050
22	1.00,100	72	3.27,600
23	1.04,650	73	3.32,150
24	1.09,200	74	3.36,700
25	1.13,750	75	3.41,250
26	1.18,300	76	3.45,800
27	1.22,850	77	3.50,350
28	1.27,400	78	3.54,900
29	1.31,950	79	3.59,450
30	1.36,500	80	3.64,000
31	1.41,050	81	3.68,550
32	1.45,600	82	3.73,100
33	1.50,150	83	3.77,650
34	1.54,700	84	3.82,200
35	1.59,250	85	3.86,750
36	1.63,800	86	3.91,300
37	1.68,350	87	3.95,850
38	1.72,900	88	4.00,400
39	1.77,450	89	4.04,950
40	1.82,000	90	4.09,500
41	1.86,550	91	4.14,050
42	1.91,100	92	4.18,600
43	1.95,650	93	4.23,150
44	2.00,200	94	4.27,700
45	2.04,750	95	4.32,250
46	2.09,300	96	4.36,800
47	2.13,850	97	4.41,350
48	2.18,400	98	4.45,900
49	2.22,950	99	4.50,450
50	2.27,500		**234 Days.**

ONE YEAR.

Prin.	Interest.	Prin.	Interest.	Prin.	Interest.	Prin.	Interest.	Prin.	Interest.
51	3.57,00	61	4.27,00	71	4.97,00	81	5.67,00	91	6.37,00
52	3.64,00	62	4.34,00	72	5.04,00	82	5.74,00	92	6.44,00
53	3.71,00	63	4.41,00	73	5.11,00	83	5.81,00	93	6.51,00
54	3.78,00	64	4.48,00	74	5.18,00	84	5.88,00	94	6.58,00
55	3.85,00	65	4.55,00	75	5.25,00	85	5.95,00	95	6.65,00
56	3.92,00	66	4.62,00	76	5.32,00	86	6.02,00	96	6.72,00
57	3.99,00	67	4.69,00	77	5.39,00	87	6.09,00	97	6.79,00
58	4.06,00	68	4.76,00	78	5.46,00	88	6.16,00	98	6.86,00
59	4.13,00	69	4.83,00	79	5.53,00	89	6.23,00	99	6.93,00
60	4.20,00	70	4.90,00	80	5.60,00	90	6.30,00		

INTEREST AT SEVEN PER CENT.

7 Months and 25 Days.

Prin.	Interest.	Prin.	Interest.
1	.04,569	51	2.33,042
2	.09,139	52	2.37,611
3	.13,708	53	2.42,181
4	.18,278	54	2.46,750
5	.22,847	55	2.51,319
6	.27,417	56	2.55,889
7	.31,986	57	2.60,458
8	.36,556	58	2.65,028
9	.41,125	59	2.69,597
10	.45,694	60	2.74,167
11	.50,264	61	2.78,736
12	.54,833	62	2.83,306
13	.59,403	63	2.87,875
14	.63,972	64	2.92,444
15	.68,542	65	2.97,014
16	.73,111	66	3.01,583
17	.77,681	67	3.06,153
18	.82,250	68	3.10,722
19	.86,819	69	3.15,292
20	.91,389	70	3.19,861
21	.95,958	71	3.24,431
22	1.00,528	72	3.29,000
23	1.05,097	73	3.33,569
24	1.09,667	74	3.38,139
25	1.14,236	75	3.42,708
26	1.18,806	76	3.47,278
27	1.23,375	77	3.51,847
28	1.27,944	78	3.56,417
29	1.32,514	79	3.60,986
30	1.37,083	80	3.65,556
31	1.41,653	81	3.70,125
32	1.46,222	82	3.74,694
33	1.50,792	83	3.79,264
34	1.55,361	84	3.83,833
35	1.59,931	85	3.88,403
36	1.64,500	86	3.92,972
37	1.69,069	87	3.97,542
38	1.73,639	88	4.02,111
39	1.78,208	89	4.06,681
40	1.82,778	90	4.11,250
41	1.87,347	91	4.15,819
42	1.91,917	92	4.20,389
43	1.96,486	93	4.24,958
44	2.01,056	94	4.29,528
45	2.05,625	95	4.34,097
46	2.10,194	96	4.38,667
47	2.14,764	97	4.43,236
48	2.19,333	98	4.47,806
49	2.23,903	99	4.52,375
50	2.28,472	**235 Days.**	

7 Months and 26 Days.

Prin.	Interest.	Prin.	Interest.
1	.04,589	51	2.34,033
2	.09,178	52	2.38,622
3	.13,767	53	2.43,211
4	.18,356	54	2.47,800
5	.22,944	55	2.52,389
6	.27,533	56	2.56,978
7	.32,122	57	2.61,567
8	.36,711	58	2.66,156
9	.41,300	59	2.70,744
10	.45,889	60	2.75,333
11	.50,478	61	2.79,922
12	.55,067	62	2.84,511
13	.59,656	63	2.89,100
14	.64,244	64	2.93,689
15	.68,833	65	2.98,278
16	.73,422	66	3.02,867
17	.78,011	67	3.07,456
18	.82,600	68	3.12,044
19	.87,189	69	3.16,633
20	.91,778	70	3.21,222
21	.96,367	71	3.25,811
22	1.00,956	72	3.30,400
23	1.05,544	73	3.34,989
24	1.10,133	74	3.39,578
25	1.14,722	75	3.44,167
26	1.19,311	76	3.48,756
27	1.25,900	77	3.53,344
28	1.28,489	78	3.57,933
29	1.33,078	79	3.62,522
30	1.37,667	80	3.67,111
31	1.42,256	81	3.71,700
32	1.46,844	82	3.76,289
33	1.51,433	83	3.80,878
34	1.56,022	84	3.85,467
35	1.60,611	85	3.90,056
36	1.65,200	86	3.94,644
37	1.69,789	87	3.99,233
38	1.74,378	88	4.03,822
39	1.78,967	89	4.08,411
40	1.83,556	90	4.13,000
41	1.88,144	91	4.17,589
42	1.92,733	92	4.22,178
43	1.97,322	93	4.26,767
44	2.01,911	94	4.31,356
45	2.06,500	95	4.35,944
46	2.11,089	96	4.40,533
47	2.15,678	97	4.45,122
48	2.20,267	98	4.49,711
49	2.24,856	99	4.54,300
50	2.29,444	**236 Days.**	

7 Months and 27 Days.

Prin.	Interest.	Prin.	Interest.
1	.04,608	51	2.35,025
2	.09,217	52	2.39,633
3	.13,825	53	2.44,242
4	.18,433	54	2.48,850
5	.23,042	55	2.53,458
6	.27,650	56	2.58,067
7	.32,258	57	2.62,675
8	.36,867	58	2.67,283
9	.41,475	59	2.71,892
10	.46,083	60	2.76,500
11	.50,692	61	2.81,108
12	.55,300	62	2.85,717
13	.59,908	63	2.90,325
14	.64,517	64	2.94,933
15	.69,125	65	2.99,542
16	.73,733	66	3.04,150
17	.78,342	67	3.08,758
18	.82,950	68	3.13,367
19	.87,558	69	3.17,975
20	.92,167	70	3.22,583
21	.96,775	71	3.27,192
22	1.01,383	72	3.31,800
23	1.05,992	73	3.36,408
24	1.10,600	74	3.41,017
25	1.15,208	75	3.45,625
26	1.19,817	76	3.50,233
27	1.24,425	77	3.54,842
28	1.29,033	78	3.59,450
29	1.33,642	79	3.64,058
30	1.38,250	80	3.68,667
31	1.42,858	81	3.73,275
32	1.47,467	82	3.77,883
33	1.52,075	83	3.82,492
34	1.56,683	84	3.87,100
35	1.61,292	85	3.91,708
36	1.65,900	86	3.96,317
37	1.70,508	87	4.00,925
38	1.75,117	88	4.05,533
39	1.79,725	89	4.10,142
40	1.84,333	90	4.14,750
41	1.88,942	91	4.19,358
42	1.93,550	92	4.23,967
43	1.98,158	93	4.28,575
44	2.02,767	94	4.33,183
45	2.07,375	95	4.37,792
46	2.11,983	96	4.42,400
47	2.16,592	97	4.47,008
48	2.21,200	98	4.51,617
49	2.25,808	99	4.56,225
50	2.30,417	**237 Days.**	

ONE YEAR.

Prin.	Interest.	Prin.	Interest.	Prin.	Interest.	Prin.	Interest.	Prin.	Interest.
1	.07,00	11	.77,00	21	1.47,00	31	2.17,00	41	2.87,00
2	.14,00	12	.84,00	22	1.54,00	32	2.24,00	42	2.94,00
3	.21,00	13	.91,00	23	1.61,00	33	2.31,00	43	3.01,00
4	.28,00	14	.98,00	24	1.68,00	34	2.38,00	44	3.08,00
5	.35,00	15	1.05,00	25	1.75,00	35	2.45,00	45	3.15,00
6	.42,00	16	1.12,00	26	1.82,00	36	2.52,00	46	3.22,00
7	.49,00	17	1.19,00	27	1.89,00	37	2.59,00	47	3.29,00
8	.56,00	18	1.26,00	28	1.96,00	38	2.66,00	48	3.36,00
9	.63,00	19	1.33,00	29	2.03,00	39	2.73,00	49	3.43,00
10	.70,00	20	1.40,00	30	2.10,00	40	2.80,00	50	3.50,00

INTEREST AT SEVEN PER CENT.

7 Months and 28 Days.				7 Months and 29 Days.				8 MONTHS.			
Prin.	Interest.	Prin.	Interest.	Prin.	Interest.	Prin.	Interest.	Prin.	Interest.	Prin.	Interest.
1	.04,628	51	2.36,017	1	.04,647	51	2.37,008	1	.04,667	51	2.38,000
2	.09,256	52	2.40,644	2	.09,294	52	2.41,656	2	.09,333	52	2.42,667
3	.13,883	53	2.45,272	3	.13,942	53	2.46,303	3	.14,000	53	2.47,333
4	.18,511	54	2.49,900	4	.18,589	54	2.50,950	4	.18,667	54	2.52,000
5	.23,139	55	2.54,528	5	.23,236	55	2.55,597	5	.23,333	55	2.56,667
6	.27,767	56	2.59,156	6	.27,883	56	2.60,244	6	.28,000	56	2.61,333
7	.32,394	57	2.63,783	7	.32,531	57	2.64,892	7	.32,667	57	2.66,000
8	.37,022	58	2.68,411	8	.37,178	58	2.69,539	8	.37,333	58	2.70,667
9	.41,650	59	2.73,039	9	.41,825	59	2.74,186	9	.42,000	59	2.75,333
10	.46,278	60	2.77,667	10	.46,472	60	2.78,833	10	.46,667	60	2.80,000
11	.50,906	61	2.82,294	11	.51,119	61	2.83,481	11	.51,333	61	2.84,667
12	.55,533	62	2.86,922	12	.55,767	62	2.88,128	12	.56,000	62	2.89,333
13	.60,161	63	2.91,550	13	.60,414	63	2.92,775	13	.60,667	63	2.94,000
14	.64,789	64	2.96,178	14	.65,061	64	2.97,422	14	.65,333	64	2.98,667
15	.69,417	65	3.00,806	15	.69,708	65	3.02,069	15	.70,000	65	3.03,333
16	.74,044	66	3.05,433	16	.74,356	66	3.06,717	16	.74,667	66	3.08,000
17	.78,672	67	3.10,061	17	.79,003	67	3.11,364	17	.79,333	67	3.12,667
18	.83,300	68	3.14,689	18	.83,650	68	3.16,011	18	.84,000	68	3.17,333
19	.87,928	69	3.19,317	19	.88,297	69	3.20,658	19	.88,667	69	3.22,000
20	.92,556	70	3.23,944	20	.92,944	70	3.25,306	20	.93,333	70	3.26,667
21	.97,183	71	3.28,572	21	.97,592	71	3.29,953	21	.98,000	71	3.31,333
22	1.01,811	72	3.33,200	22	1.02,239	72	3.34,600	22	1.02,667	72	3.36,000
23	1.06,439	73	3.37,828	23	1.06,886	73	3.39,247	23	1.07,333	73	3.40,667
24	1.11,067	74	3.42,456	24	1.11,533	74	3.43,894	24	1.12,000	74	3.45,333
25	1.15,694	75	3.47,083	25	1.16,181	75	3.48,542	25	1.16,667	75	3.50,000
26	1.20,322	76	3.51,711	26	1.20,828	76	3.53,189	26	1.21,333	76	3.54,667
27	1.24,950	77	3.56,339	27	1.25,475	77	3.57,836	27	1.26,000	77	3.59,333
28	1.29,578	78	3.60,967	28	1.30,122	78	3.62,483	28	1.30,667	78	3.64,000
29	1.34,206	79	3.65,594	29	1.34,769	79	3.67,131	29	1.35,333	79	3.68,667
30	1.38,833	80	3.70,222	30	1.39,417	80	3.71,778	30	1.40,000	80	3.73,333
31	1.43,461	81	3.74,850	31	1.44,064	81	3.76,425	31	1.44,667	81	3.78,000
32	1.48,089	82	3.79,478	32	1.48,711	82	3.81,072	32	1.49,333	82	3.82,667
33	1.52,717	83	3.84,106	33	1.53,358	83	3.85,719	33	1.54,000	83	3.87,333
34	1.57,344	84	3.88,733	34	1.58,006	84	3.90,367	34	1.58,667	84	3.92,000
35	1.61,972	85	3.93,361	35	1.62,653	85	3.95,014	35	1.63,333	85	3.96,667
36	1.66,600	86	3.97,989	36	1.67,300	86	3.99,661	36	1.68,000	86	4.01,333
37	1.71,228	87	4.02,617	37	1.71,947	87	4.04,308	37	1.72,667	87	4.06,000
38	1.75,856	88	4.07,244	38	1.76,594	88	4.08,956	38	1.77,333	88	4.10,667
39	1.80,483	89	4.11,872	39	1.81,242	89	4.13,603	39	1.82,000	89	4.15,333
40	1.85,111	90	4.16,500	40	1.85,889	90	4.18,250	40	1.86,667	90	4.20,000
41	1.89,739	91	4.21,128	41	1.90,536	91	4.22,897	41	1.91,333	91	4.24,667
42	1.94,367	92	4.25,756	42	1.95,183	92	4.27,544	42	1.96,000	92	4.29,333
43	1.98,994	93	4.30,383	43	1.99,831	93	4.32,192	43	2.00,667	93	4.34,000
44	2.03,622	94	4.35,011	44	2.04,478	94	4.36,839	44	2.05,333	94	4.38,667
45	2.08,250	95	4.39,639	45	2.09,125	95	4.41,486	45	2.10,000	95	4.43,333
46	2.12,878	96	4.44,267	46	2.13,772	96	4.46,133	46	2.14,667	96	4.48,000
47	2.17,506	97	4.48,894	47	2.18,419	97	4.50,781	47	2.19,333	97	4.52,667
48	2.22,133	98	4.53,522	48	2.23,067	98	4.55,428	48	2.24,000	98	4.57,333
49	2.26,761	99	4.58,150	49	2.27,714	99	4.60,075	49	2.28,667	99	4.62,000
50	2.31,389	**238 Days.**		50	2.32,361	**239 Days.**		50	2.33,333	**240 Days.**	

ONE YEAR.

Prin.	Interest.	Prin.	Interest.	Prin.	Interest.	Prin.	Interest.	Prin.	Interest.
51	3.57,00	61	4.27,00	71	4.97,00	81	5.67,00	91	6.37,00
52	3.64,00	62	4.34,00	72	5.04,00	82	5.74,00	92	6.44,00
53	3.71,00	63	4.41,00	73	5.11,00	83	5.81,00	93	6.51,00
54	3.78,00	64	4.48,00	74	5.18,00	84	5.88,00	94	6.58,00
55	3.85,00	65	4.55,00	75	5.25,00	85	5.95,00	95	6.65,00
56	3.92,00	66	4.62,00	76	5.32,00	86	6.02,00	96	6.72,00
57	3.99,00	67	4.69,00	77	5.39,00	87	6.09,00	97	6.79,00
58	4.06,00	68	4.76,00	78	5.46,00	88	6.16,00	98	6.86,00
59	4.13,00	69	4.83,00	79	5.53,00	89	6.23,00	99	6.93,00
60	4.20,00	70	4.90,00	80	5.60,00	90	6.30,00		

[93

INTEREST AT SEVEN PER CENT.

| 8 Months and 1 Day.				8 Months and 2 Days.				8 Months and 3 Days.			
Prin.	Interest.	Prin.	Interest.	Prin.	Interest.	Prin.	Interest.	Prin.	Interest.	Prin.	Interest.
1	.04,686	51	2.38,992	1	.04,706	51	2.39,983	1	.04,725	51	2.40,975
2	.09,372	52	2.43,678	2	.09,411	52	2.44,689	2	.09,450	52	2.45,700
3	.14,058	53	2.48,364	3	.14,117	53	2.49,394	3	.14,175	53	2.50,425
4	.18,744	54	2.53,050	4	.18,822	54	2.54,100	4	.18,900	54	2.55,150
5	.23,431	55	2.57,736	5	.23,528	55	2.58,806	5	.23,625	55	2.59,875
6	.28,117	56	2.62,422	6	.28,233	56	2.63,511	6	.28,350	56	2.64,600
7	.32,803	57	2.67,108	7	.32,939	57	2.68,217	7	.33,075	57	2.69,325
8	.37,489	58	2.71,794	8	.37,644	58	2.72,922	8	.37,800	58	2.74,050
9	.42,175	59	2.76,481	9	.42,350	59	2.77,628	9	.42,525	59	2.78,775
10	.46,861	60	2.81,167	10	.47,056	60	2.82,333	10	.47,250	60	2.83,500
11	.51,547	61	2.85,853	11	.51,761	61	2.87,039	11	.51,975	61	2.88,225
12	.56,233	62	2.90,539	12	.56,467	62	2.91,744	12	.56,700	62	2.92,950
13	.60,919	63	2.95,225	13	.61,172	63	2.96,450	13	.61,425	63	2.97,675
14	.65,606	64	2.99,911	14	.65,878	64	3.01,156	14	.66,150	64	3.02,400
15	.70,292	65	3.04,597	15	.70,583	65	3.05,861	15	.70,875	65	3.07,125
16	.74,978	66	3.09,283	16	.75,289	66	3.10,567	16	.75,600	66	3.11,850
17	.79,664	67	3.13,969	17	.79,994	67	3.15,272	17	.80,325	67	3.16,575
18	.84,350	68	3.18,656	18	.84,700	68	3.19,978	18	.85,050	68	3.21,300
19	.89,036	69	3.23,342	19	.89,406	69	3.24,683	19	.89,775	69	3.26,025
20	.93,722	70	3.28,028	20	.94,111	70	3.29,389	20	.94,500	70	3.30,750
21	.98,408	71	3.32,714	21	.98,817	71	3.34,094	21	.99,225	71	3.35,475
22	1.03,094	72	3.37,400	22	1.03,522	72	3.38,800	22	1.03,950	72	3.40,200
23	1.07,781	73	3.42,086	23	1.08,228	73	3.43,506	23	1.08,675	73	3.44,925
24	1.12,467	74	3.46,772	24	1.12,933	74	3.48,211	24	1.13,400	74	3.49,650
25	1.17,153	75	3.51,458	25	1.17,639	75	3.52,917	25	1.18,125	75	3.54,375
26	1.21,839	76	3.56,144	26	1.22,344	76	3.57,622	26	1.22,850	76	3.59,100
27	1.26,525	77	3.60,831	27	1.27,050	77	3.62,328	27	1.27,575	77	3.63,825
28	1.31,211	78	3.65,517	28	1.31,756	78	3.67,033	28	1.32,300	78	3.68,550
29	1.35,897	79	3.70,203	29	1.36,461	79	3.71,739	29	1.37,025	79	3.73,275
30	1.40,583	80	3.74,889	30	1.41,167	80	3.76,444	30	1.41,750	80	3.78,000
31	1.45,269	81	3.79,575	31	1.45,872	81	3.81,150	31	1.46,475	81	3.82,725
32	1.49,956	82	3.84,261	32	1.50,578	82	3.85,856	32	1.51,200	82	3.87,450
33	1.54,642	83	3.88,947	33	1.55,283	83	3.90,561	33	1.55,925	83	3.92,175
34	1.59,328	84	3.93,633	34	1.59,989	84	3.95,267	34	1.60,650	84	3.96,900
35	1.64,014	85	3.98,319	35	1.64,694	85	3.99,972	35	1.65,375	85	4.01,625
36	1.68,700	86	4.03,006	36	1.69,400	86	4.04,678	36	1.70,100	86	4.06,350
37	1.73,386	87	4.07,692	37	1.74,106	87	4.09,383	37	1.74,825	87	4.11,075
38	1.78,072	88	4.12,378	38	1.78,811	88	4.14,089	38	1.79,550	88	4.15,800
39	1.82,758	89	4.17,064	39	1.83,517	89	4.18,794	39	1.84,275	89	4.20,525
40	1.87,444	90	4.21,750	40	1.88,222	90	4.23 500	40	1.89,000	90	4.25,250
41	1.92,131	91	4.26,436	41	1.92,928	91	4.28,206	41	1.93,725	91	4.29,975
42	1.96,817	92	4.31,122	42	1.97,633	92	4.32,911	42	1.98,450	92	4.34,700
43	2.01,503	93	4.35,808	43	2.02,339	93	4.37,617	43	2.03,175	93	4.39,425
44	2.06,189	94	4.40,494	44	2.07,044	94	4.42,322	44	2.07,900	94	4.44,150
45	2.10,875	95	4.45,181	45	2.11,750	95	4.47,028	45	2.12,625	95	4.48,875
46	2.15,561	96	4.49,867	46	2.16,456	96	4.51,733	46	2.17,350	96	4.53,600
47	2.20,247	97	4.54,553	47	2.21,161	97	4.56,439	47	2.22,075	97	4.58,325
48	2.24,933	98	4.59,239	48	2.25,867	98	4.61,144	48	2.26,800	98	4.63,050
49	2.29,619	99	4.63,925	49	2.30,572	99	4.65,850	49	2.31,525	99	4.67,775
50	2.34,306	**241 Days.**		50	2.35,278	**242 Days.**		50	2.36,250	**243 Days.**	

ONE YEAR.

Prin.	Interest.	Prin.	Interest.	Prin.	Interest.	Prin.	Interest.	Prin.	Interest.
1	.07,00	11	.77,00	21	1.47,00	31	2.17,00	41	2.87,00
2	.14,00	12	.84,00	22	1.54,00	32	2.24,00	42	2.94,00
3	.21,00	13	.91,00	23	1.61,00	33	2.31,00	43	3.01,00
4	.28,00	14	.98,00	24	1.68,00	34	2.38,00	44	3.08,00
5	.35,00	15	1.05,00	25	1.75,00	35	2.45,00	45	3.15,00
6	.42,00	16	1.12,00	26	1.82,00	36	2.52,00	46	3.22,00
7	.49,00	17	1.19,00	27	1.89,00	37	2.59,00	47	3.29,00
8	.56,00	18	1.26,00	28	1.96,00	38	2.66,00	48	3.36,00
9	.63,00	19	1.33,00	29	2.03,00	39	2.73,00	49	3.43,00
10	.70,00	20	1.40,00	30	2.10,00	40	2.80,00	50	3.50,00

INTEREST AT SEVEN PER CENT.

8 Months and 4 Days.

Prin.	Interest.	Prin.	Interest.
1	.04,744	51	2.41,967
2	.09,489	52	2.46,711
3	.14,233	53	2.51,456
4	.18,978	54	2.56,200
5	.23,722	55	2.60,944
6	.28,467	56	2.65,689
7	.33,211	57	2.70,433
8	.37,956	58	2.75,178
9	.42,700	59	2.79,922
10	.47,444	60	2.84,667
11	.52,189	61	2.89,411
12	.56,933	62	2.94,156
13	.61,678	63	2.98,900
14	.66,422	64	3.03,644
15	.71,167	65	3.08,389
16	.75,911	66	3.13,133
17	.80,656	67	3.17,878
18	.85,400	68	3.22,622
19	.90,144	69	3.27,367
20	.94,889	70	3.32,111
21	.99,633	71	3.36,856
22	1.04,378	72	3.41,600
23	1.09,122	73	3.46,344
24	1.13,867	74	3.51,089
25	1.18,611	75	3.55,833
26	1.23,356	76	3.60,578
27	1.28,100	77	3.65,322
28	1.32,844	78	3.70,067
29	1.37,589	79	3.74,811
30	1.42,333	80	3.79,556
31	1.47,078	81	3.84,300
32	1.51,822	82	3.89,044
33	1.56,567	83	3.93,789
34	1.61,311	84	3.98,533
35	1.66,056	85	4.03,278
36	1.70,800	86	4.08,022
37	1.75,544	87	4.12,767
38	1.80,289	88	4.17,511
39	1.85,033	89	4.22,256
40	1.89,778	90	4.27,000
41	1.94,522	91	4.31,744
42	1.99,267	92	4.36,489
43	2.04,011	93	4.41,233
44	2.08,756	94	4.45,978
45	2.13,500	95	4.50,722
46	2.18,244	96	4.55,467
47	2.22,989	97	4.60,211
48	2.27,733	98	4.64,956
49	2.32,478	99	4.69,700
50	2.37,222	**244 Days.**	

8 Months and 5 Days.

Prin.	Interest.	Prin.	Interest.
1	.04,764	51	2.42,958
2	.09,528	52	2.47,722
3	.14,292	53	2.52,486
4	.19,056	54	2.57,250
5	.23,819	55	2.62,014
6	.28,583	56	2.66,778
7	.33,347	57	2.71,542
8	.38,111	58	2.76,306
9	.42,875	59	2.81,069
10	.47,639	60	2.85,833
11	.52,403	61	2.90,597
12	.57,167	62	2.95,361
13	.61,931	63	3.00,125
14	.66,694	64	3.04,889
15	.71,458	65	3.09,653
16	.76,222	66	3.14,417
17	.80,986	67	3.19,181
18	.85,750	68	3.23,944
19	.90,514	69	3.28,708
20	.95,278	70	3.33,472
21	1.00,042	71	3.38,236
22	1.04,806	72	3.43,000
23	1.09,569	73	3.47,764
24	1.14,333	74	3.52,528
25	1.19,097	75	3.57,292
26	1.23,861	76	3.62,056
27	1.28,625	77	3.66,819
28	1.33,389	78	3.71,583
29	1.38,153	79	3.76,347
30	1.42,917	80	3.81,111
31	1.47,681	81	3.85,875
32	1.52,444	82	3.90,639
33	1.57,208	83	3.95,403
34	1.61,972	84	4.00,167
35	1.66,736	85	4.04,931
36	1.71,500	86	4.09,694
37	1.76,264	87	4.14,458
38	1.81,028	88	4.19,222
39	1.85,792	89	4.23,986
40	1.90,556	90	4.28,750
41	1.95,319	91	4.33,514
42	2.00,083	92	4.38,278
43	2.04,847	93	4.43,042
44	2.09,611	94	4.47,806
45	2.14,375	95	4.52,569
46	2.19,139	96	4.57,333
47	2.23,903	97	4.62,097
48	2.28,667	98	4.66,861
49	2.33,431	99	4.71,625
50	2.38,194	**245 Days.**	

8 Months and 6 Days.

Prin.	Interest.	Prin.	Interest.
1	.04,783	51	2.43,950
2	.09,567	52	2.48,733
3	.14,350	53	2.53,517
4	.19,133	54	2.58,300
5	.23,917	55	2.63,083
6	.28,700	56	2.67,867
7	.33,483	57	2.72,650
8	.38,267	58	2.77,433
9	.43,050	59	2.82,217
10	.47,833	60	2.87,000
11	.52,617	61	2.91,783
12	.57,400	62	2.96,567
13	.62,183	63	3.01,350
14	.66,967	64	3.06,133
15	.71,750	65	3.10,917
16	.76,533	66	3.15,700
17	.81,317	67	3.20,483
18	.86,100	68	3.25,267
19	.90,883	69	3.30,050
20	.95,667	70	3.34,833
21	1.00,450	71	3.39,617
22	1.05,233	72	3.44,400
23	1.10,017	73	3.49,183
24	1.14,800	74	3.53,967
25	1.19,583	75	3.58,750
26	1.24,367	76	3.63,533
27	1.29,150	77	3.68,317
28	1.33,933	78	3.73,100
29	1.38,717	79	3.77,883
30	1.43,500	80	3.82,667
31	1.48,283	81	3.87,450
32	1.53,067	82	3.92,233
33	1.57,850	83	3.97,017
34	1.62,633	84	4.01,800
35	1.67,417	85	4.06,583
36	1.72,200	86	4.11,367
37	1.76,983	87	4.16,150
38	1.81,767	88	4.20,933
39	1.86,550	89	4.25,717
40	1.91,333	90	4.30,500
41	1.96,117	91	4.35,283
42	2.00,900	92	4.40,067
43	2.05,683	93	4.44,850
44	2.10,467	94	4.49,633
45	2.15,250	95	4.54,417
46	2.20,033	96	4.59,200
47	2.24,817	97	4.63,983
48	2.29,600	98	4.68,767
49	2.34,383	99	4.73,550
50	2.39,167	**246 Days.**	

ONE YEAR.

Prin.	Interest.	Prin.	Interest.	Prin.	Interest.	Prin.	Interest.	Prin.	Interest.
51	3.57,00	61	4.27,00	71	4.97,00	81	5.67,00	91	6.37,00
52	3.64,00	62	4.34,00	72	5.04,00	82	5.74,00	92	6.44,00
53	3.71,00	63	4.41,00	73	5.11,00	83	5.81,00	93	6.51,00
54	3.78,00	64	4.48,00	74	5.18,00	84	5.88,00	94	6.58,00
55	3.85,00	65	4.55,00	75	5.25,00	85	5.95,00	95	6.65,00
56	3.92,00	66	4.62,00	76	5.32,00	86	6.02,00	96	6.72,00
57	3.99,00	67	4.69,00	77	5.39,00	87	6.09,00	97	6.79,00
58	4.06,00	68	4.76,00	78	5.46,00	88	6.16,00	98	6.86,00
59	4.13,00	69	4.83,00	79	5.53,00	89	6.23,00	99	6.93,00
60	4.20,00	70	4.90,00	80	5.60,00	90	6.30,00		

INTEREST AT SEVEN PER CENT.

8 Months and 7 Days.

Prin.	Interest.	Prin.	Interest.
1	.04,803	51	2.44,942
2	.09,606	52	2.49,744
3	.14,408	53	2.54,547
4	.19,211	54	2.59,350
5	.24,014	55	2.64,153
6	.28,817	56	2.68,956
7	.33,619	57	2.73,758
8	.38,422	58	2.78,561
9	.43,225	59	2.83,364
10	.48,028	60	2.88,167
11	.52,831	61	2.92,969
12	.57,633	62	2.97,772
13	.62,436	63	3.02,575
14	.67,239	64	3.07,378
15	.72,042	65	3.12,181
16	.76,844	66	3.16,983
17	.81,647	67	3.21,786
18	.86,450	68	3.26,589
19	.91,253	69	3.31,392
20	.96,056	70	3.36,194
21	1.00,858	71	3.40,997
22	1.05,661	72	3.45,800
23	1.10,464	73	3.50,603
24	1.15,267	74	3.55,406
25	1.20,069	75	3.60,208
26	1.24,872	76	3.65,011
27	1.29,675	77	3.69,814
28	1.34,478	78	3.74,617
29	1.39,281	79	3.79,419
30	1.44,083	80	3.84,222
31	1.48,886	81	3.89,025
32	1.53,689	82	3.93,828
33	1.58,492	83	3.98,631
34	1.63,294	84	4.03,433
35	1.68,097	85	4.08,236
36	1.72,900	86	4.13,039
37	1.77,703	87	4.17,842
38	1.82,506	88	4.22,644
39	1.87,308	89	4.27,447
40	1.92,111	90	4.32,250
41	1.96,914	91	4.37,053
42	2.01,717	92	4.41,856
43	2.06,519	93	4.46,658
44	2.11,322	94	4.51,461
45	2.16,125	95	4.56,264
46	2.20,928	96	4.61,067
47	2.25,731	97	4.65,869
48	2.30,533	98	4.70,672
49	2.35,336	99	4.75,475
50	2.40,139	**247 Days.**	

8 Months and 8 Days.

Prin.	Interest.	Prin.	Interest.
1	.04,822	51	2.45,933
2	.09,644	52	2.50,756
3	.14,467	53	2.55,578
4	.19,289	54	2.60,400
5	.24,111	55	2.65,222
6	.28,933	56	2.70,044
7	.33,756	57	2.74,867
8	.38,578	58	2.79,689
9	.43,400	59	2.84,511
10	.48,222	60	2.89,333
11	.53,044	61	2.94,156
12	.57,867	62	2.98,978
13	.62,689	63	3.03,800
14	.67,511	64	3.08,622
15	.72,333	65	3.13,444
16	.77,156	66	3.18,267
17	.81,978	67	3.23,089
18	.86,800	68	3.27,911
19	.91,622	69	3.32,733
20	.96,444	70	3.37,556
21	1.01,267	71	3.42,378
22	1.06,089	72	3.47,200
23	1.10,911	73	3.52,022
24	1.15,733	74	3.56,844
25	1.20,556	75	3.61,667
26	1.25,378	76	3.66,489
27	1.30,200	77	3.71,311
28	1.35,022	78	3.76,133
29	1.39,844	79	3.80,956
30	1.44,667	80	3.85,778
31	1.49,489	81	3.90,600
32	1.54,311	82	3.95,422
33	1.59,133	83	4.00,244
34	1.63,956	84	4.05,067
35	1.68,778	85	4.09,889
36	1.73,600	86	4.14,711
37	1.78,422	87	4.19,533
38	1.83,244	88	4.24,356
39	1.88,067	89	4.29,178
40	1.92,889	90	4.34,000
41	1.97,711	91	4.38,822
42	2.02,533	92	4.43,644
43	2.07,356	93	4.48,467
44	2.12,178	94	4.53,289
45	2.17,000	95	4.58,111
46	2.21,822	96	4.62,933
47	2.26,644	97	4.67,756
48	2.31,467	98	4.72,578
49	2.36,289	99	4.77,400
50	2.41,111	**248 Days.**	

8 Months and 9 Days.

Prin.	Interest.	Prin.	Interest.
1	.04,842	51	2.46,925
2	.09,683	52	2.51,767
3	.14,525	53	2.56,608
4	.19,367	54	2.61,450
5	.24,208	55	2.66,292
6	.29,050	56	2.71,133
7	.33,892	57	2.75,975
8	.38,733	58	2.80,817
9	.43,575	59	2.85,658
10	.48,417	60	2.90,500
11	.53,258	61	2.95,342
12	.58,100	62	3.00,183
13	.62,942	63	3.05,025
14	.67,783	64	3.09,867
15	.72,625	65	3.14,708
16	.77,467	66	3.19,550
17	.82,308	67	3.24,392
18	.87,150	68	3.29,233
19	.91,992	69	3.34,075
20	.96,833	70	3.38,917
21	1.01,675	71	3.43,758
22	1.06,517	72	3.48,600
23	1.11,358	73	3.53,442
24	1.16,200	74	3.58,283
25	1.21,042	75	3.63,125
26	1.25,883	76	3.67,967
27	1.30,725	77	3.72,808
28	1.35,567	78	3.77,650
29	1.40,408	79	3.82,492
30	1.45,250	80	3.87,333
31	1.50,092	81	3.92,175
32	1.54,933	82	3.97,017
33	1.59,775	83	4.01,858
34	1.64,617	84	4.06,700
35	1.69,458	85	4.11,542
36	1.74,300	86	4.16,383
37	1.79,142	87	4.21,225
38	1.83,983	88	4.26,067
39	1.88,825	89	4.30,908
40	1.93,667	90	4.35,750
41	1.98,508	91	4.40,592
42	2.03,350	92	4.45,433
43	2.08,192	93	4.50,275
44	2.13,033	94	4.55,117
45	2.17,875	95	4.59,958
46	2.22,717	96	4.64,800
47	2.27,558	97	4.69,642
48	2.32,400	98	4.74,483
49	2.37,242	99	4.79,325
50	2.42,083	**249 Days.**	

ONE YEAR.

Prin.	Interest.	Prin.	Interest.	Prin.	Interest.	Prin.	Interest.	Prin.	Interest.
1	.07,00	11	.77,00	21	1.47,00	31	2.17,00	41	2.87,00
2	.14,00	12	.84,00	22	1.54,00	32	2.24,00	42	2.94,00
3	.21,00	13	.91,00	23	1.61,00	33	2.31,00	43	3.01,00
4	.28,00	14	.98,00	24	1.68,00	34	2.38,00	44	3.08,00
5	.35,00	15	1.05,00	25	1.75,00	35	2.45,00	45	3.15,00
6	.42,00	16	1.12,00	26	1.82,00	36	2.52,00	46	3.22,00
7	.49,00	17	1.19,00	27	1.89,00	37	2.59,00	47	3.29,00
8	.56,00	18	1.26,00	28	1.96,00	38	2.66,00	48	3.36,00
9	.63,00	19	1.33,00	29	2.03,00	39	2.73,00	49	3.43,00
10	.70,00	20	1.40,00	30	2.10,00	40	2.80,00	50	3.50,00

INTEREST AT SEVEN PER CENT.

8 Months and 10 Days.

Prin.	Interest.	Prin.	Interest.
1	.04,861	51	2.47,917
2	.09,722	52	2.52,778
3	.14,583	53	2.57,639
4	.19,444	54	2.62,500
5	.24,306	55	2.67,361
6	.29,167	56	2.72,222
7	.34,028	57	2.77,083
8	.38,889	58	2.81,944
9	.43,750	59	2.86,806
10	.48,611	60	2.91,667
11	.53,472	61	2.96,528
12	.58,333	62	3.01,389
13	.63,194	63	3.06,250
14	.68,056	64	3.11,111
15	.72,917	65	3.15,972
16	.77,778	66	3.20,833
17	.82,639	67	3.25,694
18	.87,500	68	3.30,556
19	.92,361	69	3.35,417
20	.97,222	70	3.40,278
21	1.02,083	71	3.45,139
22	1.06,944	72	3.50,000
23	1.11,806	73	3.54,861
24	1.16,667	74	3.59,722
25	1.21,528	75	3.64,583
26	1.26,389	76	3.69,444
27	1.31,250	77	3.74,306
28	1.36,111	78	3.79,167
29	1.40,972	79	3.84,028
30	1.45,833	80	3.88,889
31	1.50,694	81	3.93,750
32	1.55,556	82	3.98,611
33	1.60,417	83	4.03,472
34	1.65,278	84	4.08,333
35	1.70,139	85	4.13,194
36	1.75,000	86	4.18,056
37	1.79,861	87	4.22,917
38	1.84,722	88	4.27,778
39	1.89,583	89	4.32,639
40	1.94,444	90	4.37,500
41	1.99,306	91	4.42,361
42	2.04,167	92	4.47,222
43	2.09,028	93	4.52,083
44	2.13,889	94	4.56,944
45	2.18,750	95	4.61,806
46	2.23,611	96	4.66,667
47	2.28,472	97	4.71,528
48	2.33,333	98	4.76,389
49	2.38,194	99	4.81,250
50	2.43,056	**250 Days.**	

8 Months and 11 Days.

Prin.	Interest.	Prin.	Interest.
1	.04,881	51	2.48,908
2	.09,761	52	2.53,789
3	.14,642	53	2.58,669
4	.19,522	54	2.63,550
5	.24,403	55	2.68,431
6	.29,283	56	2.73,311
7	.34,164	57	2.78,192
8	.39,044	58	2.83,072
9	.43,925	59	2.87,953
10	.48,806	60	2.92,833
11	.53,686	61	2.97,714
12	.58,567	62	3.02,594
13	.63,447	63	3.07,475
14	.68,328	64	3.12,356
15	.73,208	65	3.17,236
16	.78,089	66	3.22,117
17	.82,969	67	3.26,997
18	.87,850	68	3.31,878
19	.92,731	69	3.36,758
20	.97,611	70	3.41,639
21	1.02,492	71	3.46,519
22	1.07,372	72	3.51,400
23	1.12,253	73	3.56,281
24	1.17,133	74	3.61,161
25	1.22,014	75	3.66,042
26	1.26,894	76	3.70,922
27	1.31,775	77	3.75,803
28	1.36,656	78	3.80,683
29	1.41,536	79	3.85,564
30	1.46,417	80	3.90,444
31	1.51,297	81	3.95,325
32	1.56,178	82	4.00,206
33	1.61,058	83	4.05,086
34	1.65,939	84	4.09,967
35	1.70,819	85	4.14,847
36	1.75,700	86	4.19,728
37	1.80,581	87	4.24,608
38	1.85,461	88	4.29,489
39	1.90,342	89	4.34,369
40	1.95,222	90	4.39,250
41	2.00,103	91	4.44,131
42	2.04,983	92	4.49,011
43	2.09,864	93	4.53,892
44	2.14,744	94	4.58,772
45	2.19,625	95	4.63,653
46	2.24,506	96	4.68,533
47	2.29,386	97	4.73,414
48	2.34,267	98	4.78,294
49	2.39,147	99	4.83,175
50	2.44,028	**251 Days.**	

8 Months and 12 Days.

Prin.	Interest.	Prin.	Interest.
1	.04,900	51	2.49,900
2	.09,800	52	2.54,800
3	.14,700	53	2.59,700
4	.19,600	54	2.64,600
5	.24,500	55	2.69,500
6	.29,400	56	2.74,400
7	.34,300	57	2.79,300
8	.39,200	58	2.84,200
9	.44,100	59	2.89,100
10	.49,000	60	2.94,000
11	.53,900	61	2.98,900
12	.58,800	62	3.03,800
13	.63,700	63	3.08,700
14	.68,600	64	3.13,600
15	.73,500	65	3.18,500
16	.78,400	66	3.23,400
17	.83,300	67	3.28,300
18	.88,200	68	3.33,200
19	.93,100	69	3.38,100
20	.98,000	70	3.43,000
21	1.02,900	71	3.47,900
22	1.07,800	72	3.52,800
23	1.12,700	73	3.57,700
24	1.17,600	74	3.62,600
25	1.22,500	75	3.67,500
26	1.27,400	76	3.72,400
27	1.32,300	77	3.77,300
28	1.37,200	78	3.82,200
29	1.42,100	79	3.87,100
30	1.47,000	80	3.92,000
31	1.51,900	81	3.96,900
32	1.56,800	82	4.01,800
33	1.61,700	83	4.06,700
34	1.66,600	84	4.11,600
35	1.71,500	85	4.16,500
36	1.76,400	86	4.21,400
37	1.81,300	87	4.26,300
38	1.86,200	88	4.31,200
39	1.91,100	89	4.36,100
40	1.96,000	90	4.41,000
41	2.00,900	91	4.45,900
42	2.05,800	92	4.50,800
43	2.10,700	93	4.55,700
44	2.15,600	94	4.60,600
45	2.20,500	95	4.65,500
46	2.25,400	96	4.70,400
47	2.30,300	97	4.75,300
48	2.35,200	98	4.80,200
49	2.40,100	99	4.85,100
50	2.45,000	**252 Days.**	

ONE YEAR.

Prin.	Interest.	Prin.	Interest.	Prin.	Interest.	Prin.	Interest.	Prin.	Interest.
51	3.57,00	61	4.27,00	71	4.97,00	81	5.67,00	91	6.37,00
52	3.64,00	62	4.34,00	72	5.04,00	82	5.74,00	92	6.44,00
53	3.71,00	63	4.41,00	73	5.11,00	83	5.81,00	93	6.51,00
54	3.78,00	64	4.48,00	74	5.18,00	84	5.88,00	94	6.58,00
55	3.85,00	65	4.55,00	75	5.25,00	85	5.95,00	95	6.65,00
56	3.92,00	66	4.62,00	76	5.32,00	86	6.02,00	96	6.72,00
57	3.99,00	67	4.69,00	77	5.39,00	87	6.09,00	97	6.79,00
58	4.06,00	68	4.76,00	78	5.46,00	88	6.16,00	98	6.86,00
59	4.13,00	69	4.83,00	79	5.53,00	89	6.23,00	99	6.93,00
60	4.20,00	70	4.90,00	80	5.60,00	90	6.30,00		

INTEREST AT SEVEN PER CENT.

8 Months and 13 Days.

Prin.	Interest.	Prin.	Interest.
1	.04,919	51	2.50,892
2	.09,839	52	2.55,811
3	.14,758	53	2.60,731
4	.19,678	54	2.65,650
5	.24,597	55	2.70,569
6	.29,517	56	2.75,489
7	.34,436	57	2.80,408
8	.39,356	58	2.85,328
9	.44,275	59	2.90,247
10	.49,194	60	2.95,167
11	.54,114	61	3.00,086
12	.59,033	62	3.05,006
13	.63,953	63	3.09,925
14	.68,872	64	3.14,844
15	.73,792	65	3.19,764
16	.78,711	66	3.24,683
17	.83,631	67	3.29,603
18	.88,550	68	3.34,522
19	.93,469	69	3.39,442
20	.98,389	70	3.44,361
21	1.03,308	71	3.49,281
22	1.08,228	72	3.54,200
23	1.13,147	73	3.59,119
24	1.18,067	74	3.64,039
25	1.22,986	75	3.68,958
26	1.27,906	76	3.73,878
27	1.32,825	77	3.78,797
28	1.37,744	78	3.83,717
29	1.42,664	79	3.88,636
30	1.47,583	80	3.93,556
31	1.52,503	81	3.98,475
32	1.57,422	82	4.03,394
33	1.62,342	83	4.08,314
34	1.67,261	84	4.13,233
35	1.72,181	85	4.18,153
36	1.77,100	86	4.23,072
37	1.82,019	87	4.27,992
38	1.86,939	88	4.32,911
39	1.91,858	89	4.37,831
40	1.96,778	90	4.42,750
41	2.01,697	91	4.47,669
42	2.06,617	92	4.52,589
43	2.11,536	93	4.57,508
44	2.16,456	94	4.62,428
45	2.21,375	95	4.67,347
46	2.26,294	96	4.72,267
47	2.31,214	97	4.77,186
48	2.36,133	98	4.82,106
49	2.41,053	99	4.87,025
50	2.45,972		**253 Days.**

8 Months and 14 Days.

Prin.	Interest.	Prin.	Interest.
1	.04,939	51	2.51,883
2	.09,878	52	2.56,822
3	.14,817	53	2.61,761
4	.19,756	54	2.66,700
5	.24,694	55	2.71,639
6	.29,633	56	2.76,578
7	.34,572	57	2.81,517
8	.39,511	58	2.86,456
9	.44,450	59	2.91,394
10	.49,389	60	2.96,333
11	.54,328	61	3.01,272
12	.59,267	62	3.06,211
13	.64,206	63	3.11,150
14	.69,144	64	3.16,089
15	.74,083	65	3.21,028
16	.79,022	66	3.25,967
17	.83,961	67	3.30,906
18	.88,900	68	3.35,844
19	.93,839	69	3.40,783
20	.98,778	70	3.45,722
21	1.03,717	71	3.50,661
22	1.08,656	72	3.55,600
23	1.13,594	73	3.60,539
24	1.18,533	74	3.65,478
25	1.23,472	75	3.70,417
26	1.28,411	76	3.75,356
27	1.33,350	77	3.80,294
28	1.38,289	78	3.85,233
29	1.43,228	79	3.90,172
30	1.48,167	80	3.95,111
31	1.53,106	81	4.00,050
32	1.58,044	82	4.04,989
33	1.62,983	83	4.09,928
34	1.67,922	84	4.14,867
35	1.72,861	85	4.19,806
36	1.77,800	86	4.24,744
37	1.82,739	87	4.29,683
38	1.87,678	88	4.34,622
39	1.92,617	89	4.39,561
40	1.97,556	90	4.44,500
41	2.02,494	91	4.49,439
42	2.07,433	92	4.54,378
43	2.12,372	93	4.59,317
44	2.17,311	94	4.64,256
45	2.22,250	95	4.69,194
46	2.27,189	96	4.74,133
47	2.32,128	97	4.79,072
48	2.37,067	98	4.84,011
49	2.42,006	99	4.88,950
50	2.46,944		**254 Days.**

8 Months and 15 Days.

Prin.	Interest.	Prin.	Interest.
1	.04,958	51	2.52,875
2	.09,917	52	2.57,833
3	.14,875	53	2.62,792
4	.19,833	54	2.67,750
5	.24,792	55	2.72,708
6	.29,750	56	2.77,667
7	.34,708	57	2.82,625
8	.39,667	58	2.87,583
9	.44,625	59	2.92,542
10	.49,583	60	2.97,500
11	.54,542	61	3.02,458
12	.59,500	62	3.07,417
13	.64,458	63	3.12,375
14	.69,417	64	3.17,333
15	.74,375	65	3.22,292
16	.79,333	66	3.27,250
17	.84,292	67	3.32,208
18	.89,250	68	3.37,167
19	.94,208	69	3.42,125
20	.99,167	70	3.47,083
21	1.04,125	71	3.52,042
22	1.09,083	72	3.57,000
23	1.14,042	73	3.61,958
24	1.19,000	74	3.66,917
25	1.23,958	75	3.71,875
26	1.28,917	76	3.76,833
27	1.33,875	77	3.81,792
28	1.38,833	78	3.86,750
29	1.43,792	79	3.91,708
30	1.48,750	80	3.96,667
31	1.53,708	81	4.01,625
32	1.58,667	82	4.06,583
33	1.63,625	83	4.11,542
34	1.68,583	84	4.16,500
35	1.73,542	85	4.21,458
36	1.78,500	86	4.26,417
37	1.83,458	87	4.31,375
38	1.88,417	88	4.36,333
39	1.93,375	89	4.41,292
40	1.98,333	90	4.46,250
41	2.03,292	91	4.51,208
42	2.08,250	92	4.56,167
43	2.13,208	93	4.61,125
44	2.18,167	94	4.66,083
45	2.23,125	95	4.71,042
46	2.28,083	96	4.76,000
47	2.33,042	97	4.80,958
48	2.38,000	98	4.85,917
49	2.42,958	99	4.90,875
50	2.47,917		**255 Days.**

ONE YEAR.

Prin.	Interest.	Prin.	Interest.	Prin.	Interest.	Prin.	Interest.	Prin.	Interest.
1	.07,00	11	.77,00	21	1.47,00	31	2.17,00	41	2.87,00
2	.14,00	12	.84,00	22	1.54,00	32	2.24,00	42	2.94,00
3	.21,00	13	.91,00	23	1.61,00	33	2.31,00	43	3.01,00
4	.28,00	14	.98,00	24	1.68,00	34	2.38,00	44	3.08,00
5	.35,00	15	1.05,00	25	1.75,00	35	2.45,00	45	3.15,00
6	.42,00	16	1.12,00	26	1.82,00	36	2.52,00	46	3.22,00
7	.49,00	17	1.19,00	27	1.89,00	37	2.59,00	47	3.29,00
8	.56,00	18	1.26,00	28	1.96,00	38	2.66,00	48	3.36,00
9	.63,00	19	1.33,00	29	2.03,00	39	2.73,00	49	3.43,00
10	.70,00	20	1.40,00	30	2.10,00	40	2.80,00	50	3.50,00

INTEREST AT SEVEN PER CENT.

8 Months and 16 Days.		8 Months and 17 Days.		8 Months and 18 Days.	
Prin. Interest.	Prin. Interest.	Prin. Interest.	Prin. Interest.	Prin. Interest.	Prin. Interest.
1 .04,978	51 2.53,867	1 .04,997	51 2.54,858	1 .05,017	51 2.55,850
2 .09,956	52 2.58,844	2 .09,994	52 2.59,856	2 .10,033	52 2.60,867
3 .14,933	53 2.63,822	3 .14,992	53 2.64,853	3 .15,050	53 2.65,883
4 .19,911	54 2.68,800	4 .19,989	54 2.69,850	4 .20,067	54 2.70,900
5 .24,889	55 2.73,778	5 .24,986	55 2.74,847	5 .25,083	55 2.75,917
6 .29,867	56 2.78,756	6 .29,983	56 2.79,844	6 .30,100	56 2.80,933
7 .34,844	57 2.83,733	7 .34,981	57 2.84,842	7 .35,117	57 2.85,950
8 .39,822	58 2.88,711	8 .39,978	58 2.89,839	8 .40,133	58 2.90,967
9 .44,800	59 2.93,689	9 .44,975	59 2.94,836	9 .45,150	59 2.95,983
10 .49,778	60 2.98,667	10 .49,972	60 2.99,833	10 .50,167	60 3.01,000
11 .54,756	61 3.03,644	11 .54,969	61 3.04,831	11 .55,183	61 3.06,017
12 .59,733	62 3.08,622	12 .59,967	62 3.09,828	12 .60,200	62 3.11,033
13 .64,711	63 3.13,600	13 .64,964	63 3.14,825	13 .65,217	63 3.16,050
14 .69,689	64 3.18,578	14 .69,961	64 3.19,822	14 .70,233	64 3.21,067
15 .74,667	65 3.23,556	15 .74,958	65 3.24,819	15 .75,250	65 3.26,083
16 .79,644	66 3.28,533	16 .79,956	66 3.29,817	16 .80,267	66 3.31,100
17 .84,622	67 3.33,511	17 .84,953	67 3.34,814	17 .85,283	67 3.36,117
18 .89,600	68 3.38,489	18 .89,950	68 3.39,811	18 .90,300	68 3.41,133
19 .94,578	69 3.43,467	19 .94,947	69 3.44,808	19 .95,317	69 3.46,150
20 .99,556	70 3.48,444	20 .99,944	70 3.49,806	20 1.00,333	70 3.51,167
21 1.04,533	71 3.53,422	21 1.04,942	71 3.54,803	21 1.05,350	71 3.56,183
22 1.09,511	72 3.58,400	22 1.09,939	72 3.59,800	22 1.10,367	72 3.61,200
23 1.14,489	73 3.63,378	23 1.14,936	73 3.64,797	23 1.15,383	73 3.66,217
24 1.19,467	74 3.68,356	24 1.19,933	74 3.69,794	24 1.20,400	74 3.71,233
25 1.24,444	75 3.73,333	25 1.24,931	75 3.74,792	25 1.25,417	75 3.76,250
26 1.29,422	76 3.78,311	26 1.29,928	76 3.79,789	26 1.30,433	76 3.81,267
27 1.34,400	77 3.83,289	27 1.34,925	77 3.84,786	27 1.35,450	77 3.86,283
28 1.39,378	78 3.88,267	28 1.39,922	78 3.89,783	28 1.40,467	78 3.91,300
29 1.44,356	79 3.93,244	29 1.44,919	79 3.94,781	29 1.45,483	79 3.96,317
30 1.49,333	80 3.98,222	30 1.49,917	80 3.99,778	30 1.50,500	80 4.01,333
31 1.54,311	81 4.03,200	31 1.54,914	81 4.04,775	31 1.55,517	81 4.06,350
32 1.59,289	82 4.08,178	32 1.59,911	82 4.09,772	32 1.60,533	82 4.11,367
33 1.64,267	83 4.13,156	33 1.64,908	83 4.14,769	33 1.65,550	83 4.16,383
34 1.69,244	84 4.18,133	34 1.69,906	84 4.19,767	34 1.70,567	84 4.21,400
35 1.74,222	85 4.23,111	35 1.74,903	85 4.24,764	35 1.75,583	85 4.26,417
36 1.79,200	86 4.28,089	36 1.79,900	86 4.29,761	36 1.80,600	86 4.31,433
37 1.84,178	87 4.33,067	37 1.84,897	87 4.34,758	37 1.85,617	87 4.36,450
38 1.89,156	88 4.38,044	38 1.89,894	88 4.39,756	38 1.90,633	88 4.41,467
39 1.94,133	89 4.43,022	39 1.94,892	89 4.44,753	39 1.95,650	89 4.46,483
40 1.99,111	90 4.48,000	40 1.99,889	90 4.49,750	40 2.00,667	90 4.51,500
41 2.04,089	91 4.52,978	41 2.04,886	91 4.54,747	41 2.05,683	91 4.56,517
42 2.09,067	92 4.57,956	42 2.09,883	92 4.59,744	42 2.10,700	92 4.61,533
43 2.14,044	93 4.62,933	43 2.14,881	93 4.64,742	43 2.15,717	93 4.66,550
44 2.19,022	94 4.67,911	44 2.19,878	94 4.69,739	44 2.20,733	94 4.71,567
45 2.24,000	95 4.72,889	45 2.24,875	95 4.74,736	45 2.25,750	95 4.76,583
46 2.28,978	96 4.77,867	46 2.29,872	96 4.79,733	46 2.30,767	96 4.81,600
47 2.33,956	97 4.82,844	47 2.34,869	97 4.84,731	47 2.35,783	97 4.86,617
48 2.38,933	98 4.87,822	48 2.39,867	98 4.89,728	48 2.40,800	98 4.91,633
49 2.43,911	99 4.92,800	49 2.44,864	99 4.94,725	49 2.45,817	99 4.96,650
50 2.48,889	**256 Days.**	50 2.49,861	**257 Days.**	50 2.50,833	**258 Days.**

ONE YEAR.

Prin.	Interest.	Prin.	Interest.	Prin.	Interest.	Prin.	Interest.	Prin.	Interest.
51	3.57,00	61	4.27,00	71	4.97,00	81	5.67,00	91	6.37,00
52	3.64,00	62	4.34,00	72	5.04,00	82	5.74,00	92	6.44,00
53	3.71,00	63	4.41,00	73	5.11,00	83	5.81,00	93	6.51,00
54	3.78,00	64	4.48,00	74	5.18,00	84	5.88,00	94	6.58,00
55	3.85,00	65	4.55,00	75	5.25,00	85	5.95,00	95	6.65,00
56	3.92,00	66	4.62,00	76	5.32,00	86	6.02,00	96	6.72,00
57	3.99,00	67	4.69,00	77	5.39,00	87	6.09,00	97	6.79,00
58	4.06,00	68	4.76,00	78	5.46,00	88	6.16,00	98	6.86,00
59	4.13,00	69	4.83,00	79	5.53,00	89	6.23,00	99	6.93,00
60	4.20,00	70	4.90,00	80	5.60,00	90	6.30,00		

INTEREST AT SEVEN PER CENT.

| \multicolumn{4}{c|}{8 Months and 19 Days.} | \multicolumn{4}{c|}{8 Months and 20 Days.} | \multicolumn{4}{c}{8 Months and 21 Days.} |

Prin.	Interest.	Prin.	Interest.	Prin.	Interest.	Prin.	Interest.	Prin.	Interest.	Prin.	Interest.
1	.05,036	51	2.56,842	1	.05,056	51	2.57,833	1	.05,075	51	2.58,825
2	.10,072	52	2.61,878	2	.10,111	52	2.62,889	2	.10,150	52	2.63,900
3	.15,108	53	2.66,914	3	.15,167	53	2.67,944	3	.15,225	53	2.68,975
4	.20,144	54	2.71,950	4	.20,222	54	2.73,000	4	.20,300	54	2.74,050
5	.25,181	55	2.76,986	5	.25,278	55	2.78,056	5	.25,375	55	2.79,125
6	.30,217	56	2.82,022	6	.30,333	56	2.83,111	6	.30,450	56	2.84,200
7	.35,253	57	2.87,058	7	.35,389	57	2.88,167	7	.35,525	57	2.89,275
8	.40,289	58	2.92,094	8	.40,444	58	2.93,222	8	.40,600	58	2.94,350
9	.45,325	59	2.97,131	9	.45,500	59	2.98,278	9	.45,675	59	2.99,425
10	.50,361	60	3.02,167	10	.50,556	60	3.03,333	10	.50,750	60	3.04,500
11	.55,397	61	3.07,203	11	.55,611	61	3.08,389	11	.55,825	61	3.09,575
12	.60,433	62	3.12,239	12	.60,667	62	3.13,444	12	.60,900	62	3.14,650
13	.65,469	63	3.17,275	13	.65,722	63	3.18,500	13	.65,975	63	3.19,725
14	.70,506	64	3.22,311	14	.70,778	64	3.23,556	14	.71,050	64	3.24,800
15	.75,542	65	3.27,347	15	.75,833	65	3.28,611	15	.76,125	65	3.29,875
16	.80,578	66	3.32,383	16	.80,889	66	3.33,667	16	.81,200	66	3.34,950
17	.85,614	67	3.37,419	17	.85,944	67	3.38,722	17	.86,275	67	3.40,025
18	.90,650	68	3.42,456	18	.91,000	68	3.43,778	18	.91,350	68	3.45,100
19	.95,686	69	3.47,492	19	.96,056	69	3.48,833	19	.96,425	69	3.50,175
20	1.00,722	70	3.52,528	20	1.01,111	70	3.53,889	20	1.01,500	70	3.55,250
21	1.05,758	71	3.57,564	21	1.06,167	71	3.58,944	21	1.06,575	71	3.60,325
22	1.10,794	72	3.62,600	22	1.11,222	72	3.64,000	22	1.11,650	72	3.65,400
23	1.15,831	73	3.67,636	23	1.16,278	73	3.69,056	23	1.16,725	73	3.70,475
24	1.20,867	74	3.72,672	24	1.21,333	74	3.74,111	24	1.21,800	74	3.75,550
25	1.25,903	75	3.77,708	25	1.26,389	75	3.79,167	25	1.26,875	75	3.80,625
26	1.30,939	76	3.82,744	26	1.31,444	76	3.84,222	26	1.31,950	76	3.85,700
27	1.35,975	77	3.87,781	27	1.36,500	77	3.89,278	27	1.37,025	77	3.90,775
28	1.41,011	78	3.92,817	28	1.41,556	78	3.94,333	28	1.42,100	78	3.95,850
29	1.46,047	79	3.97,853	29	1.46,611	79	3.99,389	29	1.47,175	79	4.00,925
30	1.51,083	80	4.02,889	30	1.51,667	80	4.04,444	30	1.52,250	80	4.06,000
31	1.56,119	81	4.07,925	31	1.56,722	81	4.09,500	31	1.57,325	81	4.11,075
32	1.61,156	82	4.12,961	32	1.61,778	82	4.14,556	32	1.62,400	82	4.16,150
33	1.66,192	83	4.17,997	33	1.66,833	83	4.19,611	33	1.67,475	83	4.21,225
34	1.71,228	84	4.23,033	34	1.71,889	84	4.24,667	34	1.72,550	84	4.26,300
35	1.76,264	85	4.28,069	35	1.76,944	85	4.29,722	35	1.77,625	85	4.31,375
36	1.81,300	86	4.33,106	36	1.82,000	86	4.34,778	36	1.82,700	86	4.36,450
37	1.86,336	87	4.38,142	37	1.87,056	87	4.39,833	37	1.87,775	87	4.41,525
38	1.91,372	88	4.43,178	38	1.92,111	88	4.44,889	38	1.92,850	88	4.46,600
39	1.96,408	89	4.48,214	39	1.97,167	89	4.49,944	39	1.97,925	89	4.51,675
40	2.01,444	90	4.53,250	40	2.02,222	90	4.55,000	40	2.03,000	90	4.56,750
41	2.06,481	91	4.58,286	41	2.07,278	91	4.60,056	41	2.08,075	91	4.61,825
42	2.11,517	92	4.63,322	42	2.12,333	92	4.65,111	42	2.13,150	92	4.66,900
43	2.16,553	93	4.68,358	43	2.17,389	93	4.70,167	43	2.18,225	93	4.71,975
44	2.21,589	94	4.73,394	44	2.22,444	94	4.75,222	44	2.23,300	94	4.77,050
45	2.26,625	95	4.78,431	45	2.27,500	95	4.80,278	45	2.28,375	95	4.82,125
46	2.31,661	96	4.83,467	46	2.32,556	96	4.85,333	46	2.33,450	96	4.87,200
47	2.36,697	97	4.88,503	47	2.37,611	97	4.90,389	47	2.38,525	97	4.92,275
48	2.41,733	98	4.93,539	48	2.42,667	98	4.95,444	48	2.43,600	98	4.97,350
49	2.46,769	99	4.98,575	49	2.47,722	99	5.00,500	49	2.48,675	99	5.02,425
50	2.51,806	\multicolumn{2}{c	}{**259 Days.**}	50	2.52,778	\multicolumn{2}{c	}{**260 Days.**}	50	2.53,750	\multicolumn{2}{c}{**261 Days.**}

ONE YEAR.

Prin	Interest.	Prin.	Interest.	Prin.	Interest.	Prin.	Interest.	Prin.	Interest.
1	.07,00	11	.77,00	21	1.47,00	31	2.17,00	41	2.87,00
2	.14,00	12	.84,00	22	1.54,00	32	2.24,00	42	2.94,00
3	.21,00	13	.91,00	23	1.61,00	33	2.31,00	43	3.01,00
4	.28,00	14	.98,00	24	1.68,00	34	2.38,00	44	3.08,00
5	.35,00	15	1.05,00	25	1.75,00	35	2.45,00	45	3.15,00
6	.42,00	16	1.12,00	26	1.82,00	36	2.52,00	46	3.22,00
7	.49,00	17	1.19,00	27	1.89,00	37	2.59,00	47	3.29,00
8	.56,00	18	1.26,00	28	1.96,00	38	2.66,00	48	3.36,00
9	.63,00	19	1.33,00	29	2.03,00	39	2.73,00	49	3.43,00
10	.70,00	20	1.40,00	30	2.10,00	40	2.80,00	50	3.50,00

INTEREST AT SEVEN PER CENT.

| \multicolumn{4}{c|}{8 Months and 22 Days.} | \multicolumn{4}{c|}{8 Months and 23 Days.} | \multicolumn{4}{c}{8 Months and 24 Days.} |

Prin.	Interest.	Prin.	Interest.	Prin.	Interest.	Prin.	Interest.	Prin.	Interest.	Prin.	Interest.
1	.05,094	51	2.59,817	1	.05,114	51	2.60,808	1	.05,133	51	2.61,800
2	.10,189	52	2.64,911	2	.10,228	52	2.65,922	2	.10,267	52	2.66,933
3	.15,283	53	2.70,006	3	.15,342	53	2.71,036	3	.15,400	53	2.72,067
4	.20,378	54	2.75,100	4	.20,456	54	2.76,150	4	.20,533	54	2.77,200
5	.25,472	55	2.80,194	5	.25,569	55	2.81,264	5	.25,667	55	2.82,333
6	.30,567	56	2.85,289	6	.30,683	56	2.86,378	6	.30,800	56	2.87,467
7	.35,661	57	2.90,383	7	.35,797	57	2.91,492	7	.35,933	57	2.92,600
8	.40,756	58	2.95,478	8	.40,911	58	2.96,606	8	.41,067	58	2.97,733
9	.45,850	59	3.00,572	9	.46,025	59	3.01,719	9	.46,200	59	3.02,867
10	.50,944	60	3.05,667	10	.51,139	60	3.06,833	10	.51,333	60	3.08,000
11	.56,039	61	3.10,761	11	.56,253	61	3.11,947	11	.56,467	61	3.13,133
12	.61,133	62	3.15,856	12	.61,367	62	3.17,061	12	.61,600	62	3.18,267
13	.66,228	63	3.20,950	13	.66,481	63	3.22,175	13	.66,733	63	3.23,400
14	.71,322	64	3.26,044	14	.71,594	64	3.27,289	14	.71,867	64	3.28,533
15	.76,417	65	3.31,139	15	.76,708	65	3.32,403	15	.77,000	65	3.33,667
16	.81,511	66	3.36,233	16	.81,822	66	3.37,517	16	.82,133	66	3.38,800
17	.86,606	67	3.41,328	17	.86,936	67	3.42,631	17	.87,267	67	3.43,933
18	.91,700	68	3.46,422	18	.92,050	68	3.47,744	18	.92,400	68	3.49,067
19	.96,794	69	3.51,517	19	.97,164	69	3.52,858	19	.97,533	69	3.54,200
20	1.01,889	70	3.56,611	20	1.02,278	70	3.57,972	20	1.02,667	70	3.59,333
21	1.06,983	71	3.61,706	21	1.07,392	71	3.63,086	21	1.07,800	71	3.64,467
22	1.12,078	72	3.66,800	22	1.12,506	72	3.68,200	22	1.12,933	72	3.69,600
23	1.17,172	73	3.71,894	23	1.17,619	73	3.73,314	23	1.18,067	73	3.74,733
24	1.22,267	74	3.76,989	24	1.22,733	74	3.78,428	24	1.23,200	74	3.79,867
25	1.27,361	75	3.82,083	25	1.27,847	75	3.83,542	25	1.28,333	75	3.85,000
26	1.32,456	76	3.87,178	26	1.32,961	76	3.88,656	26	1.33,467	76	3.90,133
27	1.37,550	77	3.92,272	27	1.38,075	77	3.93,769	27	1.38,600	77	3.95,267
28	1.42,644	78	3.97,367	28	1.43,189	78	3.98,883	28	1.43,733	78	4.00,400
29	1.47,739	79	4.02,461	29	1.48,303	79	4.03,997	29	1.48,867	79	4.05,533
30	1.52,833	80	4.07,556	30	1.53,417	80	4.09,111	30	1.54,000	80	4.10,667
31	1.57,928	81	4.12,650	31	1.58,531	81	4.14,225	31	1.59,133	81	4.15,800
32	1.63,022	82	4.17,744	32	1.63,644	82	4.19,339	32	1.64,267	82	4.20,933
33	1.68,117	83	4.22,839	33	1.68,758	83	4.24,453	33	1.69,400	83	4.26,067
34	1.73,211	84	4.27,933	34	1.73,872	84	4.29,567	34	1.74,533	84	4.31,200
35	1.78,306	85	4.33,028	35	1.78,986	85	4.34,681	35	1.79,667	85	4.36,333
36	1.83,400	86	4.38,122	36	1.84,100	86	4.39,794	36	1.84,800	86	4.41,467
37	1.88,494	87	4.43,217	37	1.89,214	87	4.44,908	37	1.89,933	87	4.46,600
38	1.93,589	88	4.48,311	38	1.94,328	88	4.50,022	38	1.95,067	88	4.51,733
39	1.98,683	89	4.53,406	39	1.99,442	89	4.55,136	39	2.00,200	89	4.56,867
40	2.03,778	90	4.58,500	40	2.04,556	90	4.60,250	40	2.05,333	90	4.62,000
41	2.08,872	91	4.63,594	41	2.09,669	91	4.65,364	41	2.10,467	91	4.67,133
42	2.13,967	92	4.68,689	42	2.14,783	92	4.70,478	42	2.15,600	92	4.72,267
43	2.19,061	93	4.73,783	43	2.19,897	93	4.75,592	43	2.20,733	93	4.77,400
44	2.24,156	94	4.78,878	44	2.25,011	94	4.80,706	44	2.25,867	94	4.82,533
45	2.29,250	95	4.83,972	45	2.30,125	95	4.85,819	45	2.31,000	95	4.87,667
46	2.34,344	96	4.89,067	46	2.35,239	96	4.90,933	46	2.36,133	96	4.92,800
47	2.39,439	97	4.94,161	47	2.40,353	97	4.96,047	47	2.41,267	97	4.97,933
48	2.44,533	98	4.99,256	48	2.45,467	98	5.01,161	48	2.46,400	98	5.03,067
49	2.49,628	99	5.04,350	49	2.50,581	99	5.06,275	49	2.51,533	99	5.08,200
50	2.54,722	\multicolumn{2}{c	}{**262 Days.**}	50	2.55,694	\multicolumn{2}{c	}{**263 Days.**}	50	2.56,667	\multicolumn{2}{c}{**264 Days.**}

ONE YEAR.

Prin.	Interest.	Prin.	Interest.	Prin.	Interest.	Prin.	Interest.	Prin.	Interest.
51	3.57,00	61	4.27,00	71	4.97,00	81	5.67,00	91	6.37,00
52	3.64,00	62	4.34,00	72	5.04,00	82	5.74,00	92	6.44,00
53	3.71,00	63	4.41,00	73	5.11,00	83	5.81,00	93	6.51,00
54	3.78,00	64	4.48,00	74	5.18,00	84	5.88,00	94	6.58,00
55	3.85,00	65	4.55,00	75	5.25,00	85	5.95,00	95	6.65,00
56	3.92,00	66	4.62,00	76	5.32,00	86	6.02,00	96	6.72,00
57	3.99,00	67	4.69,00	77	5.39,00	87	6.09,00	97	6.79,00
58	4.06,00	68	4.76,00	78	5.46,00	88	6.16,00	98	6.86,00
59	4.13,00	69	4.83,00	79	5.53,00	89	6.23,00	99	6.93,00
60	4.20,00	70	4.90,00	80	5.60,00	90	6.30,00		

INTEREST AT SEVEN PER CENT.

8 Months and 25 Days.				8 Months and 26 Days.				8 Months and 27 Days.			
Prin.	Interest.	Prin.	Interest.	Prin.	Interest.	Prin.	Interest.	Prin.	Interest.	Prin	Interest.
1	.05,153	51	2.62,792	1	.05,172	51	2.63,783	1	.05,192	51	2.64,775
2	.10,306	52	2.67,944	2	.10,344	52	2.68,956	2	.10,383	52	2.69,967
3	.15,458	53	2.73,097	3	.15,517	53	2.74,128	3	.15,575	53	2.75,158
4	.20,611	54	2.78,250	4	.20,689	54	2.79,300	4	.20,767	54	2.80,350
5	.25,764	55	2.83,403	5	.25,861	55	2.84,472	5	.25,958	55	2.85,542
6	.30,917	56	2.88,556	6	.31,033	56	2.89,644	6	.31,150	56	2.90,733
7	.36,069	57	2.93,708	7	.36,206	57	2.94,817	7	.36,342	57	2.95,925
8	.41,222	58	2.98,861	8	.41,378	58	2.99,989	8	.41,533	58	3.01,117
9	.46,375	59	3.04,014	9	.46,550	59	3.05,161	9	.46,725	59	3.06,308
10	.51,528	60	3.09,167	10	.51,722	60	3.10,333	10	.51,917	60	3.11,500
11	.56,681	61	3.14,319	11	.56,894	61	3.15,506	11	.57,108	61	3.16,692
12	.61,833	62	3.19,472	12	.62,067	62	3.20,678	12	.62,300	62	3.21,883
13	.66,986	63	3.24,625	13	.67,239	63	3.25,850	13	.67,492	63	3.27,075
14	.72,139	64	3.29,778	14	.72,411	64	3.31,022	14	.72,683	64	3.32,267
15	.77,292	65	3.34,931	15	.77,583	65	3.36,194	15	.77,875	65	3.37,458
16	.82,444	66	3.40,083	16	.82,756	66	3.41,367	16	.83,067	66	3.42,650
17	.87,597	67	3.45,236	17	.87,928	67	3.46,539	17	.88,258	67	3.47,842
18	.92,750	68	3.50,389	18	.93,100	68	3.51,711	18	.93,450	68	3.53,033
19	.97,903	69	3.55,542	19	.98,272	69	3.56,883	19	.98,642	69	3.58,225
20	1.03,056	70	3.60,694	20	1.03,444	70	3.62,056	20	1.03,833	70	3.63,417
21	1.08,208	71	3.65,847	21	1.08,617	71	3.67,228	21	1.09,025	71	3.68,608
22	1.13,361	72	3.71,000	22	1.13,789	72	3.72,400	22	1.14,217	72	3.73,800
23	1.18,514	73	3.76,153	23	1.18,961	73	3.77,572	23	1.19,408	73	3.78,992
24	1.23,667	74	3.81,306	24	1.24,133	74	3.82,744	24	1.24,600	74	3.84,183
25	1.28,819	75	3.86,458	25	1.29,306	75	3.87,917	25	1.29,792	75	3.89,375
26	1.33,972	76	3.91,611	26	1.34,478	76	3.93,089	26	1.34,983	76	3.94,567
27	1.39,125	77	3.96,764	27	1.39,650	77	3.98,261	27	1.40,175	77	3.99,758
28	1.44,278	78	4.01,917	28	1.44,822	78	4.03,433	28	1.45,367	78	4.04,950
29	1.49,431	79	4.07,069	29	1.49,994	79	4.08,606	29	1.50,558	79	4.10,142
30	1.54,583	80	4.12,222	30	1.55,167	80	4.13,778	30	1.55,750	80	4.15,333
31	1.59,736	81	4.17,375	31	1.60,339	81	4.18,950	31	1.60,942	81	4.20,525
32	1.64,889	82	4.22,528	32	1.65,511	82	4.24,122	32	1.66,133	82	4.25,717
33	1.70,042	83	4.27,681	33	1.70,683	83	4.29,294	33	1.71,325	83	4.30,908
34	1.75,194	84	4.32,833	34	1.75,856	84	4.34,467	34	1.76,517	84	4.36,100
35	1.80,347	85	4.37,986	35	1.81,028	85	4.39,639	35	1.81,708	85	4.41,292
36	1.85,500	86	4.43,139	36	1.86,200	86	4.44,811	36	1.86,900	86	4.46,483
37	1.90,653	87	4.48,292	37	1.91,372	87	4.49,983	37	1.92,092	87	4.51,675
38	1.95,806	88	4.53,444	38	1.96,544	88	4.55,156	38	1.97,283	88	4.56,867
39	2.00,958	89	4.58,597	39	2.01,717	89	4.60,328	39	2.02,475	89	4.62,058
40	2.06,111	90	4.63,750	40	2.06,889	90	4.65,500	40	2.07,667	90	4.67,250
41	2.11,264	91	4.68,903	41	2.12,061	91	4.70,672	41	2.12,858	91	4.72,442
42	2.16,417	92	4.74,056	42	2.17,233	92	4.75,844	42	2.18,050	92	4.77,633
43	2.21,569	93	4.79,208	43	2.22,406	93	4.81,017	43	2.23,242	93	4.82,825
44	2.26,722	94	4.84,361	44	2.27,578	94	4.86,189	44	2.28,433	94	4.88,017
45	2.31,875	95	4.89,514	45	2.32,750	95	4.91,361	45	2.33,625	95	4.93,208
46	2.37,028	96	4.94,667	46	2.37,922	96	4.96,533	46	2.38,817	96	4.98,400
47	2.42,181	97	4.99,819	47	2.43,094	97	5.01,706	47	2.44,008	97	5.03,592
48	2.47,333	98	5.04,972	48	2.48,267	98	5.06,878	48	2.49,200	98	5.08,783
49	2.52,486	99	5.10,125	49	2.53,439	99	5.12,050	49	2.54,392	99	5.13,975
50	2.57,639	**265 Days.**		50	2.58,611	**266 Days.**		50	2.59,583	**267 Days.**	

ONE YEAR.

Prin.	Interest.	Prin.	Interest.	Prin.	Interest.	Prin.	Interest.	Prin.	Interest.
1	.07,00	11	.77,00	21	1.47,00	31	2.17,00	41	2.87,00
2	.14,00	12	.84,00	22	1.54,00	32	2.24,00	42	2.94,00
3	.21,00	13	.91,00	23	1.61,00	33	2.31,00	43	3.01,00
4	.28,00	14	.98,00	24	1.68,00	34	2.38,00	44	3.08,00
5	.35,00	15	1.05,00	25	1.75,00	35	2.45,00	45	3.15,00
6	.42,00	16	1.12,00	26	1.82,00	36	2.52,00	46	3.22,00
7	.49,00	17	1.19,00	27	1.89,00	37	2.59,00	47	3.29,00
8	.56,00	18	1.26,00	28	1.96,00	38	2.66,00	48	3.36,00
9	.63,00	19	1.33,00	29	2.03,00	39	2.73,00	49	3.43,00
10	.70,00	20	1.40,00	30	2.10,00	40	2.80,00	50	3.50,00

INTEREST AT SEVEN PER CENT.

8 Months and 28 Days.				8 Months and 29 Days.				9 MONTHS.			
Prin.	Interest.	Prin.	Interest.	Prin.	Interest.	Prin.	Interest.	Prin.	Interest.	Prin.	Interest.
1	.05,211	51	2.65,767	1	.05,231	51	2.66,758	1	.05,250	51	2.67,750
2	.10,422	52	2.70,978	2	.10,461	52	2.71,989	2	.10,500	52	2.73,000
3	.15,633	53	2.76,189	3	.15,692	53	2.77,219	3	.15,750	53	2.78,250
4	.20,844	54	2.81,400	4	.20,922	54	2.82,450	4	.21,000	54	2.83,500
5	.26,056	55	2.86,611	5	.26,153	55	2.87,681	5	.26,250	55	2.88,750
6	.31,267	56	2.91,822	6	.31,383	56	2.92,911	6	.31,500	56	2.94,000
7	.36,478	57	2.97,033	7	.36,614	57	2.98,142	7	.36,750	57	2.99,250
8	.41,689	58	3.02,244	8	.41,844	58	3.03,372	8	.42,000	58	3.04,500
9	.46,900	59	3.07,456	9	.47,075	59	3.08,603	9	.47,250	59	3.09,750
10	.52,111	60	3.12,667	10	.52,306	60	3.13,833	10	.52,500	60	3.15,000
11	.57,322	61	3.17,878	11	.57,536	61	3.19,064	11	.57,750	61	3.20,250
12	.62,533	62	3.23,089	12	.62,767	62	3.24,294	12	.63,000	62	3.25,500
13	.67,744	63	3.28,300	13	.67,997	63	3.29,525	13	.68,250	63	3.30,750
14	.72,956	64	3.33,511	14	.73,228	64	3.34,756	14	.73,500	64	3.36,000
15	.78,167	65	3.38,722	15	.78,458	65	3.39,986	15	.78,750	65	3.41,250
16	.83,378	66	3.43,933	16	.83,689	66	3.45,217	16	.84,000	66	3.46,500
17	.88,589	67	3.49,144	17	.88,919	67	3.50,447	17	.89,250	67	3.51,750
18	.93,800	68	3.54,356	18	.94,150	68	3.55,678	18	.94,500	68	3.57,000
19	.99,011	69	3.59,567	19	.99,381	69	3.60,908	19	.99,750	69	3.62,250
20	1.04,222	70	3.64,778	20	1.04,611	70	3.66,139	20	1.05,000	70	3.67,500
21	1.09,433	71	3.69,989	21	1.09,842	71	3.71,369	21	1.10,250	71	3.72,750
22	1.14,644	72	3.75,200	22	1.15,072	72	3.76,600	22	1.15,500	72	3.78,000
23	1.19,856	73	3.80,411	23	1.20,303	73	3.81,831	23	1.20,750	73	3.83,250
24	1.25,067	74	3.85,622	24	1.25,533	74	3.87,061	24	1.26,000	74	3.88,500
25	1.30,278	75	3.90,833	25	1.30,764	75	3.92,292	25	1.31,250	75	3.93,750
26	1.35,489	76	3.96,044	26	1.35,994	76	3.97,522	26	1.36,500	76	3.99,000
27	1.40,700	77	4.01,256	27	1.41,225	77	4.02,753	27	1.41,750	77	4.04,250
28	1.45,911	78	4.06,467	28	1.46,456	78	4.07,983	28	1.47,000	78	4.09,500
29	1.51,122	79	4.11,678	29	1.51,686	79	4.13,214	29	1.52,250	79	4.14,750
30	1.56,333	80	4.16,889	30	1.56,917	80	4.18,444	30	1.57,500	80	4.20,000
31	1.61,544	81	4.22,100	31	1.62,147	81	4.23,675	31	1.62,750	81	4.25,250
32	1.66,756	82	4.27,311	32	1.67,378	82	4.28,906	32	1.68,000	82	4.30,500
33	1.71,967	83	4.32,522	33	1.72,608	83	4.34,136	33	1.73,250	83	4.35,750
34	1.77,178	84	4.37,733	34	1.77,839	84	4.39,367	34	1.78,500	84	4.41,000
35	1.82,389	85	4.42,944	35	1.83,069	85	4.44,597	35	1.83,750	85	4.46,250
36	1.87,600	86	4.48,156	36	1.88,300	86	4.49,828	36	1.89,000	86	4.51,500
37	1.92,811	87	4.53,367	37	1.93,531	87	4.55,058	37	1.94,250	87	4.56,750
38	1.98,022	88	4.58,578	38	1.98,761	88	4.60,289	38	1.99,500	88	4.62,000
39	2.03,233	89	4.63,789	39	2.03,992	89	4.65,519	39	2.04,750	89	4.67,250
40	2.08,444	90	4.69,000	40	2.09,222	90	4.70,750	40	2.10,000	90	4.72,500
41	2.13,656	91	4.74,211	41	2.14,453	91	4.75,981	41	2.15,250	91	4.77,750
42	2.18,867	92	4.79,422	42	2.19,683	92	4.81,211	42	2.20,500	92	4.83,000
43	2.24,078	93	4.84,633	43	2.24,914	93	4.86,442	43	2.25,750	93	4.88,250
44	2.29,289	94	4.89,844	44	2.30,144	94	4.91,672	44	2.31,000	94	4.93,500
45	2.34,500	95	4.95,056	45	2.35,375	95	4.96,903	45	2.36,250	95	4.98,750
46	2.39,711	96	5.00,267	46	2.40,606	96	5.02,133	46	2.41,500	96	5.04,000
47	2.44,922	97	5.05,478	47	2.45,836	97	5.07,364	47	2.46,750	97	5.09,250
48	2.50,133	98	5.10,689	48	2.51,067	98	5.12,594	48	2.52,000	98	5.14,500
49	2.55,344	99	5.15,900	49	2.56,297	99	5.17,825	49	2.57,250	99	5.19,750
50	2.60,556	**268 Days.**		50	2.61,528	**269 Days.**		50	2.62,500	**270 Days.**	

ONE YEAR.

Prin.	Interest.	Prin.	Interest.	Prin.	Interest.	Prin.	Interest.	Prin.	Interest.
51	3.57,00	61	4.27,00	71	4.97,00	81	5.67,00	91	6.37,00
52	3.64,00	62	4.34,00	72	5.04,00	82	5.74,00	92	6.44,00
53	3.71,00	63	4.41,00	73	5.11,00	83	5.81,00	93	6.51,00
54	3.78,00	64	4.48,00	74	5.18,00	84	5.88,00	94	6.58,00
55	3.85,00	65	4.55,00	75	5.25,00	85	5.95,00	95	6.65,00
56	3.92,00	66	4.62,00	76	5.32,00	86	6.02,00	96	6.72,00
57	3.99,00	67	4.69,00	77	5.39,00	87	6.09,00	97	6.79,00
58	4.06,00	68	4.76,00	78	5.46,00	88	6.16,00	98	6.86,00
59	4.13,00	69	4.83,00	79	5.53,00	89	6.23,00	99	6.93,00
60	4.20,00	70	4.90,00	80	5.60,00	90	6.30,00		

[103

INTEREST AT SEVEN PER CENT.

9 Months and 1 Day.

Prin.	Interest.	Prin.	Interest.
1	.05,269	51	2.68,742
2	.10,539	52	2.74,011
3	.15,808	53	2.79,281
4	.21,078	54	2.84,550
5	.26,347	55	2.89,819
6	.31,617	56	2.95,089
7	.36,886	57	3.00,358
8	.42,156	58	3.05,628
9	.47,425	59	3.10,897
10	.52,694	60	3.16,167
11	.57,964	61	3.21,436
12	.63,233	62	3.26,706
13	.68,503	63	3.31,975
14	.73,772	64	3.37,244
15	.79,042	65	3.42,514
16	.84,311	66	3.47,783
17	.89,581	67	3.53,053
18	.94,850	68	3.58,322
19	1.00,119	69	3.63,592
20	1.05,389	70	3.68,861
21	1.10,658	71	3.74,131
22	1.15,928	72	3.79,400
23	1.21,197	73	3.84,669
24	1.26,467	74	3.89,939
25	1.31,736	75	3.95,208
26	1.37,006	76	4.00,478
27	1.42,275	77	4.05,747
28	1.47,544	78	4.11,017
29	1.52,814	79	4.16,286
30	1.58,083	80	4.21,556
31	1.63,353	81	4.26,825
32	1.68,622	82	4.32,094
33	1.73,892	83	4.37,364
34	1.79,161	84	4.42,633
35	1.84,431	85	4.47,903
36	1.89,700	86	4.53,172
37	1.94,969	87	4.58,442
38	2.00,239	88	4.63,711
39	2.05,508	89	4.68,981
40	2.10,778	90	4.74,250
41	2.16,047	91	4.79,519
42	2.21,317	92	4.84,789
43	2.26,586	93	4.90,058
44	2.31,856	94	4.95,328
45	2.37,125	95	5.00,597
46	2.42,394	96	5.05,867
47	2.47,664	97	5.11,136
48	2.52,933	98	5.16,406
49	2.58,203	99	5.21,675
50	2.63,472		**271 Days.**

9 Months and 2 Days.

Prin.	Interest.	Prin.	Interest.
1	.05,289	51	2.69,733
2	.10,578	52	2.75,022
3	.15,867	53	2.80,311
4	.21,156	54	2.85,600
5	.26,444	55	2.90,889
6	.31,733	56	2.96,178
7	.37,022	57	3.01,467
8	.42,311	58	3.06,756
9	.47,600	59	3.12,044
10	.52,889	60	3.17,333
11	.58,178	61	3.22,622
12	.63,467	62	3.27,911
13	.68,756	63	3.33,200
14	.74,044	64	3.38,489
15	.79,333	65	3.43,778
16	.84,622	66	3.49,067
17	.89,911	67	3.54,356
18	.95,200	68	3.59,644
19	1.00,489	69	3.64,933
20	1.05,778	70	3.70,222
21	1.11,067	71	3.75,511
22	1.16,356	72	3.80,800
23	1.21,644	73	3.86,089
24	1.26,933	74	3.91,378
25	1.32,222	75	3.96,667
26	1.37,511	76	4.01,956
27	1.42,800	77	4.07,244
28	1.48,089	78	4.12,533
29	1.53,378	79	4.17,822
30	1.58,667	80	4.23,111
31	1.63,956	81	4.28,400
32	1.69,244	82	4.33,689
33	1.74,533	83	4.38,978
34	1.79,822	84	4.44,267
35	1.85,111	85	4.49,556
36	1.90,400	86	4.54,844
37	1.95,689	87	4.60,133
38	2.00,978	88	4.65,422
39	2.06,267	89	4.70,711
40	2.11,556	90	4.76,000
41	2.16,844	91	4.81,289
42	2.22,133	92	4.86,578
43	2.27,422	93	4.91,867
44	2.32,711	94	4.97,156
45	2.38,000	95	5.02,444
46	2.43,289	96	5.07,733
47	2.48,578	97	5.13,022
48	2.53,867	98	5.18,311
49	2.59,156	99	5.23,600
50	2.64,444		**272 Days.**

9 Months and 3 Days.

Prin.	Interest.	Prin.	Interest.
1	.05,308	51	2.70,725
2	.10,617	52	2.76,033
3	.15,925	53	2.81,342
4	.21,233	54	2.86,650
5	.26,542	55	2.91,958
6	.31,850	56	2.97,267
7	.37,158	57	3.02,575
8	.42,467	58	3.07,883
9	.47,775	59	3.13,192
10	.53,083	60	3.18,500
11	.58,392	61	3.23,808
12	.63,700	62	3.29,117
13	.69,008	63	3.34,425
14	.74,317	64	3.39,733
15	.79,625	65	3.45,042
16	.84,933	66	3.50,350
17	.90,242	67	3.55,658
18	.95,550	68	3.60,967
19	1.00,858	69	3.66,275
20	1.06,167	70	3.71,583
21	1.11,475	71	3.76,892
22	1.16,783	72	3.82,200
23	1.22,092	73	3.87,508
24	1.27,400	74	3.92,817
25	1.32,708	75	3.98,125
26	1.38,017	76	4.03,433
27	1.43,325	77	4.08,742
28	1.48,633	78	4.14,050
29	1.53,942	79	4.19,358
30	1.59,250	80	4.24,667
31	1.64,558	81	4.29,975
32	1.69,867	82	4.35,283
33	1.75,175	83	4.40,592
34	1.80,483	84	4.45,900
35	1.85,792	85	4.51,208
36	1.91,100	86	4.56,517
37	1.96,408	87	4.61,825
38	2.01,717	88	4.67,133
39	2.07,025	89	4.72,442
40	2.12,333	90	4.77,750
41	2.17,642	91	4.83,058
42	2.22,950	92	4.88,367
43	2.28,258	93	4.93,675
44	2.33,567	94	4.98,983
45	2.38,875	95	5.04,292
46	2.44,183	96	5.09,600
47	2.49,492	97	5.14,908
48	2.54,800	98	5.20,217
49	2.60,108	99	5.25,525
50	2.65,417		**273 Days.**

ONE YEAR.

Prin.	Interest.	Prin.	Interest.	Prin.	Interest.	Prin.	Interest.	Prin.	Interest.
1	.07,00	11	.77,00	21	1.47,00	31	2.17,00	41	2.87,00
2	.14,00	12	.84,00	22	1.54,00	32	2.24,00	42	2.94,00
3	.21,00	13	.91,00	23	1.61,00	33	2.31,00	43	3.01,00
4	.28,00	14	.98,00	24	1.68,00	34	2.38,00	44	3.08,00
5	.35,00	15	1.05,00	25	1.75,00	35	2.45,00	45	3.15,00
6	.42,00	16	1.12,00	26	1.82,00	36	2.52,00	46	3.22,00
7	.49,00	17	1.19,00	27	1.89,00	37	2.59,00	47	3.29,00
8	.56,00	18	1.26,00	28	1.96,00	38	2.66,00	48	3.36,00
9	.63,00	19	1.33,00	29	2.03,00	39	2.73,00	49	3.43,00
10	.70,00	20	1.40,00	30	2.10,00	40	2.80,00	50	3.50,00

INTEREST AT SEVEN PER CENT.

9 Months and 4 Days.				9 Months and 5 Days.				9 Months and 6 Days.			
Prin.	Interest.	Prin.	Interest.	Prin.	Interest.	Prin.	Interest.	Prin.	Interest.	Prin.	Interest.
1	.05,328	51	2.71,717	1	.05,347	51	2.72,708	1	.05,367	51	2.73,700
2	.10,656	52	2.77,044	2	.10,694	52	2.78,056	2	.10,733	52	2.79,067
3	.15,983	53	2.82,372	3	.16,042	53	2.83,403	3	.16,100	53	2.84,433
4	.21,311	54	2.87,700	4	.21,389	54	2.88,750	4	.21,467	54	2.89,800
5	.26,639	55	2.93,028	5	.26,736	55	2.94,097	5	.26,833	55	2.95,167
6	.31,967	56	2.98,356	6	.32,083	56	2.99,444	6	.32,200	56	3.00,533
7	.37,294	57	3.03,683	7	.37,431	57	3.04,792	7	.37,567	57	3.05,900
8	.42,622	58	3.09,011	8	.42,778	58	3.10,139	8	.42,933	58	3.11,267
9	.47,950	59	3.14,339	9	.48,125	59	3.15,486	9	.48,300	59	3.16,633
10	.53,278	60	3.19,667	10	.53,472	60	3.20,833	10	.53,667	60	3.22,000
11	.58,606	61	3.24,994	11	.58,819	61	3.26,181	11	.59,033	61	3.27,367
12	.63,933	62	3.30,322	12	.64,167	62	3.31,528	12	.64,400	62	3.32,733
13	.69,261	63	3.35,650	13	.69,514	63	3.36,875	13	.69,767	63	3.38,100
14	.74,589	64	3.40,978	14	.74,861	64	3.42,222	14	.75,133	64	3.43,467
15	.79,917	65	3.46,306	15	.80,208	65	3.47,569	15	.80,500	65	3.48,833
16	.85,244	66	3.51,633	16	.85,556	66	3.52,917	16	.85,867	66	3.54,200
17	.90,572	67	3.56,961	17	.90,903	67	3.58,264	17	.91,233	67	3.59,567
18	.95,900	68	3.62,289	18	.96,250	68	3.63,611	18	.96,600	68	3.64,933
19	1.01,228	69	3.67,617	19	1.01,597	69	3.68,958	19	1.01,967	69	3.70,300
20	1.06,556	70	3.72,944	20	1.06,944	70	3.74,306	20	1.07,333	70	3.75,667
21	1.11,883	71	3.78,272	21	1.12,292	71	3.79,653	21	1.12,700	71	3.81,033
22	1.17,211	72	3.83,600	22	1.17,639	72	3.85,000	22	1.18,067	72	3.86,400
23	1.22,539	73	3.88,928	23	1.22,986	73	3.90,347	23	1.23,433	73	3.91,767
24	1.27,867	74	3.94,256	24	1.28,333	74	3.95,694	24	1.28,800	74	3.97,133
25	1.33,194	75	3.99,583	25	1.33,681	75	4.01,042	25	1.34,167	75	4.02,500
26	1.38,522	76	4.04,911	26	1.39,028	76	4.06,389	26	1.39,533	76	4.07,867
27	1.43,850	77	4.10,239	27	1.44,375	77	4.11,736	27	1.44,900	77	4.13,233
28	1.49,178	78	4.15,567	28	1.49,722	78	4.17,083	28	1.50,267	78	4.18,600
29	1.54,506	79	4.20,894	29	1.55,069	79	4.22,431	29	1.55,633	79	4.23,967
30	1.59,833	80	4.26,222	30	1.60,417	80	4.27,778	30	1.61,000	80	4.29,333
31	1.65,161	81	4.31,550	31	1.65,764	81	4.33,125	31	1.66,367	81	4.34,700
32	1.70,489	82	4.36,878	32	1.71,111	82	4.38,472	32	1.71,733	82	4.40,067
33	1.75,817	83	4.42,206	33	1.76,458	83	4.43,819	33	1.77,100	83	4.45,433
34	1.81,144	84	4.47,533	34	1.81,806	84	4.49,167	34	1.82,467	84	4.50,800
35	1.86,472	85	4.52,861	35	1.87,153	85	4.54,514	35	1.87,833	85	4.56,167
36	1.91,800	86	4.58,189	36	1.92,500	86	4.59,861	36	1.93,200	86	4.61,533
37	1.97,128	87	4.63,517	37	1.97,847	87	4.65,208	37	1.98,567	87	4.66,900
38	2.02,456	88	4.68,844	38	2.03,194	88	4.70,556	38	2.03,933	88	4.72,267
39	2.07,783	89	4.74,172	39	2.08,542	89	4.75,903	39	2.09,300	89	4.77,633
40	2.13,111	90	4.79,500	40	2.13,889	90	4.81,250	40	2.14,667	90	4.83,000
41	2.18,439	91	4.84,828	41	2.19,236	91	4.86,597	41	2.20,033	91	4.88,367
42	2.23,767	92	4.90,156	42	2.24,583	92	4.91,944	42	2.25,400	92	4.93,733
43	2.29,094	93	4.95,483	43	2.29,931	93	4.97,292	43	2.30,767	93	4.99,100
44	2.34,422	94	5.00,811	44	2.35,278	94	5.02,639	44	2.36,133	94	5.04,467
45	2.39,750	95	5.06,139	45	2.40,625	95	5.07,986	45	2.41,500	95	5.09,833
46	2.45,078	96	5.11,467	46	2.45,972	96	5.13,333	46	2.46,867	96	5.15,200
47	2.50,406	97	5.16,794	47	2.51,319	97	5.18,681	47	2.52,233	97	5.20,567
48	2.55,733	98	5.22,122	48	2.56,667	98	5.24,028	48	2.57,600	98	5.25,933
49	2.61,061	99	5.27,450	49	2.62,014	99	5.29,375	49	2.62,967	99	5.31,300
50	2.66,389	**274 Days.**		50	2.67,361	**275 Days.**		50	2.68,333	**276 Days.**	

ONE YEAR.

Prin.	Interest.	Prin.	Interest.	Prin.	Interest.	Prin.	Interest.	Prin.	Interest.
51	3.57,00	61	4.27,00	71	4.97,00	81	5.67,00	91	6.37,00
52	3.64,00	62	4.34,00	72	5.04,00	82	5.74,00	92	6.44,00
53	3.71,00	63	4.41,00	73	5.11,00	83	5.81,00	93	6.51,00
54	3.78,00	64	4.48,00	74	5.18,00	84	5.88,00	94	6.58,00
55	3.85,00	65	4.55,00	75	5.25,00	85	5.95,00	95	6.65,00
56	3.92,00	66	4.62,00	76	5.32,00	86	6.02,00	96	6.72,00
57	3.99,00	67	4.69,00	77	5.39,00	87	6.09,00	97	6.79,00
58	4.06,00	68	4.76,00	78	5.46,00	88	6.16,00	98	6.86,00
59	4.13,00	69	4.83,00	79	5.53,00	89	6.23,00	99	6.93,00
60	4.20,00	70	4.90,00	80	5.60,00	90	6.30,00		

INTEREST AT SEVEN PER CENT.

9 Months and 7 Days.

Prin.	Interest.	Prin.	Interest.
1	.05,386	51	2.74,692
2	.10,772	52	2.80,078
3	.16,158	53	2.85,464
4	.21,544	54	2.90,850
5	.26,931	55	2.96,236
6	.32,317	56	3.01,622
7	.37,703	57	3.07,008
8	.43,089	58	3.12,394
9	.48,475	59	3.17,781
10	.53,861	60	3.23,167
11	.59,247	61	3.28,553
12	.64,633	62	3.33,939
13	.70,019	63	3.39,325
14	.75,406	64	3.44,711
15	.80,792	65	3.50,097
16	.86,178	66	3.55,483
17	.91,564	67	3.60,869
18	.96,950	68	3.66,256
19	1.02,336	69	3.71,642
20	1.07,722	70	3.77,028
21	1.13,108	71	3.82,414
22	1.18,494	72	3.87,800
23	1.23,881	73	3.93,186
24	1.29,267	74	3.98,572
25	1.34,653	75	4.03,958
26	1.40,039	76	4.09,344
27	1.45,425	77	4.14,731
28	1.50,811	78	4.20,117
29	1.56,197	79	4.25,503
30	1.61,583	80	4.30,889
31	1.66,969	81	4.36,275
32	1.72,356	82	4.41,661
33	1.77,742	83	4.47,047
34	1.83,128	84	4.52,433
35	1.88,514	85	4.57,819
36	1.93,900	86	4.63,206
37	1.99,286	87	4.68,592
38	2.04,672	88	4.73,978
39	2.10,058	89	4.79,364
40	2.15,444	90	4.84,750
41	2.20,831	91	4.90,136
42	2.26,217	92	4.95,522
43	2.31,603	93	5.00,908
44	2.36,989	94	5.06,294
45	2.42,375	95	5.11,681
46	2.47,761	96	5.17,067
47	2.53,147	97	5.22,453
48	2.58,533	98	5.27,839
49	2.63,919	99	5.33,225
50	2.69,306		**277 Days.**

9 Months and 8 Days.

Prin.	Interest.	Prin.	Interest.
1	.05,406	51	2.75,683
2	.10,811	52	2.81,089
3	.16,217	53	2.86,494
4	.21,622	54	2.91,900
5	.27,028	55	2.97,306
6	.32,433	56	3.02,711
7	.37,839	57	3.08,117
8	.43,244	58	3.13,522
9	.48,650	59	3.18,928
10	.54,056	60	3.24,333
11	.59,461	61	3.29,739
12	.64,867	62	3.35,144
13	.70,272	63	3.40,550
14	.75,678	64	3.45,956
15	.81,083	65	3.51,361
16	.86,489	66	3.56,767
17	.91,894	67	3.62,172
18	.97,300	68	3.67,578
19	1.02,706	69	3.72,983
20	1.08,111	70	3.78,389
21	1.13,517	71	3.83,794
22	1.18,922	72	3.89,200
23	1.24,328	73	3.94,606
24	1.29,733	74	4.00,011
25	1.35,139	75	4.05,417
26	1.40,544	76	4.10,822
27	1.45,950	77	4.16,228
28	1.51,356	78	4.21,633
29	1.56,761	79	4.27,039
30	1.62,167	80	4.32,444
31	1.67,572	81	4.37,850
32	1.72,978	82	4.43,256
33	1.78,383	83	4.48,661
34	1.83,789	84	4.54,067
35	1.89,194	85	4.59,472
36	1.94,600	86	4.64,878
37	2.00,006	87	4.70,283
38	2.05,411	88	4.75,689
39	2.10,817	89	4.81,094
40	2.16,222	90	4.86,500
41	2.21,628	91	4.91,906
42	2.27,033	92	4.97,311
43	2.32,439	93	5.02,717
44	2.37,844	94	5.08,122
45	2.43,250	95	5.13,528
46	2.48,656	96	5.18,933
47	2.54,061	97	5.24,339
48	2.59,467	98	5.29,744
49	2.64,872	99	5.35,150
50	2.70,278		**278 Days.**

9 Months and 9 Days.

Prin.	Interest.	Prin.	Interest.
1	.05,425	51	2.76,675
2	.10,850	52	2.82,100
3	.16,275	53	2.87,525
4	.21,700	54	2.92,950
5	.27,125	55	2.98,375
6	.32,550	56	3.03,800
7	.37,975	57	3.09,225
8	.43,400	58	3.14,650
9	.48,825	59	3.20,075
10	.54,250	60	3.25,500
11	.59,675	61	3.30,925
12	.65,100	62	3.36,350
13	.70,525	63	3.41,775
14	.75,950	64	3.47,200
15	.81,375	65	3.52,625
16	.86,800	66	3.58,050
17	.92,225	67	3.63,475
18	.97,650	68	3.68,900
19	1.03,075	69	3.74,325
20	1.08,500	70	3.79,750
21	1.13,925	71	3.85,175
22	1.19,350	72	3.90,600
23	1.24,775	73	3.96,025
24	1.30,200	74	4.01,450
25	1.35,625	75	4.06,875
26	1.41,050	76	4.12,300
27	1.46,475	77	4.17,725
28	1.51,900	78	4.23,150
29	1.57,325	79	4.28,575
30	1.62,750	80	4.34,000
31	1.68,175	81	4.39,425
32	1.73,600	82	4.44,850
33	1.79,025	83	4.50,275
34	1.84,450	84	4.55,700
35	1.89,875	85	4.61,125
36	1.95,300	86	4.66,550
37	2.00,725	87	4.71,975
38	2.06,150	88	4.77,400
39	2.11,575	89	4.82,825
40	2.17,000	90	4.88,250
41	2.22,425	91	4.93,675
42	2.27,850	92	4.99,100
43	2.33,275	93	5.04,525
44	2.38,700	94	5.09,950
45	2.44,125	95	5.15,375
46	2.49,550	96	5.20,800
47	2.54,975	97	5.26,225
48	2.60,400	98	5.31,650
49	2.65,825	99	5.37,075
50	2.71,250		**279 Days.**

ONE YEAR.

Prin.	Interest.	Prin.	Interest.	Prin.	Interest.	Prin.	Interest.	Prin.	Interest.
1	.07,00	11	.77,00	21	1.47,00	31	2.17,09	41	2.87,00
2	.14,00	12	.84,00	22	1.54,00	32	2.24,00	42	2.94,00
3	.21,00	13	.91,00	23	1.61,00	33	2.31,00	43	3.01,00
4	.28,00	14	.98,00	24	1.68,00	34	2.38,00	44	3.08,00
5	.35,00	15	1.05,00	25	1.75,00	35	2.45,00	45	3.15,00
6	.42,00	16	1.12,00	26	1.82,00	36	2.52,00	46	3.22,00
7	.49,00	17	1.19,00	27	1.89,00	37	2.59,00	47	3.29,00
8	.56,00	18	1.26,00	28	1.96,00	38	2.66,00	48	3.36,00
9	.63,00	19	1.33,00	29	2.03,00	39	2.73,00	49	3.43,00
10	.70,00	20	1.40,00	30	2.10,00	40	2.80,00	50	3.50,00

INTEREST AT SEVEN PER CENT.

9 Months and 10 Days.

Prin.	Interest.	Prin.	Interest.
1	.05,444	51	2.77,667
2	.10,889	52	2.83,111
3	.16,333	53	2.88,556
4	.21,778	54	2.94,000
5	.27,222	55	2.99,444
6	.32,667	56	3.04,889
7	.38,111	57	3.10,333
8	.43,556	58	3.15,778
9	.49,000	59	3.21,222
10	.54,444	60	3.26,667
11	.59,889	61	3.32,111
12	.65,333	62	3.37,556
13	.70,778	63	3.43,000
14	.76,222	64	3.48,444
15	.81,667	65	3.53,889
16	.87,111	66	3.59,333
17	.92,556	67	3.64,778
18	.98,000	68	3.70,222
19	1.03,444	69	3.75,667
20	1.08,889	70	3.81,111
21	1.14,333	71	3.86,556
22	1.19,778	72	3.92,000
23	1.25,222	73	3.97,444
24	1.30,667	74	4.02,889
25	1.36,111	75	4.08,333
26	1.41,556	76	4.13,778
27	1.47,000	77	4.19,222
28	1.52,444	78	4.24,667
29	1.57,889	79	4.30,111
30	1.63,333	80	4.35,556
31	1.68,778	81	4.41,000
32	1.74,222	82	4.46,444
33	1.79,667	83	4.51,889
34	1.85,111	84	4.57,333
35	1.90,556	85	4.62,778
36	1.96,000	86	4.68,222
37	2.01,444	87	4.73,667
38	2.06,889	88	4.79,111
39	2.12,333	89	4.84,556
40	2.17,778	90	4.90,000
41	2.23,222	91	4.95,444
42	2.28,667	92	5.00,889
43	2.34,111	93	5.06,333
44	2.39,556	94	5.11,778
45	2.45,000	95	5.17,222
46	2.50,444	96	5.22,667
47	2.55,889	97	5.28,111
48	2.61,333	98	5.33,556
49	2.66,778	99	5.39,000
50	2.72,222		**280 Days.**

9 Months and 11 Days.

Prin.	Interest.	Prin.	Interest.
1	.05,464	51	2.78,658
2	.10,928	52	2.84,122
3	.16,392	53	2.89,586
4	.21,856	54	2.95,050
5	.27,319	55	3.00,514
6	.32,783	56	3.05,978
7	.38,247	57	3.11,442
8	.43,711	58	3.16,906
9	.49,175	59	3.22,369
10	.54,639	60	3.27,833
11	.60,103	61	3.33,297
12	.65,567	62	3.38,761
13	.71,031	63	3.44,225
14	.76,494	64	3.49,689
15	.81,958	65	3.55,153
16	.87,422	66	3.60,617
17	.92,886	67	3.66,081
18	.98,350	68	3.71,544
19	1.03,814	69	3.77,008
20	1.09,278	70	3.82,472
21	1.14,742	71	3.87,936
22	1.20,206	72	3.93,400
23	1.25,669	73	3.98,864
24	1.31,133	74	4.04,328
25	1.36,597	75	4.09,792
26	1.42,061	76	4.15,256
27	1.47,525	77	4.20,719
28	1.52,989	78	4.26,183
29	1.58,453	79	4.31,647
30	1.63,917	80	4.37,111
31	1.69,381	81	4.42,575
32	1.74,844	82	4.48,039
33	1.80,308	83	4.53,503
34	1.85,772	84	4.58,967
35	1.91,236	85	4.64,431
36	1.96,700	86	4.69,894
37	2.02,164	87	4.75,358
38	2.07,628	88	4.80,822
39	2.13,092	89	4.86,286
40	2.18,556	90	4.91,750
41	2.24,019	91	4.97,214
42	2.29,483	92	5.02,678
43	2.34,947	93	5.08,142
44	2.40,411	94	5.13,606
45	2.45,875	95	5.19,069
46	2.51,339	96	5.24,533
47	2.56,803	97	5.29,997
48	2.62,267	98	5.35,461
49	2.67,731	99	5.40,925
50	2.73,194		**281 Days.**

9 Months and 12 Days.

Prin.	Interest.	Prin.	Interest.
1	.05,483	51	2.79,650
2	.10,967	52	2.85,133
3	.16,450	53	2.90,617
4	.21,933	54	2.96,100
5	.27,417	55	3.01,583
6	.32,900	56	3.07,067
7	.38,383	57	3.12,550
8	.43,867	58	3.18,033
9	.49,350	59	3.23,517
10	.54,833	60	3.29,000
11	.60,317	61	3.34,483
12	.65,800	62	3.39,967
13	.71,283	63	3.45,450
14	.76,767	64	3.50,933
15	.82,250	65	3.56,417
16	.87,733	66	3.61,900
17	.93,217	67	3.67,383
18	.98,700	68	3.72,867
19	1.04,183	69	3.78,350
20	1.09,667	70	3.83,833
21	1.15,150	71	3.89,317
22	1.20,633	72	3.94,800
23	1.26,117	73	4.00,283
24	1.31,600	74	4.05,767
25	1.37,083	75	4.11,250
26	1.42,567	76	4.16,733
27	1.48,050	77	4.22,217
28	1.53,533	78	4.27,700
29	1.59,017	79	4.33,183
30	1.64,500	80	4.38,667
31	1.69,983	81	4.44,150
32	1.75,467	82	4.49,633
33	1.80,950	83	4.55,117
34	1.86,433	84	4.60,600
35	1.91,917	85	4.66,083
36	1.97,400	86	4.71,567
37	2.02,883	87	4.77,050
38	2.08,367	88	4.82,533
39	2.13,850	89	4.88,017
40	2.19,333	90	4.93,500
41	2.24,817	91	4.98,983
42	2.30,300	92	5.04,467
43	2.35,783	93	5.09,950
44	2.41,267	94	5.15,433
45	2.46,750	95	5.20,917
46	2.52,233	96	5.26,400
47	2.57,717	97	5.31,883
48	2.63,200	98	5.37,367
49	2.68,683	99	5.42,850
50	2.74,167		**282 Days.**

ONE YEAR.

Prin.	Interest.	Prin.	Interest.	Prin.	Interest.	Prin.	Interest.	Prin.	Interest.
51	3.57,00	61	4.27,00	71	4.97,00	81	5.67,00	91	6.37,00
52	3.64,00	62	4.34,00	72	5.04,00	82	5.74,00	92	6.44,00
53	3.71,00	63	4.41,00	73	5.11,00	83	5.81,00	93	6.51,00
54	3.78,00	64	4.48,00	74	5.18,00	84	5.88,00	94	6.58,00
55	3.85,00	65	4.55,00	75	5.25,00	85	5.95,00	95	6.65,00
56	3.92,00	66	4.62,00	76	5.32,00	86	6.02,00	96	6.72,00
57	3.99,00	67	4.69,00	77	5.39,00	87	6.09,00	97	6.79,00
58	4.06,00	68	4.76,00	78	5.46,00	88	6.16,00	98	6.86,00
59	4.13,00	69	4.83,00	79	5.53,00	89	6.23,00	99	6.93,00
60	4.20,00	70	4.90,00	80	5.60,00	90	6.30,00		

INTEREST AT SEVEN PER CENT.

9 Months and 13 Days.

Prin.	Interest.	Prin.	Interest.
1	.05,503	51	2.80,642
2	.11,006	52	2.86,144
3	.16,508	53	2.91,647
4	.22,011	54	2.97,150
5	.27,514	55	3.02,653
6	.33,017	56	3.08,156
7	.38,519	57	3.13,658
8	.44,022	58	3.19,161
9	.49,525	59	3.24,664
10	.55,028	60	3.30,167
11	.60,531	61	3.35,669
12	.66,033	62	3.41,172
13	.71,536	63	3.46,675
14	.77,039	64	3.52,178
15	.82,542	65	3.57,681
16	.88,044	66	3.63,183
17	.93,547	67	3.68,686
18	.99,050	68	3.74,189
19	1.04,553	69	3.79,692
20	1.10,056	70	3.85,194
21	1.15,558	71	3.90,697
22	1.21,061	72	3.96,200
23	1.26,564	73	4.01,703
24	1.32,067	74	4.07,206
25	1.37,569	75	4.12,708
26	1.43,072	76	4.18,211
27	1.48,575	77	4.23,714
28	1.54,078	78	4.29,217
29	1.59,581	79	4.34,719
30	1.65,083	80	4.40,222
31	1.70,586	81	4.45,725
32	1.76,089	82	4.51,228
33	1.81,592	83	4.56,731
34	1.87,094	84	4.62,233
35	1.92,597	85	4.67,736
36	1.98,100	86	4.73,239
37	2.03,603	87	4.78,742
38	2.09,106	88	4.84,244
39	2.14,608	89	4.89,747
40	2.20,111	90	4.95,250
41	2.25,614	91	5.00,753
42	2.31,117	92	5.06,256
43	2.36,619	93	5.11,758
44	2.42,122	94	5.17,261
45	2.47,625	95	5.22,764
46	2.53,128	96	5.28,267
47	2.58,631	97	5.33,769
48	2.64,133	98	5.39,272
49	2.69,636	99	5.44,775
50	2.75,139	**283 Days.**	

9 Months and 14 Days.

Prin.	Interest.	Prin.	Interest.
1	.05,522	51	2.81,633
2	.11,044	52	2.87,156
3	.16,567	53	2.92,678
4	.22,089	54	2.98,200
5	.27,611	55	3.03,722
6	.33,133	56	3.09,244
7	.38,656	57	3.14,767
8	.44,178	58	3.20,289
9	.49,700	59	3.25,811
10	.55,222	60	3.31,333
11	.60,744	61	3.36,856
12	.66,267	62	3.42,378
13	.71,789	63	3.47,900
14	.77,311	64	3.53,422
15	.82,833	65	3.58,944
16	.88,356	66	3.64,467
17	.93,878	67	3.69,989
18	.99,400	68	3.75,511
19	1.04,922	69	3.81,033
20	1.10,444	70	3.86,556
21	1.15,967	71	3.92,078
22	1.21,489	72	3.97,600
23	1.27,011	73	4.03,122
24	1.32,533	74	4.08,644
25	1.38,056	75	4.14,167
26	1.43,578	76	4.19,689
27	1.49,100	77	4.25,211
28	1.54,622	78	4.30,733
29	1.60,144	79	4.36,256
30	1.65,667	80	4.41,778
31	1.71,189	81	4.47,300
32	1.76,711	82	4.52,822
33	1.82,233	83	4.58,344
34	1.87,756	84	4.63,867
35	1.93,278	85	4.69,389
36	1.98,800	86	4.74,911
37	2.04,322	87	4.80,433
38	2.09,844	88	4.85,956
39	2.15,367	89	4.91,478
40	2.20,889	90	4.97,000
41	2.26,411	91	5.02,522
42	2.31,933	92	5.08,044
43	2.37,456	93	5.13,567
44	2.42,978	94	5.19,089
45	2.48,500	95	5.24,611
46	2.54,022	96	5.30,133
47	2.59,544	97	5.35,656
48	2.65,067	98	5.41,178
49	2.70,589	99	5.46,700
50	2.76,111	**284 Days.**	

9 Months and 15 Days.

Prin.	Interest.	Prin.	Interest.
1	.05,542	51	2.82,625
2	.11,083	52	2.88,167
3	.16,625	53	2.93,708
4	.22,167	54	2.99,250
5	.27,708	55	3.04,792
6	.33,250	56	3.10,333
7	.38,792	57	3.15,875
8	.44,333	58	3.21,417
9	.49,875	59	3.26,958
10	.55,417	60	3.32,500
11	.60,958	61	3.38,042
12	.66,500	62	3.43,583
13	.72,042	63	3.49,125
14	.77,583	64	3.54,667
15	.83,125	65	3.60,208
16	.88,667	66	3.65,750
17	.94,208	67	3.71,292
18	.99,750	68	3.76,833
19	1.05,292	69	3.82,375
20	1.10,833	70	3.87,917
21	1.16,375	71	3.93,458
22	1.21,917	72	3.99,000
23	1.27,458	73	4.04,542
24	1.33,000	74	4.10,083
25	1.38,542	75	4.15,625
26	1.44,083	76	4.21,167
27	1.49,625	77	4.26,708
28	1.55,167	78	4.32,250
29	1.60,708	79	4.37,792
30	1.66,250	80	4.43,333
31	1.71,792	81	4.48,875
32	1.77,333	82	4.54,417
33	1.82,875	83	4.59,958
34	1.88,417	84	4.65,500
35	1.93,958	85	4.71,042
36	1.99,500	86	4.76,583
37	2.05,042	87	4.82,125
38	2.10,583	88	4.87,667
39	2.16,125	89	4.93,208
40	2.21,667	90	4.98,750
41	2.27,208	91	5.04,292
42	2.32,750	92	5.09,833
43	2.38,292	93	5.15,375
44	2.43,833	94	5.20,917
45	2.49,375	95	5.26,458
46	2.54,917	96	5.32,000
47	2.60,458	97	5.37,542
48	2.66,000	98	5.43,083
49	2.71,542	99	5.48,625
50	2.77,083	**285 Days.**	

ONE YEAR.

Prin.	Interest.	Prin.	Interest.	Prin.	Interest.	Prin.	Interest.	Prin.	Interest.
1	.07,00	11	.77,00	21	1.47,00	31	2.17,00	41	2.87,00
2	.14,00	12	.84,00	22	1.54,00	32	2.24,00	42	2.94,00
3	.21,00	13	.91,00	23	1.61,00	33	2.31,00	43	3.01,00
4	.28,00	14	.98,00	24	1.68,00	34	2.38,00	44	3.08,00
5	.35,00	15	1.05,00	25	1.75,00	35	2.45,00	45	3.15,00
6	.42,00	16	1.12,00	26	1.82,00	36	2.52,00	46	3.22,00
7	.49,00	17	1.19,00	27	1.89,00	37	2.59,00	47	3.29,00
8	.56,00	18	1.26,00	28	1.96,00	38	2.66,00	48	3.36,00
9	.63,00	19	1.33,00	29	2.03,00	39	2.73,00	49	3.43,00
10	.70,00	20	1.40,00	30	2.10,00	40	2.80,00	50	3.50,00

INTEREST AT SEVEN PER CENT.

9 Months and 16 Days.

Prin.	Interest.	Prin.	Interest.
1	.05,561	51	2.83,617
2	.11,122	52	2.89,178
3	.16,683	53	2.94,739
4	.22,244	54	3.00,300
5	.27,806	55	3.05,861
6	.33,367	56	3.11,422
7	.38,928	57	3.16,983
8	.44,489	58	3.22,544
9	.50,050	59	3.28,106
10	.55,611	60	3.33,667
11	.61,172	61	3.39,228
12	.66,733	62	3.44,789
13	.72,294	63	3.50,350
14	.77,856	64	3.55,911
15	.83,417	65	3.61,472
16	.88,978	66	3.67,033
17	.94,539	67	3.72,594
18	1.00,100	68	3.78,156
19	1.05,661	69	3.83,717
20	1.11,222	70	3.89,278
21	1.16,783	71	3.94,839
22	1.22,344	72	4.00,400
23	1.27,906	73	4.05,961
24	1.33,467	74	4.11,522
25	1.39,028	75	4.17,083
26	1.44,589	76	4.22,644
27	1.50,150	77	4.28,206
28	1.55,711	78	4.33,767
29	1.61,272	79	4.39,328
30	1.66,833	80	4.44,889
31	1.72,394	81	4.50,450
32	1.77,956	82	4.56,011
33	1.83,517	83	4.61,572
34	1.89,078	84	4.67,133
35	1.94,639	85	4.72,694
36	2.00,200	86	4.78,256
37	2.05,761	87	4.83,817
38	2.11,322	88	4.89,378
39	2.16,883	89	4.94,939
40	2.22,444	90	5.00,500
41	2.28,006	91	5.06,061
42	2.33,567	92	5.11,622
43	2.39,128	93	5.17,183
44	2.44,689	94	5.22,744
45	2.50,250	95	5.28,306
46	2.55,811	96	5.33,867
47	2.61,372	97	5.39,428
48	2.66,933	98	5.44,989
49	2.72,494	99	5.50,550
50	2.78,056	**286 Days.**	

9 Months and 17 Days.

Prin.	Interest.	Prin.	Interest.
1	.05,581	51	2.84,608
2	.11,161	52	2.90,189
3	.16,742	53	2.95,769
4	.22,322	54	3.01,350
5	.27,903	55	3.06,931
6	.33,483	56	3.12,511
7	.39,064	57	3.18,092
8	.44,644	58	3.23,672
9	.50,225	59	3.29,253
10	.55,806	60	3.34,833
11	.61,386	61	3.40,414
12	.66,967	62	3.45,994
13	.72,547	63	3.51,575
14	.78,128	64	3.57,156
15	.83,708	65	3.62,736
16	.89,289	66	3.68,317
17	.94,869	67	3.73,897
18	1.00,450	68	3.79,478
19	1.06,031	69	3.85,058
20	1.11,611	70	3.90,639
21	1.17,192	71	3.96,219
22	1.22,772	72	4.01,800
23	1.28,353	73	4.07,381
24	1.33,933	74	4.12,961
25	1.39,514	75	4.18,542
26	1.45,094	76	4.24,122
27	1.50,675	77	4.29,703
28	1.56,256	78	4.35,283
29	1.61,836	79	4.40,864
30	1.67,417	80	4.46,444
31	1.72,997	81	4.52,025
32	1.78,578	82	4.57,606
33	1.84,158	83	4.63,186
34	1.89,739	84	4.68,767
35	1.95,319	85	4.74,347
36	2.00,900	86	4.79,928
37	2.06,481	87	4.85,508
38	2.12,061	88	4.91,089
39	2.17,642	89	4.96,669
40	2.23,222	90	5.02,250
41	2.28,803	91	5.07,831
42	2.34,383	92	5.13,411
43	2.39,964	93	5.18,992
44	2.45,544	94	5.24,572
45	2.51,125	95	5.30,153
46	2.56,706	96	5.35,733
47	2.62,286	97	5.41,314
48	2.67,867	98	5.46,894
49	2.73,447	99	5.52,475
50	2.79,028	**287 Days.**	

9 Months and 18 Days.

Prin.	Interest.	Prin.	Interest.
1	.05,600	51	2.85,600
2	.11,200	52	2.91,200
3	.16,800	53	2.96,800
4	.22,400	54	3.02,400
5	.28,000	55	3.08,000
6	.33,600	56	3.13,600
7	.39,200	57	3.19,200
8	.44,800	58	3.24,800
9	.50,400	59	3.30,400
10	.56,000	60	3.36,000
11	.61,600	61	3.41,600
12	.67,200	62	3.47,200
13	.72,800	63	3.52,800
14	.78,400	64	3.58,400
15	.84,000	65	3.64,000
16	.89,600	66	3.69,600
17	.95,200	67	3.75,200
18	1.00,800	68	3.80,800
19	1.06,400	69	3.86,400
20	1.12,000	70	3.92,000
21	1.17,600	71	3.97,600
22	1.23,200	72	4.03,200
23	1.28,800	73	4.08,800
24	1.34,400	74	4.14,400
25	1.40,000	75	4.20,000
26	1.45,600	76	4.25,600
27	1.51,200	77	4.31,200
28	1.56,800	78	4.36,800
29	1.62,400	79	4.42,400
30	1.68,000	80	4.48,000
31	1.73,600	81	4.53,600
32	1.79,200	82	4.59,200
33	1.84,800	83	4.64,800
34	1.90,400	84	4.70,400
35	1.96,000	85	4.76,000
36	2.01,600	86	4.81,600
37	2.07,200	87	4.87,200
38	2.12,800	88	4.92,800
39	2.18,400	89	4.98,400
40	2.24,000	90	5.04,000
41	2.29,600	91	5.09,660
42	2.35,200	92	5.15,200
43	2.40,800	93	5.20,800
44	2.46,400	94	5.26,400
45	2.52,000	95	5.32,000
46	2.57,600	96	5.37,600
47	2.63,200	97	5.43,200
48	2.68,800	98	5.48,800
49	2.74,400	99	5.54,400
50	2.80,000	**288 Days.**	

ONE YEAR.

Prin.	Interest.	Prin.	Interest.	Prin.	Interest.	Prin.	Interest.	Prin.	Interest.
51	3.57,00	61	4.27,00	71	4.97,00	81	5.67,00	91	6.37,00
52	3.64,00	62	4.34,00	72	5.04,00	82	5.74,00	92	6.44,00
53	3.71,00	63	4.41,00	73	5.11,00	83	5.81,00	93	6.51,00
54	3.78,00	64	4.48,00	74	5.18,00	84	5.88,00	94	6.58,00
55	3.85,00	65	4.55,00	75	5.25,00	85	5.95,00	95	6.65,00
56	3.92,00	66	4.62,00	76	5.32,00	86	6.02,00	96	6.72,00
57	3.99,00	67	4.69,00	77	5.39,00	87	6.09,00	97	6.79,00
58	4.06,00	68	4.76,00	78	5.46,00	88	6.16,00	98	6.86,00
59	4.13,00	69	4.83,00	79	5.53,00	89	6.23,00	99	6.93,00
60	4.20,00	70	4.90,00	80	5.60,00	90	6.30,00		

INTEREST AT SEVEN PER CENT.

9 Months and 19 Days.

Prin.	Interest.	Prin.	Interest.
1	.05,619	51	2.86,592
2	.11,239	52	2.92,211
3	.16,858	53	2.97,831
4	.22,478	54	3.03,450
5	.28,097	55	3.09,069
6	.33,717	56	3.14,689
7	.39,336	57	3.20,308
8	.44,956	58	3.25,928
9	.50,575	59	3.31,547
10	.56,194	60	3.37,167
11	.61,814	61	3.42,786
12	.67,433	62	3.48,406
13	.73,053	63	3.54,025
14	.78,672	64	3.59,644
15	.84,292	65	3.65,264
16	.89,911	66	3.70,883
17	.95,531	67	3.76,503
18	1.01,150	68	3.82,122
19	1.06,769	69	3.87,742
20	1.12,389	70	3.93,361
21	1.18,008	71	3.98,981
22	1.23,628	72	4.04,600
23	1.29,247	73	4.10,219
24	1.34,867	74	4.15,839
25	1.40,486	75	4.21,458
26	1.46,106	76	4.27,078
27	1.51,725	77	4.32,697
28	1.57,344	78	4.38,317
29	1.62,964	79	4.43,936
30	1.68,583	80	4.49,556
31	1.74,203	81	4.55,175
32	1.79,822	82	4.60,794
33	1.85,442	83	4.66,414
34	1.91,061	84	4.72,033
35	1.96,681	85	4.77,653
36	2.02,300	86	4.83,272
37	2.07,919	87	4.88,892
38	2.13,539	88	4.94,511
39	2.19,158	89	5.00,131
40	2.24,778	90	5.05,750
41	2.30,397	91	5.11,369
42	2.36,017	92	5.16,989
43	2.41,636	93	5.22,608
44	2.47,256	94	5.28,228
45	2.52,875	95	5.33,847
46	2.58,494	96	5.39,467
47	2.64,114	97	5.45,086
48	2.69,733	98	5.50,706
49	2.75,353	99	5.56,325
50	2.80,972	**289 Days.**	

9 Months and 20 Days.

Prin.	Interest.	Prin.	Interest.
1	.05,639	51	2.87,583
2	.11,278	52	2.93,222
3	.16,917	53	2.98,861
4	.22,556	54	3.04,500
5	.28,194	55	3.10,139
6	.33,833	56	3.15,778
7	.39,472	57	3.21,417
8	.45,111	58	3.27,056
9	.50,750	59	3.32,694
10	.56,389	60	3.38,333
11	.62,028	61	3.43,972
12	.67,667	62	3.49,611
13	.73,306	63	3.55,250
14	.78,944	64	3.60,889
15	.84,583	65	3.66,528
16	.90,222	66	3.72,167
17	.95,861	67	3.77,806
18	1.01,500	68	3.83,444
19	1.07,139	69	3.89,083
20	1.12,778	70	3.94,722
21	1.18,417	71	4.00,361
22	1.24,056	72	4.06,000
23	1.29,694	73	4.11,639
24	1.35,333	74	4.17,278
25	1.40,972	75	4.22,917
26	1.46,611	76	4.28,556
27	1.52,250	77	4.34,194
28	1.57,889	78	4.39,833
29	1.63,528	79	4.45,472
30	1.69,167	80	4.51,111
31	1.74,806	81	4.56,750
32	1.80,444	82	4.62,389
33	1.86,083	83	4.68,028
34	1.91,722	84	4.73,667
35	1.97,361	85	4.79,306
36	2.03,000	86	4.84,944
37	2.08,639	87	4.90,583
38	2.14,278	88	4.96,222
39	2.19,917	89	5.01,861
40	2.25,556	90	5.07,500
41	2.31,194	91	5.13,139
42	2.36,833	92	5.18,778
43	2.42,472	93	5.24,417
44	2.48,111	94	5.30,056
45	2.53,750	95	5.35,694
46	2.59,389	96	5.41,333
47	2.65,028	97	5.46,972
48	2.70,667	98	5.52,611
49	2.76,306	99	5.58,250
50	2.81,944	**290 Days.**	

9 Months and 21 Days.

Prin.	Interest.	Prin.	Interest.
1	.05,658	51	2.88,575
2	.11,317	52	2.94,233
3	.16,975	53	2.99,892
4	.22,633	54	3.05,550
5	.28,292	55	3.11,208
6	.33,950	56	3.16,867
7	.39,608	57	3.22,525
8	.45,267	58	3.28,183
9	.50,925	59	3.33,842
10	.56,583	60	3.39,500
11	.62,242	61	3.45,158
12	.67,900	62	3.50,817
13	.73,558	63	3.56,475
14	.79,217	64	3.62,133
15	.84,875	65	3.67,792
16	.90,533	66	3.73,450
17	.96,192	67	3.79,108
18	1.01,850	68	3.84,767
19	1.07,508	69	3.90,425
20	1.13,167	70	3.96,083
21	1.18,825	71	4.01,742
22	1.24,483	72	4.07,400
23	1.30,142	73	4.13,058
24	1.35,800	74	4.18,717
25	1.41,458	75	4.24,375
26	1.47,117	76	4.30,033
27	1.52,775	77	4.35,692
28	1.58,433	78	4.41,350
29	1.64,092	79	4.47,008
30	1.69,750	80	4.52,667
31	1.75,408	81	4.58,325
32	1.81,067	82	4.63,983
33	1.86,725	83	4.69,642
34	1.92,383	84	4.75,300
35	1.98,042	85	4.80,958
36	2.03,700	86	4.86,617
37	2.09,358	87	4.92,275
38	2.15,017	88	4.97,933
39	2.20,675	89	5.03,592
40	2.26,333	90	5.09,250
41	2.31,992	91	5.14,908
42	2.37,650	92	5.20,567
43	2.43,308	93	5.26,225
44	2.48,967	94	5.31,883
45	2.54,625	95	5.37,542
46	2.60,283	96	5.43,200
47	2.65,942	97	5.48,858
48	2.71,600	98	5.54,517
49	2.77,258	99	5.60,175
50	2.82,917	**291 Days.**	

ONE YEAR.

Prin.	Interest.	Prin.	Interest.	Prin.	Interest.	Prin.	Interest.	Prin.	Interest.
1	.07,00	11	.77,00	21	1.47,00	31	2.17,00	41	2.87,00
2	.14,00	12	.84,00	22	1.54,00	32	2.24,00	42	2.94,00
3	.21,00	13	.91,00	23	1.61,00	33	2.31,00	43	3.01,00
4	.28,00	14	.98,00	24	1.68,00	34	2.38,00	44	3.08,00
5	.35,00	15	1.05,00	25	1.75,00	35	2.45,00	45	3.15,00
6	.42,00	16	1.12,00	26	1.82,00	36	2.52,00	46	3.22,00
7	.49,00	17	1.19,00	27	1.89,00	37	2.59,00	47	3.29,00
8	.56,00	18	1.26,00	28	1.96,00	38	2.66,00	48	3.36,00
9	.63,00	19	1.33,00	29	2.03,00	39	2.73,00	49	3.43,00
10	.70,00	20	1.40,00	30	2.10,00	40	2.80,00	50	3.50,00

INTEREST AT SEVEN PER CENT.

9 Months and 22 Days.

Prin.	Interest.	Prin.	Interest.
1	.05,678	51	2.89,567
2	.11,356	52	2.95,244
3	.17,033	53	3.00,922
4	.22,711	54	3.06,600
5	.28,389	55	3.12,278
6	.34,067	56	3.17,956
7	.39,744	57	3.23,633
8	.45,422	58	3.29,311
9	.51,100	59	3.34,989
10	.56,778	60	3.40,667
11	.62,456	61	3.46,344
12	.68,133	62	3.52,022
13	.73,811	63	3.57,700
14	.79,489	64	3.63,378
15	.85,167	65	3.69,056
16	.90,844	66	3.74,733
17	.96,522	67	3.80,411
18	1.02,200	68	3.86,089
19	1.07,878	69	3.91,767
20	1.13,556	70	3.97,444
21	1.19,233	71	4.03,122
22	1.24,911	72	4.08,800
23	1.30,589	73	4.14,478
24	1.36,267	74	4.20,156
25	1.41,944	75	4.25,833
26	1.47,622	76	4.31,511
27	1.53,300	77	4.37,189
28	1.58,978	78	4.42,867
29	1.64,656	79	4.48,544
30	1.70,333	80	4.54,222
31	1.76,011	81	4.59,900
32	1.81,689	82	4.65,578
33	1.87,367	83	4.71,256
34	1.93,044	84	4.76,933
35	1.98,722	85	4.82,611
36	2.04,400	86	4.88,289
37	2.10,078	87	4.93,967
38	2.15,756	88	4.99,644
39	2.21,433	89	5.05,322
40	2.27,111	90	5.11,000
41	2.32,789	91	5.16,678
42	2.38,467	92	5.22,356
43	2.44,144	93	5.28,033
44	2.49,822	94	5.33,711
45	2.55,500	95	5.39,389
46	2.61,178	96	5.45,067
47	2.66,856	97	5.50,744
48	2.72,533	98	5.56,422
49	2.78,211	99	5.62,100
50	2.83,889	**292 Days.**	

9 Months and 23 Days.

Prin.	Interest.	Prin.	Interest.
1	.05,697	51	2.90,558
2	.11,394	52	2.96,256
3	.17,092	53	3.01,953
4	.22,789	54	3.07,650
5	.28,486	55	3.13,347
6	.34,183	56	3.19,044
7	.39,881	57	3.24,742
8	.45,578	58	3.30,439
9	.51,275	59	3.36,136
10	.56,972	60	3.41,833
11	.62,669	61	3.47,531
12	.68,367	62	3.53,228
13	.74,064	63	3.58,925
14	.79,761	64	3.64,622
15	.85,458	65	3.70,319
16	.91,156	66	3.76,017
17	.96,853	67	3.81,714
18	1.02,550	68	3.87,411
19	1.08,247	69	3.93,108
20	1.13,944	70	3.98,806
21	1.19,642	71	4.04,503
22	1.25,339	72	4.10,200
23	1.31,036	73	4.15,897
24	1.36,733	74	4.21,594
25	1.42,431	75	4.27,292
26	1.48,128	76	4.32,989
27	1.53,825	77	4.38,686
28	1.59,522	78	4.44,383
29	1.65,219	79	4.50,081
30	1.70,917	80	4.55,778
31	1.76,614	81	4.61,475
32	1.82,311	82	4.67,172
33	1.88,008	83	4.72,869
34	1.93,706	84	4.78,567
35	1.99,403	85	4.84,264
36	2.05,100	86	4.89,961
37	2.10,797	87	4.95,658
38	2.16,494	88	5.01,356
39	2.22,192	89	5.07,053
40	2.27,889	90	5.12,750
41	2.33,586	91	5.18,447
42	2.39,283	92	5.24,144
43	2.44,981	93	5.29,842
44	2.50,678	94	5.35,539
45	2.56,375	95	5.41,236
46	2.62,072	96	5.46,933
47	2.67,769	97	5.52,631
48	2.73,467	98	5.58,328
49	2.79,164	99	5.64,025
50	2.84,861	**293 Days.**	

9 Months and 24 Days.

Prin.	Interest.	Prin.	Interest.
1	.05,717	51	2.91,550
2	.11,433	52	2.97,267
3	.17,150	53	3.02,983
4	.22,867	54	3.08,700
5	.28,583	55	3.14,417
6	.34,300	56	3.20,133
7	.40,017	57	3.25,850
8	.45,733	58	3.31,567
9	.51,450	59	3.37,283
10	.57,167	60	3.43,000
11	.62,883	61	3.48,717
12	.68,600	62	3.54,433
13	.74,317	63	3.60,150
14	.80,033	64	3.65,867
15	.85,750	65	3.71,583
16	.91,467	66	3.77,300
17	.97,183	67	3.83,017
18	1.02,900	68	3.88,733
19	1.08,617	69	3.94,450
20	1.14,333	70	4.00,167
21	1.20,050	71	4.05,883
22	1.25,767	72	4.11,600
23	1.31,483	73	4.17,317
24	1.37,200	74	4.23,033
25	1.42,917	75	4.28,750
26	1.48,633	76	4.34,467
27	1.54,350	77	4.40,183
28	1.60,067	78	4.45,900
29	1.65,783	79	4.51,617
30	1.71,500	80	4.57,333
31	1.77,217	81	4.63,050
32	1.82,933	82	4.68,767
33	1.88,650	83	4.74,483
34	1.94,367	84	4.80,200
35	2.00,083	85	4.85,917
36	2.05,800	86	4.91,633
37	2.11,517	87	4.97,350
38	2.17,233	88	5.03,067
39	2.22,950	89	5.08,783
40	2.28,667	90	5.14,500
41	2.34,383	91	5.20,217
42	2.40,100	92	5.25,933
43	2.45,817	93	5.31,650
44	2.51,533	94	5.37,367
45	2.57,250	95	5.43,083
46	2.62,967	96	5.48,800
47	2.68,683	97	5.54,517
48	2.74,400	98	5.60,233
49	2.80,117	99	5.65,950
50	2.85,833	**294 Days.**	

ONE YEAR.

Prin.	Interest.	Prin.	Interest.	Prin.	Interest.	Prin.	Interest.	Prin.	Interest.
51	3.57,00	61	4.27,00	71	4.97,00	81	5.67,00	91	6.37,00
52	3.64,00	62	4.34,00	72	5.04,00	82	5.74,00	92	6.44,00
53	3.71,00	63	4.41,00	73	5.11,00	83	5.81,00	93	6.51,00
54	3.78,00	64	4.48,00	74	5.18,00	84	5.88,00	94	6.58,00
55	3.85,00	65	4.55,00	75	5.25,00	85	5.95,00	95	6.65,00
56	3.92,00	66	4.62,00	76	5.32,00	86	6.02,00	96	6.72,00
57	3.99,00	67	4.69,00	77	5.39,00	87	6.09,00	97	6.79,00
58	4.06,00	68	4.76,00	78	5.46,00	88	6.16,00	98	6.86,00
59	4.13,00	69	4.83,00	79	5.53,00	89	6.23,00	99	6.93,00
60	4.20,00	70	4.90,00	80	5.60,00	90	6.30,00		

INTEREST AT SEVEN PER CENT.

9 Months and 25 Days.

Prin.	Interest.	Prin.	Interest.
1	.05,736	51	2.92,542
2	.11,472	52	2.98,278
3	.17,208	53	3.04,014
4	.22,944	54	3.09,750
5	.28,681	55	3.15,486
6	.34,417	56	3.21,222
7	.40,153	57	3.26,958
8	.45,889	58	3.32,694
9	.51,625	59	3.38,431
10	.57,361	60	3.44,167
11	.63,097	61	3.49,903
12	.68,833	62	3.55,639
13	.74,569	63	3.61,375
14	.80,306	64	3.67,111
15	.86,042	65	3.72,847
16	.91,778	66	3.78,583
17	.97,514	67	3.84,319
18	1.03,250	68	3.90,056
19	1.08,986	69	3.95,792
20	1.14,722	70	4.01,528
21	1.20,458	71	4.07,264
22	1.26,194	72	4.13,000
23	1.31,931	73	4.18,736
24	1.37,667	74	4.24,472
25	1.43,403	75	4.30,208
26	1.49,139	76	4.35,944
27	1.54,875	77	4.41,681
28	1.60,611	78	4.47,417
29	1.66,347	79	4.53,153
30	1.72,083	80	4.58,889
31	1.77,819	81	4.64,625
32	1.83,556	82	4.70,361
33	1.89,292	83	4.76,097
34	1.95,028	84	4.81,833
35	2.00,764	85	4.87,569
36	2.06,500	86	4.93,306
37	2.12,236	87	4.99,042
38	2.17,972	88	5.04,778
39	2.23,708	89	5.10,514
40	2.29,444	90	5.16,250
41	2.35,181	91	5.21,986
42	2.40,917	92	5.27,722
43	2.46,653	93	5.33,458
44	2.52,389	94	5.39,194
45	2.58,125	95	5.44,931
46	2.63,861	96	5.50,667
47	2.69,597	97	5.56,403
48	2.75,333	98	5.62,139
49	2.81,069	99	5.67,875
50	2.86,806	**295 Days.**	

9 Months and 26 Days.

Prin.	Interest.	Prin.	Interest.
1	.05,756	51	2.93,533
2	.11,511	52	2.99,289
3	.17,267	53	3.05,044
4	.23,022	54	3.10,800
5	.28,778	55	3.16,556
6	.34,533	56	3.22,311
7	.40,289	57	3.28,067
8	.46,044	58	3.33,822
9	.51,800	59	3.39,578
10	.57,556	60	3.45,333
11	.63,311	61	3.51,089
12	.69,067	62	3.56,844
13	.74,822	63	3.62,600
14	.80,578	64	3.68,356
15	.86,333	65	3.74,111
16	.92,089	66	3.79,867
17	.97,844	67	3.85,622
18	1.03,600	68	3.91,378
19	1.09,356	69	3.97,133
20	1.15,111	70	4.02,889
21	1.20,867	71	4.08,644
22	1.26,622	72	4.14,400
23	1.32,378	73	4.20,156
24	1.38,133	74	4.25,911
25	1.43,889	75	4.31,667
26	1.49,644	76	4.37,422
27	1.55,400	77	4.43,178
28	1.61,156	78	4.48,933
29	1.66,911	79	4.54,689
30	1.72,667	80	4.60,444
31	1.78,422	81	4.66,200
32	1.84,178	82	4.71,956
33	1.89,933	83	4.77,711
34	1.95,689	84	4.83,467
35	2.01,444	85	4.89,222
36	2.07,200	86	4.94,978
37	2.12,956	87	5.00,733
38	2.18,711	88	5.06,489
39	2.24,467	89	5.12,244
40	2.30,222	90	5.18,000
41	2.35,978	91	5.23,756
42	2.41,733	92	5.29,511
43	2.47,489	93	5.35,267
44	2.53,244	94	5.41,022
45	2.59,000	95	5.46,778
46	2.64,756	96	5.52,533
47	2.70,511	97	5.58,289
48	2.76,267	98	5.64,044
49	2.82,022	99	5.69,800
50	2.87,778	**296 Days.**	

9 Months and 27 Days.

Prin.	Interest.	Prin.	Interest.
1	.05,775	51	2.94,525
2	.11,550	52	3.00,300
3	.17,325	53	3.06,075
4	.23,100	54	3.11,850
5	.28,875	55	3.17,625
6	.34,650	56	3.23,400
7	.40,425	57	3.29,175
8	.46,200	58	3.34,950
9	.51,975	59	3.40,725
10	.57,750	60	3.46,500
11	.63,525	61	3.52,275
12	.69,300	62	3.58,050
13	.75,075	63	3.63,825
14	.80,850	64	3.69,600
15	.86,625	65	3.75,375
16	.92,400	66	3.81,150
17	.98,175	67	3.86,925
18	1.03,950	68	3.92,700
19	1.09,725	69	3.98,475
20	1.15,500	70	4.04,250
21	1.21,275	71	4.10,025
22	1.27,050	72	4.15,800
23	1.32,825	73	4.21,575
24	1.38,600	74	4.27,350
25	1.44,375	75	4.33,125
26	1.50,150	76	4.38,900
27	1.55,925	77	4.44,675
28	1.61,700	78	4.50,450
29	1.67,475	79	4.56,225
30	1.73,250	80	4.62,000
31	1.79,025	81	4.67,775
32	1.84,800	82	4.73,550
33	1.90,575	83	4.79,325
34	1.96,350	84	4.85,100
35	2.02,125	85	4.90,875
36	2.07,900	86	4.96,650
37	2.13,675	87	5.02,425
38	2.19,450	88	5.08,200
39	2.25,225	89	5.13,975
40	2.31,000	90	5.19,750
41	2.36,775	91	5.25,525
42	2.42,550	92	5.31,300
43	2.48,325	93	5.37,075
44	2.54,100	94	5.42,850
45	2.59,875	95	5.48,625
46	2.65,650	96	5.54,400
47	2.71,425	97	5.60,175
48	2.77,200	98	5.65,950
49	2.82,975	99	5.71,725
50	2.88,750	**297 Days.**	

ONE YEAR.

Prin.	Interest.	Prin.	Interest.	Prin.	Interest.	Prin.	Interest.	Prin.	Interest.
1	.07,00	11	.77,00	21	1.47,00	31	2.17,00	41	2.87,00
2	.14,00	12	.84,00	22	1.54,00	32	2.24,00	42	2.94,00
3	.21,00	13	.91,00	23	1.61,00	33	2.31,00	43	3.01,00
4	.28,00	14	.98,00	24	1.68,00	34	2.38,00	44	3.08,00
5	.35,00	15	1.05,00	25	1.75,00	35	2.45,00	45	3.15,00
6	.42,00	16	1.12,00	26	1.82,00	36	2.52,00	46	3.22,00
7	.49,00	17	1.19,00	27	1.89,00	37	2.59,00	47	3.29,00
8	.56,00	18	1.26,00	28	1.96,00	38	2.66,00	48	3.36,00
9	.63,00	19	1.33,00	29	2.03,00	39	2.73,00	49	3.43,00
10	.70,00	20	1.40,00	30	2.10,00	40	2.80,00	50	3.50,00

INTEREST AT SEVEN PER CENT.

9 Months and 28 Days.				9 Months and 29 Days.				10 MONTHS.			
Prin.	Interest.	Prin.	Interest.	Prin.	Interest.	Prin.	Interest.	Prin.	Interest.	Prin.	Interest.
1	.05,794	51	2.95,517	1	.05,814	51	2.96,508	1	.05,833	51	2.97,500
2	.11,589	52	3.01,311	2	.11,628	52	3.02,322	2	.11,667	52	3.03,333
3	.17,383	53	3.07,106	3	.17,442	53	3.08,136	3	.17,500	53	3.09,167
4	.23,178	54	3.12,900	4	.23,256	54	3.13,950	4	.23,333	54	3.15,000
5	.28,972	55	3.18,694	5	.29,069	55	3.19,764	5	.29,167	55	3.20,833
6	.34,767	56	3.24,489	6	.34,883	56	3.25,578	6	.35,000	56	3.26,667
7	.40,561	57	3.30,283	7	.40,697	57	3.31,392	7	.40,833	57	3.32,500
8	.46,356	58	3.36,078	8	.46,511	58	3.37,206	8	.46,667	58	3.38,333
9	.52,150	59	3.41,872	9	.52,325	59	3.43,019	9	.52,500	59	3.44,167
10	.57,944	60	3.47,667	10	.58,139	60	3.48,833	10	.58,333	60	3.50,000
11	.63,739	61	3.53,461	11	.63,953	61	3.54,647	11	.64,167	61	3.55,833
12	.69,533	62	3.59,256	12	.69,767	62	3.60,461	12	.70,000	62	3.61,667
13	.75,328	63	3.65,050	13	.75,581	63	3.66,275	13	.75,833	63	3.67,500
14	.81,122	64	3.70,844	14	.81,394	64	3.72,089	14	.81,667	64	3.73,333
15	.86,917	65	3.76,639	15	.87,208	65	3.77,903	15	.87,500	65	3.79,167
16	.92,711	66	3.82,433	16	.93,022	66	3.83,717	16	.93,333	66	3.85,000
17	.98,506	67	3.88,228	17	.98,836	67	3.89,531	17	.99,167	67	3.90,833
18	1.04,300	68	3.94,022	18	1.04,650	68	3.95,344	18	1.05,000	68	3.96,667
19	1.10,094	69	3.99,817	19	1.10,464	69	4.01,158	19	1.10,833	69	4.02,500
20	1.15,889	70	4.05,611	20	1.16,278	70	4.06,972	20	1.16,667	70	4.08,333
21	1.21,683	71	4.11,406	21	1.22,092	71	4.12,786	21	1.22,500	71	4.14,167
22	1.27,478	72	4.17,200	22	1.27,906	72	4.18,600	22	1.28,333	72	4.20,000
23	1.33,272	73	4.22,994	23	1.33,719	73	4.24,414	23	1.34,167	73	4.25,833
24	1.39,067	74	4.28,789	24	1.39,533	74	4.30,228	24	1.40,000	74	4.31,667
25	1.44,861	75	4.34,583	25	1.45,347	75	4.36,042	25	1.45,833	75	4.37,500
26	1.50,656	76	4.40,378	26	1.51,161	76	4.41,856	26	1.51,667	76	4.43,333
27	1.56,450	77	4.46,172	27	1.56,975	77	4.47,669	27	1.57,500	77	4.49,167
28	1.62,244	78	4.51,967	28	1.62,789	78	4.53,483	28	1.63,333	78	4.55,000
29	1.68,039	79	4.57,761	29	1.68,603	79	4.59,297	29	1.69,167	79	4.60,833
30	1.73,833	80	4.63,556	30	1.74,417	80	4.65,111	30	1.75,000	80	4.66,667
31	1.79,628	81	4.69,350	31	1.80,231	81	4.70,925	31	1.80,833	81	4.72,500
32	1.85,422	82	4.75,144	32	1.86,044	82	4.76,739	32	1.86,667	82	4.78,333
33	1.91,217	83	4.80,939	33	1.91,858	83	4.82,553	33	1.92,500	83	4.84,167
34	1.97,011	84	4.86,733	34	1.97,672	84	4.88,367	34	1.98,333	84	4.90,000
35	2.02,806	85	4.92,528	35	2.03,486	85	4.94,181	35	2.04,167	85	4.95,833
36	2.08,600	86	4.98,322	36	2.09,300	86	4.99,994	36	2.10,000	86	5.01,667
37	2.14,394	87	5.04,117	37	2.15,114	87	5.05,808	37	2.15,833	87	5.07,500
38	2.20,189	88	5.09,911	38	2.20,928	88	5.11,622	38	2.21,667	88	5.13,333
39	2.25,983	89	5.15,706	39	2.26,742	89	5.17,436	39	2.27,500	89	5.19,167
40	2.31,778	90	5.21,500	40	2.32,556	90	5.23,250	40	2.33,333	90	5.25,000
41	2.37,572	91	5.27,294	41	2.38,369	91	5.29,064	41	2.39,167	91	5.30,833
42	2.43,367	92	5.33,089	42	2.44,183	92	5.34,878	42	2.45,000	92	5.36,667
43	2.49,161	93	5.38,883	43	2.49,997	93	5.40,692	43	2.50,833	93	5.42,500
44	2.54,956	94	5.44,678	44	2.55,811	94	5.46,506	44	2.56,667	94	5.48,333
45	2.60,750	95	5.50,472	45	2.61,625	95	5.52,319	45	2.62,500	95	5.54,167
46	2.66,544	96	5.56,267	46	2.67,439	96	5.58,133	46	2.68,333	96	5.60,000
47	2.72,339	97	5.62,061	47	2.73,253	97	5.63,947	47	2.74,167	97	5.65,833
48	2.78,133	98	5.67,856	48	2.79,067	98	5.69,761	48	2.80,000	98	5.71,667
49	2.83,928	99	5.73,650	49	2.84,881	99	5.75,575	49	2.85,833	99	5.77,500
50	2.89,722	**298 Days.**		50	2.90,694	**299 Days.**		50	2.91,667	**300 Days.**	

ONE YEAR.

Prin.	Interest.	Prin.	Interest.	Prin.	Interest.	Prin.	Interest.	Prin.	Interest.
51	3.57,00	61	4.27,00	71	4.97,00	81	5.67,00	91	6.37,00
52	3.64,00	62	4.34,00	72	5.04,00	82	5.74,00	92	6.44,00
53	3.71,00	63	4.41,00	73	5.11,00	83	5.81,00	93	6.51,00
54	3.78,00	64	4.48,00	74	5.18,00	84	5.88,00	94	6.58,00
55	3.85,00	65	4.55,00	75	5.25,00	85	5.95,00	95	6.65,00
56	3.92,00	66	4.62,00	76	5.32,00	86	6.02,00	96	6.72,00
57	3.99,00	67	4.69,00	77	5.39,00	87	6.09,00	97	6.79,00
58	4.06,00	68	4.76,00	78	5.46,00	88	6.16,00	98	6.86,00
59	4.13,00	69	4.83,00	79	5.53,00	89	6.23,00	99	6.93,00
60	4.20,00	70	4.90,00	80	5.60,00	90	6.30,00		

INTEREST AT SEVEN PER CENT.

10 Months and 1 Day.

Prin.	Interest.	Prin.	Interest.
1	.05,853	51	2.98,492
2	.11,706	52	3.04,344
3	.17,558	53	3.10,197
4	.23,411	54	3.16,050
5	.29,264	55	3.21,903
6	.35,117	56	3.27,756
7	.40,969	57	3.33,608
8	.46,822	58	3.39,461
9	.52,675	59	3.45,314
10	.58,528	60	3.51,167
11	.64,381	61	3.57,019
12	.70,233	62	3.62,872
13	.76,086	63	3.68,725
14	.81,939	64	3.74,578
15	.87,792	65	3.80,431
16	.93,644	66	3.86,283
17	.99,497	67	3.92,136
18	1.05,350	68	3.97,989
19	1.11,203	69	4.03,842
20	1.17,056	70	4.09,694
21	1.22,908	71	4.15,547
22	1.28,761	72	4.21,400
23	1.34,614	73	4.27,253
24	1.40,467	74	4.33,106
25	1.46,319	75	4.38,958
26	1.52,172	76	4.44,811
27	1.58,025	77	4.50,664
28	1.63,878	78	4.56,517
29	1.69,731	79	4.62,369
30	1.75,583	80	4.68,222
31	1.81,436	81	4.74,075
32	1.87,289	82	4.79,928
33	1.93,142	83	4.85,781
34	1.98,994	84	4.91,633
35	2.04,847	85	4.97,486
36	2.10,700	86	5.03,339
37	2.16,553	87	5.09,192
38	2.22,406	88	5.15,044
39	2.28,258	89	5.20,897
40	2.34,111	90	5.26,750
41	2.39,964	91	5.32,603
42	2.45,817	92	5.38,456
43	2.51,669	93	5.44,308
44	2.57,522	94	5.50,161
45	2.63,375	95	5.56,014
46	2.69,228	96	5.61,867
47	2.75,081	97	5.67,719
48	2.80,933	98	5.73,572
49	2.86,786	99	5.79,425
50	2.92,639	**301 Days.**	

10 Months and 2 Days.

Prin.	Interest.	Prin.	Interest.
1	.05,872	51	2.99,483
2	.11,744	52	3.05,356
3	.17,617	53	3.11,228
4	.23,489	54	3.17,100
5	.29,361	55	3.22,972
6	.35,233	56	3.28,844
7	.41,106	57	3.34,717
8	.46,978	58	3.40,589
9	.52,850	59	3.46,461
10	.58,722	60	3.52,333
11	.64,594	61	3.58,206
12	.70,467	62	3.64,078
13	.76,339	63	3.69,950
14	.82,211	64	3.75,822
15	.88,083	65	3.81,694
16	.93,956	66	3.87,567
17	.99,828	67	3.93,439
18	1.05,700	68	3.99,311
19	1.11,572	69	4.05,183
20	1.17,444	70	4.11,056
21	1.23,317	71	4.16,928
22	1.29,189	72	4.22,800
23	1.35,061	73	4.28,672
24	1.40,933	74	4.34,544
25	1.46,806	75	4.40,417
26	1.52,678	76	4.46,289
27	1.58,550	77	4.52,161
28	1.64,422	78	4.58,033
29	1.70,294	79	4.63,906
30	1.76,167	80	4.69,778
31	1.82,039	81	4.75,650
32	1.87,911	82	4.81,522
33	1.93,783	83	4.87,394
34	1.99,656	84	4.93,267
35	2.05,528	85	4.99,139
36	2.11,400	86	5.05,011
37	2.17,272	87	5.10,883
38	2.23,144	88	5.16,756
39	2.29,017	89	5.22,628
40	2.34,889	90	5.28,500
41	2.40,761	91	5.34,372
42	2.46,633	92	5.40,244
43	2.52,506	93	5.46,117
44	2.58,378	94	5.51,989
45	2.64,250	95	5.57,861
46	2.70,122	96	5.63,733
47	2.75,994	97	5.69,606
48	2.81,867	98	5.75,478
49	2.87,739	99	5.81,350
50	2.93,611	**302 Days.**	

10 Months and 3 Days.

Prin.	Interest.	Prin.	Interest.
1	.05,892	51	3.00,475
2	.11,783	52	3.06,367
3	.17,675	53	3.12,258
4	.23,567	54	3.18,150
5	.29,458	55	3.24,042
6	.35,350	56	3.29,933
7	.41,242	57	3.35,825
8	.47,133	58	3.41,717
9	.53,025	59	3.47,608
10	.58,917	60	3.53,500
11	.64,808	61	3.59,392
12	.70,700	62	3.65,283
13	.76,592	63	3.71,175
14	.82,483	64	3.77,067
15	.88,375	65	3.82,958
16	.94,267	66	3.88,850
17	1.00,158	67	3.94,742
18	1.06,050	68	4.00,633
19	1.11,942	69	4.06,525
20	1.17,833	70	4.12,417
21	1.23,725	71	4.18,308
22	1.29,617	72	4.24,200
23	1.35,508	73	4.30,092
24	1.41,400	74	4.35,983
25	1.47,292	75	4.41,875
26	1.53,183	76	4.47,767
27	1.59,075	77	4.53,658
28	1.64,967	78	4.59,550
29	1.70,858	79	4.65,442
30	1.76,750	80	4.71,333
31	1.82,642	81	4.77,225
32	1.88,533	82	4.83,117
33	1.94,425	83	4.89,008
34	2.00,317	84	4.94,900
35	2.06,208	85	5.00,792
36	2.12,100	86	5.06,683
37	2.17,992	87	5.12,575
38	2.23,883	88	5.18,467
39	2.29,775	89	5.24,358
40	2.35,667	90	5.30,250
41	2.41,558	91	5.36,142
42	2.47,450	92	5.42,033
43	2.53,342	93	5.47,925
44	2.59,233	94	5.53,817
45	2.65,125	95	5.59,708
46	2.71,017	96	5.65,600
47	2.76,908	97	5.71,492
48	2.82,800	98	5.77,383
49	2.88,692	99	5.83,275
50	2.94,583	**303 Days**	

ONE YEAR.

Prin.	Interest.	Prin.	Interest.	Prin.	Interest.	Prin.	Interest.	Prin.	Interest.
1	.07,00	11	.77,00	21	1.47,00	31	2.17,00	41	2.87,00
2	.14,00	12	.84,00	22	1.54,00	32	2.24,00	42	2.94,00
3	.21,00	13	.91,00	23	1.61,00	33	2.31,00	43	3.01,00
4	.28,00	14	.98,00	24	1.68,00	34	2.38,00	44	3.08,00
5	.35,00	15	1.05,00	25	1.75,00	35	2.45,00	45	3.15,00
6	.42,00	16	1.12,00	26	1.82,00	36	2.52,00	46	3.22,00
7	.49,00	17	1.19,00	27	1.89 00	37	2.59,00	47	3.29,00
8	.56,00	18	1.26,00	28	1.96 00	38	2.66,00	48	3.36,00
9	.63,00	19	1.33,00	29	2.03,00	39	2.73,00	49	3.43,00
10	.70,00	20	1.40,00	30	2.10,00	40	2.80,00	50	3.50,00

INTEREST AT SEVEN PER CENT.

10 Months and 4 Days.

Prin.	Interest.	Prin.	Interest.
1	.05,911	51	3.01,467
2	.11,822	52	3.07,378
3	.17,733	53	3.13,289
4	.23,644	54	3.19,200
5	.29,556	55	3.25,111
6	.35,467	56	3.31,022
7	.41,378	57	3.36,933
8	.47,289	58	3.42,844
9	.53,200	59	3.48,756
10	.59,111	60	3.54,667
11	.65,022	61	3.60,578
12	.70,933	62	3.66,489
13	.76,844	63	3.72,400
14	.82,756	64	3.78,311
15	.88,667	65	3.84,222
16	.94,578	66	3.90,133
17	1.00,489	67	3.96,044
18	1.06,400	68	4.01,956
19	1.12,311	69	4.07,867
20	1.18,222	70	4.13,778
21	1.24,133	71	4.19,689
22	1.30,044	72	4.25,600
23	1.35,956	73	4.31,511
24	1.41,867	74	4.37,422
25	1.47,778	75	4.43,333
26	1.53,689	76	4.49,244
27	1.59,600	77	4.55,156
28	1.65,511	78	4.61,067
29	1.71,422	79	4.66,978
30	1.77,333	80	4.72,889
31	1.83,244	81	4.78,800
32	1.89,156	82	4.84,711
33	1.95,067	83	4.90,622
34	2.00,978	84	4.96,533
35	2.06,889	85	5.02,444
36	2.12,800	86	5.08,356
37	2.18,711	87	5.14,267
38	2.24,622	88	5.20,178
39	2.30,533	89	5.26,089
40	2.36,444	90	5.32,000
41	2.42,356	91	5.37,911
42	2.48,267	92	5.43,822
43	2.54,178	93	5.49,733
44	2.60,089	94	5.55,644
45	2.66,000	95	5.61,556
46	2.71,911	96	5.67,467
47	2.77,822	97	5.73,378
48	2.83,733	98	5.79,289
49	2.89,644	99	5.85,200
50	2.95,556	**304 Days.**	

10 Months and 5 Days.

Prin.	Interest.	Prin.	Interest.
1	.05,931	51	3.02,458
2	.11,861	52	3.08,389
3	.17,792	53	3.14,319
4	.23,722	54	3.20,250
5	.29,653	55	3.26,181
6	.35,583	56	3.32,111
7	.41,514	57	3.38,042
8	.47,444	58	3.43,972
9	.53,375	59	3.49,903
10	.59,306	60	3.55,833
11	.65,236	61	3.61,764
12	.71,167	62	3.67,694
13	.77,097	63	3.73,625
14	.83,028	64	3.79,556
15	.88,958	65	3.85,486
16	.94,889	66	3.91,417
17	1.00,819	67	3.97,347
18	1.06,750	68	4.03,278
19	1.12,681	69	4.09,208
20	1.18,611	70	4.15,139
21	1.24,542	71	4.21,069
22	1.30,472	72	4.27,000
23	1.36,403	73	4.32,931
24	1.42,333	74	4.38,861
25	1.48,264	75	4.44,792
26	1.54,194	76	4.50,722
27	1.60,125	77	4.56,653
28	1.66,056	78	4.62,583
29	1.71,986	79	4.68,514
30	1.77,917	80	4.74,444
31	1.83,847	81	4.80,375
32	1.89,778	82	4.86,306
33	1.95,708	83	4.92,236
34	2.01,639	84	4.98,167
35	2.07,569	85	5.04,097
36	2.13,500	86	5.10,028
37	2.19,431	87	5.15,958
38	2.25,361	88	5.21,889
39	2.31,292	89	5.27,819
40	2.37,222	90	5.33,750
41	2.43,153	91	5.39,681
42	2.49,083	92	5.45,611
43	2.55,014	93	5.51,542
44	2.60,944	94	5.57,472
45	2.66,875	95	5.63,403
46	2.72,806	96	5.69,333
47	2.78,736	97	5.75,264
48	2.84,667	98	5.81,194
49	2.90,597	99	5.87,125
50	2.96,528	**305 Days.**	

10 Months and 6 Days.

Prin.	Interest.	Prin.	Interest.
1	.05,950	51	3.03,450
2	.11,900	52	3.09,400
3	.17,850	53	3.15,350
4	.23,800	54	3.21,300
5	.29,750	55	3.27,250
6	.35,700	56	3.33,200
7	.41,650	57	3.39,150
8	.47,600	58	3.45,100
9	.53,550	59	3.51,050
10	.59,500	60	3.57,000
11	.65,450	61	3.62,950
12	.71,400	62	3.68,900
13	.77,350	63	3.74,850
14	.83,300	64	3.80,800
15	.89,250	65	3.86,750
16	.95,200	66	3.92,700
17	1.01,150	67	3.98,650
18	1.07,100	68	4.04,600
19	1.13,050	69	4.10,550
20	1.19,000	70	4.16,500
21	1.24,950	71	4.22,450
22	1.30,900	72	4.28,400
23	1.36,850	73	4.34,350
24	1.42,800	74	4.40,300
25	1.48,750	75	4.46,250
26	1.54,700	76	4.52,200
27	1.60,650	77	4.58,150
28	1.66,600	78	4.64,100
29	1.72,550	79	4.70,050
30	1.78,500	80	4.76,000
31	1.84,450	81	4.81,950
32	1.90,400	82	4.87,900
33	1.96,350	83	4.93,850
34	2.02,300	84	4.99,800
35	2.08,250	85	5.05,750
36	2.14,200	86	5.11,700
37	2.20,150	87	5.17,650
38	2.26,100	88	5.23,600
39	2.32,050	89	5.29,550
40	2.38,000	90	5.35,500
41	2.43,950	91	5.41,450
42	2.49,900	92	5.47,400
43	2.55,850	93	5.53,350
44	2.61,800	94	5.59,300
45	2.67,750	95	5.65,250
46	2.73,700	96	5.71,200
47	2.79,650	97	5.77,150
48	2.85,600	98	5.83,100
49	2.91,550	99	5.89,050
50	2.97,500	**306 Days.**	

ONE YEAR.

Prin.	Interest.	Prin.	Interest.	Prin.	Interest.	Prin.	Interest.	Prin	Interest.
51	3.57,00	61	4.27,00	71	4.97,00	81	5.67,00	91	6.37,00
52	3.64,00	62	4.34,00	72	5.04,00	82	5.74,00	92	6.44,00
53	3.71,00	63	4.41,00	73	5.11,00	83	5.81,00	93	6.51,00
54	3.78,00	64	4.48,00	74	5.18,00	84	5.88,00	94	6.58,00
55	3.85,00	65	4.55,00	75	5.25,00	85	5.95,00	95	6.65,00
56	3.92,00	66	4.62,00	76	5.32,00	86	6.02,00	96	6.72,00
57	3.99,00	67	4.69,00	77	5.39,00	87	6.09,00	97	6.79,00
58	4.06,00	68	4.76,00	78	5.46,00	88	6.16,00	98	6.86,00
59	4.13,00	69	4.83,00	79	5.53,00	89	6.23,00	99	6.93,00
60	4.20,00	70	4.90,00	80	5.60,00	90	6.30,00		

[115

INTEREST AT SEVEN PER CENT.

10 Months and 7 Days.

Prin.	Interest.	Prin.	Interest.
1	.05,969	51	3.04,442
2	.11,939	52	3.10,411
3	.17,908	53	3.16,381
4	.23,878	54	3.22,350
5	.29,847	55	3.28,319
6	.35,817	56	3.34,289
7	.41,786	57	3.40,258
8	.47,756	58	3.46,228
9	.53,725	59	3.52,197
10	.59,694	60	3.58,167
11	.65,664	61	3.64,136
12	.71,633	62	3.70,106
13	.77,603	63	3.76,075
14	.83,572	64	3.82,044
15	.89,542	65	3.88,014
16	.95,511	66	3.93,983
17	1.01,481	67	3.99,953
18	1.07,450	68	4.05,922
19	1.13,419	69	4.11,892
20	1.19,389	70	4.17,861
21	1.25,358	71	4.23,831
22	1.31,328	72	4.29,800
23	1.37,297	73	4.35,769
24	1.43,267	74	4.41,739
25	1.49,236	75	4.47,708
26	1.55,206	76	4.53,678
27	1.61,175	77	4.59,647
28	1.67,144	78	4.65,617
29	1.73,114	79	4.71,586
30	1.79,083	80	4.77,556
31	1.85,053	81	4.83,525
32	1.91,022	82	4.89,494
33	1.96,992	83	4.95,464
34	2.02,961	84	5.01,433
35	2.08,931	85	5.07,403
36	2.14,900	86	5.13,372
37	2.20,869	87	5.19,342
38	2.26,839	88	5.25,311
39	2.32,808	89	5.31,281
40	2.38,778	90	5.37,250
41	2.44,747	91	5.43,219
42	2.50,717	92	5.49,189
43	2.56,686	93	5.55,158
44	2.62,656	94	5.61,128
45	2.68,625	95	5.67,097
46	2.74,594	96	5.73,067
47	2.80,564	97	5.79,036
48	2.86,533	98	5.85,006
49	2.92,503	99	5.90,975
50	2.98,472		**307 Days.**

10 Months and 8 Days.

Prin.	Interest.	Prin.	Interest.
1	.05,989	51	3.05,433
2	.11,978	52	3.11,422
3	.17,967	53	3.17,411
4	.23,956	54	3.23,400
5	.29,944	55	3.29,389
6	.35,933	56	3.35,378
7	.41,922	57	3.41,367
8	.47,911	58	3.47,356
9	.53,900	59	3.53,344
10	.59,889	60	3.59,333
11	.65,878	61	3.65,322
12	.71,867	62	3.71,311
13	.77,856	63	3.77,300
14	.83,844	64	3.83,289
15	.89,833	65	3.89,278
16	.95,822	66	3.95,267
17	1.01,811	67	4.01,256
18	1.07,800	68	4.07,244
19	1.13,789	69	4.13,233
20	1.19,778	70	4.19,222
21	1.25,767	71	4.25,211
22	1.31,756	72	4.31,200
23	1.37,744	73	4.37,189
24	1.43,733	74	4.43,178
25	1.49,722	75	4.49,167
26	1.55,711	76	4.55,156
27	1.61,700	77	4.61,144
28	1.67,689	78	4.67,133
29	1.73,678	79	4.73,122
30	1.79,667	80	4.79,111
31	1.85,656	81	4.85,100
32	1.91,644	82	4.91,089
33	1.97,633	83	4.97,078
34	2.03,622	84	5.03,067
35	2.09,611	85	5.09,056
36	2.15,600	86	5.15,044
37	2.21,589	87	5.21,033
38	2.27,578	88	5.27,022
39	2.33,567	89	5.33,011
40	2.39,556	90	5.39,000
41	2.45,544	91	5.44,989
42	2.51,533	92	5.50,978
43	2.57,522	93	5.56,967
44	2.63,511	94	5.62,956
45	2.69,500	95	5.68,944
46	2.75,489	96	5.74,933
47	2.81,478	97	5.80,922
48	2.87,467	98	5.86,911
49	2.93,456	99	5.92,900
50	2.99,444		**308 Days.**

10 Months and 9 Days.

Prin.	Interest.	Prin.	Interest.
1	.06,008	51	3.06,425
2	.12,017	52	3.12,433
3	.18,025	53	3.18,442
4	.24,033	54	3.24,450
5	.30,042	55	3.30,458
6	.36,050	56	3.36,467
7	.42,058	57	3.42,475
8	.48,067	58	3.48,483
9	.54,075	59	3.54,492
10	.60,083	60	3.60,500
11	.66,092	61	3.66,508
12	.72,100	62	3.72,517
13	.78,108	63	3.78,525
14	.84,117	64	3.84,533
15	.90,125	65	3.90,542
16	.96,133	66	3.96,550
17	1.02,142	67	4.02,558
18	1.08,150	68	4.08,567
19	1.14,158	69	4.14,575
20	1.20,167	70	4.20,583
21	1.26,175	71	4.26,592
22	1.32,183	72	4.32,600
23	1.38,192	73	4.38,608
24	1.44,200	74	4.44,617
25	1.50,208	75	4.50,625
26	1.56,217	76	4.56,633
27	1.62,225	77	4.62,642
28	1.68,233	78	4.68,650
29	1.74,242	79	4.74,658
30	1.80,250	80	4.80,667
31	1.86,258	81	4.86,675
32	1.92,267	82	4.92,683
33	1.98,275	83	4.98,692
34	2.04,283	84	5.04,700
35	2.10,292	85	5.10,708
36	2.16,300	86	5.16,717
37	2.22,308	87	5.22,725
38	2.28,317	88	5.28,733
39	2.34,325	89	5.34,742
40	2.40,333	90	5.40,750
41	2.46,342	91	5.46,758
42	2.52,350	92	5.52,767
43	2.58,358	93	5.58,775
44	2.64,367	94	5.64,783
45	2.70,375	95	5.70,792
46	2.76,383	96	5.76,800
47	2.82,392	97	5.82,808
48	2.88,400	98	5.88,817
49	2.94,408	99	5.94,825
50	3.00,417		**309 Days.**

ONE YEAR.

Prin.	Interest.	Prin.	Interest.	Prin.	Interest.	Prin.	Interest.	Prin.	Interest.
1	.07,00	11	.77,00	21	1.47,00	31	2.17,00	41	2.87,00
2	.14,00	12	.84,00	22	1.54,00	32	2.24,00	42	2.94,00
3	.21,00	13	.91,00	23	1.61,00	33	2.31,00	43	3.01,00
4	.28,00	14	.98,00	24	1.68,00	34	2.38,00	44	3.08,00
5	.35,00	15	1.05,00	25	1.75,00	35	2.45,00	45	3.15,00
6	.42,00	16	1.12,00	26	1.82,00	36	2.52,00	46	3.22,00
7	.49,00	17	1.19,00	27	1.89,00	37	2.59,00	47	3.29,00
8	.56,00	18	1.26,00	28	1.96,00	38	2.66,00	48	3.36,00
9	.63,00	19	1.33,00	29	2.03,00	39	2.73,00	49	3.43,00
10	.70,00	20	1.40,00	30	2.10,00	40	2.80,00	50	3.50,00

INTEREST AT SEVEN PER CENT.

10 Months and 10 Days.

Prin.	Interest.	Prin.	Interest.
1	.06,028	51	3.07,417
2	.12,056	52	3.13,444
3	.18,083	53	3.19,472
4	.24,111	54	3.25,500
5	.30,139	55	3.31,528
6	.36,167	56	3.37,556
7	.42,194	57	3.43,583
8	.48,222	58	3.49,611
9	.54,250	59	3.55,639
10	.60,278	60	3.61,667
11	.66,306	61	3.67,694
12	.72,333	62	3.73,722
13	.78,361	63	3.79,750
14	.84,389	64	3.85,778
15	.90,417	65	3.91,806
16	.96,444	66	3.97,833
17	1.02,472	67	4.03,861
18	1.08,500	68	4.09,889
19	1.14,528	69	4.15,917
20	1.20,556	70	4.21,944
21	1.26,583	71	4.27,972
22	1.32,611	72	4.34,000
23	1.38,639	73	4.40,028
24	1.44,667	74	4.46,056
25	1.50,694	75	4.52,083
26	1.56,722	76	4.58,111
27	1.62,750	77	4.64,139
28	1.68,778	78	4.70,167
29	1.74,806	79	4.76,194
30	1.80,833	80	4.82,222
31	1.86,861	81	4.88,250
32	1.92,889	82	4.94,278
33	1.98,917	83	5.00,306
34	2.04,944	84	5.06,333
35	2.10,972	85	5.12,361
36	2.17,000	86	5.18,389
37	2.23,028	87	5.24,417
38	2.29,056	88	5.30,444
39	2.35,083	89	5.36,472
40	2.41,111	90	5.42,500
41	2.47,139	91	5.48,528
42	2.53,167	92	5.54,556
43	2.59,194	93	5.60,583
44	2.65,222	94	5.66,611
45	2.71,250	95	5.72,639
46	2.77,278	96	5.78,667
47	2.83,306	97	5.84,694
48	2.89,333	98	5.90,722
49	2.95,361	99	5.96,750
50	3.01,389	**310 Days.**	

10 Months and 11 Days.

Prin.	Interest.	Prin.	Interest.
1	.06,047	51	3.08,408
2	.12,094	52	3.14,456
3	.18,142	53	3.20,503
4	.24,189	54	3.26,550
5	.30,236	55	3.32,597
6	.36,283	56	3.38,644
7	.42,331	57	3.44,692
8	.48,378	58	3.50,739
9	.54,425	59	3.56,786
10	.60,472	60	3.62,833
11	.66,519	61	3.68,881
12	.72,567	62	3.74,928
13	.78,614	63	3.80,975
14	.84,661	64	3.87,022
15	.90,708	65	3.93,069
16	.96,756	66	3.99,117
17	1.02,803	67	4.05,164
18	1.08,850	68	4.11,211
19	1.14,897	69	4.17,258
20	1.20,944	70	4.23,306
21	1.26,992	71	4.29,353
22	1.33,039	72	4.35,400
23	1.39,086	73	4.41,447
24	1.45,133	74	4.47,494
25	1.51,181	75	4.53,542
26	1.57,228	76	4.59,589
27	1.63,275	77	4.65,636
28	1.69,322	78	4.71,683
29	1.75,369	79	4.77,731
30	1.81,417	80	4.83,778
31	1.87,464	81	4.89,825
32	1.93,511	82	4.95,872
33	1.99,558	83	5.01,919
34	2.05,606	84	5.07,967
35	2.11,653	85	5.14,014
36	2.17,700	86	5.20,061
37	2.23,747	87	5.26,108
38	2.29,794	88	5.32,156
39	2.35,842	89	5.38,203
40	2.41,889	90	5.44,250
41	2.47,936	91	5.50,297
42	2.53,983	92	5.56,344
43	2.60,031	93	5.62,392
44	2.66,078	94	5.68,439
45	2.72,125	95	5.74,486
46	2.78,172	96	5.80,533
47	2.84,219	97	5.86,581
48	2.90,267	98	5.92,628
49	2.96,314	99	5.98,675
50	3.02,361	**311 Days.**	

10 Months and 12 Days.

Prin.	Interest.	Prin.	Interest.
1	.06,067	51	3.09,400
2	.12,133	52	3.15,467
3	.18,200	53	3.21,533
4	.24,267	54	3.27,600
5	.30,333	55	3.33,667
6	..36,400	56	3.39,733
7	.42,467	57	3.45,800
8	.48,533	58	3.51,867
9	.54,600	59	3.57,933
10	.60,667	60	3.64,000
11	.66,733	61	3.70,067
12	.72,800	62	3.76,133
13	.78,867	63	3.82,200
14	.84,933	64	3.88,267
15	.91,000	65	3.94,333
16	.97,067	66	4.00,400
17	1.03,133	67	4.06,467
18	1.09,200	68	4.12,533
19	1.15,267	69	4.18,600
20	1.21,333	70	4.24,667
21	1.27,400	71	4.30,733
22	1.33,467	72	4.36,800
23	1.39,533	73	4.42,867
24	1.45,600	74	4.48,933
25	1.51,667	75	4.55,000
26	1.57,733	76	4.61,067
27	1.63,800	77	4.67,133
28	1.69,867	78	4.73,200
29	1.75,933	79	4.79,267
30	1.82,000	80	4.85,333
31	1.88,067	81	4.91,400
32	1.94,133	82	4.97,467
33	2.00,200	83	5.03,533
34	2.06,267	84	5.09,600
35	2.12,333	85	5.15,667
36	2.18,400	86	5.21,733
37	2.24,467	87	5.27,800
38	2.30,533	88	5.33,867
39	2.36,600	89	5.39,933
40	2.42,667	90	5.46,000
41	2.48,733	91	5.52,067
42	2.54,800	92	5.58,133
43	2.60,867	93	5.64,200
44	2.66,933	94	5.70,267
45	2.73,000	95	5.76,333
46	2.79,067	96	5.82,400
47	2.85,133	97	5.88,467
48	2.91,200	98	5.94,533
49	2.97,267	99	6.00,600
50	3.03,333	**312 Days.**	

ONE YEAR.

Prin.	Interest.	Prin.	Interest.	Prin.	Interest.	Prin.	Interest.	Prin.	Interest.
51	3.57,00	61	4.27,00	71	4.97,00	81	5.67,00	91	6.37,00
52	3.64,00	62	4.34,00	72	5.04,00	82	5.74,00	92	6.44,00
53	3.71,00	63	4.41,00	73	5.11,00	83	5.81,00	93	6.51,00
54	3.78,00	64	4.48,00	74	5.18,00	84	5.88,00	94	6.58,00
55	3.85,00	65	4.55,00	75	5.25,00	85	5.95,00	95	6.65,00
56	3.92,00	66	4.62,00	76	5.32,00	86	6.02,00	96	6.72,00
57	3.99,00	67	4.69,00	77	5.39,00	87	6.09,00	97	6.79,00
58	4.06,00	68	4.76,00	78	5.46,00	88	6.16,00	98	6.86,00
59	4.13,00	69	4.83,00	79	5.53,00	89	6.23,00	99	6.93,00
60	4.20,00	70	4.90,00	80	5.60,00	90	6.30,00		

[117

INTEREST AT SEVEN PER CENT.

10 Months and 13 Days.				10 Months and 14 Days.				10 Months and 15 Days.			
Prin.	Interest.	Prin.	Interest.	Prin.	Interest.	Prin.	Interest.	Prin.	Interest.	Prin.	Interest.
1	.06,086	51	3.10,392	1	.06,106	51	3.11,383	1	.06,125	51	3.12,375
2	.12,172	52	3.16,478	2	.12,211	52	3.17,489	2	.12,250	52	3.18,500
3	.18,258	53	3.22,564	3	.18,317	53	3.23,594	3	.18,375	53	3.24,625
4	.24,344	54	3.28,650	4	.24,422	54	3.29,700	4	.24,500	54	3.30,750
5	.30,431	55	3.34,736	5	.30,528	55	3.35,806	5	.30,625	55	3.36,875
6	.36,517	56	3.40,822	6	.36,633	56	3.41,911	6	.36,750	56	3.43,000
7	.42,603	57	3.46,908	7	.42,739	57	3.48,017	7	.42,875	57	3.49,125
8	.48,689	58	3.52,994	8	.48,844	58	3.54,122	8	.49,000	58	3.55,250
9	.54,775	59	3.59,081	9	.54,950	59	3.60,228	9	.55,125	59	3.61,375
10	.60,861	60	3.65,167	10	.61,056	60	3.66,333	10	.61,250	60	3.67,500
11	.66,947	61	3.71,253	11	.67,161	61	3.72,439	11	.67,375	61	3.73,625
12	.73,033	62	3.77,339	12	.73,267	62	3.78,544	12	.73,500	62	3.79,750
13	.79,119	63	3.83,425	13	.79,372	63	3.84,650	13	.79,625	63	3.85,875
14	.85,206	64	3.89,511	14	.85,478	64	3.90,756	14	.85,750	64	3.92,000
15	.91,292	65	3.95,597	15	.91,583	65	3.96,861	15	.91,875	65	3.98,125
16	.97,378	66	4.01,683	16	.97,689	66	4.02,967	16	.98,000	66	4.04,250
17	1.03,464	67	4.07,769	17	1.03,794	67	4.09,072	17	1.04,125	67	4.10,375
18	1.09,550	68	4.13,856	18	1.09,900	68	4.15,178	18	1.10,250	68	4.16,500
19	1.15,636	69	4.19,942	19	1.16,006	69	4.21,283	19	1.16,375	69	4.22,625
20	1.21,722	70	4.26,028	20	1.22,111	70	4.27,389	20	1.22,500	70	4.28,750
21	1.27,808	71	4.32,114	21	1.28,217	71	4.33,494	21	1.28,625	71	4.34,875
22	1.33,894	72	4.38,200	22	1.34,322	72	4.39,600	22	1.34,750	72	4.41,000
23	1.39,981	73	4.44,286	23	1.40,428	73	4.45,706	23	1.40,875	73	4.47,125
24	1.46,067	74	4.50,372	24	1.46,533	74	4.51,811	24	1.47,000	74	4.53,250
25	1.52,153	75	4.56,458	25	1.52,639	75	4.57,917	25	1.53,125	75	4.59,375
26	1.58,239	76	4.62,544	26	1.58,744	76	4.64,022	26	1.59,250	76	4.65,500
27	1.64,325	77	4.68,631	27	1.64,850	77	4.70,128	27	1.65,375	77	4.71,625
28	1.70,411	78	4.74,717	28	1.70,956	78	4.76,233	28	1.71,500	78	4.77,750
29	1.76,497	79	4.80,803	29	1.77,061	79	4.82,339	29	1.77,625	79	4.83,875
30	1.82,583	80	4.86,889	30	1.83,167	80	4.88,444	30	1.83,750	80	4.90,000
31	1.88,669	81	4.92,975	31	1.89,272	81	4.94,550	31	1.89,875	81	4.96,125
32	1.94,756	82	4.99,061	32	1.95,378	82	5.00,656	32	1.96,000	82	5.02,250
33	2.00,842	83	5.05,147	33	2.01,483	83	5.06,761	33	2.02,125	83	5.08,375
34	2.06,928	84	5.11,233	34	2.07,589	84	5.12,867	34	2.08,250	84	5.14,500
35	2.13,014	85	5.17,319	35	2.13,694	85	5.18,972	35	2.14,375	85	5.20,625
36	2.19,100	86	5.23,406	36	2.19,800	86	5.25,078	36	2.20,500	86	5.26,750
37	2.25,186	87	5.29,492	37	2.25,906	87	5.31,183	37	2.26,625	87	5.32,875
38	2.31,272	88	5.35,578	38	2.32,011	88	5.37,289	38	2.32,750	88	5.39,000
39	2.37,358	89	5.41,664	39	2.38,117	89	5.43,394	39	2.38,875	89	5.45,125
40	2.43,444	90	5.47,750	40	2.44,222	90	5.49,500	40	2.45,000	90	5.51,250
41	2.49,531	91	5.53,836	41	2.50,328	91	5.55,606	41	2.51,125	91	5.57,375
42	2.55,617	92	5.59,922	42	2.56,433	92	5.61,711	42	2.57,250	92	5.63,500
43	2.61,703	93	5.66,008	43	2.62,539	93	5.67,817	43	2.63,375	93	5.69,625
44	2.67,789	94	5.72,094	44	2.68,644	94	5.73,922	44	2.69,500	94	5.75,750
45	2.73,875	95	5.78,181	45	2.74,750	95	5.80,028	45	2.75,625	95	5.81,875
46	2.79,961	96	5.84,267	46	2.80,856	96	5.86,133	46	2.81,750	96	5.88,000
47	2.86,047	97	5.90,353	47	2.86,961	97	5.92,239	47	2.87,875	97	5.94,125
48	2.92,133	98	5.96,439	48	2.93,067	98	5.98,344	48	2.94,000	98	6.00,250
49	2.98,219	99	6.02,525	49	2.99,172	99	6.04,450	49	3.00,125	99	6.06,375
50	3.04,306	**313 Days.**		50	3.05,278	**314 Days.**		50	3.06,250	**315 Days.**	

ONE YEAR.

Prin.	Interest.	Prin.	Interest.	Prin.	Interest.	Prin.	Interest.	Prin.	Interest.
1	.07,00	11	.77,00	21	1.47,00	31	2.17,00	41	2.87,00
2	.14,00	12	.84,00	22	1.54,00	32	2.24,00	42	2.94,00
3	.21,00	13	.91,00	23	1.61,00	33	2.31,00	43	3.01,00
4	.28,00	14	.98,00	24	1.68,00	34	2.38,00	44	3.08,00
5	.35,00	15	1.05,00	25	1.75,00	35	2.45,00	45	3.15,00
6	.42,00	16	1.12,00	26	1.82,00	36	2.52,00	46	3.22,00
7	.49,00	17	1.19,00	27	1.89,00	37	2.59,00	47	3.29,00
8	.56,00	18	1.26,00	28	1.96,00	38	2.66,00	48	3.36,00
9	.63,00	19	1.33,00	29	2.03,00	39	2.73,00	49	3.43,00
10	.70,00	20	1.40,00	30	2.10,00	40	2.80,00	50	3.50,00

INTEREST AT SEVEN PER CENT.

10 Months and 16 Days.				10 Months and 17 Days.				10 Months and 18 Days.			
Prin.	Interest.	Prin	Interest.	Prin.	Interest.	Prin.	Interest.	Prin.	Interest.	Prin.	Interest.
1	.06,144	51	3.13,367	1	.06,164	51	3.14,358	1	.06,183	51	3.15,350
2	.12,289	52	3.19,511	2	.12,328	52	3.20,522	2	.12,367	52	3.21,533
3	.18,433	53	3.25,656	3	.18,492	53	3.26,686	3	.18,550	53	3.27,717
4	.24,578	54	3.31,800	4	.24,656	54	3.32,850	4	.24,733	54	3.33,900
5	.30,722	55	3.37,944	5	.30,819	55	3.39,014	5	.30,917	55	3.40,083
6	.36,867	56	3.44,089	6	.36,983	56	3.45,178	6	.37,100	56	3.46,267
7	.43,011	57	3.50,233	7	.43,147	57	3.51,342	7	.43,283	57	3.52,450
8	.49,156	58	3.56,378	8	.49,311	58	3.57,506	8	.49,467	58	3.58,633
9	.55,300	59	3.62,522	9	.55,475	59	3.63,669	9	.55,650	59	3.64,817
10	.61,444	60	3.68,667	10	.61,639	60	3.69,833	10	.61,833	60	3.71,000
11	.67,589	61	3.74,811	11	.67,803	61	3.75,997	11	.68,017	61	3.77,183
12	.73,733	62	3.80,956	12	.73,967	62	3.82,161	12	.74,200	62	3.83,367
13	.79,878	63	3.87,100	13	.80,131	63	3.88,325	13	.80,383	63	3.89,550
14	.86,022	64	3.93,244	14	.86,294	64	3.94,489	14	.86,567	64	3.95,733
15	.92,167	65	3.99,389	15	.92,458	65	4.00,653	15	.92,750	65	4.01,917
16	.98,311	66	4.05,533	16	.98,622	66	4.06,817	16	.98,933	66	4.08,100
17	1.04,456	67	4.11,678	17	1.04,786	67	4.12,981	17	1.05,117	67	4.14,283
18	1.10,600	68	4.17,822	18	1.10,950	68	4.19,144	18	1.11,300	68	4.20,467
19	1.16,744	69	4.23,967	19	1.17,114	69	4.25,308	19	1.17,483	69	4.26,650
20	1.22,889	70	4.30,111	20	1.23,278	70	4.31,472	20	1.23,667	70	4.32,833
21	1.29,033	71	4.36,256	21	1.29,442	71	4.37,636	21	1.29,850	71	4.39,017
22	1.35,178	72	4.42,400	22	1.35,606	72	4.43,800	22	1.36,033	72	4.45,200
23	1.41,322	73	4.48,544	23	1.41,769	73	4.49,964	23	1.42,217	73	4.51,383
24	1.47,467	74	4.54,689	24	1.47,933	74	4.56,128	24	1.48,400	74	4.57,567
25	1.53,611	75	4.60,833	25	1.54,097	75	4.62,292	25	1.54,583	75	4.63,750
26	1.59,756	76	4.66,978	26	1.60,261	76	4.68,456	26	1.60,767	76	4.69,933
27	1.65,900	77	4.73,122	27	1.66,425	77	4.74,619	27	1.66,950	77	4.76,117
28	1.72,044	78	4.79,267	28	1.72,589	78	4.80,783	28	1.73,133	78	4.82,300
29	1.78,189	79	4.85,411	29	1.78,753	79	4.86,947	29	1.79,317	79	4.88,483
30	1.84,333	80	4.91,556	30	1.84,917	80	4.93,111	30	1.85,500	80	4.94,667
31	1.90,478	81	4.97,700	31	1.91,081	81	4.99,275	31	1.91,683	81	5.00,850
32	1.96,622	82	5.03,844	32	1.97,244	82	5.05,439	32	1.97,867	82	5.07,033
33	2.02,767	83	5.09,989	33	2.03,408	83	5.11,603	33	2.04,050	83	5.13,217
34	2.08,911	84	5.16,133	34	2.09,572	84	5.17,767	34	2.10,233	84	5.19,400
35	2.15,056	85	5.22,278	35	2.15,736	85	5.23,931	35	2.16,417	85	5.25,583
36	2.21,200	86	5.28,422	36	2.21,900	86	5.30,094	36	2.22,600	86	5.31,767
37	2.27,344	87	5.34,567	37	2.28,064	87	5.36,258	37	2.28,783	87	5.37,950
38	2.33,489	88	5.40,711	38	2.34,228	88	5.42,422	38	2.34,967	88	5.44,133
39	2.39,633	89	5.46,856	39	2.40,392	89	5.48,586	39	2.41,150	89	5.50,317
40	2.45,778	90	5.53,000	40	2.46,556	90	5.54,750	40	2.47,333	90	5.56,500
41	2.51,922	91	5.59,144	41	2.52,719	91	5.60,914	41	2.53,517	91	5.62,683
42	2.58,067	92	5.65,289	42	2.58,883	92	5.67,078	42	2.59,700	92	5.68,867
43	2.64,211	93	5.71,433	43	2.65,047	93	5.73,242	43	2.65,883	93	5.75,050
44	2.70,356	94	5.77,578	44	2.71,211	94	5.79,406	44	2.72,067	94	5.81,233
45	2.76,500	95	5.83,722	45	2.77,375	95	5.85,569	45	2.78,250	95	5.87,417
46	2.82,644	96	5.89,867	46	2.83,539	96	5.91,733	46	2.84,433	96	5.93,600
47	2.88,789	97	5.96,011	47	2.89,703	97	5.97,897	47	2.90,617	97	5.99,783
48	2.94,933	98	6.02,156	48	2.95,867	98	6.04,061	48	2.96,800	98	6.05,967
49	3.01,078	99	6.08,300	49	3.02,031	99	6.10,225	49	3.02,983	99	6.12,150
50	3.07,222	**316 Days.**		50	3.08,194	**317 Days.**		50	3.09,167	**318 Days.**	

ONE YEAR.

Prin.	Interest.	Prin.	Interest.	Prin.	Interest.	Prin.	Interest.	Prin.	Interest.
51	3.57,00	61	4.27,00	71	4.97,00	81	5.67,00	91	6.37,00
52	3.64,00	62	4.34,00	72	5.04,00	82	5.74,00	92	6.44,00
53	3.71,00	63	4.41,00	73	5.11,00	83	5.81,00	93	6.51,00
54	3.78,00	64	4.48,00	74	5.18,00	84	5.88,00	94	6.58,00
55	3.85,00	65	4.55,00	75	5.25,00	85	5.95,00	95	6.65,00
56	3.92,00	66	4.62,00	76	5.32,00	86	6.02,00	96	6.72,00
57	3.99,00	67	4.69,00	77	5.39,00	87	6.09,00	97	6.79,00
58	4.06,00	68	4.76,00	78	5.46,00	88	6.16,00	98	6.86,00
59	4.13,00	69	4.83,00	79	5.53,00	89	6.23,00	99	6.93,00
60	4.20,00	70	4.90,00	80	5.60,00	90	6.30,00		

INTEREST AT SEVEN PER CENT.

10 Months and 19 Days.

Prin.	Interest.	Prin.	Interest.
1	.06,203	51	3.16,342
2	.12,406	52	3.22,544
3	.18,608	53	3.28,747
4	.24,811	54	3.34,950
5	.31,014	55	3.41,153
6	.37,217	56	3.47,356
7	.43,419	57	3.53,558
8	.49,622	58	3.59,761
9	.55,825	59	3.65,964
10	.62,028	60	3.72,167
11	.68,231	61	3.78,369
12	.74,433	62	3.84,572
13	.80,636	63	3.90,775
14	.86,839	64	3.96,978
15	.93,042	65	4.03,181
16	.99,244	66	4.09,383
17	1.05,447	67	4.15,586
18	1.11,650	68	4.21,789
19	1.17,853	69	4.27,992
20	1.24,056	70	4.34,194
21	1.30,258	71	4.40,397
22	1.36,461	72	4.46,600
23	1.42,664	73	4.52,803
24	1.48,867	74	4.59,006
25	1.55,069	75	4.65,208
26	1.61,272	76	4.71,411
27	1.67,475	77	4.77,614
28	1.73,678	78	4.83,817
29	1.79,881	79	4.90,019
30	1.86,083	80	4.96,222
31	1.92,286	81	5.02,425
32	1.98,489	82	5.08,628
33	2.04,692	83	5.14,831
34	2.10,894	84	5.21,033
35	2.17,097	85	5.27,236
36	2.23,300	86	5.33,439
37	2.29,503	87	5.39,642
38	2.35,706	88	5.45,844
39	2.41,908	89	5.52,047
40	2.48,111	90	5.58,250
41	2.54,314	91	5.64,453
42	2.60,517	92	5.70,656
43	2.66,719	93	5.76,858
44	2.72,922	94	5.83,061
45	2.79,125	95	5.89,264
46	2.85,328	96	5.95,467
47	2.91,531	97	6.01,669
48	2.97,733	98	6.07,872
49	3.03,936	99	6.14,075
50	3.10,139	**319 Days.**	

10 Months and 20 Days.

Prin.	Interest.	Prin.	Interest.
1	.06,222	51	3.17,333
2	.12,444	52	3.23,556
3	.18,667	53	3.29,778
4	.24,889	54	3.36,000
5	.31,111	55	3.42,222
6	.37,333	56	3.48,444
7	.43,556	57	3.54,667
8	.49,778	58	3.60,889
9	.56,000	59	3.67,111
10	.62,222	60	3.73,333
11	.68,444	61	3.79,556
12	.74,667	62	3.85,778
13	.80,889	63	3.92,000
14	.87,111	64	3.98,222
15	.93,333	65	4.04,444
16	.99,556	66	4.10,667
17	1.05,778	67	4.16,889
18	1.12,000	68	4.23,111
19	1.18,222	69	4.29,333
20	1.24,444	70	4.35,556
21	1.30,667	71	4.41,778
22	1.36,889	72	4.48,000
23	1.43,111	73	4.54,222
24	1.49,333	74	4.60,444
25	1.55,556	75	4.66,667
26	1.61,778	76	4.72,889
27	1.68,000	77	4.79,111
28	1.74,222	78	4.85,333
29	1.80,444	79	4.91,556
30	1.86,667	80	4.97,778
31	1.92,889	81	5.04,000
32	1.99,111	82	5.10,222
33	2.05,333	83	5.16,444
34	2.11,556	84	5.22,667
35	2.17,778	85	5.28,889
36	2.24,000	86	5.35,111
37	2.30,222	87	5.41,333
38	2.36,444	88	5.47,556
39	2.42,667	89	5.53,778
40	2.48,889	90	5.60,000
41	2.55,111	91	5.66,222
42	2.61,333	92	5.72,444
43	2.67,556	93	5.78,667
44	2.73,778	94	5.84,889
45	2.80,000	95	5.91,111
46	2.86,222	96	5.97,333
47	2.92,444	97	6.03,556
48	2.98,667	98	6.09,778
49	3.04,889	99	6.16,000
50	3.11,111	**320 Days.**	

10 Months and 21 Days.

Prin.	Interest.	Prin.	Interest.
1	.06,242	51	3.18,325
2	.12,483	52	3.24,567
3	.18,725	53	3.30,808
4	.24,967	54	3.37,050
5	.31,208	55	3.43,292
6	.37,450	56	3.49,533
7	.43,692	57	3.55,775
8	.49,933	58	3.62,017
9	.56,175	59	3.68,258
10	.62,417	60	3.74,500
11	.68,658	61	3.80,742
12	.74,900	62	3.86,983
13	.81,142	63	3.93,225
14	.87,383	64	3.99,467
15	.93,625	65	4.05,708
16	.99,867	66	4.11,950
17	1.06,108	67	4.18,192
18	1.12,350	68	4.24,433
19	1.18,592	69	4.30,675
20	1.24,833	70	4.36,917
21	1.31,075	71	4.43,158
22	1.37,317	72	4.49,400
23	1.43,558	73	4.55,642
24	1.49,800	74	4.61,883
25	1.56,042	75	4.68,125
26	1.62,283	76	4.74,367
27	1.68,525	77	4.80,608
28	1.74,767	78	4.86,850
29	1.81,008	79	4.93,092
30	1.87,250	80	4.99,333
31	1.93,492	81	5.05,575
32	1.99,733	82	5.11,817
33	2.05,975	83	5.18,058
34	2.12,217	84	5.24,300
35	2.18,458	85	5.30,542
36	2.24,700	86	5.36,783
37	2.30,942	87	5.43,025
38	2.37,183	88	5.49,267
39	2.43,425	89	5.55,508
40	2.49,667	90	5.61,750
41	2.55,908	91	5.67,992
42	2.62,150	92	5.74,233
43	2.68,392	93	5.80,475
44	2.74,633	94	5.86,717
45	2.80,875	95	5.92,958
46	2.87,117	96	5.99,200
47	2.93,358	97	6.05,442
48	2.99,600	98	6.11,683
49	3.05,842	99	6.17,925
50	3.12,083	**321 Days.**	

ONE YEAR.

Prin.	Interest.	Prin.	Interest.	Prin.	Interest.	Prin.	Interest.	Prin.	Interest.
1	.07,00	11	.77,00	21	1.47,00	31	2.17,00	41	2.87,00
2	.14,00	12	.84,00	22	1.54,00	32	2.24,00	42	2.94,00
3	.21,00	13	.91,00	23	1.61,00	33	2.31,00	43	3.01,00
4	.28,00	14	.98,00	24	1.68,00	34	2.38,00	44	3.08,00
5	.35,00	15	1.05,00	25	1.75,00	35	2.45,00	45	3.15,00
6	.42,00	16	1.12,00	26	1.82,00	36	2.52,00	46	3.22,00
7	.49,00	17	1.19,00	27	1.89,00	37	2.59,00	47	3.29,00
8	.56,00	18	1.26,00	28	1.96,00	38	2.66,00	48	3.36,00
9	.63,00	19	1.33,00	29	2.03,00	39	2.73,00	49	3.43,00
10	.70,00	20	1.40,00	30	2.10,00	40	2.80,00	50	3.50,00

INTEREST AT SEVEN PER CENT.

| \multicolumn{4}{c}{10 Months and 22 Days.} | \multicolumn{4}{c}{10 Months and 23 Days.} | \multicolumn{4}{c}{10 Months and 24 Days.} |

Prin.	Interest.	Prin.	Interest.	Prin.	Interest.	Prin.	Interest.	Prin.	Interest.	Prin.	Interest.
1	.06,261	51	3.19,317	1	.06,281	51	3.20,308	1	.06,300	51	3.21,300
2	.12,522	52	3.25,578	2	.12,561	52	3.26,589	2	.12,600	52	3.27,600
3	.18,783	53	3.31,839	3	.18,842	53	3.32,869	3	.18,900	53	3.33,900
4	.25,044	54	3.38,100	4	.25,122	54	3.39,150	4	.25,200	54	3.40,200
5	.31,306	55	3.44,361	5	.31,403	55	3.45,431	5	.31,500	55	3.46,500
6	.37,567	56	3.50,622	6	.37,683	56	3.51,711	6	.37,800	56	3.52,800
7	.43,828	57	3.56,883	7	.43,964	57	3.57,992	7	.44,100	57	3.59,100
8	.50,089	58	3.63,144	8	.50,244	58	3.64,272	8	.50,400	58	3.65,400
9	.56,350	59	3.69,406	9	.56,525	59	3.70,553	9	.56,700	59	3.71,700
10	.62,611	60	3.75,667	10	.62,806	60	3.76,833	10	.63,000	60	3.78,000
11	.68,872	61	3.81,928	11	.69,086	61	3.83,114	11	.69,300	61	3.84,300
12	.75,133	62	3.88,189	12	.75,367	62	3.89,394	12	.75,600	62	3.90,600
13	.81,394	63	3.94,450	13	.81,647	63	3.95,675	13	.81,900	63	3.96,900
14	.87,656	64	4.00,711	14	.87,928	64	4.01,956	14	.88,200	64	4.03,200
15	.93,917	65	4.06,972	15	.94,208	65	4.08,236	15	.94,500	65	4.09,500
16	1.00,178	66	4.13,233	16	1.00,489	66	4.14,517	16	1.00,800	66	4.15,800
17	1.06,439	67	4.19,494	17	1.06,769	67	4.20,797	17	1.07,100	67	4.22,100
18	1.12,700	68	4.25,756	18	1.13,050	68	4.27,078	18	1.13,400	68	4.28,400
19	1.18,961	69	4.32,017	19	1.19,331	69	4.33,358	19	1.19,700	69	4.34,700
20	1.25,222	70	4.38,278	20	1.25,611	70	4.39,639	20	1.26,000	70	4.41,000
21	1.31,483	71	4.44,539	21	1.31,892	71	4.45,919	21	1.32,300	71	4.47,300
22	1.37,744	72	4.50,800	22	1.38,172	72	4.52,200	22	1.38,600	72	4.53,600
23	1.44,006	73	4.57,061	23	1.44,453	73	4.58,481	23	1.44,900	73	4.59,900
24	1.50,267	74	4.63,322	24	1.50,733	74	4.64,761	24	1.51,200	74	4.66,200
25	1.56,528	75	4.69,583	25	1.57,014	75	4.71,042	25	1.57,500	75	4.72,500
26	1.62,789	76	4.75,844	26	1.63,294	76	4.77,322	26	1.63,800	76	4.78,800
27	1.69,050	77	4.82,106	27	1.69,575	77	4.83,603	27	1.70,100	77	4.85,100
28	1.75,311	78	4.88,367	28	1.75,856	78	4.89,883	28	1.76,400	78	4.91,400
29	1.81,572	79	4.94,628	29	1.82,136	79	4.96,164	29	1.82,700	79	4.97,700
30	1.87,833	80	5.00,889	30	1.88,417	80	5.02,444	30	1.89,000	80	5.04,000
31	1.94,094	81	5.07,150	31	1.94,697	81	5.08,725	31	1.95,300	81	5.10,300
32	2.00,356	82	5.13,411	32	2.00,978	82	5.15,006	32	2.01,600	82	5.16,600
33	2.06,617	83	5.19,672	33	2.07,258	83	5.21,286	33	2.07,900	83	5.22,900
34	2.12,878	84	5.25,933	34	2.13,539	84	5.27,567	34	2.14,200	84	5.29,200
35	2.19,139	85	5.32,194	35	2.19,819	85	5.33,847	35	2.20,500	85	5.35,500
36	2.25,400	86	5.38,456	36	2.26,100	86	5.40,128	36	2.26,800	86	5.41,800
37	2.31,661	87	5.44,717	37	2.32,381	87	5.46,408	37	2.33,100	87	5.48,100
38	2.37,922	88	5.50,978	38	2.38,661	88	5.52,689	38	2.39,400	88	5.54,400
39	2.44,183	89	5.57,239	39	2.44,942	89	5.58,969	39	2.45,700	89	5.60,700
40	2.50,444	90	5.63,500	40	2.51,222	90	5.65,250	40	2.52,000	90	5.67,000
41	2.56,706	91	5.69,761	41	2.57,503	91	5.71,531	41	2.58,300	91	5.73,300
42	2.62,967	92	5.76,022	42	2.63,783	92	5.77,811	42	2.64,600	92	5.79,600
43	2.69,228	93	5.82,283	43	2.70,064	93	5.84,092	43	2.70,900	93	5.85,900
44	2.75,489	94	5.88,544	44	2.76,344	94	5.90,372	44	2.77,200	94	5.92,200
45	2.81,750	95	5.94,806	45	2.82,625	95	5.96,653	45	2.83,500	95	5.98,500
46	2.88,011	96	6.01,067	46	2.88,906	96	6.02,933	46	2.89,800	96	6.04,800
47	2.94,272	97	6.07,328	47	2.95,186	97	6.09,214	47	2.96,100	97	6.11,100
48	3.00,533	98	6.13,589	48	3.01,467	98	6.15,494	48	3.02,400	98	6.17,400
49	3.06,794	99	6.19,850	49	3.07,747	99	6.21,775	49	3.08,700	99	6.23,700
50	3.13,056	\multicolumn{2}{c}{**322 Days.**}	50	3.14,028	\multicolumn{2}{c}{**323 Days**}	50	3.15,000	\multicolumn{2}{c}{**324 Days.**}

ONE YEAR.

Prin.	Interest.	Prin.	Interest.	Prin.	Interest.	Prin.	Interest.	Prin.	Interest.
51	3.57,00	61	4.27,00	71	4.97,00	81	5.67,00	91	6.37,00
52	3.64,00	62	4.34,00	72	5.04,00	82	5.74,00	92	6.44,00
53	3.71,00	63	4.41,00	73	5.11,00	83	5.81,00	93	6.51,00
54	3.78,00	64	4.48,00	74	5.18,00	84	5.88,00	94	6.58,00
55	3.85,00	65	4.55,00	75	5.25,00	85	5.95,00	95	6.65,00
56	3.92,00	66	4.62,00	76	5.32,00	86	6.02,00	96	6.72,00
57	3.99,00	67	4.69,00	77	5.39,00	87	6.09,00	97	6.79,00
58	4.06,00	68	4.76,00	78	5.46,00	88	6.16,00	98	6.86,00
59	4.13,00	69	4.83,00	79	5.53,00	89	6.23,00	99	6.93,00
60	4.20,00	70	4.90,00	80	5.60,00	90	6.30,00		

[121

INTEREST AT SEVEN PER CENT.

10 Months and 25 Days.

Prin.	Interest.	Prin.	Interest.
1	.06,319	51	3.22,292
2	.12,639	52	3.28,611
3	.18,958	53	3.34,931
4	.25,278	54	3.41,250
5	.31,597	55	3.47,569
6	.37,917	56	3.53,889
7	.44,236	57	3.60,208
8	.50,556	58	3.66,528
9	.56,875	59	3.72,847
10	.63,194	60	3.79,167
11	.69,514	61	3.85,486
12	.75,833	62	3.91,806
13	.82,153	63	3.98,125
14	.88,472	64	4.04,444
15	.94,792	65	4.10,764
16	1.01,111	66	4.17,083
17	1.07,431	67	4.23,403
18	1.13,750	68	4.29,722
19	1.20,069	69	4.36,042
20	1.26,389	70	4.42,361
21	1.32,708	71	4.48,681
22	1.39,028	72	4.55,000
23	1.45,347	73	4.61,319
24	1.51,667	74	4.67,639
25	1.57,986	75	4.73,958
26	1.64,306	76	4.80,278
27	1.70,625	77	4.86,597
28	1.76,944	78	4.92,917
29	1.83,264	79	4.99,236
30	1.89,583	80	5.05,556
31	1.95,903	81	5.11,875
32	2.02,222	82	5.18,194
33	2.08,542	83	5.24,514
34	2.14,861	84	5.30,833
35	2.21,181	85	5.37,153
36	2.27,500	86	5.43,472
37	2.33,819	87	5.49,792
38	2.40,139	88	5.56,111
39	2.46,458	89	5.62,431
40	2.52,778	90	5.68,750
41	2.59,097	91	5.75,069
42	2.65,417	92	5.81,389
43	2.71,736	93	5.87,708
44	2.78,056	94	5.94,028
45	2.84,375	95	6.00,347
46	2.90,694	96	6.06,667
47	2.97,014	97	6.12,986
48	3.03,333	98	6.19,306
49	3.09,653	99	6.25,625
50	3.15,972	**325 Days.**	

10 Months and 26 Days.

Prin.	Interest.	Prin.	Interest.
1	.06,339	51	3.23,283
2	.12,678	52	3.29,622
3	.19,017	53	3.35,961
4	.25,356	54	3.42,300
5	.31,694	55	3.48,639
6	.38,033	56	3.54,978
7	.44,372	57	3.61,317
8	.50,711	58	3.67,656
9	.57,050	59	3.73,994
10	.63,389	60	3.80,333
11	.69,728	61	3.86,672
12	.76,067	62	3.93,011
13	.82,406	63	3.99,350
14	.88,744	64	4.05,689
15	.95,083	65	4.12,028
16	1.01,422	66	4.18,367
17	1.07,761	67	4.24,706
18	1.14,100	68	4.31,044
19	1.20,439	69	4.37,383
20	1.26,778	70	4.43,722
21	1.33,117	71	4.50,061
22	1.39,456	72	4.56,400
23	1.45,794	73	4.62,739
24	1.52,133	74	4.69,078
25	1.58,472	75	4.75,417
26	1.64,811	76	4.81,756
27	1.71,150	77	4.88,094
28	1.77,489	78	4.94,433
29	1.83,828	79	5.00,772
30	1.90,167	80	5.07,111
31	1.96,506	81	5.13,450
32	2.02,844	82	5.19,789
33	2.09,183	83	5.26,128
34	2.15,522	84	5.32,467
35	2.21,861	85	5.38,806
36	2.28,200	86	5.45,144
37	2.34,539	87	5.51,483
38	2.40,878	88	5.57,822
39	2.47,217	89	5.64,161
40	2.53,556	90	5.70,500
41	2.59,894	91	5.76,839
42	2.66,233	92	5.83,178
43	2.72,572	93	5.89,517
44	2.78,911	94	5.95,856
45	2.85,250	95	6.02,194
46	2.91,589	96	6.08,533
47	2.97,928	97	6.14,872
48	3.04,267	98	6.21,211
49	3.10,606	99	6.27,550
50	3.16,944	**326 Days.**	

10 Months and 27 Days.

Prin.	Interest.	Prin.	Interest.
1	.06,358	51	3.24,275
2	.12,717	52	3.30,633
3	.19,075	53	3.36,992
4	.25,433	54	3.43,350
5	.31,792	55	3.49,708
6	.38,150	56	3.56,067
7	.44,508	57	3.62,425
8	.50,867	58	3.68,783
9	.57,225	59	3.75,142
10	.63,583	60	3.81,500
11	.69,942	61	3.87,858
12	.76,300	62	3.94,217
13	.82,658	63	4.00,575
14	.89,017	64	4.06,933
15	.95,375	65	4.13,292
16	1.01,733	66	4.19,650
17	1.08,092	67	4.26,008
18	1.14,450	68	4.32,367
19	1.20,808	69	4.38,725
20	1.27,167	70	4.45,083
21	1.33,525	71	4.51,442
22	1.39,883	72	4.57,800
23	1.46,242	73	4.64,158
24	1.52,600	74	4.70,517
25	1.58,958	75	4.76,875
26	1.65,317	76	4.83,233
27	1.71,675	77	4.89,592
28	1.78,033	78	4.95,950
29	1.84,392	79	5.02,308
30	1.90,750	80	5.08,667
31	1.97,108	81	5.15,025
32	2.03,467	82	5.21,383
33	2.09,825	83	5.27,742
34	2.16,183	84	5.34,100
35	2.22,542	85	5.40,458
36	2.28,900	86	5.46,817
37	2.35,258	87	5.53,175
38	2.41,617	88	5.59,533
39	2.47,975	89	5.65,892
40	2.54,333	90	5.72,250
41	2.60,692	91	5.78,608
42	2.67,050	92	5.84,967
43	2.73,408	93	5.91,325
44	2.79,767	94	5.97,683
45	2.86,125	95	6.04,042
46	2.92,483	96	6.10,400
47	2.98,842	97	6.16,758
48	3.05,200	98	6.23,117
49	3.11,558	99	6.29,475
50	3.17,917	**327 Days.**	

ONE YEAR.

Prin.	Interest.	Prin.	Interest.	Prin.	Interest.	Prin.	Interest.	Prin.	Interest.
1	.07,00	11	.77,00	21	1.47,00	31	2.17,00	41	2.87,00
2	.14,00	12	.84,00	22	1.54,00	32	2.24,00	42	2.94,00
3	.21,00	13	.91,00	23	1.61,00	33	2.31,00	43	3.01,00
4	.28,00	14	.98,00	24	1.68,00	34	2.38,00	44	3.08,00
5	.35,00	15	1.05,00	25	1.75,00	35	2.45,00	45	3.15,00
6	.42,00	16	1.12,00	26	1.82,00	36	2.52,00	46	3.22,00
7	.49,00	17	1.19,00	27	1.89,00	37	2.59,00	47	3.29,00
8	.56,00	18	1.26,00	28	1.96,00	38	2.66,00	48	3.36,00
9	.63,00	19	1.33,00	29	2.03,00	39	2.73,00	49	3.43,00
10	.70,00	20	1.40,00	30	2.10,00	40	2.80,00	50	3.50,00

INTEREST AT SEVEN PER CENT.

| \multicolumn{4}{c|}{10 Months and 28 Days.} | \multicolumn{4}{c|}{10 Months and 29 Days.} | \multicolumn{4}{c}{11 MONTHS.} |

Prin.	Interest.	Prin.	Interest.	Prin.	Interest.	Prin.	Interest.	Prin.	Interest.	Prin.	Interest.
1	.06,378	51	3.25,267	1	.06,397	51	3.26,258	1	.06,417	51	3.27,250
2	.12,756	52	3.31,644	2	.12,794	52	3.32,656	2	.12,833	52	3.33,667
3	.19,133	53	3.38,022	3	.19,192	53	3.39,053	3	.19,250	53	3.40,083
4	.25,511	54	3.44,400	4	.25,589	54	3.45,450	4	.25,667	54	3.46,500
5	.31,889	55	3.50,778	5	.31,986	55	3.51,847	5	.32,083	55	3.52,917
6	.38,267	56	3.57,156	6	.38,383	56	3.58,244	6	.38,500	56	3.59,333
7	.44,644	57	3.63,533	7	.44,781	57	3.64,642	7	.44,917	57	3.65,750
8	.51,022	58	3.69,911	8	.51,178	58	3.71,039	8	.51,333	58	3.72,167
9	.57,400	59	3.76,289	9	.57,575	59	3.77,436	9	.57,750	59	3.78,583
10	.63,778	60	3.82,667	10	.63,972	60	3.83,833	10	.64,167	60	3.85,000
11	.70,156	61	3.89,044	11	.70,369	61	3.90,231	11	.70,583	61	3.91,417
12	.76,533	62	3.95,422	12	.76,767	62	3.96,628	12	.77,000	62	3.97,833
13	.82,911	63	4.01,800	13	.83,164	63	4.03,025	13	.83,417	63	4.04,250
14	.89,289	64	4.08,178	14	.89,561	64	4.09,422	14	.89,833	64	4.10,667
15	.95,667	65	4.14,556	15	.95,958	65	4.15,819	15	.96,250	65	4.17,083
16	1.02,044	66	4.20,933	16	1.02,356	66	4.22,217	16	1.02,667	66	4.23,500
17	1.08,422	67	4.27,311	17	1.08,753	67	4.28,614	17	1.09,083	67	4.29,917
18	1.14,800	68	4.33,689	18	1.15,150	68	4.35,011	18	1.15,500	68	4.36,333
19	1.21,178	69	4.40,067	19	1.21,547	69	4.41,408	19	1.21,917	69	4.42,750
20	1.27,556	70	4.46,444	20	1.27,944	70	4.47,806	20	1.28,333	70	4.49,167
21	1.33,933	71	4.52,822	21	1.34,342	71	4.54,203	21	1.34,750	71	4.55,583
22	1.40,311	72	4.59,200	22	1.40,739	72	4.60,600	22	1.41,167	72	4.62,000
23	1.46,689	73	4.65,578	23	1.47,136	73	4.66,997	23	1.47,583	73	4.68,417
24	1.53,067	74	4.71,956	24	1.53,533	74	4.73,394	24	1.54,000	74	4.74,833
25	1.59,444	75	4.78,333	25	1.59,931	75	4.79,792	25	1.60,417	75	4.81,250
26	1.65,822	76	4.84,711	26	1.66,328	76	4.86,189	26	1.66,833	76	4.87,667
27	1.72,200	77	4.91,089	27	1.72,725	77	4.92,586	27	1.73,250	77	4.94,083
28	1.78,578	78	4.97,467	28	1.79,122	78	4.98,983	28	1.79,667	78	5.00,500
29	1.84,956	79	5.03,844	29	1.85,519	79	5.05,381	29	1.86,083	79	5.06,917
30	1.91,333	80	5.10,222	30	1.91,917	80	5.11,778	30	1.92,500	80	5.13,333
31	1.97,711	81	5.16,600	31	1.98,314	81	5.18,175	31	1.98,917	81	5.19,750
32	2.04,089	82	5.22,978	32	2.04,711	82	5.24,572	32	2.05,333	82	5.26,167
33	2.10,467	83	5.29,356	33	2.11,108	83	5.30,969	33	2.11,750	83	5.32,583
34	2.16,844	84	5.35,733	34	2.17,506	84	5.37,367	34	2.18,167	84	5.39,000
35	2.23,222	85	5.42,111	35	2.23,903	85	5.43,764	35	2.24,583	85	5.45,417
36	2.29,600	86	5.48,489	36	2.30,300	86	5.50,161	36	2.31,000	86	5.51,833
37	2.35,978	87	5.54,867	37	2.36,697	87	5.56,558	37	2.37,417	87	5.58,250
38	2.42,356	88	5.61,244	38	2.43,094	88	5.62,956	38	2.43,833	88	5.64,667
39	2.48,733	89	5.67,622	39	2.49,492	89	5.69,353	39	2.50,250	89	5.71,083
40	2.55,111	90	5.74,000	40	2.55,889	90	5.75,750	40	2.56,667	90	5.77,500
41	2.61,489	91	5.80,378	41	2.62,286	91	5.82,147	41	2.63,083	91	5.83,917
42	2.67,867	92	5.86,756	42	2.68,683	92	5.88,544	42	2.69,500	92	5.90,333
43	2.74,244	93	5.93,133	43	2.75,081	93	5.94,942	43	2.75,917	93	5.96,750
44	2.80,622	94	5.99,511	44	2.81,478	94	6.01,339	44	2.82,333	94	6.03,167
45	2.87,000	95	6.05,889	45	2.87,875	95	6.07,736	45	2.88,750	95	6.09,583
46	2.93,378	96	6.12,267	46	2.94,272	96	6.14,133	46	2.95,167	96	6.16,000
47	2.99,756	97	6.18,644	47	3.00,669	97	6.20,531	47	3.01,583	97	6.22,417
48	3.06,133	98	6.25,022	48	3.07,067	98	6.26,928	48	3.08,000	98	6.28,833
49	3.12,511	99	6.31,400	49	3.13,464	99	6.33,325	49	3.14,417	99	6.35,250
50	3.18,889	\multicolumn{2}{c	}{**328 Days.**}	50	3.19,861	\multicolumn{2}{c	}{**329 Days.**}	50	3.20,833	\multicolumn{2}{c}{**330 Days.**}

ONE YEAR.

Prin.	Interest.	Prin.	Interest.	Prin.	Interest.	Prin.	Interest.	Prin.	Interest.
51	3.57,00	61	4.27,00	71	4.97,00	81	5.67,00	91	6.37,00
52	3.64,00	62	4.34,00	72	5.04,00	82	5.74,00	92	6.44,00
53	3.71,00	63	4.41,00	73	5.11,00	83	5.81,00	93	6.51,00
54	3.78,00	64	4.48,00	74	5.18,00	84	5.88,00	94	6.58,00
55	3.85,00	65	4.55,00	75	5.25,00	85	5.95,00	95	6.65,00
56	3.92,00	66	4.62,00	76	5.32,00	86	6.02,00	96	6.72,00
57	3.99,00	67	4.69,00	77	5.39,00	87	6.09,00	97	6.79,00
58	4.06,00	68	4.76,00	78	5.46,00	88	6.16,00	98	6.86,00
59	4.13,00	69	4.83,00	79	5.53,00	89	6.23,00	99	6.93,00
60	4.20,00	70	4.90,00	80	5.60,00	90	6.30,00		

[123

INTEREST AT SEVEN PER CENT.

11 Months and 1 Day.				11 Months and 2 Days.				11 Months and 3 Days.			
Prin.	Interest.	Prin.	Interest.	Prin.	Interest.	Prin.	Interest.	Prin.	Interest.	Prin.	Interest.
1	.06,436	51	3.28,242	1	.06,456	51	3.29,233	1	.06,475	51	3.30,225
2	.12,872	52	3.34,678	2	.12,911	52	3.35,689	2	.12,950	52	3.36,700
3	.19,308	53	3.41,114	3	.19,367	53	3.42,144	3	.19,425	53	3.43,175
4	.25,744	54	3.47,550	4	.25,822	54	3.48,600	4	.25,900	54	3.49,650
5	.32,181	55	3.53,986	5	.32,278	55	3.55,056	5	.32,375	55	3.56,125
6	.38,617	56	3.60,422	6	.38,733	56	3.61,511	6	.38,850	56	3.62,600
7	.45,053	57	3.66,858	7	.45,189	57	3.67,967	7	.45,325	57	3.69,075
8	.51,489	58	3.73,294	8	.51,644	58	3.74,422	8	.51,800	58	3.75,550
9	.57,925	59	3.79,731	9	.58,100	59	3.80,878	9	.58,275	59	3.82,025
10	.64,361	60	3.86,167	10	.64,556	60	3.87,333	10	.64,750	60	3.88,500
11	.70,797	61	3.92,603	11	.71,011	61	3.93,789	11	.71,225	61	3.94,975
12	.77,233	62	3.99,039	12	.77,467	62	4.00,244	12	.77,700	62	4.01,450
13	.83,669	63	4.05,475	13	.83,922	63	4.06,700	13	.84,175	63	4.07,925
14	.90,106	64	4.11,911	14	.90,378	64	4.13,156	14	.90,650	64	4.14,400
15	.96,542	65	4.18,347	15	.96,833	65	4.19,611	15	.97,125	65	4.20,875
16	1.02,978	66	4.24,783	16	1.03,289	66	4.26,067	16	1.03,600	66	4.27,350
17	1.09,414	67	4.31,219	17	1.09,744	67	4.32,522	17	1.10,075	67	4.33,825
18	1.15,850	68	4.37,656	18	1.16,200	68	4.38,978	18	1.16,550	68	4.40,300
19	1.22,286	69	4.44,092	19	1.22,656	69	4.45,433	19	1.23,025	69	4.46,775
20	1.28,722	70	4.50,528	20	1.29,111	70	4.51,889	20	1.29,500	70	4.53,250
21	1.35,158	71	4.56,964	21	1.35,567	71	4.58,344	21	1.35,975	71	4.59,725
22	1.41,594	72	4.63,400	22	1.42,022	72	4.64,800	22	1.42,450	72	4.66,200
23	1.48,031	73	4.69,836	23	1.48,478	73	4.71,256	23	1.48,925	73	4.72,675
24	1.54,467	74	4.76,272	24	1.54,933	74	4.77,711	24	1.55,400	74	4.79,150
25	1.60,903	75	4.82,708	25	1.61,389	75	4.84,167	25	1.61,875	75	4.85,625
26	1.67,339	76	4.89,144	26	1.67,844	76	4.90,622	26	1.68,350	76	4.92,100
27	1.73,775	77	4.95,581	27	1.74,300	77	4.97,078	27	1.74,825	77	4.98,575
28	1.80,211	78	5.02,017	28	1.80,756	78	5.03,533	28	1.81,300	78	5.05,050
29	1.86,647	79	5.08,453	29	1.87,211	79	5.09,989	29	1.87,775	79	5.11,525
30	1.93,083	80	5.14,889	30	1.93,667	80	5.16,444	30	1.94,250	80	5.18,000
31	1.99,519	81	5.21,325	31	2.00,122	81	5.22,900	31	2.00,725	81	5.24,475
32	2.05,956	82	5.27,761	32	2.06,578	82	5.29,356	32	2.07,200	82	5.30,950
33	2.12,392	83	5.34,197	33	2.13,033	83	5.35,811	33	2.13,675	83	5.37,425
34	2.18,828	84	5.40,633	34	2.19,489	84	5.42,267	34	2.20,150	84	5.43,900
35	2.25,264	85	5.47,069	35	2.25,944	85	5.48,722	35	2.26,625	85	5.50,375
36	2.31,700	86	5.53,506	36	2.32,400	86	5.55,178	36	2.33,100	86	5.56,850
37	2.38,136	87	5.59,942	37	2.38,856	87	5.61,633	37	2.39,575	87	5.63,325
38	2.44,572	88	5.66,378	38	2.45,311	88	5.68,089	38	2.46,050	88	5.69,800
39	2.51,008	89	5.72,814	39	2.51,767	89	5.74,544	39	2.52,525	89	5.76,275
40	2.57,444	90	5.79,250	40	2.58,222	90	5.81,000	40	2.59,000	90	5.82,750
41	2.63,881	91	5.85,686	41	2.64,678	91	5.87,456	41	2.65,475	91	5.89,225
42	2.70,317	92	5.92,122	42	2.71,133	92	5.93,911	42	2.71,950	92	5.95,700
43	2.76,753	93	5.98,558	43	2.77,589	93	6.00,367	43	2.78,425	93	6.02,175
44	2.83,189	94	6.04,994	44	2.84,044	94	6.06,822	44	2.84,900	94	6.08,650
45	2.89,625	95	6.11,431	45	2.90,500	95	6.13,278	45	2.91,375	95	6.15,125
46	2.96,061	96	6.17,867	46	2.96,956	96	6.19,733	46	2.97,850	96	6.21,600
47	3.02,497	97	6.24,303	47	3.03,411	97	6.26,189	47	3.04,325	97	6.28,075
48	3.08,933	98	6.30,739	48	3.09,867	98	6.32,644	48	3.10,800	98	6.34,550
49	3.15,369	99	6.37,175	49	3.16,322	99	6.39,100	49	3.17,275	99	6.41,025
50	3.21,806	**331 Days.**		50	3.22,778	**332 Days.**		50	3.23,750	**333 Days.**	

ONE YEAR.

Prin.	Interest.	Prin.	Interest.	Prin.	Interest.	Prin.	Interest.	Prin.	Interest.
1	.07,00	11	.77,00	21	1.47,00	31	2.17,00	41	2.87,00
2	.14,00	12	.84,00	22	1.54,00	32	2.24,00	42	2.94,00
3	.21,00	13	.91,00	23	1.61,00	33	2.31,00	43	3.01,00
4	.28,00	14	.98,00	24	1.68,00	34	2.38,00	44	3.08,00
5	.35,00	15	1.05,00	25	1.75,00	35	2.45,00	45	3.15,00
6	.42,00	16	1.12,00	26	1.82,00	36	2.52,00	46	3.22,00
7	.49,00	17	1.19,00	27	1.89,00	37	2.59,00	47	3.29,00
8	.56,00	18	1.26,00	28	1.96,00	38	2.66,00	48	3.36,00
9	.63,00	19	1.33,00	29	2.03,00	39	2.73,00	49	3.43,00
10	.70,00	20	1.40,00	30	2.10,00	40	2.80,00	50	3.50,00

INTEREST AT SEVEN PER CENT.

11 Months and 4 Days. | 11 Months and 5 Days. | 11 Months and 6 Days.

Prin.	Interest.	Prin.	Interest.	Prin.	Interest.	Prin.	Interest.	Prin.	Interest.	Prin.	Interest.
1	.06,494	51	3.31,217	1	.06,514	51	3.32,208	1	.06,533	51	3.33,200
2	.12,989	52	3.37,711	2	.13,028	52	3.38,722	2	.13,067	52	3.39,733
3	.19,483	53	3.44,206	3	.19,542	53	3.45,236	3	.19,600	53	3.46,267
4	.25,978	54	3.50,700	4	.26,056	54	3.51,750	4	.26,133	54	3.52,800
5	.32,472	55	3.57,194	5	.32,569	55	3.58,264	5	.32,667	55	3.59,333
6	.38,967	56	3.63,689	6	.39,083	56	3.64,778	6	.39,200	56	3.65,867
7	.45,461	57	3.70,183	7	.45,597	57	3.71,292	7	.45,733	57	3.72,400
8	.51,956	58	3.76,678	8	.52,111	58	3.77,806	8	.52,267	58	3.78,933
9	.58,450	59	3.83,172	9	.58,625	59	3.84,319	9	.58,800	59	3.85,467
10	.64,944	60	3.89,667	10	.65,139	60	3.90,833	10	.65,333	60	3.92,000
11	.71,439	61	3.96,161	11	.71,653	61	3.97,347	11	.71,867	61	3.98,533
12	.77,933	62	4.02,656	12	.78,167	62	4.03,861	12	.78,400	62	4.05,067
13	.84,428	63	4.09,150	13	.84,681	63	4.10,375	13	.84,933	63	4.11,600
14	.90,922	64	4.15,644	14	.91,194	64	4.16,889	14	.91,467	64	4.18,133
15	.97,417	65	4.22,139	15	.97,708	65	4.23,403	15	.98,000	65	4.24,667
16	1.03,911	66	4.28,633	16	1.04,222	66	4.29,917	16	1.04,533	66	4.31,200
17	1.10,406	67	4.35,128	17	1.10,736	67	4.36,431	17	1.11,067	67	4.37,733
18	1.16,900	68	4.41,622	18	1.17,250	68	4.42,944	18	1.17,600	68	4.44,267
19	1.23,394	69	4.48,117	19	1.23,764	69	4.49,458	19	1.24,133	69	4.50,800
20	1.29,889	70	4.54,611	20	1.30,278	70	4.55,972	20	1.30,667	70	4.57,333
21	1.36,383	71	4.61,106	21	1.36,792	71	4.62,486	21	1.37,200	71	4.63,867
22	1.42,878	72	4.67,600	22	1.43,306	72	4.69,000	22	1.43,733	72	4.70,400
23	1.49,372	73	4.74,094	23	1.49,819	73	4.75,514	23	1.50,267	73	4.76,933
24	1.55,867	74	4.80,589	24	1.56,333	74	4.82,028	24	1.56,800	74	4.83,467
25	1.62,361	75	4.87,083	25	1.62,847	75	4.88,542	25	1.63,333	75	4.90,000
26	1.68,856	76	4.93,578	26	1.69,361	76	4.95,056	26	1.69,867	76	4.96,533
27	1.75,350	77	5.00,072	27	1.75,875	77	5.01,569	27	1.76,400	77	5.03,067
28	1.81,844	78	5.06,567	28	1.82,389	78	5.08,083	28	1.82,933	78	5.09,600
29	1.88,339	79	5.13,061	29	1.88,903	79	5.14,597	29	1.89,467	79	5.16,133
30	1.94,833	80	5.19,556	30	1.95,417	80	5.21,111	30	1.96,000	80	5.22,667
31	2.01,328	81	5.26,050	31	2.01,931	81	5.27,625	31	2.02,533	81	5.29,200
32	2.07,822	82	5.32,544	32	2.08,444	82	5.34,139	32	2.09,067	82	5.35,733
33	2.14,317	83	5.39,039	33	2.14,958	83	5.40,653	33	2.15,600	83	5.42,267
34	2.20,811	84	5.45,533	34	2.21,472	84	5.47,167	34	2.22,133	84	5.48,800
35	2.27,306	85	5.52,028	35	2.27,986	85	5.53,681	35	2.28,667	85	5.55,333
36	2.33,800	86	5.58,522	36	2.34,500	86	5.60,194	36	2.35,200	86	5.61,867
37	2.40,294	87	5.65,017	37	2.41,014	87	5.66,708	37	2.41,733	87	5.68,400
38	2.46,789	88	5.71,511	38	2.47,528	88	5.73,222	38	2.48,267	88	5.74,933
39	2.53,283	89	5.78,006	39	2.54,042	89	5.79,736	39	2.54,800	89	5.81,467
40	2.59,778	90	5.84,500	40	2.60,556	90	5.86,250	40	2.61,333	90	5.88,000
41	2.66,272	91	5.90,994	41	2.67,069	91	5.92,764	41	2.67,867	91	5.94,533
42	2.72,767	92	5.97,489	42	2.73,583	92	5.99,278	42	2.74,400	92	6.01,067
43	2.79,261	93	6.03,983	43	2.80,097	93	6.05,792	43	2.80,933	93	6.07,600
44	2.85,756	94	6.10,478	44	2.86,611	94	6.12,306	44	2.87,467	94	6.14,133
45	2.92,250	95	6.16,972	45	2.93,125	95	6.18,819	45	2.94,000	95	6.20,667
46	2.98,744	96	6.23,467	46	2.99,639	96	6.25,333	46	3.00,533	96	6.27,200
47	3.05,239	97	6.29,961	47	3.06,153	97	6.31,847	47	3.07,067	97	6.33,733
48	3.11,733	98	6.36,456	48	3.12,667	98	6.38,361	48	3.13,600	98	6.40,267
49	3.18,228	99	6.42,950	49	3.19,181	99	6.44,875	49	3.20,133	99	6.46,800
50	3.24,722	**334 Days.**		50	3.25,694	**335 Days.**		50	3.26,667	**336 Days.**	

ONE YEAR.

Prin.	Interest.	Prin.	Interest.	Prin.	Interest.	Prin.	Interest.	Prin.	Interest.
51	3.57,00	61	4.27,00	71	4.97,00	81	5.67,00	91	6.37,00
52	3.64,00	62	4.34,00	72	5.04,00	82	5.74,00	92	6.44,00
53	3.71,00	63	4.41,00	73	5.11,00	83	5.81,00	93	6.51,00
54	3.78,00	64	4.48,00	74	5.18,00	84	5.88,00	94	6.58,00
55	3.85,00	65	4.55,00	75	5.25,00	85	5.95,00	95	6.65,00
56	3.92,00	66	4.62,00	76	5.32,00	86	6.02,00	96	6.72,00
57	3.99,00	67	4.69,00	77	5.39,00	87	6.09,00	97	6.79,00
58	4.06,00	68	4.76,00	78	5.46,00	88	6.16,00	98	6.86,00
59	4.13,00	69	4.83,00	79	5.53,00	89	6.23,00	99	6.93,00
60	4.20,00	70	4.90,00	80	5.60,00	90	6.30,00		

[125

INTEREST AT SEVEN PER CENT.

11 Months and 7 Days.

Prin.	Interest	Prin.	Interest
1	.06,553	51	3.34,192
2	.13,106	52	3.40,744
3	.19,658	53	3.47,297
4	.26,211	54	3.53,850
5	.32,764	55	3.60,403
6	.39,317	56	3.66,956
7	.45,869	57	3.73,508
8	.52,422	58	3.80,061
9	.58,975	59	3.86,614
10	.65,528	60	3.93,167
11	.72,081	61	3.99,719
12	.78,633	62	4.06,272
13	.85,186	63	4.12,825
14	.91,739	64	4.19,378
15	.98,292	65	4.25,931
16	1.04,844	66	4.32,483
17	1.11,397	67	4.39,036
18	1.17,950	68	4.45,589
19	1.24,503	69	4.52,142
20	1.31,056	70	4.58,694
21	1.37,608	71	4.65,247
22	1.44,161	72	4.71,800
23	1.50,714	73	4.78,353
24	1.57,267	74	4.84,906
25	1.63,819	75	4.91,458
26	1.70,372	76	4.98,011
27	1.76,925	77	5.04,564
28	1.83,478	78	5.11,117
29	1.90,031	79	5.17,669
30	1.96,583	80	5.24,222
31	2.03,136	81	5.30,775
32	2.09,689	82	5.37,328
33	2.16,242	83	5.43,881
34	2.22,794	84	5.50,433
35	2.29,347	85	5.56,986
36	2.35,900	86	5.63,539
37	2.42,453	87	5.70,092
38	2.49,006	88	5.76,644
39	2.55,558	89	5.83,197
40	2.62,111	90	5.89,750
41	2.68,664	91	5.96,303
42	2.75,217	92	6.02,856
43	2.81,769	93	6.09,408
44	2.88,322	94	6.15,961
45	2.94,875	95	6.22,514
46	3.01,428	96	6.29,067
47	3.07,981	97	6.35,619
48	3.14,533	98	6.42,172
49	3.21,086	99	6.48,725
50	3.27,639	**337 Days.**	

11 Months and 8 Days.

Prin.	Interest	Prin.	Interest
1	.06,572	51	3.35,183
2	.13,144	52	3.41,756
3	.19,717	53	3.48,328
4	.26,289	54	3.54,900
5	.32,861	55	3.61,472
6	.39,433	56	3.68,044
7	.46,006	57	3.74,617
8	.52,578	58	3.81,189
9	.59,150	59	3.87,761
10	.65,722	60	3.94,333
11	.72,294	61	4.00,906
12	.78,867	62	4.07,478
13	.85,439	63	4.14,050
14	.92,011	64	4.20,622
15	.98,583	65	4.27,194
16	1.05,156	66	4.33,767
17	1.11,728	67	4.40,339
18	1.18,300	68	4.46,911
19	1.24,872	69	4.53,483
20	1.31,444	70	4.60,056
21	1.38,017	71	4.66,628
22	1.44,589	72	4.73,200
23	1.51,161	73	4.79,772
24	1.57,733	74	4.86,344
25	1.64,306	75	4.92,917
26	1.70,878	76	4.99,489
27	1.77,450	77	5.06,061
28	1.84,022	78	5.12,633
29	1.90,594	79	5.19,206
30	1.97,167	80	5.25,778
31	2.03,739	81	5.32,350
32	2.10,311	82	5.38,922
33	2.16,883	83	5.45,494
34	2.23,456	84	5.52,067
35	2.30,028	85	5.58,639
36	2.36,600	86	5.65,211
37	2.43,172	87	5.71,783
38	2.49,744	88	5.78,356
39	2.56,317	89	5.84,928
40	2.62,889	90	5.91,500
41	2.69,461	91	5.98,072
42	2.76,033	92	6.04,644
43	2.82,606	93	6.11,217
44	2.89,178	94	6.17,789
45	2.95,750	95	6.24,361
46	3.02,322	96	6.30,933
47	3.08,894	97	6.37,506
48	3.15,467	98	6.44,078
49	3.22,039	99	6.50,650
50	3.28,611	**338 Days.**	

11 Months and 9 Days.

Prin.	Interest	Prin.	Interest
1	.06,592	51	3.36,175
2	.13,183	52	3.42,767
3	.19,775	53	3.49,358
4	.26,367	54	3.55,950
5	.32,958	55	3.62,542
6	.39,550	56	3.69,133
7	.46,142	57	3.75,725
8	.52,733	58	3.82,317
9	.59,325	59	3.88,908
10	.65,917	60	3.95,500
11	.72,508	61	4.02,092
12	.79,100	62	4.08,683
13	.85,692	63	4.15,275
14	.92,283	64	4.21,867
15	.98,875	65	4.28,458
16	1.05,467	66	4.35,050
17	1.12,058	67	4.41,642
18	1.18,650	68	4.48,233
19	1.25,242	69	4.54,825
20	1.31,833	70	4.61,417
21	1.38,425	71	4.68,008
22	1.45,017	72	4.74,600
23	1.51,608	73	4.81,192
24	1.58,200	74	4.87,783
25	1.64,792	75	4.94,375
26	1.71,383	76	5.00,967
27	1.77,975	77	5.07,558
28	1.84,567	78	5.14,150
29	1.91,158	79	5.20,742
30	1.97,750	80	5.27,333
31	2.04,342	81	5.33,925
32	2.10,933	82	5.40,517
33	2.17,525	83	5.47,108
34	2.24,117	84	5.53,700
35	2.30,708	85	5.60,292
36	2.37,300	86	5.66,883
37	2.43,892	87	5.73,475
38	2.50,483	88	5.80,067
39	2.57,075	89	5.86,658
40	2.63,667	90	5.93,250
41	2.70,258	91	5.99,842
42	2.76,850	92	6.06,433
43	2.83,442	93	6.13,025
44	2.90,033	94	6.19,617
45	2.96,625	95	6.26,208
46	3.03,217	96	6.32,800
47	3.09,808	97	6.39,392
48	3.16,400	98	6.45,983
49	3.22,992	99	6.52,575
50	3.29,583	**339 Days.**	

ONE YEAR.

Prin.	Interest	Prin.	Interest	Prin.	Interest	Prin.	Interest	Prin.	Interest
1	.07,00	11	.77,00	21	1.47,00	31	2.17,00	41	2.87,00
2	.14,00	12	.84,00	22	1.54,00	32	2.24,00	42	2.94,00
3	.21,00	13	.91,00	23	1.61,00	33	2.31,00	43	3.01,00
4	.28,00	14	.98,00	24	1.68,00	34	2.38,00	44	3.08,00
5	.35,00	15	1.05,00	25	1.75,00	35	2.45,00	45	3.15,00
6	.42,00	16	1.12,00	26	1.82,00	36	2.52,00	46	3.22,00
7	.49,00	17	1.19,00	27	1.89,00	37	2.59,00	47	3.29,00
8	.56,00	18	1.26,00	28	1.96,00	38	2.66,00	48	3.36,00
9	.63,00	19	1.33,00	29	2.03,00	39	2.73,00	49	3.43,00
10	.70,00	20	1.40,00	30	2.10,00	40	2.80,00	50	3.50,00

INTEREST AT SEVEN PER CENT.

11 Months and 10 Days.

Prin.	Interest.	Prin.	Interest.
1	.06,611	51	3.37,167
2	.13,222	52	3.43,778
3	.19,833	53	3.50,389
4	.26,444	54	3.57,000
5	.33,056	55	3.63,611
6	.39,667	56	3.70,222
7	.46,278	57	3.76,833
8	.52,889	58	3.83,444
9	.59,500	59	3.90,056
10	.66,111	60	3.96,667
11	.72,722	61	4.03,278
12	.79,333	62	4.09,889
13	.85,944	63	4.16,500
14	.92,556	64	4.23,111
15	.99,167	65	4.29,722
16	1.05,778	66	4.36,333
17	1.12,389	67	4.42,944
18	1.19,000	68	4.49,556
19	1.25,611	69	4.56,167
20	1.32,222	70	4.62,778
21	1.38,833	71	4.69,389
22	1.45,444	72	4.76,000
23	1.52,056	73	4.82,611
24	1.58,667	74	4.89,222
25	1.65,278	75	4.95,833
26	1.71,889	76	5.02,444
27	1.78,500	77	5.09,056
28	1.85,111	78	5.15,667
29	1.91,722	79	5.22,278
30	1.98,333	80	5.28,889
31	2.04,944	81	5.35,500
32	2.11,556	82	5.42,111
33	2.18,167	83	5.48,722
34	2.24,778	84	5.55,333
35	2.31,389	85	5.61,944
36	2.38,000	86	5.68,556
37	2.44,611	87	5.75,167
38	2.51,222	88	5.81,778
39	2.57,833	89	5.88,389
40	2.64,444	90	5.95,000
41	2.71,056	91	6.01,611
42	2.77,667	92	6.08,222
43	2.84,278	93	6.14,833
44	2.90,889	94	6.21,444
45	2.97,500	95	6.28,056
46	3.04,111	96	6.34,667
47	3.10,722	97	6.41,278
48	3.17,333	98	6.47,889
49	3.23,944	99	6.54,500
50	3.30,556	**340 Days.**	

11 Months and 11 Days.

Prin.	Interest.	Prin.	Interest.
1	.06,631	51	3.38,158
2	.13,261	52	3.44,789
3	.19,892	53	3.51,419
4	.26,522	54	3.58,050
5	.33,153	55	3.64,681
6	.39,783	56	3.71,311
7	.46,414	57	3.77,942
8	.53,044	58	3.84,572
9	.59,675	59	3.91,203
10	.66,306	60	3.97,833
11	.72,936	61	4.04,464
12	.79,567	62	4.11,094
13	.86,197	63	4.17,725
14	.92,828	64	4.24,356
15	.99,458	65	4.30,986
16	1.06,089	66	4.37,617
17	1.12,719	67	4.44,247
18	1.19,350	68	4.50,878
19	1.25,981	69	4.57,508
20	1.32,611	70	4.64,139
21	1.39,242	71	4.70,769
22	1.45,872	72	4.77,400
23	1.52,503	73	4.84,031
24	1.59,133	74	4.90,661
25	1.65,764	75	4.97,292
26	1.72,394	76	5.03,922
27	1.79,025	77	5.10,553
28	1.85,656	78	5.17,183
29	1.92,286	79	5.23,814
30	1.98,917	80	5.30,444
31	2.05,547	81	5.37,075
32	2.12,178	82	5.43,706
33	2.18,808	83	5.50,336
34	2.25,439	84	5.56,967
35	2.32,069	85	5.63,597
36	2.38,700	86	5.70,228
37	2.45,331	87	5.76,858
38	2.51,961	88	5.83,489
39	2.58,592	89	5.90,119
40	2.65,222	90	5.96,750
41	2.71,853	91	6.03,381
42	2.78,483	92	6.10,011
43	2.85,114	93	6.16,642
44	2.91,744	94	6.23,272
45	2.98,375	95	6.29,903
46	3.05,006	96	6.36,533
47	3.11,636	97	6.43,164
48	3.18,267	98	6.49,794
49	3.24,897	99	6.56,425
50	3.31,528	**341 Days.**	

11 Months and 12 Days.

Prin.	Interest.	Prin.	Interest.
1	.06,650	51	3.39,150
2	.13,300	52	3.45,800
3	.19,950	53	3.52,450
4	.26,600	54	3.59,100
5	.33,250	55	3.65,750
6	.39,900	56	3.72,400
7	.46,550	57	3.79,050
8	.53,200	58	3.85,700
9	.59,850	59	3.92,350
10	.66,500	60	3.99,000
11	.73,150	61	4.05,650
12	.79,800	62	4.12,300
13	.86,450	63	4.18,950
14	.93,100	64	4.25,600
15	.99,750	65	4.32,250
16	1.06,400	66	4.38,900
17	1.13,050	67	4.45,550
18	1.19,700	68	4.52,200
19	1.26,350	69	4.58,850
20	1.33,000	70	4.65,500
21	1.39,650	71	4.72,150
22	1.46,300	72	4.78,800
23	1.52,950	73	4.85,450
24	1.59,600	74	4.92,100
25	1.66,250	75	4.98,750
26	1.72,900	76	5.05,400
27	1.79,550	77	5.12,050
28	1.86,200	78	5.18,700
29	1.92,850	79	5.25,350
30	1.99,500	80	5.32,000
31	2.06,150	81	5.38,650
32	2.12,800	82	5.45,300
33	2.19,450	83	5.51,950
34	2.26,100	84	5.58,600
35	2.32,750	85	5.65,250
36	2.39,400	86	5.71,900
37	2.46,050	87	5.78,550
38	2.52,700	88	5.85,200
39	2.59,350	89	5.91,850
40	2.66,000	90	5.98,500
41	2.72,650	91	6.05,150
42	2.79,300	92	6.11,800
43	2.85,950	93	6.18,450
44	2.92,600	94	6.25,100
45	2.99,250	95	6.31,750
46	3.05,900	96	6.38,400
47	3.12,550	97	6.45,050
48	3.19,200	98	6.51,700
49	3.25,850	99	6.58,350
50	3.32,500	**342 Days.**	

ONE YEAR.

Prin.	Interest.	Prin.	Interest.	Prin.	Interest.	Prin.	Interest.	Prin.	Interest.
51	3.57,00	61	4.27,00	71	4.97,00	81	5.67,00	91	6.37,00
52	3.64,00	62	4.34,00	72	5.04,00	82	5.74,00	92	6.44,00
53	3.71,00	63	4.41,00	73	5.11,00	83	5.81,00	93	6.51,00
54	3.78,00	64	4.48,00	74	5.18,00	84	5.88,00	94	6.58,00
55	3.85,00	65	4.55,00	75	5.25,00	85	5.95,00	95	6.65,00
56	3.92,00	66	4.62,00	76	5.32,00	86	6.02,00	96	6.72,00
57	3.99,00	67	4.69,00	77	5.39,00	87	6.09,00	97	6.79,00
58	4.06,00	68	4.76,00	78	5.46,00	88	6.16,00	98	6.86,00
59	4.13,00	69	4.83,00	79	5.53,00	89	6.23,00	99	6.93,00
60	4.20,00	70	4.90,00	80	5.60,00	90	6.30,00		

INTEREST AT SEVEN PER CENT.

11 Months and 13 Days.

Prin.	Interest.	Prin.	Interest.
1	.06,669	51	3.40,142
2	.13,339	52	3.46,811
3	.20,008	53	3.53,481
4	.26,678	54	3.60,150
5	.33,347	55	3.66,819
6	.40,017	56	3.73,489
7	.46,686	57	3.80,158
8	.53,356	58	3.86,828
9	.60,025	59	3.93,497
10	.66,694	60	4.00,167
11	.73,364	61	4.06,836
12	.80,033	62	4.13,506
13	.86,703	63	4.20,175
14	.93,372	64	4.26,844
15	1.00,042	65	4.33,514
16	1.06,711	66	4.40,183
17	1.13,381	67	4.46,853
18	1.20,050	68	4.53,522
19	1.26,719	69	4.60,192
20	1.33,389	70	4.66,861
21	1.40,058	71	4.73,531
22	1.46,728	72	4.80,200
23	1.53,397	73	4.86,869
24	1.60,067	74	4.93,539
25	1.66,736	75	5.00,208
26	1.73,406	76	5.06,878
27	1.80,075	77	5.13,547
28	1.86,744	78	5.20,217
29	1.93,414	79	5.26,886
30	2.00,083	80	5.33,556
31	2.06,753	81	5.40,225
32	2.13,422	82	5.46,894
33	2.20,092	83	5.53,564
34	2.26,761	84	5.60,233
35	2.33,431	85	5.66,903
36	2.40,100	86	5.73,572
37	2.46,769	87	5.80,242
38	2.53,439	88	5.86,911
39	2.60,108	89	5.93,581
40	2.66,778	90	6.00,250
41	2.73,447	91	6.06,919
42	2.80,117	92	6.13,589
43	2.86,786	93	6.20,258
44	2.93,456	94	6.26,928
45	3.00,125	95	6.33,597
46	3.06,794	96	6.40,267
47	3.13,464	97	6.46,936
48	3.20,133	98	6.53,606
49	3.26,803	99	6.60,275
50	3.33,472	**343 Days.**	

11 Months and 14 Days.

Prin.	Interest.	Prin.	Interest.
1	.06,689	51	3.41,133
2	.13,378	52	3.47,822
3	.20,067	53	3.54,511
4	.26,756	54	3.61,200
5	.33,444	55	3.67,889
6	.40,133	56	3.74,578
7	.46,822	57	3.81,267
8	.53,511	58	3.87,956
9	.60,200	59	3.94,644
10	.66,889	60	4.01,333
11	.73,578	61	4.08,022
12	.80,267	62	4.14,711
13	.86,956	63	4.21,400
14	.93,644	64	4.28,089
15	1.00,333	65	4.34,778
16	1.07,022	66	4.41,467
17	1.13,711	67	4.48,156
18	1.20,400	68	4.54,844
19	1.27,089	69	4.61,533
20	1.33,778	70	4.68,222
21	1.40,467	71	4.74,911
22	1.47,156	72	4.81,600
23	1.53,844	73	4.88,289
24	1.60,533	74	4.94,978
25	1.67,222	75	5.01,667
26	1.73,911	76	5.08,356
27	1.80,600	77	5.15,044
28	1.87,289	78	5.21,733
29	1.93,978	79	5.28,422
30	2.00,667	80	5.35,111
31	2.07,356	81	5.41,800
32	2.14,044	82	5.48,489
33	2.20,733	83	5.55,178
34	2.27,422	84	5.61,867
35	2.34,111	85	5.68,556
36	2.40,800	86	5.75,244
37	2.47,489	87	5.81,933
38	2.54,178	88	5.88,622
39	2.60,867	89	5.95,311
40	2.67,556	90	6.02,000
41	2.74,244	91	6.08,689
42	2.80,933	92	6.15,378
43	2.87,622	93	6.22,067
44	2.94,311	94	6.28,756
45	3.01,000	95	6.35,444
46	3.07,689	96	6.42,133
47	3.14,378	97	6.48,822
48	3.21,067	98	6.55,511
49	3.27,756	99	6.62,200
50	3.34,444	**344 Days.**	

11 Months and 15 Days.

Prin.	Interest.	Prin.	Interest.
1	.06,708	51	3.42,125
2	.13,417	52	3.48,833
3	.20,125	53	3.55,542
4	.26,833	54	3.62,250
5	.33,542	55	3.68,958
6	.40,250	56	3.75,667
7	.46,958	57	3.82,375
8	.53,667	58	3.89,083
9	.60,375	59	3.95,792
10	.67,083	60	4.02,500
11	.73,792	61	4.09,208
12	.80,500	62	4.15,917
13	.87,208	63	4.22,625
14	.93,917	64	4.29,333
15	1.00,625	65	4.36,042
16	1.07,333	66	4.42,750
17	1.14,042	67	4.49,458
18	1.20,750	68	4.56,167
19	1.27,458	69	4.62,875
20	1.34,167	70	4.69,583
21	1.40,875	71	4.76,292
22	1.47,583	72	4.83,000
23	1.54,292	73	4.89,708
24	1.61,000	74	4.96,417
25	1.67,708	75	5.03,125
26	1.74,417	76	5.09,833
27	1.81,125	77	5.16,542
28	1.87,833	78	5.23,250
29	1.94,542	79	5.29,958
30	2.01,250	80	5.36,667
31	2.07,958	81	5.43,375
32	2.14,667	82	5.50,083
33	2.21,375	83	5.56,792
34	2.28,083	84	5.63,500
35	2.34,792	85	5.70,208
36	2.41,500	86	5.76,917
37	2.48,208	87	5.83,625
38	2.54,917	88	5.90,333
39	2.61,625	89	5.97,042
40	2.68,333	90	6.03,750
41	2.75,042	91	6.10,458
42	2.81,750	92	6.17,167
43	2.88,458	93	6.23,875
44	2.95,167	94	6.30,583
45	3.01,875	95	6.37,292
46	3.08,583	96	6.44,000
47	3.15,292	97	6.50,708
48	3.22,000	98	6.57,417
49	3.28,708	99	6.64,125
50	3.35,417	**345 Days.**	

ONE YEAR.

Prin.	Interest.	Prin.	Interest.	Prin.	Interest.	Prin.	Interest.	Prin.	Interest.
1	.07,00	11	.77,00	21	1.47,00	31	2.17,00	41	2.87,00
2	.14,00	12	.84,00	22	1.54,00	32	2.24,00	42	2.94,00
3	.21,00	13	.91,00	23	1.61,00	33	2.31,00	43	3.01,00
4	.28,00	14	.98,00	24	1.68,00	34	2.38,00	44	3.08,00
5	.35,00	15	1.05,00	25	1.75,00	35	2.45,00	45	3.15,00
6	.42,00	16	1.12,00	26	1.82,00	36	2.52,00	46	3.22,00
7	.49,00	17	1.19,00	27	1.89,00	37	2.59,00	47	3.29,00
8	.56,00	18	1.26,00	28	1.96,00	38	2.66,00	48	3.36,00
9	.63,00	19	1.33,00	29	2.03,00	39	2.73,00	49	3.43,00
10	.70,00	20	1.40,00	30	2.10,00	40	2.80,00	50	3.50,00

INTEREST AT SEVEN PER CENT.

| \multicolumn{4}{c}{11 Months and 16 Days.} | \multicolumn{4}{c}{11 Months and 17 Days.} | \multicolumn{4}{c}{11 Months and 18 Days.} |

Prin.	Interest.	Prin.	Interest.	Prin.	Interest.	Prin.	Interest.	Prin.	Interest.	Prin.	Interest.
1	.06,728	51	3.43,117	1	.06,747	51	3.44,108	1	.06,767	51	3.45,100
2	.13,456	52	3.49,844	2	.13,494	52	3.50,856	2	.13,533	52	3.51,867
3	.20,183	53	3.56,572	3	.20,242	53	3.57,603	3	.20,300	53	3.58,633
4	.26,911	54	3.63,300	4	.26,989	54	3.64,350	4	.27,067	54	3.65,400
5	.33,639	55	3.70,028	5	.33,736	55	3.71,097	5	.33,833	55	3.72,167
6	.40,367	56	3.76,756	6	.40,483	56	3.77,844	6	.40,600	56	3.78,933
7	.47,094	57	3.83,483	7	.47,231	57	3.84,592	7	.47,367	57	3.85,700
8	.53,822	58	3.90,211	8	.53,978	58	3.91,339	8	.54,133	58	3.92,467
9	.60,550	59	3.96,939	9	.60,725	59	3.98,086	9	.60,900	59	3.99,233
10	.67,278	60	4.03,667	10	.67,472	60	4.04,833	10	.67,667	60	4.06,000
11	.74,006	61	4.10,394	11	.74,219	61	4.11,581	11	.74,433	61	4.12,767
12	.80,733	62	4.17,122	12	.80,967	62	4.18,328	12	.81,200	62	4.19,533
13	.87,461	63	4.23,850	13	.87,714	63	4.25,075	13	.87,967	63	4.26,300
14	.94,189	64	4.30,578	14	.94,461	64	4.31,822	14	.94,733	64	4.33,067
15	1.00,917	65	4.37,306	15	1.01,208	65	4.38,569	15	1.01,500	65	4.39,833
16	1.07,644	66	4.44,033	16	1.07,956	66	4.45,317	16	1.08,267	66	4.46,600
17	1.14,372	67	4.50,761	17	1.14,703	67	4.52,064	17	1.15,033	67	4.53,367
18	1.21,100	68	4.57,489	18	1.21,450	68	4.58,811	18	1.21,800	68	4.60,133
19	1.27,828	69	4.64,217	19	1.28,197	69	4.65,558	19	1.28,567	69	4.66,900
20	1.34,556	70	4.70,944	20	1.34,944	70	4.72,306	20	1.35,333	70	4.73,667
21	1.41,283	71	4.77,672	21	1.41,692	71	4.79,053	21	1.42,100	71	4.80,433
22	1.48,011	72	4.84,400	22	1.48,439	72	4.85,800	22	1.48,867	72	4.87,200
23	1.54,739	73	4.91,128	23	1.55,186	73	4.92,547	23	1.55,633	73	4.93,967
24	1.61,467	74	4.97,856	24	1.61,933	74	4.99,294	24	1.62,400	74	5.00,733
25	1.68,194	75	5.04,583	25	1.68,681	75	5.06,042	25	1.69,167	75	5.07,500
26	1.74,922	76	5.11,311	26	1.75,428	76	5.12,789	26	1.75,933	76	5.14,267
27	1.81,650	77	5.18,039	27	1.82,175	77	5.19,536	27	1.82,700	77	5.21,033
28	1.88,378	78	5.24,767	28	1.88,922	78	5.26,283	28	1.89,467	78	5.27,800
29	1.95,106	79	5.31,494	29	1.95,669	79	5.33,031	29	1.96,233	79	5.34,567
30	2.01,833	80	5.38,222	30	2.02,417	80	5.39,778	30	2.03,000	80	5.41,333
31	2.08,561	81	5.44,950	31	2.09,164	81	5.46,525	31	2.09,767	81	5.48,100
32	2.15,289	82	5.51,678	32	2.15,911	82	5.53,272	32	2.16,533	82	5.54,867
33	2.22,017	83	5.58,406	33	2.22,658	83	5.60,019	33	2.23,300	83	5.61,633
34	2.28,744	84	5.65,133	34	2.29,406	84	5.66,767	34	2.30,067	84	5.68,400
35	2.35,472	85	5.71,861	35	2.36,153	85	5.73,514	35	2.36,833	85	5.75,167
36	2.42,200	86	5.78,589	36	2.42,900	86	5.80,261	36	2.43,600	86	5.81,933
37	2.48,928	87	5.85,317	37	2.49,647	87	5.87,008	37	2.50,367	87	5.88,700
38	2.55,656	88	5.92,044	38	2.56,394	88	5.93,756	38	2.57,133	88	5.95,467
39	2.62,383	89	5.98,772	39	2.63,142	89	6.00,503	39	2.63,900	89	6.02,233
40	2.69,111	90	6.05,500	40	2.69,889	90	6.07,250	40	2.70,667	90	6.09,000
41	2.75,839	91	6.12,228	41	2.76,636	91	6.13,997	41	2.77,433	91	6.15,767
42	2.82,567	92	6.18,956	42	2.83,383	92	6.20,744	42	2.84,200	92	6.22,533
43	2.89,294	93	6.25,683	43	2.90,131	93	6.27,492	43	2.90,967	93	6.29,300
44	2.96,022	94	6.32,411	44	2.96,878	94	6.34,239	44	2.97,733	94	6.36,067
45	3.02,750	95	6.39,139	45	3.03,625	95	6.40,986	45	3.04,500	95	6.42,833
46	3.09,478	96	6.45,867	46	3.10,372	96	6.47,733	46	3.11,267	96	6.49,600
47	3.16,206	97	6.52,594	47	3.17,119	97	6.54,481	47	3.18,033	97	6.56,367
48	3.22,933	98	6.59,322	48	3.23,867	98	6.61,228	48	3.24,800	98	6.63,133
49	3.29,661	99	6.66,050	49	3.30,614	99	6.67,975	49	3.31,567	99	6.69,900
50	3.36,389	\multicolumn{2}{c}{**346 Days.**}	50	3.37,361	\multicolumn{2}{c}{**347 Days.**}	50	3.38,333	\multicolumn{2}{c}{**348 Days.**}

ONE YEAR.

Prin.	Interest.	Prin.	Interest.	Prin.	Interest.	Prin.	Interest.	Prin.	Interest.
51	3.57,00	61	4.27,00	71	4.97,00	81	5.67,00	91	6.37,00
52	3.64,00	62	4.34,00	72	5.04,00	82	5.74,00	92	6.44,00
53	3.71,00	63	4.41,00	73	5.11,00	83	5.81,00	93	6.51,00
54	3.78,00	64	4.48,00	74	5.18,00	84	5.88,00	94	6.58,00
55	3.85,00	65	4.55,00	75	5.25,00	85	5.95,00	95	6.65,00
56	3.92,00	66	4.62,00	76	5.32,00	86	6.02,00	96	6.72,00
57	3.99,00	67	4.69,00	77	5.39,00	87	6.09,00	97	6.79,00
58	4.06,00	68	4.76,00	78	5.46,00	88	6.16,00	98	6.86,00
59	4.13,00	69	4.83,00	79	5.53,00	89	6.23,00	99	6.93,00
60	4.20,00	70	4.90,00	80	5.60,00	90	6.30,00		

INTEREST AT SEVEN PER CENT.

11 Months and 19 Days.

Prin.	Interest.	Prin.	Interest.
1	.06,786	51	3.46,092
2	.13,572	52	3.52,878
3	.20,358	53	3.59,664
4	.27,144	54	3.66,450
5	.33,931	55	3.73,236
6	.40,717	56	3.80,022
7	.47,503	57	3.86,808
8	.54,289	58	3.93,594
9	.61,075	59	4.00,381
10	.67,861	60	4.07,167
11	.74,647	61	4.13,953
12	.81,433	62	4.20,739
13	.88,219	63	4.27,525
14	.95,006	64	4.34,311
15	1.01,792	65	4.41,097
16	1.08,578	66	4.47,883
17	1.15,364	67	4.54,669
18	1.22,150	68	4.61,456
19	1.28,936	69	4.68,242
20	1.35,722	70	4.75,028
21	1.42,508	71	4.81,814
22	1.49,294	72	4.88,600
23	1.56,081	73	4.95,386
24	1.62,867	74	5.02,172
25	1.69,653	75	5.08,958
26	1.76,439	76	5.15,744
27	1.83,225	77	5.22,531
28	1.90,011	78	5.29,317
29	1.96,797	79	5.36,103
30	2.03,583	80	5.42,889
31	2.10,369	81	5.49,675
32	2.17,156	82	5.56,461
33	2.23,942	83	5.63,247
34	2.30,728	84	5.70,033
35	2.37,514	85	5.76,819
36	2.44,300	86	5.83,606
37	2.51,086	87	5.90,392
38	2.57,872	88	5.97,178
39	2.64,658	89	6.03,964
40	2.71,444	90	6.10,750
41	2.78,231	91	6.17,536
42	2.85,017	92	6.24,322
43	2.91,803	93	6.31,108
44	2.98,589	94	6.37,894
45	3.05,375	95	6.44,681
46	3.12,161	96	6.51,467
47	3.18,947	97	6.58,253
48	3.25,733	98	6.65,039
49	3.32,519	99	6.71,825
50	3.39,306	**349 Days.**	

11 Months and 20 Days.

Prin.	Interest.	Prin.	Interest.
1	.06,806	51	3.47,083
2	.13,611	52	3.53,889
3	.20,417	53	3.60,694
4	.27,222	54	3.67,500
5	.34,028	55	3.74,306
6	.40,833	56	3.81,111
7	.47,639	57	3.87,917
8	.54,444	58	3.94,722
9	.61,250	59	4.01,528
10	.68,056	60	4.08,333
11	.74,861	61	4.15,139
12	.81,667	62	4.21,944
13	.88,472	63	4.28,750
14	.95,278	64	4.35,556
15	1.02,083	65	4.42,361
16	1.08,889	66	4.49,167
17	1.15,694	67	4.55,972
18	1.22,500	68	4.62,778
19	1.29,306	69	4.69,583
20	1.36,111	70	4.76,389
21	1.42,917	71	4.83,194
22	1.49,722	72	4.90,000
23	1.56,528	73	4.96,806
24	1.63,333	74	5.03,611
25	1.70,139	75	5.10,417
26	1.76,944	76	5.17,222
27	1.83,750	77	5.24,028
28	1.90,556	78	5.30,833
29	1.97,361	79	5.37,639
30	2.04,167	80	5.44,444
31	2.10,972	81	5.51,250
32	2.17,778	82	5.58,056
33	2.24,583	83	5.64,861
34	2.31,389	84	5.71,667
35	2.38,194	85	5.78,472
36	2.45,000	86	5.85,278
37	2.51,806	87	5.92,083
38	2.58,611	88	5.98,889
39	2.65,417	89	6.05,694
40	2.72,222	90	6.12,500
41	2.79,028	91	6.19,306
42	2.85,833	92	6.26,111
43	2.92,639	93	6.32,917
44	2.99,444	94	6.39,722
45	3.06,250	95	6.46,528
46	3.13,056	96	6.53,333
47	3.19,861	97	6.60,139
48	3.26,667	98	6.66,944
49	3.33,472	99	6.73,750
50	3.40,278	**350 Days.**	

11 Months and 21 Days

Prin.	Interest.	Prin.	Interest.
1	.06,825	51	3.48,075
2	.13,650	52	3.54,900
3	.20,475	53	3.61,725
4	.27,300	54	3.68,550
5	.34,125	55	3.75,375
6	.40,950	56	3.82,200
7	.47,775	57	3.89,025
8	.54,600	58	3.95,850
9	.61,425	59	4.02,675
10	.68,250	60	4.09,500
11	.75,075	61	4.16,325
12	.81,900	62	4.23,150
13	.88,725	63	4.29,975
14	.95,550	64	4.36,800
15	1.02,375	65	4.43,625
16	1.09,200	66	4.50,450
17	1.16,025	67	4.57,275
18	1.22,850	68	4.64,100
19	1.29,675	69	4.70,925
20	1.36,500	70	4.77,750
21	1.43,325	71	4.84,575
22	1.50,150	72	4.91,400
23	1.56,975	73	4.98,225
24	1.63,800	74	5.05,050
25	1.70,625	75	5.11,875
26	1.77,450	76	5.18,700
27	1.84,275	77	5.25,525
28	1.91,100	78	5.32,350
29	1.97,925	79	5.39,175
30	2.04,750	80	5.46,000
31	2.11,575	81	5.52,825
32	2.18,400	82	5.59,650
33	2.25,225	83	5.66,475
34	2.32,050	84	5.73,300
35	2.38,875	85	5.80,125
36	2.45,700	86	5.86,950
37	2.52,525	87	5.93,775
38	2.59,350	88	6.00,600
39	2.66,175	89	6.07,425
40	2.73,000	90	6.14,250
41	2.79,825	91	6.21,075
42	2.86,650	92	6.27,900
43	2.93,475	93	6.34,725
44	3.00,300	94	6.41,550
45	3.07,125	95	6.48,375
46	3.13,950	96	6.55,200
47	3.20,775	97	6.62,025
48	3.27,600	98	6.68,850
49	3.34,425	99	6.75,675
50	3.41,250	**351 Days.**	

ONE YEAR.

Prin.	Interest.	Prin.	Interest.	Prin.	Interest.	Prin.	Interest.	Prin.	Interest.
1	.07,00	11	.77,00	21	1.47,00	31	2.17,00	41	2.87,00
2	.14,00	12	.84,00	22	1.54,00	32	2.24,00	42	2.94,00
3	.21,00	13	.91,00	23	1.61,00	33	2.31,00	43	3.01,00
4	.28,00	14	.98,00	24	1.68,00	34	2.38,00	44	3.08,00
5	.35,00	15	1.05,00	25	1.75,00	35	2.45,00	45	3.15,00
6	.42,00	16	1.12,00	26	1.82,00	36	2.52,00	46	3.22,00
7	.49,00	17	1.19,00	27	1.89,00	37	2.59,00	47	3.29,00
8	.56,00	18	1.26,00	28	1.96,00	38	2.66,00	48	3.36,00
9	.63,00	19	1.33,00	29	2.03,00	39	2.73,00	49	3.43,00
10	.70,00	20	1.40,00	30	2.10,00	40	2.80,00	50	3.50,00

INTEREST AT SEVEN PER CENT.

11 Months and 22 Days.

Prin.	Interest.	Prin.	Interest.
1	.06,844	51	3.49,067
2	.13,689	52	3.55,911
3	.20,533	53	3.62,756
4	.27,378	54	3.69,600
5	.34,222	55	3.76,444
6	.41,067	56	3.83,289
7	.47,911	57	3.90,133
8	.54,756	58	3.96,978
9	.61,600	59	4.03,822
10	.68,444	60	4.10,667
11	.75,289	61	4.17,511
12	.82,133	62	4.24,356
13	.88,978	63	4.31,200
14	.95,822	64	4.38,044
15	1.02,667	65	4.44,889
16	1.09,511	66	4.51,733
17	1.16,356	67	4.58,578
18	1.23,200	68	4.65,422
19	1.30,044	69	4.72,267
20	1.36,889	70	4.79,111
21	1.43,733	71	4.85,956
22	1.50,578	72	4.92,800
23	1.57,422	73	4.99,644
24	1.64,267	74	5.06,489
25	1.71,111	75	5.13,333
26	1.77,956	76	5.20,178
27	1.84,800	77	5.27,022
28	1.91,644	78	5.33,867
29	1.98,489	79	5.40,711
30	2.05,333	80	5.47,556
31	2.12,178	81	5.54,400
32	2.19,022	82	5.61,244
33	2.25,867	83	5.68,089
34	2.32,711	84	5.74,933
35	2.39,556	85	5.81,778
36	2.46,400	86	5.88,622
37	2.53,244	87	5.95,467
38	2.60,089	88	6.02,311
39	2.66,933	89	6.09,156
40	2.73,778	90	6.16,000
41	2.80,622	91	6.22,844
42	2.87,467	92	6.29,689
43	2.94,311	93	6.36,533
44	3.01,156	94	6.43,378
45	3.08,000	95	6.50,222
46	3.14,844	96	6.57,067
47	3.21,689	97	6.63,911
48	3.28,533	98	6.70,756
49	3.35,378	99	6.77,600
50	3.42,222	**352 Days.**	

11 Months and 23 Days.

Prin.	Interest.	Prin.	Interest.
1	.06,864	51	3.50,058
2	.13,728	52	3.56,922
3	.20,592	53	3.63,786
4	.27,456	54	3.70,650
5	.34,319	55	3.77,514
6	.41,183	56	3.84,378
7	.48,047	57	3.91,242
8	.54,911	58	3.98,106
9	.61,775	59	4.04,969
10	.68,639	60	4.11,833
11	.75,503	61	4.18,697
12	.82,367	62	4.25,561
13	.89,231	63	4.32,425
14	.96,094	64	4.39,289
15	1.02,958	65	4.46,153
16	1.09,822	66	4.53,017
17	1.16,686	67	4.59,881
18	1.23,550	68	4.66,744
19	1.30,414	69	4.73,608
20	1.37,278	70	4.80,472
21	1.44,142	71	4.87,336
22	1.51,006	72	4.94,200
23	1.57,869	73	5.01,064
24	1.64,733	74	5.07,928
25	1.71,597	75	5.14,792
26	1.78,461	76	5.21,656
27	1.85,325	77	5.28,519
28	1.92,189	78	5.35,383
29	1.99,053	79	5.42,247
30	2.05,917	80	5.49,111
31	2.12,781	81	5.55,975
32	2.19,644	82	5.62,839
33	2.26,508	83	5.69,703
34	2.33,372	84	5.76,567
35	2.40,236	85	5.83,431
36	2.47,100	86	5.90,294
37	2.53,964	87	5.97,158
38	2.60,828	88	6.04,022
39	2.67,692	89	6.10,886
40	2.74,556	90	6.17,750
41	2.81,419	91	6.24,614
42	2.88,283	92	6.31,478
43	2.95,147	93	6.38,342
44	3.02,011	94	6.45,206
45	3.08,875	95	6.52,069
46	3.15,739	96	6.58,933
47	3.22,603	97	6.65,797
48	3.29,467	98	6.72,661
49	3.36,331	99	6.79,525
50	3.43,194	**353 Days.**	

11 Months and 24 Days.

Prin.	Interest.	Prin.	Interest.
1	.06,883	51	3.51,050
2	.13,767	52	3.57,933
3	.20,650	53	3.64,817
4	.27,533	54	3.71,700
5	.34,417	55	3.78,583
6	.41,300	56	3.85,467
7	.48,183	57	3.92,350
8	.55,067	58	3.99,233
9	.61,950	59	4.06,117
10	.68,833	60	4.13,000
11	.75,717	61	4.19,883
12	.82,600	62	4.26,767
13	.89,483	63	4.33,650
14	.96,367	64	4.40,533
15	1.03,250	65	4.47,417
16	1.10,133	66	4.54,300
17	1.17,017	67	4.61,183
18	1.23,900	68	4.68,067
19	1.30,783	69	4.74,950
20	1.37,667	70	4.81,833
21	1.44,550	71	4.88,717
22	1.51,433	72	4.95,600
23	1.58,317	73	5.02,483
24	1.65,200	74	5.09,367
25	1.72,083	75	5.16,250
26	1.78,967	76	5.23,133
27	1.85,850	77	5.30,017
28	1.92,733	78	5.36,900
29	1.99,617	79	5.43,783
30	2.06,500	80	5.50,667
31	2.13,383	81	5.57,550
32	2.20,267	82	5.64,433
33	2.27,150	83	5.71,317
34	2.34,033	84	5.78,200
35	2.40,917	85	5.85,083
36	2.47,800	86	5.91,967
37	2.54,683	87	5.98,850
38	2.61,567	88	6.05,733
39	2.68,450	89	6.12,617
40	2.75,333	90	6.19,500
41	2.82,217	91	6.26,383
42	2.89,100	92	6.33,267
43	2.95,983	93	6.40,150
44	3.02,867	94	6.47,033
45	3.09,750	95	6.53,917
46	3.16,633	96	6.60,800
47	3.23,517	97	6.67,683
48	3.30,400	98	6.74,567
49	3.37,283	99	6.81,450
50	3.44,167	**354 Days.**	

ONE YEAR.

Prin.	Interest.	Prin.	Interest.	Prin.	Interest.	Prin.	Interest.	Prin.	Interest.
51	3.57,00	61	4.27,00	71	4.97,00	81	5.67,00	91	6.37,00
52	3.64,00	62	4.34,00	72	5.04,00	82	5.74,00	92	6.44,00
53	3.71,00	63	4.41,00	73	5.11,00	83	5.81,00	93	6.51,00
54	3.78,00	64	4.48,00	74	5.18,00	84	5.88,00	94	6.58,00
55	3.85,00	65	4.55,00	75	5.25,00	85	5.95,00	95	6.65,00
56	3.92,00	66	4.62,00	76	5.32,00	86	6.02,00	96	6.72,00
57	3.99,00	67	4.69,00	77	5.39,00	87	6.09,00	97	6.79,00
58	4.06,00	68	4.76,00	78	5.46,00	88	6.16,00	98	6.86,00
59	4.13,00	69	4.83,00	79	5.53,00	89	6.23,00	99	6.93,00
60	4.20,00	70	4.90,00	80	5.60,00	90	6.30,00		

INTEREST AT SEVEN PER CENT.

11 Months and 25 Days.

Prin.	Interest.	Prin.	Interest.
1	.06,903	51	3.52,042
2	.13,806	52	3.58,944
3	.20,708	53	3.65,847
4	.27,611	54	3.72,750
5	.34,514	55	3.79,653
6	.41,417	56	3.86,556
7	.48,319	57	3.93,458
8	.55,222	58	4.00,361
9	.62,125	59	4.07,264
10	.69,028	60	4.14,167
11	.75,931	61	4.21,069
12	.82,833	62	4.27,972
13	.89,736	63	4.34,875
14	.96,639	64	4.41,778
15	1.03,542	65	4.48,681
16	1.10,444	66	4.55,583
17	1.17,347	67	4.62,486
18	1.24,250	68	4.69,389
19	1.31,153	69	4.76,292
20	1.38,056	70	4.83,194
21	1.44,958	71	4.90,097
22	1.51,861	72	4.97,000
23	1.58,764	73	5.03,903
24	1.65,667	74	5.10,806
25	1.72,569	75	5.17,708
26	1.79,472	76	5.24,611
27	1.86,375	77	5.31,514
28	1.93,278	78	5.38,417
29	2.00,181	79	5.45,319
30	2.07,083	80	5.52,222
31	2.13,986	81	5.59,125
32	2.20,889	82	5.66,028
33	2.27,792	83	5.72,931
34	2.34,694	84	5.79,833
35	2.41,597	85	5.86,736
36	2.48,500	86	5.93,639
37	2.55,403	87	6.00,542
38	2.62,306	88	6.07,444
39	2.69,208	89	6.14,347
40	2.76,111	90	6.21,250
41	2.83,014	91	6.28,153
42	2.89,917	92	6.35,056
43	2.96,819	93	6.41,958
44	3.03,722	94	6.48,861
45	3.10,625	95	6.55,764
46	3.17,528	96	6.62,667
47	3.24,431	97	6.69,569
48	3.31,333	98	6.76,472
49	3.38,236	99	6.83,375
50	3.45,139	**355 Days.**	

11 Months and 26 Days.

Prin.	Interest.	Prin.	Interest.
1	.06,922	51	3.53,033
2	.13,844	52	3.59,956
3	.20,767	53	3.66,878
4	.27,689	54	3.73,800
5	.34,611	55	3.80,722
6	.41,533	56	3.87,644
7	.48,456	57	3.94,567
8	.55,378	58	4.01,489
9	.62,300	59	4.08,411
10	.69,222	60	4.15,333
11	.76,144	61	4.22,256
12	.83,067	62	4.29,178
13	.89,989	63	4.36,100
14	.96,911	64	4.43,022
15	1.03,833	65	4.49,944
16	1.10,756	66	4.56,867
17	1.17,678	67	4.63,789
18	1.24,600	68	4.70,711
19	1.31,522	69	4.77,633
20	1.38,444	70	4.84,556
21	1.45,367	71	4.91,478
22	1.52,289	72	4.98,400
23	1.59,211	73	5.05,322
24	1.66,133	74	5.12,244
25	1.73,056	75	5.19,167
26	1.79,978	76	5.26,089
27	1.86,900	77	5.33,011
28	1.93,822	78	5.39,933
29	2.00,744	79	5.46,856
30	2.07,667	80	5.53,778
31	2.14,589	81	5.60,700
32	2.21,511	82	5.67,622
33	2.28,433	83	5.74,544
34	2.35,356	84	5.81,467
35	2.42,278	85	5.88,389
36	2.49,200	86	5.95,311
37	2.56,122	87	6.02,233
38	2.63,044	88	6.09,156
39	2.69,967	89	6.16,078
40	2.76,889	90	6.23,000
41	2.83,811	91	6.29,922
42	2.90,733	92	6.36,844
43	2.97,656	93	6.43,767
44	3.04,578	94	6.50,689
45	3.11,500	95	6.57,611
46	3.18,422	96	6.64,533
47	3.25,344	97	6.71,456
48	3.32,267	98	6.78,378
49	3.39,189	99	6.85,300
50	3.46,111	**356 Days.**	

11 Months and 27 Days.

Prin.	Interest.	Prin.	Interest.
1	.06,942	51	3.54,025
2	.13,883	52	3.60,967
3	.20,825	53	3.67,908
4	.27,767	54	3.74,850
5	.34,708	55	3.81,792
6	.41,650	56	3.88,733
7	.48,592	57	3.95,675
8	.55,533	58	4.02,617
9	.62,475	59	4.09,558
10	.69,417	60	4.16,500
11	.76,358	61	4.23,442
12	.83,300	62	4.30,383
13	.90,242	63	4.37,325
14	.97,183	64	4.44,267
15	1.04,125	65	4.51,208
16	1.11,067	66	4.58,150
17	1.18,008	67	4.65,092
18	1.24,950	68	4.72,033
19	1.31,892	69	4.78,975
20	1.38,833	70	4.85,917
21	1.45,775	71	4.92,858
22	1.52,717	72	4.99,800
23	1.59,658	73	5.06,742
24	1.66,600	74	5.13,683
25	1.73,542	75	5.20,625
26	1.80,483	76	5.27,567
27	1.87,425	77	5.34,508
28	1.94,367	78	5.41,450
29	2.01,308	79	5.48,392
30	2.08,250	80	5.55,333
31	2.15,192	81	5.62,275
32	2.22,133	82	5.69,217
33	2.29,075	83	5.76,158
34	2.36,017	84	5.83,100
35	2.42,958	85	5.90,042
36	2.49,900	86	5.96,983
37	2.56,842	87	6.03,925
38	2.63,783	88	6.10,867
39	2.70,725	89	6.17,808
40	2.77,667	90	6.24,750
41	2.84,608	91	6.31,692
42	2.91,550	92	6.38,633
43	2.98,492	93	6.45,575
44	3.05,433	94	6.52,517
45	3.12,375	95	6.59,458
46	3.19,317	96	6.66,400
47	3.26,258	97	6.73,342
48	3.33,200	98	6.80,283
49	3.40,142	99	6.87,225
50	3.47,083	**357 Days.**	

ONE YEAR.

Prin.	Interest.	Prin.	Interest.	Prin.	Interest.	Prin.	Interest.	Prin.	Interest.
1	.07,00	11	.77,00	21	1.47,00	31	2.17,00	41	2.87,00
2	.14,00	12	.84,00	22	1.54,00	32	2.24,00	42	2.94,00
3	.21,00	13	.91,00	23	1.61,00	33	2.31,00	43	3.01,00
4	.28,00	14	.98,00	24	1.68,00	34	2.38,00	44	3.08,00
5	.35,00	15	1.05,00	25	1.75,00	35	2.45,00	45	3.15,00
6	.42,00	16	1.12,00	26	1.82,00	36	2.52,00	46	3.22,00
7	.49,00	17	1.19,00	27	1.89,00	37	2.59,00	47	3.29,00
8	.56,00	18	1.26,00	28	1.96,00	38	2.66,00	48	3.36,00
9	.63,00	19	1.33,00	29	2.03,00	39	2.73,00	49	3.43,00
10	.70,00	20	1.40,00	30	2.10,00	40	2.80,00	50	3.50,00

INTEREST AT SEVEN PER CENT.

1 Months and 28 Days.				11 Months and 29 Days.				1 YEAR.			
Prin.	Interest.	Prin.	Interest.	Prin.	Interest.	Prin.	Interest.	Prin.	Interest.	Prin.	Interest.
1	.06,961	51	3.55,017	1	.06,981	51	3.56,008	1	.07,000	51	3.57,000
2	.13,922	52	3.61,978	2	.13,961	52	3.62,989	2	.14,000	52	3.64,000
3	.20,883	53	3.68,939	3	.20,942	53	3.69,969	3	.21,000	53	3.71,000
4	.27,844	54	3.75,900	4	.27,922	54	3.76,950	4	.28,000	54	3.78,000
5	.34,806	55	3.82,861	5	.34,903	55	3.83,931	5	.35,000	55	3.85,000
6	.41,767	56	3.89,822	6	.41,883	56	3.90,911	6	.42,000	56	3.92,000
7	.48,728	57	3.96,783	7	.48,864	57	3.97,892	7	.49,000	57	3.99,000
8	.55,689	58	4.03,744	8	.55,844	58	4.04,872	8	.56,000	58	4.06,000
9	.62,650	59	4.10,706	9	.62,825	59	4.11,853	9	.63,000	59	4.13,000
10	.69,611	60	4.17,667	10	.69,806	60	4.18,833	10	.70,000	60	4.20,000
11	.76,572	61	4.24,628	11	.76,786	61	4.25,814	11	.77,000	61	4.27,000
12	.83,533	62	4.31,589	12	.83,767	62	4.32,794	12	.84,000	62	4.34,000
13	.90,494	63	4.38,550	13	.90,747	63	4.39,775	13	.91,000	63	4.41,000
14	.97,456	64	4.45,511	14	.97,728	64	4.46,756	14	.98,000	64	4.48,000
15	1.04,417	65	4.52,472	15	1.04,708	65	4.53,736	15	1.05,000	65	4.55,000
16	1.11,378	66	4.59,433	16	1.11,689	66	4.60,717	16	1.12,000	66	4.62,000
17	1.18,339	67	4.66,394	17	1.18,669	67	4.67,697	17	1.19,000	67	4.69,000
18	1.25,300	68	4.73,356	18	1.25,650	68	4.74,678	18	1.26,000	68	4.76,000
19	1.32,261	69	4.80,317	19	1.32,631	69	4.81,658	19	1.33,000	69	4.83,000
20	1.39,222	70	4.87,278	20	1.39,611	70	4.88,639	20	1.40,000	70	4.90,000
21	1.46,183	71	4.94,239	21	1.46,592	71	4.95,619	21	1.47,000	71	4.97,000
22	1.53,144	72	5.01,200	22	1.53,572	72	5.02,600	22	1.54,000	72	5.04,000
23	1.60,106	73	5.08,161	23	1.60,553	73	5.09,581	23	1.61,000	73	5.11,000
24	1.67,067	74	5.15,122	24	1.67,533	74	5.16,561	24	1.68,000	74	5.18,000
25	1.74,028	75	5.22,083	25	1.74,514	75	5.23,542	25	1.75,000	75	5.25,000
26	1.80,989	76	5.29,044	26	1.81,494	76	5.30,522	26	1.82,000	76	5.32,000
27	1.87,950	77	5.36,006	27	1.88,475	77	5.37,503	27	1.89,000	77	5.39,000
28	1.94,911	78	5.42,967	28	1.95,456	78	5.44,483	28	1.96,000	78	5.46,000
29	2.01,872	79	5.49,928	29	2.02,436	79	5.51,464	29	2.03,000	79	5.53,000
30	2.08,833	80	5.56,889	30	2.09,417	80	5.58,444	30	2.10,000	80	5.60,000
31	2.15,794	81	5.63,850	31	2.16,397	81	5.65,425	31	2.17,000	81	5.67,000
32	2.22,756	82	5.70,811	32	2.23,378	82	5.72,406	32	2.24,000	82	5.74,000
33	2.29,717	83	5.77,772	33	2.30,358	83	5.79,386	33	2.31,000	83	5.81,000
34	2.36,678	84	5.84,733	34	2.37,339	84	5.86,367	34	2.38,000	84	5.88,000
35	2.43,639	85	5.91,694	35	2.44,319	85	5.93,347	35	2.45,000	85	5.95,000
36	2.50,600	86	5.98,656	36	2.51,300	86	6.00,328	36	2.52,000	86	6.02,000
37	2.57,561	87	6.05,617	37	2.58,281	87	6.07,308	37	2.59,000	87	6.09,000
38	2.64,522	88	6.12,578	38	2.65,261	88	6.14,289	38	2.66,000	88	6.16,000
39	2.71,483	89	6.19,539	39	2.72,242	89	6.21,269	39	2.73,000	89	6.23,000
40	2.78,444	90	6.26,500	40	2.79,222	90	6.28,250	40	2.80,000	90	6.30,000
41	2.85,406	91	6.33,461	41	2.86,203	91	6.35,231	41	2.87,000	91	6.37,000
42	2.92,367	92	6.40,422	42	2.93,183	92	6.42,211	42	2.94,000	92	6.44,000
43	2.99,328	93	6.47,383	43	3.00,164	93	6.49,192	43	3.01,000	93	6.51,000
44	3.06,289	94	6.54,344	44	3.07,144	94	6.56,172	44	3.08,000	94	6.58,000
45	3.13,250	95	6.61,306	45	3.14,125	95	6.63,153	45	3.15,000	95	6.65,000
46	3.20,211	96	6.68,267	46	3.21,106	96	6.70,133	46	3.22,000	96	6.72,000
47	3.27,172	97	6.75,228	47	3.28,086	97	6.77,114	47	3.29,000	97	6.79,000
48	3.34,133	98	6.82,189	48	3.35,067	98	6.84,094	48	3.36,000	98	6.86,000
49	3.41,094	99	6.89,150	49	3.42,047	99	6.91,075	49	3.43,000	99	6.93,000
50	3.48,056	**358 Days.**		50	3.49,028	**359 Days.**		50	3.50,000	**360 Days.**	

ONE YEAR.

Prin.	Interest.	Prin.	Interest.	Prin.	Interest.	Prin.	Interest.	Prin.	Interest.
51	3.57,00	61	4.27,00	71	4.97,00	81	5.67,00	91	6.37,00
52	3.64,00	62	4.34,00	72	5.04,00	82	5.74,00	92	6.44,00
53	3.71,00	63	4.41,00	73	5.11,00	83	5.81,00	93	6.51,00
54	3.78,00	64	4.48,00	74	5.18,00	84	5.88,00	94	6.58,00
55	3.85,00	65	4.55,00	75	5.25,00	85	5.95,00	95	6.65,00
56	3.92,00	66	4.62,00	76	5.32,00	86	6.02,00	96	6.72,00
57	3.99,00	67	4.69,00	77	5.39,00	87	6.09,00	97	6.79,00
58	4.06,00	68	4.76,00	78	5.46,00	88	6.16,00	98	6.86,00
59	4.13,00	69	4.83,00	79	5.53,00	89	6.23,00	99	6.93,00
60	4.20,00	70	4.90,00	80	5.60,00	90	6.30,00		

INTEREST AT ANY RATE PER CENT.

The interest of any sum for any period of time is evidently in proportion to the rate per cent. at which the calculation is made; a double rate gives double interest, half the rate gives half the interest, &c. This consideration gives rise to the following directions.

SIX PER CENT. To find interest at six per cent., you have only to make the calculation by these tables at 7 per cent., and deduct one seventh part.

EIGHT PER CENT. To find interest at eight per cent., compute by the tables at 7 per cent. and add one seventh.

ANY RATE PER CENT. Compute at 7 per cent. by the tables, multiply the interest thus found by your proposed rate, and divide the product by seven.

If the interest of $1500 for 8 months and 15 days at 5 per cent. is required, you find by the tables that the interest at 7 per cent. is $74.37½; multiply this amount by 5 (your proposed rate) and the product is $371.87½, which, divided by 7, gives $53.12½, the interest required.

In stating interest on an account at any other rate than 7 per cent., it is not necessary to correct each separate item of interest. The operation may be performed once for all on the *balance* of interest; for instance, suppose you are to make out 6 per cent. interest on an account current, you may make the whole calculation at 7 per cent. by the tables, and have only to deduct one seventh from the *balance* of interest at 7 per cent.; it leaves the *balance* at 6 per cent.

NEW METHOD OF STATING INTEREST ON AN ACCOUNT.

The plan proposed is best explained by an illustrative example. Take, for instance, the following debit side of an account current.

Dr.   Horton and Crane.

1844.			Days.	Int.	
April	13	To merchandise	102	10.12	510 00
"	30	" cash	119	2.73	118 00
May	21	" merchd. at 90 days	233	34.57	763 00
Oct.	17	" cash	289	9.83	175 00
Nov.	30	" cash	333	19.43	300 00
		Int. from Jan. 1		76.68	
		Int. on $1866 is	125.54		
		Less int. on items	76.68		
			48.86		48 86
Dec.	13	Amount due			1914 86

In this example time is always counted forward from 1st of January, 1844, both in computing on the separate items and on the aggregate $1866. Any other date than 1st January might have been assumed, *provided the time were always counted forward from the same date.* Interest is computed upon each item *up to the period when that item ought to draw interest;* in the above account it is to the date of each item, except the third; but on that the interest is computed to 22d of August, the day on which it becomes a cash charge. The interest on the aggregate, $1866, is computed from 1st January, 1844, *up to the time of rendering the account,* Dec. 13th. It is very obvious that the interest charged above is correct; for the $125.54 includes interest on each item *for the whole period,* from Jan. 1 to Dec. 13, but in deducting $76.68, an *allowance* is made on each item for all the time that it should not draw interest.

The convenience of this method will be evident to every accountant. As the time is always counted forward, interest from the opening of the account or any other convenient date may be entered on the ledger either in a separate column, or in red ink; this entry of interest may be made at the time of posting or at any other convenient time, even before you know the date at which the account it to be closed; and then, when the account is to be closed, one simple calculation of interest on the amount of debits, and one on the amount of credits, enables you to state the balance of interest.

EXPLANATION OF THE TABLES

ENTITLED

COMMERCIAL INTEREST AT SEVEN PER CENT.

These tables show interest by days, allowing 365 to the year. Interest computed by this rule is called commercial interest, because it is generally computed in this way by foreign commercial correspondents; but in this country the prevailing custom is otherwise. Many individuals, however, in the United States, adopt the same division of the year, although local laws and usage, for the sake of convenience, allow greater laxity in the rule of calculation. The banks of the State of New-York generally adopt the commercial rule in calculating at 7 per cent., except in case of notes made payable in a certain number of months, in which case it is not unusual to estimate the time by calendar months as twelfths of the year. [See Division of the Year, page 11.]

Each of the small tables has *at the top* the time for which it is calculated, beginning at 1 day and increasing regularly to 146 days. In looking for interest *for any period less than 146 days*, the time will be found *at the top* of the proper table, and the interest of any amount is found in that table by the same process as in the preceding tables.

If, for example the interest of $3183 for 93 days is required (at 365 days to the year), turn to the table having at the top 93 days.

  You there find the interest of $3100 (31 hundred) to be $55.29
  And the interest of $83 . . . . 1.48
  The interest required is $56.77

It will be observed that at every opening of the book there is a table for 146 days, half on the right-hand page and half on the left. The object of this arrangement is to extend the tables to twice 146, that is to say, 292 days, without turning a leaf. The manner of doing this may be explained by taking for example 187 days: interest for this period is to be found by adding the interest for 146 days to the interest for 41 days; and, therefore, "187 days" is placed at the foot of the table for "41 days." In all the other tables, also, the days at the foot are such a number as is obtained by adding 146 to those at the top; so that, if interest is required *for any number of days from 146 to 292*, the time will be found *at the foot* of the proper table in which you are to find interest for that part of your time, and then add interest for 146 days, as found at the bottom of the page.

If, for example, the interest of $2800 for 253 days (at 365 to the year) is required, turn to the table which has *at the foot* 253 days.

  In that table you find interest of $2800 for 107 days, viz. $57.46
  In the table for 146 days the interest of $2800 is 78.40
  So that the interest for 253 days is $135.86

The number 146 was selected because that period embraces most occasions where commercial interest at 7 per cent. is required; and when the period is so long as to require the double process, all loss or gain by fractions is avoided, because there are no fractions in the interest for 146 days, that is to say, the interest on each amount of principal happens to be round numbers ending with ciphers.

If commercial interest is required for any period exceeding 292 days, it may be found by using the table for 292 days, on the last page of these tables, and also the proper table for the excess of days over 292. Thus, to ascertain the interest of $26.000 for 341 days,

  The interest for 292 days is 1456.00
  And for   49 days it is 244.33
  The interest for 341 days is $1700.33

In this way fractions of interest are also avoided, because there are no fractions for the period of 292 days.

COMMERCIAL INTEREST AT SEVEN PER CENT.

1 DAY.

Prin.	Interest.	Prin.	Interest.
1	.00,019	51	.00,978
2	.00,038	52	.00,997
3	.00,058	53	.01,016
4	.00,077	54	.01,036
5	.00,096	55	.01,055
6	.00,115	56	.01,074
7	.00,134	57	.01,093
8	.00,153	58	.01,112
9	.00,173	59	.01,132
10	.00,192	60	.01,151
11	.00,211	61	.01,170
12	.00,230	62	.01,189
13	.00,249	63	.01,208
14	.00,268	64	.01,227
15	.00,288	65	.01,247
16	.00,307	66	.01,266
17	.00,326	67	.01,285
18	.00,345	68	.01,304
19	.00,364	69	.01,323
20	.00,384	70	.01,342
21	.00,403	71	.01,362
22	.00,422	72	.01,381
23	.00,441	73	.01,400
24	.00,460	74	.01,419
25	.00,479	75	.01,438
26	.00,499	76	.01,458
27	.00,518	77	.01,477
28	.00,537	78	.01,496
29	.00,556	79	.01,515
30	.00,575	80	.01,534
31	.00,595	81	.01,553
32	.00,614	82	.01,573
33	.00,633	83	.01,592
34	.00,652	84	.01,611
35	.00,671	85	.01,630
36	.00,690	86	.01,649
37	.00,710	87	.01,668
38	.00,729	88	.01,688
39	.00,748	89	.01,707
40	.00,767	90	.01,726
41	.00,786	91	.01,745
42	.00,805	92	.01,764
43	.00,825	93	.01,784
44	.00,844	94	.01,803
45	.00,863	95	.01,822
46	.00,882	96	.01,841
47	.00,901	97	.01,860
48	.00,921	98	.01,879
49	.00,940	99	.01,899
50	.00,959	**147 Days.**	

2 DAYS.

Prin.	Interest.	Prin.	Interest.
1	.00,038	51	.01,956
2	.00,077	52	.01,995
3	.00,115	53	.02,033
4	.00,153	54	.02,071
5	.00,192	55	.02,110
6	.00,230	56	.02,148
7	.00,268	57	.02,186
8	.00,307	58	.02,225
9	.00,345	59	.02,263
10	.00,384	60	.02,301
11	.00,422	61	.02,340
12	.00,460	62	.02,378
13	.00,499	63	.02,416
14	.00,537	64	.02,455
15	.00,575	65	.02,493
16	.00,614	66	.02,532
17	.00,652	67	.02,570
18	.00,690	68	.02,608
19	.00,729	69	.02,647
20	.00,767	70	.02,685
21	.00,805	71	.02,723
22	.00,844	72	.02,762
23	.00,882	73	.02,800
24	.00,921	74	.02,838
25	.00,959	75	.02,877
26	.00,997	76	.02,915
27	.01,036	77	.02,953
28	.01,074	78	.02,992
29	.01,112	79	.03,030
30	.01,151	80	.03,068
31	.01,189	81	.03,107
32	.01,227	82	.03,145
33	.01,266	83	.03,184
34	.01,304	84	.03,222
35	.01,342	85	.03,260
36	.01,381	86	.03,299
37	.01,419	87	.03,337
38	.01,458	88	.03,375
39	.01,496	89	.03,414
40	.01,534	90	.03,452
41	.01,573	91	.03,490
42	.01,611	92	.03,529
43	.01,649	93	.03,567
44	.01,688	94	.03,605
45	.01,726	95	.03,644
46	.01,764	96	.03,682
47	.01,803	97	.03,721
48	.01,841	98	.03,759
49	.01,879	99	.03,797
50	.01,918	**148 Days.**	

3 DAYS.

Prin.	Interest.	Prin.	Interest.
1	.00,058	51	.02,934
2	.00,115	52	.02,992
3	.00,173	53	.03,049
4	.00,230	54	.03,107
5	.00,288	55	.03,164
6	.00,345	56	.03,222
7	.00,403	57	.03,279
8	.00,460	58	.03,337
9	.00,518	59	.03,395
10	.00,575	60	.03,452
11	.00,633	61	.03,510
12	.00,690	62	.03,567
13	.00,748	63	.03,625
14	.00,805	64	.03,682
15	.00,863	65	.03,740
16	.00,921	66	.03,797
17	.00,978	67	.03,855
18	.01,036	68	.03,912
19	.01,093	69	.03,970
20	.01,151	70	.04,027
21	.01,208	71	.04,085
22	.01,266	72	.04,142
23	.01,323	73	.04,200
24	.01,381	74	.04,258
25	.01,438	75	.04,315
26	.01,496	76	.04,373
27	.01,553	77	.04,430
28	.01,611	78	.04,488
29	.01,668	79	.04,545
30	.01,726	80	.04,603
31	.01,784	81	.04,660
32	.01,841	82	.04,718
33	.01,899	83	.04,775
34	.01,956	84	.04,833
35	.02,014	85	.04,890
36	.02,071	86	.04,948
37	.02,129	87	.05,005
38	.02,186	88	.05,063
39	.02,244	89	.05,121
40	.02,301	90	.05,178
41	.02,359	91	.05,236
42	.02,416	92	.05,293
43	.02,474	93	.05,351
44	.02,532	94	.05,408
45	.02,589	95	.05,466
46	.02,647	96	.05,523
47	.02,704	97	.05,581
48	.02,762	98	.05,638
49	.02,819	99	.05,696
50	.02,877	**149 Days.**	

146 DAYS.

Prin.	Interest.	Prin.	Interest.	Prin.	Interest.	Prin.	Interest.	Prin.	Interest.
1	.02,80	11	.30,80	21	.58,80	31	.86,80	41	1.14,80
2	.05,60	12	.33,60	22	.61,60	32	.89,60	42	1.17,60
3	.08,40	13	.36,40	23	.64,40	33	.92,40	43	1.20,40
4	.11,20	14	.39,20	24	.67,20	34	.95,20	44	1.23,20
5	.14,00	15	.42,00	25	.70,00	35	.98,00	45	1.26,00
6	.16,80	16	.44,80	26	.72,80	36	1.00,80	46	1.28,80
7	.19,60	17	.47,60	27	.75,60	37	1.03,60	47	1.31,60
8	.22,40	18	.50,40	28	.78,40	38	1.06,40	48	1.34,40
9	.25,20	19	.53,20	29	.81,20	39	1.09,20	49	1.37,20
10	.28,00	20	.56,00	30	.84,00	40	1.12,00	50	1.40,00

[134*]

COMMERCIAL INTEREST AT SEVEN PER CENT.

4 DAYS.

Prin.	Interest.	Prin.	Interest.
1	.00,077	51	.03,912
2	.00,153	52	.03,989
3	.00,230	53	.04,066
4	.00,307	54	.04,142
5	.00,384	55	.04,219
6	.00,460	56	.04,296
7	.00,537	57	.04,373
8	.00,614	58	.04,449
9	.00,690	59	.04,526
10	.00,767	60	.04,603
11	.00,844	61	.04,679
12	.00,921	62	.04,756
13	.00,997	63	.04,833
14	.01,074	64	.04,910
15	.01,151	65	.04,986
16	.01,227	66	.05,063
17	.01,304	67	.05,140
18	.01,381	68	.05,216
19	.01,458	69	.05,293
20	.01,534	70	.05,370
21	.01,611	71	.05,447
22	.01,688	72	.05,523
23	.01,764	73	.05,600
24	.01,841	74	.05,677
25	.01,918	75	.05,753
26	.01,995	76	.05,830
27	.02,071	77	.05,907
28	.02,148	78	.05,984
29	.02,225	79	.06,060
30	.02,301	80	.06,137
31	.02,378	81	.06,214
32	.02,455	82	.06,290
33	.02,532	83	.06,367
34	.02,608	84	.06,444
35	.02,685	85	.06,521
36	.02,762	86	.06,597
37	.02,838	87	.06,674
38	.02,915	88	.06,751
39	.02,992	89	.06,827
40	.03,068	90	.06,904
41	.03,145	91	.06,981
42	.03,222	92	.07,058
43	.03,299	93	.07,134
44	.03,375	94	.07,211
45	.03,452	95	.07,288
46	.03,529	96	.07,364
47	.03,605	97	.07,441
48	.03,682	98	.07,518
49	.03,759	99	.07,595
50	.03,836	**150 Days.**	

5 DAYS.

Prin.	Interest.	Prin.	Interest.
1	.00,096	51	.04,890
2	.00,192	52	.04,986
3	.00,288	53	.05,082
4	.00,384	54	.05,178
5	.00,479	55	.05,274
6	.00,575	56	.05,370
7	.00,671	57	.05,466
8	.00,767	58	.05,562
9	.00,863	59	.05,658
10	.00,959	60	.05,753
11	.01,055	61	.05,849
12	.01,151	62	.05,945
13	.01,247	63	.06,041
14	.01,342	64	.06,137
15	.01,438	65	.06,233
16	.01,534	66	.06,329
17	.01,630	67	.06,425
18	.01,726	68	.06,521
19	.01,822	69	.06,616
20	.01,918	70	.06,712
21	.02,014	71	.06,808
22	.02,110	72	.06,904
23	.02,205	73	.07,000
24	.02,301	74	.07,096
25	.02,397	75	.07,192
26	.02,493	76	.07,288
27	.02,589	77	.07,384
28	.02,685	78	.07,479
29	.02,781	79	.07,575
30	.02,877	80	.07,671
31	.02,973	81	.07,767
32	.03,068	82	.07,863
33	.03,164	83	.07,959
34	.03,260	84	.08,055
35	.03,356	85	.08,151
36	.03,452	86	.08,247
37	.03,548	87	.08,342
38	.03,644	88	.08,438
39	.03,740	89	.08,534
40	.03,836	90	.08,630
41	.03,932	91	.08,726
42	.04,027	92	.08,822
43	.04,123	93	.08,918
44	.04,219	94	.09,014
45	.04,315	95	.09,110
46	.04,411	96	.09,205
47	.04,507	97	.09,301
48	.04,603	98	.09,397
49	.04,699	99	.09,493
50	.04,795	**151 Days.**	

6 DAYS.

Prin.	Interest.	Prin.	Interest.
1	.00,115	51	.05,868
2	.00,230	52	.05,984
3	.00,345	53	.06,099
4	.00,460	54	.06,214
5	.00,575	55	.06,329
6	.00,690	56	.06,444
7	.00,805	57	.06,559
8	.00,921	58	.06,674
9	.01,036	59	.06,789
10	.01,151	60	.06,904
11	.01,266	61	.07,019
12	.01,381	62	.07,134
13	.01,496	63	.07,249
14	.01,611	64	.07,364
15	.01,726	65	.07,479
16	.01,841	66	.07,595
17	.01,956	67	.07,710
18	.02,071	68	.07,825
19	.02,186	69	.07,940
20	.02,301	70	.08,055
21	.02,416	71	.08,170
22	.02,532	72	.08,285
23	.02,647	73	.08,400
24	.02,762	74	.08,515
25	.02,877	75	.08,630
26	.02,992	76	.08,745
27	.03,107	77	.08,860
28	.03,222	78	.08,975
29	.03,337	79	.09,090
30	.03,452	80	.09,205
31	.03,567	81	.09,321
32	.03,682	82	.09,436
33	.03,797	83	.09,551
34	.03,912	84	.09,666
35	.04,027	85	.09,781
36	.04,142	86	.09,896
37	.04,258	87	.10,011
38	.04,373	88	.10,126
39	.04,488	89	.10,241
40	.04,603	90	.10,356
41	.04,718	91	.10,471
42	.04,833	92	.10,586
43	.04,948	93	.10,701
44	.05,063	94	.10,816
45	.05,178	95	.10,932
46	.05,293	96	.11,047
47	.05,408	97	.11,162
48	.05,523	98	.11,277
49	.05,638	99	.11,392
50	.05,753	**152 Days.**	

146 DAYS.

Prin.	Interest.	Prin.	Interest.	Prin.	Interest.	Prin.	Interest.	Prin.	Interest.
51	1.42,80	61	1.70,80	71	1.98,80	81	2.26,80	91	2.54,80
52	1.45,60	62	1.73,60	72	2.01,60	82	2.29,60	92	2.57,60
53	1.48,40	63	1.76,40	73	2.04,40	83	2.32,40	93	2.60,40
54	1.51,20	64	1.79,20	74	2.07,20	84	2.35,20	94	2.63,20
55	1.54,00	65	1.82,00	75	2.10,00	85	2.38,00	95	2.66,00
56	1.56,80	66	1.84,80	76	2.12,80	86	2.40,80	96	2.68,80
57	1.59,60	67	1.87,60	77	2.15,60	87	2.43,60	97	2.71,60
58	1.62,40	68	1.90,40	78	2.18,40	88	2.46,40	98	2.74,40
59	1.65,20	69	1.93,20	79	2.21,20	89	2.49,20	99	2.77,20
60	1.68,00	70	1.96,00	80	2.24,00	90	2.52,00		

[135*

COMMERCIAL INTEREST AT SEVEN PER CENT.

7 DAYS.

Prin.	Interest.	Prin.	Interest.
1	.00,134	51	.06,847
2	.00,268	52	.06,981
3	.00,403	53	.07,115
4	.00,537	54	.07,249
5	.00,671	55	.07,384
6	.00,805	56	.07,518
7	.00,940	57	.07,652
8	.01,074	58	.07,786
9	.01,208	59	.07,921
10	.01,342	60	.08,055
11	.01,477	61	.08,189
12	.01,611	62	.08,323
13	.01,745	63	.08,458
14	.01,879	64	.08,592
15	.02,014	65	.08,726
16	.02,148	66	.08,860
17	.02,282	67	.08,995
18	.02,416	68	.09,129
19	.02,551	69	.09,263
20	.02,685	70	.09,397
21	.02,819	71	.09,532
22	.02,953	72	.09,666
23	.03,088	73	.09,800
24	.03,222	74	.09,934
25	.03,356	75	.10,068
26	.03,490	76	.10,203
27	.03,625	77	.10,337
28	.03,759	78	.10,471
29	.03,893	79	.10,605
30	.04,027	80	.10,740
31	.04,162	81	.10,874
32	.04,296	82	.11,008
33	.04,430	83	.11,142
34	.04,564	84	.11,277
35	.04,699	85	.11,411
36	.04,833	86	.11,545
37	.04,967	87	.11,679
38	.05,101	88	.11,814
39	.05,236	89	.11,948
40	.05,370	90	.12,082
41	.05,504	91	.12,216
42	.05,638	92	.12,351
43	.05,773	93	.12,485
44	.05,907	94	.12,619
45	.06,041	95	.12,753
46	.06,175	96	.12,888
47	.06,310	97	.13,022
48	.06,444	98	.13,156
49	.06,578	99	.13,290
50	.06,712		**153 Days.**

8 DAYS.

Prin.	Interest.	Prin.	Interest.
1	.00,153	51	.07,825
2	.00,307	52	.07,978
3	.00,460	53	.08,132
4	.00,614	54	.08,285
5	.00,767	55	.08,438
6	.00,921	56	.08,592
7	.01,074	57	.08,745
8	.01,227	58	.08,899
9	.01,381	59	.09,052
10	.01,534	60	.09,205
11	.01,688	61	.09,359
12	.01,841	62	.09,512
13	.01,995	63	.09,666
14	.02,148	64	.09,819
15	.02,301	65	.09,973
16	.02,455	66	.10,126
17	.02,608	67	.10,279
18	.02,762	68	.10,433
19	.02,915	69	.10,586
20	.03,068	70	.10,740
21	.03,222	71	.10,893
22	.03,375	72	.11,047
23	.03,529	73	.11,200
24	.03,682	74	.11,353
25	.03,836	75	.11,507
26	.03,989	76	.11,660
27	.04,142	77	.11,814
28	.04,296	78	.11,967
29	.04,449	79	.12,121
30	.04,603	80	.12,274
31	.04,756	81	.12,427
32	.04,910	82	.12,581
33	.05,063	83	.12,734
34	.05,216	84	.12,888
35	.05,370	85	.13,041
36	.05,523	86	.13,195
37	.05,677	87	.13,348
38	.05,830	88	.13,501
39	.05,984	89	.13,655
40	.06,137	90	.13,808
41	.06,290	91	.13,962
42	.06,444	92	.14,115
43	.06,597	93	.14,268
44	.06,751	94	.14,422
45	.06,904	95	.14,575
46	.07,058	96	.14,729
47	.07,211	97	.14,882
48	.07,364	98	.15,036
49	.07,518	99	.15,189
50	.07,671		**154 Days.**

9 DAYS.

Prin.	Interest.	Prin.	Interest.
1	.00,173	51	.08,803
2	.00,345	52	.08,975
3	.00,518	53	.09,148
4	.00,690	54	.09,321
5	.00,863	55	.09,493
6	.01,036	56	.09,666
7	.01,208	57	.09,838
8	.01,381	58	.10,011
9	.01,553	59	.10,184
10	.01,726	60	.10,356
11	.01,899	61	.10,529
12	.02,071	62	.10,701
13	.02,244	63	.10,874
14	.02,416	64	.11,047
15	.02,589	65	.11,219
16	.02,762	66	.11,392
17	.02,934	67	.11,564
18	.03,107	68	.11,737
19	.03,279	69	.11,910
20	.03,452	70	.12,082
21	.03,625	71	.12,255
22	.03,797	72	.12,427
23	.03,970	73	.12,600
24	.04,142	74	.12,773
25	.04,315	75	.12,945
26	.04,488	76	.13,118
27	.04,660	77	.13,290
28	.04,833	78	.13,463
29	.05,005	79	.13,636
30	.05,178	80	.13,808
31	.05,351	81	.13,981
32	.05,523	82	.14,153
33	.05,696	83	.14,326
34	.05,868	84	.14,499
35	.06,041	85	.14,671
36	.06,214	86	.14,844
37	.06,386	87	.15,016
38	.06,559	88	.15,189
39	.06,732	89	.15,362
40	.06,904	90	.15,534
41	.07,077	91	.15,707
42	.07,249	92	.15,879
43	.07,422	93	.16,052
44	.07,595	94	.16,225
45	.07,767	95	.16,397
46	.07,940	96	.16,570
47	.08,112	97	.16,742
48	.08,285	98	.16,915
49	.08,458	99	.17,088
50	.08,630		**155 Days.**

146 DAYS.

Prin.	Interest.	Prin.	Interest.	Prin.	Interest.	Prin.	Interest.	Prin.	Interest.
1	.02,80	11	.30,80	21	.58,80	31	.86,80	41	1.14,80
2	.05,60	12	.33,60	22	.61,60	32	.89,60	42	1.17,60
3	.08,40	13	.36,40	23	.64,40	33	.92,40	43	1.20,40
4	.11,20	14	.39,20	24	.67,20	34	.95,20	44	1.23,20
5	.14,00	15	.42,00	25	.70,00	35	.98,00	45	1.26,00
6	.16,80	16	.44,80	26	.72,80	36	1.00,80	46	1.28,80
7	.19,60	17	.47,60	27	.75,60	37	1.03,60	47	1.31,60
8	.22,40	18	.50,40	28	.78,40	38	1.06,40	48	1.34,40
9	.25,20	19	.53,20	29	.81,20	39	1.09,20	49	1.37,20
10	.28,00	20	.56,00	30	.84,00	40	1.12,00	50	1.40,00

COMMERCIAL INTEREST AT SEVEN PER CENT.

10 DAYS.

Prin.	Interest.	Prin.	Interest.
1	.00,192	51	.09,781
2	.00,384	52	.09,973
3	.00,575	53	.10,164
4	.00,767	54	.10,356
5	.00,959	55	.10,548
6	.01,151	56	.10,740
7	.01,342	57	.10,932
8	.01,534	58	.11,123
9	.01,726	59	.11,315
10	.01,918	60	.11,507
11	.02,110	61	.11,699
12	.02,301	62	.11,890
13	.02,493	63	.12,082
14	.02,685	64	.12,274
15	.02,877	65	.12,466
16	.03,068	66	.12,658
17	.03,260	67	.12,849
18	.03,452	68	.13,041
19	.03,644	69	.13,233
20	.03,836	70	.13,425
21	.04,027	71	.13,616
22	.04,219	72	.13,808
23	.04,411	73	.14,000
24	.04,603	74	.14,192
25	.04,795	75	.14,384
26	.04,986	76	.14,575
27	.05,178	77	.14,767
28	.05,370	78	.14,959
29	.05,562	79	.15,151
30	.05,753	80	.15,342
31	.05,945	81	.15,534
32	.06,137	82	.15,726
33	.06,329	83	.15,918
34	.06,521	84	.16,110
35	.06,712	85	.16,301
36	.06,904	86	.16,493
37	.07,096	87	.16,685
38	.07,288	88	.16,877
39	.07,479	89	.17,068
40	.07,671	90	.17,260
41	.07,863	91	.17,452
42	.08,055	92	.17,644
43	.08,247	93	.17,836
44	.08,438	94	.18,027
45	.08,630	95	.18,219
46	.08,822	96	.18,411
47	.09,014	97	.18,603
48	.09,205	98	.18,795
49	.09,397	99	.18,986
50	.09,589	**156 Days.**	

11 DAYS.

Prin.	Interest.	Prin.	Interest.
1	.00,211	51	.10,759
2	.00,422	52	.10,970
3	.00,633	53	.11,181
4	.00,844	54	.11,392
5	.01,055	55	.11,603
6	.01,266	56	.11,814
7	.01,477	57	.12,025
8	.01,688	58	.12,236
9	.01,899	59	.12,447
10	.02,110	60	.12,658
11	.02,321	61	.12,868
12	.02,532	62	.13,079
13	.02,742	63	.13,290
14	.02,953	64	.13,501
15	.03,164	65	.13,712
16	.03,375	66	.13,923
17	.03,586	67	.14,134
18	.03,797	68	.14,345
19	.04,008	69	.14,556
20	.04,219	70	.14,767
21	.04,430	71	.14,978
22	.04,641	72	.15,189
23	.04,852	73	.15,400
24	.05,063	74	.15,611
25	.05,274	75	.15,822
26	.05,485	76	.16,033
27	.05,696	77	.16,244
28	.05,907	78	.16,455
29	.06,118	79	.16,666
30	.06,329	80	.16,877
31	.06,540	81	.17,088
32	.06,751	82	.17,299
33	.06,962	83	.17,510
34	.07,173	84	.17,721
35	.07,384	85	.17,932
36	.07,595	86	.18,142
37	.07,805	87	.18,353
38	.08,016	88	.18,564
39	.08,227	89	.18,775
40	.08,438	90	.18,986
41	.08,649	91	.19,197
42	.08,860	92	.19,408
43	.09,071	93	.19,619
44	.09,282	94	.19,830
45	.09,493	95	.20,041
46	.09,704	96	.20,252
47	.09,915	97	.20,463
48	.10,126	98	.20,674
49	.10,337	99	.20,885
50	.10,548	**157 Days.**	

12 DAYS.

Prin.	Interest.	Prin.	Interest.
1	.00,230	51	.11,737
2	.00,460	52	.11,967
3	.00,690	53	.12,197
4	.00,921	54	.12,427
5	.01,151	55	.12,658
6	.01,381	56	.12,888
7	.01,611	57	.13,118
8	.01,841	58	.13,348
9	.02,071	59	.13,578
10	.02,301	60	.13,808
11	.02,532	61	.14,038
12	.02,762	62	.14,268
13	.02,992	63	.14,499
14	.03,222	64	.14,729
15	.03,452	65	.14,959
16	.03,682	66	.15,189
17	.03,912	67	.15,419
18	.04,142	68	.15,649
19	.04,373	69	.15,879
20	.04,603	70	.16,110
21	.04,833	71	.16,340
22	.05,063	72	.16,570
23	.05,293	73	.16,800
24	.05,523	74	.17,030
25	.05,753	75	.17,260
26	.05,984	76	.17,490
27	.06,214	77	.17,721
28	.06,444	78	.17,951
29	.06,674	79	.18,181
30	.06,904	80	.18,411
31	.07,134	81	.18,641
32	.07,364	82	.18,871
33	.07,595	83	.19,101
34	.07,825	84	.19,332
35	.08,055	85	.19,562
36	.08,285	86	.19,792
37	.08,515	87	.20,022
38	.08,745	88	.20,252
39	.08,975	89	.20,482
40	.09,205	90	.20,712
41	.09,436	91	.20,942
42	.09,666	92	.21,173
43	.09,896	93	.21,403
44	.10,126	94	.21,633
45	.10,356	95	.21,863
46	.10,586	96	.22,093
47	.10,816	97	.22,323
48	.11,047	98	.22,553
49	.11,277	99	.22,784
50	.11,507	**158 Days.**	

146 DAYS.

Prin.	Interest.	Prin.	Interest.	Prin.	Interest.	Prin.	Interest.	Prin.	Interest.
51	1.42,80	61	1.70,80	71	1.98,80	81	2.26,80	91	2.54,80
52	1.45,60	62	1.73,60	72	2.01,60	82	2.29,60	92	2.57,60
53	1.48,40	63	1.76,40	73	2.04,40	83	2.32,40	93	2.60,40
54	1.51,20	64	1.79,20	74	2.07,20	84	2.35,20	94	2.63,20
55	1.54,00	65	1.82,00	75	2.10,00	85	2.38,00	95	2.66,00
56	1.56,80	66	1.84,80	76	2.12,80	86	2.40,80	96	2.68,80
57	1.59,60	67	1.87,60	77	2.15,60	87	2.43,60	97	2.71,60
58	1.62,40	68	1.90,40	78	2.18,40	88	2.46,40	98	2.74,40
59	1.65,20	69	1.93,20	79	2.21,20	89	2.49,20	99	2.77,20
60	1.68,00	70	1.96,00	80	2.24,00	90	2.52,00		

[137

COMMERCIAL INTEREST AT SEVEN PER CENT.

13 DAYS.

Prin.	Interest.	Prin.	Interest.
1	.00,249	51	.12,715
2	.00,499	52	.12,964
3	.00,748	53	.13,214
4	.00,997	54	.13,463
5	.01,247	55	.13,712
6	.01,496	56	.13,962
7	.01,745	57	.14,211
8	.01,995	58	.14,460
9	.02,244	59	.14,710
10	.02,493	60	.14,959
11	.02,742	61	.15,208
12	.02,992	62	.15,458
13	.03,241	63	.15,707
14	.03,490	64	.15,956
15	.03,740	65	.16,205
16	.03,989	66	.16,455
17	.04,238	67	.16,704
18	.04,488	68	.16,953
19	.04,737	69	.17,203
20	.04,986	70	.17,452
21	.05,236	71	.17,701
22	.05,485	72	.17,951
23	.05,734	73	.18,200
24	.05,984	74	.18,449
25	.06,233	75	.18,699
26	.06,482	76	.18,948
27	.06,732	77	.19,197
28	.06,981	78	.19,447
29	.07,230	79	.19,696
30	.07,479	80	.19,945
31	.07,729	81	.20,195
32	.07,978	82	.20,444
33	.08,227	83	.20,693
34	.08,477	84	.20,942
35	.08,726	85	.21,192
36	.08,975	86	.21,441
37	.09,225	87	.21,690
38	.09,474	88	.21,940
39	.09,723	89	.22,189
40	.09,973	90	.22,438
41	.10,222	91	.22,688
42	.10,471	92	.22,937
43	.10,721	93	.23,186
44	.10,970	94	.23,436
45	.11,219	95	.23,685
46	.11,468	96	.23,934
47	.11,718	97	.24,184
48	.11,967	98	.24,433
49	.12,216	99	.24,682
50	.12,466	**159 Days.**	

14 DAYS.

Prin.	Interest.	Prin.	Interest.
1	.00,268	51	.13,693
2	.00,537	52	.13,962
3	.00,805	53	.14,230
4	.01,074	54	.14,499
5	.01,342	55	.14,767
6	.01,611	56	.15,036
7	.01,879	57	.15,304
8	.02,148	58	.15,573
9	.02,416	59	.15,841
10	.02,685	60	.16,110
11	.02,953	61	.16,378
12	.03,222	62	.16,647
13	.03,490	63	.16,915
14	.03,759	64	.17,184
15	.04,027	65	.17,452
16	.04,296	66	.17,721
17	.04,564	67	.17,989
18	.04,833	68	.18,258
19	.05,101	69	.18,526
20	.05,370	70	.18,795
21	.05,638	71	.19,063
22	.05,907	72	.19,332
23	.06,175	73	.19,600
24	.06,444	74	.19,868
25	.06,712	75	.20,137
26	.06,981	76	.20,405
27	.07,249	77	.20,674
28	.07,518	78	.20,942
29	.07,786	79	.21,211
30	.08,055	80	.21,479
31	.08,323	81	.21,748
32	.08,592	82	.22,016
33	.08,860	83	.22,285
34	.09,129	84	.22,553
35	.09,397	85	.22,822
36	.09,666	86	.23,090
37	.09,934	87	.23,359
38	.10,203	88	.23,627
39	.10,471	89	.23,896
40	.10,740	90	.24,164
41	.11,008	91	.24,433
42	.11,277	92	.24,701
43	.11,545	93	.24,970
44	.11,814	94	.25,238
45	.12,082	95	.25,507
46	.12,351	96	.25,775
47	.12,619	97	.26,044
48	.12,888	98	.26,312
49	.13,156	99	.26,581
50	.13,425	**160 Days.**	

15 DAYS.

Prin.	Interest.	Prin.	Interest.
1	.00,288	51	.14,671
2	.00,575	52	.14,959
3	.00,863	53	.15,247
4	.01,151	54	.15,534
5	.01,438	55	.15,822
6	.01,726	56	.16,110
7	.02,014	57	.16,397
8	.02,301	58	.16,685
9	.02,589	59	.16,973
10	.02,877	60	.17,260
11	.03,164	61	.17,548
12	.03,452	62	.17,836
13	.03,740	63	.18,123
14	.04,027	64	.18,411
15	.04,315	65	.18,699
16	.04,603	66	.18,986
17	.04,890	67	.19,274
18	.05,178	68	.19,562
19	.05,466	69	.19,849
20	.05,753	70	.20,137
21	.06,041	71	.20,425
22	.06,329	72	.20,712
23	.06,616	73	.21,000
24	.06,904	74	.21,288
25	.07,192	75	.21,575
26	.07,479	76	.21,863
27	.07,767	77	.22,151
28	.08,055	78	.22,438
29	.08,342	79	.22,726
30	.08,630	80	.23,014
31	.08,918	81	.23,301
32	.09,205	82	.23,589
33	.09,493	83	.23,877
34	.09,781	84	.24,164
35	.10,068	85	.24,452
36	.10,356	86	.24,740
37	.10,644	87	.25,027
38	.10,932	88	.25,315
39	.11,219	89	.25,603
40	.11,507	90	.25,890
41	.11,795	91	.26,178
42	.12,082	92	.26,466
43	.12,370	93	.26,753
44	.12,658	94	.27,041
45	.12,945	95	.27,329
46	.13,233	96	.27,616
47	.13,521	97	.27,904
48	.13,808	98	.28,192
49	.14,096	99	.28,479
50	.14,384	**161 Days.**	

146 DAYS.

Prin.	Interest.	Prin.	Interest.	Prin.	Interest.	Prin.	Interest.	Prin.	Interest.
1	.02,80	11	.30,80	21	.58,80	31	.86,80	41	1.14,80
2	.05,60	12	.33,60	22	.61,60	32	.89,60	42	1.17,60
3	.08,40	13	.36,40	23	.64,40	33	.92,40	43	1.20,40
4	.11,20	14	.39,20	24	.67,20	34	.95,20	44	1.23,20
5	.14,00	15	.42,00	25	.70,00	35	.98,00	45	1.26,00
6	.16,80	16	.44,80	26	.72,80	36	1.00,80	46	1.28,80
7	.19,60	17	.47,60	27	.75,60	37	1.03,60	47	1.31,60
8	.22,40	18	.50,40	28	.78,40	38	1.06,40	48	1.34,40
9	.25,20	19	.53,20	29	.81,20	39	1.09,20	49	1.37,20
10	.28,00	20	.56,00	30	.84,00	40	1.12,00	50	1.40,00

COMMERCIAL INTEREST AT SEVEN PER CENT.

16 DAYS.

Prin.	Interest.	Prin.	Interest.
1	.00,307	51	.15,649
2	.00,614	52	.15,956
3	.00,921	53	.16,263
4	.01,227	54	.16,570
5	.01,534	55	.16,877
6	.01,841	56	.17,184
7	.02,148	57	.17,490
8	.02,455	58	.17,797
9	.02,762	59	.18,104
10	.03,068	60	.18,411
11	.03,375	61	.18,718
12	.03,682	62	.19,025
13	.03,989	63	.19,332
14	.04,296	64	.19,638
15	.04,603	65	.19,945
16	.04,910	66	.20,252
17	.05,216	67	.20,559
18	.05,523	68	.20,866
19	.05,830	69	.21,173
20	.06,137	70	.21,479
21	.06,444	71	.21,786
22	.06,751	72	.22,093
23	.07,058	73	.22,400
24	.07,364	74	.22,707
25	.07,671	75	.23,014
26	.07,978	76	.23,321
27	.08,285	77	.23,627
28	.08,592	78	.23,934
29	.08,899	79	.24,241
30	.09,205	80	.24,548
31	.09,512	81	.24,855
32	.09,819	82	.25,162
33	.10,126	83	.25,468
34	.10,433	84	.25,775
35	.10,740	85	.26,082
36	.11,047	86	.26,389
37	.11,353	87	.26,696
38	.11,660	88	.27,003
39	.11,967	89	.27,310
40	.12,274	90	.27,616
41	.12,581	91	.27,923
42	.12,888	92	.28,230
43	.13,195	93	.28,537
44	.13,501	94	.28,844
45	.13,808	95	.29,151
46	.14,115	96	.29,458
47	.14,422	97	.29,764
48	.14,729	98	.30,071
49	.15,036	99	.30,378
50	.15,342	**162 Days.**	

17 DAYS.

Prin.	Interest.	Prin.	Interest.
1	.00,326	51	.16,627
2	.00,652	52	.16,953
3	.00,978	53	.17,279
4	.01,304	54	.17,605
5	.01,630	55	.17,932
6	.01,956	56	.18,258
7	.02,282	57	.18,584
8	.02,608	58	.18,910
9	.02,934	59	.19,236
10	.03,260	60	.19,562
11	.03,586	61	.19,888
12	.03,912	62	.20,214
13	.04,238	63	.20,540
14	.04,564	64	.20,866
15	.04,890	65	.21,192
16	.05,216	66	.21,518
17	.05,542	67	.21,844
18	.05,868	68	.22,170
19	.06,195	69	.22,496
20	.06,521	70	.22,822
21	.06,847	71	.23,148
22	.07,173	72	.23,474
23	.07,499	73	.23,800
24	.07,825	74	.24,126
25	.08,151	75	.24,452
26	.08,477	76	.24,778
27	.08,803	77	.25,104
28	.09,129	78	.25,430
29	.09,455	79	.25,756
30	.09,781	80	.26,082
31	.10,107	81	.26,408
32	.10,433	82	.26,734
33	.10,759	83	.27,060
34	.11,085	84	.27,386
35	.11,411	85	.27,712
36	.11,737	86	.28,038
37	.12,063	87	.28,364
38	.12,389	88	.28,690
39	.12,715	89	.29,016
40	.13,041	90	.29,342
41	.13,367	91	.29,668
42	.13,693	92	.29,995
43	.14,019	93	.30,321
44	.14,345	94	.30,647
45	.14,671	95	.30,973
46	.14,997	96	.31,299
47	.15,323	97	.31,625
48	.15,649	98	.31,951
49	.15,975	99	.32,277
50	.16,301	**163 Days.**	

18 DAYS.

Prin.	Interest.	Prin.	Interest
1	.00,345	51	.17,605
2	.00,690	52	.17,951
3	.01,036	53	.18,296
4	.01,381	54	.18,641
5	.01,726	55	.18,986
6	.02,071	56	.19,332
7	.02,416	57	.19,677
8	.02,762	58	.20,022
9	.03,107	59	.20,367
10	.03,452	60	.20,712
11	.03,797	61	.21,058
12	.04,142	62	.21,403
13	.04,488	63	.21,748
14	.04,833	64	.22,093
15	.05,178	65	.22,438
16	.05,523	66	.22,784
17	.05,868	67	.23,129
18	.06,214	68	.23,474
19	.06,559	69	.23,819
20	.06,904	70	.24,164
21	.07,249	71	.24,510
22	.07,595	72	.24,855
23	.07,940	73	.25,200
24	.08,285	74	.25,545
25	.08,630	75	.25,890
26	.08,975	76	.26,236
27	.09,321	77	.26,581
28	.09,666	78	.26,926
29	.10,011	79	.27,271
30	.10,356	80	.27,616
31	.10,701	81	.27,962
32	.11,047	82	.28,307
33	.11,392	83	.28,652
34	.11,737	84	.28,997
35	.12,082	85	.29,342
36	.12,427	86	.29,688
37	.12,773	87	.30,033
38	.13,118	88	.30,378
39	.13,463	89	.30,723
40	.13,808	90	.31,068
41	.14,153	91	.31,414
42	.14,499	92	.31,759
43	.14,844	93	.32,104
44	.15,189	94	.32,449
45	.15,534	95	.32,795
46	.15,879	96	.33,140
47	.16,225	97	.33,485
48	.16,570	98	.33,830
49	.16,915	99	.34,175
50	.17,260	**164 Days.**	

146 DAYS.

Prin.	Interest.	Prin.	Interest.	Prin.	Interest.	Prin.	Interest.	Prin.	Interest.
51	1.42,80	61	1.70,80	71	1.98,80	81	2.26,80	91	2.54,80
52	1.45,60	62	1.73,60	72	2.01,60	82	2.29,60	92	2.57,60
53	1.48,40	63	1.76,40	73	2.04,40	83	2.32,40	93	2.60,40
54	1.51,20	64	1.79,20	74	2.07,20	84	2.35,20	94	2.63,20
55	1.54,00	65	1.82,00	75	2.10,00	85	2.38,00	95	2.66,00
56	1.56,80	66	1.84,80	76	2.12,80	86	2.40,80	96	2.68,80
57	1.59,60	67	1.87,60	77	2.15,60	87	2.43,60	97	2.71,60
58	1.62,40	68	1.90,40	78	2.18,40	88	2.46,40	98	2.74,40
59	1.65,20	69	1.93,20	79	2.21,20	89	2.49,20	99	2.77,20
60	1.68,00	70	1.96,00	80	2.24,00	90	2.52,00		

[139

COMMERCIAL INTEREST AT SEVEN PER CENT.

19 DAYS.

Prin	Interest	Prin	Interest
1	.00,364	51	.18,584
2	.00,729	52	.18,948
3	.01,093	53	.19,312
4	.01,458	54	.19,677
5	.01,822	55	.20,041
6	.02,186	56	.20,405
7	.02,551	57	.20,770
8	.02,915	58	.21,134
9	.03,279	59	.21,499
10	.03,644	60	.21,863
11	.04,008	61	.22,227
12	.04,373	62	.22,592
13	.04,737	63	.22,956
14	.05,101	64	.23,321
15	.05,466	65	.23,685
16	.05,830	66	.24,049
17	.06,195	67	.24,414
18	.06,559	68	.24,778
19	.06,923	69	.25,142
20	.07,288	70	.25,507
21	.07,652	71	.25,871
22	.08,016	72	.26,236
23	.08,381	73	.26,600
24	.08,745	74	.26,964
25	.09,110	75	.27,329
26	.09,474	76	.27,693
27	.09,838	77	.28,058
28	.10,203	78	.28,422
29	.10,567	79	.28,786
30	.10,932	80	.29,151
31	.11,296	81	.29,515
32	.11,660	82	.29,879
33	.12,025	83	.30,244
34	.12,389	84	.30,608
35	.12,753	85	.30,973
36	.13,118	86	.31,337
37	.13,482	87	.31,701
38	.13,847	88	.32,066
39	.14,211	89	.32,430
40	.14,575	90	.32,795
41	.14,940	91	.33,159
42	.15,304	92	.33,523
43	.15,668	93	.33,888
44	.16,033	94	.34,252
45	.16,397	95	.34,616
46	.16,762	96	.34,981
47	.17,126	97	.35,345
48	.17,490	98	.35,710
49	.17,855	99	.36,074
50	.18,219	**165 Days.**	

20 DAYS.

Prin	Interest	Prin	Interest
1	.00,384	51	.19,562
2	.00,767	52	.19,945
3	.01,151	53	.20,329
4	.01,534	54	.20,712
5	.01,918	55	.21,096
6	.02,301	56	.21,479
7	.02,685	57	.21,863
8	.03,068	58	.22,247
9	.03,452	59	.22,630
10	.03,836	60	.23,014
11	.04,219	61	.23,397
12	.04,603	62	.23,781
13	.04,986	63	.24,164
14	.05,370	64	.24,548
15	.05,753	65	.24,932
16	.06,137	66	.25,315
17	.06,521	67	.25,699
18	.06,904	68	.26,082
19	.07,288	69	.26,466
20	.07,671	70	.26,849
21	.08,055	71	.27,233
22	.08,438	72	.27,616
23	.08,822	73	.28,000
24	.09,205	74	.28,384
25	.09,589	75	.28,767
26	.09,973	76	.29,151
27	.10,356	77	.29,534
28	.10,740	78	.29,918
29	.11,123	79	.30,301
30	.11,507	80	.30,685
31	.11,890	81	.31,068
32	.12,274	82	.31,452
33	.12,658	83	.31,836
34	.13,041	84	.32,219
35	.13,425	85	.32,603
36	.13,808	86	.32,986
37	.14,192	87	.33,370
38	.14,575	88	.33,753
39	.14,959	89	.34,137
40	.15,342	90	.34,521
41	.15,726	91	.34,904
42	.16,110	92	.35,288
43	.16,493	93	.35,671
44	.16,877	94	.36,055
45	.17,260	95	.36,438
46	.17,644	96	.36,822
47	.18,027	97	.37,205
48	.18,411	98	.37,589
49	.18,795	99	.37,973
50	.19,178	**166 Days.**	

21 DAYS.

Prin	Interest	Prin	Interest
1	.00,403	51	.20,540
2	.00,805	52	.20,942
3	.01,208	53	.21,345
4	.01,611	54	.21,748
5	.02,014	55	.22,151
6	.02,416	56	.22,553
7	.02,819	57	.22,956
8	.03,222	58	.23,359
9	.03,625	59	.23,762
10	.04,027	60	.24,164
11	.04,430	61	.24,567
12	.04,833	62	.24,970
13	.05,236	63	.25,373
14	.05,638	64	.25,775
15	.06,041	65	.26,178
16	.06,444	66	.26,581
17	.06,847	67	.26,984
18	.07,249	68	.27,386
19	.07,652	69	.27,789
20	.08,055	70	.28,192
21	.08,458	71	.28,595
22	.08,860	72	.28,997
23	.09,263	73	.29,400
24	.09,666	74	.29,803
25	.10,068	75	.30,205
26	.10,471	76	.30,608
27	.10,874	77	.31,011
28	.11,277	78	.31,414
29	.11,679	79	.31,816
30	.12,082	80	.32,219
31	.12,485	81	.32,622
32	.12,888	82	.33,025
33	.13,290	83	.33,427
34	.13,693	84	.33,830
35	.14,096	85	.34,233
36	.14,499	86	.34,636
37	.14,901	87	.35,038
38	.15,304	88	.35,441
39	.15,707	89	.35,844
40	.16,110	90	.36,247
41	.16,512	91	.36,649
42	.16,915	92	.37,052
43	.17,318	93	.37,455
44	.17,721	94	.37,858
45	.18,123	95	.38,260
46	.18,526	96	.38,663
47	.18,929	97	.39,066
48	.19,332	98	.39,468
49	.19,734	99	.39,871
50	.20,137	**167 Days.**	

146 DAYS.

Prin	Interest	Prin	Interest	Prin	Interest	Prin	Interest	Prin	Interest
1	.02,80	11	.30,80	21	.58,80	31	.86,80	41	1.14,80
2	.05,60	12	.33,60	22	.61,60	32	.89,60	42	1.17,60
3	.08,40	13	.36,40	23	.64,40	33	.92,40	43	1.20,40
4	.11,20	14	.39,20	24	.67,20	34	.95,20	44	1.23,20
5	.14,00	15	.42,00	25	.70,00	35	.98,00	45	1.26,00
6	.16,80	16	.44,80	26	.72,80	36	1.00,80	46	1.28,80
7	.19,60	17	.47,60	27	.75,60	37	1.03,60	47	1.31,60
8	.22,40	18	.50,40	28	.78,40	38	1.06,40	48	1.34,40
9	.25,20	19	.53,20	29	.81,20	39	1.09,20	49	1.37,20
10	.28,00	20	.56,00	30	.84,00	40	1.12,00	50	1.40,00

COMMERCIAL INTEREST AT SEVEN PER CENT.

22 DAYS.

Prin.	Interest.	Prin.	Interest.
1	.00,422	51	.21,518
2	.00,844	52	.21,940
3	.01,266	53	.22,362
4	.01,688	54	.22,784
5	.02,110	55	.23,205
6	.02,532	56	.23,627
7	.02,953	57	.24,049
8	.03,375	58	.24,471
9	.03,797	59	.24,893
10	.04,219	60	.25,315
11	.04,641	61	.25,737
12	.05,063	62	.26,159
13	.05,485	63	.26,581
14	.05,907	64	.27,003
15	.06,329	65	.27,425
16	.06,751	66	.27,847
17	.07,173	67	.28,268
18	.07,595	68	.28,690
19	.08,016	69	.29,112
20	.08,438	70	.29,534
21	.08,860	71	.29,956
22	.09,282	72	.30,378
23	.09,704	73	.30,800
24	.10,126	74	.31,222
25	.10,548	75	.31,644
26	.10,970	76	.32,066
27	.11,392	77	.32,488
28	.11,814	78	.32,910
29	.12,236	79	.33,332
30	.12,658	80	.33,753
31	.13,079	81	.34,175
32	.13,501	82	.34,597
33	.13,923	83	.35,019
34	.14,345	84	.35,441
35	.14,767	85	.35,863
36	.15,189	86	.36,285
37	.15,611	87	.36,707
38	.16,033	88	.37,129
39	.16,455	89	.37,551
40	.16,877	90	.37,973
41	.17,299	91	.38,395
42	.17,721	92	.38,816
43	.18,142	93	.39,238
44	.18,564	94	.39,660
45	.18,986	95	.40,082
46	.19,408	96	.40,504
47	.19,830	97	.40,926
48	.20,252	98	.41,348
49	.20,674	99	.41,770
50	.21,096	**168 Days.**	

23 DAYS.

Prin.	Interest.	Prin.	Interest.
1	.00,441	51	.22,496
2	.00,882	52	.22,937
3	.01,323	53	.23,378
4	.01,764	54	.23,819
5	.02,205	55	.24,260
6	.02,647	56	.24,701
7	.03,088	57	.25,142
8	.03,529	58	.25,584
9	.03,970	59	.26,025
10	.04,411	60	.26,466
11	.04,852	61	.26,907
12	.05,293	62	.27,348
13	.05,734	63	.27,789
14	.06,175	64	.28,230
15	.06,616	65	.28,671
16	.07,058	66	.29,112
17	.07,499	67	.29,553
18	.07,940	68	.29,995
19	.08,381	69	.30,436
20	.08,822	70	.30,877
21	.09,263	71	.31,318
22	.09,704	72	.31,759
23	.10,145	73	.32,200
24	.10,586	74	.32,641
25	.11,027	75	.33,082
26	.11,468	76	.33,523
27	.11,910	77	.33,964
28	.12,351	78	.34,405
29	.12,792	79	.34,847
30	.13,233	80	.35,288
31	.13,674	81	.35,729
32	.14,115	82	.36,170
33	.14,556	83	.36,611
34	.14,997	84	.37,052
35	.15,438	85	.37,493
36	.15,879	86	.37,934
37	.16,321	87	.38,375
38	.16,762	88	.38,816
39	.17,203	89	.39,258
40	.17,644	90	.39,699
41	.18,085	91	.40,140
42	.18,526	92	.40,581
43	.18,967	93	.41,022
44	.19,408	94	.41,463
45	.19,849	95	.41,904
46	.20,290	96	.42,345
47	.20,732	97	.42,786
48	.21,173	98	.43,227
49	.21,614	99	.43,668
50	.22,055	**169 Days.**	

24 DAYS.

Prin.	Interest.	Prin.	Interest.
1	.00,460	51	.23,474
2	.00,921	52	.23,934
3	.01,381	53	.24,395
4	.01,841	54	.24,855
5	.02,301	55	.25,315
6	.02,762	56	.25,775
7	.03,222	57	.26,236
8	.03,682	58	.26,696
9	.04,142	59	.27,156
10	.04,603	60	.27,616
11	.05,063	61	.28,077
12	.05,523	62	.28,537
13	.05,984	63	.28,997
14	.06,444	64	.29,458
15	.06,904	65	.29,918
16	.07,364	66	.30,378
17	.07,825	67	.30,838
18	.08,285	68	.31,299
19	.08,745	69	.31,759
20	.09,205	70	.32,219
21	.09,666	71	.32,679
22	.10,126	72	.33,140
23	.10,586	73	.33,600
24	.11,047	74	.34,060
25	.11,507	75	.34,521
26	.11,967	76	.34,981
27	.12,427	77	.35,441
28	.12,888	78	.35,901
29	.13,348	79	.36,362
30	.13,808	80	.36,822
31	.14,268	81	.37,282
32	.14,729	82	.37,742
33	.15,189	83	.38,203
34	.15,649	84	.38,663
35	.16,110	85	.39,123
36	.16,570	86	.39,584
37	.17,030	87	.40,044
38	.17,490	88	.40,504
39	.17,951	89	.40,964
40	.18,411	90	.41,425
41	.18,871	91	.41,885
42	.19,332	92	.42,345
43	.19,792	93	.42,805
44	.20,252	94	.43,266
45	.20,712	95	.43,726
46	.21,173	96	.44,186
47	.21,633	97	.44,647
48	.22,093	98	.45,107
49	.22,553	99	.45,567
50	.23,014	**170 Days.**	

146 DAYS.

Prin.	Interest.	Prin.	Interest.	Prin.	Interest.	Prin.	Interest.	Prin.	Interest.
51	1.42,80	61	1.70,80	71	1.98,80	81	2.26,80	91	2.54,80
52	1.45,60	62	1.73,60	72	2.01,60	82	2.29,60	92	2.57,60
53	1.48,40	63	1.76,40	73	2.04,40	83	2.32,40	93	2.60,40
54	1.51,20	64	1.79,20	74	2.07,20	84	2.35,20	94	2.63,20
55	1.54,00	65	1.82,00	75	2.10,00	85	2.38,00	95	2.66,00
56	1.56,80	66	1.84,80	76	2.12,80	86	2.40,80	96	2.68,80
57	1.59,60	67	1.87,60	77	2.15,60	87	2.43,60	97	2.71,60
58	1.62,40	68	1.90,40	78	2.18,40	88	2.46,40	98	2.74,40
59	1.65,20	69	1.93,20	79	2.21,20	89	2.49,20	99	2.77,20
60	1.68,00	70	1.96,00	80	2.24,00	90	2.52,00		

[141

COMMERCIAL INTEREST AT SEVEN PER CENT.

25 DAYS.

Prin.	Interest.	Prin.	Interest.
1	.00,479	51	.24,452
2	.00,959	52	.24,932
3	.01,438	53	.25,411
4	.01,918	54	.25,890
5	.02,397	55	.26,370
6	.02,877	56	.26,849
7	.03,356	57	.27,329
8	.03,836	58	.27,808
9	.04,315	59	.28,288
10	.04,795	60	.28,767
11	.05,274	61	.29,247
12	.05,753	62	.29,726
13	.06,233	63	.30,205
14	.06,712	64	.30,685
15	.07,192	65	.31,164
16	.07,671	66	.31,644
17	.08,151	67	.32,123
18	.08,630	68	.32,603
19	.09,110	69	.33,082
20	.09,589	70	.33,562
21	.10,068	71	.34,041
22	.10,548	72	.34,521
23	.11,027	73	.35,000
24	.11,507	74	.35,479
25	.11,986	75	.35,959
26	.12,466	76	.36,438
27	.12,945	77	.36,918
28	.13,425	78	.37,397
29	.13,904	79	.37,877
30	.14,384	80	.38,356
31	.14,863	81	.38,836
32	.15,342	82	.39,315
33	.15,822	83	.39,795
34	.16,301	84	.40,274
35	.16,781	85	.40,753
36	.17,260	86	.41,233
37	.17,740	87	.41,712
38	.18,219	88	.42,192
39	.18,699	89	.42,671
40	.19,178	90	.43,151
41	.19,658	91	.43,630
42	.20,137	92	.44,110
43	.20,616	93	.44,589
44	.21,096	94	.45,068
45	.21,575	95	.45,548
46	.22,055	96	.46,027
47	.22,534	97	.46,507
48	.23,014	98	.46,986
49	.23,493	99	.47,466
50	.23,973	**171 Days.**	

26 DAYS.

Prin.	Interest.	Prin.	Interest.
1	.00,499	51	.25,430
2	.00,997	52	.25,929
3	.01,496	53	.26,427
4	.01,995	54	.26,926
5	.02,493	55	.27,425
6	.02,992	56	.27,923
7	.03,490	57	.28,422
8	.03,989	58	.28,921
9	.04,488	59	.29,419
10	.04,986	60	.29,918
11	.05,485	61	.30,416
12	.05,984	62	.30,915
13	.06,482	63	.31,414
14	.06,981	64	.31,912
15	.07,479	65	.32,411
16	.07,978	66	.32,910
17	.08,477	67	.33,408
18	.08,975	68	.33,907
19	.09,474	69	.34,405
20	.09,973	70	.34,904
21	.10,471	71	.35,403
22	.10,970	72	.35,901
23	.11,468	73	.36,400
24	.11,967	74	.36,899
25	.12,466	75	.37,397
26	.12,964	76	.37,896
27	.13,463	77	.38,395
28	.13,962	78	.38,893
29	.14,460	79	.39,392
30	.14,959	80	.39,890
31	.15,458	81	.40,389
32	.15,956	82	.40,888
33	.16,455	83	.41,386
34	.16,953	84	.41,885
35	.17,452	85	.42,384
36	.17,951	86	.42,882
37	.18,449	87	.43,381
38	.18,948	88	.43,879
39	.19,447	89	.44,378
40	.19,945	90	.44,877
41	.20,444	91	.45,375
42	.20,942	92	.45,874
43	.21,441	93	.46,373
44	.21,940	94	.46,871
45	.22,438	95	.47,370
46	.22,937	96	.47,868
47	.23,436	97	.48,367
48	.23,934	98	.48,866
49	.24,433	99	.49,364
50	.24,932	**172 Days.**	

27 DAYS.

Prin.	Interest.	Prin.	Interest.
1	.00,518	51	.26,408
2	.01,036	52	.26,926
3	.01,553	53	.27,444
4	.02,071	54	.27,962
5	.02,589	55	.28,479
6	.03,107	56	.28,997
7	.03,625	57	.29,515
8	.04,142	58	.30,033
9	.04,660	59	.30,551
10	.05,178	60	.31,068
11	.05,696	61	.31,586
12	.06,214	62	.32,104
13	.06,732	63	.32,622
14	.07,249	64	.33,140
15	.07,767	65	.33,658
16	.08,285	66	.34,175
17	.08,803	67	.34,693
18	.09,321	68	.35,211
19	.09,838	69	.35,729
20	.10,356	70	.36,247
21	.10,874	71	.36,764
22	.11,392	72	.37,282
23	.11,910	73	.37,800
24	.12,427	74	.38,318
25	.12,945	75	.38,836
26	.13,463	76	.39,353
27	.13,981	77	.39,871
28	.14,499	78	.40,389
29	.15,016	79	.40,907
30	.15,534	80	.41,425
31	.16,052	81	.41,942
32	.16,570	82	.42,460
33	.17,088	83	.42,978
34	.17,605	84	.43,496
35	.18,123	85	.44,014
36	.18,641	86	.44,532
37	.19,159	87	.45,049
38	.19,677	88	.45,567
39	.20,195	89	.46,085
40	.20,712	90	.46,603
41	.21,230	91	.47,121
42	.21,748	92	.47,638
43	.22,266	93	.48,156
44	.22,784	94	.48,674
45	.23,301	95	.49,192
46	.23,819	96	.49,710
47	.24,337	97	.50,227
48	.24,855	98	.50,745
49	.25,373	99	.51,263
50	.25,890	**173 Days.**	

146 DAYS.

Prin.	Interest.	Prin.	Interest.	Prin.	Interest.	Prin.	Interest.	Prin.	Interest.
1	.02,80	11	.30,80	21	.58,80	31	.86,80	41	1.14,80
2	.05,60	12	.33,60	22	.61,60	32	.89,60	42	1.17,60
3	.08,40	13	.36,40	23	.64,40	33	.92,40	43	1.20,40
4	.11,20	14	.39,20	24	.67,20	34	.95,20	44	1.23,20
5	.14,00	15	.42,00	25	.70,00	35	.98,00	45	1.26,00
6	.16,80	16	.44,80	26	.72,80	36	1.00,80	46	1.28,80
7	.19,60	17	.47,60	27	.75,60	37	1.03,60	47	1.31,60
8	.22,40	18	.50,40	28	.78,40	38	1.06,40	48	1.34,40
9	.25,20	19	.53,20	29	.81,20	39	1.09,20	49	1.37,20
10	.28,00	20	.56,00	30	.84,00	40	1.12,00	50	1.40,00

COMMERCIAL INTEREST AT SEVEN PER CENT.

28 DAYS.

Prin.	Interest.	Prin.	Interest.
1	.00,537	51	.27,386
2	.01,074	52	.27,923
3	.01,611	53	.28,460
4	.02,148	54	.28,997
5	.02,685	55	.29,534
6	.03,222	56	.30,071
7	.03,759	57	.30,608
8	.04,296	58	.31,145
9	.04,833	59	.31,682
10	.05,370	60	.32,219
11	.05,907	61	.32,756
12	.06,444	62	.33,293
13	.06,981	63	.33,830
14	.07,518	64	.34,367
15	.08,055	65	.34,904
16	.08,592	66	.35,441
17	.09,129	67	.35,978
18	.09,666	68	.36,515
19	.10,203	69	.37,052
20	.10,740	70	.37,589
21	.11,277	71	.38,126
22	.11,814	72	.38,663
23	.12,351	73	.39,200
24	.12,888	74	.39,737
25	.13,425	75	.40,274
26	.13,962	76	.40,811
27	.14,499	77	.41,348
28	.15,036	78	.41,885
29	.15,573	79	.42,422
30	.16,110	80	.42,959
31	.16,647	81	.43,496
32	.17,184	82	.44,033
33	.17,721	83	.44,570
34	.18,258	84	.45,107
35	.18,795	85	.45,644
36	.19,332	86	.46,181
37	.19,868	87	.46,718
38	.20,405	88	.47,255
39	.20,942	89	.47,792
40	.21,479	90	.48,329
41	.22,016	91	.48,866
42	.22,553	92	.49,403
43	.23,090	93	.49,940
44	.23,627	94	.50,477
45	.24,164	95	.51,014
46	.24,701	96	.51,551
47	.25,238	97	.52,088
48	.25,775	98	.52,625
49	.26,312	99	.53,162
50	.26,849	**174 Days.**	

29 DAYS.

Prin.	Interest.	Prin.	Interest.
1	.00,556	51	.28,364
2	.01,112	52	.28,921
3	.01,668	53	.29,477
4	.02,225	54	.30,033
5	.02,781	55	.30,589
6	.03,337	56	.31,145
7	.03,893	57	.31,701
8	.04,449	58	.32,258
9	.05,005	59	.32,814
10	.05,562	60	.33,370
11	.06,118	61	.33,926
12	.06,674	62	.34,482
13	.07,230	63	.35,038
14	.07,786	64	.35,595
15	.08,342	65	.36,151
16	.08,899	66	.36,707
17	.09,455	67	.37,263
18	.10,011	68	.37,819
19	.10,567	69	.38,375
20	.11,123	70	.38,932
21	.11,679	71	.39,488
22	.12,236	72	.40,044
23	.12,792	73	.40,600
24	.13,348	74	.41,156
25	.13,904	75	.41,712
26	.14,460	76	.42,268
27	.15,016	77	.42,825
28	.15,573	78	.43,381
29	.16,129	79	.43,937
30	.16,685	80	.44,493
31	.17,241	81	.45,049
32	.17,797	82	.45,605
33	.18,353	83	.46,162
34	.18,910	84	.46,718
35	.19,466	85	.47,274
36	.20,022	86	.47,830
37	.20,578	87	.48,386
38	.21,134	88	.48,942
39	.21,690	89	.49,499
40	.22,247	90	.50,055
41	.22,803	91	.50,611
42	.23,359	92	.51,167
43	.23,915	93	.51,723
44	.24,471	94	.52,279
45	.25,027	95	.52,836
46	.25,584	96	.53,392
47	.26,140	97	.53,948
48	.26,696	98	.54,504
49	.27,252	99	.55,060
50	.27,808	**175 Days.**	

30 DAYS.

Prin.	Interest.	Prin	Interest.
1	.00,575	51	.29,342
2	.01,151	52	.29,918
3	.01,726	53	.30,493
4	.02,301	54	.31,068
5	.02,877	55	.31,644
6	.03,452	56	.32,219
7	.04,027	57	.32,795
8	.04,603	58	.33,370
9	.05,178	59	.33,945
10	.05,753	60	.34,521
11	.06,329	61	.35,096
12	.06,904	62	.35,671
13	.07,479	63	.36,247
14	.08,055	64	.36,822
15	.08,630	65	.37,397
16	.09,205	66	.37,973
17	.09,781	67	.38,548
18	.10,356	68	.39,123
19	.10,932	69	.39,699
20	.11,507	70	.40,274
21	.12,082	71	.40,849
22	.12,658	72	.41,425
23	.13,233	73	.42,000
24	.13,808	74	.42,575
25	.14,384	75	.43,151
26	.14,959	76	.43,726
27	.15,534	77	.44,301
28	.16,110	78	.44,877
29	.16,685	79	.45,452
30	.17,260	80	.46,027
31	.17,836	81	.46,603
32	.18,411	82	.47,178
33	.18,986	83	.47,753
34	.19,562	84	.48,329
35	.20,137	85	.48,904
36	.20,712	86	.49,479
37	.21,288	87	.50,055
38	.21,863	88	.50,630
39	.22,438	89	.51,205
40	.23,014	90	.51,781
41	.23,589	91	.52,356
42	.24,164	92	.52,932
43	.24,740	93	.53,507
44	.25,315	94	.54,082
45	.25,890	95	.54,658
46	.26,466	96	.55,233
47	.27,041	97	.55,808
48	.27,616	98	.56,384
49	.28,192	99	.56,959
50	.28,767	**176 Days.**	

146 DAYS.

Prin.	Interest.	Prin.	Interest.	Prin.	Interest.	Prin.	Interest.	Prin.	Interest.
51	1.42,80	61	1.70,80	71	1.98,80	81	2.26,80	91	2.54,80
52	1.45,60	62	1.73,60	72	2.01,60	82	2.29,60	92	2.57,60
53	1.48,40	63	1.76,40	73	2.04,40	83	2.32,40	93	2.60,40
54	1.51,20	64	1.79,20	74	2.07,20	84	2.35,20	94	2.63,20
55	1.54,00	65	1.82,00	75	2.10,00	85	2.38,00	95	2.66,00
56	1.56,80	66	1.84,80	76	2.12,80	86	2.40,80	96	2.68,80
57	1.59,60	67	1.87,60	77	2.15,60	87	2.43,60	97	2.71,60
58	1.62,40	68	1.90,40	78	2.18,40	88	2.46,40	98	2.74,40
59	1.65,20	69	1.93,20	79	2.21,20	89	2.49,20	99	2.77,20
60	1.68,00	70	1.96,00	80	2.24,00	90	2.52,00		

COMMERCIAL INTEREST AT SEVEN PER CENT.

31 DAYS.

Prin.	Interest.	Prin.	Interest.
1	.00,595	51	.30,321
2	.01,189	52	.30,915
3	.01,784	53	.31,510
4	.02,378	54	.32,104
5	.02,973	55	.32,699
6	.03,567	56	.33,293
7	.04,162	57	.33,888
8	.04,756	58	.34,482
9	.05,351	59	.35,077
10	.05,945	60	.35,671
11	.06,540	61	.36,266
12	.07,134	62	.36,860
13	.07,729	63	.37,455
14	.08,323	64	.38,049
15	.08,918	65	.38,644
16	.09,512	66	.39,238
17	.10,107	67	.39,833
18	.10,701	68	.40,427
19	.11,296	69	.41,022
20	.11,890	70	.41,616
21	.12,485	71	.42,211
22	.13,079	72	.42,805
23	.13,674	73	.43,400
24	.14,268	74	.43,995
25	.14,863	75	.44,589
26	.15,458	76	.45,184
27	.16,052	77	.45,778
28	.16,647	78	.46,373
29	.17,241	79	.46,967
30	.17,836	80	.47,562
31	.18,430	81	.48,156
32	.19,025	82	.48,751
33	.19,619	83	.49,345
34	.20,214	84	.49,940
35	.20,808	85	.50,534
36	.21,403	86	.51,129
37	.21,997	87	.51,723
38	.22,592	88	.52,318
39	.23,186	89	.52,912
40	.23,781	90	.53,507
41	.24,375	91	.54,101
42	.24,970	92	.54,696
43	.25,564	93	.55,290
44	.26,159	94	.55,885
45	.26,753	95	.56,479
46	.27,348	96	.57,074
47	.27,942	97	.57,668
48	.28,537	98	.58,263
49	.29,132	99	.58,858
50	.29,726	**177 Days.**	

32 DAYS.

Prin.	Interest.	Prin.	Interest.
1	.00,614	51	.31,299
2	.01,227	52	.31,912
3	.01,841	53	.32,526
4	.02,455	54	.33,140
5	.03,068	55	.33,753
6	.03,682	56	.34,367
7	.04,296	57	.34,981
8	.04,910	58	.35,595
9	.05,523	59	.36,208
10	.06,137	60	.36,822
11	.06,751	61	.37,436
12	.07,364	62	.38,049
13	.07,978	63	.38,663
14	.08,592	64	.39,277
15	.09,205	65	.39,890
16	.09,819	66	.40,504
17	.10,433	67	.41,118
18	.11,047	68	.41,732
19	.11,660	69	.42,345
20	.12,274	70	.42,959
21	.12,888	71	.43,573
22	.13,501	72	.44,186
23	.14,115	73	.44,800
24	.14,729	74	.45,414
25	.15,342	75	.46,027
26	.15,956	76	.46,641
27	.16,570	77	.47,255
28	.17,184	78	.47,868
29	.17,797	79	.48,482
30	.18,411	80	.49,096
31	.19,025	81	.49,710
32	.19,638	82	.50,323
33	.20,252	83	.50,937
34	.20,866	84	.51,551
35	.21,479	85	.52,164
36	.22,093	86	.52,778
37	.22,707	87	.53,392
38	.23,321	88	.54,005
39	.23,934	89	.54,619
40	.24,548	90	.55,233
41	.25,162	91	.55,847
42	.25,775	92	.56,460
43	.26,389	93	.57,074
44	.27,003	94	.57,688
45	.27,616	95	.58,301
46	.28,230	96	.58,915
47	.28,844	97	.59,529
48	.29,458	98	.60,142
49	.30,071	99	.60,756
50	.30,685	**178 Days.**	

33 DAYS.

Prin.	Interest.	Prin.	Interest.
1	.00,633	51	.32,277
2	.01,266	52	.32,910
3	.01,899	53	.33,543
4	.02,532	54	.34,175
5	.03,164	55	.34,808
6	.03,797	56	.35,441
7	.04,430	57	.36,074
8	.05,063	58	.36,707
9	.05,696	59	.37,340
10	.06,329	60	.37,973
11	.06,962	61	.38,605
12	.07,595	62	.39,238
13	.08,227	63	.39,871
14	.08,860	64	.40,504
15	.09,493	65	.41,137
16	.10,126	66	.41,770
17	.10,759	67	.42,403
18	.11,392	68	.43,036
19	.12,025	69	.43,668
20	.12,658	70	.44,301
21	.13,290	71	.44,934
22	.13,923	72	.45,567
23	.14,556	73	.46,200
24	.15,189	74	.46,833
25	.15,822	75	.47,466
26	.16,455	76	.48,099
27	.17,088	77	.48,732
28	.17,721	78	.49,364
29	.18,353	79	.49,997
30	.18,986	80	.50,630
31	.19,619	81	.51,263
32	.20,252	82	.51,896
33	.20,885	83	.52,529
34	.21,518	84	.53,162
35	.22,151	85	.53,795
36	.22,784	86	.54,427
37	.23,416	87	.55,060
38	.24,049	88	.55,693
39	.24,682	89	.56,326
40	.25,315	90	.56,959
41	.25,948	91	.57,592
42	.26,581	92	.58,225
43	.27,214	93	.58,858
44	.27,847	94	.59,490
45	.28,479	95	.60,123
46	.29,112	96	.60,756
47	.29,745	97	.61,389
48	.30,378	98	.62,022
49	.31,011	99	.62,655
50	.31,644	**179 Days**	

146 DAYS.

Prin.	Interest.	Prin.	Interest.	Prin.	Interest.	Prin.	Interest.	Prin.	Interest.
1	.02,80	11	.30,80	21	.58,80	31	.86,80	41	1.14,80
2	.05,60	12	.33,60	22	.61,60	32	.89,60	42	1.17,60
3	.08,40	13	.36,40	23	.64,40	33	.92,40	43	1.20,40
4	.11,20	14	.39,20	24	.67,20	34	.95,20	44	1.23,20
5	.14,00	15	.42,00	25	.70,00	35	.98,00	45	1.26,00
6	.16,80	16	.44,80	26	.72,80	36	1.00,80	46	1.28,80
7	.19,60	17	.47,60	27	.75,60	37	1.03,60	47	1.31,60
8	.22,40	18	.50,40	28	.78,40	38	1.06,40	48	1.34,40
9	.25,20	19	.53,20	29	.81,20	39	1.09,20	49	1.37,20
10	.28,00	20	.56,00	30	.84,00	40	1.12,00	50	1.40,00

COMMERCIAL INTEREST AT SEVEN PER CENT.

34 DAYS.

Prin.	Interest.	Prin.	Interest.
1	.00,652	51	.33,255
2	.01,304	52	.33,907
3	.01,956	53	.34,559
4	.02,608	54	.35,211
5	.03,260	55	.35,863
6	.03,912	56	.36,515
7	.04,564	57	.37,167
8	.05,216	58	.37,819
9	.05,868	59	.38,471
10	.06,521	60	.39,123
11	.07,173	61	.39,775
12	.07,825	62	.40,427
13	.08,477	63	.41,079
14	.09,129	64	.41,732
15	.09,781	65	.42,384
16	.10,433	66	.43,036
17	.11,085	67	.43,688
18	.11,737	68	.44,340
19	.12,389	69	.44,992
20	.13,041	70	.45,644
21	.13,693	71	.46,296
22	.14,345	72	.46,948
23	.14,997	73	.47,600
24	.15,649	74	.48,252
25	.16,301	75	.48,904
26	.16,953	76	.49,556
27	.17,605	77	.50,208
28	.18,258	78	.50,860
29	.18,910	79	.51,512
30	.19,562	80	.52,164
31	.20,214	81	.52,816
32	.20,866	82	.53,468
33	.21,518	83	.54,121
34	.22,170	84	.54,773
35	.22,822	85	.55,425
36	.23,474	86	.56,077
37	.24,126	87	.56,729
38	.24,778	88	.57,381
39	.25,430	89	.58,033
40	.26,082	90	.58,685
41	.26,734	91	.59,337
42	.27,386	92	.59,989
43	.28,038	93	.60,641
44	.28,690	94	.61,293
45	.29,342	95	.61,945
46	.29,995	96	.62,597
47	.30,647	97	.63,249
48	.31,299	98	.63,901
49	.31,951	99	.64,553
50	.32,603	**180 Days.**	

35 DAYS.

Prin.	Interest.	Prin.	Interest.
1	.00,671	51	.34,233
2	.01,342	52	.34,904
3	.02,014	53	.35,575
4	.02,685	54	.36,247
5	.03,356	55	.36,918
6	.04,027	56	.37,589
7	.04,699	57	.38,260
8	.05,370	58	.38,932
9	.06,041	59	.39,603
10	.06,712	60	.40,274
11	.07,384	61	.40,945
12	.08,055	62	.41,616
13	.08,726	63	.42,288
14	.09,397	64	.42,959
15	.10,068	65	.43,630
16	.10,740	66	.44,301
17	.11,411	67	.44,973
18	.12,082	68	.45,644
19	.12,753	69	.46,315
20	.13,425	70	.46,986
21	.14,096	71	.47,658
22	.14,767	72	.48,329
23	.15,438	73	.49,000
24	.16,110	74	.49,671
25	.16,781	75	.50,342
26	.17,452	76	.51,014
27	.18,123	77	.51,685
28	.18,795	78	.52,356
29	.19,466	79	.53,027
30	.20,137	80	.53,699
31	.20,808	81	.54,370
32	.21,479	82	.55,041
33	.22,151	83	.55,712
34	.22,822	84	.56,384
35	.23,493	85	.57,055
36	.24,164	86	.57,726
37	.24,836	87	.58,397
38	.25,507	88	.59,068
39	.26,178	89	.59,740
40	.26,849	90	.60,411
41	.27,521	91	.61,082
42	.28,192	92	.61,753
43	.28,863	93	.62,425
44	.29,534	94	.63,096
45	.30,205	95	.63,767
46	.30,877	96	.64,438
47	.31,548	97	.65,110
48	.32,219	98	.65,781
49	.32,890	99	.66,452
50	.33,562	**181 Days.**	

36 DAYS.

Prin.	Interest.	Prin.	Interest.
1	.00,690	51	.35,211
2	.01,381	52	.35,901
3	.02,071	53	.36,592
4	.02,762	54	.37,282
5	.03,452	55	.37,973
6	.04,142	56	.38,663
7	.04,833	57	.39,353
8	.05,523	58	.40,044
9	.06,214	59	.40,734
10	.06,904	60	.41,425
11	.07,595	61	.42,115
12	.08,285	62	.42,805
13	.08,975	63	.43,496
14	.09,666	64	.44,186
15	.10,356	65	.44,877
16	.11,047	66	.45,567
17	.11,737	67	.46,258
18	.12,427	68	.46,948
19	.13,118	69	.47,638
20	.13,808	70	.48,329
21	.14,499	71	.49,019
22	.15,189	72	.49,710
23	.15,879	73	.50,400
24	.16,570	74	.51,090
25	.17,260	75	.51,781
26	.17,951	76	.52,471
27	.18,641	77	.53,162
28	.19,332	78	.53,852
29	.20,022	79	.54,542
30	.20,712	80	.55,233
31	.21,403	81	.55,923
32	.22,093	82	.56,614
33	.22,784	83	.57,304
34	.23,474	84	.57,995
35	.24,164	85	.58,685
36	.24,855	86	.59,375
37	.25,545	87	.60,066
38	.26,236	88	.60,756
39	.26,926	89	.61,447
40	.27,616	90	.62,137
41	.28,307	91	.62,827
42	.28,997	92	.63,518
43	.29,688	93	.64,208
44	.30,378	94	.64,899
45	.31,068	95	.65,589
46	.31,759	96	.66,279
47	.32,449	97	.66,970
48	.33,140	98	.67,660
49	.33,830	99	.68,351
50	.34,521	**182 Days.**	

146 DAYS.

Prin.	Interest.	Prin.	Interest.	Prin.	Interest.	Prin.	Interest.	Prin.	Interest.
51	1.42,80	61	1.70,80	71	1.98,80	81	2.26,80	91	2.54,80
52	1.45,60	62	1.73,60	72	2.01,60	82	2.29,60	92	2.57,60
53	1.48,40	63	1.76,40	73	2.04,40	83	2.32,40	93	2.60,40
54	1.51,20	64	1.79,20	74	2.07,20	84	2.35,20	94	2.63,20
55	1.54,00	65	1.82,00	75	2.10,00	85	2.38,00	95	2.66,00
56	1.56,80	66	1.84,80	76	2.12,80	86	2.40,80	96	2.68,80
57	1.59,60	67	1.87,60	77	2.15,60	87	2.43,60	97	2.71,60
58	1.62,40	68	1.90,40	78	2.18,40	88	2.46,40	98	2.74,40
59	1.65,20	69	1.93,20	79	2.21,20	89	2.49,20	99	2.77,20
60	1.68,00	70	1.96,00	80	2.24,00	90	2.52,00		

[145

COMMERCIAL INTEREST AT SEVEN PER CENT.

37 DAYS.

Prin.	Interest.	Prin.	Interest.
1	.00,710	51	.36,189
2	.01,419	52	.36,899
3	.02,129	53	.37,608
4	.02,838	54	.38,318
5	.03,548	55	.39,027
6	.04,258	56	.39,737
7	.04,967	57	.40,447
8	.05,677	58	.41,156
9	.06,386	59	.41,866
10	.07,096	60	.42,575
11	.07,805	61	.43,285
12	.08,515	62	.43,995
13	.09,225	63	.44,704
14	.09,934	64	.45,414
15	.10,644	65	.46,123
16	.11,353	66	.46,833
17	.12,063	67	.47,542
18	.12,773	68	.48,252
19	.13,482	69	.48,962
20	.14,192	70	.49,671
21	.14,901	71	.50,381
22	.15,611	72	.51,090
23	.16,321	73	.51,800
24	.17,030	74	.52,510
25	.17,740	75	.53,219
26	.18,449	76	.53,929
27	.19,159	77	.54,638
28	.19,868	78	.55,348
29	.20,578	79	.56,058
30	.21,288	80	.56,767
31	.21,997	81	.57,477
32	.22,707	82	.58,186
33	.23,416	83	.58,896
34	.24,126	84	.59,605
35	.24,836	85	.60,315
36	.25,545	86	.61,025
37	.26,255	87	.61,734
38	.26,964	88	.62,444
39	.27,674	89	.63,153
40	.28,384	90	.63,863
41	.29,093	91	.64,573
42	.29,803	92	.65,282
43	.30,512	93	.65,992
44	.31,222	94	.66,701
45	.31,932	95	.67,411
46	.32,641	96	.68,121
47	.33,351	97	.68,830
48	.34,060	98	.69,540
49	.34,770	99	.70,249
50	.35,479	**183 Days.**	

38 DAYS.

Prin.	Interest.	Prin.	Interest.
1	.00,729	51	.37,167
2	.01,458	52	.37,896
3	.02,186	53	.38,625
4	.02,915	54	.39,353
5	.03,644	55	.40,082
6	.04,373	56	.40,811
7	.05,101	57	.41,540
8	.05,830	58	.42,268
9	.06,559	59	.42,997
10	.07,288	60	.43,726
11	.08,016	61	.44,455
12	.08,745	62	.45,184
13	.09,474	63	.45,912
14	.10,203	64	.46,641
15	.10,932	65	.47,370
16	.11,660	66	.48,099
17	.12,389	67	.48,827
18	.13,118	68	.49,556
19	.13,847	69	.50,285
20	.14,575	70	.51,014
21	.15,304	71	.51,742
22	.16,033	72	.52,471
23	.16,762	73	.53,200
24	.17,490	74	.53,929
25	.18,219	75	.54,658
26	.18,948	76	.55,386
27	.19,677	77	.56,115
28	.20,405	78	.56,844
29	.21,134	79	.57,573
30	.21,863	80	.58,301
31	.22,592	81	.59,030
32	.23,321	82	.59,759
33	.24,049	83	.60,488
34	.24,778	84	.61,216
35	.25,507	85	.61,945
36	.26,236	86	.62,674
37	.26,964	87	.63,403
38	.27,693	88	.64,132
39	.28,422	89	.64,860
40	.29,151	90	.65,589
41	.29,879	91	.66,318
42	.30,608	92	.67,047
43	.31,337	93	.67,775
44	.32,066	94	.68,504
45	.32,795	95	.69,233
46	.33,523	96	.69,962
47	.34,252	97	.70,690
48	.34,981	98	.71,419
49	.35,710	99	.72,148
50	.36,438	**184 Days.**	

39 DAYS.

Prin.	Interest.	Prin.	Interest.
1	.00,748	51	.38,145
2	.01,496	52	.38,893
3	.02,244	53	.39,641
4	.02,992	54	.40,389
5	.03,740	55	.41,137
6	.04,488	56	.41,885
7	.05,236	57	.42,633
8	.05,984	58	.43,381
9	.06,732	59	.44,129
10	.07,479	60	.44,877
11	.08,227	61	.45,625
12	.08,975	62	.46,373
13	.09,723	63	.47,121
14	.10,471	64	.47,868
15	.11,219	65	.48,616
16	.11,967	66	.49,364
17	.12,715	67	.50,112
18	.13,463	68	.50,860
19	.14,211	69	.51,608
20	.14,959	70	.52,356
21	.15,707	71	.53,104
22	.16,455	72	.53,852
23	.17,203	73	.54,600
24	.17,951	74	.55,348
25	.18,699	75	.56,096
26	.19,447	76	.56,844
27	.20,195	77	.57,592
28	.20,942	78	.58,340
29	.21,690	79	.59,088
30	.22,438	80	.59,836
31	.23,186	81	.60,584
32	.23,934	82	.61,332
33	.24,682	83	.62,079
34	.25,430	84	.62,827
35	.26,178	85	.63,575
36	.26,926	86	.64,323
37	.27,674	87	.65,071
38	.28,422	88	.65,819
39	.29,170	89	.66,567
40	.29,918	90	.67,315
41	.30,666	91	.68,063
42	.31,414	92	.68,811
43	.32,162	93	.69,559
44	.32,910	94	.70,307
45	.33,658	95	.71,055
46	.34,405	96	.71,803
47	.35,153	97	.72,551
48	.35,901	98	.73,299
49	.36,649	99	.74,047
50	.37,397	**185 Days.**	

146 DAYS.

Prin.	Interest.	Prin.	Interest.	Prin.	Interest.	Prin.	Interest.	Prin	Interest.
1	.02,80	11	.30,80	21	.58,80	31	.86,80	41	1.14,80
2	.05,60	12	.33,60	22	.61 60	32	.89,60	42	1.17,60
3	.08,40	13	.36,40	23	.64,40	33	.92,40	43	1.20,40
4	.11,20	14	.39,20	24	.67,20	34	.95,20	44	1.23,20
5	.14,00	15	.42,00	25	.70,00	35	.98,00	45	1.26,00
6	.16,80	16	.44,80	26	.72,80	36	1.00,80	46	1.28,80
7	.19,60	17	.47,60	27	.75,60	37	1.03,60	47	1.31,60
8	.22,40	18	.50,40	28	.78,40	38	1.06,40	48	1.34,40
9	.25,20	19	.53,20	29	.81,20	39	1.09,20	49	1.37,20
10	.28,00	20	.56,00	30	.84,00	40	1.12,00	50	1.40,00

COMMERCIAL INTEREST AT SEVEN PER CENT.

40 DAYS.

Prin.	Interest.	Prin.	Interest.
1	.00,767	51	.39,123
2	.01,534	52	.39,890
3	.02,301	53	.40,658
4	.03,068	54	.41,425
5	.03,836	55	.42,192
6	.04,603	56	.42,959
7	.05,370	57	.43,726
8	.06,137	58	.44,493
9	.06,904	59	.45,260
10	.07,671	60	.46,027
11	.08,438	61	.46,795
12	.09,205	62	.47,562
13	.09,973	63	.48,329
14	.10,740	64	.49,096
15	.11,507	65	.49,863
16	.12,274	66	.50,630
17	.13,041	67	.51,397
18	.13,808	68	.52,164
19	.14,575	69	.52,932
20	.15,342	70	.53,699
21	.16,110	71	.54,466
22	.16,877	72	.55,233
23	.17,644	73	.56,000
24	.18,411	74	.56,767
25	.19,178	75	.57,534
26	.19,945	76	.58,301
27	.20,712	77	.59,068
28	.21,479	78	.59,836
29	.22,247	79	.60,603
30	.23,014	80	.61,370
31	.23,781	81	.62,137
32	.24,548	82	.62,904
33	.25,315	83	.63,671
34	.26,082	84	.64,438
35	.26,849	85	.65,205
36	.27,616	86	.65,973
37	.28,384	87	.66,740
38	.29,151	88	.67,507
39	.29,918	89	.68,274
40	.30,685	90	.69,041
41	.31,452	91	.69,808
42	.32,219	92	.70,575
43	.32,986	93	.71,342
44	.33,753	94	.72,110
45	.34,521	95	.72,877
46	.35,288	96	.73,644
47	.36,055	97	.74,411
48	.36,822	98	.75,178
49	.37,589	99	.75,945
50	.38,356	**186 Days.**	

41 DAYS.

Prin.	Interest.	Prin.	Interest.
1	.00,786	51	.40,101
2	.01,573	52	.40,888
3	.02,359	53	.41,674
4	.03,145	54	.42,460
5	.03,932	55	.43,247
6	.04,718	56	.44,033
7	.05,504	57	.44,819
8	.06,290	58	.45,605
9	.07,077	59	.46,392
10	.07,863	60	.47,178
11	.08,649	61	.47,964
12	.09,436	62	.48,751
13	.10,222	63	.49,537
14	.11,008	64	.50,323
15	.11,795	65	.51,110
16	.12,581	66	.51,896
17	.13,367	67	.52,682
18	.14,153	68	.53,468
19	.14,940	69	.54,255
20	.15,726	70	.55,041
21	.16,512	71	.55,827
22	.17,299	72	.56,614
23	.18,085	73	.57,400
24	.18,871	74	.58,186
25	.19,658	75	.58,973
26	.20,444	76	.59,759
27	.21,230	77	.60,545
28	.22,016	78	.61,332
29	.22,803	79	.62,118
30	.23,589	80	.62,904
31	.24,375	81	.63,690
32	.25,162	82	.64,477
33	.25,948	83	.65,263
34	.26,734	84	.66,049
35	.27,521	85	.66,836
36	.28,307	86	.67,622
37	.29,093	87	.68,408
38	.29,879	88	.69,195
39	.30,666	89	.69,981
40	.31,452	90	.70,767
41	.32,238	91	.71,553
42	.33,025	92	.72,340
43	.33,811	93	.73,126
44	.34,597	94	.73,912
45	.35,384	95	.74,699
46	.36,170	96	.75,485
47	.36,956	97	.76,271
48	.37,742	98	.77,058
49	.38,529	99	.77,844
50	.39,315	**187 Days.**	

42 DAYS.

Prin.	Interest.	Prin.	Interest.
1	.00,805	51	.41,079
2	.01,611	52	.41,885
3	.02,416	53	.42,690
4	.03,222	54	.43,496
5	.04,027	55	.44,301
6	.04,833	56	.45,107
7	.05,638	57	.45,912
8	.06,444	58	.46,718
9	.07,249	59	.47,523
10	.08,055	60	.48,329
11	.08,860	61	.49,134
12	.09,666	62	.49,940
13	.10,471	63	.50,745
14	.11,277	64	.51,551
15	.12,082	65	.52,356
16	.12,888	66	.53,162
17	.13,693	67	.53,967
18	.14,499	68	.54,773
19	.15,304	69	.55,578
20	.16,110	70	.56,384
21	.16,915	71	.57,189
22	.17,721	72	.57,995
23	.18,526	73	.58,800
24	.19,332	74	.59,605
25	.20,137	75	.60,411
26	.20,942	76	.61,216
27	.21,748	77	.62,022
28	.22,553	78	.62,827
29	.23,359	79	.63,633
30	.24,164	80	.64,438
31	.24,970	81	.65,244
32	.25,775	82	.66,049
33	.26,581	83	.66,855
34	.27,386	84	.67,660
35	.28,192	85	.68,466
36	.28,997	86	.69,271
37	.29,803	87	.70,077
38	.30,608	88	.70,882
39	.31,414	89	.71,688
40	.32,219	90	.72,493
41	.33,025	91	.73,299
42	.33,830	92	.74,104
43	.34,636	93	.74,910
44	.35,441	94	.75,715
45	.36,247	95	.76,521
46	.37,052	96	.77,326
47	.37,858	97	.78,132
48	.38,663	98	.78,937
49	.39,468	99	.79,742
50	.40,274	**188 Days.**	

146 DAYS.

Prin.	Interest.	Prin.	Interest.	Prin.	Interest.	Prin.	Interest.	Prin.	Interest.
51	1.42,80	61	1.70,80	71	1.98,80	81	2.26,80	91	2.54,80
52	1.45,60	62	1.73,60	72	2.01,60	82	2.29,60	92	2.57,60
53	1.48,40	63	1.76,40	73	2.04,40	83	2.32,40	93	2.60,40
54	1.51,20	64	1.79,20	74	2.07,20	84	2.35,20	94	2.63,20
55	1.54,00	65	1.82,00	75	2.10,00	85	2.38,00	95	2.66,00
56	1.56,80	66	1.84,80	76	2.12,80	86	2.40,80	96	2.68,80
57	1.59,60	67	1.87,60	77	2.15,60	87	2.43,60	97	2.71,60
58	1.62,40	68	1.90,40	78	2.18,40	88	2.46,40	98	2.74,40
59	1.65,20	69	1.93,20	79	2.21,20	89	2.49,20	99	2.77,20
60	1.68,00	70	1.96,00	80	2.24,00	90	2.52,00		

[147

COMMERCIAL INTEREST AT SEVEN PER CENT.

43 DAYS.

Prin.	Interest.	Prin.	Interest.
1	.00,825	51	.42,058
2	.01,649	52	.42,882
3	.02,474	53	.43,707
4	.03,299	54	.44,532
5	.04,123	55	.45,356
6	.04,948	56	.46,181
7	.05,773	57	.47,005
8	.06,597	58	.47,830
9	.07,422	59	.48,655
10	.08,247	60	.49,479
11	.09,071	61	.50,304
12	.09,896	62	.51,129
13	.10,721	63	.51,953
14	.11,545	64	.52,778
15	.12,370	65	.53,603
16	.13,195	66	.54,427
17	.14,019	67	.55,252
18	.14,844	68	.56,077
19	.15,668	69	.56,901
20	.16,493	70	.57,726
21	.17,318	71	.58,551
22	.18,142	72	.59,375
23	.18,967	73	.60,200
24	.19,792	74	.61,025
25	.20,616	75	.61,849
26	.21,441	76	.62,674
27	.22,266	77	.63,499
28	.23,090	78	.64,323
29	.23,915	79	.65,148
30	.24,740	80	.65,973
31	.25,564	81	.66,797
32	.26,389	82	.67,622
33	.27,214	83	.68,447
34	.28,038	84	.69,271
35	.28,863	85	.70,096
36	.29,688	86	.70,921
37	.30,512	87	.71,745
38	.31,337	88	.72,570
39	.32,162	89	.73,395
40	.32,986	90	.74,219
41	.33,811	91	.75,044
42	.34,636	92	.75,868
43	.35,460	93	.76,693
44	.36,285	94	.77,518
45	.37,110	95	.78,342
46	.37,934	96	.79,167
47	.38,759	97	.79,992
48	.39,584	98	.80,816
49	.40,408	99	.81,641
50	.41,233	**189 Days.**	

44 DAYS.

Prin.	Interest.	Prin.	Interest.
1	.00,844	51	.43,036
2	.01,688	52	.43,879
3	.02,532	53	.44,723
4	.03,375	54	.45,567
5	.04,219	55	.46,411
6	.05,063	56	.47,255
7	.05,907	57	.48,099
8	.06,751	58	.48,942
9	.07,595	59	.49,786
10	.08,438	60	.50,630
11	.09,282	61	.51,474
12	.10,126	62	.52,318
13	.10,970	63	.53,162
14	.11,814	64	.54,005
15	.12,658	65	.54,849
16	.13,501	66	.55,693
17	.14,345	67	.56,537
18	.15,189	68	.57,381
19	.16,033	69	.58,225
20	.16,877	70	.59,068
21	.17,721	71	.59,912
22	.18,564	72	.60,756
23	.19,408	73	.61,600
24	.20,252	74	.62,444
25	.21,096	75	.63,288
26	.21,940	76	.64,132
27	.22,784	77	.64,975
28	.23,627	78	.65,819
29	.24,471	79	.66,663
30	.25,315	80	.67,507
31	.26,159	81	.68,351
32	.27,003	82	.69,195
33	.27,847	83	.70,038
34	.28,690	84	.70,882
35	.29,534	85	.71,726
36	.30,378	86	.72,570
37	.31,222	87	.73,414
38	.32,066	88	.74,258
39	.32,910	89	.75,101
40	.33,753	90	.75,945
41	.34,597	91	.76,789
42	.35,441	92	.77,633
43	.36,285	93	.78,477
44	.37,129	94	.79,321
45	.37,973	95	.80,164
46	.38,816	96	.81,008
47	.39,660	97	.81,852
48	.40,504	98	.82,696
49	.41,348	99	.83,540
50	.42,192	**190 Days.**	

45 DAYS.

Prin.	Interest.	Prin.	Interest.
1	.00,863	51	.44,014
2	.01,726	52	.44,877
3	.02,589	53	.45,740
4	.03,452	54	.46,603
5	.04,315	55	.47,466
6	.05,178	56	.48,329
7	.06,041	57	.49,192
8	.06,904	58	.50,055
9	.07,767	59	.50,918
10	.08,630	60	.51,781
11	.09,493	61	.52,644
12	.10,356	62	.53,507
13	.11,219	63	.54,370
14	.12,082	64	.55,233
15	.12,945	65	.56,096
16	.13,808	66	.56,959
17	.14,671	67	.57,822
18	.15,534	68	.58,685
19	.16,397	69	.59,548
20	.17,260	70	.60,411
21	.18,123	71	.61,274
22	.18,986	72	.62,137
23	.19,849	73	.63,000
24	.20,712	74	.63,863
25	.21,575	75	.64,726
26	.22,438	76	.65,589
27	.23,301	77	.66,452
28	.24,164	78	.67,315
29	.25,027	79	.68,178
30	.25,890	80	.69,041
31	.26,753	81	.69,904
32	.27,616	82	.70,767
33	.28,479	83	.71,630
34	.29,342	84	.72,493
35	.30,205	85	.73,356
36	.31,068	86	.74,219
37	.31,932	87	.75,082
38	.32,795	88	.75,945
39	.33,658	89	.76,808
40	.34,521	90	.77,671
41	.35,384	91	.78,534
42	.36,247	92	.79,397
43	.37,110	93	.80,260
44	.37,973	94	.81,123
45	.38,836	95	.81,986
46	.39,699	96	.82,849
47	.40,562	97	.83,712
48	.41,425	98	.84,575
49	.42,288	99	.85,438
50	.43,151	**191 Days.**	

146 DAYS.

Prin.	Interest.	Prin.	Interest.	Prin.	Interest.	Prin.	Interest.	Prin.	Interest.
1	.02,80	11	.30,80	21	.58,80	31	.86,80	41	1.14,80
2	.05,60	12	.33,60	22	.61,60	32	.89,60	42	1.17,60
3	.08,40	13	.36,40	23	.64,40	33	.92,40	43	1.20,40
4	.11,20	14	.39,20	24	.67,20	34	.95,20	44	1.23,20
5	.14,00	15	.42,00	25	.70,00	35	.98,00	45	1.26,00
6	.16,80	16	.44,80	26	.72,80	36	1.00,80	46	1.28,80
7	.19,60	17	.47,60	27	.75,60	37	1.03,60	47	1.31,60
8	.22,40	18	.50,40	28	.78,40	38	1.06,40	48	1.34,40
9	.25,20	19	.53,20	29	.81,20	39	1.09,20	49	1.37,20
10	.28,00	20	.56,00	30	.84,00	40	1.12,00	50	1.40,00

COMMERCIAL INTEREST AT SEVEN PER CENT.

46 DAYS.

Prin.	Interest.	Prin.	Interest.
1	.00,882	51	.44,992
2	.01,764	52	.45,874
3	.02,647	53	.46,756
4	.03,529	54	.47,638
5	.04,411	55	.48,521
6	.05,293	56	.49,403
7	.06,175	57	.50,285
8	.07,058	58	.51,167
9	.07,940	59	.52,049
10	.08,822	60	.52,932
11	.09,704	61	.53,814
12	.10,586	62	.54,696
13	.11,468	63	.55,578
14	.12,351	64	.56,460
15	.13,233	65	.57,342
16	.14,115	66	.58,225
17	.14,997	67	.59,107
18	.15,879	68	.59,989
19	.16,762	69	.60,871
20	.17,644	70	.61,753
21	.18,526	71	.62,636
22	.19,408	72	.63,518
23	.20,290	73	.64,400
24	.21,173	74	.65,282
25	.22,055	75	.66,164
26	.22,937	76	.67,047
27	.23,819	77	.67,929
28	.24,701	78	.68,811
29	.25,584	79	.69,693
30	.26,466	80	.70,575
31	.27,348	81	.71,458
32	.28,230	82	.72,340
33	.29,112	83	.73,222
34	.29,995	84	.74,104
35	.30,877	85	.74,986
36	.31,759	86	.75,868
37	.32,641	87	.76,751
38	.33,523	88	.77,633
39	.34,405	89	.78,515
40	.35,288	90	.79,397
41	.36,170	91	.80,279
42	.37,052	92	.81,162
43	.37,934	93	.82,044
44	.38,816	94	.82,926
45	.39,699	95	.83,808
46	.40,581	96	.84,690
47	.41,463	97	.85,573
48	.42,345	98	.86,455
49	.43,227	99	.87,337
50	.44,110	**192 Days.**	

47 DAYS.

Prin.	Interest.	Prin.	Interest.
1	.00,901	51	.45,970
2	.01,803	52	.46,871
3	.02,704	53	.47,773
4	.03,605	54	.48,674
5	.04,507	55	.49,575
6	.05,408	56	.50,477
7	.06,310	57	.51,378
8	.07,211	58	.52,279
9	.08,112	59	.53,181
10	.09,014	60	.54,082
11	.09,915	61	.54,984
12	.10,816	62	.55,885
13	.11,718	63	.56,786
14	.12,619	64	.57,688
15	.13,521	65	.58,589
16	.14,422	66	.59,490
17	.15,323	67	.60,392
18	.16,225	68	.61,293
19	.17,126	69	.62,195
20	.18,027	70	.63,096
21	.18,929	71	.63,997
22	.19,830	72	.64,899
23	.20,732	73	.65,800
24	.21,633	74	.66,701
25	.22,534	75	.67,603
26	.23,436	76	.68,504
27	.24,337	77	.69,405
28	.25,238	78	.70,307
29	.26,140	79	.71,208
30	.27,041	80	.72,110
31	.27,942	81	.73,011
32	.28,844	82	.73,912
33	.29,745	83	.74,814
34	.30,647	84	.75,715
35	.31,548	85	.76,616
36	.32,449	86	.77,518
37	.33,351	87	.78,419
38	.34,252	88	.79,321
39	.35,153	89	.80,222
40	.36,055	90	.81,123
41	.36,956	91	.82,025
42	.37,858	92	.82,926
43	.38,759	93	.83,827
44	.39,660	94	.84,729
45	.40,562	95	.85,630
46	.41,463	96	.86,532
47	.42,364	97	.87,433
48	.43,266	98	.88,334
49	.44,167	99	.89,236
50	.45,068	**193 Days.**	

48 DAYS.

Prin.	Interest.	Prin	Interest.
1	.00,921	51	.46,948
2	.01,841	52	.47,868
3	.02,762	53	.48,789
4	.03,682	54	.49,710
5	.04,603	55	.50,630
6	.05,523	56	.51,551
7	.06,444	57	.52,471
8	.07,364	58	.53,392
9	.08,285	59	.54,312
10	.09,205	60	.55,233
11	.10,126	61	.56,153
12	.11,047	62	.57,074
13	.11,967	63	.57,995
14	.12,888	64	.58,915
15	.13,808	65	.59,836
16	.14,729	66	.60,756
17	.15,649	67	.61,677
18	.16,570	68	.62,597
19	.17,490	69	.63,518
20	.18,411	70	.64,438
21	.19,332	71	.65,359
22	.20,252	72	.66,279
23	.21,173	73	.67,200
24	.22,093	74	.68,121
25	.23,014	75	.69,041
26	.23,934	76	.69,962
27	.24,855	77	.70,882
28	.25,775	78	.71,803
29	.26,696	79	.72,723
30	.27,616	80	.73,644
31	.28,537	81	.74,564
32	.29,458	82	.75,485
33	.30,378	83	.76,405
34	.31,299	84	.77,326
35	.32,219	85	.78,247
36	.33,140	86	.79,167
37	.34,060	87	.80,088
38	.34,981	88	.81,008
39	.35,901	89	.81,929
40	.36,822	90	.82,849
41	.37,742	91	.83,770
42	.38,663	92	.84,690
43	.39,584	93	.85,611
44	.40,504	94	.86,532
45	.41,425	95	.87,452
46	.42,345	96	.88,373
47	.43,266	97	.89,293
48	.44,186	98	.90,214
49	.45,107	99	.91,134
50	.46,027	**194 Days.**	

146 DAYS.

Prin.	Interest.	Prin.	Interest.	Prin.	Interest.	Prin.	Interest.	Prin.	Interest.
51	1.42,80	61	1.70,80	71	1.98,80	81	2.26,80	91	2.54,80
52	1.45,60	62	1.73,60	72	2.01,60	82	2.29,60	92	2.57,60
53	1.48,40	63	1.76,40	73	2.04,40	83	2.32,40	93	2.60,40
54	1.51,20	64	1.79,20	74	2.07,20	84	2.35,20	94	2.63,20
55	1.54,00	65	1.82,00	75	2.10,00	85	2.38,00	95	2.66,00
56	1.56,80	66	1.84,80	76	2.12,80	86	2.40,80	96	2.68,80
57	1.59,60	67	1.87,60	77	2.15,60	87	2.43,60	97	2.71,60
58	1.62,40	68	1.90,40	78	2.18,40	88	2.46,40	98	2.74,40
59	1.65,20	69	1.93,20	79	2.21,20	89	2.49,20	99	2.77,20
60	1.68,00	70	1.96,00	80	2.24,00	90	2.52,00		

[149

COMMERCIAL INTEREST AT SEVEN PER CENT.

49 DAYS.

Prin.	Interest.	Prin.	Interest.
1	.00,940	51	.47,926
2	.01,879	52	.48,866
3	.02,819	53	.49,805
4	.03,759	54	.50,745
5	.04,699	55	.51,685
6	.05,638	56	.52,625
7	.06,578	57	.53,564
8	.07,518	58	.54,504
9	.08,458	59	.55,444
10	.09,397	60	.56,384
11	.10,337	61	.57,323
12	.11,277	62	.58,263
13	.12,216	63	.59,203
14	.13,156	64	.60,142
15	.14,096	65	.61,082
16	.15,036	66	.62,022
17	.15,975	67	.62,962
18	.16,915	68	.63,901
19	.17,855	69	.64,841
20	.18,795	70	.65,781
21	.19,734	71	.66,721
22	.20,674	72	.67,660
23	.21,614	73	.68,600
24	.22,553	74	.69,540
25	.23,493	75	.70,479
26	.24,433	76	.71,419
27	.25,373	77	.72,359
28	.26,312	78	.73,299
29	.27,252	79	.74,238
30	.28,192	80	.75,178
31	.29,132	81	.76,118
32	.30,071	82	.77,058
33	.31,011	83	.77,997
34	.31,951	84	.78,937
35	.32,890	85	.79,877
36	.33,830	86	.80,816
37	.34,770	87	.81,756
38	.35,710	88	.82,696
39	.36,649	89	.83,636
40	.37,589	90	.84,575
41	.38,529	91	.85,515
42	.39,468	92	.86,455
43	.40,408	93	.87,395
44	.41,348	94	.88,334
45	.42,288	95	.89,274
46	.43,227	96	.90,214
47	.44,167	97	.91,153
48	.45,107	98	.92,093
49	.46,047	99	.93,033
50	.46,986	**195 Days.**	

50 DAYS.

Prin.	Interest.	Prin.	Interest.
1	.00,959	51	.48,904
2	.01,918	52	.49,863
3	.02,877	53	.50,822
4	.03,836	54	.51,781
5	.04,795	55	.52,740
6	.05,753	56	.53,699
7	.06,712	57	.54,658
8	.07,671	58	.55,616
9	.08,630	59	.56,575
10	.09,589	60	.57,534
11	.10,548	61	.58,493
12	.11,507	62	.59,452
13	.12,466	63	.60,411
14	.13,425	64	.61,370
15	.14,384	65	.62,329
16	.15,342	66	.63,288
17	.16,301	67	.64,247
18	.17,260	68	.65,205
19	.18,219	69	.66,164
20	.19,178	70	.67,123
21	.20,137	71	.68,082
22	.21,096	72	.69,041
23	.22,055	73	.70,000
24	.23,014	74	.70,959
25	.23,973	75	.71,918
26	.24,932	76	.72,877
27	.25,890	77	.73,836
28	.26,849	78	.74,795
29	.27,808	79	.75,753
30	.28,767	80	.76,712
31	.29,726	81	.77,671
32	.30,685	82	.78,630
33	.31,644	83	.79,589
34	.32,603	84	.80,548
35	.33,562	85	.81,507
36	.34,521	86	.82,466
37	.35,479	87	.83,425
38	.36,438	88	.84,384
39	.37,397	89	.85,342
40	.38,356	90	.86,301
41	.39,315	91	.87,260
42	.40,274	92	.88,219
43	.41,233	93	.89,178
44	.42,192	94	.90,137
45	.43,151	95	.91,096
46	.44,110	96	.92,055
47	.45,068	97	.93,014
48	.46,027	98	.93,973
49	.46,986	99	.94,932
50	.47,945	**196 Days.**	

51 DAYS.

Prin.	Interest.	Prin.	Interest.
1	.00,978	51	.49,882
2	.01,956	52	.50,860
3	.02,934	53	.51,838
4	.03,912	54	.52,816
5	.04,890	55	.53,795
6	.05,868	56	.54,773
7	.06,847	57	.55,751
8	.07,825	58	.56,729
9	.08,803	59	.57,707
10	.09,781	60	.58,685
11	.10,759	61	.59,663
12	.11,737	62	.60,641
13	.12,715	63	.61,619
14	.13,693	64	.62,597
15	.14,671	65	.63,575
16	.15,649	66	.64,553
17	.16,627	67	.65,532
18	.17,605	68	.66,510
19	.18,584	69	.67,488
20	.19,562	70	.68,466
21	.20,540	71	.69,444
22	.21,518	72	.70,422
23	.22,496	73	.71,400
24	.23,474	74	.72,378
25	.24,452	75	.73,356
26	.25,430	76	.74,334
27	.26,408	77	.75,312
28	.27,386	78	.76,290
29	.28,364	79	.77,268
30	.29,342	80	.78,247
31	.30,321	81	.79,225
32	.31,299	82	.80,203
33	.32,277	83	.81,181
34	.33,255	84	.82,159
35	.34,233	85	.83,137
36	.35,211	86	.84,115
37	.36,189	87	.85,093
38	.37,167	88	.86,071
39	.38,145	89	.87,049
40	.39,123	90	.88,027
41	.40,101	91	.89,005
42	.41,079	92	.89,984
43	.42,058	93	.90,962
44	.43,036	94	.91,940
45	.44,014	95	.92,918
46	.44,992	96	.93,896
47	.45,970	97	.94,874
48	.46,948	98	.95,852
49	.47,926	99	.96,830
50	.48,904	**197 Days.**	

146 DAYS.

Prin.	Interest.	Prin.	Interest.	Prin.	Interest.	Prin.	Interest.	Prin.	Interest.
1	.02,80	11	.30,80	21	.58,80	31	.86,80	41	1.14,80
2	.05,60	12	.33,60	22	.61,60	32	.89,60	42	1.17,60
3	.08,40	13	.36,40	23	.64,40	33	.92,40	43	1.20,40
4	.11,20	14	.39,20	24	.67,20	34	.95,20	44	1.23,20
5	.14,00	15	.42,00	25	.70,00	35	.98,00	45	1.26,00
6	.16,80	16	.44,80	26	.72,80	36	1.00,80	46	1.28,80
7	.19,60	17	.47,60	27	.75,60	37	1.03,60	47	1.31,60
8	.22,40	18	.50,40	28	.78,40	38	1.06,40	48	1.34,40
9	.25,20	19	.53,20	29	.81,20	39	1.09,20	49	1.37,20
10	.28,00	20	.56,00	30	.84,00	40	1.12,00	50	1.40,00

COMMERCIAL INTEREST AT SEVEN PER CENT.

52 DAYS.

Prin.	Interest.	Prin.	Interest.
1	.00,997	51	.50,860
2	.01,995	52	.51,858
3	.02,992	53	.52,855
4	.03,989	54	.53,852
5	.04,986	55	.54,849
6	.05,984	56	.55,847
7	.06,981	57	.56,844
8	.07,978	58	.57,841
9	.08,975	59	.58,838
10	.09,973	60	.59,836
11	.10,970	61	.60,833
12	.11,967	62	.61,830
13	.12,964	63	.62,827
14	.13,962	64	.63,825
15	.14,959	65	.64,822
16	.15,956	66	.65,819
17	.16,953	67	.66,816
18	.17,951	68	.67,814
19	.18,948	69	.68,811
20	.19,945	70	.69,808
21	.20,942	71	.70,805
22	.21,940	72	.71,803
23	.22,937	73	.72,800
24	.23,934	74	.73,797
25	.24,932	75	.74,795
26	.25,929	76	.75,792
27	.26,926	77	.76,789
28	.27,923	78	.77,786
29	.28,921	79	.78,784
30	.29,918	80	.79,781
31	.30,915	81	.80,778
32	.31,912	82	.81,775
33	.32,910	83	.82,773
34	.33,907	84	.83,770
35	.34,904	85	.84,767
36	.35,901	86	.85,764
37	.36,899	87	.86,762
38	.37,896	88	.87,759
39	.38,893	89	.88,756
40	.39,890	90	.89,753
41	.40,888	91	.90,751
42	.41,885	92	.91,748
43	.42,882	93	.92,745
44	.43,879	94	.93,742
45	.44,877	95	.94,740
46	.45,874	96	.95,737
47	.46,871	97	.96,734
48	.47,868	98	.97,732
49	.48,866	99	.98,729
50	.49,863	**198 Days.**	

53 DAYS.

Prin.	Interest.	Prin.	Interest.
1	.01,016	51	.51,838
2	.02,033	52	.52,855
3	.03,049	53	.53,871
4	.04,066	54	.54,888
5	.05,082	55	.55,904
6	.06,099	56	.56,921
7	.07,115	57	.57,937
8	.08,132	58	.58,953
9	.09,148	59	.59,970
10	.10,164	60	.60,986
11	.11,181	61	.62,003
12	.12,197	62	.63,019
13	.13,214	63	.64,036
14	.14,230	64	.65,052
15	.15,247	65	.66,068
16	.16,263	66	.67,085
17	.17,279	67	.68,101
18	.18,296	68	.69,118
19	.19,312	69	.70,134
20	.20,329	70	.71,151
21	.21,345	71	.72,167
22	.22,362	72	.73,184
23	.23,378	73	.74,200
24	.24,395	74	.75,216
25	.25,411	75	.76,233
26	.26,427	76	.77,249
27	.27,444	77	.78,266
28	.28,460	78	.79,282
29	.29,477	79	.80,299
30	.30,493	80	.81,315
31	.31,510	81	.82,332
32	.32,526	82	.83,348
33	.33,542	83	.84,364
34	.34,559	84	.85,381
35	.35,575	85	.86,397
36	.36,592	86	.87,414
37	.37,608	87	.88,430
38	.38,625	88	.89,447
39	.39,641	89	.90,463
40	.40,658	90	.91,479
41	.41,674	91	.92,496
42	.42,690	92	.93,512
43	.43,707	93	.94,529
44	.44,723	94	.95,545
45	.45,740	95	.96,562
46	.46,756	96	.97,578
47	.47,773	97	.98,595
48	.48,789	98	.99,611
49	.49,805	99	1.00,627
50	.50,822	**199 Days.**	

54 DAYS.

Prin.	Interest.	Prin.	Interest.
1	.01,036	51	.52,816
2	.02,071	52	.53,852
3	.03,107	53	.54,888
4	.04,142	54	.55,923
5	.05,178	55	.56,959
6	.06,214	56	.57,995
7	.07,249	57	.59,030
8	.08,285	58	.60,066
9	.09,321	59	.61,101
10	.10,356	60	.62,137
11	.11,392	61	.63,173
12	.12,427	62	.64,208
13	.13,463	63	.65,244
14	.14,499	64	.66,279
15	.15,534	65	.67,315
16	.16,570	66	.68,351
17	.17,605	67	.69,386
18	.18,641	68	.70,422
19	.19,677	69	.71,458
20	.20,712	70	.72,493
21	.21,748	71	.73,529
22	.22,784	72	.74,564
23	.23,819	73	.75,600
24	.24,855	74	.76,636
25	.25,890	75	.77,671
26	.26,926	76	.78,707
27	.27,962	77	.79,742
28	.28,997	78	.80,778
29	.30,033	79	.81,814
30	.31,068	80	.82,849
31	.32,104	81	.83,885
32	.33,140	82	.84,921
33	.34,175	83	.85,956
34	.35,211	84	.86,992
35	.36,247	85	.88,027
36	.37,282	86	.89,063
37	.38,318	87	.90,099
38	.39,353	88	.91,134
39	.40,389	89	.92,170
40	.41,425	90	.93,205
41	.42,460	91	.94,241
42	.43,496	92	.95,277
43	.44,532	93	.96,312
44	.45,567	94	.97,348
45	.46,603	95	.98,384
46	.47,638	96	.99,419
47	.48,674	97	1.00,455
48	.49,710	98	1.01,490
49	.50,745	99	1.02,526
50	.51,781	**200 Days.**	

146 DAYS.

Prin.	Interest.	Prin.	Interest.	Prin.	Interest.	Prin.	Interest.	Prin.	Interest.
51	1.42,80	61	1.70,80	71	1.98,80	81	2.26,80	91	2.54,80
52	1.45,60	62	1.73,60	72	2.01,60	82	2.29,60	92	2.57,60
53	1.48,40	63	1.76,40	73	2.04,40	83	2.32,40	93	2.60,40
54	1.51,20	64	1.79,20	74	2.07,20	84	2.35,20	94	2.63,20
55	1.54,00	65	1.82,00	75	2.10,00	85	2.38,00	95	2.66,00
56	1.56,80	66	1.84,80	76	2.12,80	86	2.40,80	96	2.68,80
57	1.59,60	67	1.87,60	77	2.15,60	87	2.43,60	97	2.71,60
58	1.62,40	68	1.90,40	78	2.18,40	88	2.46,40	98	2.74,40
59	1.65,20	69	1.93,20	79	2.21,20	89	2.49,20	99	2.77,20
60	1.68,00	70	1.96,00	80	2.24,00	90	2.52,00		

[151

COMMERCIAL INTEREST AT SEVEN PER CENT.

55 DAYS.

Prin.	Interest.	Prin.	Interest.
1	.01,055	51	.53,795
2	.02,110	52	.54,849
3	.03,164	53	.55,904
4	.04,219	54	.56,959
5	.05,274	55	.58,014
6	.06,329	56	.59,068
7	.07,384	57	.60,123
8	.08,438	58	.61,178
9	.09,493	59	.62,233
10	.10,548	60	.63,288
11	.11,603	61	.64,342
12	.12,658	62	.65,397
13	.13,712	63	.66,452
14	.14,767	64	.67,507
15	.15,822	65	.68,562
16	.16,877	66	.69,616
17	.17,932	67	.70,671
18	.18,986	68	.71,726
19	.20,041	69	.72,781
20	.21,096	70	.73,836
21	.22,151	71	.74,890
22	.23,205	72	.75,945
23	.24,260	73	.77,000
24	.25,315	74	.78,055
25	.26,370	75	.79,110
26	.27,425	76	.80,164
27	.28,479	77	.81,219
28	.29,534	78	.82,274
29	.30,589	79	.83,329
30	.31,644	80	.84,384
31	.32,699	81	.85,438
32	.33,753	82	.86,493
33	.34,808	83	.87,548
34	.35,863	84	.88,603
35	.36,918	85	.89,658
36	.37,973	86	.90,712
37	.39,027	87	.91,767
38	.40,082	88	.92,822
39	.41,137	89	.93,877
40	.42,192	90	.94,932
41	.43,247	91	.95,986
42	.44,301	92	.97,041
43	.45,356	93	.98,096
44	.46,411	94	.99,151
45	.47,466	95	1.00,205
46	.48,521	96	1.01,260
47	.49,575	97	1.02,315
48	.50,630	98	1.03,370
49	.51,685	99	1.04,425
50	.52,740	**201 Days.**	

56 DAYS.

Prin.	Interest.	Prin.	Interest.
1	.01,074	51	.54,773
2	.02,148	52	.55,847
3	.03,222	53	.56,921
4	.04,296	54	.57,995
5	.05,370	55	.59,068
6	.06,444	56	.60,142
7	.07,518	57	.61,216
8	.08,592	58	.62,290
9	.09,666	59	.63,364
10	.10,740	60	.64,438
11	.11,814	61	.65,512
12	.12,888	62	.66,586
13	.13,962	63	.67,660
14	.15,036	64	.68,734
15	.16,110	65	.69,808
16	.17,184	66	.70,882
17	.18,258	67	.71,956
18	.19,332	68	.73,030
19	.20,405	69	.74,104
20	.21,479	70	.75,178
21	.22,553	71	.76,252
22	.23,627	72	.77,326
23	.24,701	73	.78,400
24	.25,775	74	.79,474
25	.26,849	75	.80,548
26	.27,923	76	.81,622
27	.28,997	77	.82,696
28	.30,071	78	.83,770
29	.31,145	79	.84,844
30	.32,219	80	.85,918
31	.33,293	81	.86,992
32	.34,367	82	.88,066
33	.35,441	83	.89,140
34	.36,515	84	.90,214
35	.37,589	85	.91,288
36	.38,663	86	.92,362
37	.39,737	87	.93,436
38	.40,811	88	.94,510
39	.41,885	89	.95,584
40	.42,959	90	.96,658
41	.44,033	91	.97,732
42	.45,107	92	.98,805
43	.46,181	93	.99,879
44	.47,255	94	1.00,953
45	.48,329	95	1.02,027
46	.49,403	96	1.03,101
47	.50,477	97	1.04,175
48	.51,551	98	1.05,249
49	.52,625	99	1.06,323
50	.53,699	**202 Days.**	

57 DAYS.

Prin.	Interest.	Prin.	Interest.
1	.01,093	51	.55,751
2	.02,186	52	.56,844
3	.03,279	53	.57,937
4	.04,373	54	.59,030
5	.05,466	55	.60,123
6	.06,559	56	.61,216
7	.07,652	57	.62,310
8	.08,745	58	.63,403
9	.09,838	59	.64,496
10	.10,932	60	.65,589
11	.12,025	61	.66,682
12	.13,118	62	.67,775
13	.14,211	63	.68,868
14	.15,304	64	.69,962
15	.16,397	65	.71,055
16	.17,490	66	.72,148
17	.18,584	67	.73,241
18	.19,677	68	.74,334
19	.20,770	69	.75,427
20	.21,863	70	.76,521
21	.22,956	71	.77,614
22	.24,049	72	.78,707
23	.25,142	73	.79,800
24	.26,236	74	.80,893
25	.27,329	75	.81,986
26	.28,422	76	.83,079
27	.29,515	77	.84,173
28	.30,608	78	.85,266
29	.31,701	79	.86,359
30	.32,795	80	.87,452
31	.33,888	81	.88,545
32	.34,981	82	.89,638
33	.36,074	83	.90,732
34	.37,167	84	.91,825
35	.38,260	85	.92,918
36	.39,353	86	.94,011
37	.40,447	87	.95,104
38	.41,540	88	.96,197
39	.42,633	89	.97,290
40	.43,726	90	.98,384
41	.44,819	91	.99,477
42	.45,912	92	1.00,570
43	.47,005	93	1.01,663
44	.48,099	94	1.02,756
45	.49,192	95	1.03,849
46	.50,285	96	1.04,942
47	.51,378	97	1.06,036
48	.52,471	98	1.07,129
49	.53,564	99	1.08,222
50	.54,658	**203 Days.**	

146 DAYS.

Prin.	Interest.	Prin.	Interest.	Prin.	Interest.	Prin.	Interest.	Prin.	Interest.
1	.02,80	11	.30,80	21	.58,80	31	.86,80	41	1.14,80
2	.05,60	12	.33,60	22	.61,60	32	.89,60	42	1.17,60
3	.08,40	13	.36,40	23	.64,40	33	.92,40	43	1.20,40
4	.11,20	14	.39,20	24	.67,20	34	.95,20	44	1.23,20
5	.14,00	15	.42,00	25	.70,00	35	.98,00	45	1.26,00
6	.16,80	16	.44,80	26	.72,80	36	1.00,80	46	1.28,80
7	.19,60	17	.47,60	27	.75,60	37	1.03,60	47	1.31,60
8	.22,40	18	.50,40	28	.78,40	38	1.06,40	48	1.34,40
9	.25,20	19	.53,20	29	.81,20	39	1.09,20	49	1.37,20
10	.28,00	20	.56,00	30	.84,00	40	1.12,00	50	1.40,00

COMMERCIAL INTEREST AT SEVEN PER CENT.

58 DAYS.

Prin.	Interest.	Prin	Interest.
1	.01,112	51	.56,729
2	.02,225	52	.57,841
3	.03,337	53	.58,953
4	.04,449	54	.60,066
5	.05,562	55	.61,178
6	.06,674	56	.62,290
7	.07,786	57	.63,403
8	.08,899	58	.64,515
9	.10,011	59	.65,627
10	.11,123	60	.66,740
11	.12,236	61	.67,852
12	.13,348	62	.68,964
13	.14,460	63	.70,077
14	.15,573	64	.71,189
15	.16,685	65	.72,301
16	.17,797	66	.73,414
17	.18,910	67	.74,526
18	.20,022	68	.75,638
19	.21,134	69	.76,751
20	.22,247	70	.77,863
21	.23,359	71	.78,975
22	.24,471	72	.80,088
23	.25,584	73	.81,200
24	.26,696	74	.82,312
25	.27,808	75	.83,425
26	.28,921	76	.84,537
27	.30,033	77	.85,649
28	.31,145	78	.86,762
29	.32,258	79	.87,874
30	.33,370	80	.88,986
31	.34,482	81	.90,099
32	.35,595	82	.91,211
33	.36,707	83	.92,323
34	.37,819	84	.93,436
35	.38,932	85	.94,548
36	.40,044	86	.95,660
37	.41,156	87	.96,773
38	.42,268	88	.97,885
39	.43,381	89	.98,997
40	.44,493	90	1.00,110
41	.45,605	91	1.01,222
42	.46,718	92	1.02,334
43	.47,830	93	1.03,447
44	.48,942	94	1.04,559
45	.50,055	95	1.05,671
46	.51,167	96	1.06,784
47	.52,279	97	1.07,896
48	.53,392	98	1.09,008
49	.54,504	99	1.10,121
50	.55,616	**204 Days.**	

59 DAYS.

Prin.	Interest.	Prin.	Interest.
1	.01,132	51	.57,707
2	.02,263	52	.58,838
3	.03,395	53	.59,970
4	.04,526	54	.61,101
5	.05,658	55	.62,233
6	.06,789	56	.63,364
7	.07,921	57	.64,496
8	.09,052	58	.65,627
9	.10,184	59	.66,759
10	.11,315	60	.67,890
11	.12,447	61	.69,022
12	.13,578	62	.70,153
13	.14,710	63	.71,285
14	.15,841	64	.72,416
15	.16,973	65	.73,548
16	.18,104	66	.74,679
17	.19,236	67	.75,811
18	.20,367	68	.76,942
19	.21,499	69	.78,074
20	.22,630	70	.79,205
21	.23,762	71	.80,337
22	.24,893	72	.81,468
23	.26,025	73	.82,600
24	.27,156	74	.83,732
25	.28,288	75	.84,863
26	.29,419	76	.85,995
27	.30,551	77	.87,126
28	.31,682	78	.88,258
29	.32,814	79	.89,389
30	.33,945	80	.90,521
31	.35,077	81	.91,652
32	.36,208	82	.92,784
33	.37,340	83	.93,915
34	.38,471	84	.95,047
35	.39,603	85	.96,178
36	.40,734	86	.97,310
37	.41,866	87	.98,441
38	.42,997	88	.99,573
39	.44,129	89	1.00,704
40	.45,260	90	1.01,836
41	.46,392	91	1.02,967
42	.47,523	92	1.04,099
43	.48,655	93	1.05,230
44	.49,786	94	1.06,362
45	.50,918	95	1.07,493
46	.52,049	96	1.08,625
47	.53,181	97	1.09,756
48	.54,312	98	1.10,888
49	.55,444	99	1.12,019
50	.56,575	**205 Days.**	

60 DAYS.

Prin.	Interest.	Prin	Interest.
1	.01,151	51	.58,685
2	.02,301	52	.59,836
3	.03,452	53	.60,986
4	.04,603	54	.62,137
5	.05,753	55	.63,288
6	.06,904	56	.64,438
7	.08,055	57	.65,589
8	.09,205	58	.66,740
9	.10,356	59	.67,890
10	.11,507	60	.69,041
11	.12,658	61	.70,192
12	.13,808	62	.71,342
13	.14,959	63	.72,493
14	.16,110	64	.73,644
15	.17,260	65	.74,795
16	.18,411	66	.75,945
17	.19,562	67	.77,096
18	.20,712	68	.78,247
19	.21,863	69	.79,397
20	.23,014	70	.80,548
21	.24,164	71	.81,699
22	.25,315	72	.82,849
23	.26,466	73	.84,000
24	.27,616	74	.85,151
25	.28,767	75	.86,301
26	.29,918	76	.87,452
27	.31,068	77	.88,603
28	.32,219	78	.89,753
29	.33,370	79	.90,904
30	.34,521	80	.92,055
31	.35,671	81	.93,205
32	.36,822	82	.94,356
33	.37,973	83	.95,507
34	.39,123	84	.96,658
35	.40,274	85	.97,808
36	.41,425	86	.98,959
37	.42,575	87	1.00,110
38	.43,726	88	1.01,260
39	.44,877	89	1.02,411
40	.46,027	90	1.03,562
41	.47,178	91	1.04,712
42	.48,329	92	1.05,863
43	.49,479	93	1.07,014
44	.50,630	94	1.08,164
45	.51,781	95	1.09,315
46	.52,932	96	1.10,466
47	.54,082	97	1.11,616
48	.55,233	98	1.12,767
49	.56,384	99	1.13,918
50	.57,534	**206 Days.**	

146 DAYS.

Prin.	Interest.	Prin.	Interest.	Prin.	Interest.	Prin.	Interest.	Prin	Interest.
51	1.42,80	61	1.70,80	71	1.98,80	81	2.26,80	91	2.54,80
52	1.45,60	62	1.73,60	72	2.01,60	82	2.29,60	92	2.57,60
53	1.48,40	63	1.76,40	73	2.04,40	83	2.32,40	93	2.60,40
54	1.51,20	64	1.79,20	74	2.07,20	84	2.35,20	94	2.63,20
55	1.54,00	65	1.82,00	75	2.10,00	85	2.38,00	95	2.66,00
56	1.56,80	66	1.84,80	76	2.12,80	86	2.40,80	96	2.68,80
57	1.59,60	67	1.87,60	77	2.15,60	87	2.43,60	97	2.71,60
58	1.62,40	68	1.90,40	78	2.18,40	88	2.46,40	98	2.74,40
59	1.65,20	69	1.93,20	79	2.21,20	89	2.49,20	99	2.77,20
60	1.68,00	70	1.96,00	80	2.24,00	90	2.52,00		

[153

COMMERCIAL INTEREST AT SEVEN PER CENT.

61 DAYS.

Prin.	Interest.	Prin.	Interest.
1	.01,170	51	.59,663
2	.02,340	52	.60,833
3	.03,510	53	.62,003
4	.04,679	54	.63,173
5	.05,849	55	.64,342
6	.07,019	56	.65,512
7	.08,189	57	.66,682
8	.09,359	58	.67,852
9	.10,529	59	.69,022
10	.11,699	60	.70,192
11	.12,868	61	.71,362
12	.14,038	62	.72,532
13	.15,208	63	.73,701
14	.16,378	64	.74,871
15	.17,548	65	.76,041
16	.18,718	66	.77,211
17	.19,888	67	.78,381
18	.21,058	68	.79,551
19	.22,227	69	.80,721
20	.23,397	70	.81,890
21	.24,567	71	.83,060
22	.25,737	72	.84,230
23	.26,907	73	.85,400
24	.28,077	74	.86,570
25	.29,247	75	.87,740
26	.30,416	76	.88,910
27	.31,586	77	.90,079
28	.32,756	78	.91,249
29	.33,926	79	.92,419
30	.35,096	80	.93,589
31	.36,266	81	.94,759
32	.37,436	82	.95,929
33	.38,605	83	.97,099
34	.39,775	84	.98,268
35	.40,945	85	.99,438
36	.42,115	86	1.00,608
37	.43,285	87	1.01,778
38	.44,455	88	1.02,948
39	.45,625	89	1.04,118
40	.46,795	90	1.05,288
41	.47,964	91	1.06,458
42	.49,134	92	1.07,627
43	.50,304	93	1.08,797
44	.51,474	94	1.09,967
45	.52,644	95	1.11,137
46	.53,814	96	1.12,307
47	.54,984	97	1.13,477
48	.56,153	98	1.14,647
49	.57,323	99	1.15,816
50	.58,493	**207 Days.**	

62 DAYS.

Prin.	Interest.	Prin.	Interest.
1	.01,189	51	.60,641
2	.02,378	52	.61,830
3	.03,567	53	.63,019
4	.04,756	54	.64,208
5	.05,945	55	.65,397
6	.07,134	56	.66,586
7	.08,323	57	.67,775
8	.09,512	58	.68,964
9	.10,701	59	.70,153
10	.11,890	60	.71,342
11	.13,079	61	.72,532
12	.14,268	62	.73,721
13	.15,458	63	.74,910
14	.16,647	64	.76,099
15	.17,836	65	.77,288
16	.19,025	66	.78,477
17	.20,214	67	.79,666
18	.21,403	68	.80,855
19	.22,592	69	.82,044
20	.23,781	70	.83,233
21	.24,970	71	.84,422
22	.26,159	72	.85,611
23	.27,348	73	.86,800
24	.28,537	74	.87,989
25	.29,726	75	.89,178
26	.30,915	76	.90,367
27	.32,104	77	.91,556
28	.33,293	78	.92,745
29	.34,482	79	.93,934
30	.35,671	80	.95,123
31	.36,860	81	.96,312
32	.38,049	82	.97,501
33	.39,238	83	.98,690
34	.40,427	84	.99,879
35	.41,616	85	1.01,068
36	.42,805	86	1.02,258
37	.43,995	87	1.03,447
38	.45,184	88	1.04,636
39	.46,373	89	1.05,825
40	.47,562	90	1.07,014
41	.48,751	91	1.08,203
42	.49,940	92	1.09,392
43	.51,129	93	1.10,581
44	.52,318	94	1.11,770
45	.53,507	95	1.12,959
46	.54,696	96	1.14,148
47	.55,885	97	1.15,337
48	.57,074	98	1.16,526
49	.58,263	99	1.17,715
50	.59,452	**208 Days.**	

63 DAYS.

Prin.	Interest.	Prin.	Interest.
1	.01,208	51	.61,619
2	.02,416	52	.62,827
3	.03,625	53	.64,036
4	.04,833	54	.65,244
5	.06,041	55	.66,452
6	.07,249	56	.67,660
7	.08,458	57	.68,868
8	.09,666	58	.70,077
9	.10,874	59	.71,285
10	.12,082	60	.72,493
11	.13,290	61	.73,701
12	.14,499	62	.74,910
13	.15,707	63	.76,118
14	.16,915	64	.77,326
15	.18,123	65	.78,534
16	.19,332	66	.79,742
17	.20,540	67	.80,951
18	.21,748	68	.82,159
19	.22,956	69	.83,367
20	.24,164	70	.84,575
21	.25,373	71	.85,784
22	.26,581	72	.86,992
23	.27,789	73	.88,200
24	.28,997	74	.89,408
25	.30,205	75	.90,616
26	.31,414	76	.91,825
27	.32,622	77	.93,033
28	.33,830	78	.94,241
29	.35,038	79	.95,449
30	.36,247	80	.96,658
31	.37,455	81	.97,866
32	.38,663	82	.99,074
33	.39,871	83	1.00,282
34	.41,079	84	1.01,490
35	.42,288	85	1.02,699
36	.43,496	86	1.03,907
37	.44,704	87	1.05,115
38	.45,912	88	1.06,323
39	.47,121	89	1.07,532
40	.48,329	90	1.08,740
41	.49,537	91	1.09,948
42	.50,745	92	1.11,156
43	.51,953	93	1.12,364
44	.53,162	94	1.13,573
45	.54,370	95	1.14,781
46	.55,578	96	1.15,989
47	.56,786	97	1.17,197
48	.57,995	98	1.18,405
49	.59,203	99	1.19,614
50	.60,411	**209 Days.**	

146 DAYS.

Prin.	Interest.	Prin.	Interest.	Prin.	Interest.	Prin.	Interest.	Prin.	Interest.
1	.02,80	11	.30,80	21	.58,80	31	.86,80	41	1.14,80
2	.05,60	12	.33,60	22	.61,60	32	.89,60	42	1.17,60
3	.08,40	13	.36,40	23	.64,40	33	.92,40	43	1.20,40
4	.11,20	14	.39,20	24	.67,20	34	.95,20	44	1.23,20
5	.14,00	15	.42,00	25	.70,00	35	.98,00	45	1.26,00
6	.16,80	16	.44,80	26	.72,80	36	1.00,80	46	1.28,80
7	.19,60	17	.47,60	27	.75,60	37	1.03,60	47	1.31,60
8	.22,40	18	.50,40	28	.78,40	38	1.06,40	48	1.34,40
9	.25,20	19	.53,20	29	.81,20	39	1.09,20	49	1.37,20
10	.28,00	20	.56,00	30	.84,00	40	1.12,00	50	1.40,00

COMMERCIAL INTEREST AT SEVEN PER CENT.

64 DAYS.

Prin.	Interest.	Prin.	Interest.
1	.01,227	51	.62,597
2	.02,455	52	.63,825
3	.03,682	53	.65,052
4	.04,910	54	.66,279
5	.06,137	55	.67,507
6	.07,364	56	.68,734
7	.08,592	57	.69,962
8	.09,819	58	.71,189
9	.11,047	59	.72,416
10	.12,274	60	.73,644
11	.13,501	61	.74,871
12	.14,729	62	.76,099
13	.15,956	63	.77,326
14	.17,184	64	.78,553
15	.18,411	65	.79,781
16	.19,638	66	.81,008
17	.20,866	67	.82,236
18	.22,093	68	.83,463
19	.23,321	69	.84,690
20	.24,548	70	.85,918
21	.25,775	71	.87,145
22	.27,003	72	.88,373
23	.28,230	73	.89,600
24	.29,458	74	.90,827
25	.30,685	75	.92,055
26	.31,912	76	.93,282
27	.33,140	77	.94,510
28	.34,367	78	.95,737
29	.35,595	79	.96,964
30	.36,822	80	.98,192
31	.38,049	81	.99,419
32	.39,277	82	1.00,647
33	.40,504	83	1.01,874
34	.41,732	84	1.03,101
35	.42,959	85	1.04,329
36	.44,186	86	1.05,556
37	.45,414	87	1.06,784
38	.46,641	88	1.08,011
39	.47,868	89	1.09,238
40	.49,096	90	1.10,466
41	.50,323	91	1.11,693
42	.51,551	92	1.12,921
43	.52,778	93	1.14,148
44	.54,005	94	1.15,375
45	.55,233	95	1.16,603
46	.56,460	96	1.17,830
47	.57,688	97	1.19,058
48	.58,915	98	1.20,285
49	.60,142	99	1.21,512
50	.61,370		

65 DAYS.

Prin.	Interest.	Prin.	Interest.
1	.01,247	51	.63,575
2	.02,493	52	.64,822
3	.03,740	53	.66,068
4	.04,986	54	.67,315
5	.06,233	55	.68,562
6	.07,479	56	.69,808
7	.08,726	57	.71,055
8	.09,973	58	.72,301
9	.11,219	59	.73,548
10	.12,466	60	.74,795
11	.13,712	61	.76,041
12	.14,959	62	.77,288
13	.16,205	63	.78,534
14	.17,452	64	.79,781
15	.18,699	65	.81,027
16	.19,945	66	.82,274
17	.21,192	67	.83,521
18	.22,438	68	.84,767
19	.23,685	69	.86,014
20	.24,932	70	.87,260
21	.26,178	71	.88,507
22	.27,425	72	.89,753
23	.28,671	73	.91,000
24	.29,918	74	.92,247
25	.31,164	75	.93,493
26	.32,411	76	.94,740
27	.33,658	77	.95,986
28	.34,904	78	.97,233
29	.36,151	79	.98,479
30	.37,397	80	.99,726
31	.38,644	81	1.00,973
32	.39,890	82	1.02,219
33	.41,137	83	1.03,466
34	.42,384	84	1.04,712
35	.43,630	85	1.05,959
36	.44,877	86	1.07,205
37	.46,123	87	1.08,452
38	.47,370	88	1.09,699
39	.48,616	89	1.10,945
40	.49,863	90	1.12,192
41	.51,110	91	1.13,438
42	.52,356	92	1.14,685
43	.53,603	93	1.15,932
44	.54,849	94	1.17,178
45	.56,096	95	1.18,425
46	.57,342	96	1.19,671
47	.58,589	97	1.20,918
48	.59,836	98	1.22,164
49	.61,082	99	1.23,411
50	.62,329		

66 DAYS.

Prin.	Interest.	Prin.	Interest.
1	.01,266	51	.64,553
2	.02,532	52	.65,819
3	.03,797	53	.67,085
4	.05,063	54	.68,351
5	.06,329	55	.69,616
6	.07,595	56	.70,882
7	.08,860	57	.72,148
8	.10,126	58	.73,414
9	.11,392	59	.74,679
10	.12,658	60	.75,945
11	.13,923	61	.77,211
12	.15,189	62	.78,477
13	.16,455	63	.79,742
14	.17,721	64	.81,008
15	.18,986	65	.82,274
16	.20,252	66	.83,540
17	.21,518	67	.84,805
18	.22,784	68	.86,071
19	.24,049	69	.87,337
20	.25,315	70	.88,603
21	.26,581	71	.89,868
22	.27,847	72	.91,134
23	.29,112	73	.92,400
24	.30,378	74	.93,666
25	.31,644	75	.94,932
26	.32,910	76	.96,197
27	.34,175	77	.97,463
28	.35,441	78	.98,729
29	.36,707	79	.99,995
30	.37,973	80	1.01,260
31	.39,238	81	1.02,526
32	.40,504	82	1.03,792
33	.41,770	83	1.05,058
34	.43,036	84	1.06,323
35	.44,301	85	1.07,589
36	.45,567	86	1.08,855
37	.46,833	87	1.10,121
38	.48,099	88	1.11,386
39	.49,364	89	1.12,652
40	.50,630	90	1.13,918
41	.51,896	91	1.15,184
42	.53,162	92	1.16,449
43	.54,427	93	1.17,715
44	.55,693	94	1.18,981
45	.56,959	95	1.20,247
46	.58,225	96	1.21,512
47	.59,490	97	1.22,778
48	.60,756	98	1.24,044
49	.62,022	99	1.25,310
50	.63,288		

210 Days.   **211 Days.**   **212 Days.**

146 DAYS.

Prin.	Interest.	Prin.	Interest.	Prin.	Interest.	Prin.	Interest.	Prin.	Interest.
51	1.42,80	61	1.70,80	71	1.98,80	81	2.26,80	91	2.54,80
52	1.45,60	62	1.73,60	72	2.01,60	82	2.29,60	92	2.57,60
53	1.48,40	63	1.76,40	73	2.04,40	83	2.32,40	93	2.60,40
54	1.51,20	64	1.79,20	74	2.07,20	84	2.35,20	94	2.63,20
55	1.54,00	65	1.82,00	75	2.10,00	85	2.38,00	95	2.66,00
56	1.56,80	66	1.84,80	76	2.12,80	86	2.40,80	96	2.68,80
57	1.59,60	67	1.87,60	77	2.15,60	87	2.43,60	97	2.71,60
58	1.62,40	68	1.90,40	78	2.18,40	88	2.46,40	98	2.74,40
59	1.65,20	69	1.93,20	79	2.21,20	89	2.49,20	99	2.77,20
60	1.68,00	70	1.96,00	80	2.24,00	90	2.52,00		

COMMERCIAL INTEREST AT SEVEN PER CENT.

67 DAYS.

Prin.	Interest.	Prin.	Interest.
1	.01,285	51	.65,532
2	.02,570	52	.66,816
3	.03,855	53	.68,101
4	.05,140	54	.69,386
5	.06,425	55	.70,671
6	.07,710	56	.71,956
7	.08,995	57	.73,241
8	.10,279	58	.74,526
9	.11,564	59	.75,811
10	.12,849	60	.77,096
11	.14,134	61	.78,381
12	.15,419	62	.79,666
13	.16,704	63	.80,951
14	.17,989	64	.82,236
15	.19,274	65	.83,521
16	.20,559	66	.84,805
17	.21,844	67	.86,090
18	.23,129	68	.87,375
19	.24,414	69	.88,660
20	.25,699	70	.89,945
21	.26,984	71	.91,230
22	.28,268	72	.92,515
23	.29,553	73	.93,800
24	.30,838	74	.95,085
25	.32,123	75	.96,370
26	.33,408	76	.97,655
27	.34,693	77	.98,940
28	.35,978	78	1.00,225
29	.37,263	79	1.01,510
30	.38,548	80	1.02,795
31	.39,833	81	1.04,079
32	.41,118	82	1.05,364
33	.42,403	83	1.06,649
34	.43,688	84	1.07,934
35	.44,973	85	1.09,219
36	.46,258	86	1.10,504
37	.47,542	87	1.11,789
38	.48,827	88	1.13,074
39	.50,112	89	1.14,359
40	.51,397	90	1.15,644
41	.52,682	91	1.16,929
42	.53,967	92	1.18,214
43	.55,252	93	1.19,499
44	.56,537	94	1.20,784
45	.57,822	95	1.22,068
46	.59,107	96	1.23,353
47	.60,392	97	1.24,638
48	.61,677	98	1.25,923
49	.62,962	99	1.27,208
50	.64,247	**213 Days.**	

68 DAYS.

Prin.	Interest.	Prin.	Interest.
1	.01,304	51	.66,510
2	.02,608	52	.67,814
3	.03,912	53	.69,118
4	.05,216	54	.70,422
5	.06,521	55	.71,726
6	.07,825	56	.73,030
7	.09,129	57	.74,334
8	.10,433	58	.75,638
9	.11,737	59	.76,942
10	.13,041	60	.78,247
11	.14,345	61	.79,551
12	.15,649	62	.80,855
13	.16,953	63	.82,159
14	.18,258	64	.83,463
15	.19,562	65	.84,767
16	.20,866	66	.86,071
17	.22,170	67	.87,375
18	.23,474	68	.88,679
19	.24,778	69	.89,984
20	.26,082	70	.91,288
21	.27,386	71	.92,592
22	.28,690	72	.93,896
23	.29,995	73	.95,200
24	.31,299	74	.96,504
25	.32,603	75	.97,808
26	.33,907	76	.99,112
27	.35,211	77	1.00,416
28	.36,515	78	1.01,721
29	.37,819	79	1.03,025
30	.39,123	80	1.04,329
31	.40,427	81	1.05,633
32	.41,732	82	1.06,937
33	.43,036	83	1.08,241
34	.44,340	84	1.09,545
35	.45,644	85	1.10,849
36	.46,948	86	1.12,153
37	.48,252	87	1.13,458
38	.49,556	88	1.14,762
39	.50,860	89	1.16,066
40	.52,164	90	1.17,370
41	.53,468	91	1.18,674
42	.54,773	92	1.19,978
43	.56,077	93	1.21,282
44	.57,381	94	1.22,586
45	.58,685	95	1.23,890
46	.59,989	96	1.25,195
47	.61,293	97	1.26,499
48	.62,597	98	1.27,803
49	.63,901	99	1.29,107
50	.65,205	**214 Days.**	

69 DAYS.

Prin.	Interest.	Prin.	Interest.
1	.01,323	51	.67,488
2	.02,647	52	.68,811
3	.03,970	53	.70,134
4	.05,293	54	.71,458
5	.06,616	55	.72,781
6	.07,940	56	.74,104
7	.09,263	57	.75,427
8	.10,586	58	.76,751
9	.11,910	59	.78,074
10	.13,233	60	.79,397
11	.14,556	61	.80,721
12	.15,879	62	.82,044
13	.17,203	63	.83,367
14	.18,526	64	.84,690
15	.19,849	65	.86,014
16	.21,173	66	.87,337
17	.22,496	67	.88,660
18	.23,819	68	.89,984
19	.25,142	69	.91,307
20	.26,466	70	.92,630
21	.27,789	71	.93,953
22	.29,112	72	.95,277
23	.30,436	73	.96,600
24	.31,759	74	.97,923
25	.33,082	75	.99,247
26	.34,405	76	1.00,570
27	.35,729	77	1.01,893
28	.37,052	78	1.03,216
29	.38,375	79	1.04,540
30	.39,699	80	1.05,863
31	.41,022	81	1.07,186
32	.42,345	82	1.08,510
33	.43,668	83	1.09,833
34	.44,992	84	1.11,156
35	.46,315	85	1.12,479
36	.47,638	86	1.13,803
37	.48,962	87	1.15,126
38	.50,285	88	1.16,449
39	.51,608	89	1.17,773
40	.52,932	90	1.19,096
41	.54,255	91	1.20,419
42	.55,578	92	1.21,742
43	.56,901	93	1.23,066
44	.58,225	94	1.24,389
45	.59,548	95	1.25,712
46	.60,871	96	1.27,036
47	.62,195	97	1.28,359
48	.63,518	98	1.29,682
49	.64,841	99	1.31,005
50	.66,164	**215 Days.**	

146 DAYS.

Prin.	Interest.	Prin.	Interest.	Prin.	Interest.	Prin.	Interest.	Prin.	Interest.
1	.02,80	11	.30,80	21	.58,80	31	.86,80	41	1.14,80
2	.05,60	12	.33,60	22	.61,60	32	.89,60	42	1.17,60
3	.08,40	13	.36,40	23	.64,40	33	.92,40	43	1.20,40
4	.11,20	14	.39,20	24	.67,20	34	.95,20	44	1.23,20
5	.14,00	15	.42,00	25	.70,00	35	.98,00	45	1.26,00
6	.16,80	16	.44,80	26	.72,80	36	1.00,80	46	1.28,80
7	.19,60	17	.47,60	27	.75,60	37	1.03,60	47	1.31,60
8	.22,40	18	.50,40	28	.78,40	38	1.06,40	48	1.34,40
9	.25,20	19	.53,20	29	.81,20	39	1.09,20	49	1.37,20
10	.28,00	20	.56,00	30	.84,00	40	1.12,00	50	1.40,00

COMMERCIAL INTEREST AT SEVEN PER CENT.

70 DAYS.

Prin.	Interest.	Prin.	Interest.
1	.01,342	51	.68,466
2	.02,685	52	.69,808
3	.04,027	53	.71,151
4	.05,370	54	.72,493
5	.06,712	55	.73,836
6	.08,055	56	.75,178
7	.09,397	57	.76,521
8	.10,740	58	.77,863
9	.12,082	59	.79,205
10	.13,425	60	.80,548
11	.14,767	61	.81,890
12	.16,110	62	.83,233
13	.17,452	63	.84,575
14	.18,795	64	.85,918
15	.20,137	65	.87,260
16	.21,479	66	.88,603
17	.22,822	67	.89,945
18	.24,164	68	.91,288
19	.25,507	69	.92,630
20	.26,849	70	.93,973
21	.28,192	71	.95,315
22	.29,534	72	.96,658
23	.30,877	73	.98,000
24	.32,219	74	.99,342
25	.33,562	75	1.00,685
26	.34,904	76	1.02,027
27	.36,247	77	1.03,370
28	.37,589	78	1.04,712
29	.38,932	79	1.06,055
30	.40,274	80	1.07,397
31	.41,616	81	1.08,740
32	.42,959	82	1.10,082
33	.44,301	83	1.11,425
34	.45,644	84	1.12,767
35	.46,986	85	1.14,110
36	.48,329	86	1.15,452
37	.49,671	87	1.16,795
38	.51,014	88	1.18,137
39	.52,356	89	1.19,479
40	.53,699	90	1.20,822
41	.55,041	91	1.22,164
42	.56,384	92	1.23,507
43	.57,726	93	1.24,849
44	.59,068	94	1.26,192
45	.60,411	95	1.27,534
46	.61,753	96	1.28,877
47	.63,096	97	1.30,219
48	.64,438	98	1.31,562
49	.65,781	99	1.32,904
50	.67,123	**216 Days.**	

71 DAYS.

Prin.	Interest.	Prin.	Interest.
1	.01,362	51	.69,444
2	.02,723	52	.70,805
3	.04,085	53	.72,167
4	.05,447	54	.73,529
5	.06,808	55	.74,890
6	.08,170	56	.76,252
7	.09,532	57	.77,614
8	.10,893	58	.78,975
9	.12,255	59	.80,337
10	.13,616	60	.81,699
11	.14,978	61	.83,060
12	.16,340	62	.84,422
13	.17,701	63	.85,784
14	.19,063	64	.87,145
15	.20,425	65	.88,507
16	.21,786	66	.89,868
17	.23,148	67	.91,230
18	.24,510	68	.92,592
19	.25,871	69	.93,953
20	.27,233	70	.95,315
21	.28,595	71	.96,677
22	.29,956	72	.98,038
23	.31,318	73	.99,400
24	.32,679	74	1.00,762
25	.34,041	75	1.02,123
26	.35,403	76	1.03,485
27	.36,764	77	1.04,847
28	.38,126	78	1.06,208
29	.39,488	79	1.07,570
30	.40,849	80	1.08,932
31	.42,211	81	1.10,293
32	.43,573	82	1.11,655
33	.44,934	83	1.13,016
34	.46,296	84	1.14,378
35	.47,658	85	1.15,740
36	.49,019	86	1.17,101
37	.50,381	87	1.18,463
38	.51,742	88	1.19,825
39	.53,104	89	1.21,186
40	.54,466	90	1.22,548
41	.55,827	91	1.23,910
42	.57,189	92	1.25,271
43	.58,551	93	1.26,633
44	.59,912	94	1.27,995
45	.61,274	95	1.29,356
46	.62,636	96	1.30,718
47	.63,997	97	1.32,079
48	.65,359	98	1.33,441
49	.66,721	99	1.34,803
50	.68,082	**217 Days.**	

72 DAYS.

Prin.	Interest.	Prin.	Interest.
1	.01,381	51	.70,422
2	.02,762	52	.71,803
3	.04,142	53	.73,184
4	.05,523	54	.74,564
5	.06,904	55	.75,945
6	.08,285	56	.77,326
7	.09,666	57	.78,707
8	.11,047	58	.80,088
9	.12,427	59	.81,468
10	.13,808	60	.82,849
11	.15,189	61	.84,230
12	.16,570	62	.85,611
13	.17,951	63	.86,992
14	.19,332	64	.88,373
15	.20,712	65	.89,753
16	.22,093	66	.91,134
17	.23,474	67	.92,515
18	.24,855	68	.93,896
19	.26,236	69	.95,277
20	.27,616	70	.96,658
21	.28,997	71	.98,038
22	.30,378	72	.99,419
23	.31,759	73	1.00,800
24	.33,140	74	1.02,181
25	.34,521	75	1.03,562
26	.35,901	76	1.04,942
27	.37,282	77	1.06,323
28	.38,663	78	1.07,704
29	.40,044	79	1.09,085
30	.41,425	80	1.10,466
31	.42,805	81	1.11,847
32	.44,186	82	1.13,227
33	.45,567	83	1.14,608
34	.46,948	84	1.15,989
35	.48,329	85	1.17,370
36	.49,710	86	1.18,751
37	.51,090	87	1.20,132
38	.52,471	88	1.21,512
39	.53,852	89	1.22,893
40	.55,233	90	1.24,274
41	.56,614	91	1.25,655
42	.57,995	92	1.27,036
43	.59,375	93	1.28,416
44	.60,756	94	1.29,797
45	.62,137	95	1.31,178
46	.63,518	96	1.32,559
47	.64,899	97	1.33,940
48	.66,279	98	1.35,321
49	.67,660	99	1.36,701
50	.69,041	**218 Days.**	

146 DAYS.

Prin.	Interest.	Prin.	Interest.	Prin.	Interest.	Prin.	Interest.	Prin.	Interest.
51	1.42,80	61	1.70,80	71	1.98,80	81	2.26,80	91	2.54,80
52	1.45,60	62	1.73,60	72	2.01,60	82	2.29,60	92	2.57,60
53	1.48,40	63	1.76,40	73	2.04,40	83	2.32,40	93	2.60,40
54	1.51,20	64	1.79,20	74	2.07,20	84	2.35,20	94	2.63,20
55	1.54,00	65	1.82,00	75	2.10,00	85	2.38,00	95	2.66,00
56	1.56,80	66	1.84,80	76	2.12,80	86	2.40,80	96	2.68,80
57	1.59,60	67	1.87,60	77	2.15,60	87	2.43,60	97	2.71,60
58	1.62,40	68	1.90,40	78	2.18,40	88	2.46,40	98	2.74,40
59	1.65,20	69	1.93,20	79	2.21,20	89	2.49,20	99	2.77,20
60	1.68,00	70	1.96,00	80	2.24,00	90	2.52,00		

COMMERCIAL INTEREST AT SEVEN PER CENT.

73 DAYS.

Prin.	Interest.	Prin.	Interest.
1	.01,400	51	.71,400
2	.02,800	52	.72,800
3	.04,200	53	.74,200
4	.05,600	54	.75,600
5	.07,000	55	.77,000
6	.08,400	56	.78,400
7	.09,800	57	.79,800
8	.11,200	58	.81,200
9	.12,600	59	.82,600
10	.14,000	60	.84,000
11	.15,400	61	.85,400
12	.16,800	62	.86,800
13	.18,200	63	.88,200
14	.19,600	64	.89,600
15	.21,000	65	.91,000
16	.22,400	66	.92,400
17	.23,800	67	.93,800
18	.25,200	68	.95,200
19	.26,600	69	.96,600
20	.28,000	70	.98,000
21	.29,400	71	.99,400
22	.30,800	72	1.00,800
23	.32,200	73	1.02,200
24	.33,600	74	1.03,600
25	.35,000	75	1.05,000
26	.36,400	76	1.06,400
27	.37,800	77	1.07,800
28	.39,200	78	1.09,200
29	.40,600	79	1.10,600
30	.42,000	80	1.12,000
31	.43,400	81	1.13,400
32	.44,800	82	1.14,800
33	.46,200	83	1.16,200
34	.47,600	84	1.17,600
35	.49,000	85	1.19,000
36	.50,400	86	1.20,400
37	.51,800	87	1.21,800
38	.53,200	88	1.23,200
39	.54,600	89	1.24,600
40	.56,000	90	1.26,000
41	.57,400	91	1.27,400
42	.58,800	92	1.28,800
43	.60,200	93	1.30,200
44	.61,600	94	1.31,600
45	.63,000	95	1.33,000
46	.64,400	96	1.34,400
47	.65,800	97	1.35,800
48	.67,200	98	1.37,200
49	.68,600	99	1.38,600
50	.70,000	**219 Days.**	

74 DAYS.

Prin.	Interest.	Prin.	Interest.
1	.01,419	51	.72,378
2	.02,838	52	.73,797
3	.04,258	53	.75,216
4	.05,677	54	.76,636
5	.07,096	55	.78,055
6	.08,515	56	.79,474
7	.09,934	57	.80,893
8	.11,353	58	.82,312
9	.12,773	59	.83,732
10	.14,192	60	.85,151
11	.15,611	61	.86,570
12	.17,030	62	.87,989
13	.18,449	63	.89,408
14	.19,868	64	.90,827
15	.21,288	65	.92,247
16	.22,707	66	.93,666
17	.24,126	67	.95,085
18	.25,545	68	.96,504
19	.26,964	69	.97,923
20	.28,384	70	.99,342
21	.29,803	71	1.00,762
22	.31,222	72	1.02,181
23	.32,641	73	1.03,600
24	.34,060	74	1.05,019
25	.35,479	75	1.06,438
26	.36,899	76	1.07,858
27	.38,318	77	1.09,277
28	.39,737	78	1.10,696
29	.41,156	79	1.12,115
30	.42,575	80	1.13,534
31	.43,995	81	1.14,953
32	.45,414	82	1.16,373
33	.46,833	83	1.17,792
34	.48,252	84	1.19,211
35	.49,671	85	1.20,630
36	.51,090	86	1.22,049
37	.52,510	87	1.23,468
38	.53,929	88	1.24,888
39	.55,348	89	1.26,307
40	.56,767	90	1.27,726
41	.58,186	91	1.29,145
42	.59,605	92	1.30,564
43	.61,025	93	1.31,984
44	.62,444	94	1.33,403
45	.63,863	95	1.34,822
46	.65,282	96	1.36,241
47	.66,701	97	1.37,660
48	.68,121	98	1.39,079
49	.69,540	99	1.40,499
50	.70,959	**220 Days.**	

75 DAYS.

Prin.	Interest.	Prin.	Interest.
1	.01,438	51	.73,356
2	.02,877	52	.74,795
3	.04,315	53	.76,233
4	.05,753	54	.77,671
5	.07,192	55	.79,110
6	.08,630	56	.80,548
7	.10,068	57	.81,986
8	.11,507	58	.83,425
9	.12,945	59	.84,863
10	.14,384	60	.86,301
11	.15,822	61	.87,740
12	.17,260	62	.89,178
13	.18,699	63	.90,616
14	.20,137	64	.92,055
15	.21,575	65	.93,493
16	.23,014	66	.94,932
17	.24,452	67	.96,370
18	.25,890	68	.97,808
19	.27,329	69	.99,247
20	.28,767	70	1.00,685
21	.30,205	71	1.02,123
22	.31,644	72	1.03,562
23	.33,082	73	1.05,000
24	.34,521	74	1.06,438
25	.35,959	75	1.07,877
26	.37,397	76	1.09,315
27	.38,836	77	1.10,753
28	.40,274	78	1.12,192
29	.41,712	79	1.13,630
30	.43,151	80	1.15,068
31	.44,589	81	1.16,507
32	.46,027	82	1.17,945
33	.47,466	83	1.19,384
34	.48,904	84	1.20,822
35	.50,342	85	1.22,260
36	.51,781	86	1.23,699
37	.53,219	87	1.25,137
38	.54,658	88	1.26,575
39	.56,096	89	1.28,014
40	.57,534	90	1.29,452
41	.58,973	91	1.30,890
42	.60,411	92	1.32,329
43	.61,849	93	1.33,767
44	.63,288	94	1.35,205
45	.64,726	95	1.36,644
46	.66,164	96	1.38,082
47	.67,603	97	1.39,521
48	.69,041	98	1.40,959
49	.70,479	99	1.42,397
50	.71,918	**221 Days.**	

146 DAYS.

Prin.	Interest.	Prin.	Interest.	Prin.	Interest.	Prin.	Interest.	Prin.	Interest.
1	.02,80	11	.30,80	21	.58,80	31	.86,80	41	1.14,80
2	.05,60	12	.33,60	22	.61,60	32	.89,60	42	1.17,60
3	.08,40	13	.36,40	23	.64,40	33	.92,40	43	1.20,40
4	.11,20	14	.39,20	24	.67,20	34	.95,20	44	1.23,20
5	.14,00	15	.42,00	25	.70,00	35	.98,00	45	1.26,00
6	.16,80	16	.44,80	26	.72,80	36	1.00,80	46	1.28,80
7	.19,60	17	.47,60	27	.75,60	37	1.03,60	47	1.31,60
8	.22,40	18	.50,40	28	.78,40	38	1.06,40	48	1.34,40
9	.25,20	19	.53,20	29	.81,20	39	1.09,20	49	1.37,20
10	.28,00	20	.56,00	30	.84,00	40	1.12,00	50	1.40,00

COMMERCIAL INTEREST AT SEVEN PER CENT.

76 DAYS.

Prin.	Interest.	Prin	Interest.
1	.01,458	51	.74,334
2	.02,915	52	.75,792
3	.04,373	53	.77,249
4	.05,830	54	.78,707
5	.07,288	55	.80,164
6	.08,745	56	.81,622
7	.10,203	57	.83,079
8	.11,660	58	.84,537
9	.13,118	59	.85,995
10	.14,575	60	.87,452
11	.16,033	61	.88,910
12	.17,490	62	.90,367
13	.18,948	63	.91,825
14	.20,405	64	.93,282
15	.21,863	65	.94,740
16	.23,321	66	.96,197
17	.24,778	67	.97,655
18	.26,236	68	.99,112
19	.27,693	69	1.00,570
20	.29,151	70	1.02,027
21	.30,608	71	1.03,485
22	.32,066	72	1.04,942
23	.33,523	73	1.06,400
24	.34,981	74	1.07,858
25	.36,438	75	1.09,315
26	.37,896	76	1.10,773
27	.39,353	77	1.12,230
28	.40,811	78	1.13,688
29	.42,268	79	1.15,145
30	.43,726	80	1.16,603
31	.45,184	81	1.18,060
32	.46,641	82	1.19,518
33	.48,099	83	1.20,975
34	.49,556	84	1.22,433
35	.51,014	85	1.23,890
36	.52,471	86	1.25,348
37	.53,929	87	1.26,805
38	.55,386	88	1.28,263
39	.56,844	89	1.29,721
40	.58,301	90	1.31,178
41	.59,759	91	1.32,636
42	.61,216	92	1.34,093
43	.62,674	93	1.35,551
44	.64,132	94	1.37,008
45	.65,589	95	1.38,466
46	.67,047	96	1.39,923
47	.68,504	97	1.41,381
48	.69,962	98	1.42,838
49	.71,419	99	1.44,296
50	.72,877	**222 Days.**	

77 DAYS.

Prin.	Interest.	Prin.	Interest.
1	.01,477	51	.75,312
2	.02,953	52	.76,789
3	.04,430	53	.78,266
4	.05,907	54	.79,742
5	.07,384	55	.81,219
6	.08,860	56	.82,696
7	.10,337	57	.84,173
8	.11,814	58	.85,649
9	.13,290	59	.87,126
10	.14,767	60	.88,603
11	.16,244	61	.90,079
12	.17,721	62	.91,556
13	.19,197	63	.93,033
14	.20,674	64	.94,510
15	.22,151	65	.95,986
16	.23,627	66	.97,463
17	.25,104	67	.98,940
18	.26,581	68	1.00,416
19	.28,058	69	1.01,893
20	.29,534	70	1.03,370
21	.31,011	71	1.04,847
22	.32,488	72	1.06,323
23	.33,964	73	1.07,800
24	.35,441	74	1.09,277
25	.36,918	75	1.10,753
26	.38,395	76	1.12,230
27	.39,871	77	1.13,707
28	.41,348	78	1.15,184
29	.42,825	79	1.16,660
30	.44,301	80	1.18,137
31	.45,778	81	1.19,614
32	.47,255	82	1.21,090
33	.48,732	83	1.22,567
34	.50,208	84	1.24,044
35	.51,685	85	1.25,521
36	.53,162	86	1.26,997
37	.54,638	87	1.28,474
38	.56,115	88	1.29,951
39	.57,592	89	1.31,427
40	.59,068	90	1.32,904
41	.60,545	91	1.34,381
42	.62,022	92	1.35,858
43	.63,499	93	1.37,334
44	.64,975	94	1.38,811
45	.66,452	95	1.40,288
46	.67,929	96	1.41,764
47	.69,405	97	1.43,241
48	.70,882	98	1.44,718
49	.72,359	99	1.46,195
50	.73,836	**223 Days.**	

78 DAYS.

Prin.	Interest.	Prin	Interest.
1	.01,496	51	.76,290
2	.02,992	52	.77,786
3	.04,488	53	.79,282
4	.05,984	54	.80,778
5	.07,479	55	.82,274
6	.08,975	56	.83,770
7	.10,471	57	.85,266
8	.11,967	58	.86,762
9	.13,463	59	.88,258
10	.14,959	60	.89,753
11	.16,455	61	.91,249
12	.17,951	62	.92,745
13	.19,447	63	.94,241
14	.20,942	64	.95,737
15	.22,438	65	.97,233
16	.23,934	66	.98,729
17	.25,430	67	1.00,225
18	.26,926	68	1.01,721
19	.28,422	69	1.03,216
20	.29,918	70	1.04,712
21	.31,414	71	1.06,208
22	.32,910	72	1.07,704
23	.34,405	73	1.09,200
24	.35,901	74	1.10,696
25	.37,397	75	1.12,192
26	.38,893	76	1.13,688
27	.40,389	77	1.15,184
28	.41,885	78	1.16,679
29	.43,381	79	1.18,175
30	.44,877	80	1.19,671
31	.46,373	81	1.21,167
32	.47,868	82	1.22,663
33	.49,364	83	1.24,159
34	.50,860	84	1.25,655
35	.52,356	85	1.27,151
36	.53,852	86	1.28,647
37	.55,348	87	1.30,142
38	.56,844	88	1.31,638
39	.58,340	89	1.33,134
40	.59,836	90	1.34,630
41	.61,332	91	1.36,126
42	.62,827	92	1.37,622
43	.64,323	93	1.39,118
44	.65,819	94	1.40,614
45	.67,315	95	1.42,110
46	.68,811	96	1.43,605
47	.70,307	97	1.45,101
48	.71,803	98	1.46,597
49	.73,299	99	1.48,093
50	.74,795	**224 Days.**	

146 DAYS.

Prin.	Interest.	Prin.	Interest.	Prin.	Interest.	Prin.	Interest.	Prin	Interest.
51	1.42,80	61	1.70,80	71	1.98,80	81	2.26,80	91	2.54,80
52	1.45,60	62	1.73,60	72	2.01,60	82	2.29,60	92	2.57,60
53	1.48,40	63	1.76,40	73	2.04,40	83	2.32,40	93	2.60,40
54	1.51,20	64	1.79,20	74	2.07,20	84	2.35,20	94	2.63,20
55	1.54,00	65	1.82,00	75	2.10,00	85	2.38,00	95	2.66,00
56	1.56,80	66	1.84,80	76	2.12,80	86	2.40,80	96	2.68,80
57	1.59,60	67	1.87,60	77	2.15,60	87	2.43,60	97	2.71,60
58	1.62,40	68	1.90,40	78	2.18,40	88	2.46,40	98	2.74,40
59	1.65,20	69	1.93,20	79	2.21,20	89	2.49,20	99	2.77,20
60	1.68,00	70	1.96,00	80	2.24,00	90	2.52,00		

COMMERCIAL INTEREST AT SEVEN PER CENT.

79 DAYS.

Prin.	Interest.	Prin.	Interest.
1	.01,515	51	.77,268
2	.03,030	52	.78,784
3	.04,545	53	.80,299
4	.06,060	54	.81,814
5	.07,575	55	.83,329
6	.09,090	56	.84,844
7	.10,605	57	.86,359
8	.12,121	58	.87,874
9	.13,636	59	.89,389
10	.15,151	60	.90,904
11	.16,666	61	.92,419
12	.18,181	62	.93,934
13	.19,696	63	.95,449
14	.21,211	64	.96,964
15	.22,726	65	.98,479
16	.24,241	66	.99,995
17	.25,756	67	1.01,510
18	.27,271	68	1.03,025
19	.28,786	69	1.04,540
20	.30,301	70	1.06,055
21	.31,816	71	1.07,570
22	.33,332	72	1.09,085
23	.34,847	73	1.10,600
24	.36,362	74	1.12,115
25	.37,877	75	1.13,630
26	.39,392	76	1.15,145
27	.40,907	77	1.16,660
28	.42,422	78	1.18,175
29	.43,937	79	1.19,690
30	.45,452	80	1.21,205
31	.46,967	81	1.22,721
32	.48,482	82	1.24,236
33	.49,997	83	1.25,751
34	.51,512	84	1.27,266
35	.53,027	85	1.28,781
36	.54,542	86	1.30,296
37	.56,058	87	1.31,811
38	.57,573	88	1.33,326
39	.59,088	89	1.34,841
40	.60,603	90	1.36,356
41	.62,118	91	1.37,871
42	.63,633	92	1.39,386
43	.65,148	93	1.40,901
44	.66,663	94	1.42,416
45	.68,178	95	1.43,932
46	.69,693	96	1.45,447
47	.71,208	97	1.46,962
48	.72,723	98	1.48,477
49	.74,238	99	1.49,992
50	.75,753		**225 Days.**

80 DAYS.

Prin.	Interest.	Prin.	Interest.
1	.01,534	51	.78,247
2	.03,068	52	.79,781
3	.04,603	53	.81,315
4	.06,137	54	.82,849
5	.07,671	55	.84,384
6	.09,205	56	.85,918
7	.10,740	57	.87,452
8	.12,274	58	.88,986
9	.13,808	59	.90,521
10	.15,342	60	.92,055
11	.16,877	61	.93,589
12	.18,411	62	.95,123
13	.19,945	63	.96,658
14	.21,479	64	.98,192
15	.23,014	65	.99,726
16	.24,548	66	1.01,260
17	.26,082	67	1.02,795
18	.27,616	68	1.04,329
19	.29,151	69	1.05,863
20	.30,685	70	1.07,397
21	.32,219	71	1.08,932
22	.33,753	72	1.10,466
23	.35,288	73	1.12,000
24	.36,822	74	1.13,534
25	.38,356	75	1.15,068
26	.39,890	76	1.16,603
27	.41,425	77	1.18,137
28	.42,959	78	1.19,671
29	.44,493	79	1.21,205
30	.46,027	80	1.22,740
31	.47,562	81	1.24,274
32	.49,096	82	1.25,808
33	.50,630	83	1.27,342
34	.52,164	84	1.28,877
35	.53,699	85	1.30,411
36	.55,233	86	1.31,945
37	.56,767	87	1.33,479
38	.58,301	88	1.35,014
39	.59,836	89	1.36,548
40	.61,370	90	1.38,082
41	.62,904	91	1.39,616
42	.64,438	92	1.41,151
43	.65,973	93	1.42,685
44	.67,507	94	1.44,219
45	.69,041	95	1.45,753
46	.70,575	96	1.47,288
47	.72,110	97	1.48,822
48	.73,644	98	1.50,356
49	.75,178	99	1.51,890
50	.76,712		**226 Days.**

81 DAYS.

Prin.	Interest.	Prin.	Interest.
1	.01,553	51	.79,225
2	.03,107	52	.80,778
3	.04,660	53	.82,332
4	.06,214	54	.83,885
5	.07,767	55	.85,438
6	.09,321	56	.86,992
7	.10,874	57	.88,545
8	.12,427	58	.90,099
9	.13,981	59	.91,652
10	.15,534	60	.93,205
11	.17,088	61	.94,759
12	.18,641	62	.96,312
13	.20,195	63	.97,866
14	.21,748	64	.99,419
15	.23,301	65	1.00,973
16	.24,855	66	1.02,526
17	.26,408	67	1.04,079
18	.27,962	68	1.05,633
19	.29,515	69	1.07,186
20	.31,068	70	1.08,740
21	.32,622	71	1.10,293
22	.34,175	72	1.11,847
23	.35,729	73	1.13,400
24	.37,282	74	1.14,953
25	.38,836	75	1.16,507
26	.40,389	76	1.18,060
27	.41,942	77	1.19,614
28	.43,496	78	1.21,167
29	.45,049	79	1.22,721
30	.46,603	80	1.24,274
31	.48,156	81	1.25,827
32	.49,710	82	1.27,381
33	.51,263	83	1.28,934
34	.52,816	84	1.30,488
35	.54,370	85	1.32,041
36	.55,923	86	1.33,595
37	.57,477	87	1.35,148
38	.59,030	88	1.36,701
39	.60,584	89	1.38,255
40	.62,137	90	1.39,808
41	.63,690	91	1.41,362
42	.65,244	92	1.42,915
43	.66,797	93	1.44,468
44	.68,351	94	1.46,022
45	.69,904	95	1.47,575
46	.71,458	96	1.49,129
47	.73,011	97	1.50,682
48	.74,564	98	1.52,236
49	.76,118	99	1.53,789
50	.77,671		**227 Days.**

146 DAYS.

Prin.	Interest.	Prin.	Interest.	Prin.	Interest.	Prin.	Interest.	Prin.	Interest.
1	.02,80	11	.30,80	21	.58,80	31	.86,80	41	1.14,80
2	.05,60	12	.33,60	22	.61,60	32	.89,60	42	1.17,60
3	.08,40	13	.36,40	23	.64,40	33	.92,40	43	1.20,40
4	.11,20	14	.39,20	24	.67,20	34	.95,20	44	1.23,20
5	.14,00	15	.42,00	25	.70,00	35	.98,00	45	1.26,00
6	.16,80	16	.44,80	26	.72,80	36	1.00,80	46	1.28,80
7	.19,60	17	.47,60	27	.75,60	37	1.03,60	47	1.31,60
8	.22,40	18	.50,40	28	.78,40	38	1.06,40	48	1.34,40
9	.25,20	19	.53,20	29	.81,20	39	1.09,20	49	1.37,20
10	.28,00	20	.56,00	30	.84,00	40	1.12,00	50	1.40,00

COMMERCIAL INTEREST AT SEVEN PER CENT.

82 DAYS.

Prin.	Interest.	Prin.	Interest.
1	.01,573	51	.80,203
2	.03,145	52	.81,775
3	.04,718	53	.83,348
4	.06,290	54	.84,921
5	.07,863	55	.86,493
6	.09,436	56	.88,066
7	.11,008	57	.89,638
8	.12,581	58	.91,211
9	.14,153	59	.92,784
10	.15,726	60	.94,356
11	.17,299	61	.95,929
12	.18,871	62	.97,501
13	.20,444	63	.99,074
14	.22,016	64	1.00,647
15	.23,589	65	1.02,219
16	.25,162	66	1.03,792
17	.26,734	67	1.05,364
18	.28,307	68	1.06,937
19	.29,879	69	1.08,510
20	.31,452	70	1.10,082
21	.33,025	71	1.11,655
22	.34,597	72	1.13,227
23	.36,170	73	1.14,800
24	.37,742	74	1.16,373
25	.39,315	75	1.17,945
26	.40,888	76	1.19,518
27	.42,460	77	1.21,090
28	.44,033	78	1.22,663
29	.45,605	79	1.24,236
30	.47,178	80	1.25,808
31	.48,751	81	1.27,381
32	.50,323	82	1.28,953
33	.51,896	83	1.30,526
34	.53,468	84	1.32,099
35	.55,041	85	1.33,671
36	.56,614	86	1.35,244
37	.58,186	87	1.36,816
38	.59,759	88	1.38,389
39	.61,332	89	1.39,962
40	.62,904	90	1.41,534
41	.64,477	91	1.43,107
42	.66,049	92	1.44,679
43	.67,622	93	1.46,252
44	.69,195	94	1.47,825
45	.70,767	95	1.49,397
46	.72,340	96	1.50,970
47	.73,912	97	1.52,542
48	.75,485	98	1.54,115
49	.77,058	99	1.55,688
50	.78,630	**228 Days.**	

83 DAYS.

Prin.	Interest.	Prin.	Interest.
1	.01,592	51	.81,181
2	.03,184	52	.82,773
3	.04,775	53	.84,364
4	.06,367	54	.85,956
5	.07,959	55	.87,548
6	.09,551	56	.89,140
7	.11,142	57	.90,732
8	.12,734	58	.92,323
9	.14,326	59	.93,915
10	.15,918	60	.95,507
11	.17,510	61	.97,099
12	.19,101	62	.98,690
13	.20,693	63	1.00,282
14	.22,285	64	1.01,874
15	.23,877	65	1.03,466
16	.25,468	66	1.05,058
17	.27,060	67	1.06,649
18	.28,652	68	1.08,241
19	.30,244	69	1.09,833
20	.31,836	70	1.11,425
21	.33,427	71	1.13,016
22	.35,019	72	1.14,608
23	.36,611	73	1.16,200
24	.38,203	74	1.17,792
25	.39,795	75	1.19,384
26	.41,386	76	1.20,975
27	.42,978	77	1.22,567
28	.44,570	78	1.24,159
29	.46,162	79	1.25,751
30	.47,753	80	1.27,342
31	.49,345	81	1.28,934
32	.50,937	82	1.30,526
33	.52,529	83	1.32,118
34	.54,121	84	1.33,710
35	.55,712	85	1.35,301
36	.57,304	86	1.36,893
37	.58,896	87	1.38,485
38	.60,488	88	1.40,077
39	.62,079	89	1.41,668
40	.63,671	90	1.43,260
41	.65,263	91	1.44,852
42	.66,855	92	1.46,444
43	.68,447	93	1.48,036
44	.70,038	94	1.49,627
45	.71,630	95	1.51,219
46	.73,222	96	1.52,811
47	.74,814	97	1.54,403
48	.76,405	98	1.55,995
49	.77,997	99	1.57,586
50	.79,589	**229 Days.**	

84 DAYS.

Prin.	Interest.	Prin.	Interest.
1	.01,611	51	.82,159
2	.03,222	52	.83,770
3	.04,833	53	.85,381
4	.06,444	54	.86,992
5	.08,055	55	.88,603
6	.09,666	56	.90,214
7	.11,277	57	.91,825
8	.12,888	58	.93,436
9	.14,499	59	.95,047
10	.16,110	60	.96,658
11	.17,721	61	.98,268
12	.19,332	62	.99,879
13	.20,942	63	1.01,490
14	.22,553	64	1.03,101
15	.24,164	65	1.04,712
16	.25,775	66	1.06,323
17	.27,386	67	1.07,934
18	.28,997	68	1.09,545
19	.30,608	69	1.11,156
20	.32,219	70	1.12,767
21	.33,830	71	1.14,378
22	.35,441	72	1.15,989
23	.37,052	73	1.17,600
24	.38,663	74	1.19,211
25	.40,274	75	1.20,822
26	.41,885	76	1.22,433
27	.43,496	77	1.24,044
28	.45,107	78	1.25,655
29	.46,718	79	1.27,266
30	.48,329	80	1.28,877
31	.49,940	81	1.30,488
32	.51,551	82	1.32,099
33	.53,162	83	1.33,710
34	.54,773	84	1.35,321
35	.56,384	85	1.36,932
36	.57,995	86	1.38,542
37	.59,605	87	1.40,153
38	.61,216	88	1.41,764
39	.62,827	89	1.43,375
40	.64,438	90	1.44,986
41	.66,049	91	1.46,597
42	.67,660	92	1.48,208
43	.69,271	93	1.49,819
44	.70,882	94	1.51,430
45	.72,493	95	1.53,041
46	.74,104	96	1.54,652
47	.75,715	97	1.56,263
48	.77,326	98	1.57,874
49	.78,937	99	1.59,485
50	.80,548	**230 Days.**	

146 DAYS.

Prin.	Interest.	Prin.	Interest.	Prin.	Interest.	Prin.	Interest.	Prin.	Interest.
51	1.42,80	61	1.70,80	71	1.98,80	81	2.26,80	91	2.54,80
52	1.45,60	62	1.73,60	72	2.01,60	82	2.29,60	92	2.57,60
53	1.48,40	63	1.76,40	73	2.04,40	83	2.32,40	93	2.60,40
54	1.51,20	64	1.79,20	74	2.07,20	84	2.35,20	94	2.63,20
55	1.54,00	65	1.82,00	75	2.10,00	85	2.38,00	95	2.66,00
56	1.56,80	66	1.84,80	76	2.12,80	86	2.40,80	96	2.68,80
57	1.59,60	67	1.87,60	77	2.15,60	87	2.43,60	97	2.71,60
58	1.62,40	68	1.90,40	78	2.18,40	88	2.46,40	98	2.74,40
59	1.65,20	69	1.93,20	79	2.21,20	89	2.49,20	99	2.77,20
60	1.68,00	70	1.96,00	80	2.24,00	90	2.52,00		

[161

COMMERCIAL INTEREST AT SEVEN PER CENT.

85 DAYS.

Prin.	Interest.	Prin.	Interest.
1	.01,630	51	.83,137
2	.03,260	52	.84,767
3	.04,890	53	.86,397
4	.06,521	54	.88,027
5	.08,151	55	.89,658
6	.09,781	56	.91,288
7	.11,411	57	.92,918
8	.13,041	58	.94,548
9	.14,671	59	.96,178
10	.16,301	60	.97,808
11	.17,932	61	.99,438
12	.19,562	62	1.01,068
13	.21,192	63	1.02,699
14	.22,822	64	1.04,329
15	.24,452	65	1.05,959
16	.26,082	66	1.07,589
17	.27,712	67	1.09,219
18	.29,342	68	1.10,849
19	.30,973	69	1.12,479
20	.32,603	70	1.14,110
21	.34,233	71	1.15,740
22	.35,863	72	1.17,370
23	.37,493	73	1.19,000
24	.39,123	74	1.20,630
25	.40,753	75	1.22,260
26	.42,384	76	1.23,890
27	.44,014	77	1.25,521
28	.45,644	78	1.27,151
29	.47,274	79	1.28,781
30	.48,904	80	1.30,411
31	.50,534	81	1.32,041
32	.52,164	82	1.33,671
33	.53,795	83	1.35,301
34	.55,425	84	1.36,932
35	.57,055	85	1.38,562
36	.58,685	86	1.40,192
37	.60,315	87	1.41,822
38	.61,945	88	1.43,452
39	.63,575	89	1.45,082
40	.65,205	90	1.46,712
41	.66,836	91	1.48,342
42	.68,466	92	1.49,973
43	.70,096	93	1.51,603
44	.71,726	94	1.53,233
45	.73,356	95	1.54,863
46	.74,986	96	1.56,493
47	.76,616	97	1.58,123
48	.78,247	98	1.59,753
49	.79,877	99	1.61,384
50	.81,507	**231 Days.**	

86 DAYS.

Prin.	Interest.	Prin.	Interest.
1	.01,649	51	.84,115
2	.03,299	52	.85,764
3	.04,948	53	.87,414
4	.06,597	54	.89,063
5	.08,247	55	.90,712
6	.09,896	56	.92,362
7	.11,545	57	.94,011
8	.13,195	58	.95,660
9	.14,844	59	.97,310
10	.16,493	60	.98,959
11	.18,142	61	1.00,608
12	.19,792	62	1.02,258
13	.21,441	63	1.03,907
14	.23,090	64	1.05,556
15	.24,740	65	1.07,205
16	.26,389	66	1.08,855
17	.28,038	67	1.10,504
18	.29,688	68	1.12,153
19	.31,337	69	1.13,803
20	.32,986	70	1.15,452
21	.34,636	71	1.17,101
22	.36,285	72	1.18,751
23	.37,934	73	1.20,400
24	.39,584	74	1.22,049
25	.41,233	75	1.23,699
26	.42,882	76	1.25,348
27	.44,532	77	1.26,997
28	.46,181	78	1.28,647
29	.47,830	79	1.30,296
30	.49,479	80	1.31,945
31	.51,129	81	1.33,595
32	.52,778	82	1.35,244
33	.54,427	83	1.36,893
34	.56,077	84	1.38,542
35	.57,726	85	1.40,192
36	.59,375	86	1.41,841
37	.61,025	87	1.43,490
38	.62,674	88	1.45,140
39	.64,323	89	1.46,789
40	.65,973	90	1.48,438
41	.67,622	91	1.50,088
42	.69,271	92	1.51,737
43	.70,921	93	1.53,386
44	.72,570	94	1.55,036
45	.74,219	95	1.56,685
46	.75,868	96	1.58,334
47	.77,518	97	1.59,984
48	.79,167	98	1.61,633
49	.80,816	99	1.63,282
50	.82,466	**232 Days.**	

87 DAYS.

Prin.	Interest.	Prin.	Interest.
1	.01,668	51	.85,093
2	.03,337	52	.86,762
3	.05,005	53	.88,430
4	.06,674	54	.90,099
5	.08,342	55	.91,767
6	.10,011	56	.93,436
7	.11,679	57	.95,104
8	.13,348	58	.96,773
9	.15,016	59	.98,441
10	.16,685	60	1.00,110
11	.18,353	61	1.01,778
12	.20,022	62	1.03,447
13	.21,690	63	1.05,115
14	.23,359	64	1.06,784
15	.25,027	65	1.08,452
16	.26,696	66	1.10,121
17	.28,364	67	1.11,789
18	.30,033	68	1.13,458
19	.31,701	69	1.15,126
20	.33,370	70	1.16,795
21	.35,038	71	1.18,463
22	.36,707	72	1.20,132
23	.38,375	73	1.21,800
24	.40,044	74	1.23,468
25	.41,712	75	1.25,137
26	.43,381	76	1.26,805
27	.45,049	77	1.28,474
28	.46,718	78	1.30,142
29	.48,386	79	1.31,811
30	.50,055	80	1.33,479
31	.51,723	81	1.35,148
32	.53,392	82	1.36,816
33	.55,060	83	1.38,485
34	.56,729	84	1.40,153
35	.58,397	85	1.41,822
36	.60,066	86	1.43,490
37	.61,734	87	1.45,159
38	.63,403	88	1.46,827
39	.65,071	89	1.48,496
40	.66,740	90	1.50,164
41	.68,408	91	1.51,833
42	.70,077	92	1.53,501
43	.71,745	93	1.55,170
44	.73,414	94	1.56,838
45	.75,082	95	1.58,507
46	.76,751	96	1.60,175
47	.78,419	97	1.61,844
48	.80,088	98	1.63,512
49	.81,756	99	1.65,181
50	.83,425	**233 Days.**	

146 DAYS.

Prin.	Interest.	Prin.	Interest.	Prin.	Interest.	Prin.	Interest.	Prin.	Interest.
1	.02,80	11	.30,80	21	.58,80	31	.86,80	41	1.14,80
2	.05,60	12	.33,60	22	.61,60	32	.89,60	42	1.17,60
3	.08,40	13	.36,40	23	.64,40	33	.92,40	43	1.20,40
4	.11,20	14	.39,20	24	.67,20	34	.95,20	44	1.23,20
5	.14,00	15	.42,00	25	.70,00	35	.98,00	45	1.26,00
6	.16,80	16	.44,80	26	.72,80	36	1.00,80	46	1.28,80
7	.19,60	17	.47,60	27	.75,60	37	1.03,60	47	1.31,60
8	.22,40	18	.50,40	28	.78,40	38	1.06,40	48	1.34,40
9	.25,20	19	.53,20	29	.81,20	39	1.09,20	49	1.37,20
10	.28,00	20	.56,00	30	.84,00	40	1.12,00	50	1.40,00

COMMERCIAL INTEREST AT SEVEN PER CENT.

88 DAYS.

Prin.	Interest.	Prin.	Interest.
1	.01,688	51	.86,071
2	.03,375	52	.87,759
3	.05,063	53	.89,447
4	.06,751	54	.91,134
5	.08,438	55	.92,822
6	.10,126	56	.94,510
7	.11,814	57	.96,197
8	.13,501	58	.97,885
9	.15,189	59	.99,573
10	.16,877	60	1.01,260
11	.18,564	61	1.02,948
12	.20,252	62	1.04,636
13	.21,940	63	1.06,323
14	.23,627	64	1.08,011
15	.25,315	65	1.09,699
16	.27,003	66	1.11,386
17	.28,690	67	1.13,074
18	.30,378	68	1.14,762
19	.32,066	69	1.16,449
20	.33,753	70	1.18,137
21	.35,441	71	1.19,825
22	.37,129	72	1.21,512
23	.38,816	73	1.23,200
24	.40,504	74	1.24,888
25	.42,192	75	1.26,575
26	.43,879	76	1.28,263
27	.45,567	77	1.29,951
28	.47,255	78	1.31,638
29	.48,942	79	1.33,326
30	.50,630	80	1.35,014
31	.52,318	81	1.36,701
32	.54,005	82	1.38,389
33	.55,693	83	1.40,077
34	.57,381	84	1.41,764
35	.59,068	85	1.43,452
36	.60,756	86	1.45,140
37	.62,444	87	1.46,827
38	.64,132	88	1.48,515
39	.65,819	89	1.50,203
40	.67,507	90	1.51,890
41	.69,195	91	1.53,578
42	.70,882	92	1.55,266
43	.72,570	93	1.56,953
44	.74,258	94	1.58,641
45	.75,945	95	1.60,329
46	.77,633	96	1.62,016
47	.79,321	97	1.63,704
48	.81,008	98	1.65,392
49	.82,696	99	1.67,079
50	.84,384	**234 Days.**	

89 DAYS.

Prin.	Interest.	Prin.	Interest.
1	.01,707	51	.87,049
2	.03,414	52	.88,756
3	.05,121	53	.90,463
4	.06,827	54	.92,170
5	.08,534	55	.93,877
6	.10,241	56	.95,584
7	.11,948	57	.97,290
8	.13,655	58	.98,997
9	.15,362	59	1.00,704
10	.17,068	60	1.02,411
11	.18,775	61	1.04,118
12	.20,482	62	1.05,825
13	.22,189	63	1.07,532
14	.23,896	64	1.09,238
15	.25,603	65	1.10,945
16	.27,310	66	1.12,652
17	.29,016	67	1.14,359
18	.30,723	68	1.16,066
19	.32,430	69	1.17,773
20	.34,137	70	1.19,479
21	.35,844	71	1.21,186
22	.37,551	72	1.22,893
23	.39,258	73	1.24,600
24	.40,964	74	1.26,307
25	.42,671	75	1.28,014
26	.44,378	76	1.29,721
27	.46,085	77	1.31,427
28	.47,792	78	1.33,134
29	.49,499	79	1.34,841
30	.51,205	80	1.36,548
31	.52,912	81	1.38,255
32	.54,619	82	1.39,962
33	.56,326	83	1.41,668
34	.58,033	84	1.43,375
35	.59,740	85	1.45,082
36	.61,447	86	1.46,789
37	.63,153	87	1.48,496
38	.64,860	88	1.50,203
39	.66,567	89	1.51,910
40	.68,274	90	1.53,616
41	.69,981	91	1.55,323
42	.71,688	92	1.57,030
43	.73,395	93	1.58,737
44	.75,101	94	1.60,444
45	.76,808	95	1.62,151
46	.78,515	96	1.63,858
47	.80,222	97	1.65,564
48	.81,929	98	1.67,271
49	.83,636	99	1.68,978
50	.85,342	**235 Days.**	

90 DAYS.

Prin.	Interest.	Prin.	Interest.
1	.01,726	51	.88,027
2	.03,452	52	.89,753
3	.05,178	53	.91,479
4	.06,904	54	.93,205
5	.08,630	55	.94,932
6	.10,356	56	.96,658
7	.12,082	57	.98,384
8	.13,808	58	1.00,110
9	.15,534	59	1.01,836
10	.17,260	60	1.03,562
11	.18,986	61	1.05,288
12	.20,712	62	1.07,014
13	.22,438	63	1.08,740
14	.24,164	64	1.10,466
15	.25,890	65	1.12,192
16	.27,616	66	1.13,918
17	.29,342	67	1.15,644
18	.31,068	68	1.17,370
19	.32,795	69	1.19,096
20	.34,521	70	1.20,822
21	.36,247	71	1.22,548
22	.37,973	72	1.24,274
23	.39,699	73	1.26,000
24	.41,425	74	1.27,726
25	.43,151	75	1.29,452
26	.44,877	76	1.31,178
27	.46,603	77	1.32,904
28	.48,329	78	1.34,630
29	.50,055	79	1.36,356
30	.51,781	80	1.38,082
31	.53,507	81	1.39,808
32	.55,233	82	1.41,534
33	.56,959	83	1.43,260
34	.58,685	84	1.44,986
35	.60,411	85	1.46,712
36	.62,137	86	1.48,438
37	.63,863	87	1.50,164
38	.65,589	88	1.51,890
39	.67,315	89	1.53,616
40	.69,041	90	1.55,342
41	.70,767	91	1.57,068
42	.72,493	92	1.58,795
43	.74,219	93	1.60,521
44	.75,945	94	1.62,247
45	.77,671	95	1.63,973
46	.79,397	96	1.65,699
47	.81,123	97	1.67,425
48	.82,849	98	1.69,151
49	.84,575	99	1.70,877
50	.86,301	**236 Days.**	

146 DAYS.

Prin.	Interest.	Prin.	Interest.	Prin.	Interest.	Prin.	Interest.	Prin.	Interest.
51	1.42,80	61	1.70,80	71	1.98,80	81	2.26,80	91	2.54,80
52	1.45,60	62	1.73,60	72	2.01,60	82	2.29,60	92	2.57,60
53	1.48,40	63	1.76,40	73	2.04,40	83	2.32,40	93	2.60,40
54	1.51,20	64	1.79,20	74	2.07,20	84	2.35,20	94	2.63,20
55	1.54,00	65	1.82,00	75	2.10,00	85	2.38,00	95	2.66,00
56	1.56,80	66	1.84,80	76	2.12,80	86	2.40,80	96	2.68,80
57	1.59,60	67	1.87,60	77	2.15,60	87	2.43,60	97	2.71,60
58	1.62,40	68	1.90,40	78	2.18,40	88	2.46,40	98	2.74,40
59	1.65,20	69	1.93,20	79	2.21,20	89	2.49,20	99	2.77,20
60	1.68,00	70	1.96,00	80	2.24,00	90	2.52,00		

[163

COMMERCIAL INTEREST AT SEVEN PER CENT.

91 DAYS.

Prin.	Interest.	Prin.	Interest.
1	.01,745	51	.89,005
2	.03,490	52	.90,751
3	.05,236	53	.92,496
4	.06,981	54	.94,241
5	.08,726	55	.95,986
6	.10,471	56	.97,732
7	.12,216	57	.99,477
8	.13,962	58	1.01,222
9	.15,707	59	1.02,967
10	.17,452	60	1.04,712
11	.19,197	61	1.06,458
12	.20,942	62	1.08,203
13	.22,688	63	1.09,948
14	.24,433	64	1.11,693
15	.26,178	65	1.13,438
16	.27,923	66	1.15,184
17	.29,668	67	1.16,929
18	.31,414	68	1.18,674
19	.33,159	69	1.20,419
20	.34,904	70	1.22,164
21	.36,649	71	1.23,910
22	.38,395	72	1.25,655
23	.40,140	73	1.27,400
24	.41,885	74	1.29,145
25	.43,630	75	1.30,890
26	.45,375	76	1.32,636
27	.47,121	77	1.34,381
28	.48,866	78	1.36,126
29	.50,611	79	1.37,871
30	.52,356	80	1.39,616
31	.54,101	81	1.41,362
32	.55,847	82	1.43,107
33	.57,592	83	1.44,852
34	.59,337	84	1.46,597
35	.61,082	85	1.48,342
36	.62,827	86	1.50,088
37	.64,573	87	1.51,833
38	.66,318	88	1.53,578
39	.68,063	89	1.55,323
40	.69,808	90	1.57,068
41	.71,553	91	1.58,814
42	.73,299	92	1.60,559
43	.75,044	93	1.62,304
44	.76,789	94	1.64,049
45	.78,534	95	1.65,795
46	.80,279	96	1.67,540
47	.82,025	97	1.69,285
48	.83,770	98	1.71,030
49	.85,515	99	1.72,775
50	.87,260	**237 Days.**	

92 DAYS.

Prin.	Interest.	Prin.	Interest.
1	.01,764	51	.89,984
2	.03,529	52	.91,748
3	.05,293	53	.93,512
4	.07,058	54	.95,277
5	.08,822	55	.97,041
6	.10,586	56	.98,805
7	.12,351	57	1.00,570
8	.14,115	58	1.02,334
9	.15,879	59	1.04,099
10	.17,644	60	1.05,863
11	.19,408	61	1.07,627
12	.21,173	62	1.09,392
13	.22,937	63	1.11,156
14	.24,701	64	1.12,921
15	.26,466	65	1.14,685
16	.28,230	66	1.16,449
17	.29,995	67	1.18,214
18	.31,759	68	1.19,978
19	.33,523	69	1.21,742
20	.35,288	70	1.23,507
21	.37,052	71	1.25,271
22	.38,816	72	1.27,036
23	.40,581	73	1.28,800
24	.42,345	74	1.30,564
25	.44,110	75	1.32,329
26	.45,874	76	1.34,093
27	.47,638	77	1.35,858
28	.49,403	78	1.37,622
29	.51,167	79	1.39,386
30	.52,932	80	1.41,151
31	.54,696	81	1.42,915
32	.56,460	82	1.44,679
33	.58,225	83	1.46,444
34	.59,989	84	1.48,208
35	.61,753	85	1.49,973
36	.63,518	86	1.51,737
37	.65,282	87	1.53,501
38	.67,047	88	1.55,266
39	.68,811	89	1.57,030
40	.70,575	90	1.58,795
41	.72,340	91	1.60,559
42	.74,104	92	1.62,323
43	.75,868	93	1.64,088
44	.77,633	94	1.65,852
45	.79,397	95	1.67,616
46	.81,162	96	1.69,381
47	.82,926	97	1.71,145
48	.84,690	98	1.72,910
49	.86,455	99	1.74,674
50	.88,219	**238 Days.**	

93 DAYS.

Prin.	Interest.	Prin.	Interest.
1	.01,784	51	.90,962
2	.03,567	52	.92,745
3	.05,351	53	.94,529
4	.07,134	54	.96,312
5	.08,918	55	.98,096
6	.10,701	56	.99,879
7	.12,485	57	1.01,663
8	.14,268	58	1.03,447
9	.16,052	59	1.05,230
10	.17,836	60	1.07,014
11	.19,619	61	1.08,797
12	.21,403	62	1.10,581
13	.23,186	63	1.12,364
14	.24,970	64	1.14,148
15	.26,753	65	1.15,932
16	.28,537	66	1.17,715
17	.30,321	67	1.19,499
18	.32,104	68	1.21,282
19	.33,888	69	1.23,066
20	.35,671	70	1.24,849
21	.37,455	71	1.26,633
22	.39,238	72	1.28,416
23	.41,022	73	1.30,200
24	.42,805	74	1.31,984
25	.44,589	75	1.33,767
26	.46,373	76	1.35,551
27	.48,156	77	1.37,334
28	.49,940	78	1.39,118
29	.51,723	79	1.40,901
30	.53,507	80	1.42,685
31	.55,290	81	1.44,468
32	.57,074	82	1.46,252
33	.58,858	83	1.48,036
34	.60,641	84	1.49,819
35	.62,425	85	1.51,603
36	.64,208	86	1.53,386
37	.65,992	87	1.55,170
38	.67,775	88	1.56,953
39	.69,559	89	1.58,737
40	.71,342	90	1.60,521
41	.73,126	91	1.62,304
42	.74,910	92	1.64,088
43	.76,693	93	1.65,871
44	.78,477	94	1.67,655
45	.80,260	95	1.69,438
46	.82,044	96	1.71,222
47	.83,827	97	1.73,005
48	.85,611	98	1.74,789
49	.87,395	99	1.76,573
50	.89,178	**239 Days.**	

146 DAYS.

Prin.	Interest.	Prin.	Interest.	Prin.	Interest.	Prin.	Interest.	Prin.	Interest.
1	.02,80	11	.30,80	21	.58,80	31	.86,80	41	1.14,80
2	.05,60	12	.33,60	22	.61,60	32	.89,60	42	1.17,60
3	.08,40	13	.36,40	23	.64,40	33	.92,40	43	1.20,40
4	.11,20	14	.39,20	24	.67,20	34	.95,20	44	1.23,20
5	.14,00	15	.42,00	25	.70,00	35	.98,00	45	1.26,00
6	.16,80	16	.44,80	26	.72,80	36	1.00,80	46	1.28,80
7	.19,60	17	.47,60	27	.75,60	37	1.03,60	47	1.31,60
8	.22,40	18	.50,40	28	.78,40	38	1.06,40	48	1.34,40
9	.25,20	19	.53,20	29	.81,20	39	1.09,20	49	1.37,20
10	.28,00	20	.56,00	30	.84,00	40	1.12,00	50	1.40,00

COMMERCIAL INTEREST AT SEVEN PER CENT.

94 DAYS.

Prin.	Interest.	Prin.	Interest.
1	.01,803	51	.91,940
2	.03,605	52	.93,742
3	.05,408	53	.95,545
4	.07,211	54	.97,348
5	.09,014	55	.99,151
6	.10,816	56	1.00,953
7	.12,619	57	1.02,756
8	.14,422	58	1.04,559
9	.16,225	59	1.06,362
10	.18,027	60	1.08,164
11	.19,830	61	1.09,967
12	.21,633	62	1.11,770
13	.23,436	63	1.13,573
14	.25,238	64	1.15,375
15	.27,041	65	1.17,178
16	.28,844	66	1.18,981
17	.30,647	67	1.20,784
18	.32,449	68	1.22,586
19	.34,252	69	1.24,389
20	.36,055	70	1.26,192
21	.37,858	71	1.27,995
22	.39,660	72	1.29,797
23	.41,463	73	1.31,600
24	.43,266	74	1.33,403
25	.45,068	75	1.35,205
26	.46,871	76	1.37,008
27	.48,674	77	1.38,811
28	.50,477	78	1.40,614
29	.52,279	79	1.42,416
30	.54,082	80	1.44,219
31	.55,885	81	1.46,022
32	.57,688	82	1.47,825
33	.59,490	83	1.49,627
34	.61,293	84	1.51,430
35	.63,096	85	1.53,233
36	.64,899	86	1.55,036
37	.66,701	87	1.56,838
38	.68,504	88	1.58,641
39	.70,307	89	1.60,444
40	.72,110	90	1.62,247
41	.73,912	91	1.64,049
42	.75,715	92	1.65,852
43	.77,518	93	1.67,655
44	.79,321	94	1.69,458
45	.81,123	95	1.71,260
46	.82,926	96	1.73,063
47	.84,729	97	1.74,866
48	.86,532	98	1.76,668
49	.88,334	99	1.78,471
50	.90,137	**240 Days.**	

95 DAYS.

Prin.	Interest.	Prin.	Interest.
1	.01,822	51	.92,918
2	.03,644	52	.94,740
3	.05,466	53	.96,562
4	.07,288	54	.98,384
5	.09,110	55	1.00,205
6	.10,932	56	1.02,027
7	.12,753	57	1.03,849
8	.14,575	58	1.05,671
9	.16,397	59	1.07,493
10	.18,219	60	1.09,315
11	.20,041	61	1.11,137
12	.21,863	62	1.12,959
13	.23,685	63	1.14,781
14	.25,507	64	1.16,603
15	.27,329	65	1.18,425
16	.29,151	66	1.20,247
17	.30,973	67	1.22,068
18	.32,795	68	1.23,890
19	.34,616	69	1.25,712
20	.36,438	70	1.27,534
21	.38,260	71	1.29,356
22	.40,082	72	1.31,178
23	.41,904	73	1.33,000
24	.43,726	74	1.34,822
25	.45,548	75	1.36,644
26	.47,370	76	1.38,466
27	.49,192	77	1.40,288
28	.51,014	78	1.42,110
29	.52,836	79	1.43,932
30	.54,658	80	1.45,753
31	.56,479	81	1.47,575
32	.58,301	82	1.49,397
33	.60,123	83	1.51,219
34	.61,945	84	1.53,041
35	.63,767	85	1.54,863
36	.65,589	86	1.56,685
37	.67,411	87	1.58,507
38	.69,233	88	1.60,329
39	.71,055	89	1.62,151
40	.72,877	90	1.63,973
41	.74,699	91	1.65,795
42	.76,521	92	1.67,616
43	.78,342	93	1.69,438
44	.80,164	94	1.71,260
45	.81,986	95	1.73,082
46	.83,808	96	1.74,904
47	.85,630	97	1.76,726
48	.87,452	98	1.78,548
49	.89,274	99	1.80,370
50	.91,096	**241 Days.**	

96 DAYS.

Prin.	Interest.	Prin.	Interest.
1	.01,841	51	.93,896
2	.03,682	52	.95,737
3	.05,523	53	.97,578
4	.07,364	54	.99,419
5	.09,205	55	1.01,260
6	.11,047	56	1.03,101
7	.12,888	57	1.04,942
8	.14,729	58	1.06,784
9	.16,570	59	1.08,625
10	.18,411	60	1.10,466
11	.20,252	61	1.12,307
12	.22,093	62	1.14,148
13	.23,934	63	1.15,989
14	.25,775	64	1.17,830
15	.27,616	65	1.19,671
16	.29,458	66	1.21,512
17	.31,299	67	1.23,353
18	.33,140	68	1.25,195
19	.34,981	69	1.27,036
20	.36,822	70	1.28,877
21	.38,663	71	1.30,718
22	.40,504	72	1.32,559
23	.42,345	73	1.34,400
24	.44,186	74	1.36,241
25	.46,027	75	1.38,082
26	.47,868	76	1.39,923
27	.49,710	77	1.41,764
28	.51,551	78	1.43,605
29	.53,392	79	1.45,447
30	.55,233	80	1.47,288
31	.57,074	81	1.49,129
32	.58,915	82	1.50,970
33	.60,756	83	1.52,811
34	.62,597	84	1.54,652
35	.64,438	85	1.56,493
36	.66,279	86	1.58,334
37	.68,121	87	1.60,175
38	.69,962	88	1.62,016
39	.71,803	89	1.63,858
40	.73,644	90	1.65,699
41	.75,485	91	1.67,540
42	.77,326	92	1.69,381
43	.79,167	93	1.71,222
44	.81,008	94	1.73,063
45	.82,849	95	1.74,904
46	.84,690	96	1.76,745
47	.86,532	97	1.78,586
48	.88,373	98	1.80,427
49	.90,214	99	1.82,268
50	.92,055	**242 Days.**	

146 DAYS.

Prin.	Interest.	Prin.	Interest.	Prin.	Interest.	Prin.	Interest.	Prin.	Interest.
51	1.42,80	61	1.70,80	71	1.98,80	81	2.26,80	91	2.54,80
52	1.45,60	62	1.73,60	72	2.01,60	82	2.29,60	92	2.57,60
53	1.48,40	63	1.76,40	73	2.04,40	83	2.32,40	93	2.60,40
54	1.51,20	64	1.79,20	74	2.07,20	84	2.35,20	94	2.63,20
55	1.54,00	65	1.82,00	75	2.10,00	85	2.38,00	95	2.66,00
56	1.56,80	66	1.84,80	76	2.12,80	86	2.40,80	96	2.68,80
57	1.59,60	67	1.87,60	77	2.15,60	87	2.43,60	97	2.71,60
58	1.62,40	68	1.90,40	78	2.18,40	88	2.46,40	98	2.74,40
59	1.65,20	69	1.93,20	79	2.21,20	89	2.49,20	99	2.77,20
60	1.68,00	70	1.96,00	80	2.24,00	90	2.52,00		

[165

COMMERCIAL INTEREST AT SEVEN PER CENT.

97 DAYS.

Prin.	Interest.	Prin.	Interest.
1	.01,860	51	.94,874
2	.03,721	52	.96,734
3	.05,581	53	.98,595
4	.07,441	54	1.00,455
5	.09,301	55	1.02,315
6	.11,162	56	1.04,175
7	.13,022	57	1.06,036
8	.14,882	58	1.07,896
9	.16,742	59	1.09,756
10	.18,603	60	1.11,616
11	.20,463	61	1.13,477
12	.22,323	62	1.15,337
13	.24,184	63	1.17,197
14	.26,044	64	1.19,058
15	.27,904	65	1.20,918
16	.29,764	66	1.22,778
17	.31,625	67	1.24,638
18	.33,485	68	1.26,499
19	.35,345	69	1.28,359
20	.37,205	70	1.30,219
21	.39,066	71	1.32,079
22	.40,926	72	1.33,940
23	.42,786	73	1.35,800
24	.44,647	74	1.37,660
25	.46,507	75	1.39,521
26	.48,367	76	1.41,381
27	.50,227	77	1.43,241
28	.52,088	78	1.45,101
29	.53,948	79	1.46,962
30	.55,808	80	1.48,822
31	.57,668	81	1.50,682
32	.59,529	82	1.52,542
33	.61,389	83	1.54,403
34	.63,249	84	1.56,263
35	.65,110	85	1.58,123
36	.66,970	86	1.59,984
37	.68,830	87	1.61,844
38	.70,690	88	1.63,704
39	.72,551	89	1.65,564
40	.74,411	90	1.67,425
41	.76,271	91	1.69,285
42	.78,132	92	1.71,145
43	.79,992	93	1.73,005
44	.81,852	94	1.74,866
45	.83,712	95	1.76,726
46	.85,573	96	1.78,586
47	.87,433	97	1.80,447
48	.89,293	98	1.82,307
49	.91,153	99	1.84,167
50	.93,014	**243 Days.**	

98 DAYS.

Prin.	Interest.	Prin.	Interest.
1	.01,879	51	.95,852
2	.03,759	52	.97,732
3	.05,638	53	.99,611
4	.07,518	54	1.01,490
5	.09,397	55	1.03,370
6	.11,277	56	1.05,249
7	.13,156	57	1.07,129
8	.15,036	58	1.09,008
9	.16,915	59	1.10,888
10	.18,795	60	1.12,767
11	.20,674	61	1.14,647
12	.22,553	62	1.16,526
13	.24,433	63	1.18,405
14	.26,312	64	1.20,285
15	.28,192	65	1.22,164
16	.30,071	66	1.24,044
17	.31,951	67	1.25,923
18	.33,830	68	1.27,803
19	.35,710	69	1.29,682
20	.37,589	70	1.31,562
21	.39,468	71	1.33,441
22	.41,348	72	1.35,321
23	.43,227	73	1.37,200
24	.45,107	74	1.39,079
25	.46,986	75	1.40,959
26	.48,866	76	1.42,838
27	.50,745	77	1.44,718
28	.52,625	78	1.46,597
29	.54,504	79	1.48,477
30	.56,384	80	1.50,356
31	.58,263	81	1.52,236
32	.60,142	82	1.54,115
33	.62,022	83	1.55,995
34	.63,901	84	1.57,874
35	.65,781	85	1.59,753
36	.67,660	86	1.61,633
37	.69,540	87	1.63,512
38	.71,419	88	1.65,392
39	.73,299	89	1.67,271
40	.75,178	90	1.69,151
41	.77,058	91	1.71,030
42	.78,937	92	1.72,910
43	.80,816	93	1.74,789
44	.82,696	94	1.76,668
45	.84,575	95	1.78,548
46	.86,455	96	1.80,427
47	.88,334	97	1.82,307
48	.90,214	98	1.84,186
49	.92,093	99	1.86,066
50	.93,973	**244 Days.**	

99 DAYS.

Prin.	Interest.	Prin.	Interest.
1	.01,899	51	.96,830
2	.03,797	52	.98,729
3	.05,696	53	1.00,627
4	.07,595	54	1.02,526
5	.09,493	55	1.04,425
6	.11,392	56	1.06,323
7	.13,290	57	1.08,222
8	.15,189	58	1.10,121
9	.17,088	59	1.12,019
10	.18,986	60	1.13,918
11	.20,885	61	1.15,816
12	.22,784	62	1.17,715
13	.24,682	63	1.19,614
14	.26,581	64	1.21,512
15	.28,479	65	1.23,411
16	.30,378	66	1.25,310
17	.32,277	67	1.27,208
18	.34,175	68	1.29,107
19	.36,074	69	1.31,005
20	.37,973	70	1.32,904
21	.39,871	71	1.34,803
22	.41,770	72	1.36,701
23	.43,668	73	1.38,600
24	.45,567	74	1.40,499
25	.47,466	75	1.42,397
26	.49,364	76	1.44,296
27	.51,263	77	1.46,195
28	.53,162	78	1.48,093
29	.55,060	79	1.49,992
30	.56,959	80	1.51,890
31	.58,858	81	1.53,789
32	.60,756	82	1.55,688
33	.62,655	83	1.57,586
34	.64,553	84	1.59,485
35	.66,452	85	1.61,384
36	.68,351	86	1.63,282
37	.70,249	87	1.65,181
38	.72,148	88	1.67,079
39	.74,047	89	1.68,978
40	.75,945	90	1.70,877
41	.77,844	91	1.72,775
42	.79,742	92	1.74,674
43	.81,641	93	1.76,573
44	.83,540	94	1.78,471
45	.85,438	95	1.80,370
46	.87,337	96	1.82,268
47	.89,236	97	1.84,167
48	.91,134	98	1.86,066
49	.93,033	99	1.87,964
50	.94,932	**245 Days.**	

146 DAYS.

Prin.	Interest.	Prin.	Interest.	Prin.	Interest.	Prin.	Interest.	Prin.	Interest.
1	.02,80	11	.30,80	21	.58,80	31	.86,80	41	1.14,80
2	.05,60	12	.33,60	22	.61,60	32	.89,60	42	1.17,60
3	.08,40	13	.36,40	23	.64,40	33	.92,40	43	1.20,40
4	.11,20	14	.39,20	24	.67,20	34	.95,20	44	1.23,20
5	.14,00	15	.42,00	25	.70,00	35	.98,00	45	1.26,00
6	.16,80	16	.44,80	26	.72,80	36	1.00,80	46	1.28,80
7	.19,60	17	.47,60	27	.75,60	37	1.03,60	47	1.31,60
8	.22,40	18	.50,40	28	.78,40	38	1.06,40	48	1.34,40
9	.25,20	19	.53,20	29	.81,20	39	1.09,20	49	1.37,20
10	.28,00	20	.56,00	30	.84,00	40	1.12,00	50	1.40,00

COMMERCIAL INTEREST AT SEVEN PER CENT.

100 DAYS.

Prin.	Interest.	Prin.	Interest.
1	.01,918	51	.97,808
2	.03,836	52	.99,726
3	.05,753	53	1.01,644
4	.07,671	54	1.03,562
5	.09,589	55	1.05,479
6	.11,507	56	1.07,397
7	.13,425	57	1.09,315
8	.15,342	58	1.11,233
9	.17,260	59	1.13,151
10	.19,178	60	1.15,068
11	.21,096	61	1.16,986
12	.23,014	62	1.18,904
13	.24,932	63	1.20,822
14	.26,849	64	1.22,740
15	.28,767	65	1.24,658
16	.30,685	66	1.26,575
17	.32,603	67	1.28,493
18	.34,521	68	1.30,411
19	.36,438	69	1.32,329
20	.38,356	70	1.34,247
21	.40,274	71	1.36,164
22	.42,192	72	1.38,082
23	.44,110	73	1.40,000
24	.46,027	74	1.41,918
25	.47,945	75	1.43,836
26	.49,863	76	1.45,753
27	.51,781	77	1.47,671
28	.53,699	78	1.49,589
29	.55,616	79	1.51,507
30	.57,534	80	1.53,425
31	.59,452	81	1.55,342
32	.61,370	82	1.57,260
33	.63,288	83	1.59,178
34	.65,205	84	1.61,096
35	.67,123	85	1.63,014
36	.69,041	86	1.64,932
37	.70,959	87	1.66,849
38	.72,877	88	1.68,767
39	.74,795	89	1.70,685
40	.76,712	90	1.72,603
41	.78,630	91	1.74,521
42	.80,548	92	1.76,438
43	.82,466	93	1.78,356
44	.84,384	94	1.80,274
45	.86,301	95	1.82,192
46	.88,219	96	1.84,110
47	.90,137	97	1.86,027
48	.92,055	98	1.87,945
49	.93,973	99	1.89,863
50	.95,890	**246 Days.**	

101 DAYS.

Prin.	Interest.	Prin.	Interest.
1	.01,937	51	.98,786
2	.03,874	52	1.00,723
3	.05,811	53	1.02,660
4	.07,748	54	1.04,597
5	.09,685	55	1.06,534
6	.11,622	56	1.08,471
7	.13,559	57	1.10,408
8	.15,496	58	1.12,345
9	.17,433	59	1.14,282
10	.19,370	60	1.16,219
11	.21,307	61	1.18,156
12	.23,244	62	1.20,093
13	.25,181	63	1.22,030
14	.27,118	64	1.23,967
15	.29,055	65	1.25,904
16	.30,992	66	1.27,841
17	.32,929	67	1.29,778
18	.34,866	68	1.31,715
19	.36,803	69	1.33,652
20	.38,740	70	1.35,589
21	.40,677	71	1.37,526
22	.42,614	72	1.39,463
23	.44,551	73	1.41,400
24	.46,488	74	1.43,337
25	.48,425	75	1.45,274
26	.50,362	76	1.47,211
27	.52,299	77	1.49,148
28	.54,236	78	1.51,085
29	.56,173	79	1.53,022
30	.58,110	80	1.54,959
31	.60,047	81	1.56,896
32	.61,984	82	1.58,833
33	.63,921	83	1.60,770
34	.65,858	84	1.62,707
35	.67,795	85	1.64,644
36	.69,732	86	1.66,581
37	.71,668	87	1.68,518
38	.73,605	88	1.70,455
39	.75,542	89	1.72,392
40	.77,479	90	1.74,329
41	.79,416	91	1.76,266
42	.81,353	92	1.78,203
43	.83,290	93	1.80,140
44	.85,227	94	1.82,077
45	.87,164	95	1.84,014
46	.89,101	96	1.85,951
47	.91,038	97	1.87,888
48	.92,975	98	1.89,825
49	.94,912	99	1.91,762
50	.96,849	**247 Days.**	

102 DAYS.

Prin.	Interest.	Prin.	Interest.
1	.01,956	51	.99,764
2	.03,912	52	1.01,721
3	.05,868	53	1.03,677
4	.07,825	54	1.05,633
5	.09,781	55	1.07,589
6	.11,737	56	1.09,545
7	.13,693	57	1.11,501
8	.15,649	58	1.13,458
9	.17,605	59	1.15,414
10	.19,562	60	1.17,370
11	.21,518	61	1.19,326
12	.23,474	62	1.21,282
13	.25,430	63	1.23,238
14	.27,386	64	1.25,195
15	.29,342	65	1.27,151
16	.31,299	66	1.29,107
17	.33,255	67	1.31,063
18	.35,211	68	1.33,019
19	.37,167	69	1.34,975
20	.39,123	70	1.36,932
21	.41,079	71	1.38,888
22	.43,036	72	1.40,844
23	.44,992	73	1.42,800
24	.46,948	74	1.44,756
25	.48,904	75	1.46,712
26	.50,860	76	1.48,668
27	.52,816	77	1.50,625
28	.54,773	78	1.52,581
29	.56,729	79	1.54,537
30	.58,685	80	1.56,493
31	.60,641	81	1.58,449
32	.62,597	82	1.60,405
33	.64,553	83	1.62,362
34	.66,510	84	1.64,318
35	.68,466	85	1.66,274
36	.70,422	86	1.68,230
37	.72,378	87	1.70,186
38	.74,334	88	1.72,142
39	.76,290	89	1.74,099
40	.78,247	90	1.76,055
41	.80,203	91	1.78,011
42	.82,159	92	1.79,967
43	.84,115	93	1.81,923
44	.86,071	94	1.83,879
45	.88,027	95	1.85,836
46	.89,984	96	1.87,792
47	.91,940	97	1.89,748
48	.93,896	98	1.91,704
49	.95,852	99	1.93,660
50	.97,808	**248 Days.**	

146 DAYS.

Prin.	Interest.	Prin.	Interest.	Prin.	Interest.	Prin.	Interest.	Prin.	Interest.
51	1.42,80	61	1.70,80	71	1.98,80	81	2.26,80	91	2.54,80
52	1.45,60	62	1.73,60	72	2.01,60	82	2.29,60	92	2.57,60
53	1.48,40	63	1.76,40	73	2.04,40	83	2.32,40	93	2.60,40
54	1.51,20	64	1.79,20	74	2.07,20	84	2.35,20	94	2.63,20
55	1.54,00	65	1.82,00	75	2.10,00	85	2.38,00	95	2.66,00
56	1.56,80	66	1.84,80	76	2.12,80	86	2.40,80	96	2.68,80
57	1.59,60	67	1.87,60	77	2.15,60	87	2.43,60	97	2.71,60
58	1.62,40	68	1.90,40	78	2.18,40	88	2.46,40	98	2.74,40
59	1.65,20	69	1.93,20	79	2.21,20	89	2.49,20	99	2.77,20
60	1.68,00	70	1.96,00	80	2.24,00	90	2.52,00		

[167

COMMERCIAL INTEREST AT SEVEN PER CENT.

103 DAYS.

Prin.	Interest.	Prin.	Interest.
1	.01,975	51	1.00,742
2	.03,951	52	1.02,718
3	.05,926	53	1.04,693
4	.07,901	54	1.06,668
5	.09,877	55	1.08,644
6	.11,852	56	1.10,619
7	.13,827	57	1.12,595
8	.15,803	58	1.14,570
9	.17,778	59	1.16,545
10	.19,753	60	1.18,521
11	.21,729	61	1.20,496
12	.23,704	62	1.22,471
13	.25,679	63	1.24,447
14	.27,655	64	1.26,422
15	.29,630	65	1.28,397
16	.31,605	66	1.30,373
17	.33,581	67	1.32,348
18	.35,556	68	1.34,323
19	.37,532	69	1.36,299
20	.39,507	70	1.38,274
21	.41,482	71	1.40,249
22	.43,458	72	1.42,225
23	.45,433	73	1.44,200
24	.47,408	74	1.46,175
25	.49,384	75	1.48,151
26	.51,359	76	1.50,126
27	.53,334	77	1.52,101
28	.55,310	78	1.54,077
29	.57,285	79	1.56,052
30	.59,260	80	1.58,027
31	.61,236	81	1.60,003
32	.63,211	82	1.61,978
33	.65,186	83	1.63,953
34	.67,162	84	1.65,929
35	.69,137	85	1.67,904
36	.71,112	86	1.69,879
37	.73,088	87	1.71,855
38	.75,063	88	1.73,830
39	.77,038	89	1.75,805
40	.79,014	90	1.77,781
41	.80,989	91	1.79,756
42	.82,964	92	1.81,732
43	.84,940	93	1.83,707
44	.86,915	94	1.85,682
45	.88,890	95	1.87,658
46	.90,866	96	1.89,633
47	.92,841	97	1.91,608
48	.94,816	98	1.93,584
49	.96,792	99	1.95,559
50	.98,767		**249 Days.**

104 DAYS.

Prin.	Interest.	Prin.	Interest.
1	.01,995	51	1.01,721
2	.03,989	52	1.03,715
3	.05,984	53	1.05,710
4	.07,978	54	1.07,704
5	.09,973	55	1.09,699
6	.11,967	56	1.11,693
7	.13,962	57	1.13,688
8	.15,956	58	1.15,682
9	.17,951	59	1.17,677
10	.19,945	60	1.19,671
11	.21,940	61	1.21,666
12	.23,934	62	1.23,660
13	.25,929	63	1.25,655
14	.27.923	64	1.27,649
15	.29,918	65	1.29,644
16	.31,912	66	1.31,638
17	.33,907	67	1.33,633
18	.35,901	68	1.35,627
19	.37,896	69	1.37,622
20	.39,890	70	1.39,616
21	.41,885	71	1.41,611
22	.43,879	72	1.43,605
23	.45,874	73	1.45,600
24	.47,868	74	1.47,595
25	.49,863	75	1.49,589
26	.51,858	76	1.51,584
27	.53,852	77	1.53,578
28	.55,847	78	1.55,573
29	.57,841	79	1.57,567
30	.59,836	80	1.59,562
31	.61,830	81	1.61,556
32	.63,825	82	1.63,551
33	.65,819	83	1.65,545
34	.67,814	84	1.67,540
35	.69,808	85	1.69,534
36	.71,803	86	1.71,529
37	.73,797	87	1.73,523
38	.75,792	88	1.75,518
39	.77,786	89	1.77,512
40	.79,781	90	1.79,507
41	.81,775	91	1.81,501
42	.83,770	92	1.83,496
43	.85,764	93	1.85,490
44	.87,759	94	1.87,485
45	.89,753	95	1.89,479
46	.91,748	96	1.91,474
47	.93,742	97	1.93,468
48	.95,737	98	1.95,463
49	.97,732	99	1.97,458
50	.99,726		**250 Days.**

105 DAYS.

Prin.	Interest.	Prin.	Interest.
1	.02,014	51	1.02,699
2	.04,027	52	1.04,712
3	.06,041	53	1.06,726
4	.08,055	54	1.08,740
5	.10,068	55	1.10,753
6	.12,082	56	1.12,767
7	.14,096	57	1.14,781
8	.16,110	58	1.16,795
9	.18,123	59	1.18,808
10	.20,137	60	1.20,822
11	.22,151	61	1.22,836
12	.24,164	62	1.24,849
13	.26,178	63	1.26,863
14	.28,192	64	1.28,877
15	.30,205	65	1.30,890
16	.32,219	66	1.32,904
17	.34,233	67	1.34,918
18	.36,247	68	1.36,932
19	.38,260	69	1.38,945
20	.40,274	70	1.40,959
21	.42,288	71	1.42,973
22	.44,301	72	1.44,986
23	.46,315	73	1.47,000
24	.48,329	74	1.49,014
25	.50,342	75	1.51,027
26	.52,356	76	1.53,041
27	.54,370	77	1.55,055
28	.56,384	78	1.57,068
29	.58,397	79	1.59,082
30	.60,411	80	1.61,096
31	.62,425	81	1.63,110
32	.64,438	82	1.65,123
33	.66,452	83	1.67,137
34	.68,466	84	1.69,151
35	.70,479	85	1.71,164
36	.72,493	86	1.73,178
37	.74,507	87	1.75,192
38	.76,521	88	1.77,205
39	.78,534	89	1.79,219
40	.80,548	90	1.81,233
41	.82,562	91	1.83,247
42	.84,575	92	1.85,260
43	.86,589	93	1.87,274
44	.88,603	94	1.89,288
45	.90,616	95	1.91,301
46	.92,630	96	1.93,315
47	.94,644	97	1.95,329
48	.96,658	98	1.97,342
49	.98,671	99	1.99,356
50	1.00,685		**251 Days.**

146 DAYS.

Prin.	Interest.	Prin.	Interest.	Prin.	Interest.	Prin.	Interest.	Prin.	Interest.
1	.02,80	11	.30,80	21	.58,80	31	.86,80	41	1.14,80
2	.05,60	12	.33,60	22	.61,60	32	.89,60	42	1.17,60
3	.08,40	13	.36,40	23	.64,40	33	.92,40	43	1.20,40
4	.11,20	14	.39,20	24	.67,20	34	.95,20	44	1.23,20
5	.14,00	15	.42,00	25	.70,00	35	.98,00	45	1.26,00
6	.16,80	16	.44,80	26	.72,80	36	1.00,80	46	1.28,80
7	.19,60	17	.47,60	27	.75,60	37	1.03,60	47	1.31,60
8	.22,40	18	.50,40	28	.78,40	38	1.06,40	48	1.34,40
9	.25,20	19	.53,20	29	.81,20	39	1.09,20	49	1.37,20
10	.28,00	20	.56,00	30	.84,00	40	1.12,00	50	1.40,00

COMMERCIAL INTEREST AT SEVEN PER CENT.

106 DAYS.

Prin.	Interest.	Prin.	Interest.
1	.02,033	51	1.03,677
2	.04,066	52	1.05,710
3	.06,099	53	1.07,742
4	.08,132	54	1.09,775
5	.10,164	55	1.11,808
6	.12,197	56	1.13,841
7	.14,230	57	1.15,874
8	.16,263	58	1.17,907
9	.18,296	59	1.19,940
10	.20,329	60	1.21,973
11	.22,362	61	1.24,005
12	.24,395	62	1.26,038
13	.26,427	63	1.28,071
14	.28,460	64	1.30,104
15	.30,493	65	1.32,137
16	.32,526	66	1.34,170
17	.34,559	67	1.36,203
18	.36,592	68	1.38,236
19	.38,625	69	1.40,268
20	.40,658	70	1.42,301
21	.42,690	71	1.44,334
22	.44,723	72	1.46,367
23	.46,756	73	1.48,400
24	.48,789	74	1.50,433
25	.50,822	75	1.52,466
26	.52,855	76	1.54,499
27	.54,888	77	1.56,532
28	.56,921	78	1.58,564
29	.58,953	79	1.60,597
30	.60,986	80	1.62,630
31	.63,019	81	1.64,663
32	.65,052	82	1.66,696
33	.67,085	83	1.68,729
34	.69,118	84	1.70,762
35	.71,151	85	1.72,795
36	.73,184	86	1.74,827
37	.75,216	87	1.76,860
38	.77,249	88	1.78,893
39	.79,282	89	1.80,926
40	.81,315	90	1.82,959
41	.83,348	91	1.84,992
42	.85,381	92	1.87,025
43	.87,414	93	1.89,058
44	.89,447	94	1.91,090
45	.91,479	95	1.93,123
46	.93,512	96	1.95,156
47	.95,545	97	1.97,189
48	.97,578	98	1.99,222
49	.99,611	99	2.01,255
50	1.01,644		**252 Days.**

107 DAYS.

Prin.	Interest.	Prin.	Interest.
1	.02,052	51	1.04,655
2	.04,104	52	1.06,707
3	.06,156	53	1.08,759
4	.08,208	54	1.10,811
5	.10,260	55	1.12,863
6	.12,312	56	1.14,915
7	.14,364	57	1.16,967
8	.16,416	58	1.19,019
9	.18,468	59	1.21,071
10	.20,521	60	1.23,123
11	.22,573	61	1.25,175
12	.24,625	62	1.27,227
13	.26,677	63	1.29,279
14	.28,729	64	1.31,332
15	.30,781	65	1.33,384
16	.32,833	66	1.35,436
17	.34,885	67	1.37,488
18	.36,937	68	1.39,540
19	.38,989	69	1.41,592
20	.41,041	70	1.43,644
21	.43,093	71	1.45,696
22	.45,145	72	1.47,748
23	.47,197	73	1.49,800
24	.49,249	74	1.51,852
25	.51,301	75	1.53,904
26	.53,353	76	1.55,956
27	.55,405	77	1.58,008
28	.57,458	78	1.60,060
29	.59,510	79	1.62,112
30	.61,562	80	1.64,164
31	.63,614	81	1.66,216
32	.65,666	82	1.68,268
33	.67,718	83	1.70,321
34	.69,770	84	1.72,373
35	.71,822	85	1.74,425
36	.73,874	86	1.76,477
37	.75,926	87	1.78,529
38	.77,978	88	1.80,581
39	.80,030	89	1.82,633
40	.82,082	90	1.84,685
41	.84,134	91	1.86,737
42	.86,186	92	1.88,789
43	.88,238	93	1.90,841
44	.90,290	94	1.92,893
45	.92,342	95	1.94,945
46	.94,395	96	1.96,997
47	.96,447	97	1.99,049
48	.98,499	98	2.01,101
49	1.00,551	99	2.03,153
50	1.02,603		**253 Days.**

108 DAYS.

Prin.	Interest.	Prin.	Interest.
1	.02,071	51	1.05,633
2	.04,142	52	1.07,704
3	.06,214	53	1.09,775
4	.08,285	54	1.11,847
5	.10,356	55	1.13,918
6	.12,427	56	1.15,989
7	.14,499	57	1.18,060
8	.16,570	58	1.20,132
9	.18,641	59	1.22,203
10	.20,712	60	1.24,274
11	.22,784	61	1.26,345
12	.24,855	62	1.28,416
13	.26,926	63	1.30,488
14	.28,997	64	1.32,559
15	.31,068	65	1.34,630
16	.33,140	66	1.36,701
17	.35,211	67	1.38,773
18	.37,282	68	1.40,844
19	.39,353	69	1.42,915
20	.41,425	70	1.44,986
21	.43,496	71	1.47,058
22	.45,567	72	1.49,129
23	.47,638	73	1.51,200
24	.49,710	74	1.53,271
25	.51,781	75	1.55,342
26	.53,852	76	1.57,414
27	.55,923	77	1.59,485
28	.57,995	78	1.61,556
29	.60,066	79	1.63,627
30	.62,137	80	1.65,699
31	.64,208	81	1.67,770
32	.66,279	82	1.69,841
33	.68,351	83	1.71,912
34	.70,422	84	1.73,984
35	.72,493	85	1.76,055
36	.74,564	86	1.78,126
37	.76,636	87	1.80,197
38	.78,707	88	1.82,268
39	.80,778	89	1.84,340
40	.82,849	90	1.86,411
41	.84,921	91	1.88,482
42	.86,992	92	1.90,553
43	.89,063	93	1.92,625
44	.91,134	94	1.94,696
45	.93,205	95	1.96,767
46	.95,277	96	1.98,838
47	.97,348	97	2.00,910
48	.99,419	98	2.02,981
49	1.01,490	99	2.05,052
50	1.03,562		**254 Days.**

146 DAYS.

Prin.	Interest.	Prin.	Interest.	Prin.	Interest.	Prin.	Interest.	Prin.	Interest.
51	1.42,80	61	1.70,80	71	1.98,80	81	2.26,80	91	2.54,80
52	1.45,60	62	1.73,60	72	2.01,60	82	2.29,60	92	2.57,60
53	1.48,40	63	1.76,40	73	2.04,40	83	2.32,40	93	2.60,40
54	1.51,20	64	1.79,20	74	2.07,20	84	2.35,20	94	2.63,20
55	1.54,00	65	1.82,00	75	2.10,00	85	2.38,00	95	2.66,00
56	1.56,80	66	1.84,80	76	2.12,80	86	2.40,80	96	2.68,80
57	1.59,60	67	1.87,60	77	2.15,60	87	2.43,60	97	2.71,60
58	1.62,40	68	1.90,40	78	2.18,40	88	2.46,40	98	2.74,40
59	1.65,20	69	1.93,20	79	2.21,20	89	2.49,20	99	2.77,20
60	1.68,00	70	1.96,00	80	2.24,00	90	2.52,00		

[169

COMMERCIAL INTEREST AT SEVEN PER CENT.

109 DAYS.

Prin.	Interest.	Prin.	Interest.
1	.02,090	51	1.06,611
2	.04,181	52	1.08,701
3	.06,271	53	1.10,792
4	.08,362	54	1.12,882
5	.10,452	55	1.14,973
6	.12,542	56	1.17,063
7	.14,633	57	1.19,153
8	.16,723	58	1.21,244
9	.18,814	59	1.23,334
10	.20,904	60	1.25,425
11	.22,995	61	1.27,515
12	.25,085	62	1.29,605
13	.27,175	63	1.31,696
14	.29,266	64	1.33,786
15	.31,356	65	1.35,877
16	.33,447	66	1.37,967
17	.35,537	67	1.40,058
18	.37,627	68	1.42,148
19	.39,718	69	1.44,238
20	.41,808	70	1.46,329
21	.43,899	71	1.48,419
22	.45,989	72	1.50,510
23	.48,079	73	1.52,600
24	.50,170	74	1.54,690
25	.52,260	75	1.56,781
26	.54,351	76	1.58,871
27	.56,441	77	1.60,962
28	.58,532	78	1.63,052
29	.60,622	79	1.65,142
30	.62,712	80	1.67,233
31	.64,803	81	1.69,323
32	.66,893	82	1.71,414
33	.68,984	83	1.73,504
34	.71,074	84	1.75,595
35	.73,164	85	1.77,685
36	.75,255	86	1.79,775
37	.77,345	87	1.81,866
38	.79,436	88	1.83,956
39	.81,526	89	1.86,047
40	.83,616	90	1.88,137
41	.85,707	91	1.90,227
42	.87,797	92	1.92,318
43	.89,888	93	1.94,408
44	.91,978	94	1.96,499
45	.94,068	95	1.98,589
46	.96,159	96	2.00,679
47	.98,249	97	2.02,770
48	1.00,340	98	2.04,860
49	1.02,430	99	2.06,951
50	1.04,521	**255 Days.**	

110 DAYS.

Prin.	Interest.	Prin.	Interest.
1	.02,110	51	1.07,589
2	.04,219	52	1.09,699
3	.06,329	53	1.11,808
4	.08,438	54	1.13,918
5	.10,548	55	1.16,027
6	.12,658	56	1.18,137
7	.14,767	57	1.20,247
8	.16,877	58	1.22,356
9	.18,986	59	1.24,466
10	.21,096	60	1.26,575
11	.23,205	61	1.28,685
12	.25,315	62	1.30,795
13	.27,425	63	1.32,904
14	.29,534	64	1.35,014
15	.31,644	65	1.37,123
16	.33,753	66	1.39,233
17	.35,863	67	1.41,342
18	.37,973	68	1.43,452
19	.40,082	69	1.45,562
20	.42,192	70	1.47,671
21	.44,301	71	1.49,781
22	.46,411	72	1.51,890
23	.48,521	73	1.54,000
24	.50,630	74	1.56,110
25	.52,740	75	1.58,219
26	.54,849	76	1.60,329
27	.56,959	77	1.62,438
28	.59,068	78	1.64,548
29	.61,178	79	1.66,658
30	.63,288	80	1.68,767
31	.65,397	81	1.70,877
32	.67,507	82	1.72,986
33	.69,616	83	1.75,096
34	.71,726	84	1.77,205
35	.73,836	85	1.79,315
36	.75,945	86	1.81,425
37	.78,055	87	1.83,534
38	.80,164	88	1.85,644
39	.82,274	89	1.87,753
40	.84,384	90	1.89,863
41	.86,493	91	1.91,973
42	.88,603	92	1.94,082
43	.90,712	93	1.96,192
44	.92,822	94	1.98,301
45	.94,932	95	2.00,411
46	.97,041	96	2.02,521
47	.99,151	97	2.04,630
48	1.01,260	98	2.06,740
49	1.03,370	99	2.08,849
50	1.05,479	**256 Days.**	

111 DAYS.

Prin.	Interest.	Prin.	Interest.
1	.02,129	51	1.08,567
2	.04,258	52	1.10,696
3	.06,386	53	1.12,825
4	.08,515	54	1.14,953
5	.10,644	55	1.17,082
6	.12,773	56	1.19,211
7	.14,901	57	1.21,340
8	.17,030	58	1.23,468
9	.19,159	59	1.25,597
10	.21,288	60	1.27,726
11	.23,416	61	1.29,855
12	.25,545	62	1.31,984
13	.27,674	63	1.34,112
14	.29,803	64	1.36,241
15	.31,932	65	1.38,370
16	.34,060	66	1.40,499
17	.36,189	67	1.42,627
18	.38,318	68	1.44,756
19	.40,447	69	1.46,885
20	.42,575	70	1.49,014
21	.44,704	71	1.51,142
22	.46,833	72	1.53,271
23	.48,962	73	1.55,400
24	.51,090	74	1.57,529
25	.53,219	75	1.59,658
26	.55,348	76	1.61,786
27	.57,477	77	1.63,915
28	.59,605	78	1.66,044
29	.61,734	79	1.68,173
30	.63,863	80	1.70,301
31	.65,992	81	1.72,430
32	.68,121	82	1.74,559
33	.70,249	83	1.76,688
34	.72,378	84	1.78,816
35	.74,507	85	1.80,945
36	.76,636	86	1.83,074
37	.78,764	87	1.85,203
38	.80,893	88	1.87,332
39	.83,022	89	1.89,460
40	.85,151	90	1.91,589
41	.87,279	91	1.93,718
42	.89,408	92	1.95,847
43	.91,537	93	1.97,975
44	.93,666	94	2.00,104
45	.95,795	95	2.02,233
46	.97,923	96	2.04,362
47	1.00,052	97	2.06,490
48	1.02,181	98	2.08,619
49	1.04,310	99	2.10,748
50	1.06,438	**257 Days.**	

146 DAYS.

Prin.	Interest.	Prin.	Interest.	Prin.	Interest.	Prin.	Interest.	Prin.	Interest.
1	.02,80	11	.30,80	21	.58,80	31	.86,80	41	1.14,80
2	.05,60	12	.33,60	22	.61,60	32	.89,60	42	1.17,60
3	.08,40	13	.36,40	23	.64,40	33	.92,40	43	1.20,40
4	.11,20	14	.39,20	24	.67,20	34	.95,20	44	1.23,20
5	.14,00	15	.42,00	25	.70,00	35	.98,00	45	1.26,00
6	.16,80	16	.44,80	26	.72,80	36	1.00,80	46	1.28,80
7	.19,60	17	.47,60	27	.75,60	37	1.03,60	47	1.31,60
8	.22,40	18	.50,40	28	.78,40	38	1.06,40	48	1.34,40
9	.25,20	19	.53,20	29	.81,20	39	1.09,20	49	1.37,20
10	.28,00	20	.56,00	30	.84,00	40	1.12,00	50	1.40,00

COMMERCIAL INTEREST AT SEVEN PER CENT.

112 DAYS. | 113 DAYS. | 114 DAYS.

Prin.	Interest.	Prin.	Interest.	Prin.	Interest.	Prin.	Interest.	Prin.	Interest.	Prin.	Interest.
1	.02,148	51	1.09,545	1	.02,167	51	1.10,523	1	.02,186	51	1.11,501
2	.04,296	52	1.11,693	2	.04,334	52	1.12,690	2	.04,373	52	1.13,688
3	.06,444	53	1.13,841	3	.06,501	53	1.14,858	3	.06,559	53	1.15,874
4	.08,592	54	1.15,989	4	.08,668	54	1.17,025	4	.08,745	54	1.18,060
5	.10,740	55	1.18,137	5	.10,836	55	1.19,192	5	.10,932	55	1.20,247
6	.12,888	56	1.20,285	6	.13,003	56	1.21,359	6	.13,118	56	1.22,433
7	.15,036	57	1.22,433	7	.15,170	57	1.23,526	7	.15,304	57	1.24,619
8	.17,184	58	1.24,581	8	.17,337	58	1.25,693	8	.17,490	58	1.26,805
9	.19,332	59	1.26,729	9	.19,504	59	1.27,860	9	.19,677	59	1.28,992
10	.21,479	60	1.28,877	10	.21,671	60	1.30,027	10	.21,863	60	1.31,178
11	.23,627	61	1.31,025	11	.23,838	61	1.32,195	11	.24,049	61	1.33,364
12	.25,775	62	1.33,173	12	.26,005	62	1.34,362	12	.26,236	62	1.35,551
13	.27,923	63	1.35,321	13	.28,173	63	1.36,529	13	.28,422	63	1.37,737
14	.30,071	64	1.37,468	14	.30,340	64	1.38,696	14	.30,608	64	1.39,923
15	.32,219	65	1.39,616	15	.32,507	65	1.40,863	15	.32,795	65	1.42,110
16	.34,367	66	1.41,764	16	.34,674	66	1.43,030	16	.34,981	66	1.44,296
17	.36,515	67	1.43,912	17	.36,841	67	1.45,197	17	.37,167	67	1.46,482
18	.38,663	68	1.46,060	18	.39,008	68	1.47,364	18	.39,353	68	1.48,668
19	.40,811	69	1.48,208	19	.41,175	69	1.49,532	19	.41,540	69	1.50,855
20	.42,959	70	1.50,356	20	.43,342	70	1.51,699	20	.43,726	70	1.53,041
21	.45,107	71	1.52,504	21	.45,510	71	1.53,866	21	.45,912	71	1.55,227
22	.47,255	72	1.54,652	22	.47,677	72	1.56,033	22	.48,099	72	1.57,414
23	.49,403	73	1.56,800	23	.49,844	73	1.58,200	23	.50,285	73	1.59,600
24	.51,551	74	1.58,948	24	.52,011	74	1.60,367	24	.52,471	74	1.61,786
25	.53,699	75	1.61,096	25	.54,178	75	1.62,534	25	.54,658	75	1.63,973
26	.55,847	76	1.63,244	26	.56,345	76	1.64,701	26	.56,844	76	1.66,159
27	.57,995	77	1.65,392	27	.58,512	77	1.66,868	27	.59,030	77	1.68,345
28	.60,142	78	1.67,540	28	.60.679	78	1.69,036	28	.61,216	78	1.70,532
29	.62,290	79	1.69,688	29	.62,847	79	1.71,203	29	.63,403	79	1.72,718
30	.64,438	80	1.71,836	30	.65,014	80	1.73,370	30	.65,589	80	1.74,904
31	.66,586	81	1.73,984	31	.67,181	81	1.75,537	31	.67,775	81	1.77,090
32	.68,734	82	1.76,132	32	.69,348	82	1.77,704	32	.69,962	82	1.79,277
33	.70,882	83	1.78,279	33	.71,515	83	1.79,871	33	.72,148	83	1.81,463
34	.73,030	84	1.80,427	34	.73,682	84	1.82,038	34	.74,334	84	1.83,649
35	.75,178	85	1.82,575	35	.75,849	85	1.84,205	35	.76,521	85	1.85,836
36	.77,326	86	1.84,723	36	.78,016	86	1.86,373	36	.78,707	86	1.88,022
37	.79,474	87	1.86,871	37	.80,184	87	1.88,540	37	.80,893	87	1.90,208
38	.81,622	88	1.89,019	38	.82,351	88	1.90,707	38	.83,079	88	1.92,395
39	.83,770	89	1.91,167	39	.84,518	89	1.92,874	39	.85,266	89	1.94,581
40	.85,918	90	1.93,315	40	.86,685	90	1.95,041	40	.87,452	90	1.96,767
41	.88,066	91	1.95,463	41	.88,852	91	1.97,208	41	.89,638	91	1.98,953
42	.90,214	92	1.97,611	42	.91,019	92	1.99,375	42	.91,825	92	2.01,140
43	.92,362	93	1.99,759	43	.93,186	93	2.01,542	43	.94,011	93	2.03,326
44	.94,510	94	2.01,907	44	.95,353	94	2.03,710	44	.96,197	94	2.05,512
45	.96,658	95	2.04,055	45	.97,521	95	2.05,877	45	.98,384	95	2.07,699
46	.98,805	96	2.06,203	46	.99,688	96	2.08,044	46	1.00,570	96	2.09,885
47	1.00,953	97	2.08,351	47	1.01,855	97	2.10,211	47	1.02,756	97	2.12,071
48	1.03,101	98	2.10,499	48	1.04,023	98	2.12,378	48	1.04,942	98	2.14,258
49	1.05,249	99	2.12,647	49	1.06,189	99	2.14,545	49	1.07,129	99	2.16,444
50	1.07,397	**258 Days.**		50	1.08,356	**259 Days.**		50	1.09,315	**260 Days.**	

146 DAYS.

Prin.	Interest.	Prin.	Interest.	Prin.	Interest.	Prin.	Interest.	Prin.	Interest.
51	1.42,80	61	1.70,80	71	1.98,80	81	2.26,80	91	2.54,80
52	1.45,60	62	1.73,60	72	2.01,60	82	2.29,60	92	2.57,60
53	1.48,40	63	1.76,40	73	2.04,40	83	2.32,40	93	2.60,40
54	1.51,20	64	1.79,20	74	2.07,20	84	2.35,20	94	2.63,20
55	1.54,00	65	1.82,00	75	2.10,00	85	2.38,00	95	2.66,00
56	1.56,80	66	1.84,80	76	2.12,80	86	2.40,80	96	2.68,80
57	1.59,60	67	1.87,60	77	2.15,60	87	2.43,60	97	2.71,60
58	1.62,40	68	1.90,40	78	2.18,40	88	2.46,40	98	2.74,40
59	1.65,20	69	1.93,20	79	2.21,20	89	2.49,20	99	2.77,20
60	1.68,00	70	1.96,00	80	2.24,00	90	2.52,00		

[171

COMMERCIAL INTEREST AT SEVEN PER CENT.

115 DAYS.

Prin.	Interest.	Prin.	Interest.
1	.02,205	51	1.12,479
2	.04,411	52	1.14,685
3	.06,616	53	1.16,890
4	.08,822	54	1.19,096
5	.11,027	55	1.21,301
6	.13,233	56	1.23,507
7	.15,438	57	1.25,712
8	.17,644	58	1.27,918
9	.19,849	59	1.30,123
10	.22,055	60	1.32,329
11	.24,260	61	1.34,534
12	.26,466	62	1.36,740
13	.28,671	63	1.38,945
14	.30,877	64	1.41,151
15	.33,082	65	1.43,356
16	.35,288	66	1.45,562
17	.37,493	67	1.47,767
18	.39,699	68	1.49,973
19	.41,904	69	1.52,178
20	.44,110	70	1.54,384
21	.46,315	71	1.56,589
22	.48,521	72	1.58,795
23	.50,726	73	1.61,000
24	.52,932	74	1.63,205
25	.55,137	75	1.65,411
26	.57,342	76	1.67,616
27	.59,548	77	1.69,822
28	.61,753	78	1.72,027
29	.63,959	79	1.74,233
30	.66,164	80	1.76,438
31	.68,370	81	1.78,644
32	.70,575	82	1.80,849
33	.72,781	83	1.83,055
34	.74,986	84	1.85,260
35	.77,192	85	1.87,466
36	.79,397	86	1.89,671
37	.81,603	87	1.91,877
38	.83,808	88	1.94,082
39	.86,014	89	1.96,288
40	.88,219	90	1.98,493
41	.90,425	91	2.00,699
42	.92,630	92	2.02,904
43	.94,836	93	2.05,110
44	.97,041	94	2.07,315
45	.99,247	95	2.09,521
46	1.01,452	96	2.11,726
47	1.03,658	97	2.13,932
48	1.05,863	98	2.16,137
49	1.08,068	99	2.18,342
50	1.10,274		**261 Days.**

116 DAYS.

Prin.	Interest.	Prin.	Interest.
1	.02,225	51	1.13,458
2	.04,449	52	1.15,682
3	.06,674	53	1.17,907
4	.08,899	54	1.20,132
5	.11,123	55	1.22,356
6	.13,348	56	1.24,581
7	.15,573	57	1.26,805
8	.17,797	58	1.29,030
9	.20,022	59	1.31,255
10	.22,247	60	1.33,479
11	.24,471	61	1.35,704
12	.26,696	62	1.37,929
13	.28,921	63	1.40,153
14	.31,145	64	1.42,378
15	.33,370	65	1.44,603
16	.35,595	66	1.46,827
17	.37,819	67	1.49,052
18	.40,044	68	1.51,277
19	.42,268	69	1.53,501
20	.44,493	70	1.55,726
21	.46,718	71	1.57,951
22	.48,942	72	1.60,175
23	.51,167	73	1.62,400
24	.53,392	74	1.64,625
25	.55,616	75	1.66,849
26	.57,841	76	1.69,074
27	.60,066	77	1.71,299
28	.62,290	78	1.73,523
29	.64,515	79	1.75,748
30	.66,740	80	1.77,973
31	.68,964	81	1.80,197
32	.71,189	82	1.82,422
33	.73,414	83	1.84,647
34	.75,638	84	1.86,871
35	.77,863	85	1.89,096
36	.80,088	86	1.91,321
37	.82,312	87	1.93,545
38	.84,537	88	1.95,770
39	.86,762	89	1.97,995
40	.88,986	90	2.00,219
41	.91,211	91	2.02,444
42	.93,436	92	2.04,668
43	.95,660	93	2.06,893
44	.97,885	94	2.09,118
45	1.00,110	95	2.11,342
46	1.02,334	96	2.13,567
47	1.04,559	97	2.15,792
48	1.06,784	98	2.18,016
49	1.09,008	99	2.20,241
50	1.11,233		**262 Days.**

117 DAYS.

Prin.	Interest.	Prin.	Interest.
1	.02,244	51	1.14,436
2	.04,488	52	1.16,679
3	.06,732	53	1.18,923
4	.08,975	54	1.21,167
5	.11,219	55	1.23,411
6	.13,463	56	1.25,655
7	.15,707	57	1.27,899
8	.17,951	58	1.30,142
9	.20,195	59	1.32,386
10	.22,438	60	1.34,630
11	.24,682	61	1.36,874
12	.26,926	62	1.39,118
13	.29,170	63	1.41,362
14	.31,414	64	1.43,605
15	.33,658	65	1.45,849
16	.35,901	66	1.48,093
17	.38,145	67	1.50,337
18	.40,389	68	1.52,581
19	.42,633	69	1.54,825
20	.44,877	70	1.57,068
21	.47,121	71	1.59,312
22	.49,364	72	1.61,556
23	.51,608	73	1.63,800
24	.53,852	74	1.66,044
25	.56,096	75	1.68,288
26	.58,340	76	1.70,532
27	.60,584	77	1.72,775
28	.62,827	78	1.75,019
29	.65,071	79	1.77,263
30	.67,315	80	1.79,507
31	.69,559	81	1.81,751
32	.71,803	82	1.83,995
33	.74,047	83	1.86,238
34	.76,290	84	1.88,482
35	.78,534	85	1.90,726
36	.80,778	86	1.92,970
37	.83,022	87	1.95,214
38	.85,266	88	1.97,458
39	.87,510	89	1.99,701
40	.89,753	90	2.01,945
41	.91,997	91	2.04,189
42	.94,241	92	2.06,433
43	.96,485	93	2.08,677
44	.98,729	94	2.10,921
45	1.00,973	95	2.13,164
46	1.03,216	96	2.15,408
47	1.05,460	97	2.17,652
48	1.07,704	98	2.19,896
49	1.09,948	99	2.22,140
50	1.12,192		**263 Days.**

146 DAYS.

Prin.	Interest.	Prin.	Interest.	Prin.	Interest.	Prin.	Interest.	Prin.	Interest.
1	.02,80	11	.30,80	21	.58,80	31	.86,80	41	1.14,80
2	.05,60	12	.33,60	22	.61,60	32	.89,60	42	1.17,60
3	.08,40	13	.36,40	23	.64,40	33	.92,40	43	1.20,40
4	.11,20	14	.39,20	24	.67,20	34	.95,20	44	1.23,20
5	.14,00	15	.42,00	25	.70,00	35	.98,00	45	1.26,00
6	.16,80	16	.44,80	26	.72,80	36	1.00,80	46	1.28,80
7	.19,60	17	.47,60	27	.75,60	37	1.03,60	47	1.31,60
8	.22,40	18	.50,40	28	.78,40	38	1.06,40	48	1.34,40
9	.25,20	19	.53,20	29	.81,20	39	1.09,20	49	1.37,20
10	.28,00	20	.56,00	30	.84,00	40	1.12,00	50	1.40,00

COMMERCIAL INTEREST AT SEVEN PER CENT.

118 DAYS.

Prin.	Interest.	Prin.	Interest.
1	.02,263	51	1.15,414
2	.04,526	52	1.17,677
3	.06,789	53	1.19,940
4	.09,052	54	1.22,203
5	.11,315	55	1.24,466
6	.13,578	56	1.26,729
7	.15,841	57	1.28,992
8	.18,104	58	1.31,255
9	.20,367	59	1.33,518
10	.22,630	60	1.35,781
11	.24,893	61	1.38,044
12	.27,156	62	1.40,307
13	.29,419	63	1.42,570
14	.31,682	64	1.44,833
15	.33,945	65	1.47,096
16	.36,208	66	1.49,359
17	.38,471	67	1.51,622
18	.40,734	68	1.53,885
19	.42,997	69	1.56,148
20	.45,260	70	1.58,411
21	.47,523	71	1.60,674
22	.49,786	72	1.62,937
23	.52,049	73	1.65,200
24	.54,312	74	1.67,463
25	.56,575	75	1.69,726
26	.58,838	76	1.71,989
27	.61,101	77	1.74,252
28	.63,364	78	1.76,515
29	.65,627	79	1.78,778
30	.67,890	80	1.81,041
31	.70,153	81	1.83,304
32	.72,416	82	1.85,567
33	.74,679	83	1.87,830
34	.76,942	84	1.90,093
35	.79,205	85	1.92,356
36	.81,468	86	1.94,619
37	.83,732	87	1.96,882
38	.85,995	88	1.99,145
39	.88,258	89	2.01,408
40	.90,521	90	2.03,671
41	.92,784	91	2.05,934
42	.95,047	92	2.08,197
43	.97,310	93	2.10,460
44	.99,573	94	2.12,723
45	1.01,836	95	2.14,986
46	1.04,099	96	2.17,249
47	1.06,362	97	2.19,512
48	1.08,625	98	2.21,775
49	1.10,888	99	2.24,038
50	1.13,151		**264 Days.**

119 DAYS.

Prin.	Interest.	Prin.	Interest.
1	.02,282	51	1.16,392
2	.04,564	52	1.18,674
3	.06,847	53	1.20,956
4	.09,129	54	1.23,238
5	.11,411	55	1.25,521
6	.13,693	56	1.27,803
7	.15,975	57	1.30,085
8	.18,258	58	1.32,367
9	.20,540	59	1.34,649
10	.22,822	60	1.36,932
11	.25,104	61	1.39,214
12	.27,386	62	1.41,496
13	.29,668	63	1.43,778
14	.31,951	64	1.46,060
15	.34,233	65	1.48,342
16	.36,515	66	1.50,625
17	.38,797	67	1.52,907
18	.41,079	68	1.55,189
19	.43,362	69	1.57,471
20	.45,644	70	1.59,753
21	.47,926	71	1.62,036
22	.50,208	72	1.64,318
23	.52,490	73	1.66,600
24	.54,773	74	1.68,882
25	.57,055	75	1.71,164
26	.59,337	76	1.73,447
27	.61,619	77	1.75,729
28	.63,901	78	1.78,011
29	.66,184	79	1.80,293
30	.68,466	80	1.82,575
31	.70,748	81	1.84,858
32	.73,030	82	1.87,140
33	.75,312	83	1.89,422
34	.77,595	84	1.91,704
35	.79,877	85	1.93,986
36	.82,159	86	1.96,268
37	.84,441	87	1.98,551
38	.86,723	88	2.00,833
39	.89,005	89	2.03,115
40	.91,288	90	2.05,397
41	.93,570	91	2.07,679
42	.95,852	92	2.09,962
43	.98,134	93	2.12,244
44	1.00,416	94	2.14,526
45	1.02,699	95	2.16,808
46	1.04,981	96	2.19,090
47	1.07,263	97	2.21,373
48	1.09,545	98	2.23,655
49	1.11,827	99	2.25,937
50	1.14,110		**265 Days.**

120 DAYS.

Prin.	Interest.	Prin.	Interest.
1	.02,301	51	1.17,370
2	.04,603	52	1.19,671
3	.06,904	53	1.21,973
4	.09,205	54	1.24,274
5	.11,507	55	1.26,575
6	.13,808	56	1.28,877
7	.16,110	57	1.31,178
8	.18,411	58	1.33,479
9	.20,712	59	1.35,781
10	.23,014	60	1.38,082
11	.25,315	61	1.40,384
12	.27,616	62	1.42,685
13	.29,918	63	1.44,986
14	.32,219	64	1.47,288
15	.34,521	65	1.49,589
16	.36,822	66	1.51,890
17	.39,123	67	1.54,192
18	.41,425	68	1.56,493
19	.43,726	69	1.58,795
20	.46,027	70	1.61,096
21	.48,329	71	1.63,397
22	.50,630	72	1.65,699
23	.52,932	73	1.68,000
24	.55,233	74	1.70,301
25	.57,534	75	1.72,603
26	.59,836	76	1.74,904
27	.62,137	77	1.77,205
28	.64,438	78	1.79,507
29	.66,740	79	1.81,808
30	.69,041	80	1.84,110
31	.71,342	81	1.86,411
32	.73,644	82	1.88,712
33	.75,945	83	1.91,014
34	.78,247	84	1.93,315
35	.80,548	85	1.95,616
36	.82,849	86	1.97,918
37	.85,151	87	2.00,219
38	.87,452	88	2.02,521
39	.89,753	89	2.04,822
40	.92,055	90	2.07,123
41	.94,356	91	2.09,425
42	.96,658	92	2.11,726
43	.98,959	93	2.14,027
44	1.01,260	94	2.16,329
45	1.03,562	95	2.18,630
46	1.05,863	96	2.20,932
47	1.08,164	97	2.23,233
48	1.10,466	98	2.25,534
49	1.12,767	99	2.27,836
50	1.15,068		**266 Days.**

146 DAYS.

Prin.	Interest.	Prin.	Interest.	Prin.	Interest.	Prin.	Interest.	Prin.	Interest.
51	1.42,80	61	1.70,80	71	1.98,80	81	2.26,80	91	2.54,80
52	1.45,60	62	1.73,60	72	2.01,60	82	2.29,60	92	2.57,60
53	1.48,40	63	1.76,40	73	2.04,40	83	2.32,40	93	2.60,40
54	1.51,20	64	1.79,20	74	2.07,20	84	2.35,20	94	2.63,20
55	1.54,00	65	1.82,00	75	2.10,00	85	2.38,00	95	2.66,00
56	1.56,80	66	1.84,80	76	2.12,80	86	2.40,80	96	2.68,80
57	1.59,60	67	1.87,60	77	2.15,60	87	2.43,60	97	2.71,60
58	1.62,40	68	1.90,40	78	2.18,40	88	2.46,40	98	2.74,40
59	1.65,20	69	1.93,20	79	2.21,20	89	2.49,20	99	2.77,20
60	1.68,00	70	1.96,00	80	2.24,00	90	2.52,00		

[173

COMMERCIAL INTEREST AT SEVEN PER CENT.

121 DAYS.

Prin.	Interest.	Prin.	Interest.
1	.02,321	51	1.18,348
2	.04,641	52	1.20,668
3	.06,962	53	1.22,989
4	.09,282	54	1.25,310
5	.11,603	55	1.27,630
6	.13,923	56	1.29,951
7	.16,244	57	1.32,271
8	.18,564	58	1.34,592
9	.20,885	59	1.36,912
10	.23,205	60	1.39,233
11	.25,526	61	1.41,553
12	.27,847	62	1.43,874
13	.30,167	63	1.46,195
14	.32,488	64	1.48,515
15	.34,808	65	1.50,836
16	.37,129	66	1.53,156
17	.39,449	67	1.55,477
18	.41,770	68	1.57,797
19	.44,090	69	1.60,118
20	.46,411	70	1.62,438
21	.48,732	71	1.64,759
22	.51,052	72	1.67,079
23	.53,373	73	1.69,400
24	.55,693	74	1.71,721
25	.58,014	75	1.74,041
26	.60,334	76	1.76,362
27	.62,655	77	1.78,682
28	.64,975	78	1.81,003
29	.67,296	79	1.83,323
30	.69,616	80	1.85,644
31	.71,937	81	1.87,964
32	.74,258	82	1.90,285
33	.76,578	83	1.92,605
34	.78,899	84	1.94,926
35	.81,219	85	1.97,247
36	.83,540	86	1.99,567
37	.85,860	87	2.01,888
38	.88,181	88	2.04,208
39	.90,501	89	2.06,529
40	.92,822	90	2.08,849
41	.95,142	91	2.11,170
42	.97,463	92	2.13,490
43	.99,784	93	2.15,811
44	1.02,104	94	2.18,132
45	1.04,425	95	2.20,452
46	1.06,745	96	2.22,773
47	1.09,066	97	2.25,093
48	1.11,386	98	2.27,414
49	1.13,707	99	2.29,734
50	1.16,027		**267 Days.**

122 DAYS.

Prin.	Interest.	Prin.	Interest.
1	.02,340	51	1.19,326
2	.04,679	52	1.21,666
3	.07,019	53	1.24,005
4	.09,359	54	1.26,345
5	.11,699	55	1.28,685
6	.14,038	56	1.31,025
7	.16,378	57	1.33,364
8	.18,718	58	1.35,704
9	.21,058	59	1.38,044
10	.23,397	60	1.40,384
11	.25,737	61	1.42,723
12	.28,077	62	1.45,063
13	.30,416	63	1.47,403
14	.32,756	64	1.49,742
15	.35,096	65	1.52,082
16	.37,436	66	1.54,422
17	.39,775	67	1.56,762
18	.42,115	68	1.59,101
19	.44,455	69	1.61,441
20	.46,795	70	1.63,781
21	.49,134	71	1.66,121
22	.51,474	72	1.68,460
23	.53,814	73	1.70,800
24	.56,153	74	1.73,140
25	.58,493	75	1.75,479
26	.60,833	76	1.77,819
27	.63,173	77	1.80,159
28	.65,512	78	1.82,499
29	.67,852	79	1.84,838
30	.70,192	80	1.87,178
31	.72,532	81	1.89,518
32	.74,871	82	1.91,858
33	.77,211	83	1.94,197
34	.79,551	84	1.96,537
35	.81,890	85	1.98,877
36	.84,230	86	2.01,216
37	.86,570	87	2.03,556
38	.88,910	88	2.05,896
39	.91,249	89	2.08,236
40	.93,589	90	2.10,575
41	.95,929	91	2.12,915
42	.98,268	92	2.15,255
43	1.00,608	93	2.17,595
44	1.02,948	94	2.19,934
45	1.05,288	95	2.22,274
46	1.07,627	96	2.24,614
47	1.09,967	97	2.26,953
48	1.12,307	98	2.29,293
49	1.14,647	99	2.31,633
50	1.16,986		**268 Days.**

123 DAYS.

Prin.	Interest.	Prin.	Interest.
1	.02,359	51	1.20,304
2	.04,718	52	1.22,663
3	.07,077	53	1.25,022
4	.09,436	54	1.27,381
5	.11,795	55	1.29,740
6	.14,153	56	1.32,099
7	.16,512	57	1.34,458
8	.18,871	58	1.36,816
9	.21,230	59	1.39,175
10	.23,589	60	1.41,534
11	.25,948	61	1.43,893
12	.28,307	62	1.46,252
13	.30,666	63	1.48,611
14	.33,025	64	1.50,970
15	.35,384	65	1.53,329
16	.37,742	66	1.55,688
17	.40,101	67	1.58,047
18	.42,460	68	1.60,405
19	.44,819	69	1.62,764
20	.47,178	70	1.65,123
21	.49,537	71	1.67,482
22	.51,896	72	1.69,841
23	.54,255	73	1.72,200
24	.56,614	74	1.74,559
25	.58,973	75	1.76,918
26	.61,332	76	1.79,277
27	.63,690	77	1.81,636
28	.66,049	78	1.83,995
29	.68,408	79	1.86,353
30	.70,767	80	1.88,712
31	.73,126	81	1.91,071
32	.75,485	82	1.93,430
33	.77,844	83	1.95,789
34	.80,203	84	1.98,148
35	.82,562	85	2.00,507
36	.84,921	86	2.02,866
37	.87,279	87	2.05,225
38	.89,638	88	2.07,584
39	.91,997	89	2.09,942
40	.94,356	90	2.12,301
41	.96,715	91	2.14,660
42	.99,074	92	2.17,019
43	1.01,433	93	2.19,378
44	1.03,792	94	2.21,737
45	1.06,151	95	2.24,096
46	1.08,510	96	2.26,455
47	1.10,868	97	2.28,814
48	1.13,227	98	2.31,173
49	1.15,586	99	2.33,532
50	1.17,945		**269 Days**

146 DAYS.

Prin.	Interest.	Prin.	Interest.	Prin.	Interest.	Prin.	Interest.	Prin.	Interest.
1	.02,80	11	.30,80	21	.58,80	31	.86,80	41	1.14,80
2	.05,60	12	.33,60	22	.61,60	32	.89,60	42	1.17,60
3	.08,40	13	.36,40	23	.64,40	33	.92,40	43	1.20,40
4	.11,20	14	.39,20	24	.67,20	34	.95,20	44	1.23,20
5	.14,00	15	.42,00	25	.70,00	35	.98,00	45	1.26,00
6	.16,80	16	.44,80	26	.72,80	36	1.00,80	46	1.28,80
7	.19,60	17	.47,60	27	.75,60	37	1.03,60	47	1.31,60
8	.22,40	18	.50,40	28	.78,40	38	1.06,40	48	1.34,40
9	.25,20	19	.53,20	29	.81,20	39	1.09,20	49	1.37,20
10	.28,00	20	.56,00	30	.84,00	40	1.12,00	50	1.40,00

COMMERCIAL INTEREST AT SEVEN PER CENT.

124 DAYS.

Prin.	Interest.	Prin.	Interest.
1	.02,378	51	1.21,282
2	.04,756	52	1.23,660
3	.07,134	53	1.26,038
4	.09,512	54	1.28,416
5	.11,890	55	1.30,795
6	.14,268	56	1.33,173
7	.16,647	57	1.35,551
8	.19,025	58	1.37,929
9	.21,403	59	1.40,307
10	.23,781	60	1.42,685
11	.26,159	61	1.45,063
12	.28,537	62	1.47,441
13	.30,915	63	1.49,819
14	.33,293	64	1.52,197
15	.35,671	65	1.54,575
16	.38,049	66	1.56,953
17	.40,427	67	1.59,332
18	.42,805	68	1.61,710
19	.45,184	69	1.64,088
20	.47,562	70	1.66,466
21	.49,940	71	1.68,844
22	.52,318	72	1.71,222
23	.54,696	73	1.73,600
24	.57,074	74	1.75,978
25	.59,452	75	1.78,356
26	.61,830	76	1.80,734
27	.64,208	77	1.83,112
28	.66,586	78	1.85,490
29	.68,964	79	1.87,868
30	.71,342	80	1.90,247
31	.73,721	81	1.92,625
32	.76,099	82	1.95,003
33	.78,477	83	1.97,381
34	.80,855	84	1.99,759
35	.83,233	85	2.02,137
36	.85,611	86	2.04,515
37	.87,989	87	2.06,893
38	.90,367	88	2.09,271
39	.92,745	89	2.11,649
40	.95,123	90	2.14,027
41	.97,501	91	2.16,405
42	.99,879	92	2.18,784
43	1.02,258	93	2.21,162
44	1.04,636	94	2.23,540
45	1.07,014	95	2.25,918
46	1.09,392	96	2.28,296
47	1.11,770	97	2.30,674
48	1.14,148	98	2.33,052
49	1.16,526	99	2.35,430
50	1.18,904	**270 Days.**	

125 DAYS.

Prin.	Interest.	Prin.	Interest.
1	.02,397	51	1.22,260
2	.04,795	52	1.24,658
3	.07,192	53	1.27,055
4	.09,589	54	1.29,452
5	.11,986	55	1.31,849
6	.14,384	56	1.34,247
7	.16,781	57	1.36,644
8	.19,178	58	1.39,041
9	.21,575	59	1.41,438
10	.23,973	60	1.43,836
11	.26,370	61	1.46,233
12	.28,767	62	1.48,630
13	.31,164	63	1.51,027
14	.33,562	64	1.53,425
15	.35,959	65	1.55,822
16	.38,356	66	1.58,219
17	.40,753	67	1.60,616
18	.43,151	68	1.63,014
19	.45,548	69	1.65,411
20	.47,945	70	1.67,808
21	.50,342	71	1.70,205
22	.52,740	72	1.72,603
23	.55,137	73	1.75,000
24	.57,534	74	1.77,397
25	.59,932	75	1.79,795
26	.62,329	76	1.82,192
27	.64,726	77	1.84,589
28	.67,123	78	1.86,986
29	.69,521	79	1.89,384
30	.71,918	80	1.91,781
31	.74,315	81	1.94,178
32	.76,712	82	1.96,575
33	.79,110	83	1.98,973
34	.81,507	84	2.01,370
35	.83,904	85	2.03,767
36	.86,301	86	2.06,164
37	.88,699	87	2.08,562
38	.91,096	88	2.10,959
39	.93,493	89	2.13,356
40	.95,890	90	2.15,753
41	.98,288	91	2.18,151
42	1.00,685	92	2.20,548
43	1.03,082	93	2.22,945
44	1.05,479	94	2.25,342
45	1.07,877	95	2.27,740
46	1.10,274	96	2.30,137
47	1.12,671	97	2.32,534
48	1.15,068	98	2.34,932
49	1.17,466	99	2.37,329
50	1.19,863	**271 Days.**	

126 DAYS.

Prin.	Interest.	Prin.	Interest.
1	.02,416	51	1.23,238
2	.04,833	52	1.25,655
3	.07,249	53	1.28,071
4	.09,666	54	1.30,488
5	.12,082	55	1.32,904
6	.14,499	56	1.35,321
7	.16,915	57	1.37,737
8	.19,332	58	1.40,153
9	.21,748	59	1.42,570
10	.24,164	60	1.44,986
11	.26,581	61	1.47,403
12	.28,997	62	1.49,819
13	.31,414	63	1.52,236
14	.33,830	64	1.54,652
15	.36,247	65	1.57,068
16	.38,663	66	1.59,485
17	.41,079	67	1.61,901
18	.43,496	68	1.64,318
19	.45,912	69	1.66,734
20	.48,329	70	1.69,151
21	.50,745	71	1.71,567
22	.53,162	72	1.73,984
23	.55,578	73	1.76,400
24	.57,995	74	1.78,816
25	.60,411	75	1.81,233
26	.62,827	76	1.83,649
27	.65,244	77	1.86,066
28	.67,660	78	1.88,482
29	.70,077	79	1.90,899
30	.72,493	80	1.93,315
31	.74,910	81	1.95,732
32	.77,326	82	1.98,148
33	.79,742	83	2.00,564
34	.82,159	84	2.02,981
35	.84,575	85	2.05,397
36	.86,992	86	2.07,814
37	.89,408	87	2.10,230
38	.91,825	88	2.12,647
39	.94,241	89	2.15,063
40	.96,658	90	2.17,479
41	.99,074	91	2.19,896
42	1.01,490	92	2.22,312
43	1.03,907	93	2.24,729
44	1.06,323	94	2.27,145
45	1.08,740	95	2.29,562
46	1.11,156	96	2.31,978
47	1.13,573	97	2.34,395
48	1.15,989	98	2.36,811
49	1.18,405	99	2.39,227
50	1.20,822	**272 Days.**	

146 DAYS.

Prin.	Interest.	Prin.	Interest.	Prin.	Interest.	Prin.	Interest.	Prin.	Interest.
51	1.42,80	61	1.70,80	71	1.98,80	81	2.26,80	91	2.54,80
52	1.45,60	62	1.73,60	72	2.01,60	82	2.29,60	92	2.57,60
53	1.48,40	63	1.76,40	73	2.04,40	83	2.32,40	93	2.60,40
54	1.51,20	64	1.79,20	74	2.07,20	84	2.35,20	94	2.63,20
55	1.54,00	65	1.82,00	75	2.10,00	85	2.38,00	95	2.66,00
56	1.56,80	66	1.84,80	76	2.12,80	86	2.40,80	96	2.68,80
57	1.59,60	67	1.87,60	77	2.15,60	87	2.43,60	97	2.71,60
58	1.62,40	68	1.90,40	78	2.18,40	88	2.46,40	98	2.74,40
59	1.65,20	69	1.93,20	79	2.21,20	89	2.49,20	99	2.77,20
60	1.68,00	70	1.96,00	80	2.24,00	90	2.52,00		

[175

COMMERCIAL INTEREST AT SEVEN PER CENT.

127 DAYS.

Prin.	Interest.	Prin.	Interest.
1	.02,436	51	1.24,216
2	.04,871	52	1.26,652
3	.07,307	53	1.29,088
4	.09,742	54	1.31,523
5	.12,178	55	1.33,959
6	.14,614	56	1.36,395
7	.17,049	57	1.38,830
8	.19,485	58	1.41,266
9	.21,921	59	1.43,701
10	.24,356	60	1.46,137
11	.26,792	61	1.48,573
12	.29,227	62	1.51,008
13	.31,663	63	1.53,444
14	.34,099	64	1.55,879
15	.36,534	65	1.58,315
16	.38,970	66	1.60,751
17	.41,405	67	1.63,186
18	.43,841	68	1.65,622
19	.46,277	69	1.68,058
20	.48,712	70	1.70,493
21	.51,148	71	1.72,929
22	.53,584	72	1.75,364
23	.56,019	73	1.77,800
24	.58,455	74	1.80,236
25	.60,890	75	1.82,671
26	.63,326	76	1.85,107
27	.65,762	77	1.87,542
28	.68,197	78	1.89,978
29	.70,633	79	1.92,414
30	.73,068	80	1.94,849
31	.75,504	81	1.97,285
32	.77,940	82	1.99,721
33	.80,375	83	2.02,156
34	.82,811	84	2.04,592
35	.85,247	85	2.07,027
36	.87,682	86	2.09,463
37	.90,118	87	2.11,899
38	.92,553	88	2.14,334
39	.94,989	89	2.16,770
40	.97,425	90	2.19,205
41	.99,860	91	2.21,641
42	1.02,296	92	2.24,077
43	1.04,732	93	2.26,512
44	1.07,167	94	2.28,948
45	1.09,603	95	2.31,384
46	1.12,038	96	2.33,819
47	1.14,474	97	2.36,255
48	1.16,910	98	2.38,690
49	1.19,345	99	2.41,126
50	1.21,781		**273 Days.**

128 DAYS.

Prin.	Interest.	Prin.	Interest.
1	.02,455	51	1.25,195
2	.04,910	52	1.27,649
3	.07,364	53	1.30,104
4	.09,819	54	1.32,559
5	.12,274	55	1.35,014
6	.14,729	56	1.37,468
7	.17,184	57	1.39,923
8	.19,638	58	1.42,378
9	.22,093	59	1.44,833
10	.24,548	60	1.47,288
11	.27,003	61	1.49,742
12	.29,458	62	1.52,197
13	.31,912	63	1.54,652
14	.34,367	64	1.57,107
15	.36,822	65	1.59,562
16	.39,277	66	1.62,016
17	.41,732	67	1.64,471
18	.44,186	68	1.66,926
19	.46,641	69	1.69,381
20	.49,096	70	1.71,836
21	.51,551	71	1.74,290
22	.54,005	72	1.76,745
23	.56,460	73	1.79,200
24	.58,915	74	1.81,655
25	.61,370	75	1.84,110
26	.63,825	76	1.86,564
27	.66,279	77	1.89,019
28	.68,734	78	1.91,474
29	.71,189	79	1.93,929
30	.73,644	80	1.96,384
31	.76,099	81	1.98,838
32	.78,553	82	2.01,293
33	.81,008	83	2.03,748
34	.83,463	84	2.06,203
35	.85,918	85	2.08,658
36	.88,373	86	2.11,112
37	.90,827	87	2.13,567
38	.93,282	88	2.16,022
39	.95,737	89	2.18,477
40	.98,192	90	2.20,932
41	1.00,647	91	2.23,386
42	1.03,101	92	2.25,841
43	1.05,556	93	2.28,296
44	1.08,011	94	2.30,751
45	1.10,466	95	2.33,205
46	1.12,921	96	2.35,660
47	1.15,375	97	2.38,115
48	1.17,830	98	2.40,570
49	1.20,285	99	2.43,025
50	1.22,740		**274 Days.**

129 DAYS.

Prin.	Interest.	Prin.	Interest.
1	.02,474	51	1.26,173
2	.04,948	52	1.28,647
3	.07,422	53	1.31,121
4	.09,896	54	1.33,595
5	.12,370	55	1.36,068
6	.14,844	56	1.38,542
7	.17,318	57	1.41,016
8	.19,792	58	1.43,490
9	.22,266	59	1.45,964
10	.24,740	60	1.48,438
11	.27,214	61	1.50,912
12	.29,688	62	1.53,386
13	.32,162	63	1.55,860
14	.34,636	64	1.58,334
15	.37,110	65	1.60,808
16	.39,584	66	1.63,282
17	.42,058	67	1.65,756
18	.44,532	68	1.68,230
19	.47,005	69	1.70,704
20	.49,479	70	1.73,178
21	.51,953	71	1.75,652
22	.54,427	72	1.78,126
23	.56,901	73	1.80,600
24	.59,375	74	1.83,074
25	.61,849	75	1.85,548
26	.64,323	76	1.88,022
27	.66,797	77	1.90,496
28	.69,271	78	1.92,970
29	.71,745	79	1.95,444
30	.74,219	80	1.97,918
31	.76,693	81	2.00,392
32	.79,167	82	2.02,866
33	.81,641	83	2.05,340
34	.84,115	84	2.07,814
35	.86,589	85	2.10,288
36	.89,063	86	2.12,762
37	.91,537	87	2.15,236
38	.94,011	88	2.17,710
39	.96,485	89	2.20,184
40	.98,959	90	2.22,658
41	1.01,433	91	2.25,132
42	1.03,907	92	2.27,605
43	1.06,381	93	2.30,079
44	1.08,855	94	2.32,553
45	1.11,329	95	2.35,027
46	1.13,803	96	2.37,501
47	1.16,277	97	2.39,975
48	1.18,751	98	2.42,449
49	1.21,225	99	2.44,923
50	1.23,699		**275 Days.**

146 DAYS.

Prin.	Interest.	Prin.	Interest.	Prin.	Interest.	Prin.	Interest.	Prin.	Interest.
1	.02,80	11	.30,80	21	.58,80	31	.86,80	41	1.14,80
2	.05,60	12	.33,60	22	.61,60	32	.89,60	42	1.17,60
3	.08,40	13	.36,40	23	.64,40	33	.92,40	43	1.20,40
4	.11,20	14	.39,20	24	.67,20	34	.95,20	44	1.23,20
5	.14,00	15	.42,00	25	.70,00	35	.98,00	45	1.26,00
6	.16,80	16	.44,80	26	.72,80	36	1.00,80	46	1.28,80
7	.19,60	17	.47,60	27	.75,60	37	1.03,60	47	1.31,60
8	.22,40	18	.50,40	28	.78,40	38	1.06,40	48	1.34,40
9	.25,20	19	.53,20	29	.81,20	39	1.09,20	49	1.37,20
10	.28,00	20	.56,00	30	.84,00	40	1.12,00	50	1.40,00

COMMERCIAL INTEREST AT SEVEN PER CENT.

130 DAYS.

Prin.	Interest.	Prin.	Interest.
1	.02,493	51	1.27,151
2	.04,986	52	1.29,644
3	.07,479	53	1.32,137
4	.09,973	54	1.34,630
5	.12,466	55	1.37,123
6	.14,959	56	1.39,616
7	.17,452	57	1.42,110
8	.19,945	58	1.44,603
9	.22,438	59	1.47,096
10	.24,932	60	1.49,589
11	.27,425	61	1.52,082
12	.29,918	62	1.54,575
13	.32,411	63	1.57,068
14	.34,904	64	1.59,562
15	.37,397	65	1.62,055
16	.39,890	66	1.64,548
17	.42,384	67	1.67,041
18	.44,877	68	1.69,534
19	.47,370	69	1.72,027
20	.49,863	70	1.74,521
21	.52,356	71	1.77,014
22	.54,849	72	1.79,507
23	.57,342	73	1.82,000
24	.59,836	74	1.84,493
25	.62,329	75	1.86,986
26	.64,822	76	1.89,479
27	.67,315	77	1.91,973
28	.69,808	78	1.94,466
29	.72,301	79	1.96,959
30	.74,795	80	1.99,452
31	.77,288	81	2.01,945
32	.79,781	82	2.04,438
33	.82,274	83	2.06,932
34	.84,767	84	2.09,425
35	.87,260	85	2.11,918
36	.89,753	86	2.14,411
37	.92,247	87	2.16,904
38	.94,740	88	2.19,397
39	.97,233	89	2.21,890
40	.99,726	90	2.24,384
41	1.02,219	91	2.26,877
42	1.04,712	92	2.29,370
43	1.07,205	93	2.31,863
44	1.09,699	94	2.34,356
45	1.12,192	95	2.36,849
46	1.14,685	96	2.39,342
47	1.17,178	97	2.41,836
48	1.19,671	98	2.44,329
49	1.22,164	99	2.46,822
50	1.24,658	**276 Days.**	

131 DAYS.

Prin.	Interest.	Prin.	Interest.
1	.02,512	51	1.28,129
2	.05,025	52	1.30,641
3	.07,537	53	1.33,153
4	.10,049	54	1.35,666
5	.12,562	55	1.38,178
6	.15,074	56	1.40,690
7	.17,586	57	1.43,203
8	.20,099	58	1.45,715
9	.22,611	59	1.48,227
10	.25,123	60	1.50,740
11	.27,636	61	1.53,252
12	.30,148	62	1.55,764
13	.32,660	63	1.58,277
14	.35,173	64	1.60,789
15	.37,685	65	1.63,301
16	.40,197	66	1.65,814
17	.42,710	67	1.68,326
18	.45,222	68	1.70,838
19	.47,734	69	1.73,351
20	.50,247	70	1.75,863
21	.52,759	71	1.78,375
22	.55,271	72	1.80,888
23	.57,784	73	1.83,400
24	.60,296	74	1.85,912
25	.62,808	75	1.88,425
26	.65,321	76	1.90,937
27	.67,833	77	1.93,449
28	.70,345	78	1.95,962
29	.72,858	79	1.98,474
30	.75,370	80	2.00,986
31	.77,882	81	2.03,499
32	.80,395	82	2.06,011
33	.82,907	83	2.08,523
34	.85,419	84	2.11,036
35	.87,932	85	2.13,548
36	.90,444	86	2.16,060
37	.92,956	87	2.18,573
38	.95,468	88	2.21,085
39	.97,981	89	2.23,597
40	1.00,493	90	2.26,110
41	1.03,005	91	2.28,622
42	1.05,518	92	2.31,134
43	1.08,030	93	2.33,647
44	1.10,542	94	2.36,159
45	1.13,055	95	2.38,671
46	1.15,567	96	2.41,184
47	1.18,079	97	2.43,696
48	1.20,592	98	2.46,208
49	1.23,104	99	2.48,721
50	1.25,616	**277 Days.**	

132 DAYS.

Prin.	Interest.	Prin.	Interest.
1	.02,532	51	1.29,107
2	.05,063	52	1.31,638
3	.07,595	53	1.34,170
4	.10,126	54	1.36,701
5	.12,658	55	1.39,233
6	.15,189	56	1.41,764
7	.17,721	57	1.44,296
8	.20,252	58	1.46,827
9	.22,784	59	1.49,359
10	.25,315	60	1.51,890
11	.27,847	61	1.54,422
12	.30,378	62	1.56,953
13	.32,910	63	1.59,485
14	.35,441	64	1.62,016
15	.37,973	65	1.64,548
16	.40,504	66	1.67,079
17	.43,036	67	1.69,611
18	.45,567	68	1.72,142
19	.48,099	69	1.74,674
20	.50,630	70	1.77,205
21	.53,162	71	1.79,737
22	.55,693	72	1.82,268
23	.58,225	73	1.84,800
24	.60,756	74	1.87,332
25	.63,288	75	1.89,863
26	.65,819	76	1.92,395
27	.68,351	77	1.94,926
28	.70,882	78	1.97,458
29	.73,414	79	1.99,989
30	.75,945	80	2.02,521
31	.78,477	81	2.05,052
32	.81,008	82	2.07,584
33	.83,540	83	2.10,115
34	.86,071	84	2.12,647
35	.88,603	85	2.15,178
36	.91,134	86	2.17,710
37	.93,666	87	2.20,241
38	.96,197	88	2.22,773
39	.98,729	89	2.25,304
40	1.01,260	90	2.27,836
41	1.03,792	91	2.30,367
42	1.06,323	92	2.32,899
43	1.08,855	93	2.35,430
44	1.11,386	94	2.37,962
45	1.13,918	95	2.40,493
46	1.16,449	96	2.43,025
47	1.18,981	97	2.45,556
48	1.21,512	98	2.48,088
49	1.24,044	99	2.50,619
50	1.26,575	**278 Days.**	

146 DAYS.

Prin.	Interest.	Prin.	Interest.	Prin.	Interest.	Prin.	Interest.	Prin.	Interest.
51	1.42,80	61	1.70,80	71	1.98,80	81	2.26,80	91	2.54,80
52	1.45,60	62	1.73,60	72	2.01,60	82	2.29,60	92	2.57,60
53	1.48,40	63	1.76,40	73	2.04,40	83	2.32,40	93	2.60,40
54	1.51,20	64	1.79,20	74	2.07,20	84	2.35,20	94	2.63,20
55	1.54,00	65	1.82,00	75	2.10,00	85	2.38,00	95	2.66,00
56	1.56,80	66	1.84,80	76	2.12,80	86	2.40,80	96	2.68,80
57	1.59,60	67	1.87,60	77	2.15,60	87	2.43,60	97	2.71,60
58	1.62,40	68	1.90,40	78	2.18,40	88	2.46,40	98	2.74,40
59	1.65,20	69	1.93,20	79	2.21,20	89	2.49,20	99	2.77,20
60	1.68,00	70	1.96,00	80	2.24,00	90	2.52,00		

COMMERCIAL INTEREST AT SEVEN PER CENT.

133 DAYS.

Prin.	Interest.	Prin.	Interest.
1	.02,551	51	1.30,085
2	.05,101	52	1.32,636
3	.07,652	53	1.35,186
4	.10,203	54	1.37,737
5	.12,753	55	1.40,288
6	.15,304	56	1.42,838
7	.17,855	57	1.45,389
8	.20,405	58	1.47,940
9	.22,956	59	1.50,490
10	.25,507	60	1.53,041
11	.28,058	61	1.55,592
12	.30,608	62	1.58,142
13	.33,159	63	1.60,693
14	.35,710	64	1.63,244
15	.38,260	65	1.65,795
16	.40,811	66	1.68,345
17	.43,362	67	1.70,896
18	.45,912	68	1.73,447
19	.48,463	69	1.75,997
20	.51,014	70	1.78,548
21	.53,564	71	1.81,099
22	.56,115	72	1.83,649
23	.58,666	73	1.86,200
24	.61,216	74	1.88,751
25	.63,767	75	1.91,301
26	.66,318	76	1.93,852
27	.68,868	77	1.96,403
28	.71,419	78	1.98,953
29	.73,970	79	2.01,504
30	.76,521	80	2.04,055
31	.79,071	81	2.06,605
32	.81,622	82	2.09,156
33	.84,173	83	2.11,707
34	.86,723	84	2.14,258
35	.89,274	85	2.16,808
36	.91,825	86	2.19,359
37	.94,375	87	2.21,910
38	.96,926	88	2.24,460
39	.99,477	89	2.27,011
40	1.02,027	90	2.29,562
41	1.04,578	91	2.32,112
42	1.07,129	92	2.34,663
43	1.09,679	93	2.37,214
44	1.12,230	94	2.39,764
45	1.14,781	95	2.42,315
46	1.17,332	96	2.44,866
47	1.19,882	97	2.47,416
48	1.22,433	98	2.49,967
49	1.24,984	99	2.52,518
50	1.27,534	**279 Days.**	

134 DAYS.

Prin.	Interest.	Prin.	Interest.
1	.02,570	51	1.31,063
2	.05,140	52	1.33,633
3	.07,710	53	1.36,203
4	.10,279	54	1.38,773
5	.12,849	55	1.41,342
6	.15,419	56	1.43,912
7	.17,989	57	1.46,482
8	.20,559	58	1.49,052
9	.23,129	59	1.51,622
10	.25,699	60	1.54,192
11	.28,268	61	1.56,762
12	.30,838	62	1.59,332
13	.33,408	63	1.61,901
14	.35,978	64	1.64,471
15	.38,548	65	1.67,041
16	.41,118	66	1.69,611
17	.43,688	67	1.72,181
18	.46,258	68	1.74,751
19	.48,827	69	1.77,321
20	.51,397	70	1.79,890
21	.53,967	71	1.82,460
22	.56,537	72	1.85,030
23	.59,107	73	1.87,600
24	.61,677	74	1.90,170
25	.64,247	75	1.92,740
26	.66,816	76	1.95,310
27	.69,386	77	1.97,879
28	.71,956	78	2.00,449
29	.74,526	79	2.03,019
30	.77,096	80	2.05,589
31	.79,666	81	2.08,159
32	.82,236	82	2.10,729
33	.84,805	83	2.13,299
34	.87,375	84	2.15,868
35	.89,945	85	2.18,438
36	.92,515	86	2.21,008
37	.95,085	87	2.23,578
38	.97,655	88	2.26,148
39	1.00,225	89	2.28,718
40	1.02,795	90	2.31,288
41	1.05,364	91	2.33,858
42	1.07,934	92	2.36,427
43	1.10,504	93	2.38,997
44	1.13,074	94	2.41,567
45	1.15,644	95	2.44,137
46	1.18,214	96	2.46,707
47	1.20,784	97	2.49,277
48	1.23,353	98	2.51,847
49	1.25,923	99	2.54,416
50	1.28,493	**280 Days.**	

135 DAYS.

Prin.	Interest.	Prin.	Interest.
1	.02,589	51	1.32,041
2	.05,178	52	1.34,630
3	.07,767	53	1.37,219
4	.10,356	54	1.39,808
5	.12,945	55	1.42,397
6	.15,534	56	1.44,986
7	.18,123	57	1.47,575
8	.20,712	58	1.50,164
9	.23,301	59	1.52,753
10	.25,890	60	1.55,342
11	.28,479	61	1.57,932
12	.31,068	62	1.60,521
13	.33,658	63	1.63,110
14	.36,247	64	1.65,699
15	.38,836	65	1.68,288
16	.41,425	66	1.70,877
17	.44,014	67	1.73,466
18	.46,603	68	1.76,055
19	.49,192	69	1.78,644
20	.51,781	70	1.81,233
21	.54,370	71	1.83,822
22	.56,959	72	1.86,411
23	.59,548	73	1.89,000
24	.62,137	74	1.91,589
25	.64,726	75	1.94,178
26	.67,315	76	1.96,767
27	.69,904	77	1.99,356
28	.72,493	78	2.01,945
29	.75,082	79	2.04,534
30	.77,671	80	2.07,123
31	.80,260	81	2.09,712
32	.82,849	82	2.12,301
33	.85,438	83	2.14,890
34	.88,027	84	2.17,479
35	.90,616	85	2.20,068
36	.93,205	86	2.22,658
37	.95,795	87	2.25,247
38	.98,384	88	2.27,836
39	1.00,973	89	2.30,425
40	1.03,562	90	2.33,014
41	1.06,151	91	2.35,603
42	1.08,740	92	2.38,192
43	1.11,329	93	2.40,781
44	1.13,918	94	2.43,370
45	1.16,507	95	2.45,959
46	1.19,096	96	2.48,548
47	1.21,685	97	2.51,137
48	1.24,274	98	2.53,726
49	1.26,863	99	2.56,315
50	1.29,452	**281 Days.**	

146 DAYS.

Prin.	Interest.	Prin.	Interest.	Prin.	Interest.	Prin.	Interest.	Prin.	Interest.
1	.02,80	11	.30,80	21	.58,80	31	.86,80	41	1.14,80
2	.05,60	12	.33,60	22	.61,60	32	.89,60	42	1.17,60
3	.08,40	13	.36,40	23	.64,40	33	.92,40	43	1.20,40
4	.11,20	14	.39,20	24	.67,20	34	.95,20	44	1.23,20
5	.14,00	15	.42,00	25	.70,00	35	.98,00	45	1.26,00
6	.16,80	16	.44,80	26	.72,80	36	1.00,80	46	1.28,80
7	.19,60	17	.47,60	27	.75,60	37	1.03,60	47	1.31,60
8	.22,40	18	.50,40	28	.78,40	38	1.06,40	48	1.34,40
9	.25,20	19	.53,20	29	.81,20	39	1.09,20	49	1.37,20
10	.28,00	20	.56,00	30	.84,00	40	1.12,00	50	1.40,00

COMMERCIAL INTEREST AT SEVEN PER CENT.

136 DAYS.

Prin.	Interest.	Prin.	Interest.
1	.02,608	51	1.33,019
2	.05,216	52	1.35,627
3	.07,825	53	1.38,236
4	.10,433	54	1.40,844
5	.13,041	55	1.43,452
6	.15,649	56	1.46,060
7	.18,258	57	1.48,668
8	.20,866	58	1.51,277
9	.23,474	59	1.53,885
10	.26,082	60	1.56,493
11	.28,690	61	1.59,101
12	.31,299	62	1.61,710
13	.33,907	63	1.64,318
14	.36,515	64	1.66,926
15	.39,123	65	1.69,534
16	.41,732	66	1.72,142
17	.44,340	67	1.74,751
18	.46,948	68	1.77,359
19	.49,556	69	1.79,967
20	.52,164	70	1.82,575
21	.54,773	71	1.85,184
22	.57,381	72	1.87,792
23	.59,989	73	1.90,400
24	.62,597	74	1.93,008
25	.65,205	75	1.95,616
26	.67,814	76	1.98,225
27	.70,422	77	2.00,833
28	.73,030	78	2.03,441
29	.75,638	79	2.06,049
30	.78,247	80	2.08,658
31	.80,855	81	2.11,266
32	.83,463	82	2.13,874
33	.86,071	83	2.16,482
34	.88,679	84	2.19,090
35	.91,288	85	2.21,699
36	.93,896	86	2.24,307
37	.96,504	87	2.26,915
38	.99,112	88	2.29,523
39	1.01,721	89	2.32,132
40	1.04,329	90	2.34,740
41	1.06,937	91	2.37,348
42	1.09,545	92	2.39,956
43	1.12,153	93	2.42,564
44	1.14,762	94	2.45,173
45	1.17,370	95	2.47,781
46	1.19,978	96	2.50,389
47	1.22,586	97	2.52,997
48	1.25,195	98	2.55,605
49	1.27,803	99	2.58,214
50	1.30,411	**282 Days.**	

137 DAYS.

Prin.	Interest.	Prin.	Interest.
1	.02,627	51	1.33,997
2	.05,255	52	1.36,625
3	.07,882	53	1.39,252
4	.10,510	54	1.41,879
5	.13,137	55	1.44,507
6	.15,764	56	1.47,134
7	.18,392	57	1.49,762
8	.21,019	58	1.52,389
9	.23,647	59	1.55,016
10	.26,274	60	1.57,644
11	.28,901	61	1.60,271
12	.31,529	62	1.62,899
13	.34,156	63	1.65,526
14	.36,784	64	1.68,153
15	.39,411	65	1.70,781
16	.42,038	66	1.73,408
17	.44,666	67	1.76,036
18	.47,293	68	1.78,663
19	.49,921	69	1.81,290
20	.52,548	70	1.83,918
21	.55,175	71	1.86,545
22	.57,803	72	1.89,173
23	.60,430	73	1.91,800
24	.63,058	74	1.94,427
25	.65,685	75	1.97,055
26	.68,312	76	1.99,682
27	.70,940	77	2.02,310
28	.73,567	78	2.04,937
29	.76,195	79	2.07,564
30	.78,822	80	2.10,192
31	.81,449	81	2.12,819
32	.84,077	82	2.15,447
33	.86,704	83	2.18,074
34	.89,332	84	2.20,701
35	.91,959	85	2.23,329
36	.94,586	86	2.25,956
37	.97,214	87	2.28,584
38	.99,841	88	2.31,211
39	1.02,468	89	2.33,838
40	1.05,096	90	2.36,466
41	1.07,723	91	2.39,093
42	1.10,351	92	2.41,721
43	1.12,978	93	2.44,348
44	1.15,605	94	2.46,975
45	1.18,233	95	2.49,603
46	1.20,860	96	2.52,230
47	1.23,488	97	2.54,858
48	1.26,115	98	2.57,485
49	1.28,742	99	2.60,112
50	1.31,370	**283 Days.**	

138 DAYS.

Prin.	Interest.	Prin.	Interest.
1	.02,647	51	1.34,975
2	.05,293	52	1.37,622
3	.07,940	53	1.40,268
4	.10,586	54	1.42,915
5	.13,233	55	1.45,562
6	.15,879	56	1.48,208
7	.18,526	57	1.50,855
8	.21,173	58	1.53,501
9	.23,819	59	1.56,148
10	.26,466	60	1.58,795
11	.29,112	61	1.61,441
12	.31,759	62	1.64,088
13	.34,405	63	1.66,734
14	.37,052	64	1.69,381
15	.39,699	65	1.72,027
16	.42,345	66	1.74,674
17	.44,992	67	1.77,321
18	.47,638	68	1.79,967
19	.50,285	69	1.82,614
20	.52,932	70	1.85,260
21	.55,578	71	1.87,907
22	.58,225	72	1.90,553
23	.60,871	73	1.93,200
24	.63,518	74	1.95,847
25	.66,164	75	1.98,493
26	.68,811	76	2.01,140
27	.71,458	77	2.03,786
28	.74,104	78	2.06,433
29	.76,751	79	2.09,079
30	.79,397	80	2.11,726
31	.82,044	81	2.14,373
32	.84,690	82	2.17,019
33	.87,337	83	2.19,666
34	.89,984	84	2.22,312
35	.92,630	85	2.24,959
36	.95,277	86	2.27,605
37	.97,923	87	2.30,252
38	1.00,570	88	2.32,899
39	1.03,216	89	2.35,545
40	1.05,863	90	2.38,192
41	1.08,510	91	2.40,838
42	1.11,156	92	2.43,485
43	1.13,803	93	2.46,132
44	1.16,449	94	2.48,778
45	1.19,096	95	2.51,425
46	1.21,742	96	2.54,071
47	1.24,389	97	2.56,718
48	1.27,036	98	2.59,364
49	1.29,682	99	2.62,011
50	1.32,329	**284 Days.**	

146 DAYS.

Prin.	Interest.	Prin.	Interest.	Prin.	Interest.	Prin.	Interest.	Prin.	Interest.
51	1.42,80	61	1.70,80	71	1.98,80	81	2.26,80	91	2.54,80
52	1.45,60	62	1.73,60	72	2.01,60	82	2.29,60	92	2.57,60
53	1.48,40	63	1.76,40	73	2.04,40	83	2.32,40	93	2.60,40
54	1.51,20	64	1.79,20	74	2.07,20	84	2.35,20	94	2.63,20
55	1.54,00	65	1.82,00	75	2.10,00	85	2.38,00	95	2.66,00
56	1.56,80	66	1.84,80	76	2.12,80	86	2.40,80	96	2.68,80
57	1.59,60	67	1.87,60	77	2.15,60	87	2.43,60	97	2.71,60
58	1.62,40	68	1.90,40	78	2.18,40	88	2.46,40	98	2.74,40
59	1.65,20	69	1.93,20	79	2.21,20	89	2.49,20	99	2.77,20
60	1.68,00	70	1.96,00	80	2.24,00	90	2.52,00		

[179

COMMERCIAL INTEREST AT SEVEN PER CENT.

139 DAYS.

Prin.	Interest.	Prin.	Interest.
1	.02,666	51	1.35,953
2	.05,332	52	1.38,619
3	.07,997	53	1.41,285
4	.10,663	54	1.43,951
5	.13,329	55	1.46,616
6	.15,995	56	1.49,282
7	.18,660	57	1.51,948
8	.21,326	58	1.54,614
9	.23,992	59	1.57,279
10	.26,658	60	1.59,945
11	.29,323	61	1.62,611
12	.31,989	62	1.65,277
13	.34,655	63	1.67,942
14	.37,321	64	1.70,608
15	.39,986	65	1.73,274
16	.42,652	66	1.75,940
17	.45,318	67	1.78,605
18	.47,984	68	1.81,271
19	.50,649	69	1.83,937
20	.53,315	70	1.86,603
21	.55,981	71	1.89,268
22	.58,647	72	1.91,934
23	.61,312	73	1.94,600
24	.63,978	74	1.97,266
25	.66,644	75	1.99,932
26	.69,310	76	2.02,597
27	.71,975	77	2.05,263
28	.74,641	78	2.07,929
29	.77,307	79	2.10,595
30	.79,973	80	2.13,260
31	.82,638	81	2.15,926
32	.85,304	82	2.18,592
33	.87,970	83	2.21,258
34	.90,636	84	2.23,923
35	.93,301	85	2.26,589
36	.95,967	86	2.29,255
37	.98,633	87	2.31,921
38	1.01,299	88	2.34,586
39	1.03,964	89	2.37,252
40	1.06,630	90	2.39,918
41	1.09,296	91	2.42,584
42	1.11,962	92	2.45,249
43	1.14,627	93	2.47,915
44	1.17,293	94	2.50,581
45	1.19,959	95	2.53,247
46	1.22,625	96	2.55,912
47	1.25,290	97	2.58,578
48	1.27,956	98	2.61,244
49	1.30,622	99	2.63,910
50	1.33,288		**285 Days.**

140 DAYS.

Prin.	Interest.	Prin.	Interest.
1	.02,685	51	1.36,932
2	.05,370	52	1.39,616
3	.08,055	53	1.42,301
4	.10,740	54	1.44,986
5	.13,425	55	1.47,671
6	.16,110	56	1.50,356
7	.18,795	57	1.53,041
8	.21,479	58	1.55,726
9	.24,164	59	1.58,411
10	.26,849	60	1.61,096
11	.29,534	61	1.63,781
12	.32,219	62	1.66,466
13	.34,904	63	1.69,151
14	.37,589	64	1.71,836
15	.40,274	65	1.74,521
16	.42,959	66	1.77,205
17	.45,644	67	1.79,890
18	.48,329	68	1.82,575
19	.51,014	69	1.85,260
20	.53,699	70	1.87,945
21	.56,384	71	1.90,630
22	.59,068	72	1.93,315
23	.61,753	73	1.96,000
24	.64,438	74	1.98,685
25	.67,123	75	2.01,370
26	.69,808	76	2.04,055
27	.72,493	77	2.06,740
28	.75,178	78	2.09,425
29	.77,863	79	2.12,110
30	.80,548	80	2.14,795
31	.83,233	81	2.17,479
32	.85,918	82	2.20,164
33	.88,603	83	2.22,849
34	.91,288	84	2.25,534
35	.93,973	85	2.28,219
36	.96,658	86	2.30,904
37	.99,342	87	2.33,589
38	1.02,027	88	2.36,274
39	1.04,712	89	2.38,959
40	1.07,397	90	2.41,644
41	1.10,082	91	2.44,329
42	1.12,767	92	2.47,014
43	1.15,452	93	2.49,699
44	1.18,137	94	2.52,384
45	1.20,822	95	2.55,068
46	1.23,507	96	2.57,753
47	1.26,192	97	2.60,438
48	1.28,877	98	2.63,123
49	1.31,562	99	2.65,808
50	1.34,247		**286 Days.**

141 DAYS.

Prin.	Interest.	Prin.	Interest.
1	.02,704	51	1.37,910
2	.05,408	52	1.40,614
3	.08,112	53	1.43,318
4	.10,816	54	1.46,022
5	.13,521	55	1.48,726
6	.16,225	56	1.51,430
7	.18,929	57	1.54,134
8	.21,633	58	1.56,838
9	.24,337	59	1.59,542
10	.27,041	60	1.62,247
11	.29,745	61	1.64,951
12	.32,449	62	1.67,655
13	.35,153	63	1.70,359
14	.37,858	64	1.73,063
15	.40,562	65	1.75,767
16	.43,266	66	1.78,471
17	.45,970	67	1.81,175
18	.48,674	68	1.83,879
19	.51,378	69	1.86,584
20	.54,082	70	1.89,288
21	.56,786	71	1.91,992
22	.59,490	72	1.94,696
23	.62,195	73	1.97,400
24	.64,899	74	2.00,104
25	.67,603	75	2.02,808
26	.70,307	76	2.05,512
27	.73,011	77	2.08,216
28	.75,715	78	2.10,921
29	.78,419	79	2.13,625
30	.81,123	80	2.16,329
31	.83,827	81	2.19,033
32	.86,532	82	2.21,737
33	.89,236	83	2.24,441
34	.91,940	84	2.27,145
35	.94,644	85	2.29,849
36	.97,348	86	2.32,553
37	1.00,052	87	2.35,258
38	1.02,756	88	2.37,962
39	1.05,460	89	2.40,666
40	1.08,164	90	2.43,370
41	1.10,868	91	2.46,074
42	1.13,573	92	2.48,778
43	1.16,277	93	2.51,482
44	1.18,981	94	2.54,186
45	1.21,685	95	2.56,890
46	1.24,389	96	2.59,595
47	1.27,093	97	2.62,299
48	1.29,797	98	2.65,003
49	1.32,501	99	2.67,707
50	1.35,205		**287 Days.**

146 DAYS.

Prin.	Interest.	Prin.	Interest.	Prin.	Interest.	Prin.	Interest.	Prin.	Interest.
1	.02,80	11	.30,80	21	.58,80	31	.86,80	41	1.14,80
2	.05,60	12	.33,60	22	.61,60	32	.89,60	42	1.17,60
3	.08,40	13	.36,40	23	.64,40	33	.92,40	43	1.20,40
4	.11,20	14	.39,20	24	.67,20	34	.95,20	44	1.23,20
5	.14,00	15	.42,00	25	.70,00	35	.98,00	45	1.26,00
6	.16,80	16	.44,80	26	.72,80	36	1.00,80	46	1.28,80
7	.19,60	17	.47,60	27	.75,60	37	1.03,60	47	1.31,60
8	.22,40	18	.50,40	28	.78,40	38	1.06,40	48	1.34,40
9	.25,20	19	.53,20	29	.81,20	39	1.09,20	49	1.37,20
10	.28,00	20	.56,00	30	.84,00	40	1.12,00	50	1.40,00

COMMERCIAL INTEREST AT SEVEN PER CENT.

142 DAYS.

Prin.	Interest.	Prin.	Interest.
1	.02,723	51	1.38,888
2	.05,447	52	1.41,611
3	.08,170	53	1.44,334
4	.10,893	54	1.47,058
5	.13,616	55	1.49,781
6	.16,340	56	1.52,504
7	.19,063	57	1.55,227
8	.21,786	58	1.57,951
9	.24,510	59	1.60,674
10	.27,233	60	1.63,397
11	.29,956	61	1.66,121
12	.32,679	62	1.68,844
13	.35,403	63	1.71,567
14	.38,126	64	1.74,290
15	.40,849	65	1.77,014
16	.43,573	66	1.79,737
17	.46,296	67	1.82,460
18	.49,019	68	1.85,184
19	.51,742	69	1.87,907
20	.54,466	70	1.90,630
21	.57,189	71	1.93,353
22	.59,912	72	1.96,077
23	.62,636	73	1.98,800
24	.65,359	74	2.01,523
25	.68,082	75	2.04,247
26	.70,805	76	2.06,970
27	.73,529	77	2.09,693
28	.76,252	78	2.12,416
29	.78,975	79	2.15,140
30	.81,699	80	2.17,863
31	.84,422	81	2.20,586
32	.87,145	82	2.23,310
33	.89,868	83	2.26,033
34	.92,592	84	2.28,756
35	.95,315	85	2.31,479
36	.98,038	86	2.34,203
37	1.00,762	87	2.36,926
38	1.03,485	88	2.39,649
39	1.06,208	89	2.42,373
40	1.08,932	90	2.45,096
41	1.11,655	91	2.47,819
42	1.14,378	92	2.50,542
43	1.17,101	93	2.53,266
44	1.19,825	94	2.55,989
45	1.22,548	95	2.58,712
46	1.25,271	96	2.61,436
47	1.27,995	97	2.64,159
48	1.30,718	98	2.66,882
49	1.33,441	99	2.69,605
50	1.36,164	**288 Days.**	

143 DAYS.

Prin.	Interest.	Prin.	Interest.
1	.02,742	51	1.39,866
2	.05,485	52	1.42,608
3	.08,227	53	1.45,351
4	.10,970	54	1.48,093
5	.13,712	55	1.50,836
6	.16,455	56	1.53,578
7	.19,197	57	1.56,321
8	.21,940	58	1.59,063
9	.24,682	59	1.61,805
10	.27,425	60	1.64,548
11	.30,167	61	1.67,290
12	.32,910	62	1.70,033
13	.35,652	63	1.72,775
14	.38,395	64	1.75,518
15	.41,137	65	1.78,260
16	.43,879	66	1.81,003
17	.46,622	67	1.83,745
18	.49,364	68	1.86,488
19	.52,107	69	1.89,230
20	.54,849	70	1.91,973
21	.57,592	71	1.94,715
22	.60,334	72	1.97,458
23	.63,077	73	2.00,200
24	.65,819	74	2.02,942
25	.68,562	75	2.05,685
26	.71,304	76	2.08,427
27	.74,047	77	2.11,170
28	.76,789	78	2.13,912
29	.79,532	79	2.16,655
30	.82,274	80	2.19,397
31	.85,016	81	2.22,140
32	.87,759	82	2.24,882
33	.90,501	83	2.27,625
34	.93,244	84	2.30,367
35	.95,986	85	2.33,110
36	.98,729	86	2.35,852
37	1.01,471	87	2.38,595
38	1.04,214	88	2.41,337
39	1.06,956	89	2.44,079
40	1.09,699	90	2.46,822
41	1.12,441	91	2.49,564
42	1.15,184	92	2.52,307
43	1.17,926	93	2.55,049
44	1.20,668	94	2.57,792
45	1.23,411	95	2.60,534
46	1.26,153	96	2.63,277
47	1.28,896	97	2.66,019
48	1.31,638	98	2.68,762
49	1.34,381	99	2.71,504
50	1.37,123	**289 Days.**	

144 DAYS.

Prin.	Interest.	Prin	Interest.
1	.02,762	51	1.40,844
2	.05,523	52	1.43,605
3	.08,285	53	1.46,367
4	.11,047	54	1.49,129
5	.13,808	55	1.51,890
6	.16,570	56	1.54,652
7	.19,332	57	1.57,414
8	.22,093	58	1.60,175
9	.24,855	59	1.62,937
10	.27,616	60	1.65,699
11	.30,378	61	1.68,460
12	.33,140	62	1.71,222
13	.35,901	63	1.73,984
14	.38,663	64	1.76,745
15	.41,425	65	1.79,507
16	.44,186	66	1.82,268
17	.46,948	67	1.85,030
18	.49,710	68	1.87,792
19	.52,471	69	1.90,553
20	.55,233	70	1.93,315
21	.57,995	71	1.96,077
22	.60,756	72	1.98,838
23	.63,518	73	2.01,600
24	.66,279	74	2.04,362
25	.69,041	75	2.07,123
26	.71,803	76	2.09,885
27	.74,564	77	2.12,647
28	.77,326	78	2.15,408
29	.80,088	79	2.18,170
30	.82,849	80	2.20,932
31	.85,611	81	2.23,693
32	.88,373	82	2.26,455
33	.91,134	83	2.29,216
34	.93,896	84	2.31,978
35	.96,658	85	2.34,740
36	.99,419	86	2.37,501
37	1.02,181	87	2.40,263
38	1.04,942	88	2.43,025
39	1.07,704	89	2.45,786
40	1.10,466	90	2.48,548
41	1.13,227	91	2.51,310
42	1.15,989	92	2.54,071
43	1.18,751	93	2.56,833
44	1.21,512	94	2.59,595
45	1.24,274	95	2.62,356
46	1.27,036	96	2.65,118
47	1.29,797	97	2.67,879
48	1.32,559	98	2.70,641
49	1.35,321	99	2.73,403
50	1.38,082	**290 Days.**	

146 DAYS.

Prin.	Interest.	Prin.	Interest.	Prin.	Interest.	Prin.	Interest.	Prin.	Interest.
51	1.42,80	61	1.70,80	71	1.98,80	81	2.26,80	91	2.54,80
52	1.45,60	62	1.73,60	72	2.01,60	82	2.29,60	92	2.57,60
53	1.48,40	63	1.76,40	73	2.04,40	83	2.32,40	93	2.60,40
54	1.51,20	64	1.79,20	74	2.07,20	84	2.35,20	94	2.63,20
55	1.54,00	65	1.82,00	75	2.10,00	85	2.38,00	95	2.66,00
56	1.56,80	66	1.84,80	76	2.12,80	86	2.40,80	96	2.68,80
57	1.59,60	67	1.87,60	77	2.15,60	87	2.43,60	97	2.71,60
58	1.62,40	68	1.90,40	78	2.18,40	88	2.46,40	98	2.74,40
59	1.65,20	69	1.93,20	79	2.21,20	89	2.49,20	99	2.77,20
60	1.68,00	70	1.96,00	80	2.24,00	90	2.52,00		

[181

COMMERCIAL INTEREST AT SEVEN PER CENT.

| \multicolumn{4}{c\|}{145 DAYS.} | \multicolumn{4}{c\|}{291 DAYS.} | \multicolumn{4}{c}{292 DAYS.} |

Prin.	Interest.	Prin.	Interest.	Prin.	Interest.	Prin.	Interest.	Prin.	Interest.	Prin.	Interest.
1	.02,781	51	1.41,822	1	.05,581	51	2.84,622	1	.05,600	51	2.85,600
2	.05,562	52	1.44,603	2	.11,162	52	2.90,203	2	.11,200	52	2.91,200
3	.08,342	53	1.47,384	3	.16,742	53	2.95,784	3	.16,800	53	2.96,800
4	.11,123	54	1.50,164	4	.22,323	54	3.01,364	4	.22,400	54	3.02,400
5	.13,904	55	1.52,945	5	.27,904	55	3.06,945	5	.28,000	55	3.08,000
6	.16,685	56	1.55,726	6	.33,485	56	3.12,526	6	.33,600	56	3.13,600
7	.19,466	57	1.58,507	7	.39,066	57	3.18,107	7	.39,200	57	3.19,200
8	.22,247	58	1.61,288	8	.44,647	58	3.23,688	8	.44,800	58	3.24,800
9	.25,027	59	1.64,068	9	.50,227	59	3.29,268	9	.50,400	59	3.30,400
10	.27,808	60	1.66,849	10	.55,808	60	3.34,849	10	.56,000	60	3.36,000
11	.30,589	61	1.69,630	11	.61,389	61	3.40,430	11	.61,600	61	3.41,600
12	.33,370	62	1.72,411	12	.66,970	62	3.46,011	12	.67,200	62	3.47,200
13	.36,151	63	1.75,192	13	.72,551	63	3.51,592	13	.72,800	63	3.52,800
14	.38,932	64	1.77,973	14	.78,132	64	3.57,173	14	.78,400	64	3.58,400
15	.41,712	65	1.80,753	15	.83,712	65	3.62,753	15	.84,000	65	3.64,000
16	.44,493	66	1.83,534	16	.89,293	66	3.68,334	16	.89,600	66	3.69,600
17	.47,274	67	1.86,315	17	.94,874	67	3.73,915	17	.95,200	67	3.75,200
18	.50,055	68	1.89,096	18	1.00,455	68	3.79,496	18	1.00,800	68	3.80,800
19	.52,836	69	1.91,877	19	1.06,036	69	3.85,077	19	1.06,400	69	3.86,400
20	.55,616	70	1.94,658	20	1.11,616	70	3.90,658	20	1.12,000	70	3.92,000
21	.58,397	71	1.97,438	21	1.17,197	71	3.96,238	21	1.17,600	71	3.97,600
22	.61,178	72	2.00,219	22	1.22,778	72	4.01,819	22	1.23,200	72	4.03,200
23	.63,959	73	2.03,000	23	1.28,359	73	4.07,400	23	1.28,800	73	4.08,800
24	.66,740	74	2.05,781	24	1.33,940	74	4.12,981	24	1.34,400	74	4.14,400
25	.69,521	75	2.08,562	25	1.39,521	75	4.18,562	25	1.40,000	75	4.20,000
26	.72,301	76	2.11,342	26	1.45,101	76	4.24,142	26	1.45,600	76	4.25,600
27	.75,082	77	2.14,123	27	1.50,682	77	4.29,723	27	1.51,200	77	4.31,200
28	.77,863	78	2.16,904	28	1.56,263	78	4.35,304	28	1.56,800	78	4.36,800
29	.80,644	79	2.19,685	29	1.61,844	79	4.40,885	29	1.62,400	79	4.42,400
30	.83,425	80	2.22,466	30	1.67,425	80	4.46,466	30	1.68,000	80	4.48,000
31	.86,205	81	2.25,247	31	1.73,005	81	4.52,047	31	1.73,600	81	4.53,600
32	.88,986	82	2.28,027	32	1.78,586	82	4.57,627	32	1.79,200	82	4.59,200
33	.91,767	83	2.30,808	33	1.84,167	83	4.63,208	33	1.84,800	83	4.64,800
34	.94,548	84	2.33,589	34	1.89,748	84	4.68,789	34	1.90,400	84	4.70,400
35	.97,329	85	2.36,370	35	1.95,329	85	4.74,370	35	1.96,000	85	4.76,000
36	1.00,110	86	2.39,151	36	2.00,910	86	4.79,951	36	2.01,600	86	4.81,600
37	1.02,890	87	2.41,932	37	2.06,490	87	4.85,532	37	2.07,200	87	4.87,200
38	1.05,671	88	2.44,712	38	2.12,071	88	4.91,112	38	2.12,800	88	4.92,800
39	1.08,452	89	2.47,493	39	2.17,652	89	4.96,693	39	2.18,400	89	4.98,400
40	1.11,233	90	2.50,274	40	2.23,233	90	5.02,274	40	2.24,000	90	5.04,000
41	1.14,014	91	2.53,055	41	2.28,814	91	5.07,855	41	2.29,600	91	5.09,600
42	1.16,795	92	2.55,836	42	2.34,395	92	5.13,436	42	2.35,200	92	5.15,200
43	1.19,575	93	2.58,616	43	2.39,975	93	5.19,016	43	2.40,800	93	5.20,800
44	1.22,356	94	2.61,397	44	2.45,556	94	5.24,597	44	2.46,400	94	5.26,400
45	1.25,137	95	2.64,178	45	2.51,137	95	5.30,178	45	2.52,000	95	5.32,000
46	1.27,918	96	2.66,959	46	2.56,718	96	5.35,759	46	2.57,600	96	5.37,600
47	1.30,699	97	2.69,740	47	2.62,299	97	5.41,340	47	2.63,200	97	5.43,200
48	1.33,479	98	2.72,521	48	2.67,879	98	5.46,921	48	2.68,800	98	5.48,800
49	1.36,260	99	2.75,301	49	2.73,460	99	5.52,501	49	2.74,400	99	5.54,400
50	1.39,041	0	0 0 0	50	2.79,041	0	0 0 0	50	2.80,000	0	0 0 0

When Commercial Interest is required for any period exceeding 292 days, it will be necessary to use the above table for 292 days, and also the proper table for the excess of days over 292. Thus, to ascertain the interest of any amount of principal for the period of 341 days, you compute by the above table for 292 days, and also by that for 49 days, at page 150. By adding together these two amounts of interest, you evidently obtain the interest sought.

EXAMPLE.

It is required to find the interest of $4500 for 321 days, at 365 days to the year.
By the above table, the interest of $4500 for 292 days is . . . $252.00
And by the table, page 143, the interest of $4500 for 29 days is . . 25.03
The interest required is, therefore $277.03

DISCOUNT AT SEVEN PER CENT.

Technical Rebate or Discount is the proper sum to be deducted by a creditor from a debt not yet due, in consideration of present payment; or allowed by the borrower for advancing money on notes, &c. It is the interest, for the time in question, on the sum advanced.* The sum to become due is regarded as *principal;* the sum advanced is called *present value.*

The proportion is such, that by computing interest on the present value, when ascertained, we shall have the discount; and by adding these two amounts, we shall obtain the principal.

The arithmetical rule for calculating discount is to find the amount, principal and interest, of $100 for the time proposed; then, by Rule of Three, as that amount is to the interest of $100 for the time proposed, so is your principal to its discount.

It may be proper to remark, that discount is not in exact proportion to time, as interest is; the discount on any sum for 6 months, for instance, is not the same as twice the discount on that sum for 3 months. Neither is it in proportion to the rate per cent.; it will not answer to calculate discount, say at 7 per cent., and deduct a seventh part for discount at 6 per cent.

Many persons suppose that the discount on any sum for any period of time may be found by calculating the interest, and then deducting the interest of that interest. But this is a mistake, as may be seen from the following example:

The interest of $1000 for 4 years is	$280.00
And the interest of $280 for 4 years is	78.40
The supposed discount would be	201.60
But the true discount is	218.75
So that the error in this case is	$17.15

On page 184 will be found a table of factors or multipliers for calculating PRESENT VALUE by the month and day rule for all periods up to a year.

RULE.—Under the month and to the right of the days find a number, by which multiply your principal; if your principal is dollars only, point off *six* right-hand figures of the product for cents, &c.; but if it is dollars and cents, point off *eight.*

EXAMPLE.

Required the present value of $1500 discounted for 4 months and 28 days.

Under 4 months and against 28 days stands 972027, which, multiplied into 1500, gives a product of 1458040500; by pointing off the six right-hand figures we obtain the answer, $1458.04.

In the same manner, present value, according to the 365-day rule, may be found by the table on page 185; the proper multiplier stands at the right of the days.

---

* The general rule of law is, that taking *interest* in advance instead of *discount* will render a loan usurious. Thus, upon the loan of $100 for a year, at 7 per cent., it would be usurious to deduct $7 in advance; because $7 is more than a year's interest on $93, the sum actually loaned. The *rebate* of $100 for a year ($6.54) is a year's interest on the balance, $93.46.

An exception, however, is commonly allowed in favor of commercial paper, such as bills of exchange and promissory notes not having an unusual time (say 2 or 3 years) to run. Such securities are allowed to be discounted by deducting *interest.*—Chitty on Bills, 83. Manhattan Company *vs.* Osgood, 15 Johnson's Reports, 168. New-York Firemen Insurance Company *vs.* Ely, 2 Cowen's Reports, 703. Bank of Utica *vs.* Phillips, 3 Wendell's Reports, 408. Fleckner *vs.* Bank of United States, 8 Wheaton's Reports, 838. Maine Bank *vs.* Butts, 9 Massachusetts Reports, 49. Pauling's Executors *vs.* Pauling's Administrators, 4 Yeates's Reports, 220.

Though the established rate in New-York is 7 per cent., the Safety Fund Banks are restricted to 6 per cent., when taken in advance, on notes which mature in 63 days from the time of discounting.—*Revised Statutes of New-York* (1st edition), vol. iii., p. 287.

DISCOUNT AT SEVEN PER CENT.

0 Months. Days.		1 Month. Days.		2 Months. Days.		3 Months. Days.		4 Months. Days.		5 Months. Days.	
0	1 mill'n	0	994200	0	988468	0	982801	0	977199	0	971660
1	999806	1	994008	1	988278	1	982613	1	977013	1	971476
2	999600	2	993816	2	988088	2	982425	2	976827	2	971293
3	999417	3	993624	3	987898	3	982238	3	976642	3	971109
4	999223	4	993432	4	987709	4	982050	4	976457	4	970926
5	999029	5	993240	5	987519	5	981863	5	976271	5	970743
6	998835	6	993049	6	987329	6	981675	6	976086	6	970560
7	998641	7	992857	7	987140	7	981488	7	975901	7	970377
8	998447	8	992665	8	986950	8	981301	8	975716	8	970193
9	998253	9	992474	9	986761	9	981114	9	975530	9	970011
10	998059	10	992282	10	986572	10	980926	10	975345	10	969828
11	997866	11	992091	11	986382	11	980739	11	975160	11	969645
12	997672	12	991899	12	986193	12	980552	12	974976	12	969462
13	997479	13	991708	13	986004	13	980365	13	974791	13	969279
14	997285	14	991517	14	985815	14	980179	14	974606	14	969097
15	997092	15	991326	15	985626	15	979992	15	974421	15	968914
16	996899	16	991135	16	985437	16	979805	16	974237	16	968731
17	996705	17	990944	17	985249	17	979618	17	974052	17	968549
18	996512	18	990753	18	985060	18	979432	18	973868	18	968367
19	996319	19	990562	19	984871	19	979245	19	973683	19	968184
20	996126	20	990371	20	984683	20	979059	20	973499	20	968002
21	995933	21	990181	21	984494	21	978873	21	973315	21	967820
22	995740	22	989990	22	984306	22	978686	22	973131	22	967638
23	995548	23	989800	23	984117	23	978500	23	972947	23	967456
24	995355	24	989609	24	983929	24	978314	24	972763	24	967274
25	995162	25	989419	25	983741	25	978128	25	972579	25	967092
26	994970	26	989228	26	983553	26	977942	26	972395	26	966910
27	994777	27	989038	27	983365	27	977756	27	972211	27	966728
28	994585	28	988848	28	983177	28	977570	28	972027	28	966547
29	994393	29	988658	29	982989	29	977384	29	971844	29	966365
30	994200	30	988468	30	982801	30	977199	30	971660	30	966184

6 Months.		7 Months.		8 Months.		9 Months.		10 Months.		11 Months.	
0	966184	0	960769	0	955414	0	950119	0	944882	0	939702
1	966002	1	960589	1	955237	1	949943	1	944708	1	939531
2	965821	2	960410	2	955059	2	949768	2	944535	2	939359
3	965639	3	960230	3	954882	3	949592	3	944361	3	939188
4	965458	4	960051	4	954705	4	949417	4	944188	4	939016
5	965277	5	959872	5	954527	5	949242	5	944015	5	938845
6	965096	6	959693	6	954350	6	949067	6	943841	6	938673
7	964915	7	959514	7	954173	7	948892	7	943668	7	938502
8	964734	8	959335	8	953996	8	948717	8	943495	8	938331
9	964553	9	959156	9	953819	9	948542	9	943322	9	938160
10	964372	10	958977	10	953642	10	948367	10	943149	10	937989
11	964191	11	958798	11	953466	11	948192	11	942976	11	937817
12	964010	12	958620	12	953289	12	948017	12	942803	12	937647
13	963830	13	958441	13	953112	13	947842	13	942630	13	937476
14	963649	14	958262	14	952936	14	947668	14	942458	14	937305
15	963468	15	958084	15	952759	15	947493	15	942285	15	937134
16	963288	16	957905	16	952583	16	947319	16	942112	16	936963
17	963108	17	957727	17	952406	17	947144	17	941940	17	936793
18	962927	18	957549	18	952230	18	946970	18	941767	18	936622
19	962747	19	957370	19	952054	19	946795	19	941595	19	936451
20	962567	20	957192	20	951877	20	946621	20	941423	20	936281
21	962387	21	957014	21	951701	21	946447	21	941250	21	936110
22	962207	22	956836	22	951525	22	946273	22	941078	22	935940
23	962027	23	956658	23	951349	23	946099	23	940906	23	935770
24	961847	24	956480	24	951173	24	945925	24	940734	24	935600
25	961667	25	956302	25	950997	25	945751	25	940562	25	935429
26	961487	26	956125	26	950821	26	945577	26	940390	26	935259
27	961307	27	955947	27	950646	27	945403	27	940218	27	935089
28	961128	28	955769	28	950470	28	945229	28	940046	28	934919
29	960948	29	955592	29	950294	29	945056	29	939874	29	934749
30	960769	30	955414	30	950119	30	944882	30	939702	30	934579

DISCOUNT BY DAYS AT SEVEN PER CENT.

Days.		Days.		Days.		Days.		Days.		Days.	
1	999808	62	988249	123	976955	184	965915	245	955122	306	944568
2	999617	63	988062	124	976772	185	965736	246	954947	307	944397
3	999425	64	987875	125	976589	186	965557	247	954773	308	944226
4	999233	65	987688	126	976406	187	965379	248	954598	309	944055
5	999042	66	987501	127	976223	188	965200	249	954423	310	943884
6	998851	67	987314	128	976040	189	965021	250	954248	311	943713
7	998659	68	987127	129	975858	190	964843	251	954074	312	943543
8	998468	69	986940	130	975675	191	964664	252	953899	313	943372
9	998277	70	986753	131	975492	192	964486	253	953725	314	943201
10	998086	71	986566	132	975310	193	964307	254	953550	315	943031
11	997895	72	986380	133	975128	194	964129	255	953376	316	942860
12	997704	73	986193	134	974945	195	963951	256	953202	317	942690
13	997513	74	986007	135	974763	196	963773	257	953027	318	942519
14	997322	75	985820	136	974581	197	963595	258	952853	319	942349
15	997132	76	985634	137	974399	198	963417	259	952679	320	942179
16	996941	77	985448	138	974217	199	963239	260	952505	321	942008
17	996750	78	985262	139	974035	200	963061	261	952331	322	941838
18	996560	79	985075	140	973853	201	962883	262	952157	323	941668
19	996369	80	984889	141	973671	202	962705	263	951984	324	941498
20	996179	81	984703	142	973489	203	962527	264	951810	325	941328
21	995989	82	984517	143	973307	204	962350	265	951636	326	941158
22	995799	83	984332	144	973126	205	962172	266	951462	327	940988
23	995608	84	984146	145	972944	206	961995	267	951289	328	940819
24	995418	85	983960	146	972763	207	961817	268	951115	329	940649
25	995228	86	983774	147	972581	208	961640	269	950942	330	940479
26	995038	87	983589	148	972400	209	961462	270	950768	331	940310
27	994849	88	983403	149	972219	210	961285	271	950595	332	940140
28	994659	89	983218	150	972037	211	961108	272	950422	333	939971
29	994469	90	983033	151	971856	212	960931	273	950249	334	939801
30	994279	91	982847	152	971675	213	960754	274	950075	335	939632
31	994090	92	982662	153	971494	214	960577	275	949902	336	939463
32	993900	93	982477	154	971313	215	960400	276	949729	337	939293
33	993711	94	982292	155	971132	216	960223	277	949556	338	939124
34	993522	95	982107	156	970951	217	960046	278	949384	339	938955
35	993332	96	981922	157	970770	218	959870	279	949211	340	938786
36	993143	97	981737	158	970590	219	959693	280	949038	341	938617
37	992954	98	981522	159	970409	220	959516	281	948865	342	938448
38	992765	99	981367	160	970229	221	959340	282	948693	343	938279
39	992576	100	981183	161	970048	222	959163	283	948520	344	938110
40	992387	101	980998	162	969868	223	958987	284	948348	345	937942
41	992198	102	980814	163	969687	224	958811	285	948175	346	937773
42	992010	103	980629	164	969507	225	958634	286	948003	347	937604
43	991821	104	980445	165	969327	226	958458	287	947830	348	937436
44	991632	105	980261	166	969147	227	958282	288	947658	349	937267
45	991444	106	980076	167	968967	228	958106	289	947486	350	937099
46	991255	107	979892	168	968786	229	957930	290	947314	351	936930
47	991067	108	979708	169	968607	230	957754	291	947142	352	936762
48	990878	109	979524	170	968427	231	957578	292	946970	353	936594
49	990690	110	979340	171	968247	232	957402	293	946798	354	936426
50	990502	111	979156	172	968067	233	957226	294	946626	355	936258
51	990314	112	978972	173	967887	234	957051	295	946454	356	936089
52	990126	113	978788	174	967708	235	956875	296	946282	357	935921
53	989938	114	978605	175	967528	236	956700	297	946111	358	935753
54	989750	115	978421	176	967349	237	956524	298	945939	359	935586
55	989562	116	978238	177	967169	238	956349	299	945767	360	935418
56	989374	117	978054	178	966990	239	956173	300	945596	361	935250
57	989187	118	977871	179	966811	240	955998	301	945424	362	935082
58	988999	119	977687	180	966631	241	955823	302	945253	363	934915
59	988812	120	977504	181	966452	242	955647	303	945082	364	934747
60	988624	121	977321	182	966273	243	955472	304	944910	365	934579
61	988437	122	977138	183	966094	244	955297	305	944739	730	877193

AVERAGING ACCOUNTS.

This is the process of finding an average mean time for the payment of several sums due at different periods. There are various ways of arriving at the average time; as this work is not a treatise on book-keeping, I shall only describe one simple and direct method for each case that may arise; a method which is much facilitated by the general calendar contained on pages 8 and 9 of this work.

Suppose that I make several purchases to the amounts, and at the dates specified in the following example, and propose to give my note for the whole amount of the purchases, $525. The question to be solved is, When shall my note begin to draw interest, in order that I may gain as much by having part of the payments delayed as I lose by settling the others in advance of the time they fall due?

Dates.	Items.	Days.	Products.
March 21	175	20	3500
April 19	200	49	9800
July 11	150	132	19800
	$525		)33100(63

The average time on this account is May 3d, which I ascertain in the following manner. After setting down dates and items as above, turn to the general calendar (page 10), and set down in the column headed days the number of days from March 1st to the date of each item. These numbers are found by inspection of the calendar; they stand in the column for the month, and to the right of the day of the month. Thus the first number, 20, is found in the column for March, and to the right of 21; the number 49 is found in the column for April, and to the right of 19; the number 132 is in the column for July, and to the right of 11. The next step is to multiply each item by its days, that is to say, 175 by 20, 200 by 49, and 150 by 132; add these products together and divide the amount by 525, the footing of the account. The quotient, 63, shows that the average time is 63 days from the first of March. Look for 63 in the calendar, and it will be found in the column for May, and to the right of the 3d, which shows the average time to be May 3d.

By settling this account as of the date of May 3d, I have gained 43 days' interest on $175, which was due March 21st, but is deferred to May 3d, the interest is $1.46; I have also gained 14 days' interest on $200, which should have been paid April 19, but is deferred to May 3d, the interest is .54, making my gain of interest $2.00. But I have lost the interest of $150 from May 3d to July 11 (69 days), which is $2.01. The difference of 1 cent, in this case, arises from the fact that 33100 divided by 525 is not precisely 63, but $63\frac{1}{21}$, so that, to equalize the interest *exactly*, it would be necessary to compute interest for part of a day, which is never done.

CASE 2. Suppose each item of the above account were purchased at 3 months' credit, what would then be the average time? When the credit is *the same on every item*, the account is averaged precisely in the manner above described, and *the credit is given upon the average time* thus found. In the case supposed, the average time would be 3 months from May 3d, that is to say, August 3d, or (including grace) August 6th.

CASE 3. If several purchases are made *all at the same time*, but on different *credits*, the process will be as follows; suppose the following purchases to have been made May 9.

Items.	Credits.	Days.	Products.
200	30 days	99	19800
150	90 "	159	23850
270	2 months	130	35100
$620			)78750(127

AVERAGING ACCOUNTS.

The column of days in these cases is to be obtained by counting from 1st March *up to the expiration of the credit*. From 1st March to May 9 is found, as before directed, to be 69 days; add 30 days' credit, and it gives 99 for the first item; add 90 days' credit to 69, and it gives 159 for the number of days from March 1st to the expiration of the credit, on the second item; a credit of 2 months from May 9 extends to July 9, and the calendar shows that date to be 130 days from March 1st. After setting down the days in this manner, you proceed as in the first example; 127 in the calendar stands in the column for July, and to the right of 6; the average of credit is, therefore, July 6.

CASE 4. If different items are purchased at different dates, and on different credits, you are to get your column of days on the same general principle as in the last case, that is to say, you are to count from 1st of March to the expiration of the credit. Take the following example:

Dates.	Items.	Credits.	Days.	Products.
April 29	$150	30 days	89	13350
May 10	195	2 months	131	25545
June 17	215	cash	108	23220
	$560			)62115(111

The number for April 29 in the calendar is 59; 30 days' credit added makes 89. The calendar number for July 10 (which is 2 months' credit from May 10) is 131. The calendar number for June 17, without any credit, is 108. Having thus formed your column of days, you proceed precisely as in the first example; the average of time and credit on this account is June 20.

These cases sufficiently illustrate the whole principle of simple averaging. The items are regarded as purchases, but the same reasoning and the same course of proceeding applies to any item of account, whether of debit or of credit. These examples do not include grace in any of the credits, but the 3 days may be added when necessary.

In using the general calendar, as before directed, to set down the number of days, the column of days will sometimes consist of large numbers; this inconvenience may be obviated upon the following general principle. After setting down your column of days, the numbers *may be diminished by subtracting from each any convenient amount, and adding the same amount to the quotient.* This principle is illustrated in the following example.

Dates.	Items.	Days.	Mult.	Products.
Nov. 12	135	256	6	810
Dec. 1	218	275	25	5450
Jan. 7	100	312	62	6200
	$453			)12460(28
				250
				278

After setting down the column of days according to previous directions, I have subtracted 250 from each number, and placed the remainders in a new column headed multipliers. The 135 is multiplied by 6, the 218 by 25, and the 100 by 62; adding these products together and dividing by 453, a quotient 28 is obtained, to which 250 is added, making 278. By reference to the calendar, it will be ascertained that this average time is Dec. 4th.

Any other number than 250 might have been selected, provided *the same number* was deducted from *each amount* of days and *added* to the quotient.

It is a general rule in forming your column of days, that you may count from the date of your first item, or from any preceding date, provided you always count from the same date; that is to say, you may count from any date you please to the expiration of the credit on each item, in getting your column of days, provided you count your quotient from the same date, to get your average time. When you have an account to average, consisting of few items and running through only a short period of time, it will be most convenient to count from the date of your first item, so that your first multiplier will be 0, and the others will be readily found without reference to the calendar.

COMPOUND AVERAGES.

This is the process of finding an average mean time for payment of *the balance* of an account You are first to ascertain, in the manner already explained, the average time of the debits without reference to credits, and then the average time of the credits without reference to the debits; this will give you two dates, the average time of debits, and the average time of credits. Next ascertain what number of days intervene between these two dates, which I shall call the *difference days*; then multiply the footing of *the smallest side* of the account by the *difference days*, and divide the product by *the balance* of the account; you thus obtain a certain number of days, which I shall call *quotient days*. The quotient days are always to be counted from the average time of that side of the account which has the *largest footing*. The quotient days are to be counted either backward or forward, as will be for the *advantage* of that side of the account which has *the earliest average time*.

Suppose an account of which the debits foot at $250, and their average time is July 17th; the credits foot at $370, and their average time is June 10, and you wish to find the average time of the balance, $120. Multiply the *smallest footing*, 250, by 37 (the difference days from June 10 to July 17); the product, 9250, divided by 120 (the balance of the account), gives 77 for the quotient days. The 77 is to be counted from June 10, because that is the average time of the largest footing (370). The quotient days are to be counted for the advantage of the credit side of this account, because that has the earliest average time. Now the only question left is, Which way shall we count so as to be for the advantage of the credit side? It is plain we must count backward, so as to make more interest on the balance; counting back, then, from June 10th, 77 days, the average time is March 25th.

CASE 2. Suppose I purchase $500 worth of goods on the 27th of July, and give my note at 4 months, without interest, for the amount. On the 13th of August I make a payment of $200: at what time should I be required to pay the balance, $300, in order to compensate me by the delay for having made a partial payment in advance? This is a case of compound average. The $500 may be regarded as one side of an account, the average time of which is Nov. 27, or, including grace, Nov. 30. The $200 is the other side of the account, of which the average time is Aug. 13th. The difference days (109) are to be multiplied into the smallest side ($200), and the product divided by the balance of the account ($300): this gives 73 for the quotient days. They are to be counted as before directed from the average time of the largest side of the account, that is to say, from Nov. 30. They are to be counted for the advantage of the $200 side of the account, because that has the earliest average time. It is evidently for the advantage of the $200 payment to count *forward* so as to reduce interest on the balance; counting 73 days forward from Nov. 30, we get February 11 for the time when the balance, $300, is to be paid.

Printed in Dunstable, United Kingdom